Die Laufbibel

Dr. Matthias Marquardt

Die Laufbibel

Das Standardwerk zum gesunden Laufen

spomedis

Bei den folgenden Bezeichnungen handelt es sich um eingetragene Marken:

Bioswing®
Celebrex®
Conform'able®
currex®
Dona®
Enelbin®
FiveFingers®
Footdisc®
Forerunner®
Garmin®
Gore-Tex®
Gymstick™
Ichtolan®
LAI-Porellina®
Lycra®
motionquest®
Nike®
OwnZone®
Polar®
PowerBar®
Spandex®
Squeezy®
Suunto t6d®
Sympatex®
Teflon®
Thera-Band®
Timex®
Traumeel®
Vibram®
Voltaren®
Wobenzym®

Bibliografische Information der Deutschen Nationalbibliothek
Die Deutsche Nationalbibliothek verzeichnet diese Publikation in der Deutschen Nationalbibliografie; detaillierte bibliografische Daten sind im Internet über http://dnb.dnb.de abrufbar.

15. Auflage 2015

Lektorat: Anna Gutjahr
Korrektorat: Gabi Hagedorn
Layout und Satz: Stephanie Hort, Melanie Trommer
Umschlagfoto: Michael Rauschendorfer
Druck und Bindung: Firmengruppe APPL, aprinta druck, Wemding

Printed in Germany.

ISBN 978-3-936376-50-0

www.spomedis.de

Vorwort

Liebe Leserinnen und Leser,

die Laufbibel feiert mit dieser – der 15. – Auflage ihr 10-jähriges Jubiläum. Ich erinnere mich noch gut daran, wie ich vor 10 Jahren all mein Wissen zum Thema Laufen in einem großen Buch zusammentrug. Ich war damals eigentlich nur an einem interessiert – schneller laufen, leichter laufen und bitte schön endlich einmal verletzungsfrei.

Ich war ein gebranntes Kind: Während meiner Zeit als Leistungssportler im Triathlon gab es bald mehr Trainingsphasen, in den ich verletzt war, als Phasen, in denen ich verletzungsfrei war. Irgendetwas war immer und so sah ich die Notwendigkeit, in alle Fachbereiche tief einzutauchen: Lauftechnik, Schuh- und Einlagenversorgung, Trainingsplanung und -steuerung, Ernährung und so weiter. Bei einer Trainerausbildung wurde der Verlags-Chef von spomedis auf mich und mein Wissen aufmerksam und so begann ich auf sein Drängen hin zu schreiben. Zunächst ein kleines Buch, bei dem wir die Druckkosten noch aus unseren Ersparnissen vorfinanzierten, schließlich dann das ganz große Buch. „Die Laufbibel".

Wahrscheinlich war es diese Unverdorbenheit eines jugendlichen Projektes, die dem Buch zu so großer Beliebtheit verholfen hat. Angetrieben hat uns nur die Idee, das beste Laufbuch zu machen – mit all meinem Wissen. Berater und Bedenkenträger eines Großverlags, die erklärten, wie das alles am besten vor sich zu gehen hatte, gab es nicht. Wir machten einfach unser Buch, und „Die Laufbibel" ist jetzt seit 10 Jahren erfolgreich.

Zwischenzeitlich hat sich natürlich viel getan in der Laufszene. Fuhr ich früher meine Trainingsrunden mit dem Fahrrad ab, um die Streckenlänge zu erfahren, nutzt man heute GPS-Uhren. Das Trainingstagebuch wurde durch Internetplattformen ersetzt, Laufschuhe verloren zum Großteil Ihre Pronationsstütze und Läufer tragen jetzt Kompressionsstrümpfe.

So soll es auch sein und deshalb hat die Laufbibel bereits zwei große Überarbeitungen erlebt. Bemerkenswerterweise sind die Kernelemente dieses Buchs jedoch erstaunlich resistent gegen modische Einflüsse. Wie laufe ich richtig? Wo ist mein Trainingspuls? Welchen Trainingsplan wähle ich? Wenn es darum geht, wie man schneller, leichter und schmerzfrei laufen will, dann ist solides Handwerk aus Trainingswissenschaften und Medizin gefragt. Dafür steht die „Laufbibel" genauso wie für ihre Aktualität.

Ich danke an dieser Stelle all meinen Weggefährten in Sport, Medizin und Journalismus sowie meinen Trainingskameraden, ohne die die Laufbibel nicht zu dem geworden wäre, was sie heute ist! Meinen Lesern wünsche ich nun viel Freude mit der „Jubiläums-Laufbibel". Möge dieses Buch Ihnen helfen, schneller, leichter und schmerzfrei zu laufen.

Herzlichst
Ihr

Dr. Matthias Marquardt
Hannover, im Frühjahr 2015

Inhalt

1
2
3
4
5
6
7
8
9
10
11
12
13
14
15

Kapitel 1

Einführung

» Laufen ist unser natürlichstes Heilmittel. «

1

Laufen fasziniert. Menschen jeden Alters, aus sämtlichen Leistungsklassen und aus allen Bevölkerungsschichten laufen. Und Laufen führt zusammen: beim Training im Stadtpark, beim gemeinsamen Dauerlauf des örtlichen Lauftreffs, beim harten Bahntraining junger Leistungssportler im Stadion, beim lokalen Volkslauf über die 5-Kilometer-Distanz wie auch bei den großen Marathons mit bis zu 40.000 Läufern aus zahlreichen Nationen. Und: Läufer sind frei. Egal ob die Sonne scheint und Sie im Sommer am Meer entlanglaufen oder sich im kühlen Herbst gegen Wind und Regen stemmen – Laufen ist Freiheit. Sie können immer und überall laufen. Ob Freizeitsportler im regelmäßigen Training oder dynamischer Manager in den Metropolen dieser Welt – Sie sind unabhängig. Einen Stadtpark gibt es schließlich überall und Laufschuhe passen in jeden Koffer.

Doch nicht nur Freiheit und Ungebundenheit faszinieren: Laufen »wirkt« auch. In diesem Einführungskapitel möchte ich Ihnen den internistischen und den orthopädischen Nutzen des Laufens erklären – zum Beispiel wie das Training sich auf Ihren Blutzucker auswirkt und warum es Ihren Gelenken guttut. Aber auch den Läuferproblemen gehe ich auf den Grund – und führe Sie in ein Konzept ein, mit dem Sie gesund und effektiv trainieren werden: MARQUARDT RUNNING.

Die Folgen der Zivilisation

Jeder Mediziner und immer mehr Läufer wissen, dass die meisten Krankheiten, die der Arzt im 21. Jahrhundert behandelt, Zivilisations- oder Bewegungsmangelkrankheiten sind – Krankheiten, die der unaufhaltsame, vermeintlich segensreiche Fortschritt mit sich brachte. Ich nenne das die Wohlstandskrankheit. Das Anfangsstadium ist eine Lebensweise, die in unserer Gesellschaft als normal gilt: Das Absitzen unserer Zeit. Sie sitzen morgens beim Frühstück auf dem Küchenstuhl, dann im Auto auf dem Weg zur Arbeit, anschließend auf dem Bürostuhl, dann wieder im Auto und endlich lassen Sie sich abends aufs Sofa sinken. Das Sitzen war ganz schön anstrengend! Und nicht nur das: Lästige Machtspiele auf der Arbeit haben Ihre Nerven strapaziert, von den unzähligen E-Mails ganz zu schweigen. Das Essen in der Kantine war zugegebenermaßen nicht das wertvollste – am Wochenende gibt's dann eben Salat. Kennen Sie das? Das sind die ersten Anzeichen der Wohlstandskrankheit – ein schleichender Prozess, den in Deutschland mittlerweile sehr viele Menschen erleben. Die Folgen: Übergewicht, Bluthochdruck, Diabetes mellitus und eine verringerte Lebensqualität.

Fit, dynamisch, gesund – die Quadratur des Kreises?

Wir Läufer nutzen die Vorteile von Zivilisation und Wohlstand und trotzen gleichzeitig deren negativen Auswirkungen. Das klingt für Sie wie die Quadratur des Kreises? Essen, was Sie wollen – ohne dick zu werden? Schlank und in Form sein – trotz Bürojob? Es funktioniert. Dies haben schon viele vor mir versprochen? Sie wollen das nicht glauben? Dann probieren Sie es doch einfach aus! Sie haben dieses Buch in der Hand und sind damit auf dem besten Weg, sich einen Schutz gegen die Wohlstandskrankheit aufzubauen. Als Läufer können Sie beispielsweise Ihre Liebe für guten Rotwein entdecken – Sie gleichen die Bilanz wieder aus. Wer es sich hingegen zusammen mit seinem Schweinehund auf dem Sofa bequem macht, zu dem gesellen sich bald die Folgen der Wohlstandskrankheit, im schlimmsten Fall der Herzinfarkt. Und dabei können Sie all diese Probleme auf einen Streich lösen: Laufen Sie ihnen einfach davon – überzeugen Sie sich selbst, es funktioniert!

1

Internistischer Nutzen

Endlich Traumfigur: BMI und Körperfettanteil

Beginnen wir mit Ihrer Figur, und dabei meine ich weniger die Tüte Chips von gestern Abend. Lassen Sie uns einmal Bilanz ziehen: Wir ermitteln Ihren BMI. Die Abkürzung BMI steht für Body-Mass-Index – dies ist ein Messwert, der Ihre Körpermasse darstellt. Sie errechnen Ihren BMI ganz einfach folgendermaßen:

$$\text{BMI} = \frac{\text{Körpergewicht [kg]}}{\text{Körpergröße [m]}^2}$$

Ein Beispiel: Sie sind 1,81 Meter groß und 79 Kilo schwer. Dann beträgt Ihr BMI 24,1 ($79/1{,}81^2$). Dieses Beispielergebnis liegt völlig im Rahmen. Übergewichtig wären Sie ab einem BMI von 26. In der folgenden Tabelle können Sie nachsehen, in welchem Verhältnis Ihr Körpergewicht zu Ihrer Körpergröße steht.

Leider gibt der BMI keine Auskunft über die Zusammensetzung Ihrer Körpermasse. Bodybuilder haben beispielsweise kein Gramm Fett zu viel – aber einen hohen BMI aufgrund ihrer großen Muskelmasse und dem

Body-Mass-Index

Körpergröße (m)	40	45	50	55	60	65	70	75	80	85	90	95	100	105	110	115	120	125	130
2,06	9	11	12	13	14	15	16	18	19	20	21	22	24	25	26	27	28	28	31
2,04	10	11	12	13	14	16	17	18	19	20	22	23	24	25	26	28	29	30	31
2,02	10	11	12	13	15	16	17	18	20	21	22	23	25	26	27	28	29	31	32
2,00	10	11	13	14	15	16	18	19	20	21	23	24	25	26	28	29	30	31	33
1,98	10	11	13	14	15	17	18	19	20	22	23	24	26	27	28	29	31	32	33
1,96	10	12	13	14	16	17	18	20	21	22	23	25	26	27	29	30	31	33	34
1,94	11	12	13	15	16	17	19	20	21	23	24	25	27	28	29	31	32	33	35
1,92	11	12	14	15	16	18	19	20	22	23	24	26	27	28	30	31	33	34	35
1,90	11	12	14	15	17	18	19	21	22	24	25	26	28	29	30	32	33	35	36
1,88	11	13	14	16	17	18	20	21	23	24	25	27	28	30	31	33	34	35	37
1,86	12	13	14	16	17	19	20	22	23	25	26	27	29	30	32	33	35	36	38
1,84	12	13	15	16	18	19	21	22	24	25	27	28	30	31	32	34	35	37	38
1,82	12	14	15	17	18	20	21	23	24	26	27	29	30	32	33	35	36	38	39
1,80	12	14	15	17	19	20	22	23	25	26	28	29	31	32	34	35	37	39	40
1,78	13	14	16	17	19	21	22	24	25	27	28	30	32	33	35	36	38	39	41
1,76	13	15	16	18	19	21	23	24	26	27	29	31	32	34	36	37	39	40	42
1,74	13	15	17	18	20	21	23	25	26	28	30	31	33	35	36	38	40	41	43
1,72	14	15	17	19	20	22	24	25	27	29	30	32	34	35	37	39	41	42	44
1,70	14	16	17	19	21	22	24	26	28	29	31	33	35	36	38	40	42	43	45
1,68	14	16	18	19	21	23	25	27	28	30	32	34	35	37	39	41	43	44	46
1,66	15	16	18	20	22	24	25	27	29	31	33	34	36	38	40	42	44	45	47
1,64	15	17	19	20	22	24	26	28	30	32	33	35	37	39	41	43	45	46	48
1,62	15	17	19	21	23	25	27	29	30	32	34	36	38	40	42	44	46	48	50
1,60	16	18	20	21	23	25	27	29	31	33	35	37	39	41	43	45	47	49	51
1,58	16	18	20	22	24	26	28	30	32	34	36	38	40	42	44	46	48	50	52
1,56	16	18	21	23	25	27	29	31	33	35	37	39	41	43	45	47	49	51	53
1,54	17	19	21	23	25	27	30	32	34	36	38	40	42	44	46	48	51	53	55
1,52	17	19	22	24	26	28	30	32	35	37	39	41	43	45	48	50	52	54	56
1,50	18	20	22	24	27	29	31	33	36	38	40	42	44	47	49	51	53	56	58
	40	45	50	55	60	65	70	75	80	85	90	95	100	105	110	115	120	125	130

Körpergewicht (kg)

< 19
Untergewicht
Laufen Sie weiter, essen Sie mehr.

19–25
Normalgewicht
Laufen Sie weiter.

26–30
leichtes Übergewicht
Mit Lauftraining regulieren Sie das Gewicht.

31–35
Adipositas Grad I
Mit Lauftraining regulieren Sie das Gewicht.

36–40
Adipositas Grad II
Sie brauchen ärztliche Hilfe.

> 40
Adipositas Grad III
Sie brauchen ärztliche Hilfe.

» Laufend trotzen Sie dem Gefäßkiller Nummer eins. «

1

entsprechenden Gewicht. Bevor Sie sich also bei einem erhöhten BMI entspannt zurücklehnen und Muskulatur statt Fett bei sich vermuten, rate ich Ihnen zu einer Körperfettmessung. Einige Waagen ermitteln den Wasser- und Fettanteil Ihres Körpers mithilfe einer elektrischen Widerstandsmessung (keine Angst, davon spüren Sie nichts). In der Tabelle können Sie Ihren momentanen Standpunkt ablesen. Zu weit rechts? Keine Sorge – durch regelmäßiges Laufen rutschen Sie stückchenweise nach links! Laufen verkleinert nämlich nicht nur Ihren BMI – es senkt auch Ihren Körperfettanteil.

Laufen reinigt die Blutgefäße: Cholesterin und Blutfette

Laufen senkt Ihre Blutfettwerte und Ihren Cholesterinspiegel, dies schützt Herz und Gefäße. Das inaktive, größtenteils sitzende Zivilisationsopfer hingegen kämpft mit verkalkenden Blutgefäßen. Die Arteriosklerose ist zur Volkskrankheit Nummer eins geworden. Verstopfen die Adern des Herzens, kommt es zum gefürchteten Herzinfarkt. Sind die Adern des Kopfes undurchlässig geworden, so droht der Schlaganfall. Infarkt und Schlaganfall – mittlerweile abgedroschene Begriffe – bedeuten im Klartext Pflegebedürftigkeit und Invalidität, Sie werden

Körperfettanteil bei Frauen in Prozent

Alter	zu wenig	sehr gut	gut	mittel	schlecht	sehr schlecht
19 bis 24	unter 18,9	18,9	22,1	25,0	29,6	über 29,6
25 bis 29	unter 18,9	18,9	22,0	25,4	29,8	über 29,8
30 bis 34	unter 19,7	19,7	22,7	26,4	30,5	über 30,5
35 bis 39	unter 21,2	21,2	24,0	27,7	31,5	über 31,5
40 bis 44	unter 22,6	22,6	25,6	29,3	32,8	über 32,8
45 bis 49	unter 24,3	24,3	27,3	30,9	34,1	über 34,1
50 bis 54	unter 26,6	26,6	29,7	33,1	36,2	über 36,2
55 bis 59	unter 27,4	27,4	30,7	34,0	37,3	über 37,3
60 plus	unter 27,6	27,6	31,0	34,4	38,0	über 38,0

Körperfettanteil bei Männern in Prozent

Alter	zu wenig	sehr gut	gut	mittel	schlecht	sehr schlecht
19 bis 24	unter 10,8	10,8	14,9	19,9	23,3	über 23,3
25 bis 29	unter 12,8	12,8	16,5	20,3	24,4	über 24,4
30 bis 34	unter 14,5	14,5	18,0	21,5	25,2	über 25,2
35 bis 39	unter 16,1	16,1	19,4	22,6	26,1	über 26,1
40 bis 44	unter 17,5	17,5	20,5	23,6	26,9	über 26,9
45 bis 49	unter 18,6	18,6	21,5	24,5	27,6	über 27,6
50 bis 54	unter 19,8	19,8	22,7	25,6	28,7	über 28,7
55 bis 59	unter 20,2	20,2	23,2	26,2	29,3	über 29,3
60 plus	unter 20,3	20,3	23,5	26,7	29,8	über 29,8

Nach: »Schlank und fit in den Sommer«, 2004 Wissen Media Verlag GmbH, Gütersloh/München

1

fremdbestimmt und abhängig. Lassen Sie Ihren Cholesterinspiegel von Ihrem Arzt feststellen. Er unterscheidet dabei zwischen HDL- und LDL-Cholesterin. Das HDL (High Density Lipoprotein) ist das gute Cholesterin – es ist für den Abtransport von überflüssigem Cholesterin aus dem Gewebe verantwortlich. Für gesunde, elastische Gefäße benötigen wir einen hohen HDL-Wert. Das LDL (Low Density Lipoprotein) ist der böse Gegenspieler, es sorgt für Verstopfung und Verkalkung. Die gute Nachricht: Ihr Cholesterinspiegel lässt sich auch ohne Tabletten verbessern! Laufen reinigt nämlich Ihre Gefäße – das gute HDL-Cholesterin steigt an und damit verändert sich Ihr Verhältnis von HDL- zu LDL-Cholesterin. Kontrollieren Sie Ihren Cholesterinspiegel: Ist Ihr Verhältniswert noch zu hoch? Dann ziehen Sie die Laufschuhe an – durch regelmäßiges Training wird Ihr Wert sinken und sich in den grünen Bereich bewegen. Sie werden sich wie neugeboren fühlen!

LDL-Cholesterin

Der LDL-Cholesterinspiegel sollte unter **160** Milligramm pro Deziliter liegen, wenn Sie gesund sind und weniger als zwei der folgenden Risikofaktoren für Sie gelten:

→ Mann: über 45 Jahre; Frau: über 55 Jahre
→ Zigarettenkonsum
→ Bluthochdruck (> 140/90 mmHg oder Blutdruckmedikation)
→ Diabetes mellitus
→ Adipositas (BMI > 30)
→ HDL-Wert unter 40 mg/dl (Männer)
→ HDL-Wert unter 45 mg/dl (Frauen)
→ koronare Herzerkrankung in der Familie

Der LDL-Cholesterinspiegel sollte unter **130** Milligramm pro Deziliter liegen, wenn Sie mehr als zwei der genannten Risikofaktoren aufweisen.

Wenn Sie bereits eine Gefäßerkrankung (Brustengegefühl oder Herzinfarkt) hatten oder an Diabetes mellitus leiden, dann sollte Ihr LDL-Cholesterinspiegel unter **100** Milligramm pro Deziliter liegen.[1]

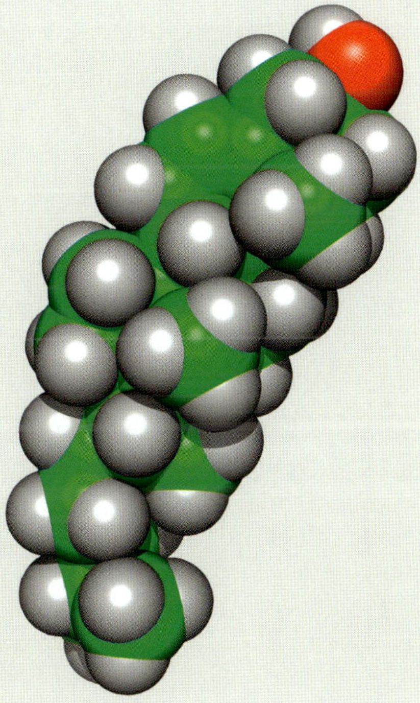

Runter mit dem Blutdruck

Bei einem Blutdruck von 120/80 mmHg oder sogar darunter fühlen Sie sich wohl, Sie sind aktiv und belastbar. Die Wohlstandskrankheit beschert vielen jedoch einen erhöhten Blutdruck – den größten Gefäßkiller! Bei Bluthochdruck stehen die Gefäße unter Spannung, sie müssen auf Dauer eine hohe Belastung aushalten. Die Folge: Sie werden porös und verkalken. Wie steht es um Ihren Blutdruck? Lassen Sie ihn doch das nächste Mal beim Arzt- oder Apothekenbesuch bestimmen. Die Tabelle unten gibt Auskunft, ob Sie im grünen Bereich liegen.

Der Zuckerkrankheit keine Chance

Diabetes mellitus, die Zuckerkrankheit, greift immer schneller um sich. Das Stoffwechselsystem übergewichtiger Menschen mit inaktiven Muskeln hat Schwierigkeiten, den Zucker aus der Nahrung abzubauen, der Zucker verstopft nach und nach ihre Gefäße. Was dann folgt, haben Sie bereits gelernt. Hinzu kommen geschädigte Nieren, die die Diabetiker in die Dialysepflicht treiben. Sie müssen mehrmals wöchentlich ihr Blut waschen lassen – von Unabhängigkeit ist dann nicht mehr viel übrig. Als Läufer sind Sie davor jedoch geschützt: Ihr Körper reguliert den Zuckerstoffwechsel optimal und ganz natürlich. Die Muskeln werden trai-

Niedriger Blutdruck

Sie lesen immer nur von zu hohem Blutdruck und fragen sich, was bei zu niedrigem Blutdruck zu tun ist? Besonders junge und schlanke Frauen leiden mitunter an sehr niedrigen Blutdruckwerten. Aber auch Sportler sind betroffen, weil ihr leistungsstarkes Herz für niedrige Pulsfrequenzen und einen niedrigen Blutdruck sorgt. Unangenehm wird der niedrige Blutdruck bei schnellem Aufstehen, großer Hitze oder nach dem Essen. Müdigkeit, verminderte Leistungsfähigkeit, Konzentrationsschwierigkeiten werden als störend empfunden, ebenso kalte Hände und Füße.

Der niedrige Blutdruck trägt allerdings auch wesentlich dazu bei, dass gut trainierte Menschen seltener an Herz-Kreislauf-Erkrankungen leiden als Bewegungsmuffel. Ein niedriger Blutdruck schont Ihr Herz-Kreislauf-System.

Wenn Ihr niedriger Blutdruck Sie stört, dann sollten Sie Ausdauersport treiben. Ein trainiertes System kann sich besser wechselnden Anforderungen anpassen und den Blutdruck entsprechend regulieren. Unterstützen Sie den Effekt durch einige zusätzliche Gläser Wasser am Tag und salzen Sie Ihr Essen ruhig etwas nach.

Blutdruckempfehlungen: Fallen diastolischer und systolischer Blutdruck bei Ihnen in unterschiedliche Kategorien, so gilt die höhere Kategorie

Systolischer Blutdruck (mmHg)	Diastolischer Blutdruck (mmHg)	Einordnung	Konsequenz
< 120	< 80	optimaler Blutdruck	Laufen Sie weiter!
< 130	< 85	normaler Blutdruck	Mit MARQUARDT RUNNING wird es noch besser!
130–139	85–89	grenzwertiger Bluthochdruck	Mit MARQUARDT RUNNING können Sie wieder normale Blutdruckwerte erreichen.
140–159	90–99	Bluthochdruck, Stadium 1	ärztliche Behandlung
160–179	100–109	Bluthochdruck, Stadium 2	ärztliche Behandlung
> 180	> 110	Bluthochdruck, Stadium 3	ärztliche Behandlung

Nach: Deutsche Hochdruckliga

» Laufen macht Sie zu dem Menschen, der Sie sein wollen. «

niert und nehmen den Zucker aus dem Blut auf, ohne dass er Schaden im Gefäßsystem anrichten kann. Laufen vertreibt Ihnen diese Sorgen: Sie haben Ihr Schicksal in der Hand!

Sprechen Sie beim nächsten Besuch mit Ihrem Arzt oder Apotheker über eine Blutzuckermessung. Man kann den Blutzucker mit einem kleinen Tropfen Blut aus dem Ohrläppchen oder aus dem Finger ganz einfach und schnell bestimmen.

Nüchternblutzucker (mg/dl)	Einordnung	Konsequenz
< 90	optimal	Laufen Sie weiter.
90–100	noch normal	Mit Lauftraining wird es noch besser.
100–125	Verdacht auf gestörte Glukosetoleranz	Mit Lauftraining regulieren Sie den Blutzucker.
> 125	Diabetes mellitus	Begeben Sie sich in ärztliche Behandlung.

Laufen hält jung

Laufen hält Sie aber auch im übertragenen Sinne in Bewegung. Mit einem Lächeln auf den Lippen trotzen aktive Läufer Übergewicht, Vergesslichkeit, Falten und schlaffem Bindegewebe. Dynamik und Agilität sind nicht nur Attribute der Jugend. Der Läufer von heute ist unterwegs, er ist fit, er hält sich schlank und gesund. Er nutzt das beste Heilmittel, das die Natur ihm bietet.

Laufen für die Psyche

Einen ebenso unschätzbaren Nutzen hat Bewegung für unsere Psyche. Wir sind, was wir denken. Regelmäßige körperliche Ertüchtigung mit darauffolgender, wohliger Entspannung, das Erleben des Jahreszeitenwechsels in der Natur, der Kontakt zu anderen Menschen, die klaren Gedanken und der sich in Luft auflösende Stress – all das gibt uns das Gefühl, mit uns selbst und unserer Umwelt im Reinen zu sein. In unserer schnelllebigen, unbeständigen Zeit, in der jeder Zehnte im Laufe seines Lebens eine Depression erleidet, ist dies mehr als nur ein Nebeneffekt. Laufen schützt!

Laufen in Tablettenform – ein Traum?

Die positiven Effekte des Laufens sind so fantastisch wie zahlreich: neue Lebenskraft, Ausgeglichenheit und die nebenbei immer kleiner werdende Jeansgröße. Würde es die Effekte des Laufens in Form einer Tablette geben, so wäre diese wohl ein unbezahlbares Exklusivprodukt. Aber ich kann Ihnen versprechen: Wir brauchen diese Tablette nicht. Wir unternehmen die morgendliche Laufrunde. Ob das mein Ernst ist? Selbstverständlich! Oder wollten Sie etwa die Sonne auf der Haut beim ersten Frühlingslauf missen? Die freien und unbeschwerten Gedanken beim ruhigen Dauerlauf? Auf die frische Luft in unseren Lungen verzichten? Den peitschenden Herbstregen im Gesicht und den Genuss der warmen Dusche danach nicht erleben? Die Überwindung bei einem Wettkampf und das unglaubliche Gefühl hinterher, es geschafft zu haben – egal ob fünf, zehn oder die magischen 42,195 Kilometer? Ich bin fest davon überzeugt, Sie brauchen diese Tablette nicht!

1

Testen Sie Ihre Sportgesundheit

Vielleicht schlucken Sie aber zurzeit noch andere Tabletten? Gegen Bluthochdruck zum Beispiel? Dann zählen Sie zu den Risikopatienten. Risiko, weil Sie einen der Risikofaktoren für Ihre Gesundheit aufweisen, und Patient, weil Sie sich sicherheitshalber vor Sportbeginn von einem Arzt durchchecken lassen sollten. Die sogenannte Sportgesundheit ist unabdingbare Voraussetzung für den Trainingsstart – egal ob Sie motivierter Einsteiger oder erfahrener Marathonläufer sind. Sie wollen Ihrem Körper schließlich etwas Gutes tun! Neben dem Bluthochdruck sind weitere Faktoren an einer möglicherweise eingeschränkten Sportgesundheit beteiligt:

- → Übergewicht
- → großer Bauchumfang (bei Männern über 102 cm, bei Frauen über 88 cm)
- → Rauchen
- → hohe Cholesterinwerte
- → hohe Blutfettwerte
- → Durchblutungsstörungen (z.B. »Schaufensterkrankheit«)
- → Zuckerkrankheit (Diabetes)
- → Herzinfarkte bei Familienmitgliedern

Die Canadian Society for Exercise Physiology hat einen Fragebogen erstellt, mit dem Sie Ihre Sportgesundheit testen und mögliche internistische Risiken abschätzen können. So können Sie die Frage klären, ob eine ärztliche Vorsorgeuntersuchung für Sie sinnvoll wäre – wenn Sie über 60 Jahre alt sind, ist sie es übrigens in jedem Fall. Die Untersuchung umfasst in der Regel eine Anamnese, eine körperliche Untersuchung, eine Blutdruckmessung und ein EKG. Sollten bei Ihnen Probleme auftreten, kann der Arzt weitere Untersuchungen einleiten (zum Beispiel Echokardiografie und Lungenfunktionstest). Sie sollten sich solche Rundum-Checks gönnen – Leistungssportler gehen in dieser Hinsicht mit gutem Beispiel voran: Laut der PACE-Studie[2] steigt die Wahrscheinlichkeit, eine Vorsorgeuntersuchung in Anspruch zu nehmen, mit dem Leistungsniveau der Sportler. Dennoch nutzen immer noch weniger als 60 Prozent der Leistungssportler die Gelegenheit des Check-ups. Noch magerer sieht es bei den Neu- und Wiedereinsteigern aus: Die meisten laufen einfach drauflos – dabei ist die Untersuchung besonders für die Untrainierten interessant. Überlegen Sie einmal: Mit welchem Auto würden Sie in eine Werkstatt fahren? Mit dem schnellen, gut geölten oder mit dem eingestaubten, das einige Jahre in der Garage stand? Finden Sie doch einfach heraus, wo Sie stehen! Den Fragebogen finden Sie am Ende dieses Kapitels.

Orthopädischer Nutzen

Sie wissen nun um die internistischen Vorteile des Laufens. Sie freuen sich auf straffe und schlanke Beine, ein leistungsfähiges Herz-Kreislauf-System und erkältungsfreie Winter. Wenn das Laufen doch bloß nicht so schlecht für die Gelenke wäre. Und dann noch diese Gefahr der Arthrose ... Vergessen Sie das! Der orthopädische Nutzen des Laufens ist genauso groß wie der internistische.

Schonung schädigt

Richtiges Laufen tut dem Bewegungsapparat und den Gelenken gut! Kaputte Gelenke im Sinne eines wirklichen Gelenkschadens (Arthrose) haben Läufer nämlich in den seltensten Fällen. Die Läufergelenke selbst sind eher intakt als die geschonten der Nicht-Läufer. Der Mensch braucht Stoßbelastungen: Der Gelenkknorpel, zum Beispiel in Ihrem Kniegelenk, ist nämlich kein mechanischer Stoßdämpfer wie der eines Autos, dieser würde sich in der Tat mit jeder neuen Belastung abnutzen. Ihr Kniegelenkknorpel ist ein lebendiger Stoßdämpfer, er ernährt und regeneriert sich. Stellen Sie sich den Knorpel wie einen Schwamm vor: Mit jeder rhythmischen Druckbe- und -entlastung saugt er sich mit Gelenkflüssigkeit voll. So kommt er an die für ihn lebensnotwendigen Nährstoffe heran – ein Knorpel ist nämlich nicht durchblutet. Stoßbelastungen sind für gesunde Gelenke also lebensnotwendig! Das gilt auch für diejenigen, die bereits unter einer Arthrose leiden. Schonung dagegen schädigt!

Dennoch: Verletzte Läufer gibt es überall

So unterschiedlich die Probleme im Detail sein mögen, in diesem Punkt sind Läufer ungewollt vereint: Verletzungen pflastern ihren Weg. Medizinische Studien bestätigen diesen Eindruck: 30 bis 50 Prozent der Läufer sind mindestens einmal im Jahr verletzt. Traurigerweise sind Sie also keineswegs allein, wenn die entzündete Achillessehne wieder einmal das Training vereitelt. Die gute Nachricht ist: Mit den richtigen Tipps können Sie sich das Schicksal, von Arzt zu Arzt humpeln zu müssen, ersparen. Um das Problem bei der Wurzel zu packen, lassen Sie uns einen genauen Blick darauf werfen, welche Probleme uns Sportlern die Lust am Laufen rauben können. Akute Verletzungen wie der Beinbruch, die Platzwunde oder der Bänderriss gehören nicht zu den Hauptproblemen des Läufers. Dauerläufer werden meist von chronischen Prozessen heimgesucht, beispielsweise einer Achillessehne, die sich immer beim Lauftraining entzündet, im täglichen Leben aber keinerlei Probleme macht. Meist sind die Schmerzen in Knie und Co. also auf Sehnenreizungen- oder entzündungen zurückzuführen.

» Stoßbelastungen sind für gesunde Gelenke lebensnotwendig. «

Der Ursache auf den Grund

Betrachten wir die Entstehung einer Laufverletzung einmal mit etwas Abstand: Durch das Lauftraining ist die Belastung des Bewegungsapparates anscheinend größer als die Belastbarkeit, die der Bewegungsapparat unter den gegenwärtigen Bedingungen hergibt. Der Läufer hat sich beim Training schlicht und ergreifend zu viel zugemutet. Vergleichbar ist dies mit einer Brücke, die eine Traglast von zwei Tonnen hat und über die Sie mit einem 7,5-Tonner fahren wollen. Ganz klar: Die Brücke stürzt ein. Die Belastung ist größer als die Belastbarkeit. So ist es auch bei unseren Sehnen und Bändern. Wird ihre individuell unterschiedliche Belastbarkeit überschritten, kommt es zur Überlastung. Während die Brücke einstürzt, werden die Sehnen anschwellen und sich entzünden.

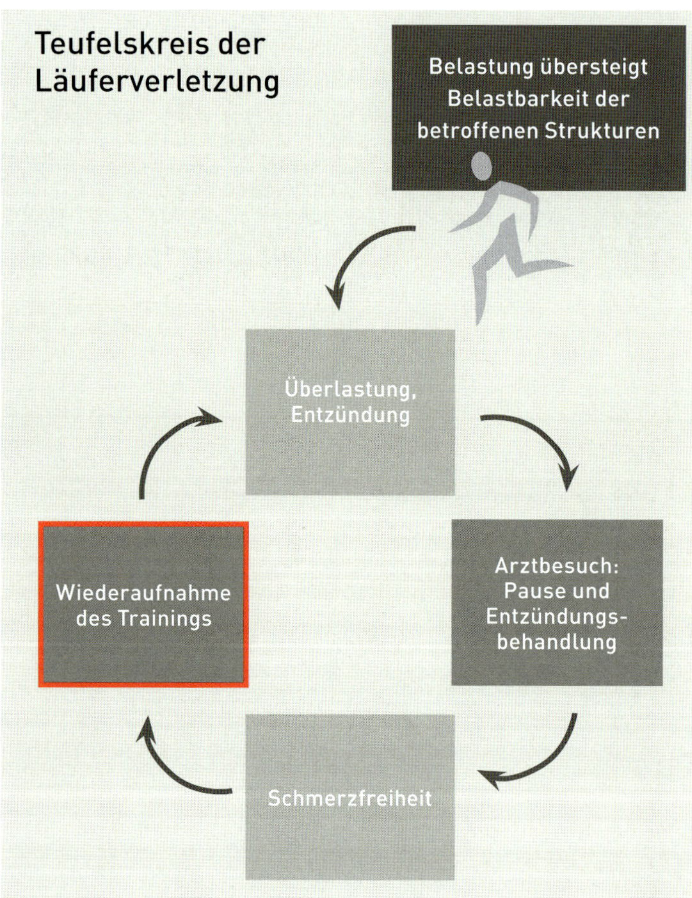

Symptombekämpfung

Mit ihren Schmerzen humpeln die meisten Läufer zum Arzt. Dieser behandelt den Überlastungszustand mit antientzündlichen Medikamenten: Tabletten, Salben und Spritzen drängen den Reizzustand zurück. Dazu verordnet der Arzt meist eine Laufpause, damit sich das Geschehen beruhigt. So werden Sie in mehr oder weniger kurzer Zeit wieder gesund und schmerzfrei. Die Brücke wurde schnell und dürftig ausgebessert, Sie können sie also wieder benutzen – und starten ins Lauftraining. Damit kehrt die Belastung zurück. Eine Belastung, für die die Belastbarkeit zuvor schon nicht ausgereicht hatte – und an der Sie durch die Entzündungsbehandlung auch nichts geändert haben. Auch die notdürftig geflickte Brücke wird unter dem 7,5-Tonner wieder zusammenbrechen – sie ist nach wie vor nur für zwei Tonnen ausgelegt.

Ursachenbekämpfung

Selbst die beste Entzündungstherapie löst unsere Probleme also nicht dauerhaft. Es gibt eine einfache Lösung, wie Ihre Sehne schmerzfrei oder die Brücke ganz bleiben kann: Sie reduzieren die Belastung. Nur noch zwei Tonnen – Sie laufen also nur noch 20 statt 50 Kilometer pro Woche. Die Wahrscheinlichkeit, dass Sie beschwerdefrei werden, ist groß. Ein probater Lösungsansatz, der Ihnen aber nicht gefällt. Ich weiß – dennoch: Es funktioniert. Weniger Kilometer bedeuten weniger Beschwerden. Wir suchen aber lieber einen anderen Weg. Schließlich wollen Sie einem der schönsten Hobbys der Welt nachgehen. Und einem der gesündesten noch dazu!

Wenn Sie weiterhin 50 statt 20 Kilometer pro Woche laufen wollen, dann bleibt nur diese eine Möglichkeit: Sie müssen die Belastbarkeit erhöhen! Es müssen kräftigere Brückenpfeiler her. Für die Läufer gesprochen: Wenn die Belastbarkeit Ihres Bewegungsapparates größer geworden ist, dann können Sie künftig die Laufbelastung aushalten, ohne dass Ihr Knie schmerzt. Das ist Ihr Ziel! Sie wollen die Belastbarkeit Ihres Körpers erhöhen, ihn fit machen für Ihre Ziele.

Gesund und verletzungsfrei laufen

Dass Freizeitläufern früher oder später das Knie oder die Achillessehne wehtut, ist – wie wir nun wissen – relativ wahrscheinlich. Auch ich lief früher von einer Verletzung in die nächste. Auf der Grundlage dieser Erfahrungen und meiner medizinischen Ausbildung habe ich mein Konzept entwickelt: Es greift dem orthopädischen Risiko der Läuferverletzung voraus, indem stets die Steigerung der Belastbarkeit vor der Belastungssteigerung steht. In diesem Buch möchte ich Ihnen dieses Trainingskonzept vorstellen. Sie werden leichter und schneller laufen und dabei belastbar und verletzungsfrei bleiben. Mein Ansatz ist ganzheitlich ausgerichtet, er umfasst weit mehr als eintönige Laufeinheiten: nämlich eine ganze Reihe von Bausteinen, mit denen Sie als Läufer Ihre Form ausbauen und verbessern können und sollten, damit Sie verletzungsfrei bleiben. Die einzelnen Bausteine, wie zum Beispiel mein Trainingssystem oder die Laufschuhversorgung, bauen aufeinander auf und funktionieren nur im Zusammenspiel. Die beste orthopädische Sporteinlage nützt wenig, wenn sie im Laufschuh drückt. Was hilft der ausgeklügelste Trainingsplan, wenn man sich mit einer schlechten Technik bei jedem Schritt selbst bremst? Was hilft die Tablette vom Arzt, wenn die Sehne sich aufgrund von Fehlbewegungen immer wieder neu entzündet?

Grundsätzlich gilt also: Vorbeugen ist besser als heilen. Wer sich rechtzeitig mit seiner Lauftechnik, seinem Training und seinem Material befasst, wird dauerhaft Freude am Laufen haben.

Ein leichteres Laufgefühl

Mein Trainingssystem hilft auch ganz besonders denen, die beim Laufen keine Leichtigkeit entwickeln. Kennen Sie das Gefühl, am Boden zu kleben? Laufen ist für viele leider reine Anstrengung, etwas, wozu sie sich tagtäglich durchringen müssen. Sie schleppen sich schwerfällig dahin und bewundern die Grazie, mit der andere Läufer an ihnen vorbeifliegen. Ein technisch sauberer Bewegungsablauf ist die Grundvoraussetzung für die erfolgrei-

1

Warum können Profis verletzungsfrei laufen und ich nicht?

Profiläufer trainieren bis zu 240 Kilometer pro Woche – ohne Probleme zu bekommen. Keine entzündeten Kniesehnen, keine Bandagen. Das hingegen kennen Sie als Freizeitsportler. Viele Läufer können keine 30 Kilometer in der Woche laufen, weil sie sonst Schmerzen bekommen. Es ist nur logisch, dass da spekuliert wird: Gibt es geheime Mittelchen? Haben die Spitzensportler bessere Schuhe? Wo liegt der Trick?

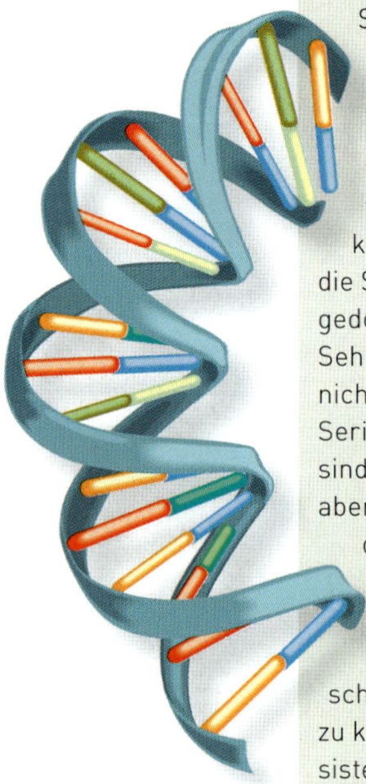

Es tut mir leid: Die Lösung ist relativ einfach, unspektakulär und je nach Betrachtungsweise etwas demotivierend. Es gibt kein Medikament, auch kein illegales, das die Sehnen belastbarer macht. Im Gegenteil, gedopte Sportler sind eher noch anfälliger für Sehnenentzündungen. Auch das Schuhwerk ist nicht der entscheidende Faktor. Meist sind es Serienmodelle, die gelaufen werden. Allenfalls sind sie auf den Fuß des Profis zugeschnitten, aber die Technologien sind die gleichen. Da hat der Profi Ihnen nichts voraus.

Die Lösung liegt bei den Eltern: Genetik und Talent. Das sind die alles entscheidenden Faktoren. Das Talent, viel laufen zu können und dabei eine hohe Verletzungsresistenz zu behalten. Und die genetische Grundausstattung, die von Mensch zu Mensch verschieden ist. Einige leiden in ihrem Leben nie an einer Nasennebenhöhlenentzündung, andere bekommen sie am laufenden Band. Bei einigen bilden sich schon in jungen Jahren Krampfadern, andere bleiben für immer verschont. Einige laborieren häufiger an einer Achillessehnenentzündung, andere nie.

So einfach? Ja. Zusätzlich findet auf dem Weg an die Spitze eine harte Selektion der Sportler statt. Zunächst einmal bedarf es eines läuferischen Grundtalents. Eliteläufer würden den Marathon ohne Training in unter drei Stunden absolvieren! Wenn diese Athleten mit dem Training beginnen und bereits bei einem Wochenumfang von 80 Kilometern (so viel bin ich übrigens noch nie gelaufen!) Probleme bekommen, dann sind sie für weitere Kader und Auswahltrainings schon nicht mehr interessant. Der Leistungssport ist ein hartes Geschäft.

Über die Verletzungsresistenz wird weiter gesiebt. Ein Eliteläufer muss 150 bis 250 Kilometer pro Woche vertragen können. Das halten die wenigsten aus. Es entscheidet weiterhin das Koordinationstalent, also die Fähigkeit, eine effektive, ökonomische Bewegung umzusetzen. In den Wettkämpfen werden dann auch psychische Fähigkeiten wie Durchsetzungsvermögen und Stressresistenz immer wichtiger. Ebenfalls ein entscheidender Faktor ist das Immunsystem. Wer permanent erkältet ist, kommt nicht zu Topleistungen.

Sie sehen: Die Profis haben keinen Trick, sondern sind eine elitäre Auswahl der verletzungsresistentesten und leistungsfähigsten Menschen unserer Zeit. Sie hatten einfach viel Glück mit ihren Erzeugern. Kein Grund zu verzweifeln, wenn man nicht dazugehört. Sie werden in diesem Buch vom Know-how der Profis profitieren. Denn wie in der Formel 1 werden natürlich auch in anderen professionell betriebenen Sportarten alle Möglichkeiten ausgeschöpft, um einen Vorteil zu erlangen.

Sie haben wahrscheinlich nicht diese genetische Ausstattung. Sie haben vielleicht nicht ganz so viel Talent. Ich auch nicht! Aber statt diese Tatsache als Schicksalsschlag zu betrachten und sich für diese Ungerechtigkeit zu bemitleiden, nehmen Sie die Herausforderung an, Ihre Ausübung des Laufsports zu optimieren. Sie lösen Ihre Probleme und laufen so gut und so leicht wie möglich!

»Die Motivation ist das Zünglein an der Waage. Im Sport setzt man sie manchmal mit geistiger Zähigkeit gleich – wie könnte man sonst die zahlreichen Vorfälle in jeder Saison erklären, bei denen eine Mannschaft eine andere verdientermaßen besiegt, doch ein paar Wochen später vom Verlierer niedergerungen wird? Fast immer schlägt die Motivation das große Talent.«

Norman R. Augustine (*1935), amerikanischer Topmanager

» Mein Trainingskonzept lässt Sie das Laufen neu erleben. «

che Ausübung einer Sportart – dies gilt für das Rudern, das Schwimmen, das Reiten und auch für das Laufen. Eigentlich selbstverständlich, oder? Beim Laufen wird das nur leider viel zu oft vergessen. Eine gute Technik eröffnet Ihnen neue Horizonte: Sie laufen leichter, lockerer und flüssiger an Ihr Ziel. Gesundheitsschutz und mehr Leichtigkeit lassen sich also ganz elegant miteinander verbinden, ein idealer Bewegungsablauf macht Sie nebenbei sogar schneller. Mit einer effektiven Technik können Sie mehr Kilometer absolvieren, ohne sich dabei zu verletzen.

Jeder einzelne Baustein meines Konzepts wird Ihr persönliches Ziel greifbarer machen – ob es sich um den Einstieg in ein regelmäßiges Training, den ersten Volkslauf, Ihre Marathonpremiere oder die neue Bestzeit handelt. Auf geht's!

» Laufen Sie schneller, leichter und verletzungsfrei. «

MARQUARDT RUNNING: Die Bausteine

Grundlagen des Athletiktrainings Kap. 5
Perfekt ausgebildete motorische Grundeigenschaften: Erfahren Sie, was alles dazugehört!

Trainingsplanung Kap. 4
Sie wollen zielgerichtet, effektiv und gesund trainieren? Ich erkläre Ihnen, wie!

Das Trainingssystem Kap. 6
Mit Köpfchen zum Erfolg: Abwechslung, bessere Zeiten und ein sicheres Finish – dieses Trainingssystem ist orthopädisch verträglich und höchst effektiv!

Trainingssteuerung Kap. 3
Methoden zur Trainingssteuerung gibt es so viele wie Läufer im Stadtpark. Ich zeige Ihnen, was sich bei Pulsmessung, Trainingsbereichen und Co. für Sie lohnt.

Verletzungsmanagement Kap. 15
Verletzungen sind ärgerlich – und vermeidbar. Lernen Sie, sich zu schützen – und zu handeln, sollte es Sie doch erwischt haben.

Wettkampf Kap. 7
Zu einem gesunden und glücklichen Zieleinlauf gehört mehr als ein Glücksbringer und die Zähne zusammenzubeißen: Ob 10 oder 42 Kilometer – ich bereite Sie optimal vor.

Ausgleichssport Kap. 9
Gehen Sie fremd: Ob mit dem Rennrad oder dem Stepper – Ausgleichssport schützt Sie vor Verletzungen und Eintönigkeit beim Training! Seien Sie kreativ!

Einlagenversorgung Kap. 12
Manche Probleme bekommt auch ein technisches Meisterwerk wie Ihr Fuß nicht in den Griff. Lernen Sie, wann es sich lohnt zu korrigieren und welche Alternativen Sie haben.

Laufbekleidung Kap. 13
Moderne Laufkleidung hat so viele Funktionen wie Aufgaben – und sehr viel Schnickschnack. Was brauchen Sie wirklich?

Laufschuh Kap. 10
Trotz Asphalt und Pflastersteinen: Ihre Füße sollen so natürlich arbeiten wie möglich. Wir finden den idealen Schuh für Sie!

Bewegungsanalyse Kap. 11
Sie wollen mit dem Laufen beginnen, wissen aber nicht, welchen guten Ratschlägen Sie folgen sollen? Dann lassen Sie sich von einem Profi unter die Lupe nehmen!

Ernährung Kap. 14
Sporternährung ist mehr als Nudeln satt: Eine sportgerechte Ernährung macht Sie leistungsstärker, zufriedener und schlank. Ich zeige Ihnen, was schmeckt!

Regeneration Kap. 8
Besser wird nicht, wer am meisten trainiert: Die richtige Mischung aus Belastung und Erholung macht's! Die Regeln der effektiven Regeneration sollte jeder Läufer beherrschen.

Lauftechnik Kap. 2
Erlernen Sie einen ökonomischen und athletischen Laufstil: Mein 4-Punkt-Modell macht Sie zur leichtfüßigen Grazie. Ab jetzt überholen Sie!

1

Sportgesundheit

Die Canadian Society for Exercise Physiology hat einen Fragebogen[3] erstellt, der sich an alle richtet, die ein sportliches Training aufnehmen wollen. Dieser Fragebogen wird von sportärztlichen Verbänden und Organisationen Amerikas empfohlen und in leichter Abwandlung auch in Deutschland angewendet. Generell sollten alle Personen jenseits des 60. Lebensjahres einen Arzt konsultieren, bevor sie mit dem Training starten. Menschen, die jünger als 60 Jahre sind, sollten dann einen Arzt aufsuchen, wenn sie eine der folgenden sieben Fragen mit Ja beantworten:

	Ja	Nein
→ Hat Ihnen jemals ein Arzt gesagt, Sie hätten »etwas am Herzen«, und Ihnen nur unter medizinischer Kontrolle Bewegung und Sport empfohlen?	☐	☐
→ Hatten Sie in den letzten Monaten Schmerzen in der Brust, in Ruhe oder bei körperlicher Belastung?	☐	☐
→ Haben Sie Probleme mit der Atmung, in Ruhe oder bei körperlicher Belastung?	☐	☐
→ Sind Sie jemals wegen Schwindel gestürzt oder haben Sie schon einmal das Bewusstsein verloren?	☐	☐
→ Haben Sie Knochen- oder Gelenkprobleme, die sich unter körperlicher Belastung verschlechtern?	☐	☐
→ Hat Ihnen jemals ein Arzt ein Medikament gegen Bluthochdruck oder wegen eines Herz- oder Atemproblems verschrieben?	☐	☐
→ Kennen Sie darüber hinaus irgendeinen Grund, warum Sie nicht sportlich aktiv sein sollten?	☐	☐

In Anlehnung an: Canadian Society for Exercise Physiology. 2002. PAR-Q, Physical Activity Readiness Questionnaire der Canadian Society for Exercise Physiology (empfohlen von der American Heart Association und American College of Sports Medicine)

INTERSPORT

Kapitel 2

Lauftechnik

Laufen kann jeder?

Sie laufen ungefähr seit Ihrem ersten Lebensjahr – Ihre Vorfahren dazugerechnet, laufen Sie sogar seit Jahrtausenden. Die Beine dienen der Fortbewegung: Seit wir uns von den Bäumen herabgelassen haben, ist Laufen die natürlichste Bewegung der Welt. Ihre Ahnen waren bis zu 40 Kilometer am Tag zu Fuß unterwegs. Und Kinder sind auch heute noch den ganzen Tag auf den Beinen – wenn man sie lässt. Wenn Sie doch damit aufgewachsen sind – warum sollten Sie als Erwachsener diese Bewegung nochmals erlernen? Die vermeintliche Natürlichkeit unseres heutigen Laufens in allen Ehren – ich möchte noch einmal darauf hinweisen, dass fast jeder Zweite, der dieses Buch in der Hand hält, durch irgendwelche Verletzungsproblemchen geplagt wird und dafür eine Lösung sucht. Die andere Hälfte wünscht sich wahrscheinlich mehr Leichtigkeit und Effizienz – Laufen soll keine Schinderei sein, sondern Spaß machen. Das sind zwei mehr als berechtigte Gründe, sich mit der Technik des Laufens auseinanderzusetzen – denn ganz so selbstverständlich ist Laufen eben doch nicht.

Laufen im Zivilisationszeitalter

Was für Ihre Vorfahren selbstverständlich war, ist es heute nicht mehr. Die Lebensbedingungen haben sich in den letzten Jahrhunderten rasant gewandelt, besonders im zwanzigsten, und so sehen die täglichen Anforderungen an Erwachsene und Kinder heutzutage ganz anders aus als früher. Die Evolution verläuft in großen Zeitfenstern von Tausenden von Jahren. Bis sich also eine Art an veränderte Umweltbedingungen angepasst hat, muss über viele Generationen eine Selektion der bestangepassten Lebewesen stattgefunden haben. Beim Menschen war das in den letzten Generationen schwierig: Wir wurden mit unserem an Steinzeitbedingungen angepassten Körper quasi direkt in unser modernes Computerzeitalter gebeamt. Probleme gibt es nun zuhauf: von der Zuckerkrankheit über den Herzinfarkt und Rückenschmerzen bis hin zu Läuferproblemen. Hauptverantwortlich für einen empfindlichen und leistungsschwachen Bewegungsapparat ist unser Sitzmobiliar, genauer: der Stuhl. Sie sitzen den ganzen Tag – vom Frühstückstisch aufgestanden setzen Sie sich ins Auto oder in den Bus, um sich dann auf dem Bürostuhl, später am Mittagstisch und abends auf dem Sofa niederzulassen. Diese Anpassungsprozesse an unsere sitzende Grundhaltung sorgen zum Beispiel für eine schwache Gesäßmuskulatur – und das wirkt sich auf Ihre Haltung und Ihren Laufstil aus. Wenn Sie künftig nur noch barfuß laufen, täglich körperliche Arbeit leisten und nur noch zu Fuß unterwegs sind, wenn Sie keine Stühle mehr benutzen und sich in Zukunft ausschließlich auf Waldboden, Rasen und Sand bewegen, dann brauchen Sie nicht weiterzulesen. Dann klappt das Laufen quasi von allein – wie früher. Nur leben Sie eben nicht mehr in einer solchen Welt. Trotzdem wollen Sie Ihre Gelenke nicht durch falsche Bewegungsmuster und Instabilitäten belasten? Ich verstehe das gut und mache Ih-

» Effizienz und Leichtigkeit: Mit der richtigen Technik laufen Sie unbeschwert. «

nen einen Vorschlag: Machen Sie das ganze Dilemma einfach rückgängig! Kehren Sie zurück zu einem natürlichen Laufstil. Ein Stil, der Ihre Gelenke nicht belastet, der Freude an der Bewegung und Athletik vermittelt und der Sie schneller macht.

Jeder läuft anders – einige besser: eine Frage der Technik

Es gibt sehr unterschiedliche Arten, sich laufend fortzubewegen. Ein Blick auf die Jogger in den Stadtparks, auf die Starterfelder der großen Marathons oder Ihren Kollegen beim Lauftreff bestätigt dies rasch. Sie müssen kein Trainer oder Bewegungsanalyst sein, um den Unterschied zwischen einem Laufprofi und einem Hobbysportler zu erkennen – Sie sehen, wer jahrelang an seinem Bewegungsablauf gefeilt hat und wer vorsichtig seine ersten Runden dreht. Ein gesundes Empfinden für Ästhetik und Bewegungseleganz lässt Sie sofort erkennen, wer gewandt und graziös seinem Ziel entgegenstrebt und wer sich beschwerlich über den Asphalt schleppt. Interessanterweise können Sie dieses Phänomen längst nicht nur beim Laufen beobachten: Schauen Sie doch einmal über den Tellerrand des Laufsports hinüber zu den Schwimmern. Erinnern Sie sich an den letzten Besuch im Hallenbad? Da konnten Sie diverse Leute sehen, die es gelernt haben, sich irgendwie über Wasser zu halten und mühsam ihre Bahnen abzuarbeiten. Vergleichen Sie das Bild doch einmal mit einer Elite-Schwimmerin wie Britta Steffen. Sie gleitet durchs Wasser, sie kämpft nicht dagegen an. Sie hat einen perfekten Bewegungsablauf, der sie effektiv und

2

scheinbar mühelos ihre Bahnen ziehen lässt. Mit dieser Leichtigkeit hat sie ihre Rekorde erzielt – nicht mit brachialer Gewalt.

Für eine gute Technik ist es nie zu spät

Wissen Sie, was mich stört? Wenn mir Läufer vorhalten, sie liefen schon so lange, sie wären schon so alt – jetzt noch etwas an der Lauftechnik zu ändern, das brächte doch nichts! Wie alt sind Golfspieler im Durchschnitt? Wer steht auf dem Übungsplatz und feilt an der richtigen Technik für den Abschlag? Ganz genau: Erwachsene. Golfspieler sind ein Beispiel dafür, dass Anfänger und Fortgeschrittene sich besonders in einem unterscheiden: in ihrer Technik – nicht dagegen durch ihr Alter! Die Driving Range, der Abschlagübungsplatz, ist eigens dafür geschaffen, dass die Neulinge die richtige Technik lernen – bevor sie den Golfplatz überhaupt betreten dürfen! Auch der Tennisspieler ist ein Paradebeispiel dafür, dass man zuerst die Technik erlernt und dann zu spielen

beginnt. Egal ob Golfer, Schwimmer, Tennisspieler oder Leichtathlet: Anscheinend werden überall Trainer bemüht, den Sportler in der optimierten Technik und im richtigen Bewegungsablauf zu unterrichten.

Trainer haben einen Sinn

Jeder, der eine Sportart ernsthaft betreiben will, sollte einen Trainer konsultieren – und das hat gute Gründe. Zum einen kann man nur mit einer guten Technik eine gewisse Unbeschwertheit in einer Sportart erlangen – die wahre Freude am Sporttreiben! Zum anderen verstellt man sich ohne technische Grundausbildung von vornherein den Weg, jemals gute Leistungen zu vollbringen. Und es wäre schade, wenn Sie immer allen anderen hinterherliefen, nur weil Sie Ihre Bewegungsfähigkeiten nicht ausschöpften. Nicht zuletzt hat jede Sportart typische Verletzungsmuster, die in erheblichem Ausmaß mit mangelhaften technischen Fähigkeiten zusammenhängen. Den schlechten Schwimmer quält die Schwimmerschulter, den unausgebildeten Tennisspieler der Tennisarm – den technisch wenig versierten Läufer das Läuferknie. Die gute Nachricht: Unter entsprechender Anleitung und mit etwas Übung ist eine gute Technik leicht zu erlernen.

Lernen Sie laufen!

Halten wir vorerst fest: Bewegungsabläufe können Sie lernen. In jeder Disziplin ist der Mensch in der Lage, neue Techniken und Bewegungsfolgen zu erlernen und umzusetzen – beim Golfen, beim Schwimmen und beim Tennisspielen. Der Verdacht liegt folglich nahe, dass auch die Leichtathleten, die so unbeschwert laufen, einmal diese Technik erlernt haben. Um es zu betonen: Genau so ist es. Sie können Laufen lernen, um leicht und locker die Laufeinheiten zu genießen, sich alle Leistungsreserven zu erschließen und sich nicht durch das Läuferknie oder ähnliche Zipperlein verärgern zu lassen. Nutzen Sie Ihr ganzes Potenzial, verbessern Sie Ihre Bewegungsmuster – oder glauben Sie, alle Golfspieler vertreiben sich auf der Driving Range nutzlos ihre Zeit? Natürlich nicht!

Der Bewegungsablauf im Detail

Laufen ist kein schnelles Gehen

Kennen Sie die olympische Disziplin »Gehen«? Die Schiedsrichter, die über die korrekte Technik urteilen sollen, haben es nicht leicht, denn im Wettkampf nur sehr schwer zu erkennen ist die Grenze, die die Gehbewegung von der Laufbewegung unterscheidet: die Flugphase. Für Geher ist sie ein Regelverstoß, für Läufer dagegen ganz wesentlich: Mithilfe der Flugphase, in der beide Füße in der Luft sind, kommen Läufer schneller und leichter vorwärts – für Sie die Möglichkeit, vom Boden abzuheben und ein Stück weit zu fliegen! Laufen ist also – und das ist für die weitere Betrachtung des Themas Lauftechnik wichtig – kein schnelles Gehen.

Das Phasenmodell

Um die Laufbewegung analysieren zu können, zerlegen wir den Bewegungsablauf und teilen ihn anhand eines Phasenmodells in verschiedene Phasen ein. Vergegenwärtigen Sie sich zunächst den Ablauf des Gehens: Beim Gehen hat immer mindestens ein Fuß Bodenkontakt, am Anfang und am Ende eines Schrittes berühren sogar kurzzeitig beide Füße den Boden. Wenn Sie gehen, stützt Sie immer ein Bein, während das andere durch die Luft nach vorn zum nächsten Schritt schwingt. Hier kann man also die Unterteilung in eine Stütz- und eine Schwungphase vornehmen. Die Grafik unten veranschaulicht den Bewegungsablauf des Gehens.

Bewegungsablauf beim Gehen

❶ Bodenkontaktphase (Initial Contact): Die Ferse berührt den Boden, der Fuß kippt nach unten. Beide Füße haben Bodenkontakt.

❷ Landephase (Loading response): Das Gewicht wird auf das Standbein verlagert, der Stoß wird gedämpft. In dieser Phase ist die Muskelaktivität am höchsten. Beide Füße haben Bodenkontakt.

❸ Mittelstütz (Mid Stance): Das gesamte Körpergewicht ist auf dem Standbein, die Wadenmuskulatur kontrolliert die Vorwärtsbewegung.

❹ Abdruckphase (Terminal Stance): Die Ferse hebt vom Boden ab, der Körperschwerpunkt befindet sich in dieser Phase weit vor der Standfläche.

❺ Schwungphase (Initial Swing): Der Fuß löst sich vom Boden, der Unterschenkel folgt der vom Oberschenkel eingeleiteten Vorwärtsbewegung.

Beim Laufen verhält es sich – wie einführend schon bemerkt – anders als beim Gehen: Während der Laufbewegung ist entweder ein oder kein Fuß auf dem Boden. Laufen ist nämlich eine Aneinanderreihung von Einbeinständen und Flugphasen. Je schneller der Läufer läuft, desto kürzer wird die Einbeinstandphase und umso länger die Flugphase. Aber auch beim Laufen kann man eine Stütz- und eine Schwungphase ausmachen, beide Phasen lassen sich jeweils in eine vordere und eine hintere unterteilen.[1] Noch genauer wird es, wenn man die Stützphase in drei Abschnitte unterteilt: in die Landephase, die eigentliche Stützphase und die Abstoßphase. Ebenso kann man die Schwungphase in drei Abschnitte gliedern: in eine frühe, eine mittlere und eine späte Schwungphase (siehe Grafik unten).[2] Die Tabelle rechts fasst den Unterschied zwischen dem Gehen und dem Laufen zusammen – vor allem auf den letzten Punkt, den Fußaufsatz, kommen wir später noch ausführlich zu sprechen.

Das Phasenmodell

Stützphase

Vordere Stützphase		Hintere Stützphase
Landephase	**Mittelstütz**	**Abstoßphase**
Der Fuß landet leicht supiniert, flach auf dem Boden. Der Aufsatz erfolgt dicht vor dem Körperschwerpunkt. Die Muskulatur ist vorgespannt und bereit, das Körpergewicht abzufedern.	Der Fuß proniert und hat vollständigen Bodenkontakt. Das gesamte Körpergewicht lastet auf dem Standbein. Das Knie ist in dieser Phase am stärksten gebeugt und belastet.	Durch die Streckung im Knie und Hüftgelenk entwickelt sich die Schrittlänge. Bei hohem Tempo erfolgt bei fast vollständiger Streckung im Hüftgelenk der Abdruck vom Boden.

» Laufen ist ein Stück weit Fliegen. «

Gehen und Laufen im Vergleich

	Gehen	Laufen
Phasen	Stütz- und Schwungphase	Stütz- und Schwungphase mit Flugphase
Verhältnis Stütz-/Schwungphase	60/40	50/50 (und kleiner)
Spurbreite	breiter	schmaler
Stoßkräfte (Landung)	1- bis 1,5-Faches des Körpergewichts	2- bis 3-Faches des Körpergewichts
Stoßkräfte (Abdruck)	1- bis 1,5-Faches des Körpergewichts	3,5- bis 5-Faches des Körpergewichts
Fußaufsatz	immer mit der Ferse (Rückfuß)	mit dem Vorder-, Mittel- oder Rückfuß

Schwungphase

Hintere Schwungphase	Vordere Schwungphase

Früher Schwung

Die Flugphase beginnt. Das Schwungbein wird in Knie- und Hüftgelenk gebeugt, um den Vorschwung einzuleiten. Es wird dadurch eine kompakte Einheit gebildet, die sich leichter vorwärtsbewegen lässt.

Mittlerer Schwung

Der Unterschenkel folgt der Vorwärtsbewegung des Oberschenkels und stellt sich bei mittlerem Tempo etwa bodenparallel ein, bevor der Fuß dann unter dem Körperschwerpunkt hindurch nach vorn schwingt.

Später Schwung

Der Unterschenkel schwingt am Ende dieser Phase nach vorn (Auspendeln) und wird dann je nach Tempo und technischer Ausbildung kurz vor dem Aufsatz wieder in Richtung Körperschwerpunkt zurückbewegt (Unterschenkelrückschwung).

Das 4-Punkt-Modell

Das Phasenmodell beschreibt den Bewegungsablauf beim Laufen in der Theorie sehr detailliert. In der Praxis ist es jedoch relativ schwierig, die verschiedenen Phasen voneinander abzugrenzen. Wir wollen es nicht unnötig kompliziert machen – schließlich sollen Sie möglichst schnell mit der Lauftechnik vertraut werden und sich am Laufen erfreuen können. In meinem Bewegungsanalyselabor habe ich deswegen ein alternatives Modell entwickelt, das sich an vier Punkten der Laufbewegung orientiert. Sie müssen also nicht länger auf sechs schwer definierbare Phasen achten, sondern lediglich auf vier Punkte! Die Grafik unten veranschaulicht das 4-Punkt-Modell. Da das Phasen- und das 4-Punkt-Modell ein und denselben Bewegungsablauf beschreiben, gibt es natürlich Überschneidungen zwischen diesen beiden Modellen, vor allem in der Stützphase – dies wird in der Grafik auf der rechten Seite deutlich.

Das 4-Punkt-Modell

Stützphase

1. Fußaufsatz

Der Oberkörper ist aufgerichtet und nur minimal vorgeneigt. Der Fuß setzt flach auf dem Boden auf, die Fußgewölbe fangen den Stoß ab. Der Unterschenkel steht nahezu senkrecht unter dem leicht gebeugten Knie. Durch die Beugung ist das Knie muskulär gestützt und kann leicht federn – das verringert die Stoßkräfte.

2. Stütz

Knie- und Hüftgelenk des Standbeins fangen das volle Körpergewicht ab. Dabei stabilisiert die Oberschenkelmuskulatur das Knie. Auch der Fuß arbeitet mit: Die muskuläre Spannung sorgt einerseits für Dämpfung, andererseits stützen und führen die gleichen Muskeln den Sprunggelenkbereich. Der Oberkörper ist leicht vorgeneigt.

» Je natürlicher Sie laufen wollen, desto flacher berührt Ihr Fuß den Boden. «

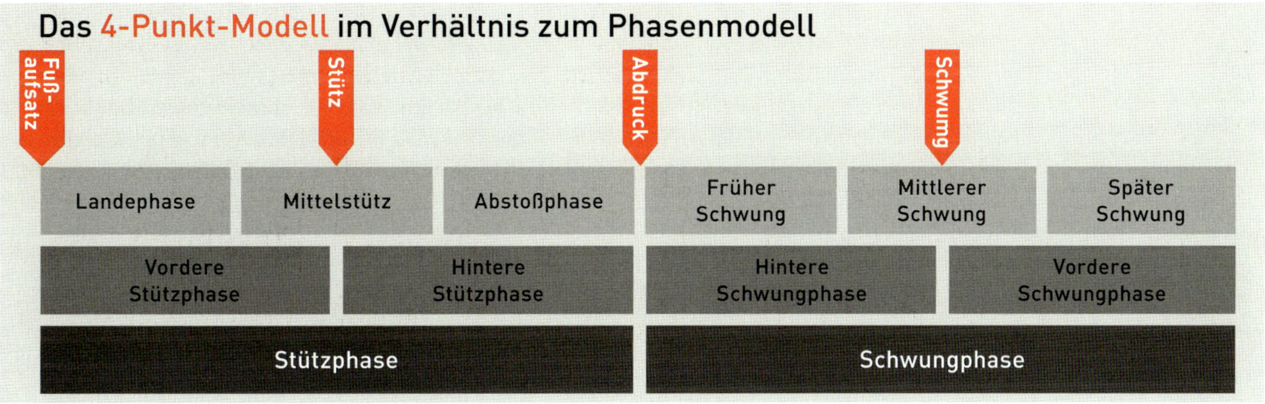

Schwungphase

3. Abdruck

Das stützende Bein streckt sich wieder. Bei hohem Tempo ist in der Endphase die Hüfte so weit wie möglich und das Knie fast gestreckt. So erreicht die Läuferin eine maximale Schrittlänge. Mit einem kräftigen Abdruck aus der Wadenmuskulatur löst sich die Ferse dynamisch vom Boden.

4. Schwung

Nach dem dynamischen Abdruck wird das hintere Schwungbein angehoben. Idealerweise wird es bodenparallel geführt und erleichtert damit den Vorschwung des Oberschenkels. Bei höherem Tempo wird der Unterschenkel über die Waagerechte angehoben.

2

Unterschiedliche Lauftechniken im Vergleich: der Fußaufsatz

Jetzt wissen Sie, worin der grundlegende Unterschied zwischen dem Laufen und dem Gehen besteht: Beiden Fortbewegungsformen liegen unterschiedliche Bewegungszyklen zugrunde. Auch die Stoßkräfte bei Landung und Abdruck sind beim Laufen deutlich höher als beim Gehen (Seite 33).

Weiterhin haben Sie einen ersten Blick auf die Lauftechnik werfen können. Ist Ihnen dabei etwas aufgefallen? Es gibt außer der Flugphase nämlich noch einen weiteren wichtigen Unterschied zwischen dem Gehen und dem Laufen: den Fußaufsatz. Beim Gehen kommen Sie in der Regel mit der Ferse auf dem Boden auf – unsere Model-Athletin kommt jedoch mit dem flachen Fuß auf. Warum sie das tut? Weil Laufen kein schnelles Gehen ist – je natürlicher Sie laufen wollen, desto flacher berührt Ihr Fuß den Boden. Abrollen hat etwas mit Gehen, aber nichts mit dem Laufen zu tun.

Landung auf der Ferse

Landung auf dem Vorfuß

Landung auf dem Mittelfuß

So individuell jeder Läufer auch sein mag, im Wesentlichen kann man zwischen drei verschiedenen Lauftechniken unterscheiden. Das Augenmerk gilt dabei dem Fußaufsatz: Läufer landen entweder auf dem Vorfuß, dem Mittelfuß oder auf der Ferse. Eine Beschreibung dieser drei verschiedenen Lauftechniken anhand des 4-Punkt-Modells und eine Übersicht über ihre Vor- und Nachteile finden Sie auf der folgenden Doppelseite!

Die Landung auf der Ferse

Was ist dabei, wenn Sie so laufen? Gut, es ist der Stil der Laufanfänger, aber ist es nicht vollkommen in Ordnung, auf diese Weise seine Runden zu drehen? Nun, es gibt eine ganze Reihe von Überlegungen und Analysen zum Fersenlauf, die jedoch allesamt theoretisch sind. Um diese besser nachvollziehen zu können, testen Sie am besten selbst – Sie sollen mir gar nicht blind vertrauen, sondern lieber eigene Erfahrungen machen: Ziehen Sie dazu einfach Ihre Schuhe und Socken aus und hüpfen Sie wie beim Seilspringen auf der Stelle – aber landen Sie dabei auf der Ferse! Der Bewegungsablauf beim Laufen besteht aus Sprüngen, Sie springen vom rechten Bein aufs linke und wieder auf das rechte. Also springen Sie jetzt auch und setzen Sie den Fuß dabei mit der Ferse auf. Es fährt Ihnen buchstäblich durch Mark und Bein, stimmt's? Wenn man das Ganze exzessiv durchführt, ist es gerade für den Kopf sehr unangenehm, die Stöße zu ertragen. Das Gehirn ist unser wichtigstes Organ, das es zu schützen gilt, und hierfür hat der Körper einige Maßnahmen parat – wie Sie im nächsten Abschnitt sehen werden.

Die Landung auf dem Vorfuß

Springen Sie nun noch einmal auf der Stelle – aber dieses Mal so, dass es nicht unangenehm ist, einfach, wie Ihr Instinkt es Ihnen sagt. Das geht wunderbar, oder? Achten Sie auf Ihre Füße: Sie stoßen sich mit den Zehen ab und fangen mit dem Fuß den Stoß auch wieder auf. Außerdem sind die Knie immer leicht gebeugt und federn mit. Ganz von allein. Ihr Körper weiß, was ihm guttut. Die Fußgewölbe, die Gelenke und Muskeln, die Bandscheiben, die gebogene Form der Wirbelsäule – gemeinsam federn sie einen großen Teil der Stöße ab. Genial, oder? Eben das passiert beim aktiven Laufen auf dem Vorfuß: Der Bewegungsapparat dämpft die Stöße und verhindert so aktiv eine schädigende Belastung (mehr dazu ab Seite 60). Allerdings setzt das vollständige Abfedern der Laufbelastung über diese aktiven Strukturen eine ausgezeichnete Athletik voraus, die gerade der Laufeinsteiger nicht immer mitbringt. Und auch für den Geübten ist das Abfedern auf dem Ballen mitunter sehr kräftezehrend (Seite 66).

Die Landung auf dem Mittelfuß

Einen sinnvollen Kompromiss bietet der Mittelfußlauf, da Sie so die Nachteile des Vorfuß- und Fersenlaufens vermeiden können. Durch den flachen Fußaufsatz mit der Fußaußenkante bei leicht gebeugtem Knie wird die Stoßbelastung sinnvoll abgefedert, ohne die Wadenmuskulatur zu überlasten, da das Fersenbein in der Stützphase – anders als beim Vorfußlaufen – den Boden berührt. Die muskuläre Vorspannung der Unterschenkelmuskulatur durch den flachen Fußaufsatz erhält die Bewegungskontrolle im Knöchelbereich. So laufen Sie sicher. Und so lehre ich es seit vielen Jahren auf meinen Laufseminaren.

Der Laufschuh – das Problem des modernen Läufers?

Ihre Vorfahren liefen, wie Sie eben gesprungen sind: barfuß. Keine hochtechnologisierten Schuhindustrie-Produkte – nur das eigene Leder. Um es an dieser Stelle ganz deutlich zu sagen: Auch ich laufe in Schuhen. Ich will den Fortschritt nicht schlechtreden, sondern zu bedenken geben, dass die Natur so einfach nicht ausgetrickst werden kann. Schließlich kannte der Mensch bis vor wenigen Hundert Jahren keine versiegelten Flächen, es gab keine asphaltierten Straßen, sondern Sand, Gras und Waldwege. Diese Wege waren weich – heute dagegen sind wir nur noch auf glatten, steinharten Flächen unterwegs, egal ob in der Wohnung, auf dem Fußweg oder bei der Arbeit. Beton, Asphalt, Estrich – unsere Füße arbeiten plötzlich auf völlig unnatürlichen Bodenbelägen. Noch schwerer wiegt, dass wir uns ausschließlich in Schuhen fortbewegen. Schuhe, die unsere Füße einerseits schützen sollen, sie aber andererseits auch einzwängen und ihre natürliche Greiffunktion behindern. Das wohl größte Problem des modernen Läufers ist nämlich der Schuh! Hätten Sie das gedacht?

Der Körperschwerpunkt

Der Körperschwerpunkt ist ein fiktiver Punkt, der das schwerkraftbezogene Zentrum Ihres Körpers darstellt. An diesem Punkt angreifende externe Kräfte können die Rotationsbewegung des Körpers nicht beeinflussen, weil im Schwerpunkt der Hebelarm fehlt – dadurch kann kein zusätzliches Drehmoment ausgeübt werden.

Je nach Haltung verändert Ihr Körperschwerpunkt seine Position: Wenn Sie stehen, liegt er ungefähr auf Höhe des zwölften Brustwirbelkörpers, kurz vor der Wirbelsäule. Beugen Sie Ihren Oberkörper leicht nach vorn wie beim Laufen, so verlagert sich auch Ihr Körperschwerpunkt nach vorn. Übrigens: Bei extremen Bewegungen kann der Körperschwerpunkt sogar außerhalb des Körpers liegen: Wenn Sie sich beim sogenannten Fosbury-Flop im Hochsprung um die Latte herumbiegen, liegt ihr Körperschwerpunkt einige Zentimeter unterhalb der Latte!

2

Die Lauftechniken im Vergleich

Der Vorfußlauf

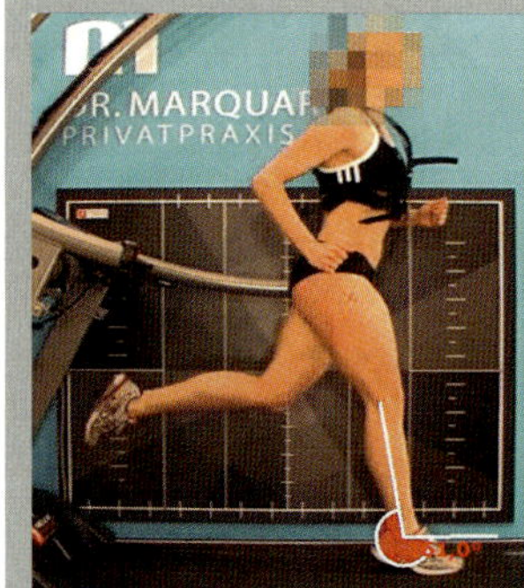

1. Aufsatz
- → Landung auf dem Vorfuß
- → Der Unterschenkel steht senkrecht oder holt noch leicht von vorn aus (Unterschenkelrückschwung).
- → Das Knie ist leicht gebeugt.

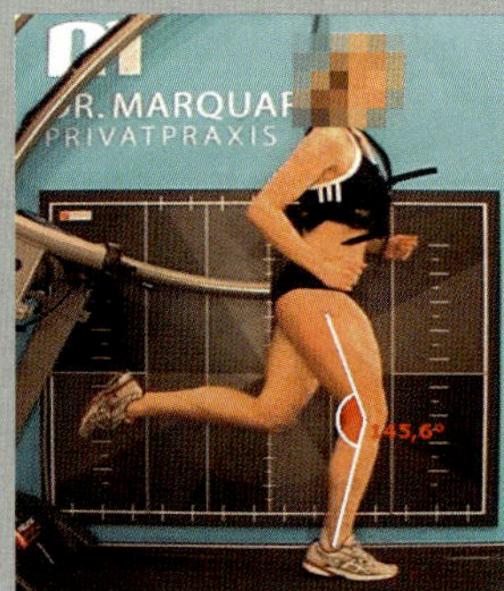

2. Mittlerer Stütz
- → Die Ferse berührt nicht den Boden.
- → Kniebeuge-Winkel: 20 bis 30 Grad

3. Abdruck
- → Die Schrittlänge hinter dem Körper ist lang.
- → Die Hüfte ist ideal gestreckt.

4. Schwung
- → Der Unterschenkel des Schwungbeins ist mindestens bodenparallel.

Der Vorfußlauf

⊕ aktiver Laufstil
⊕ Nutzung aller körpereigenen Dämpfungssysteme und dadurch Minimierung der Stoßbelastungen
⊕ Rückzugbewegung vor dem Fußaufsatz, effektive Schrittlänge vor dem Körperschwerpunkt bei hohem Tempo möglich

⊖ Die Wadenmuskulatur wird kontinuierlich hoch beansprucht.
⊖ Achillessehnenentzündung und Plantarfasciitis (Fersensporn) treten gehäuft auf.

Der Mittelfußlauf

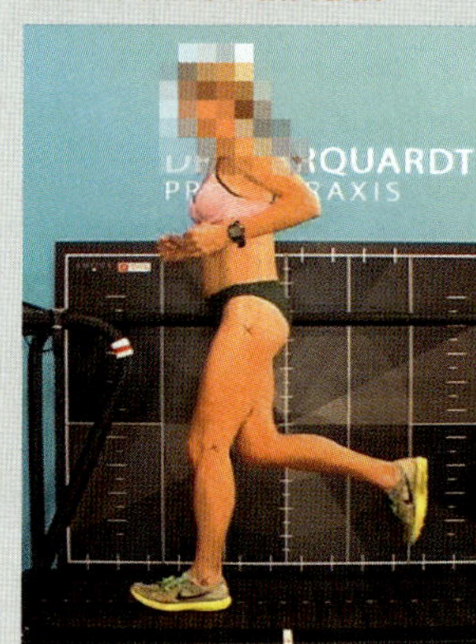

1. Aufsatz
- → Landung auf dem ganzen Fuß
- → Der Unterschenkel steht nahezu senkrecht.
- → Das Knie ist leicht gebeugt.

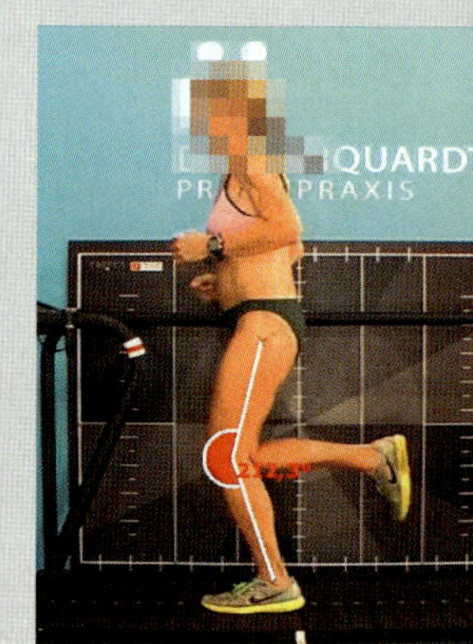

2. Mittlerer Stütz
- → Der Kniebeuge-Winkel ist klein: 30 bis 40 Grad.

Der Fersenlauf

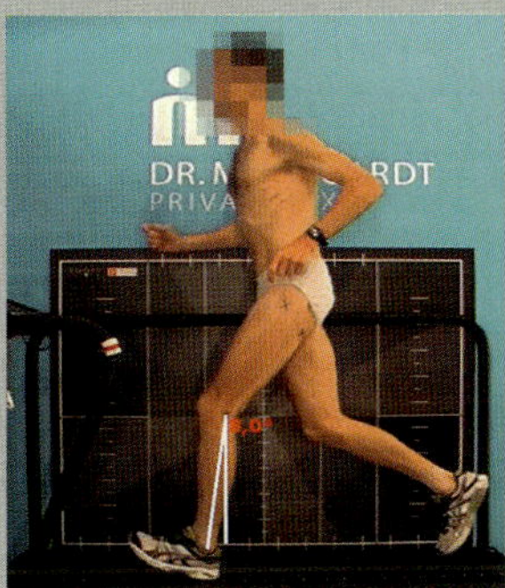

1. Aufsatz
→ Landung auf der Ferse
→ Der Unterschenkel-Winkel ist größer als 5 Grad.
→ Das Knie ist durchgestreckt.

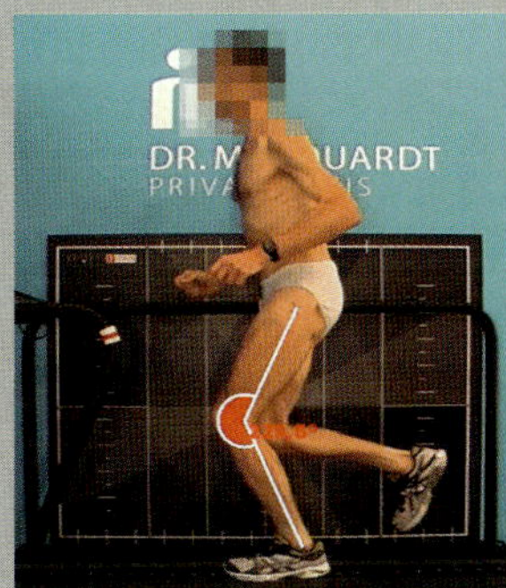

2. Mittlerer Stütz
→ Der Kniebeugewinkel ist zur Dämpfung nach dem harten Fußaufsatz oft vergrößert, unter Umständen sogar über 40 Grad.

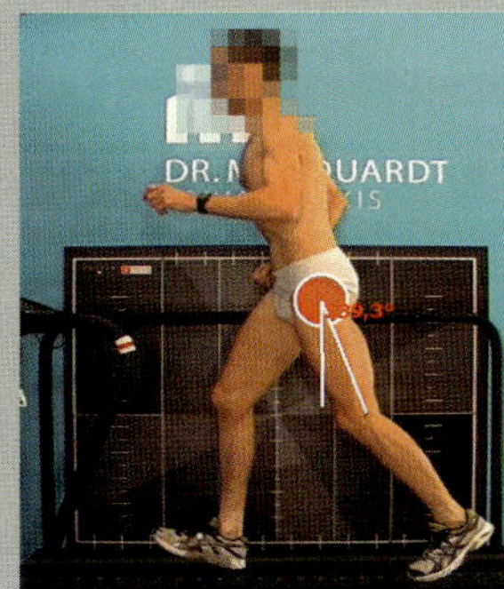

3. Abdruck
→ häufig: eine kurze Schrittlänge aufgrund unzureichender Hüftstreckung

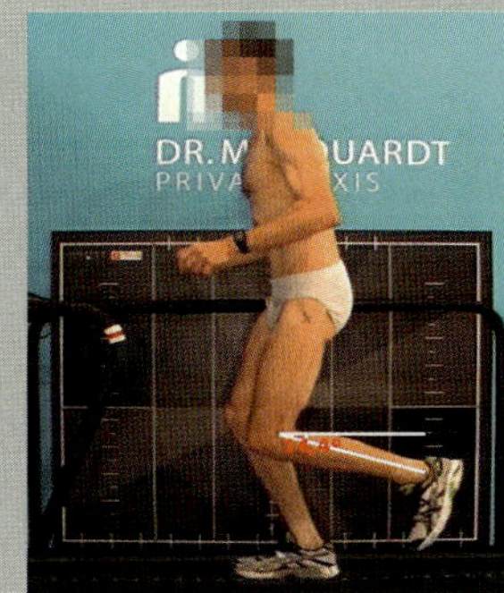

4. Schwung
→ Der Unterschenkel des Schwungbeins wird kaum angehoben, der Winkel zur Horizontalen beträgt oft über 20 Grad.

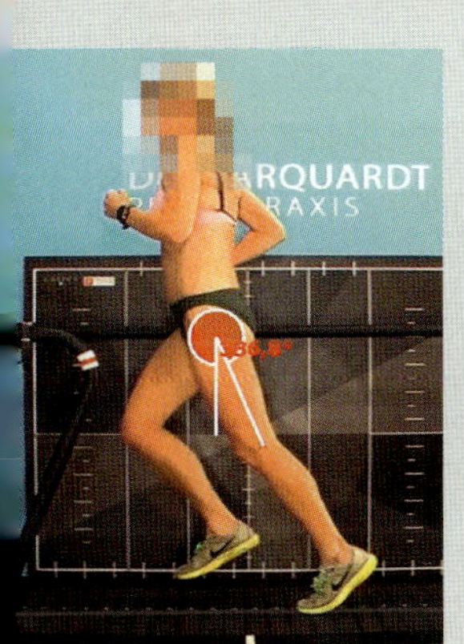

. Abdruck
→ Die Schrittlänge hinter dem Körper ist lang.
→ Die Hüfte ist gestreckt, je nach Tempo 20 bis 35 Grad.

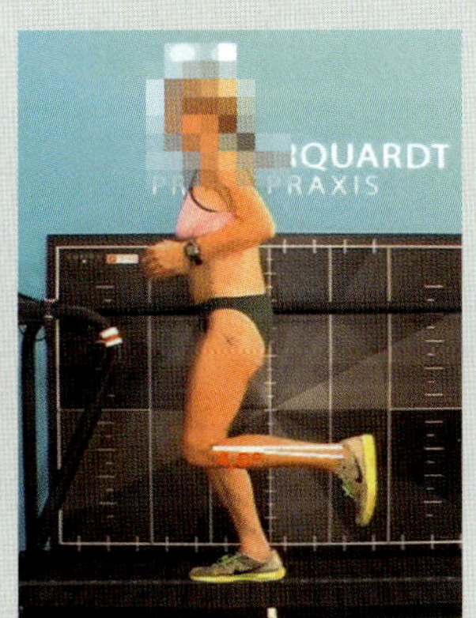

4. Schwung
→ Der Unterschenkel wird ab mittlerem Tempo bodenparallel angehoben: plus/minus 10 Grad von der Horizontalen.

Der Fersenlauf

⊕ geringe exzentrische Beanspruchung der Wadenmuskulatur
⊕ bei gering ausgeprägter Athletik auch für Anfänger auf längeren Strecken umsetzbar

⊖ hohe Belastung für das Kniescheibenknorpelgleitlager
⊖ stärkere Neigung zur Überpronation
⊖ gehäuft: vorderes Schienbeinkantensyndrom

Fazit

Um die Nachteile der beiden extremen Laufstile zu umgehen, lehre ich in meinen Seminaren das Laufen mit dem flachen Fußaufsatz: den Mittelfußlauf. Es handelt sich hierbei um einen idealen Kompromiss, der mir und zahlreichen anderen Läufern lästige Beschwerden genommen hat.

Was machen schnelle Läufer anders?

Es ist doch interessant: Ausgerechnet die Profis unter den Läufern, die exquisiten Techniker, die Stilisten, diejenigen, die gazellenartig dem Ziel entgegenschweben – die haben sich am ehesten dem natürlichen Bewegungsablauf angenähert. Um es auf den Punkt zu bringen: Gute Läufer setzen die technischen Aspekte um, die wir vom Barfußlaufen auf dem Rasen kennen! Verblüfft? Trainer wissen schon seit Jahrzehnten, dass Barfußlaufen schneller und verletzungsresistenter macht. Elite-Trainer lassen ihre Schützlinge deshalb so viel wie möglich barfuß trainieren, sie nutzen Golfplätze für das Ausdauertraining und den Sandstrand für die Kräftigung der Fußmuskulatur. Machen Sie es den Weltklasseathleten nach – Sie trainieren damit Schnelligkeit und Kraft, Sie erhöhen nicht nur den Verletzungsschutz und die Effektivität des Bewegungsmusters, sondern gleichzeitig auch den Spaßfaktor beim Training. Bar-

» Die Profis laufen auch natürlich. «

fuß durch den Sand und die Brandung zu laufen, durch den feuchten Tau, wenn der Nebel noch über den Greens des Golfplatzes liegt: Die schönsten Momente beim Laufen sind Barfußläufe wie diese. Probieren Sie es aus!

Natürlich hat nicht jeder den Ozean vor der Haustür, nicht jeder einen Golfplatz in der Nachbarschaft. Vor dem Problem stehen auch viele Trainer, doch ein Coach ist nur dann gut, wenn er immer wieder neue Ideen hat und diese auch umsetzen kann. Nach dem Training nutzen Leichtathleten daher zum Kräftigen ihrer Füße traditionsgemäß die Weitsprung-Sandgrube auf dem Sportplatz. Fußballer und Langstreckenläufer joggen ein paar Runden barfuß über den Fußballrasen. Profitieren Sie von diesen Tricks: In jeder Stadt, in jedem Dorf kann man seine Laufrunde am Fußballplatz vorbeilegen. Ihr erster Schritt zum gesunderen Laufen!

Ist jeder schnelle Läufer ein Stilist? Leistungsbestimmende Faktoren beim Laufen

Der Golfschwung von Tiger Woods ist Vorbild für Golfer in aller Welt, die Grazie eines Michael Phelps ist die Messlatte für den Schwimmer. Und Sie als Läufer gucken natürlich zu den erfolgreichsten Athleten Ihres Sports. Etwas Abgucken ist erlaubt – aber dabei ist Vorsicht geboten. So wie Sie sich in der Schule genau überlegt haben, bei wem Sie die Hausaufgaben abschreiben, müssen Sie auch bei den Läufern darauf achten, wer überhaupt zum Vorbild taugt. Während man in der Schule sicher damit fuhr, beim Klassenbesten abzuschreiben, wird es beim Läufer etwas komplizierter: Schnell zu sein bedeutet nicht zwangsläufig technisch ausgereift zu laufen. Damit führe ich keineswegs die vorige Argumentation, dass Barfußlaufen und eine natürliche Technik schneller machen, ad absurdum. Es geht vielmehr um die Unterscheidung zweier leistungsbestimmender Faktoren: Die Schnelligkeit eines Läufers hängt einerseits von den Möglichkeiten seines Herz-Kreislauf-Systems und Stoffwechsels ab und andererseits von seiner Technik. Sind Herz-Kreislauf-System und

Das Gesetz der parallelen Linien: die Kreuzkoordination

Die Kreuzkoordination bedeutet, dass bei der Bewegung die Koordination von Armen und Beinen über Kreuz funktioniert. Wir bewegen beim Laufen also den linken Arm und das rechte Bein gleichzeitig nach vorn, während wir den rechten Arm und das linke Bein gleichzeitig nach hinten führen. Bei Läufern mit einer guten Lauftechnik wird das Prinzip der Kreuzkoordination besonders deutlich: Diese Läufer weisen nämlich das Phänomen der parallelen Linien der Extremitäten auf. In der Abdruckphase zeigt sich in der Analyse eine Reihe von Parallelen, die den eleganten Stil der Leichtathleten kennzeichnen. Der vorschwingende Unterarm ist parallel zum Abdruckbein und der hintere Unterarm, der das »Läuferdreieck« bildet, ist parallel zum Oberschenkel des Schwungbeins. Schauen Sie sich das Bild von Haile Gebrselassie an: Ästhetik pur! Und jetzt ahnen Sie langsam, warum das Laufen vieler Anfänger im Stadtpark so plump aussieht. Es gibt bestimmte Regeln und Kriterien, die die Profis erfüllen. Damit wird Laufen elegant, ästhetisch und vor allem auch gesund.

» Ihr Ziel ist das Barfußlaufen in Schuhen. «

Mein Tipp

Der Unterschenkelrückschwung

Beim Dauerlauf auf dem Mittelfuß steht der Unterschenkel bei der Landephase senkrecht zum Boden – das ist effektiv und ökonomisch. Bei sehr hohem Tempo verändert sich jedoch der Bewegungsablauf: Je schneller Sie laufen, desto mehr Kniehub haben Sie. Er führt dazu, dass Ihr Unterschenkel in der späten Schwungphase erst vor- und dann zurückschwingt. So erreichen Sie eine längere Flugphase und außerdem einen hocheffizienten Fußaufsatz: Durch das Zurückschwingen bewegt sich der Fuß im Moment des Aufsatzes nach hinten. Sie können sich so mit dem Fuß vor dem Körperschwerpunkt in den Schritt hineinziehen. Das führt zu einer größeren effektiven Schrittlänge – ausnahmsweise vor dem Körperschwerpunkt. Aber ausdrücklich nur bei hohem Tempo auf der Kurz- oder Mittelstrecke! Nur die Weltelite bedient sich des Unterschenkelrückschwungs auch bei Langstreckenläufen, denn nur sie erreicht das hohe Tempo mit langen Flugphasen, die für den Unterschenkelvor- und -rückschwung erforderlich sind.

Stoffwechsel extrem leistungsfähig, sei es durch Training und/oder genetische Faktoren, dann kann der Läufer damit eine schlechte Technik zumindest teilweise kompensieren. Genauso kann er natürlich auch andersherum eine geringere Leistungsfähigkeit auf der Herz-Kreislauf-Seite mit einer brillanten Technik ausgleichen. Es gilt also: Nicht jeder Profi oder schnelle Läufer ist zwangsläufig auch ein Stilist. Ein viel zitiertes Beispiel hierfür ist Emil Zátopek. Dieser dominierte zu seiner Zeit die langen Wettkampfstrecken deutlich, obwohl sein Laufstil jedem Laien sofort als wenig ideal erscheinen musste. Er schnaufte so schwer, dass ihm der Spitzname »Lokomotive« gegeben wurde. Mit viel Kraft und Energie dominierte er seine Gegner – nicht mit Eleganz, Leichtigkeit und Spritzigkeit. Einige wollen noch heute daraus schlussfolgern, dass die Lauftechnik unerheblich sei; schließlich lief Zátopek damals allen anderen davon. Dabei tut sich vielmehr die Frage auf, ob Zátopek auch dann noch die Nase vorn gehabt hätte, wenn die Leistungsdichte damals höher gewesen wäre. Heute mischen mehrere Athleten mit den Herz-Kreislauf-Qualitäten eines Emil Zátopek in der Elite mit – und da wird dann plötzlich doch über die Technik entschieden. Emil Zátopek würde unter den heutigen Bedingungen bei Weitem nicht mehr dominieren, sondern allenfalls im Mittelfeld das Ziel erreichen. Und einmal ganz abgesehen von Ihrem Herz-Kreislauf-System möchten Sie doch unbeschwert, elegant und schnell laufen. Vor allem aber verletzungsfrei, und deshalb ist Technik essenziell, auch wenn vor 50 Jahren einmal jemand ohne gute Technik gewinnen konnte. Wenn wir also abgucken, dann bitte bei wahren Stilisten: Haile Gebrselassie ist ein solcher. Leichtfüßig flog er seinen Siegen entgegen und ließ die Zuschauer staunen. Seine Erfolgsliste liest sich endlos, gekrönt ist sie durch vier Weltmeistertitel und zwei Olympiasiege auf der 10.000-Meter-Distanz.

Die ideale Lauftechnik

Eine Laufbewegung, die gesund und unwahrscheinlich effektiv ist, die Spaß macht und obendrein auch noch elegant ist: Wer träumt nicht davon? Erlaufen Sie sich eine natürliche Bewegung – Ihr Ziel ist das Barfußlaufen in Schuhen! Wie Sie bereits wissen, sind Ihre oft inaktiven Lebensbedingungen und hochtechnisierten Laufschuhe nur zwei von vielen Dingen, die Ihnen die notwendige Basis für den idealen Laufstil geraubt haben. Wie kommen Sie nun zurück zu Ihrem natürlichen Stil? Hierfür ist es wichtig, die Kernpunkte der Lauftechnik im Detail zu verstehen, weshalb ich auf den folgenden Seiten die Lauftechnik Stück für Stück in ihre Einzelteile zerlegen werde.

Die Armarbeit

2

Laufen ist Handarbeit. Wer meint, Läufer liefen nur mit den Beinen, irrt sich: Die Armarbeit ist nämlich ein zentraler Punkt in der Lauftechnik. Feststellung Nummer eins ist, dass die Bewegung vornehmlich aus der Schulter erzeugt wird und weniger aus dem Ellenbogengelenk. Ihre Arme schwingen in der Schulter frei nach vorn und hinten. Den Winkel im Ellenbogengelenk halten Sie hingegen immer kleiner als 90 Grad. Man nennt dies den »spitzen Ellenbogen«. In dem Moment, in dem der Arm nach vorn geführt wird, ist der Ellenbogenwinkel gern noch etwas enger. Diese Armhaltung sorgt für das sogenannte Läuferdreieck. Es handelt sich hierbei um ein Dreieck, das aus Ihrem Oberarm, dem Unterarm und Ihrem Rumpf gebildet wird, wenn Sie den Ellenbogen zurückführen. Führen Sie diese Bewegung dynamisch aus, damit Sie effektiv Schwung holen – aber übertreiben Sie es nicht. Stellen Sie sich vor, Sie würden einem unangenehmen Mitmenschen Ihren Ellenbogen in die Rippen stoßen wollen – ohne ihm diese zu brechen. Warum es so wichtig ist, den Ellenbogen spitz zu halten? Damit Sie Ihre Schrittfrequenz klein und flüssig halten können – und den Schritt kurz und effektiv.

Die Arme sind Ihre Taktgeber

Ihre Arme steuern Ihre Schrittfrequenz. Da Sie sich kreuzkoordiniert bewegen – also den rechten Arm vorschwingen, wenn das linke Bein vorschwingt und umgekehrt – funktionieren Ihre Arme als Taktgeber. Wenn Sie die Arme schnell bewegen, dann bewegen sich auch die Beine schnell. Werden die Arme langsam und schwerfällig bewegt, wird sich dies genauso im Bewegungsmuster der Beine zeigen. Niemand kann die Arme flink bewegen und die Beine in einer langsameren Frequenz.

Perfekte Armarbeit: Das Läuferdreieck im hinteren Teil des Armzyklus bleibt immer geschlossen

» Kurze Pendel sorgen für geringe Belastung. «

2

Die Arme steuern Schrittlänge und Fußaufsatz

Ihre Arme sorgen jedoch nicht nur für die Frequenz, sondern auch für die richtige Schrittlänge und die richtige Aufsatztechnik. Stellen Sie sich Arme und Beine für die Betrachtung der Laufbewegung wie Pendel vor. Bei gleichem Kraftaufwand gilt: Ein kurzes Pendel schwingt schneller als ein langes Pendel. Der Weg, den das Pendel am Endpunkt zurücklegt, ist dann zwar kürzer, aber dafür ist die Frequenz höher; die zurückgelegte Strecke bleibt gleich. Diese physikalische Überlegung gilt auch für unsere Arme und Beine. Halten Sie die Arme – im Sinne eines langen Pendels – gestreckt, also im Ellenbogengelenk nicht oder nur ganz wenig gebeugt, dann werden sie langsam und in langen Bahnen schwingen. Was bleibt den Beinen anderes übrig, als das Gleiche zu tun? Arme und Beine sind über die Kreuzkoordination miteinander verknüpft, und so schwingen in dem Fall auch die Beine bei niedriger Frequenz und führen entsprechend gestreckt einen langen Schritt vor dem Körper aus. Die Läufer landen dann auf der Ferse und mit gestrecktem Knie; Gelenkbeschwerden sind typische Folgen. Was Sie gegen den langen Stechschritt mit der Landung auf der Ferse tun können? Für kurze, kleine Pendel sorgen, und zwar ganz einfach, indem Sie den Ellenbogenwinkel verkleinern. Ist der Winkel kleiner als 90 Grad, so sind die Arme kurze Pendel und können schneller bewegt werden. Die Beine werden es ihnen gleichtun – der Stechschritt fällt weg! Stattdessen landen Sie bei einem kurz vor dem Körper gesetzten Schritt auf dem flachen Fuß. Der richtige Fußaufsatz hat also maßgeblich mit der Armarbeit zu tun. Gleiches gilt auch für das hintere Bein während der Schwungphase beziehungsweise während des mittleren Schwungs: Auch hier ist es sinnvoll, die Pendellänge am Bein zu verkürzen. Was bei den Armen der eng angewinkelte Ellenbogen ist, ist bei den Beinen das sogenannte angeferste Schwungbein (siehe auch Seite 58).

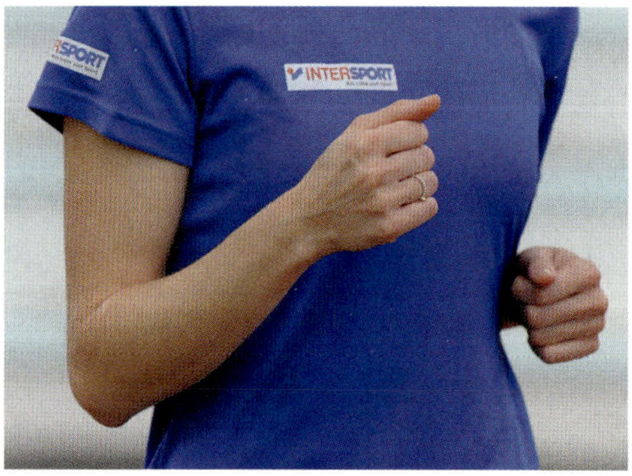

Die richtige Handhaltung

Parallele Arme

Ihre Arme sollten Sie fast parallel zum Oberkörper führen. Das bedeutet, sie schwingen neben dem Körper, nicht davor oder seitlich hin und her. Eine vollkommene Parallelität ist allerdings nicht möglich, da die Schultergelenkpfanne leicht nach vorn gedreht ist. Das bewirkt, dass Ihre Arme leicht nach vorn innen und nach hinten außen schwingen. Das ist anatomisch notwendig – die Körpermittellinie sollte dabei aber von den Händen nicht durchkreuzt werden. Wenn Sie den Arm vor den Körper führen, sollte die Hand bei höherem Tempo auf Höhe des Schultergelenks sein. Noch höher ist sie nur bei Sprintern und tiefer nur bei sehr moderatem Tempo unter zehn Kilometern pro Stunde.

Die Handhaltung

Die Hände sind beim Laufen stets entspannt. Sie ballen keine Faust und knicken die Hand auch nicht in eine bestimmte Richtung ab. Der Daumen liegt entspannt auf der locker geschlossenen Hand und zeigt nach oben. Das Handgelenk bleibt dabei gerade.

Die häufigsten Fehler bei der Armarbeit

Laufen ohne Arme

Merkmal: Eng vor dem Körper angewinkelte Arme, die kaum in der Schulter bewegt werden. Um die Balance halten zu können, gleichen die Läufer diese Armhaltung mit einem rotierenden Schultergürtel aus. Das führt zu Überlastungen des Bewegungsapparats.

Erklärung: Viele Läufer vermuten, mit steifen, angewinkelten Armen besonders energiesparend zu laufen. Dem ist nicht so: Wir benötigen die Arme, um die Schwungmasse der Beine auszugleichen.

Links: Laufen ohne Arme – es kommt zur Rotation des gesamten Schultergürtels

Rechts: Kreuzen der Arme über die Körpermittellinie

Kreuzen der Arme über die Körpermittellinie

Merkmal: Die Hände durchkreuzen die Mittellinie des Körpers.
Erklärung: Meist ist der Grund für diese Rotationsbewegung mangelnde Konzentration oder eine unzureichende Körperspannung. Der linke Arm hat auf der rechten Körperhälfte nichts zu suchen und umgekehrt.

Gestreckte Arme

Merkmal: Der Ellenbogenwinkel ist sehr groß, die Arme hängen herunter.
Erklärung: Oft als besonders lockerer Laufstil interpretiert, missachtet diese Armhaltung jedes Hebelgesetz: Durch die langen Pendel verlängert sich der Schritt enorm. Es folgt der orthopädische Supergau: Das Bein landet im Knie gestreckt und der Fuß auf der Ferse – der Läufer landet also, ohne dass der Aufprall abgefedert wird.

Gestreckte Arme

2

Links: »Hinten aufmachen«

Rechts: Der »Lokomotiven-Fehler«

»Hinten aufmachen«

Merkmal: Die Unterarme werden mit jedem Schritt nach hinten geschwungen und das Läuferdreieck öffnet sich.

Erklärung: Der Winkel im Ellenbogen wechselt von spitz zu stumpf; das Läuferdreieck löst sich auf. Das hat ähnliche Auswirkungen auf den Schritt wie das Laufen mit gestreckten Armen. Achten Sie auf einen gleichbleibend spitzen Winkel.

Der »Lokomotiven-Fehler«

Merkmal: Die Arme werden vor dem Körper wie die Pleuelstange einer Lokomotive nach vorn geführt.

Erklärung: Der Winkel ist hinter dem Körper zwar spitz, vor dem Körper wird er jedoch größer. Der Arm wird nur nach vorn und nicht nach vorn und oben geführt. Letzteres sollte allerdings stets der Fall sein – und zwar nah am Körper.

Der Rumpf

Sie haben auf den vorigen Seiten viel über die richtige Armhaltung erfahren. Sie wissen um den Zusammenhang von Arm- und Beinarbeit: Mittels der Kreuzkoordination hängen die Bewegungen von Armen und Beinen unmittelbar voneinander ab. Die oberen und unteren Extremitäten schwingen wie doppelte Pendel im gleichen Takt vor und zurück. Im Folgenden geht es nun um die Basis der Pendel. Um die Funktion dieser Basis zu verdeutlichen, hilft folgendes Experiment. Nehmen Sie eine Schnur, befestigen Sie ein Gewicht daran und hängen Sie dieses Pendel an einen dicken, festen Ast eines Baums. Stoßen Sie das Gewicht an – es wird ruhig hin- und herpendeln. Befestigen Sie die Schnur mit dem Gewicht aber an einem dünnen Zweig, der in sich instabil ist und in alle Richtungen nachgibt, dann wird das Pendel nicht ruhig hin- und herschwingen, sondern schlingernde Bewegungen ausführen. Kurzum: Ein Pendel braucht eine stabile Basis, um sauber und effektiv zu schwingen. Was ist die Basis für unsere Arm- und Beinpendel? Richtig, es ist unser Rumpf; denn daran sind beide »befestigt«.

Ein stabiler Rumpf ist also wichtig, um die Arm- und Beinarbeit effektiv umzusetzen und Fehler zu vermeiden. Hierfür ist die Position und Ausrichtung des Rumpfs essenziell. Nur wenn der Rumpf aufgerichtet, gestreckt und leicht vorgeneigt ist, können Arme und Beine frei arbeiten – und Sie ökonomisch laufen. Aufrecht zu laufen spart außerdem Energie: Ähnlich einem Teller, der auf einem Stock balanciert wird, müssen Körperteile, die sich im Lot befinden, nicht von der Muskulatur gehalten werden. Sobald der Schwerpunkt jedoch nach vorn oder hinten verlagert wird, beginnt das System instabil zu werden, und es müssen erhebliche Haltekräfte aufgebracht werden, um es zu stabilisieren. So ist es auch bei Kopf und Rumpf. Aufrecht muss man sie mit wenig Kraft lediglich in ihrer Position balancieren. Neigt man Kopf und Rumpf zu stark nach vorn, muss man das ganze System mit großem Kraftaufwand vor dem Umfallen schützen.

Die Balance finden: die richtige Rumpfposition

Eine ausbalancierte Rumpfposition zu finden ist eine Gratwanderung. Ein zu weites Vorneigen ist aus den oben genannten Gründen von Nachteil, aber auch die Überstreckung nach hinten wird keinen optimalen Bewegungsablauf ermöglichen. Die Idealvorstellung ist ein minimal vorgeneigter Rumpf, der durch eine gute Spannung der Rumpfmuskulatur als stabiles Widerlager für die Arm- und Beinpendel agiert. Der Kopf befindet sich »auf« der gut gestreckten Wirbelsäule im Schwerelot, nicht davor oder dahinter.

Erzeugen Sie eine Basis, an der Ihre Arm- und Beinpendel ganz exakt schwingen können. Spannen Sie den Bauch an, richten Sie unter kräftiger Anspannung den Rücken auf, knei-

Die richtige Rumpfposition ist wichtig für Ihr gesamtes Laufverhalten

» Jeder Sportler ist nur so stark wie sein Rumpf. «

fen Sie das Gesäß etwas zusammen, bringen Sie die Brust etwas vor und machen Sie sich groß. Ihr Rumpf ist leicht vorgeneigt und gut gestreckt. Der Fußaufsatz erfolgt nahe am Körperschwerpunkt – Sie sind im Lot. Sie werden feststellen, dass sich Ihr gesamtes Laufverhalten, Ihr gesamter Laufstil verändert. Arme und Beine arbeiten effektiv, die Basis gibt nicht nach, Ihr Laufstil wird elegant und ästhetisch. Und ganz nebenbei gewinnt die Wirbelsäule: Die Fehlbewegungen, die bei vielen Anfängern Rückenschmerzen auslösen, bleiben aus. Um die richtige Rumpfposition auch über längere Zeit und unter Belastung durchhalten zu können, ist eine gut ausgebildete Rumpfmuskulatur Voraussetzung!

Fehler der Rumpfposition

Je stärker Ihre Basis ist, desto effektiver ist Ihre Laufbewegung. Oft kommt es an dieser Stelle zu gravierenden Fehlhaltungen. Die Ursache kann mangelnde Rumpfspannung sein, weil Sie den ganzen Tag auf dem Bürostuhl sitzen und die Muskulatur stark abgeschwächt oder verkürzt ist. Eine schwache Bauchmuskulatur lässt Sie beispielsweise ins Hohlkreuz fallen. Um Fehlhaltungen zu diagnostizieren, wird die Wirbelsäule in der Sagittalebene betrachtet – also von der Seite. Weicht sie von der natürlichen doppelten S-Form ab, kommt es zu Fehlhaltungen.

Das Flitzebogenphänomen

Merkmal: Der Rücken ist nach hinten überstreckt, der Läufer befindet sich im Hohlkreuz. Der Kopf liegt »im Nacken«.

Erklärung: Manche Läufer, vor allem Vorfußläufer, schießen bei der Rumpfaufrichtung über das Ziel hinaus und überstrecken ihren Rumpf wie einen gespannten Bogen. Ein starkes Hohlkreuz führt zu Rückenbeschwerden – gut trainierte Bauchmuskeln bilden ein starkes Widerlager.

Der »Orang-Utan«

Merkmal: Der Körper ist nach vorn gebeugt, die Arme hängen gestreckt vor dem Körper und der Kopf befindet sich vor dem Schwerelot.

Links:
Das Flitzebogenphänomen

Rechts:
Der »Orang-Utan«

2

Einlagen gegen den Beckentiefstand?

Einen Beckentiefstand, also ein seitliches Verkippen des Beckens, welches an vielen Laufverletzungen beteiligt ist, führen viele Sportler auf ungleich lange Beine zurück. Der Orthopäde verschreibt dann Einlagen mit einem Längenausgleich für den Laufschuh. Die Sportler trainieren mit diesen Einlagen und – nichts passiert. Warum? Weil es sich beim Absinken des Beckens auf der Spielbeinseite um ein dynamisches Problem handelt. Sie erinnern sich: Beim Laufen berührt immer nur ein Bein den Boden. Kippt das Becken auf der anderen Seite herab, so kann das sich in der Luft befindende Bein natürlich nichts daran ändern! Verzichten Sie also auf Einlagen zum Ausgleich Ihrer Beinlängendifferenz, wenn diese weniger als 1,5 Zentimeter beträgt – sie sind beim Laufen überflüssig. Gegen ein abkippendes Becken hilft nur Muskeltraining. Trainieren Sie also Ihre Abduktoren!

Erklärung: Vielen Läufern fehlt es an Spannung im Rumpf. Das Resultat: Sie sacken zusammen wie ein Orang-Utan. Diese Haltung führt zu zahlreichen orthopädischen Problemen. Deshalb: Richten Sie sich auf, machen Sie sich groß!

Die Stabilität des Beckens

So wie ein Haus nicht ohne Fundament steht, hält sich der Rumpf samt Wirbelsäule nicht ohne das Becken – auf diesem ist der Rumpf positioniert. Wenn Sie stehen, berühren beide Beine den Untergrund. Ihr Becken steht auf zwei kräftigen Pfeilern und kann nicht zu einer Seite abkippen. Anders jedoch in Bewegung, schließlich ist Laufen eine Aneinanderreihung von Einbeinständen. Entweder hat das linke oder das rechte Bein Bodenkontakt. Folglich muss mit einem einzigen Pfeiler die nötige Stabilität hergestellt werden – keine leichte Aufgabe!

Wenn Sie auf dem rechten Bein stehen, sorgt eine kleine Muskelgruppe an der Außenseite der rechten Hüfte, die Abduktoren (Mm. abductores) für die nötige Sicherung. So kippen Becken und Oberkörper nicht nach links ab. Ist diese Muskelgruppe zu schwach, dann kommt es zur Seitverkippung des Beckens und zum übermäßigen Absenken des Körperschwerpunkts. Diesen müssen Sie dann beim nächsten Schritt wieder anheben – das kostet Energie und macht Sie langsam und schwerfällig. Die folgenden drei Phänomene sind ein Zeichen für ein instabiles Becken.

Das Trendelenburg-Hinken

Merkmal: Das Becken kippt auf die Seite des Schwungbeins ab.

Erklärung: Ursache sind schwache Beinabspreizer (Mm. abductores). Diese Muskeln halten das Becken – sind sie nicht stark genug, wird die Hüfte instabil. Trainieren Sie Ihre Abduktoren! Übungen finden Sie in Kapitel 6.

Das Duchenne-Zeichen

Merkmal: Der Oberkörper wird zur Stützbeinseite geneigt, um ein (weiteres) Verkippen des Beckens zur Schwungbeinseite zu verhindern.

Für einen stabilen Einbeinstand benötigen Sie kräftige Abduktoren, damit Ihr Becken nicht zur Seite abkippt

> » Korrektes Laufen ist eine Bewegung des ganzen Körpers. «

Duchenne-Zeichen und Trendelenburg-Hinken

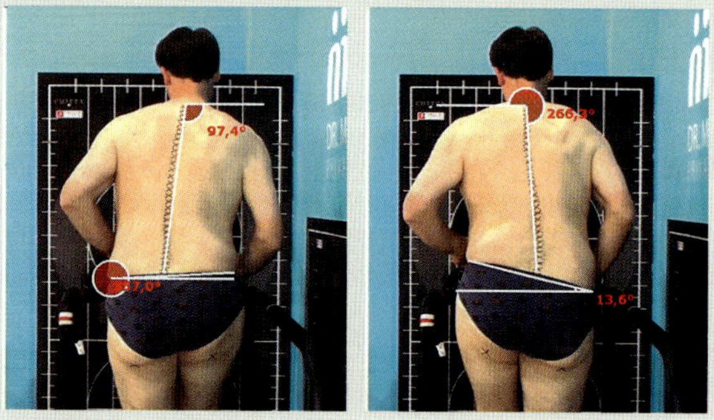

Links: Duchenne-Zeichen. Der Oberkörper wird zur Stützbeinseite (hier rechts) geneigt, um ein (weiteres) Verkippen des Beckens zur Schwungbeinseite zu verhindern
Rechts: Trendelenburg-Hinken. Das Becken kippt auf die Seite des Schwungbeins ab (hier nach rechts)

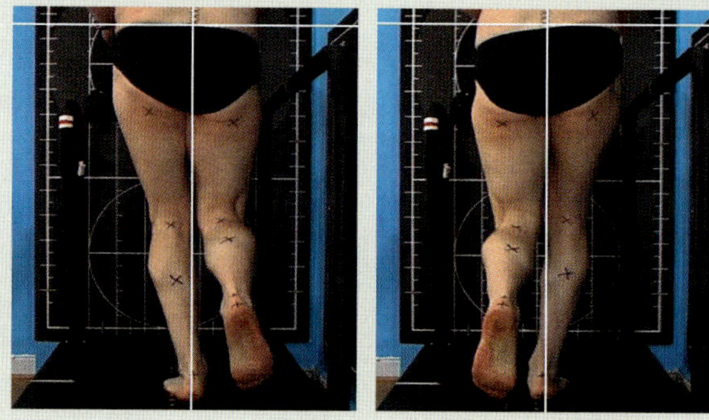

Overcrossing: Die Füße werden über die Mittellinie gesetzt

Erklärung: Kippt das Becken zu stark, so kann der Körper durch das Verlagern des Körperschwerpunkts über den Drehpunkt (Hüftgelenk des Standbeins) stabilisiert werden. Der Laufstil wird so hochgradig unökonomisch und belastet Wirbelsäule und Gelenke. Auch hier sind die Abduktoren verantwortlich und gehören gekräftigt!

Das Overcrossing

Merkmal: Die Füße werden über die Mittellinie gesetzt.
Erklärung: Kippt das Becken auf einer Seite ab, so wird das Standbein zur Stabilisierung näher an die Körpermittellinie gesetzt, als dies normalerweise der Fall ist. Dabei kommt es zum Schnüren, Übersetzen oder Overcrossing – das Bein schwingt sogar über die Mittellinie hinweg. Was bei Models auf dem Laufsteg sexy aussehen mag, hat bei der Laufrunde nichts zu suchen. Große Scherkräfte im Sprunggelenkbereich können Achillessehnenentzündung und Schienbeinkantensyndrom zur Folge haben. Aber keine Sorge, auch gegen das Overcrossing ist ein Kraut gewachsen: Stabilisieren Sie Ihr Becken durch die Kräftigung der Abduktoren! Achten Sie außerdem auf eine ausreichende Schrittweite. Die können Sie zum Beispiel an einer Fahrbahnmarkierung oder Pflastersteinlinie überprüfen: Setzen Sie für einige Minuten den linken Fuß immer links davon auf, den rechten immer rechts davon.

Neigen Sie zum Overcrossing?

Da die Beine beim Overcrossing über die Mittellinie schwingen, kreuzen sie sich zwangsläufig. Der Schuh schabt dabei gern an der Unterschenkelinnenseite des anderen Beins entlang. Dort hinterlässt er auf Haut oder Hose unschöne Streifen. Ist das bei Ihnen der Fall? Dann sollten Sie dringend Ihre Abduktoren trainieren und auf eine ausreichende Schrittweite achten.

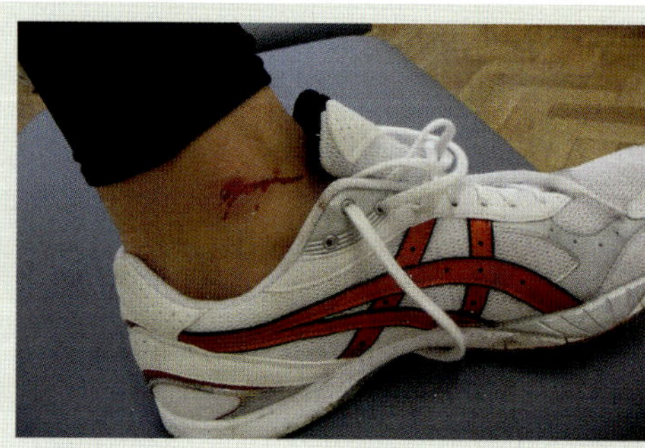

Die Hüftstreckung

Die Hüftstreckung ist das Qualitätsmerkmal einer guten Technik schlechthin, leider wird sie von Hobbysportlern oft vernachlässigt. Sie sollten der Hüftstreckung mindestens so viel Bedeutung schenken, wie die Elite-Läufer es tun: Es lohnt sich!

Die Hüftstreckung lässt Sie gesünder laufen

Bei der Hüftstreckung geht es um die Stütz- und Abdruckphase der Laufbewegung. Eine Streckung in der Hüfte bedeutet, dass sich der Oberschenkel und das gesamte Bein nach hinten bewegen.

Die Streckung des Hüftgelenks spielt in der Stützphase eine große Rolle. Sie beeinflusst die Streckung des Kniegelenks nämlich maßgeblich. Wie das? Es ist wieder Zeit für einen Selbsttest: Stellen Sie sich hin, Ihre Knie sind nun gestreckt und auch die Hüfte ist gestreckt, das heißt Ihr Oberschenkel zeigt senkrecht nach unten. Wenn Sie jetzt etwas in die Knie gehen, stellen Sie fest, dass Sie auch in der Hüfte abknicken – wie beim Sitzen. Sind Sie beim Laufen in der Stützphase nicht ausreichend gestreckt, so nennt der Trainer dies einen »sitzenden« Laufstil. Wussten Sie, dass diese mangelnde Hüft- und Kniestreckung die wichtigste Ursache des »Läuferknies« ist, den unangenehmen Schmerzen hinter der Kniescheibe?

Den Zusammenhang verstehen Sie nach einem weiteren kurzen Test: Stellen Sie sich mit dem Rücken in einen Türrahmen. Gehen Sie zirka 30 Grad in die Knie. Kein Problem, nicht wahr? Jetzt senken Sie sich weiter ab. Gehen Sie auf 90 Grad Kniebeugung und halten Sie diese Position einen Moment lang. Merken Sie den Druck hinter der Kniescheibe? Je tiefer Sie in die Knie gehen, desto größer wird der Anpressdruck hinter der Kniescheibe. Und das nicht nur im Türrahmen-Experiment, sondern besonders auf Ihrer Laufrunde! Gerade bei Anfängern mit einem ausgeprägten Fersenlaufstil stellt sich der sitzende Laufstil ein und der Knorpel auf der Rückseite der Kniescheibe verschleißt – dies ist irreparabel! Dieser Knorpelschaden an der Kniescheibenrückseite ist die häufigste Ursache für Arthrose überhaupt. Und der Grund dafür, dass Sie ständig lesen, Laufen sei ungesund für die Knie, jedoch ist das schlichtweg falsch: Eine ungenügende Hüftstreckung ist ungesund – das Laufen dagegen nicht! Schulen Sie also Ihre Lauftechnik und rutschen Sie nicht so tief in die Kniebeuge. Je gestreckter das Hüftgelenk, desto weniger gebeugt das Knie – und umso weniger Druckbelastung auf Ihrem Kniegelenkknorpel.

Der »sitzende« Laufstil belastet die Kniegelenke

2

Die Hüftstreckung macht Sie schneller

Die Hüftstreckung ist in der Abdruckphase besonders für den ambitionierten Läufer interessant: Denn wer sich in der Hüfte nicht streckt, der verkürzt seine Schrittlänge. »Ach so, ein bisschen«, denken Sie? Nun gut, wir rechnen das Ganze einmal für den Fall aus, dass einem Läufer fünf Grad Hüftstreckung fehlen. Freunde der angewandten Trigonometrie werden schnell nachvollziehen können, dass bei einer Beinlänge von einem Meter und einem Streckungsdefizit von fünf Grad eine Verkürzung des Schritts um mehr als acht Zentimeter erfolgt! Rechnen Sie das einmal auf eine Stunde hoch: Bei 10.000 Schritten in der Stunde ergibt sich damit ein Raumgewinn von über 800 Metern. Hier liegt Ihr Schlüssel für ein höheres Tempo! Das ist auch der Grund, warum Trainer die Hüftstreckung das Kardinalmerkmal einer guten Lauftechnik nennen. Allerdings können Sie die Hüftstreckung erst ab einem gewissen Tempo sinnvoll entfalten: Wenn Sie langsam vor sich hin traben, benötigen Sie keine große Schrittlänge. Ein mittelgroßer Läufer von 1,80 Metern wird erst bei einem Tempo von etwa zwölf Kilometern pro Stunde eine Streckung von Knie- und Hüfte in der Abdruckphase erreichen. Bei einem Tempo unter zehn Kilometern pro Stunde wird das Knie auch im Abdruck leicht gebeugt bleiben. Nur so lässt sich auch bei niedrigem Tempo eine flüssige, hochfrequente Laufbewegung erreichen. Der Trick beim langsamen Laufen: Die Streckung erfolgt nicht nach hinten, sondern nach oben! So bleibt die gestreckte Haltung des Läufers erhalten – trotz des nicht vollständig nach hinten ausgestreckten Beins im Abdruck.

Eine gute Hüftstreckung ist wichtig für einen gesunden Laufstil. Bei niedrigem Tempo erfolgt die Streckung nach oben (wie auf dem Foto abgebildet), da keine lange Streckung nach hinten erforderlich ist

Ein schwaches Gesäß führt zum Sitzen

Nur durch Wollen ist die Hüfte beim Laufen leider noch nicht gestreckt. Das ist der Grund, warum Trainer dauerhaft mit der Hüftstreckung ihrer Schützlinge beschäftigt sind. Wenn man die Mobilität verbessern will, dann macht man sich am besten die Ursachen für deren Einschränkung klar.

Der Muskel, der die Hüfte nach hinten rausstreckt, ist der große Gesäßmuskel. Er trägt den stolzen Namen Musculus gluteus maximus, ist der zweitgrößte Muskel des menschlichen Körpers und ein riesiges Kraftpaket. Er hebt uns zum Beispiel beim Aufstehen aus dem Sessel und drückt uns in die Vertikale. Beim Laufen presst er bei jedem Schritt das Bein nach hinten. Ist der Gesäßmuskel zu schwach, dann »sitzt« der Läufer und kann sich nicht effektiv vorwärts bewegen. Die Knie werden belastet und der Läufer wird schwerfällig und langsam. Erste Läuferpflicht ist also ein gutes Training der Gesäßmuskulatur! Warum dieser Muskel abgeschwächt ist? Durch ständiges Sitzen wird der Gesäßmuskel immer schlapper. Leider sitzen Sie den ganzen Tag. Beim Lauftraining müssen Sie dann die Folgen davon ausbaden. Kurze, effektive Kräftigungsübungen schützen Sie vor diesem Dilemma.

Ein Wort noch an die Triathleten, die meinen, durch umfangreiches Radtraining über ein Übermaß an Gesäßkraft zu verfügen: Radfah-

» Hüftstreckung ist der Schlüssel für ein höheres Tempo. «

ren kräftigt zwar das Gesäß, aber nicht in den Positionen, die man beim Laufen braucht – also in der Hüftstreckung. Beim Radfahren ist die Hüfte immer leicht gebeugt.

Zu kurze Hüftbeuger verhindern die Hüftstreckung

Das viele Sitzen schwächt aber nicht nur das Gesäß, sondern verkürzt auch den Hüftlendenmuskel. Wenn der Muskel an der Vorderseite der Hüfte zu kurz ist, wird die Bewegung nach hinten nicht freigegeben. Faktor Nummer zwei für eine ideale Hüftstreckung ist also das Dehnen der Hüftlendenmuskulatur. Ein kurzer Hüftlendenmuskel kann aber auch dazu führen, dass die Hüftstreckung quasi erschummelt wird. Wie das geht? Der Hüftlendenmuskel (M. iliopsoas) entspringt vorn an ihrer Lendenwirbelsäule. Ist er zu kurz und das Bein soll trotzdem nach hinten bewegt werden, dann muss eben die Lendenwirbelsäule nachgeben. Das tut sie dann auch – um das Bein nach hinten zu bekommenen, machen Läufer mit verkürztem Hüftlendenmuskel bei jedem Schritt ein Hohlkreuz. Ein ineffektiver Laufschritt und Rückenschmerzen sind die Konsequenz des kurzen Hüftlendenmuskels. Mit der richtigen Dehnübung können Sie diesem Rückenkiller vorbeugen (siehe Kapitel 6).

Werden Sie vom Knie- zum Hüftläufer

Wer durch Kräftigung des Gesäßes und Dehnung des Hüftlendenmuskels eine bessere Hüftstreckung erzielt, der nimmt den anderen Bewegungsablauf auch anhand der anders beanspruchten Muskulatur wahr. Wo spüren Sie einen Muskelkater nach einem ungewohnt langen Lauf am stärksten? Wenn Sie jetzt an Ihre Oberschenkelvorderseite denken, sind Sie wahrscheinlich eher ein »Sitzer«. Sie müssen sich bei jedem Schritt aus der tiefen Kniebeuge abdrücken und den Weg dahin nach der Landung wieder abbremsen. Wie beim Bergwandern schmerzt dann der Oberschenkelmuskel an der Vorderseite – und oft auch das Kniegelenk, da der Druck auf die Kniescheibe groß ist. Der gut ausgebildete Läufer agiert dagegen stärker aus der Hüfte als aus dem Knie. Aufgrund der stärkeren Hüftstreckung verlagert sich die Belastung auf die Gesäßmuskulatur und die Oberschenkelrückseite. Dies schont die Kniescheiben, der Schritt wird effizient und der Läufer klagt nach intensivem Training eher über Muskelkater in der rückwärtigen Region. Über Knieschmerzen klagen diese Läufer dagegen so gut wie nie.

Beuger- und Streckerkette

Unter einer Muskelschlinge versteht man das Zusammenwirken von mehreren Muskeln, die gemeinsam eine Bewegung ausführen. Sie als Läufer betrifft das ganz besonders – Sie trainieren nämlich nie den einzelnen Muskel, sondern stets das Zusammenspiel mehrerer Muskeln. Die Streckerkette ist eine solche Schlinge – bestehend aus dem großen Gesäßmuskel (M. gluteus maximus), der vorderen Oberschenkelmuskulatur (M. quadriceps femoris), der Wadenmuskulatur (M. gastrocnemius und M. soleus) und den Zehenbeugern (M. flexor digitorum longus, M. flexor hallucis longus), die, anders als ihr Name vermuten lässt, im Sprunggelenk strecken. Wie der Name bereits verrät, streckt die Streckerkette das Bein – zum Beispiel beim Absprung beziehungsweise der Abdruckphase. Eine starke Streckerkette ist essenziell für einen effektiven Laufstil.

Die Beugeschlinge übernimmt die antagonistische Funktion: Sie beugt das Bein, beispielsweise in der Schwungphase. Die Beugeschlinge besteht aus der Hüftbeugemuskulatur (M. iliopsoas), der Kniebeugemuskulatur an der Oberschenkelrückseite (Mm. ischiocrurales, »ischiocrurale Muskulatur«, umgangssprachlich auch »Ischis« genannt) und den Fußhebern an der Schienbeinvorderkante (M. tibialis anterior, M. extensor hallucis longus, M. extensor digitorum longus).

Wie jede andere Kette auch, ist die Muskelkette nur so stark wie ihr schwächstes Glied – und das sind meist die Fußmuskeln. Werden sie nicht gut trainiert, rächen sich schnell die Achillessehne oder die Schienbeinkante. Regelmäßiges Barfußlaufen wirkt Wunder!

2

2

Kniehub, Schrittlänge und -frequenz, Anfersen

Der Kniehub

Kniehub bedeutet, dass das Knie in der Schwungphase angehoben wird. Bei niedrigem Tempo mit kurzer Flugphase würde ein Kniehub jedoch zu einem längeren Schritt vor dem Körperschwerpunkt führen, da keine Zeit für eine Rückzugbewegung des Unterschenkels bleibt. Dies gelingt nur dem Läufer mit höherem Tempo. Somit sollte der langsamere Läufer seinen Kniehub nicht forcieren, der schnellere Läufer ab etwa zwölf Kilometer pro Stunde allerdings schon. Sprinter auf der Kurzdistanz reißen ihre Knie regelrecht in die Höhe. Durch einen starken Kniehub verlängern sie die Flugphase, außerdem sorgen die Hüft- und Kniegelenkstreckung für einen langen Schritt und effektiven Vortrieb. Aufgrund der hohen Schrittfrequenz bleibt die Bewegung trotzdem flüssig.

Durch einen starken Kniehub verlängern Sie die Flugphase

Schrittlänge und -frequenz

Ein weiteres Puzzleteil Ihrer Lauftechnikverbesserung ist die Frequenzoptimierung Ihres Laufschritts. Viele Läufer, selbst die ambitionierteren, haben sich noch nie Gedanken über ihre Schrittfrequenz gemacht. Zählen Sie doch beim nächsten Training einmal die Anzahl Ihrer Schritte. Am besten geht das, indem Sie für eine Minute zählen, wie viele Schritte das rechte Bein macht, um diesen Wert anschließend mit zwei zu multiplizieren. Was kommt dabei heraus? Wahrscheinlich ein Wert zwischen 140 und 170 Schritten pro Minute. Das Ganze hängt vom Tempo, von Ihrer Körpergröße und von Ihrer Lauftechnik ab. So wird beispielsweise ein 190-Zentimeter-Mann eher längere Schritte machen und daher eine niedrigere Frequenz aufweisen. Kleine Personen benötigen mehr Schritte und haben deshalb höhere Frequenzen. Das Ergebnis bleibt bei kleinen und großen Läufern jedoch gleich, denn mathematisch gesehen ist die Laufgeschwindigkeit gleich dem Produkt aus Schrittlänge und -frequenz: Laufgeschwindigkeit = Schrittfrequenz x Schrittlänge. Je mehr Schritte, desto schneller; je länger die Schritte, desto schneller.

Wenn Sie schneller laufen möchten, sollten Sie aber nicht eine der Einflussgrößen allein steigern. Bei zunehmendem Tempo erhöhen sich nämlich sowohl die Frequenz als auch die Schrittlänge. Untersuchungen von Cavanagh[3] zeigten: Wird nur eine der beiden Größen bei gleichbleibendem Tempo gesteigert, wird mehr Energie verbraucht – das Laufen wird unökonomisch. Innerhalb gewisser Grenzen ist der Körper in der Lage, sein Optimum aus Schrittlänge und Frequenz selbst zu finden. Der Punkt des Frequenzoptimums ist trainier- und ver-

» Die Knie sollten erst bei höherem Tempo angehoben werden. «

schiebbar. Betrachtet man die Frequenz von gut ausgebildeten Läufern, so findet man bei normaler Körpergröße immer eine Tendenz zu höheren Frequenzen. 180 Schritte pro Minute beherrschen Profis in Training und Wettkampf sicher. Warum Profis eine Tendenz zu hohen und Hobbyjogger eine Tendenz zu extrem niedrigen Frequenzen haben? Die Antwort liegt im Laufstil verborgen.

Das Vokuhila-Prinzip

Neben Tempo und Körpergröße hängt die Schrittfrequenz wie bereits erwähnt auch von der Lauftechnik ab. Genauer: von der effektiven Schrittlänge. Wie Sie wissen, ist es ineffizient, den Fuß weit vor dem Körperschwerpunkt aufzusetzen. Solange sich der Fuß vor dem Körperschwerpunkt befindet, können Sie sich nämlich nicht aktiv abdrücken. Es findet keine Vortriebsleistung statt – viel schlimmer noch: Sie bremsen sich selbst aus! Ergo sollte der Schritt vor dem Körper kurz sein. Um schnell zu laufen, braucht man aber eine lange Abdruckstrecke, gute Läufer machen schließlich einen langen

Stemmschritt – oder wie bremsen Sie nach einem Sprint?

Sie können die Vorteile des ökonomischen Bewegungsablaufs erneut selbst testen. Nehmen Sie sich eine Strecke von 100 Metern und laufen Sie diese, so schnell Sie können. Sie werden dabei vorn einen kurzen Schritt setzen und sich hinten maximal weit abdrücken, so wie es am effektivsten ist. Wenn Sie nach den 100 Metern stoppen wollen, macht Ihr Körper instinktiv das, was der Laufanfänger auch beim normalen Dauerlauf tut: Sie schwingen den Unterschenkel vor, strecken das Knie und setzen den Fuß weit nach vorn in die Laufrichtung hinein. Warum? Um zu bremsen! Es versteht sich wohl von selbst, dass Sie diesen Bewegungsablauf nicht nutzen sollten, wenn Sie beim Laufen gut vorwärts kommen wollen!

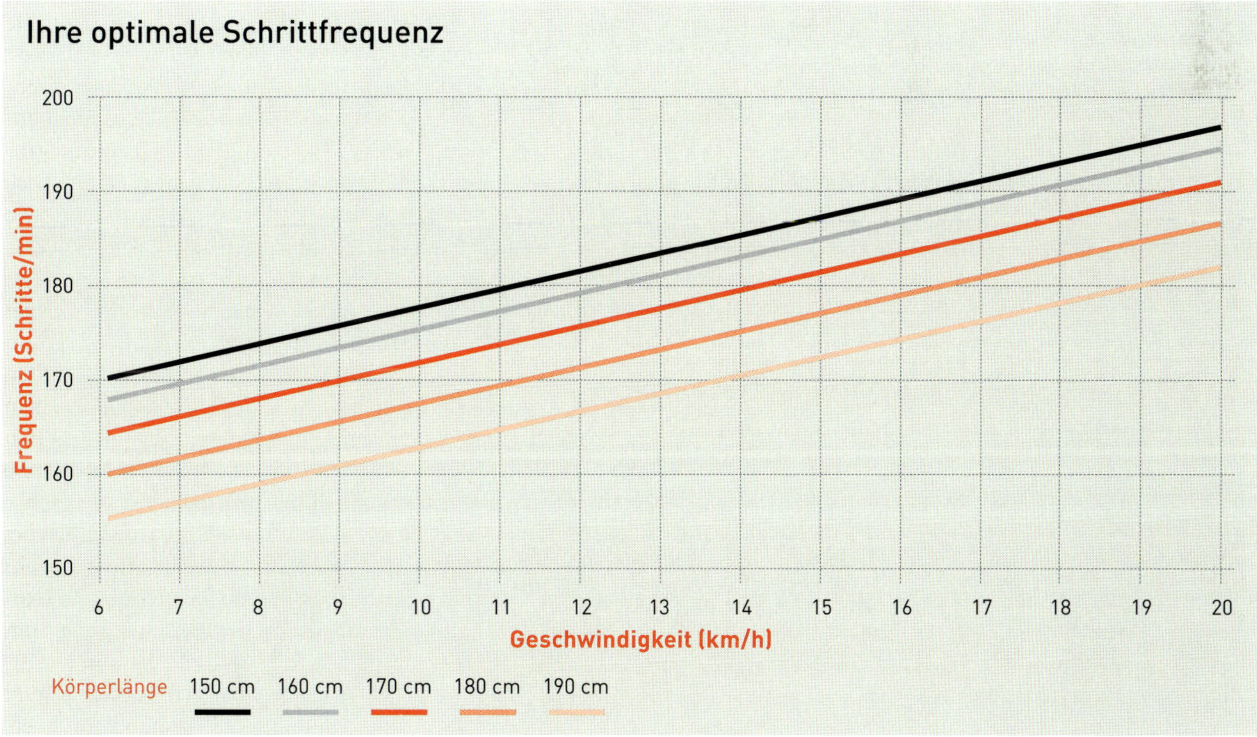

2

Vokuhila-Prinzip: vorn einen kurzen und hinten einen langen Schritt

Schritt. Ein Widerspruch? Keineswegs: Des Rätsels Lösung ist das Vokuhila-Prinzip. Vorn kurz, hinten lang – so sieht der Weg zu einer großen effektiven Schrittlänge aus! Sie setzen den Schritt vorn kurz vor dem Körperschwerpunkt auf, um keine Energie zu verlieren und direkt mit der Vortriebsarbeit beginnen zu können. Hinter dem Körper ziehen Sie den Schritt mit einer guten Hüftstreckung so lang wie möglich. So werden Sie richtig schnell und haben keine ineffektiven Bremsphasen, die Ihre Schrittfrequenz übrigens verringern würden. Deshalb hat ein Läufer mit guter Lauftechnik also immer eine höhere Schrittfrequenz als ein gleich großer, gleich schneller Läufer mit schlechter Lauftechnik.

Viele Läufer meinen, sie hätten einen langen Schritt: Wird das Bein jedoch weit vor den Körper geschwungen und kommt es zum »Sitzen«, dann ist das leider reine Energieverschwendung. Und es macht obendrein langsam und verletzungsanfällig.

Laufen – eine runde Bewegung wie bei einem Rad

Drei Elemente der Lauftechnik führen zu einer runden und flüssigen Bewegung: die erhöhte Frequenz bei einem vorn kurz gesetzten Schritt, der Kniehub und das angeferste Schwungbein. Man kann den Weg des Fußes dabei idealtypisch mit einem Rad vergleichen: Nach dem Abdruck wird der Fuß angehoben (»Anfersen«), und das Bein wird so in Form eines kurzen Hebels leicht nach vorn durchgeschwungen. Es folgt der Kniehub (»Skippen«) mit dem immer noch im Knie gebeugten Unterschenkel. Nun wird das Knie fallen gelassen, und der Unterschenkel trifft senkrecht auf den Boden. Anfersen – Skip – Fallenlassen.

Profis laufen wie auf heißen Kohlen

Bei einer etwas kürzeren Schrittlänge und einer erhöhten Frequenz sinkt die Bodenkontaktzeit. Nur ganz kurz berührt der Fuß den Boden, dann sind Sie schon wieder in der Luft. Das funktioniert nur mit einer guten Athletik und einer guten Rumpfspannung – aber daran arbeiten Sie ja. Der Schritt wird dicht vor den Körper gesetzt, und es wird relativ wenig Energie in einen einzelnen Schritt und dessen Landung investiert. In der Summe entstehen viele schnelle Schritte in einer flüssigen Bewegung. Die kontrollierten, kleinen Belastungen toleriert Ihr Körper wesentlich besser als den langen Stechschritt mit seinen großen Stoßkräften. Eine Profi-Lauftechnik geht also immer mit einer entsprechend höheren Frequenz einher.

Wenn Sie stattdessen mit einem Stechschritt laufen, den Sie ohne weichen Laufschuh niemals praktizieren würden, dann schwingen Sie Ihren Unterschenkel weit nach vorn durch und landen mit dem fast gestreckten Knie auf der Ferse. Dadurch, dass der Schritt lang nach vorne gezogen wird, sinkt Ihre Frequenz. Zusätzlich steigen Ihre Bodenkontaktzeiten. Sie stampfen mehr, als dass Sie laufen. Das belastet Ihre Gelenke, die Bewegung wird unrund und insgesamt wenig flüssig.

Intrazyklische Geschwindigkeitsvariation

All diese Dinge gemeinsam münden in einer sportwissenschaftlichen Betrachtung zur Bewegungsökonomie, die der Fachmann »intrazyklische Geschwindigkeitsvariation« nennt. Dieser Begriff beschreibt, wie sich das Fort-

» Viele kleine Schritte sind effektiver als wenige große. «

Die Übung »Zugreifen«

Mit einem Zugreifen lernen Sie, die Schritte kurz zu setzen. Durch den Widerstand sind Sie gezwungen, möglichst ohne toten Punkt in der Laufbewegung für Vortrieb zu sorgen. Das machen Sie automatisch, indem Sie den Schritt kurz setzen und sich in ihn hineinziehen. Durch ein solches Training erreichen Sie nebenbei eine ideale Schulung der Krafteigenschaften der Hüftstrecker-Muskelgruppen. Es liegt viel Potenzial darin, als ambitionierter Läufer das Widerstandstraining ins Programm aufzunehmen. Benutzen Sie hierfür einen alten Autoreifen, befestigen ein circa vier Meter langes Seil daran und legen Sie dies mit einer Schlaufe um Ihre Hüfte – ist Ihnen das zu unbequem, dann befestigen Sie das Seil einfach an einem breiten Gürtel. Laufen Sie mit dem Zugreifen zunächst Steigerungsserien von 50 bis 100 Metern. Später können Sie auch Kraftausdauer und Techniktraining auf Distanzen bis zu 10 x 200 (400) Metern durchführen.

2

bewegungstempo eines Läufers innerhalb (=intra) eines Zyklus verändert (=variiert). Ein Zyklus ist die Durchführung einer Schrittfolge. Bei einem Schritt gibt es Phasen, in denen man sich effektiv fortbewegen kann, wie die Abdruckphase, und Momente, in denen man nicht effektiv zum Vortrieb beitragen kann, wie die Schwungphase.

Eines ist für das bloße Auge nicht sichtbar: Der Läufer ist im Moment des Abdrucks etwas schneller als im Moment der Landephase. Besonders ausgeprägt ist dieses Phänomen natürlich dann, wenn man den Unterschenkel weit vorschwingt und den Fuß wie einen Bremsklotz in die Laufbewegung stellt. Hier sinkt das Tempo, und der Läufer muss sich mit jedem Abdruck neu beschleunigen. Das Tempo geht permanent auf und ab.

Dass das unökonomisch ist, kennen Sie vom Spritverbrauch Ihres Autos. Im Stadtverkehr, wo viel beschleunigt wird, ist der Verbrauch am höchsten. Fahren Sie hingegen mit gleichmäßigem Tempo, sinkt der Spritverbrauch deutlich. Beim Läufer ist es nicht anders: Wer vorn keine Bremsbewegung hat, der braucht sich hinten nicht so stark abzudrücken, um zu beschleunigen. Ein vorn kurz gesetzter Schritt ohne Bremsphase bei einer erhöhten Frequenz führt also zu einem gleichmäßigen Geschwindigkeitsverlauf – und somit zu einer besseren Ökonomie. Der Fachmann nennt dies eine geringere intrazyklische Geschwindigkeitsvariation.

Das Anfersen

Damit Ihre Laufbewegung richtig rund wird, sollten Sie den Fuß des Schwungbeins in geeigneter Weise nach vorn führen. Darüber denken die wenigsten Freizeitläufer nach – aber auch hier können Sie von den Profis lernen.

Anfersen bedeutet, dass der Unterschenkel in der Schwungphase angehoben wird – und nicht wie bei den meisten Freizeitläufern knapp über dem Boden geführt wird. Das klingt im ersten Moment übertrieben und mühsam – hat aber seinen guten Grund: Das Anfersen in der Laufbewegung stellt eine Maßnahme zur Verkürzung der Hebel der unteren Extremität dar.

Links: Richtiges Anfersen

Rechts: Zu hohes Anfersen

» Ziehen Sie den Unterschenkel etwa bodenparallel an. «

Sie kennen die Hebelgesetze bereits im Schlaf: Ein Gewicht an einem kurzen Hebelarm ist leichter zu bewegen als eines an einem langen. Sie können das Bein und den Fuß samt Schuh (Gewicht am Pendelende) leichter nach vorn und in den Kniehub bewegen, wenn Sie den Hebel des Beins durch die Beugung im Kniegelenk verkürzen. Kleiner Kniewinkel gleich kurzes Pendel – so einfach ist es. Sie werden hierdurch im weiteren Ablauf der Laufbewegung erreichen, dass der Schritt nach vorn kürzer wird und der Fußaufsatz bei leicht gebeugtem Knie mit senkrechtem Unterschenkel unter dem Körperschwerpunkt erfolgt.

Wie hoch der Unterschenkel angeferst werden soll? Das hängt wieder von Ihrem Tempo und Ihrer Körpergröße ab. Da Sie auf Ihrer Laufrunde aber mit Sicherheit nicht sprinten, ziehen Sie den Unterschenkel in der hinteren Schwungphase idealerweise etwa bodenparallel an. Bei hohem Lauftempo wird der Unterschenkel über die Bodenparallele angeferst, um das Bein effektiv nach vorn führen zu können.

Fehler beim Anfersen

Zu hohes Anfersen

Merkmal: Der Fuß berührt in der Schwungphase fast das Gesäß.
Erklärung: Das ist leider zu viel des Guten. Nur bei Sprintern auf der Kurzdistanz wird das Knie in der Schwungphase so stark gebeugt. Ein leichtes Anheben bis zur oder kurz über die Waagerechte reicht vollkommen aus – alles andere ist bei normalem Lauftempo unökonomisch.

Zu niedriges Anfersen

Merkmal: Der Fuß wird in der Schwungphase dicht über dem Boden geführt.
Erklärung: Dies ist ein weit verbreitetes Defizit in der Lauftechnik. Wird der Unterschenkel nicht bis zur Waagerechten angehoben, ist dies problematisch für den Unterschenkelvorschwung – das bremst die Bewegung. Besonders Frauen neigen dazu, den Fuß in einem Halbkreis am Körper vorbeizuführen (Circumduktion). Dadurch entstehen Fehlbelastungen, die durch leichtes Anfersen zu vermeiden sind.

Links: Zu niedriges Anfersen

Rechts: Circumduktion

2

Der Fußaufsatz

Last but not least beim Thema Lauftechnik: der Fußaufsatz. Über kaum etwas wird unter Laufexperten so leidenschaftlich gestritten wie über den korrekten Fußaufsatz. Im Prinzip unterscheidet man – wie eingangs beschrieben – drei Techniken: Das Landen auf dem Vorfuß, das auf dem Mittelfuß und das auf der Ferse – dem Rückfuß (siehe Seite 36).

Wie Sie Ihren Fuß aufsetzen, hängt davon ab, wie Sie Ihren Unterschenkel vorschwingen. Fersen Sie ihn in der frühen Schwungphase leicht an, so kann er ideal nach vorn geführt werden. Im Moment des Fußaufsatzes steht er senkrecht zum Boden: Der Fußaufsatz ist somit flach, alle körpereigenen Dämpfungssysteme sind aktiviert. Je weiter Sie Ihren Unterschenkel jedoch nach vorn schwingen, desto eher landet Ihr Fuß auf der Ferse. Das Knie wird stärker gestreckt – Sie fallen in den orthopädisch ungünstigen Stechschritt. Die Dämpfung muss allein vom Fersenfettpolster und dem Laufschuh übernommen werden, Sie bremsen sich selbst aus. Ferner tritt eine Überpronationsbewegung deutlich häufiger auf[4]!

Diese vermeintlich kleine Veränderung im Bewegungsablauf, die primär dadurch bedingt wird, wie weit Unterschenkel und Fuß sich bei der Landung vor dem Körperschwerpunkt befinden (je weiter man vor dem Körperschwerpunkt aufkommt, desto weiter wandert der Aufsatzpunkt am Fuß in Richtung Ferse), hat große Auswirkungen auf Stoßdämpfung und Statik. Der Fuß hat vier Dämpfungsmechanismen integriert. Wir alle verfügen über diese Dämpfungsmechanismen, sie gehören quasi zur Serienausstattung des Menschen:

- → das Fettpolster unter der Ferse
- → die Fußgewölbe
- → die Vorspannung der Wadenmuskulatur
- → die Pronationsbewegung

Das Fersenfettpolster

Das Fettpolster unter der Ferse stellt Ihren ersten Dämpfungsmechanismus dar. Es ist in seiner Effektivität allerdings recht bescheiden. Das merken Sie sofort, wenn Sie barfuß auf der Ferse springen. Das etwa einen Zentimeter dicke Fettpolster ist septiert – es besteht aus mehreren Kammern. Dieser Aufbau sorgt dafür, dass das Polster nach der Belastung wieder zu seiner ursprünglichen Form zurückfindet. Dieser Mechanismus eignet sich allerdings eher fürs Gehen – fürs Laufen ist er zu schwach. Er reicht bei Weitem nicht aus, um die großen Stoßkräfte beim Laufen abzufedern, weshalb Barfußläufer ihren Fuß flacher aufsetzen[5].

Die Fußgewölbe

Dämpfungsmechanismus Nummer zwei sind die Fußgewölbe. Der menschliche Fuß verfügt über ein Längsgewölbe und ein Quergewölbe. Diese Gewölbebögen sind von Muskeln umgeben, man kann sagen verspannt, und können das von oben einwirkende Körpergewicht abfedern, indem sie unter der Stoßbelastung leicht nachgeben.

Führen Sie sich jedoch noch einmal den langen Stechschritt mit der Landung auf der Ferse vor Augen, wird sofort deutlich, dass die Fußgewölbe bei dieser Art des Fußaufsatzes gar nicht arbeiten können – denn die Gewölbe befinden sich bei diesen Läufern bei der Landung in der Luft! Der natürliche Dämpfungsmechanismus wird gar nicht in Anspruch genommen, stattdessen müssen die Schuhe die Stoßkraft abfangen. So knallen die Läufer dann mit voller Wucht auf Gel, Gummi, Luft und Schaumstoff. Die Profis hingegen setzen dank Arm- und Beinarbeit den Schritt kurz und den Fuß flach auf den Boden. Das hat zur Folge, dass unsere natürlichen Dämpfungsmechanismen ihre Funktion auch erfüllen können. Die Gewölbe haben zuerst

Die Funktion der Fußgewölbe

Der menschliche Fuß besteht aus 26 Knochen, die zusammen die beiden Fußgewölbe formen. In einem flachen Bogen spannt sich das Quergewölbe vom Mittelfußköpfchen der Großzehe bis zum Mittelfußköpfchen der kleinen Zehe auf. Das mächtigere Längsgewölbe ist besonders an der Innenseite des Fußes gut zu erkennen. Es verläuft in einem Bogen vom Fersenbein bis zu den Mittelfußköpfchen. In der klassischen Anatomie geht man deshalb von einem Dreipunktekontakt der Fußsohle mit dem Untergrund aus. Diese Gewölbe können unter Belastung nachgeben und schützen so übergeordnete Strukturen wie Ihr Knie oder Ihre Wirbelsäule vor harten Stößen.

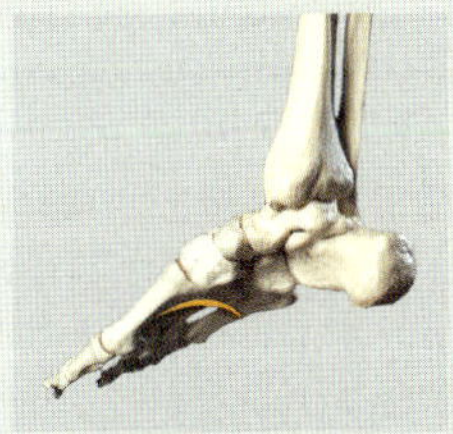

Quergewölbe

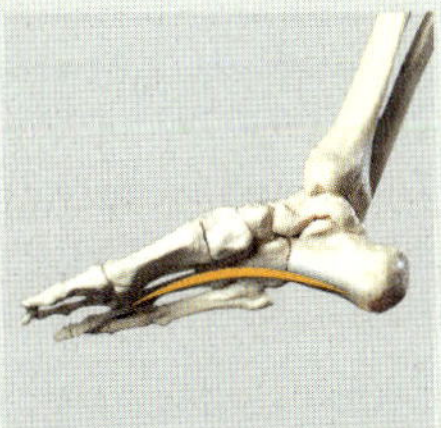

Längsgewölbe

Bodenkontakt und können von Anfang an die Aufprallenergie verteilen und abfedern. Und zwar so, wie wir es barfuß auf dem Rasen von ganz allein machen würden – hier sind wir also wieder bei den Vorzügen des Barfußlaufens in Schuhen!

Die Eigenfederung durch die Wadenmuskulatur

Wenn Sie auf dem Vor- oder dem Mittelfuß landen, spüren Sie an der Fußsohle das Einwirken des Körpergewichts und es wird automatisch Spannung in der Wadenmuskulatur aufgebaut. Da der Fuß im Idealfall flach aufgesetzt wird, hängt die Ferse zum Zeitpunkt des Bodenkontakts wie an einem elastischen Seil: gebildet aus dem Zwillingswadenmuskel (M. gastrocnemius), dem Schollenmuskel (M. soleus) und den Zehenbeugern (M. flexor digitorum et hallucis longus). Die Auswirkungen sind immens: Die Muskulatur federt nun nämlich die Stoßenergie weiter ab – allerdings nur

Energie-Return: effizienter Wadenmuskeleinsatz

Die Wadenmuskulatur verfügt über einen einzigartigen Energie-Return. Die rückwärtige Unterschenkelmuskulatur wird bei einem flachen Fußaufsatz kräftig vorgespannt, da die Ferse auf den Boden abgesenkt wird, während das Sprunggelenk gebeugt wird. Dies ist nicht nur wichtig für die Abfederung der Stoßkräfte, sondern auch für Ihren Vortrieb: Die Energie wird nämlich für die Vortriebsarbeit und den folgenden Abstoß über die Zehen wieder genutzt. Die Spannung der Wade ist also für einen Abdruck unwahrscheinlich wichtig. Unglücklicherweise kommt dieser Effekt nur dann zustande, wenn die Ferse auch wirklich abgesenkt wird. Heute sind fast alle Schuhe unter der Ferse deutlich erhöht. Die Spannung der Wade während der Stützphase bleibt aus. Der Läufer verliert zunächst die Kontrolle über die Pronation und auch seinen effektiven Abdruck – durch die ungenügende Wadenvorspannung. Dies ist einer der wichtigsten Gründe, warum Barfußläufer von einer Energieersparnis von vier Prozent gegenüber beschuhten Läufern profitieren[6]!

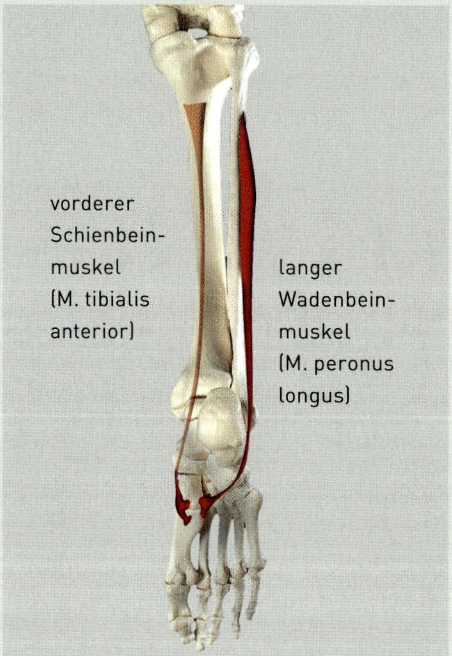

beim Läufer mit flachem Fußaufsatz. Wer die Ferse zuerst in den Boden rammt, lässt seine Wadenmuskulatur ungenutzt und kann damit nicht aktiv die Stöße abfangen. Es ist ein Wunderwerk der Natur: Der Körper dämpft aktiv mit dem Knie, aktiv mit der Wadenmuskulatur und aktiv mit den Fußgewölben – wenn der Fuß flach auf dem Boden landet!

Obgleich dieses Prinzip unserem angestrebten natürlichen Barfußlaufstil ebenbürtig ist, gibt es Läufer, die glauben, sie würden hier Energie verschwenden – weil die Wade kräftig arbeitet. Startet man mit einem solchen Laufstil, fühlt sich die Wadenpartie in der Tat in der ersten Zeit arg angestrengt an. Beachten Sie aber bitte Folgendes: Wenn Sie andersherum mit der Ferse und mit dem gestreckten Knie aufsetzen, wird jeder Stoß ungefiltert und unkontrolliert an alle Gelenke fortgeleitet. Wenn sie könnten, würden die Gelenke aufschreien! Der menschliche Knorpel hat allerdings keinerlei Nervenversorgung, er ist also ziemlich stumm. Theoretisch könnten Sie mit einer Nadel bei vollem Bewusstsein auf Ihrem Knorpel herumkratzen – Sie würden es nicht bemerken. Gelenke melden sich erst dann, wenn Knochen auf Knochen reibt. Das passiert, wenn der Knorpel bereits abgerieben ist, und dann ist es für eine knorpelerhaltende Therapie zu spät.

Das Ziel muss also eine Vorbeugung solcher Zustände sein. Die Wadenmuskulatur hat dem Knorpel gegenüber zwei große Vorteile: Wir merken sofort, wenn wir sie überlastet haben. Der Wadenmuskelkater ist also bei Trainingsbeginn ein idealer Gradmesser dafür, wie viel Lauftraining Ihr Bewegungsapparat schon verträgt. Wenn Sie nach drei Kilometern steinharte Waden verspüren, dann brauchen Sie noch Zeit, um sich an die Belastung anzupassen. Der Läufer mit dem Stechschritt dagegen merkt dies gar nicht und belastet seine Gelenkflächen, die nicht aufschreien können, weiter. Autsch!

Der zweite Vorteil der Wadenmuskulatur ist ihre Regenerationsfähigkeit. Ist sie überlastet, kann sie sich während einer Pause erholen. Die Muskulatur ist gut durchblutet, sie regeneriert sich und wird anschließend sogar noch leistungsfähiger. Knorpel hingegen ist nicht regenerationsfähig, da er nicht durchblutet ist und sich nur sehr mühsam aus der Gelenkflüssigkeit ernähren kann. Einmal geschädigt, ist er für immer geschädigt.

Anstatt über eine nicht vorhandene Energieverschwendung nachzudenken, sollten Sie sich also freuen, dass Ihr Körper Ihnen genaue Informationen über Ihren Trainingszustand und Ihre Belastbarkeit gibt. So können Sie immer im Rahmen Ihrer Möglichkeiten bleiben und werden sich, gerade zu Beginn, nicht überlasten. Die Wade dämpft Stöße vorzüglich ab – Sie haben es selbst gespürt!

Die Pronationsbewegung

Der vierte und letzte Stoßdämpfungsmechanismus unseres Fußes ist die Eindrehbewegung im unteren Sprunggelenk – die Pronationsbewegung. Egal ob Sie laufen oder gehen: Sie setzen den Fuß immer mit der Außenkante zuerst auf. Würde der Fuß in dieser Position verharren, wären Sie extrem gefährdet umzuknicken. Aus diesem Grund dreht der Fuß im Knöchelbereich nach innen ein. So steht er gerade und sicher auf dem Boden. Er vergrößert seine Standfläche und verzögert die Landebewegung des Fußes. Die Eindrehbewegung wird durch Muskeln gestützt und geführt. Diese extrem wichtige Pronationsbewegung führt also zu einem Bremsweg in der Landephase: Sie minimiert die Stoßbelastung für den Körper! Und zwar gestützt durch Muskeln, das heißt, dieses Phänomen ist trainier- und verbesserbar! Eine gute Sache, die die Natur da entwickelt hat.

Auch die Läufer mit dem Stechschritt (die Landung auf der spitz aufgestellten Ferse und mit gestrecktem Knie) nutzen diesen Mechanismus. Allerdings haben sie dabei ein Problem: Die Wadenmuskulatur ist im Moment der Landung nicht ausreichend aktiviert. Der Fuß kommt also mit voller Wucht auf den Boden auf: Fußgewölbe und Wadenmuskulatur dämpfen nicht. Die Pronationsbewegung wird ohne Wadenvorspannung muskulär nur ungenügend gesichert. Die Folge? Der Fuß gerät in eine Überpronation und knickt nach innen ab – mit schwerwiegenden Folgen. Dieses Abknicken überlastet Achillessehne und Schienbeinmuskulatur, die sich schmerzhaft entzünden können. Auch die Beinachse wird in Mitleidenschaft gezogen: Wenn der Fuß einknickt, folgt ihm aufgrund der Unterschenkelanatomie auch die Beinachse. Der Läufer drängt in ein X-Bein – und das belastet die Knie falsch. So zieht ein kleiner Technikfehler oftmals eine Reihe biomechanischer Probleme nach sich. Deshalb nehmen die Füße

Unnatürlich gebremste Pronationsbewegung durch einen stark gestützten Laufschuh

» Pronationsstützen verhindern die körpereigene Dämpfung. «

Die Rotation des Fußes in der Laufbewegung

Eine häufig gestellte Frage ist die nach der korrekten Fußrotation beim Laufen. Es gibt Menschen, die laufen ein wenig wie Charlie Chaplin. Andere drehen die Füße nach innen ein. Normalerweise steht der Fuß beim Gehen mit zwölf Grad leicht außenrotiert[7] – und keinesfalls innenrotiert. In der schnelleren Laufbewegung sollten beide Füße parallel zueinander[8] gerade nach vorn zeigen. Sie weisen allenfalls eine leichte Außenrotation auf.

Bei stärkerer Rotation der Füße handelt es sich oft um eine schlechte Angewohnheit – diese ist einer aktiven Korrektur allerdings gut zugänglich. Sie müssen sich in der ersten Zeit beim Laufen einfach darauf konzentrieren. Es ist aber auch möglich, dass sich die Fußrotation aufgrund von Beinachsen- und Hüftrotationsfehlstellungen ergibt. In solchen Fällen benötigt der Körper diesen Ausgleichsmechanismus. Sollte Ihnen das gerade Aufsetzen der Füße also verstärkt Schwierigkeiten bereiten, dann sprechen Sie mit einem Sportorthopäden oder Bewegungsanalysten. Vielleicht ist die Fußfehlstellung durch eine Fehlrotation des Oberschenkelhalses (zum Beispiel Coxa antetorta) bedingt. In diesem Fall muss sie belassen werden! Andernfalls entstehen durch eine Korrektur möglicherweise Überlastungsbeschwerden.

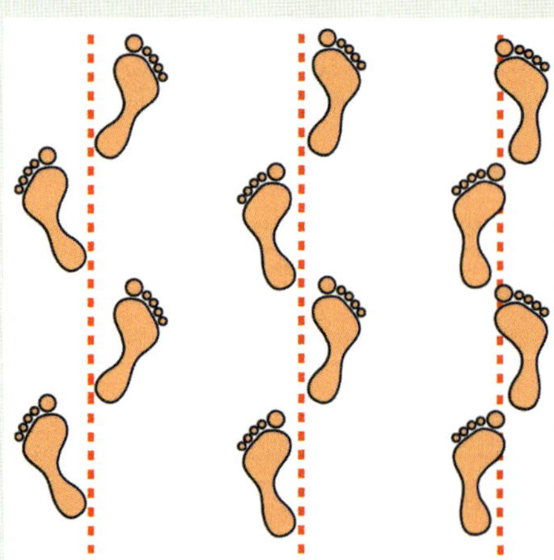

Außenrotation | normale Rotation | Innenrotation

als Verbindung zum Untergrund eine besonders wichtige Stellung ein. Es kommt also sehr wohl darauf an, wo und wie Sie Ihren Fuß aufsetzen.

Laufen mit Krücken

Viele Läufer behelfen sich mit Krücken im Schuhwerk – sogenannten Pronationsstützen. Damit wollen sie ihre unnatürliche Technik und die daraus resultierende Überpronation regeln. Sie tragen dann harte Stützen auf der Innenseite des Schuhs, die die Bewegung begrenzen sollen. Diese Pronationsstützen schränken die Bewegung ein – Sie erinnern sich: Die Pronation ist die Eindrehbewegung des Fußes; die ja eigentlich ein sehr sinnvolles Dämpfungssystem ist. Diese Stützen sollen den Fuß nun stabilisieren. Wer aber mit voller Wucht auf eine Stütze knallt, der hat die eigentliche Bedeutung der Pronationsbewegung nicht erkannt und nicht genutzt. Die Bewegung muss sanft durch die Muskulatur verzögert werden – und nicht abrupt durch eine harte Stütze im Schuh.

Effektiver als Stützen im Schuh regelt ein aktiver Laufstil die Pronationsbewegung: Durch einen flachen Fußaufsatz ist die Unterschenkelmuskulatur vorgespannt und arbeitsbereit, wenn das Körpergewicht in der Landephase auf den Fuß einwirkt. Sie ist die natürliche Stütze für das Sprunggelenk: Der Stoß wird nicht nur gedämpft, sondern auch die Eindrehbewegung im unteren Sprunggelenk aktiv kontrolliert und so eingestellt, wie es für Ihre Biomechanik ideal ist. Die Basis stimmt – so geraten weder Fuß noch Beinachse noch Hüfte aus dem Gleichgewicht.

Starke Waden

Die Wade sichert Ihren Fuß und Ihre Beinachse gegen Fehlstellungen und gegen eine übermäßige Stoßbelastung. Das sind zwei schwierige Aufgaben, für die die meisten Waden, die jahrelang unter unnatürlichen Bedingungen gearbeitet haben, nicht ohne Weiteres gerüstet sind. Die gute Nachricht: Muskeln sind überaus anpassungsfähig, und Sie werden genügend Kraft in den Waden entwickeln, um die-

2

Das Sprunggelenk: Anatomie und Funktion

Das Sprunggelenk ist ein Doppelgelenk. Im oberen Sprunggelenk (OSG) wird die Fußspitze angehoben und gesenkt. Die Schienbeinmuskulatur zieht die Zehen zur Nasenspitze, und die Wadenmuskulatur drückt Sie hoch. Diese beiden Muskelgruppen sind für die Laufbewegung sehr wichtig: Sie erzeugen den Vortrieb, gerade die Waden, die Sie vom Boden abdrücken. Und wie Sie gelernt haben, federn sie Ihr Körpergewicht bei der Landung auch wieder ab. Diese beiden völlig unterschiedlichen Aufgaben teilen sich zwei Muskeln: Der Zwillingswadenmuskel (M. gastrocnemius) ist besonders aktiv, wenn das Knie fast völlig gestreckt ist. Das ist beim Abdruck in der Laufbewegung der Fall. Der Muskel verfügt dafür über eine große Anzahl an schnell zuckenden Muskelfasern, den sogenannten Sprintfasern. Sie sorgen dafür, dass Sie sich kräftig abdrücken können.

Der zweite Muskel im Wadenmuskelverbund ist der Schollenmuskel (M. soleus). Er arbeitet hauptsächlich, wenn das Knie leicht gebeugt ist. Dies ist der Fall, wenn Sie landen und Ihr Körpergewicht mit der Wade austarieren und abfedern. Hierfür ist der Schollenmuskel bestens gerüstet: Für die Stützphase verfügt er über langsam zuckende Muskelfasern. Diese Ausdauerfasern lassen ihn das Körpergewicht sicher abfedern und halten.

Das untere Sprunggelenk (USG) ist der zweite Gelenkteil. Es ermöglicht das Heben und Senken des Fußrandes. Wenn Sie den inneren Fußrand absenken, so wie es beim Einrollen in der Laufbewegung passiert, nennt man das Pronation. Senken Sie den äußeren Fußrand ab, nennt man das Supination – die Gegenbewegung zur Pronation. Für diese Bewegungen stehen Ihnen zahlreiche Muskeln am Unterschenkel zur Verfügung. Die meisten davon schützen Sie vor der Überpronation, die bei zahlreichen Läufern auftritt. Das Problem liegt bei diesen Läufern aber lediglich darin, dass diese Muskeln aufgrund einer unnatürlichen Lauftechnik nicht optimal in ihrer Funktion eingesetzt werden.

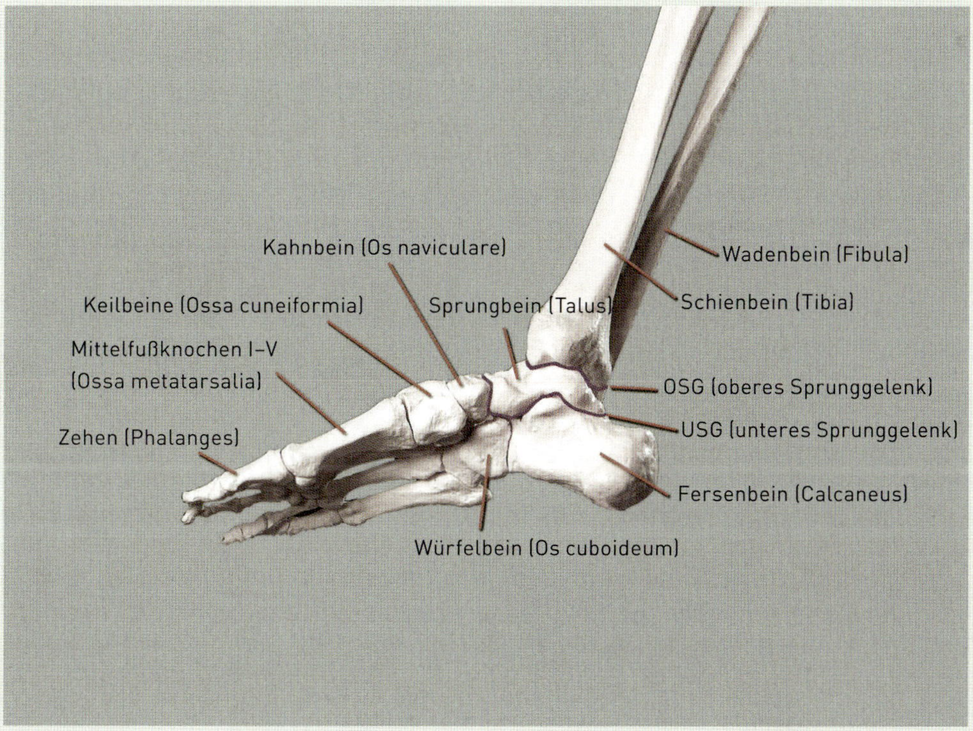

2

se für ihre Aufgaben vorzubereiten. Lassen Sie Ihrem Körper dafür Zeit: Nur mit einem langsam aufgebauten Training kann er seine volle Funktion wieder wahrnehmen.

Fehler beim Fußaufsatz

Starker Fersenlauf

Merkmal: Die Landung erfolgt auf der Ferse, das Knie ist fast durchgestreckt.
Erklärung: Der Unterschenkel wird in der Schwungphase weit vorgeschwungen, findet aber den Weg nicht wieder zurück in Richtung Körperschwerpunkt. Die vordere Schienbeinmuskulatur (M. tibialis anterior) zieht dann beim Aufprall auf der Ferse die Zehen nach oben, um den Fuß langsam »abzurollen« – auf Dauer kann es dadurch zu einer Überlastung in Form des schmerzhaften vorderen Schienbeinkantensyndroms (»shin splints«) kommen. Des Weiteren erfolgt die Stoßdämpfung dann sehr oft verzögert in der Stützphase: Der Fersenläufer nutzt seine Streckerkette (siehe Seite 53) kaum und »sitzt« in der Stützphase tief ab. Die Folgen sind Knieschmerzen aufgrund von Sehnenentzündungen oder irreparablem Knorpelabrieb hinter der Kniescheibe.

Spitzer Vorfußlauf

Merkmal: Der Fußaufsatz erfolgt sehr spitz auf dem Vorfuß.
Erklärung: Durch einen extrem kurzen Schritt vor dem Körperschwerpunkt erfolgt der Fußaufsatz auf der Fußspitze. Die Wadenmuskulatur und auch die aus ihr hervorgehende Achillessehne sind von der Landung bis zum Abdruck unter großer Spannung. Unter Umständen überlastet sie das bei mangelnder Gewöhnung, Fußfehlstellungen und großen Laufumfängen. Ebenfalls unter großer Spannung steht die Sehnenplatte in der Fußsohle, die Plantarfaszie (Aponeurosis plantaris). Im Zuge einer Überbeanspruchung kann es zu einer schmerzhaften Entzündung der Plantarfaszie oder zu einem Knochenauswuchs – dem Fersensporn – kommen.

Links: Starker Fersenlauf

Rechts: Spitzer Vorfußlauf

2

Bergauf- und Bergablaufen

Beim Bergauflaufen unterscheidet sich Ihr Laufverhalten von dem auf ebener Strecke: Ihre Schrittlänge verkürzt sich, der Fußabdruck wird kräftiger – und vorfußlastiger. Auch der Armeinsatz wird intensiver, der Oberkörper neigt sich etwas weiter vor – damit verschiebt sich auch der Körperschwerpunkt nach vorn. Vielleicht sind Sie gerade schon von selbst darauf gekommen: Kaum ein Training ist so effektiv wie das Bergauflaufen. Hervorragend kräftigen Sie dabei Ihre Fußgelenke sowie Ihre gesamte Streckerkette.

Was das Bergablaufen betrifft, wirft die Technik des Fußaufsatzes immer wieder Fragen auf. Natürlich werden Sie aufgrund der Neigung des Untergrunds nicht mit dem Ballen oder dem ganzen Fuß aufsetzen können. Tatsächlich wandelt sich Ihre Technik etwas in Richtung Fersenlauf: Sie halten den Fuß noch immer flach und setzen so aufgrund der Neigung des Untergrundes mit der Fußaußenkante im hinteren Drittel des Fußes auf. Die vordere Schienbeinmuskulatur hält dagegen und lässt den Vorfuß langsam herab. Das kann bei langen Bergabläufen mitunter zur Überlastung dieser Muskelgruppe führen. Versuchen Sie aber trotz abschüssiger Bodenneigung, den Schritt kurz zu setzen und mit einem leicht gebeugten Knie aufzukommen. Nur so können Sie die einwirkenden Stoßkräfte minimieren, die der Fuß nicht vollständig abfedern kann. Bergablaufen trainiert ebenfalls Ihre Streckschlinge (und Ihre Schienbeinmuskulatur) – allerdings exzentrisch! Exzentrisch bedeutet, dass Sie Ihr Körpergewicht noch mehr als sonst gegen die einwirkende Schwerkraft abbremsen, wobei die Muskulatur innerhalb der Anspannung bei der Landung gedehnt wird. Sie macht, wie jeder Läufer weiß, einen heftigen Muskelkater! Das Gegenteil ist die konzentrische Muskelarbeit: Der Muskel spannt sich an und verkürzt sich dabei. Diese finden wir beim Laufen zum Beispiel in der Abdruckphase.

Das Techniktraining

Motorisches Lernen ist ein Leben lang möglich – schließlich lernen erwachsene Menschen erfolgreich Golf zu spielen oder ihren Tennisschläger so einzusetzen, dass die Unterarmmuskulatur nicht überlastet wird. Durch gute Trainer und ein vernünftiges Unterrichtskonzept lassen sich Bewegungsabläufe neu erlernen und optimieren – so auch beim Laufen.

Ich möchte Ihnen an dieser Stelle das Technikprogramm von MARQUARDT RUNNING vorstellen. Gemeinsam mit meinem Trainerteam habe ich mit diesem Programm auf zahllosen Seminaren große Erfolge erzielt. Und auch Sie können davon profitieren: Mit den ebenso effizienten wie kompakten Übungen lernen Sie, was Sie nach Lektüre dieses Kapitels bereits theoretisch verinnerlicht haben: perfekte Armarbeit, aktive Frequenzkontrolle, ideale Körperposition, effiziente Beinarbeit sowie den natürlichen, flachen Fußaufsatz.

Die praktische Anleitung

So viel zur Theorie. Entscheidend wird allerdings sein, wie Sie die nun folgenden praktischen Lernphasen erleben. Idealerweise erfolgen nämlich die ersten Versuche, die durch eine bestimmte Übungsabfolge angebahnt

» Schnell und verletzungsfrei: Optimieren Sie Ihre Bewegungsabläufe! «

werden, mit Rückmeldungen durch einen Trainer. Er kennt den idealen Bewegungsablauf nicht nur, sondern lehrt ihn auch. Über mehrere Versuche und die richtigen Rückmeldungen sollen Sie nach der Phase der Grobkoordination die der Feinkoordination erreichen.

Stabilisieren Sie das Gelernte

Am intensivsten erleben Sie das Techniktraining auf einem Sportplatz mit einer Laufbahn aus Asche oder Kunststoff – weswegen es auch Bahntraining genannt wird. Dort lenken weder Fußgänger, Wurzeln noch verwunderte Gesichter ab. Sie können sich auf die Übungen konzentrieren und sie sauber ausführen und langfristig verinnerlichen. Wenn Sie die optimale Bewegung einmal gelernt haben, treten Sie unweigerlich in das Stadium der Stabilisierung und Automatisation ein. Dieses setzt regelmäßiges Üben voraus: Technisch saubere Dauerläufe sind dann genauso Teil des Programms wie ergänzende Technikübungen. Langfristig wird sich eine variable Verfügbarkeit dieser erlernten Technik ergeben. Eine ausgefeilte Technik wird für Sie selbstverständlich! Allerdings will die saubere Technik stets in Erinnerung gerufen werden – selbst erfahrene Profi-Athleten integrieren permanent Technikeinheiten in ihr Training.

Apropos Profis: Damit Sie einschätzen können, wie gut Ihre Lauftechnik bereits ist, habe ich für Sie einen Test entwickelt. Sie finden diesen im Anhang des Kapitels. Finden Sie heraus, wo Sie stehen – und dann laufen Sie los!

Grundposition: die Ballendruckstellung

Die Grundposition für Ihr Lauftraining ist die Ballendruckstellung – sowohl für die lauftechnischen Übungen, die Kraftübungen als auch die Laufbewegung selbst. Sie bezieht den gesamten Körper mit ein und ist damit gleichzeitig ein Haltungstraining, das Ihnen auch im Alltag nützt!

Stehen Sie etwa hüftbreit. Die Füße sind minimal außenrotiert, das heißt die Fußspitzen zeigen etwas nach außen. Ihre Kniegelenke sind minimal gebeugt. Spannen Sie Ihr Gesäß an, ziehen Sie den Bauchnabel nach innen und kippen Sie Ihr Becken etwas nach hinten. Gegen den angespannten Bauchbereich richten Sie Ihre Brustwirbelsäule auf – machen Sie sich so groß Sie können. Der Kopf befindet sich im Schwerelot, das heißt Sie nehmen ihn etwas zurück – so, dass er sich über der Wirbelsäule befindet. Der Bauchnabel wird in Richtung Wirbelsäule eingezogen. Der Kopf befindet sich im Schwerelot; Ihren Blick richten Sie gen Horizont. Die Arme werden im Ellenbogengelenk angewinkelt und dicht am Körper gehalten. Jetzt verlagern Sie Ihr Gewicht auf die Ballen, ohne dass sich Ihre Ferse wesentlich vom Boden abhebt. Prima, das ist die Ballendruckstellung!

Grundposition: die Ballendruckstellung

Wiederholungszahl: Bauen Sie die Grundposition 3 x vollständig und sauber auf.

Die Armarbeit

Die Armbewegung genießt unsere besondere Aufmerksamkeit – sie bestimmt schließlich die Beinarbeit. Entsprechend den Gesetzen der Kreuzkoordination bestimmt sie ferner die Frequenz und damit auch die Schrittlänge.

Armarbeit alleine

Sie stehen in der Ballendruckstellung. Ihre Ellenbogen sind angewinkelt – der Winkel ist kleiner als 90 Grad.

1. Führen Sie beide Ellenbogen durch eine Bewegung des Schultergelenks spitz nach hinten – so bildet sich das Läuferdreieck aus Oberarm, Unterarm und Rumpf. Achten Sie auf eine gerade Handhaltung, der Daumen liegt locker auf der geschlossenen Hand. So lernen Sie die spitze Ellenbogenführung, ohne in Ihr altes Bewegungsmuster zurückzufallen.
2. Machen Sie die Bewegung nun einarmig und kontrollieren Sie den spitzen Ellenbogenwinkel.
3. Zuletzt halten Sie einen Arm vorn (Hand in Höhe der Schulter) und einen Arm hinten. Tauschen Sie nun die Position Ihrer Arme und gehen Sie in eine flüssige Armbewegung über.

Wiederholungszahl: 3 x 20 Armbewegungen – im Spiegel kontrollieren!

Armarbeit mit Partner

Um sich an das Laufen mit einem spitzen Ellenbogen zu gewöhnen, können Sie in der ersten Lernphase mit einer Partnerübung gute Erfolge erzielen. Stellen Sie sich dafür vor Ihren Trainingspartner und nehmen Sie die Ballendruckstellung ein. Aus dieser Position heraus beginnen Sie die Armarbeit mit dem spitzen Ellenbogenwinkel – wie beim Einzeltraining. Ihr Trainingspartner steht hinter Ihnen und hält die Handflächen als Widerstand für Ihre Ellenbogenspitzen auf. Durch diesen taktilen Reiz lernen Sie, Ihre Arme spitz zurückzuführen. Ihr Partner sollte Ihre Ellenbogen so weit

Armarbeit alleine

Armarbeit mit Partner

wie möglich nach hinten schwingen lassen. Achten Sie darauf, Ihre Hände vor dem Körper nicht über Schulterhöhe zu führen – Armarbeit ist kein Schattenboxen!

Wiederholungszahl: 3 x 20 Wiederholungen.

Armarbeit mit Armtrainern

Klemmen Sie sich Armtrainer (siehe Abbildung auf der nächsten Seite) oder eine Kugelschreiberhülse in die Ellenbogenbeuge – diese zwingen Sie zu einem spitzen Ellenbogenwinkel und einem perfekten Läuferdreieck. Aus der Grundposition heraus führen Sie nun die Armbewegung durch. Der Armtrainer wird Sie über die ganze Bewegungsamplitude daran erinnern, den Ellenbogen spitz zu halten. Fallen Sie langsam in den Laufschritt – ohne die Armtrainer zu verlieren. Bei dieser Übung handelt es sich um eine sogenannte Überkorrektur: Der Ellenbogenwinkel ist noch kleiner, als er eigentlich sein sollte. Aus diesem Grund führt man solche Übungen nur kurz durch – dafür

Armarbeit mit Armtrainern

2

Armtrainer für Ihr Lauftraining

Die Armtrainer sind eine ideale Hilfe, um die Armarbeit richtig zu erlernen – wir verwenden diese auch auf unseren Seminaren. Die runden Holzstücke von 80 Millimeter Länge und mit einem Durchmesser von 16 Millimetern haben eine geriffelte Oberfläche. Diese Holzstücke fixieren Sie mit dem angewinkelten Unterarm in der Ellenbeuge und haben so automatisch einen spitzen Ellenbogenwinkel.

wirken sie umso nachhaltiger. Diese Übung können Sie auch in Ihre Dauerläufe einbauen – aber nur minutenweise!

Wiederholungszahl: 3 x 20 Wiederholungen in der Grundposition, dann ein bis zwei Minuten Dauerlauf mit Armtrainern.

Frequenzunterschiede

Laufen Sie eine lockere Runde auf der Bahn und achten Sie dabei auf die Laufgeräusche auf dem Untergrund. Laufen Sie nun 50 Meter mit lang gestreckten Armen – und achten Sie wieder auf die Geräusche. Das Ganze wiederholen Sie mit stark angewinkelten Armen, also einem sehr kleinen Ellenbogenwinkel. Haben Sie den Frequenzunterschied gehört? Er liegt deutlich hörbar bei 10 bis 15 Schritten pro Minute – allein durch die Armarbeit bedingt!

Wiederholungszahl: Wenn Sie den Unterschied gehört haben, reicht ein Durchgang aus – Sie haben verstanden, warum die Ellenbogen spitz sein müssen!

Körperposition

Es ist schwierig, die optimale Oberkörperposition über Winkel zu erklären. Deshalb habe ich die Methode der Überkorrektur gewählt: Laufen Sie circa 50 Meter mit vorgebeugten Schultern, rundem Rücken, nach unten hän-

Frequenzunterschiede

Körperposition: Überkorrektur

genden Armen, die Fersen setzen mit einem langen Schritt auf, der Blick geht Richtung Boden – kurz: ohne jegliche Körperspannung. Nun laufen Sie die Strecke zurück – gegenteilig: Ihr Blick geht gen Himmel, die Arme sind angewinkelt, Sie machen viele kurze Schritte auf dem Ballen und fallen ins Hohlkreuz. Unangenehm? Sehr gut! Jetzt machen Sie es richtig: Aus der Grundposition lassen Sie sich langsam nach vorn kippen – bis Sie automatisch in den Laufschritt fallen. Diese Position behalten Sie laufend bei! So gewöhnen Sie sich daran, leicht nach vorn geneigt zu laufen. Ihr Fuß landet so näher am Körperschwerpunkt als bei geradem oder zurückgelehntem Oberkörper. Leicht vorgeneigt wird Ihr Schritt effektiver!

Wiederholungszahl: Wiederholen Sie 3 x die Überkorrekturen und lassen Sie sich dann 6 x aus der Ballendruckstellung nach vorn kippen – jeweils 50 Meter in genau dieser Haltung laufen.

Körperposition: aus der Ballendruckstellung nach vorn kippen lassen

Körperspannung

Körperspannung

Laufen Sie – wieder im Sinne einer Überkorrektur – 50 Meter mit ganz entspanntem Körper und anschließend mit maximaler Anspannung. Natürliches Laufen soll kein Kraftakt werden – aber mit einer gewissen Grundspannung haben Sie ein starkes Widerlager für Ihre Pendel und laufen damit technisch sauberer, also gesünder, leichter und schneller.

Wiederholungszahl: Wiederholen Sie 3 x die Überkorrekturen.

Die Beinarbeit

Zu guter Letzt sollten Sie Ihre Schrittlänge so einstellen, dass Sie mit dem flachen Fuß kurz vor Ihrem Körperschwerpunkt aufsetzen. Dabei helfen folgende drei Übungen:

Laufen mit kleinen Schritten

Laufen Sie eine Strecke von 50 Metern mit vielen, kleinen Schritten – so banal das auch klingen mag. Das Tempo bleibt gleich: Machen Sie mehr Schritte – und laufen Sie nicht schneller!

Wiederholungszahl: Üben Sie zunächst auf einer Strecke von 5 x 100 Metern. Später übernehmen Sie die flüssigen Schritte mehr und mehr in Ihren Dauerläufen.

»Platschen«

Jetzt erspüren Sie den flachen Fußaufsatz: Laufen Sie eine Strecke von 50 Metern und »platschen« Sie dabei mit dem ganzen Fuß auf den Boden. So, als wollten Sie mit kindlicher Freude in eine große Pfütze springen! Klingt nach Vergnügen – und ist genial: Automatisch setzen Sie den Schritt kurz vor dem Körperschwerpunkt auf.

Wiederholungszahl: Üben Sie zunächst auf einer Strecke von 5 x 50 Metern. Später übernehmen Sie den flachen Fußaufsatz mehr und mehr in Ihren Dauerläufen.

Laufen mit kleinen Schritten

»Platschen«

Minimal anfersen

Letzte und wichtige Übung: Laufen Sie wieder eine Strecke von 50 Metern und heben Sie dabei in der Schwungphase die Fersen minimal hinter dem Körper an. Der Unterschenkel ist bodenparallel oder leicht höher – mehr nicht, aber das ist schon einiges: Ihr Schritt wird dynamischer, reaktiver und vorne kürzer!

Komplexbewegung: Gänsemarsch

Die weitaus beste Übung, um das Laufen in der Gesamtbewegung zu verstehen und unterschiedliche Frequenzniveaus zu zeigen, ist das Laufen in einer Vierergruppe im Gänsemarsch. Organisieren Sie ein paar Laufkollegen – es lohnt sich für Sie alle!

Sie laufen alle direkt hinter- und möglichst eng aufeinander. Hierbei übernehmen Sie exakt die Frequenz des Vordermanns – keine Sorge, das hört sich schwerer an, als es ist. Nutzen Sie einfach die unmittelbare Abhängigkeit von Armen und Beinen: Wenn sich der rechte Ellenbogen Ihres Vordermanns zurückbewegt,

Minimal anfersen

bewegen Sie Ihren auch zurück – so befinden sich zwangsläufig auch die Füße in exakt derselben Frequenz. So können Sie dicht auflaufen, ohne die gesamte Zeit verzweifelt auf die Füße Ihres Vordermanns zu starren, wodurch Sie schwieriger den Rhythmus finden.

Nach einer Minute im Takt des ersten Läufers reiht dieser sich hinten wieder ein, und die Gruppe passt sich an den Bewegungsablauf des nächsten Sportlers an. So kann man die Reihe mehrfach durchtauschen. Ferner ist es möglich, dass der erste Läufer die Frequenz absichtlich hebt oder senkt und seinen Bewegungsablauf der ganzen Gruppe aufzwingt.

Videoanalyse – so funktioniert's

Bei unseren Wochenend-Laufseminaren wird jeder Läufer mit einer Hochgeschwindigkeitskamera aufgenommen und analysiert. Den eigenen Bewegungsablauf selbst von außen sehen zu können, ist für die Läufer eine sehr interessante Erfahrung. Meist stellt man sich den eigenen Bewegungsablauf ganz anders vor und so macht sich Erstaunen breit, wenn man beispielsweise sieht, dass der Oberkörper stark vorgeneigt ist und nicht so gerade, wie man es selbst immer empfunden hat. Insofern ist die Auseinandersetzung mit diesen Bewegungsbildern natürlich ein ideales Instrument, um sich im Rahmen einer Technikschulung der eigenen Fehler bewusst zu werden.

Um eine solche Aufnahme anzufertigen, benötigen Sie eine Kamera mit guter Zeitlupen- und Standbild-Funktion sowie einen Sportplatz. Der Läufer positioniert sich an der Zielgeraden, also am Kurvenbeginn der Bahn. Sie stehen mit

Komplexbewegung: Gänsemarsch

1. Durch das Laufen in der Gruppe ist jeder Läufer gezwungen, die richtige Armarbeit betont auszuführen.
2. Aufgrund des Vordermanns muss jeder Läufer den Schritt nach vorn kurz setzen.
3. Durch die aktiv zu regulierende Frequenz erfolgt der Fußaufsatz flach und aktiv.

Die Seminare von MARQUARDT RUNNING

In den Laufseminaren mit Dr. Matthias Marquardt und seinen Trainern können Sie natürliches Laufen live erleben. Die Spezialisten bieten Seminare im gesamten Bundesgebiet an – kompakt an einem Tag oder als Wochenendseminar.

Der Spaß am Laufen steht dabei im Vordergrund: Mit vielen praktischen Tipps vermitteln Ihnen die Referenten das Konzept von MARQUARDT RUNNING für eine bessere Technik sowie leistungssteigernde Trainingsprogramme. Erleben Sie:

→ informative Vorträge zu den Themen pulsgesteuertes Training, Lauftechnik, Schuhversorgung und Ernährung,

→ Lauftechniktraining auf dem Sportplatz unter individueller Anleitung,

→ Kraft- und Koordinationsprogramme, die Sie perfekt zu Hause umsetzen können.

Bei den Wochenendseminaren nutzen wir eine Hochgeschwindigkeitskamera, um Fehler in der Lauftechnik sicher erkennen und korrigieren zu können – und mit einem Laktat-Test ermitteln wir Ihre individuellen Trainingsbereiche auf jedem Seminar!

Die Teilnehmerzahl ist gering – bei 10 bis maximal 20 Läufern werden Sie individuell betreut: Ein qualifizierter Trainer ist für maximal fünf bis zehn Teilnehmer verantwortlich. Alle Termine und Seminarorte in Ihrer Nähe finden Sie unter www.marquardt-running.com.

der Kamera in der Mitte der gedachten Verbindungslinie der beiden Kurvenenden. Richten Sie die Kamera auf den Läufer aus und geben Sie das Startsignal. Der Läufer läuft die gesamten 100 Meter der Kurve in zügigem Tempo auf der Außenbahn. Je größer der Radius, desto geringer wird der »Kurveneffekt« für den Läufer. Sie schwenken die Kamera langsam mit, um ihn immer genau von der Seite im Bild zu haben. Beim Lauf auf der Geraden wäre das nicht der Fall, deswegen muss die Kurve gelaufen werden. Alternativ kann man eine Hochgeschwindigkeits-Fotokamera verwenden, die 40 Bilder pro Sekunde mit kurzer Belichtungszeit aufnehmen kann. Hier reicht eine einzige Serienaufnahme des Läufers, um den Bewegungsablauf exakt untersuchen zu können. Diese kann auch auf der Geraden angefertigt werden, da der Moment der Aufnahme sehr kurz ist.

Für die Analyse suchen Sie sich idealerweise einen erfahrenen Trainer und beurteilen die Bilder systematisch nach dem 4-Punkt-Modell. Besonders effektiv wird die Auswertung, wenn eine ganze Laufgruppe aufgenommen wurde – so sehen Sie ein breites Spektrum an Bewegungsmustern und können Ihren eigenen Laufstil besser einordnen. Natürlich können Sie Ihre Aufnahmen notfalls auch selbst mit dem 4-Punkt-Modell einer guten Lauftechnik vergleichen.

Gute und schlechte Lauftechnik

Körperteil	schlechte Technik	gute Technik
Kopf	vor dem Schwerelot	auf der Wirbelsäule im Lot
Arme	vor dem Körper	parallel zum Körper
Ellenbogenwinkel	> 90°, kein Läuferdreieck	< 90°, Läuferdreieck
Rumpf	vorgeneigt	aufrecht
Lendenwirbelsäule	Rundrücken	gerade (Flitzbogengefahr!)
Becken	verkippt seitlich	steht stabil
Hüftstreckung	schlecht, Läufer sitzt	gut, effektiver Vortrieb
Kniehub	kaum bis mangelhaft	guter Kniehub
Unterschenkel	Vorschwung	Rückschwung
Fußaufsatz	spitz auf der Ferse	flach

2

Praxistipp
→ Test: Wie gut ist Ihr Laufstil?

Zur Auswertung addieren Sie bitte Ihre Punkte.

1. Ist Ihr Kopf im Schwerelot?
a. Ja. **(1)**
b. Nein. **(0)**

a. Gerade Haltung

b. Mit nach vorne geschobenem Kopf

2. Ist Ihr Rumpf beim Laufen ...
a. stark vorgebeugt? **(0)**
b. leicht vorgebeugt? **(2)**
c. gerade? **(1)**

3. Wie setzen Sie Ihren Fuß auf dem Boden auf?
Bitten Sie einen Freund, Sie von der Seite beim Laufen zu beobachten. Studien haben belegt, dass die Eigeneinschätzung meist falsch ist.
a. Ich lande auf dem Vorfuß. **(1)**
b. Ich lande auf dem Mittelfuß. **(3)**
c. Ich lande auf der Ferse. **(0)**

4. Wie ist Ihre Armhaltung?
Laufen Sie zum Beispiel vor einem Schaufenster auf und ab und kontrollieren Sie dabei die Haltung Ihrer Arme.
a. Meine Arme hängen seitlich herunter. **(0)**
b. Ich führe meine Arme gebeugt im spitzen Winkel seitlich am Körper. **(2)**

5. Laufen Sie wieder vor einem Schaufenster. Wie bewegt sich Ihr Körper in der Vertikalen?
a. Er bewegt sich leicht. **(2)**
b. Er bewegt sich mittelmäßig. **(1)**
c. Er bewegt sich stark. **(0)**

6. Wie hoch heben Sie den Unterschenkel in der Schwungphase bei Wohlfühltempo an?
a. Nicht parallel zum Boden, sondern weiter nach oben. **(1)**
c. Parallel zum Boden. **(2)**
c. Nicht parallel zum Boden, sondern weniger hoch. **(0)**

2

7. Machen Sie beim Laufen kleine oder große Schritte?

a. Ich mache viele kleine Schritte. Beim Aufsetzen des Fußes vorn ist mein Knie leicht gebeugt. **(3)**
b. Ich mache eher wenige und dafür große Schritte. Mein Knie ist beim Aufsetzen fast durchgestreckt. **(0)**

8. Strecken Sie das Bein in der Laufbewegung weit nach hinten durch und ist das Knie dabei gestreckt?

a. Ja, es ist gestreckt. **(4)**
b. Es ist leicht gebeugt. **(2)**
c. Nein, es ist deutlich gebeugt. **(0)**

9. Wie ist die Haltung Ihrer Lendenwirbelsäule?

a. Ich habe ein leichtes Hohlkreuz. **(2)**
b. Ich habe ein starkes Hohlkreuz. **(0)**

Auswertung

Weniger als 8 Punkte:
Es ist ganz schön anstrengend, wie Sie sich durch die Gegend schleppen. Sie strapazieren Ihre Gelenke unnötig und sollten dringend an Ihrem Laufstil arbeiten. Ich begleite Sie in diesem Buch dabei. Außerdem gibt es zahlreiche Laufkurse von professionellen Anbietern, die Sie fit machen und bei denen Sie lernen können, gesund zu laufen.

8 bis 14 Punkte:
Ihr Stil ist in Ordnung. Aber es geht besser: Durch gezieltes Kraft- und Koordinationstraining können Sie Technik und Leistung verbessern sowie Beschwerden vorbeugen. Wenn Sie einen längeren Volkslauf planen, sollten Sie sich zusätzlich beraten lassen, um sich noch weiter zu verbessern. Lesen Sie einfach weiter!

Mehr als 14 Punkte:
Super! Entweder Sie sind ein Naturtalent oder Sie haben fleißig für Ihre gute Lauftechnik geübt. Treten Sie jedoch nicht auf der Stelle: Auch Profis schulen ihre Technik regelmäßig. In diesem Buch erfahren Sie, wie Sie noch mehr aus sich herausholen können. Viel Spaß beim nächsten Volkslauf!

Kapitel 3

Trainingssteuerung

Die Trainingsbereiche

Laufen ist nicht gleich laufen: Sie können nach Atem ringend durch den Park sprinten, sodass Sie bereits nach 20 Minuten völlig erschöpft sind, oder aber in niedrigem Tempo zwei Stunden locker vor sich hin traben. Welcher Weg ist der richtige? Müssen Sie besonders schnell oder besonders lange laufen, um Ihren Körper zu fordern und Ihre Leistung zu verbessern? Und wo liegt die Grenze zur Überforderung? Um es gleich klarzustellen: Darauf gibt es keine allgemeingültige Antwort, denn das hängt von Ihrem Ziel und von Ihrer Ausgangssituation ab. Ausschließlich mit Vollgas zu trainieren wird Ihnen genauso wenig helfen wie ein ständiges Training im lockeren Trab. Wichtig ist zunächst zu verstehen, mit welcher Art von Belastung Sie welchen Effekt erzielen – in der Sportwissenschaft unterscheidet man deshalb unterschiedliche Trainingsbereiche. Vielleicht ist Ihnen dieser Begriff bereits geläufig – was es im Detail damit auf sich hat und warum die Trainingsbereiche so wichtig für Sie sind, lesen Sie in diesem Kapitel.

REKOM

Dieser Trainingsbereich wurde von dem bekannten deutschen Trainingswissenschaftler Prof. Kuno Hottenrott definiert. Er kürzte mit der Bezeichnung REKOM in den Trainingsplänen seiner Kaderathleten die Begriffe »Regene-

» Nutzen Sie die verschiedenen Trainingsbereiche! «

ration und Kompensation« ab. Durch Hottenrotts Publikationen ist der Begriff REKOM in vielen Kreisen, besonders bei Triathleten, zum Standardbegriff geworden. Mit diesem Trainingsbereich können Sie die Regeneration unmittelbar nach einem harten Training einleiten und am darauffolgenden Ruhetag weiter unterstützen. Das klassische Auslaufen nach dem Wettkampf wird im REKOM-Bereich absolviert. REKOM-Training ist folglich die lockerste und langsamste Variante des Trainings. Eigentlich ist es fast gar kein Training – es geht lediglich um leichte Bewegung. Damit der Körper sich auch wirklich erholen kann, ist die Dauer von REKOM-Trainingseinheiten verhältnismäßig kurz. 30 Minuten reichen völlig aus.

Aus orthopädischen Gründen ist es stets sinnvoll, die Regenerationseinheiten in einer anderen Disziplin durchzuführen. Für Läufer bietet sich das Schwimmen hervorragend an. In der Schwerelosigkeit des Wassers kann der Körper sanft und schonend bewegt werden. Ein weiterer Vorteil: Es werden andere Muskelgruppen und Bewegungsabläufe angesprochen. So kann der Läufer im REKOM-Training beispielsweise 1.000 Meter schwimmen. Noch lieber sieht es der Trainer, wenn an den Ruhetagen die Rumpfstabilisation ausgebaut wird. 20 Minuten Rumpfstabilisationstraining mit zehn Minuten Stretching sind das ideale Programm für einen Ruhetag! Radfahren ist auch eine gute Option, da der Bewegungsapparat anders als beim Laufen belastet wird.

Exzentrische und konzentrische Muskelarbeit

Bei einer konzentrischen Belastung verkürzt sich der Muskel, wenn er angespannt wird, und die Muskelzellen bleiben sehr lange intakt. Wird der Muskel exzentrisch belastet – wie beim Laufen – kommt es zu einer Dehnung während der Anspannung – dies überlastet viele Muskelzellen und sie gehen regelrecht zugrunde. Eine hohe exzentrische Muskelbelastung kann wissenschaftlich nachgewiesen werden, und zwar über eine bestimmte Enzymkonzentration im Blut. Enzyme sind Stoffwechselgehilfen, die unter anderem die Energiegewinnung aus Nährstoffen steuern. Werden Muskelzellen zerstört, verteilen sich Enzyme im Blut und man kann sie messen: Creatin-Kinase und Interleukin-6 sind nur zwei Beispiele. Sie werden bei exzentrischer Arbeit viel früher und in größeren Mengen freigesetzt als bei konzentrischer Muskelarbeit.

Grundlagenausdauer 1 (GA1)

Der Grundlagenausdauerbereich 1 dient der Entwicklung Ihrer Leistungsbasis. Das Tempo in diesem Trainingsbereich ist noch immer niedrig und leicht durchzuhalten, aber es fordert den Körper schon so stark, dass er seine Muskeln anschließend regenerieren muss. Der Anteil der Fettverbrennung an der Energiebereitstellung ist beim Training der Grundlagenausdauer besonders groß – man spricht daher bei einem so extensiven Training auch vom Fettstoffwechseltraining. Über die Lungen nimmt der Körper dabei viel Sauerstoff auf und verteilt ihn mithilfe des Bluts im ganzen Körper. Zum Beispiel an die Muskeln, die in diesem Trainingsbereich ihre Widerstandskraft trainieren. Der Organismus bildet mehr Blut, um den Sauerstoff effizienter zu transportieren, die Zahl der Energiekraftwerke der Muskeln (Mitochondrien) steigt, damit die Zellen noch besser Energie gewinnen können. Kleinste Blutgefäße (Kapillaren) sprießen in die Muskeln ein, damit das Blut auch wirklich überallhin gelangen kann. Der Körper rüstet sich also für lang andauernde Belastungen.

Durch regelmäßiges Training lernt Ihr Körper auch die Kunst der Regeneration. Ein gut trainierter Sportler kann Trainingsbelastungen schneller verarbeiten – allein durch die Anpassung seines Organismus. Das Grundlagentraining 1 schult die Resistenz des Bewegungsapparats: Nicht nur Muskeln und Blut werden

3

Vorsicht vor regenerativen Läufen!

Sehr umstritten ist der Einsatz von Laufeinheiten bei einem REKOM-Training. Drei wichtige Gründe sprechen dagegen:

1. Die zu hohe metabolische Belastung
Laufen ist ein sehr anstrengender und fordernder Sport. Vielen Freizeitläufern gelingt es kaum, so langsam zu laufen, dass ihr Körper sich wirklich dabei erholt. In der Folge wird die Regeneration verzögert oder bleibt sogar ganz aus, und der Sportler kann die vorher gesetzten Trainingsreize nicht verarbeiten. Er wird nicht besser, sondern mangels Erholung schlechter!

2. Die zu hohe muskuläre Belastung
Laufen ist eine Sportart mit großer exzentrischer Beanspruchung der Muskulatur. Sie kennen diese besondere Belastungsform vom Bergabgehen. Exzentrisch bedeutet, dass Ihre Muskeln in die Länge gezogen werden, während sie sich anspannen: Die Beine müssen beim Laufen wie beim Bergabgehen das Körpergewicht gegen die Schwerkraft bremsen. Dabei wird der Muskel gedehnt, während er sich anspannt. Diese Belastungsform beansprucht die Muskulatur extrem und sorgt für den Muskelkater nach dem Laufen – deshalb ist diese Belastung für eine Erholungsphase eher ungeeignet. Beim Radfahren und Schwimmen gibt es quasi keine exzentrische Muskelbelastung. Also: Um Ihre Muskeln zu schonen und nicht noch weiter zu beanspruchen, lassen Sie am Ruhetag die Laufschuhe am besten im Schrank!

3. Die Verletzungsgefahr
Laufen ist ein Sport, der immer wieder zu Verletzungen führen kann. Klug ist deshalb, wer am Ruhetag seine Muskeln, Sehnen und Bänder auch einmal verschnaufen lässt. Verschnaufen heißt genauer, dass kleine Mikroverletzungen repariert werden können. Feinste Haarrisse in den Sehnen, punktuelle Knorpelüberlastungen oder Reizzustände in der Knochenhaut können ausheilen. Werden diese Mikroverletzungen verschleppt, kommt es früher oder später zur richtigen und langwierigen Verletzung. Wenn Sie also entlasten wollen, dann tun Sie dies folgendermaßen: Gehen Sie ins Schwimmbad oder – noch besser – arbeiten Sie an Ihrer Rumpfstabilisation. Wenn Sie beides nicht wollen, weil Sie am Ruhetag müde und lustlos sind, dann machen Sie am besten gar nichts und bleiben auf dem Sofa liegen – in jedem Fall lassen Sie das Laufen besser sein!

entwickelt, auch die Knorpelflächen, Sehnen und Bänder gewöhnen sich an die Belastung. Ihre Sehnen werden kräftiger und widerstandsfähiger. So können Sie das Lauftraining besser verkraften und überlasten sich nicht so leicht.

Grundlagenausdauer 2 (GA2)

Während der Grundlagenausdauerbereich 1 für die Gruppe der Gesundheitssportler der wichtigste Trainingsbereich ist, benötigen ambitionierte Athleten auch das Training im Bereich GA2. Hier wird schon deutlich schneller gelaufen – die Belastung wird sehr anstrengend. Das Training zielt auf die Entwicklung höherer Geschwindigkeiten ab, wobei ein anderer Stoffwechselbereich in den Vordergrund rückt: die Kohlenhydratverbrennung. Aufgrund des höheren Tempos verbrauchen die Muskeln immer mehr Sauerstoff und das Blut transportiert im GA2-Bereich nicht mehr genügend davon zur Muskulatur. Die Muskeln sind nun gezwungen, zusätzlich zu Fett auch Kohlenhydrate zu verbrennen, denn diese können mit weniger Sauerstoff verstoffwechselt werden. Somit führt der Abbau der Kohlenhydrate zu einer besseren Energieversorgung – Sie können schneller laufen! Zwar wird dabei schon in kleinen Mengen Milchsäure (siehe Seite 88) gebildet – durch den Sauerstoffmangel –, aber diese kann der Körper auf anderem Weg wieder abbauen.

Auch technisch gewöhnt sich der Körper an die hohen Tempobereiche, die Sie für 10.000-Meter-Rennen oder Leistungssportler für Marathons benötigen. Ein so intensives Training führt natürlich gleichzeitig zu einer längeren Regenerationsphase. Der Körper ist längst nicht

» Zielstrebige Athleten benötigen auch GA2-Training. «

so schnell erholt wie nach einem GA1-Lauf. Zwischen dem GA1- und GA2-Training gibt es einen Übergangsbereich, den die Trainingswissenschaftler GA1/2 genannt haben. Er liegt am oberen Ende des GA1-Bereichs.

3

Wettkampfspezifisches Ausdauertraining (WSA)

Die wettkampfspezifische Ausdauer ist der Trainingsbereich für höchstes Tempo. Hier werden sehr kurze Strecken absolviert und die Geschwindigkeit ist so hoch, dass der Körper alle Register ziehen muss, um die Muskeln noch ausreichend mit Energie zu versorgen. Es kann längst nicht mehr genügend Sauerstoff über die Lunge und das Blut herbeigeschafft werden, und so fahren die Muskeln ein Notprogramm zur Energiebereitstellung. Dadurch kann zwar das höchste Tempo gelaufen werden, aber das nur für kurze Zeit: Bei dem Energie-Notprogramm fallen Abbauprodukte an, die unsere Beine schmerzen und brennen lassen – und nach relativ kurzer Zeit den Abbruch der Belastung erzwingen. Leistungssportler führen mit

Das Hausmodell der sportlichen Leistungsfähigkeit

Ihre sportliche Form sollte aufgebaut werden wie ein Haus: ein Fundament, zwei Etagen und ein Dach. Errichten Sie die unteren Etagen nicht solide, werden die oberen Etagen einstürzen! Ein GA2-Training kann nämlich nur auf ein solides GA1-Niveau aufgemauert werden – und eine Grundlagenausdauer führt nur dann zum Erfolg, wenn sie durch einen stabilen Rumpf und eine gute allgemeine Athletik abgesichert ist.

Auch die Reihenfolge der Trainingsinhalte im Jahresverlauf wird am Hausmodell deutlich: Sie können kein Dach errichten, wenn das Erdgeschoss noch nicht steht. Zuerst wird also die Rumpfstatik und die allgemeine Athletik parallel zum GA1-Bereich trainiert, anschließend dann der GA2- und zuletzt der WSA-Bereich.

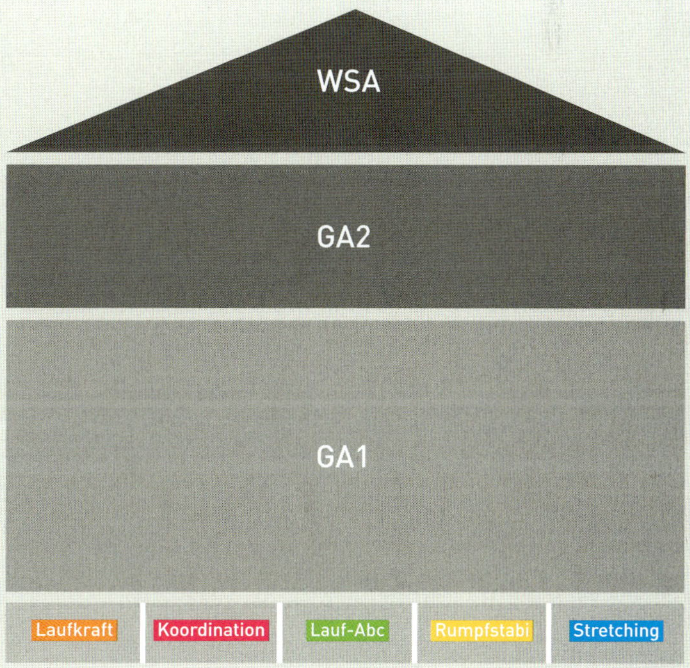

3

diesem Training die Anpassung an höchste Geschwindigkeiten herbei. Es werden wie bei den anderen Bereichen sowohl die Stoffwechselwege für die Energie-Notprogramme als auch der Bewegungsablauf trainiert. Sie üben in diesem Trainingsbereich, mit einer großen Schrittlänge (hinter, nicht vor dem Körperschwerpunkt!) und einer hohen Schrittfrequenz zu laufen. Hieran muss man sich für Wettkämpfe gewöhnen – die muskuläre Beanspruchung ist eine völlig andere als im Grundlagenausdauertraining.

Die Bezeichnungen der Trainingsbereiche in den verschiedenen Disziplinen

Je nach Sportart gibt es für diese Trainingsbereiche unterschiedliche Namen, die eine gewisse Tradition haben. Folgende Tabelle informiert über die gängigen Bezeichnungen in den verschiedenen Disziplinen.[1]

Triathlon	Laufen	Radfahren	Schwimmen
REKOM	REKOM	REKOM	REKOM
GA1	DL1	G1	GA1
GA1/2	DL2	G2	GA1/2
GA2	DL3	EB	GA2
WSA	WA	SB	WA

Legende:

REKOM	Regeneration und Kompensation
DL	Dauerlauf
G	Grundlagenbereich
GA	Grundlagenausdauertraining
EB	Entwicklungsbereich
WSA	Wettkampfspezifisches Ausdauertraining
WA	Wettkampfausdauertraining
SB	Spitzenbereich

So finden Sie den richtigen Trainingsbereich

Den richtigen Trainingsbereich zur richtigen Zeit einzusetzen – das ist der Kern der Trainingssteuerung. Auch die richtige Trainingsdauer ist entscheidend. Zuerst müssen Sie aber herausfinden, wo Ihre Trainingsbereiche überhaupt liegen, das heißt, in welcher Geschwindigkeit Sie in den jeweiligen Bereichen laufen können. Dies hängt von vielen Faktoren ab, unter anderem von Größe, Gewicht, Alter, Trainingszustand, Talent, Erfahrung und Technik. Am Tempo allein können Sie also nicht feststellen, in welchem Bereich Sie gerade trainieren. Es sei denn, Sie leiten das Lauftempo von Ihren Wettkampfzeiten ab. Das bleibt allerdings nur den erfahrenen Läufern vorbehalten. Es gibt daher eine ganze Reihe von Hilfsmitteln und Hilfsgrößen, die Ihnen Trainingsbereich und -intensität anzeigen sollen.

Der Pulsmesser

Fast jeder Laufanfänger ist mittlerweile mit einem Pulsmesser unterwegs, sind sie doch wirklich praktisch: Ein Sender im Brustgurt registriert die Signale der elektrischen Erregung des Herzens und überträgt diese drahtlos auf die Uhr am Handgelenk. Die Übertragung ist EKG-genau – wie unter medizinischen Bedingungen. Solche Pulsuhren gibt es mit zahlreichen Sonderfunktionen und zu Preisen von bis zu 600 Euro – aber auch bei Lebensmittelketten mit aggressiven Kampfpreisen von unter 20 Euro. Erschwinglich sind die Uhren also allemal – somit trägt sie eben auch fast jeder.

Und in der Tat ist der Puls ein sehr guter Parameter, um die Intensität einer Belastung anzugeben. Wenn Sie in Ruhe auf dem Sofa liegen, dann schlägt Ihr Herz 60- bis 80-mal pro Minute. Wenn Sie die Laufschuhe anziehen, zeigt Ihnen Ihr Pulsmesser meist schon 90 bis 100 Schläge an. Wenn Sie beginnen zu laufen, dann blinken auf dem Display mit steigendem Tempo immer höhere Werte: 140, 170, vielleicht 200 und mehr Schläge schafft Ihr Herz pro Minute.

Wieso Ihr Herz unter Belastung schneller schlägt? Es hat die Aufgabe, das Blut zu den Muskeln zu pumpen, dort gibt es Sauerstoff und Nährstoffe an die arbeitenden Muskelzellen ab. Das Blut fließt dann zurück zur rechten Herzhälfte und wird von dort in die Lunge gepresst, wo es frischen Sauerstoff aufnimmt und Kohlendioxid abgibt. Von der Lunge strömt das Blut in die linke Herzhälfte, die das frische Blut wieder in die Muskulatur pumpt. Dieser Kreislauf muss beschleunigt werden, wenn Sie sich belasten. Je schneller Sie laufen, desto mehr Sauerstoff benötigen Ihre Muskeln und desto schneller muss Ihr Herz, die Pumpe des Blutkreislaufs, arbeiten.

Wenn Sie und Ihr Laufpartner jedoch beim gemeinsamen Training auf die Pulsuhr schauen, dann stellen Sie unter Umständen ganz unterschiedliche Pulswerte fest. Vielleicht laufen Sie mit einem Tempo von sechs Minuten pro Kilometer und haben dabei einen Puls von 134, Ihr Partner aber einen von 163. Trainiert nun jemand verkehrt? Ist Ihre Belastung vielleicht zu gering oder die Ihres Partners zu hoch?

Dies ist eine schwierige Frage, denn der Puls hängt wie bereits erwähnt neben der aktuellen Belastung von vielen individuellen Faktoren ab: vom Alter, von Statur und Gewicht, vom Trainingszustand, vom Geschlecht, vom Ernährungszustand und von einer erblichen Komponente: der Herzgröße. Denn so, wie wir bei gleicher Körpergröße auch unterschiedliche Schuhgrößen haben, haben wir auch etwas unterschiedliche Herzgrößen und damit unterschiedliche Herzfrequenzen beim Laufen. Hilft es uns also weiter, wenn Sie 134 Schläge pro Minute und der Kollege 163 auf dem Display aufleuchten sehen? Sie ahnen es bereits: Es hilft uns erst einmal gar nicht weiter.

Ruhepuls und Herzgröße

Der Ruhepuls gibt die Herzfrequenz eines Menschen unter Ruhebedingungen an. Am besten misst man ihn morgens im Bett vor dem Aufstehen. Ein herzgesunder normal trainierter Mensch hat dann eine Herzfrequenz von 60 bis 80 Schlägen pro Minute. Normalerweise werden ungefähr fünf Liter Blut pro Minute transportiert. Wenn das Herz durch sportliches Training daran angepasst ist, mehr Blut zu transportieren, reichen weniger Schläge für die gleiche Menge aus. Ausdauersportler haben oft einen Ruhepuls von 50 bis 60 Schlägen, im Leistungssport werden Werte von 40 Schlägen pro Minute erreicht, und Weltklassesportler liegen bei 30 Pulsschlägen. Es ist beeindruckend, wie gut sich das Herz anpassen kann: Es schlägt weniger häufig, wenn es größer wird. Wie Wissenschaftler feststellten, hängt die Ruheherzfrequenz direkt mit der Herzgröße zusammen. Bei Leistungssportlern reguliert zusätzlich das Nervensystem die Frequenz, sie haben einen starken sogenannten Vagotonus (abgeleitet vom dämpfend wirkenden Hirnnerven N. vagus), der mit einer weiteren Frequenzabsenkung einhergeht.

Herzfrequenz in Ruhe (Schläge/min)	Herzgröße (ml)
70	600
60	800
50	1.000
40	>1.100

Die Laktatleistungsdiagnostik

Stoffwechsel und Laktat

Verlässt man den Grundlagenbereich 1, geraten die Muskeln langsam, aber sicher in einen Sauerstoffmangelzustand, der die Muskulatur zu anderen Stoffwechselwegen zwingt. Hierdurch fallen Stoffwechselprodukte an. Eines dieser unliebsamen Stoffwechselprodukte ist Laktat, das Salz der Milchsäure. Und die Milchsäure sorgt dafür, dass Ihre Beine schmerzen. Das passiert Ihnen im GA1-Bereich nicht: Der Muskel wird mit genügend Sauerstoff versorgt, er baut Fette und Zucker größtenteils zu Wasser und Kohlendioxid ab (aerobe Energiebereitstellung). Ihr Motor läuft also »rückstandsfrei«. Anders bei Sauerstoffmangel: Bekommen die Muskeln bei zu hohem Tempo zu wenig Sauerstoff, müssen sie die Zucker unter Sauerstoffabschluss verbrennen (anaerobe Energiegewinnung). Dieser Vorgang wird Gärung genannt. Sie kennen dieses Prinzip von der Alkoholgewinnung: Beim Vergären von Zucker aus Obst entsteht durch Mikroorganismen Alkohol, dies nutzt man für die Produktion von Wein und Obstbränden. Ein ähnlicher Gärungsprozess läuft in der Muskelzelle ab, nur ist das Endprodukt nicht Alkohol, sondern Laktat. Es gilt also: Je höher das Tempo ist, desto größer der Sauerstoffmangel und umso mehr Laktat befindet

» Der Laktatwert gibt Aufschluss über Ihre Belastungsgrenzen. «

sich im Blut. Die Organe, vor allem die Leber, können die großen Mengen Laktat nicht mehr ausreichend abbauen. Es kommt zu den berüchtigten »brennenden Beinen«.

Laktat und Trainingsbereiche

Der Laktatwert zeigt also Ihre Stoffwechselbelastung an. Befinden Sie sich im grünen Bereich, trainieren Sie also mit ausreichend Sauerstoff im Blut und werden kaum Laktat bilden. Sobald Sie zu schnell werden, erhöht sich nach und nach Ihr Laktatspiegel. Bestimmte Belastungsbereiche gehen mit genau definierten Laktatwerten einher, man misst diese im Blut und gibt sie in Millimol pro Liter (mmol/l) an. Die zuvor besprochenen Trainingsbereiche liegen bei den folgenden Laktatkonzentrationen:

REKOM	< 1,5 mmol/l
GA1	1,5–2,0 mmol/l
GA1/2	2,0–3,0 mmol/l
GA2	3,0–6,0 mmol/l
WSA	> 6 mmol/l

Anhand der Laktatwerte sind mit kleinen Einschränkungen sogar direkte Vergleiche gestattet: Wenn Sie mit Ihrem Vereinskameraden zusammen im GA1-Bereich laufen wollen und Sie haben einen Laktatwert von 1,8 Millimol pro Liter, er hingegen von 3,6 Millimol pro Liter, dann läuft er definitiv zu schnell. Er befindet sich bereits im viel intensiveren GA2-Bereich. Doch auch der Laktatwert hat einen Haken: Man kann ihn nur im Blut messen – zum Beispiel bei einer Laktatleistungsdiagnostik in einem sportmedizinischen Institut. Sie können diesen Wert also nicht kontinuierlich selbst überprüfen – wie beispielsweise den Pulswert. Doch Sie können diese beiden Methoden miteinander verknüpfen: Die Trainingsbereiche, genauer die Laktatbereiche, gehen bei jedem Menschen mit bestimmten Herzfrequenzen einher. Wenn Ihre Form stabil ist, schwanken diese nur unwesentlich, sodass man die im Labor gemessenen Laktatwerte den gleichzeitig gemessenen Pulswerten zuordnen kann. Diese Pulswerte können Sie dann draußen beim Training jederzeit am Handgelenk ablesen und so indirekt Ihre Stoffwechsellage messen. Mit den Laktatwerten als Basis wird die Pulsmessung erst wirklich aussagekräftig!

Der Abgleich Ihrer Laktatkurve mit Ihrer Pulskurve bei einer Laktatleistungsdiagnostik funktioniert so: Auf einem Laufband wird ein Stufentest durchgeführt, Sie laufen für eine Dauer von meist drei Minuten mit einem gerin-

Laktatwerte und Herzfrequenz

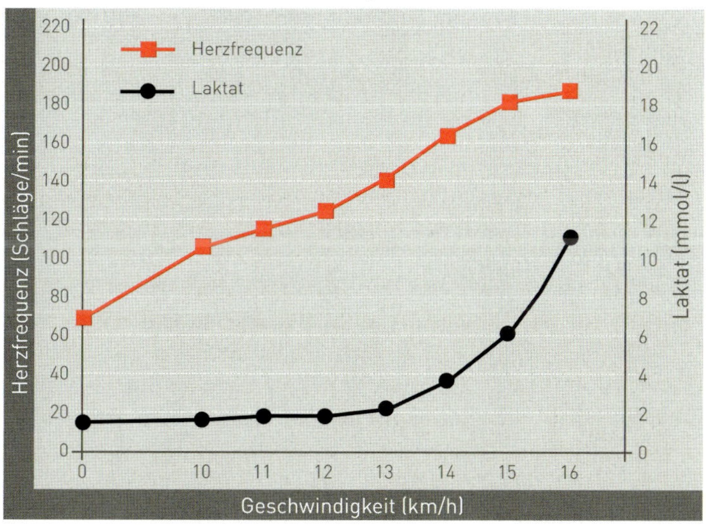

Die Herzfrequenz ist eine hochindividuelle Größe. Sie hängt ab von Geschlecht, Alter, Trainingszustand, genetischen Komponenten, Witterungsbedingungen, der Tagesform und vielem mehr. Der Belastungspuls als einzige Messgröße ist also relativ wenig hilfreich – aussagekräftig wird er nach der Zuordnung zu den Laktatbereichen eines Sportlers

3

gen Einstiegstempo von beispielsweise acht Kilometern pro Stunde. Der Puls wird dabei kontinuierlich gemessen und am Ende der Belastungsstufe, also nach drei Minuten, wird Ihnen aus dem Ohrläppchen etwas Blut abgenommen. In dieser Blutprobe wird die Laktatkonzentration gemessen. Nach der Blutabnahme folgt die nächste Geschwindigkeitsstufe von beispielsweise zehn Kilometern pro Stunde und nach weiteren drei Minuten eine erneute Blutabnahme und Laktatmessung. So werden Sie nach und nach das Tempo erhöhen, bis Sie an Ihre Grenzen kommen und die Belastung abbrechen müssen. Die Laktatwerte werden dann mit den Pulswerten verglichen und Sie erfahren, welcher Pulsbereich welchem Trainingsbereich entspricht. Laktatleistungsdiagnostiken werden in vielen Sportinstituten und Kliniken für 100 bis 200 Euro angeboten. Auf den ersten Blick ist das viel Geld, für Gesundheitssportler ist aber zunächst ein einmaliger Test ausreichend. Ich rate Ihnen daher: Legen Sie Ihre Trainingsbereiche fest – so haben Sie die Gewissheit, wirklich in den richtigen Intensitäten zu trainieren und den Pulsmesser nicht nur zum Spaß mitzuführen. Lediglich leistungsorientierte Athleten müssen zur Kontrolle häufigere Laktatleistungsdiagnostiken durchführen lassen. Leistungssportler in den Ausdauerdisziplinen absolvieren in der Regel drei Untersuchungen pro Jahr.

Mangelhafte Trainingssteuerung im Freizeitsport

Wie schlecht die Trainingssteuerung im Freizeitsport ist, hat schon 1984 die sogenannte Stadtpark-Studie der Deutschen Sporthoch-

Interface und GPS

»Satellit gefunden« – früher war der ambitionierte Läufer froh, wenn seine Uhr überhaupt seinen Puls fand, heute muss es gleich ein Satellit sein. Immer mehr Läufer drehen ihre Runden unter Beobachtung des Weltraums: GPS-Empfänger am Arm sind in! Moderne Interfaces, Läufer-Communities und interaktives Kräftemessen – Technik, die begeistert?

Ehrgeizige haben früher nach dem Training am Schreibtisch gesessen und mehr oder weniger sorgfältig ihr Training dokumentiert: »10,5 Kilometer, 41 Minuten, leichter Regen bei knapp 10 Grad, neuen Wettkampfschuh ausprobiert: keine Blasen, aber linke Wade immer noch hart«. Vielleicht wurde zum Ende der Zyklusphase noch ein Graph gezeichnet, der verdeutlichte, wie die Leistung sich entwickelt hatte.

Dank Interfaces nehmen heute die Statistiken kein Ende mehr. Interfaces sind die Schnittstelle zwischen Mensch und Maschine, in unserem Fall zwischen Ihnen und der Software Ihrer Pulsuhr. Wer nur zwanzig Minuten um den Block joggt, kann sich anschließend gut und gern zwei Stunden lang mit der Trainings-Software beschäftigen, die die erfassten Daten bewertet. Trainingsbereiche, Distanz-, Tempo- und

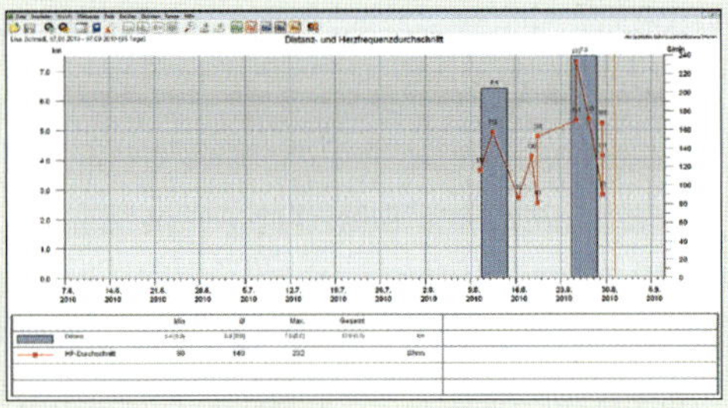

Herzfrequenzdurchschnitt, Lauf-Index und Zielzeiten werden errechnet – der technikbegeisterte Läufer kommt hier voll und ganz auf seine Kosten! Das digitale Trainingstagebuch bietet vielfältige Vergleichsmöglichkeiten und mit nur wenigen Klicks schaffen Sie für jede Trainingseinheit ein individuelles Profil, das mit den vorherigen und zukünftigen Einheiten vergleichbar ist.

Auch wenn Hersteller gern viel versprechen: Die GPS-Empfangsgeräte der neuen Modelle sind den alten um Längen überlegen. Lief man früher nicht auf einer völlig freien Fläche, war das Global Positioning System überfordert. Auch heute gibt es im Wald oder in der ein oder anderen Häuserschlucht noch ein Empfangsproblem – aber der Fortschritt ist erkennbar. Wer nicht von einem Satelliten verfolgt werden möchte, für den bieten einige Firmen Laufsen-

» Eine Laktatleistungsdiagnostik ist für jeden Läufer sinnvoll: vom Einsteiger bis zum Profi. «

schule in Köln gezeigt.[2] Beim Training im Stadtpark wurden Tempo und Streckenlänge von 26 Freizeitsportlern dokumentiert. In einem zweiten Test wurde dieses Training nachgestellt, jedoch wurden dabei unter anderem Herzfrequenz- und Laktatwerte ermittelt. Das Ergebnis war erschreckend: Im Durchschnitt liefen die Freizeitsportler mit einem Laktatwert von 7 Millimol pro Liter im Blut ihre Runde. Für die angegebenen Trainingsziele wie Stressabbau und Gesundheitsförderung war die Intensität damit viel zu hoch gewählt, das Training fand also meist schon über dem Grundlagenausdauerbereich 2 statt. Ehemalige Leistungssportler, bei denen die Forscher von einem besseren Beurteilungsvermögen der Belastung ausgehen konnten, wurden von der Studie ausgeschlossen. Ob hingegen bei Leistungssportlern tatsächlich immer eine bessere Trainingssteuerung stattfindet, wissen wir nicht – aufgrund meiner Erfahrungen als Trainer muss ich daran zumindest in einigen Fällen zweifeln. Halten wir also

soren an. Sie können einfach am Schuh befestigt werden, sind leicht und komfortabel zu tragen. Sie ermitteln neben der gelaufenen Distanz auch Schrittfrequenz und -länge. Außerdem lässt er sich von einem Wald oder hohen Häusern nicht aus dem Konzept bringen. Wo Sie entlanglaufen, wissen die Sensoren hingegen nicht. Die Kopplungsmöglichkeit mit einem Geschwindigkeitsmesser ermöglicht ein kombiniertes Lauf- und Radtraining und ersetzt damit den Tacho. Das ist besonders bei Triathleten beliebt.

Running-Communities, Web-Portale, Tools

Internetportale bieten die Möglichkeit, Ihre Daten ins World Wide Web einzuspeisen und mit denen anderer Läufer zu vergleichen. Waren Sie schneller als Ihr Nachbar? War »Lauf-Hase25« heute fleißiger als Sie? Dank Google Earth können Sie mit einem GPS-Empfänger nicht nur Distanz und Geschwindigkeit abspeichern, sondern auch die gelaufene Route. Diese können Sie dann im Netz Gleichgesinnten empfehlen, zum Beispiel auf www.jogmap.de oder http://laufstrecken.achim-achilles.de.

Aus zwei mach eins

Mitgedacht hat die Firma Timex. Sie baut den GPS-Sensor in das Gehäuse der Uhr ein. Damit fällt der lästige Klotz am Arm weg – die Uhr wird jedoch entsprechend schwerer. Auch überzeugend: Garmins »Forerunner-Modell«. Es hat ein attraktiv kleines Gehäuse, außerdem gibt es sie ebenfalls als Damenversion.

Preise

GPS und Co. sind mittlerweile erschwinglich. Die günstigsten Uhren mit GPS-Funktion bekommen Sie bereits ab circa 150 Euro (zum Beispiel die »Polar RS300X« oder die »Garmin Forerunner 205«). Andere Hersteller steigen bei 400 Euro ein (»Suunto t6d«), die Grenzen nach oben sind offen. Die derzeit am umfangreichsten ausgestattete Uhr ist die »Polar RS800CX PTE 10 Premium Edition«. Sie liegt inklusive Zubehörpaket bei knapp 580 Euro – wer alle Geräte in einem will, der muss dafür tief in die Tasche greifen.

Brauchen Sie es?

Profis und ambitionierte Freizeitathleten können von den vielseitigen Trainingscomputern profitieren. Das automatische Stoppen von Rundenzeiten, die individuellen Intervalltrainingsmöglichkeiten und Leistungstests erfreuen die Perfektionisten unter uns. Die modernen Softwares zur Trainingssteuerung sind für Sportler und Trainer sehr sinnvoll: Die Vergleichbarkeit ist optimal, die vielen Funktionen des Trainingscomputers machen den Trainingsprozess transparent. Wer leistungswillig und technikbegeistert ist, der wird sicherlich Freude an einer solchen Uhr haben. Für Gesundheitssportler, die dreimal die Woche durch den Wald laufen, sind sie hingegen schlichtweg nicht erforderlich. Der Nachteil dieser High-Tech-Uhren liegt auf der Hand: Anfänger sind gnadenlos überfordert. Die erste Bedienzeit sollten Sie auf zwei Stunden ansetzen. Günstigere Varianten um die 60 Euro messen bereits ausreichend relevante Daten und verleiten nicht dazu, mehr Zeit am Computer als beim Training zu verbringen. Außerdem: Eine Uhr, die ständig rot blinkend fordert »GPS-Sensor prüfen«, verdirbt schnell die Laune. Und die wollten Sie mit einem Feierabendlauf doch eigentlich aufbessern, oder?

fest: Bei übersteigertem Ehrgeiz ist der Pulsmesser eine erste Hilfe auf dem Weg zum richtigen Trainingstempo. Aber nur wenn die Pulsbereiche korrekt festgelegt worden sind (zum Beispiel im Rahmen einer Laktatleistungsdiagnostik), haben Sie eine zuverlässige und aussagekräftige Information über Ihre Trainingsintensität. Andernfalls sehen Sie nur irgendwelche Pulswerte – und keine Stoffwechselwerte.

Die maximale Herzfrequenz und die Trainingsbereiche

Natürlich ist der Aufwand einer Laktatleistungsdiagnostik nicht ganz unerheblich. Man hat deshalb Wege gesucht, die Erkenntnisse der Laktatmessung zu nutzen, ohne die Laktatmessung vornehmen zu müssen. Eine noch relativ genaue und unblutige Methode ist die Ableitung der Trainingsbereiche von der maximal erreichten Herzfrequenz (HFmax).

Bei einer Ausbelastung, also bei einem Lauftempo, das Ihrer maximalen Leistungsfähigkeit entspricht, erreichen Sportler unterschiedliche maximale Herzfrequenzen. Diese maximale Herzfrequenz liegt je nach Alter, Geschlecht, Statur und genetischen Einflussgrößen bei 170 bis 230 Schlägen pro Minute. Dieser Wert sagt nichts über die Leistungsfähigkeit aus, ein Sportler mit einem Maximalpuls von 190 muss nicht besser oder schlechter sein als ein Sportler mit einem Maximalpuls von 180 oder 210. Der Clou: Die Auswertung der Laktatleistungsdiagnostiken von vielen Tausend Athleten hat gezeigt, dass bei einem Laktatwert von 3 Millimol pro Liter der Pulswert in der Regel bei ungefähr 85 Prozent der maximalen Herzfrequenz liegt. Auch die anderen Laktatwerte lassen sich bestimmten Prozentwerten der maximalen Herzfrequenz zuordnen. So kann man also Rückschlüsse auf seinen Stoffwechselbereich ziehen, ohne die Laktatwerte gemessen zu haben!

Diese Methode ist selbstverständlich nicht so exakt wie die Laktatmessung. Außerdem ist es zwingend erforderlich, dass Sie sich wirklich komplett ausbelasten, sonst bringt der Test fehlerhafte Werte hervor. Menschen mit einer Vorerkrankung des Herz-Kreislauf-Systems können diesen Test deshalb nicht durchführen. Sie sind mit der Laktatleistungsdiagnostik, die man auch vor einer vollständigen Ausbelastung abbrechen kann, besser beraten, da diese auch ohne völlige Ausbelastung geeignete Messwerte erzeugt – das Laktat wird ja direkt gemessen. Für gesunde Sportler, die Geld sparen wollen und eine relativ zuverlässige Bereichsfestlegung wünschen, ist die HFmax-Methode aber gut geeignet! Am besten ermittelt man die maximale Herzfrequenz auf dem Laufband. Man steigert die Geschwindigkeit in Stufen von drei Minuten um jeweils zwei Kilometer pro Stunde, bis die absolute Ausbelastung erreicht ist oder man läuft 2 x 1.000 Meter bei maximalem Tempo mit einer zweiminütigen Pause dazwischen. Die Trainingsbereiche errechnen Sie dann wie hier angegeben:

REKOM	< 65 Prozent
GA1	65–80 Prozent
GA1/2	80–85 Prozent
GA2	85–95 Prozent
WSA	> 95 Prozent

Vorsicht vor Faustformeln

In Sportmagazinen und Werbebroschüren von Pulsmessern finden Sie eine weitere Empfehlung zur Ableitung Ihrer Trainingsbereiche. Verwendet werden Formeln wie »220 minus Lebensalter = maximale Herzfrequenz«. Bei Männern wird mit 220 Schlägen pro Minute als Basiswert gerechnet, für Frauen werden 226 Schläge pro Minute angesetzt.

Ein 20-Jähriger hätte demnach eine maximale Herzfrequenz von 200 und eine 50-Jährige von 176 Schlägen pro Minute. Diese Methode ist jedoch nur so genau, wie Sie dem statistischen Mittel entsprechen. Die meisten 20-Jährigen liegen mit dem Maximalpuls sicherlich im Bereich von etwa 200 Schlägen pro Minute, und so erhält man halbwegs passable Werte. Aber es gibt natürlich auch jede Menge Ausnahmen – wie bei der Schuhgröße: Diese hängt im statistischen Mittel ebenfalls ziemlich exakt von der Körpergröße ab. Statistisch gesehen wird ein Mann mit

> Faustformeln können zu einer deutlichen Über- oder Unterforderung führen.

einer Körpergröße von 184 Zentimetern wohl eine Schuhgröße von 44 haben, eine Frau von 168 Zentimetern wohl eine von 38. Aber hat Sie schon mal ein Schuhverkäufer bedient, der Sie nach Ihrer Körpergröße gefragt hat, um Ihnen einen Schuh anzupassen? Das wäre undenkbar – niemand würde sich eine solche Beratung gefallen lassen!

Bei der Herzfrequenzmessung haben aber erstaunlich viele Sportler keine Bedenken: Anstatt die Laktatwerte oder wenigstens die maximale Herzfrequenz zu bestimmen, nehmen sie einfach das Alter. In vielen Fällen geht das gut, aber es gibt genauso Fälle, in denen diese Formel überhaupt nicht passt. Ein Beispiel: Eine 50 jährige trainierte Dame, die im Fitnessstudio auf dem Fahrradergometer saß, machte auf mich einen ganz und gar unangestrengten Eindruck. Als ich sie fragte, warum sie so leicht und unangestrengt pedaliere, antwortete sie, dass man nach der Formel 226 minus Lebensalter ihren Maximalpuls mit 176 berechnet habe und somit ihr GA1-Bereich bei 132 Schlägen pro Minute läge. In einer sportmedizinischen Untersuchung stellte sich dann aber ein Maximalpuls von 201 Schlägen pro Minute heraus. Danach lag ihr GA1-Bereich bei 150 Schlägen pro Minute – sie hatte sich also permanent deutlich unterfordert.

Das Gegenteil, die Überforderung, kann aber ebenfalls eintreten. Berechnet man für einen jungen Mann von 25 Jahren 195 als Maximalpuls und er hat nur 180 Schläge als maximale Herzfrequenz, wird er dauerhaft überfordert! Hierin liegt eine große Gefahr, weshalb ich als Arzt und Trainer von Faustformeln zur Berechnung der Pulsbereiche abrate – sie sind allenfalls für den ersten Einstieg ins Lauftraining geeignet. Auch kompliziertere Formeln wie die Karvonenformel, die den Ruhepuls in die Berechnung miteinfließen lässt, können diesen Fehler im System nicht lösen und sind nur bedingt geeignet, die Trainingsbereiche individuell festzulegen.

Training nach Gefühl

Meistens werden Sportler, die fehlerhaft hohe Trainingsbereiche errechnet haben, durch ein besonderes Phänomen auffällig. Wenn man sie fragt, bei welchem Puls sie trainieren, so antworten sie mit einer bestimmte Zahl, zum Beispiel 146 Schlägen pro Minute. Wenn man dann fragt, warum genau 146 Schläge, dann bekommt man die verdutzte Antwort, dass das Laufen bei höheren Pulswerten ja sehr anstrengend und unangenehm sein.

Vielleicht erkennen Sie nicht sofort die Tragweite dieser Erklärung: Der Sportler spürt, ohne sich sportmedizinisch gebildet zu haben, bei welchem Tempo das Laufen gut für ihn ist, wann es Spaß macht, wann er sich wohlfühlt. Den Pulsmesser trägt er mit sich, ignoriert aber fortwährend die angezeigten Werte, weil sie mit seinem Gefühl überhaupt nicht übereinstimmen. Fast alle Sportler, die in diese Zwickmühle geraten, und das sind zu Zeiten der »Herzfrequenzbereichsberechnung« viele, richten sich nicht nach dem Pulsmesser, sondern nach ihrem Gefühl. Ein Glück – denn so schützen sie sich vor Überlastungen, und die vermeintlichen Hüter der Gesundheit verkehren sich in unnütze Quälgeister. Man kann hieraus zwei Schlüsse ziehen: Zum einen, dass ein Pulsmesser, so er denn genutzt werden soll, unbedingt zusammen mit einer vernünftigen Trainingsbereichsbestimmung eingesetzt werden muss. Zum anderen können Sie sehen, dass das Gefühl beim Sporttreiben vielleicht gar kein so schlechter Ratgeber ist.

In der Tat kann man jedem Trainingsbereich auch ein subjektives Gefühl zuschreiben. Das Gefühl wird zum Beispiel durch die Schnelligkeit der Atmung bestimmt. Je schneller Sie laufen, desto eher fangen Sie an zu hecheln. Sie spüren, wie Ihr Puls steigt, Sie stärker schwitzen und die Beine schwerer werden. Je schneller Sie laufen, desto größer ist auch die erforderliche Willenskraft, um in diesem Tempobereich zu bleiben. Der Sportler ist mit zunehmender Erfahrung immer besser in der Lage, aus diesem Gesamtbild seiner Körperfunktionen zu erkennen, in welchem Belastungsbereich er sich gerade befindet. Auch Empfehlungen wie »Laufen, ohne zu schnaufen« haben ihren Ursprung in der Erkenntnis, dass banale Körperreaktionen wie die Atmung direkt mit der Gesamtbelastung und der Stoffwechsellage zusammenhängen. Man hat hierfür auch die Schrittregel entwickelt: Wie viele Schritte machen Sie zum Einatmen und wie viele zum Ausatmen? Je mehr, desto niedriger ist Ihr Belastungsbereich. Hilfreich ist auch zu überprüfen, wie gut Sie sich noch unterhalten können. Können Sie zwei Sätze mit Ihrem Trainingspartner austauschen, ohne kurzatmig zu werden, oder bekommen Sie japsend höchstens zwei Worte heraus? Die Beschreibung der Trainingsbereiche nach objektiven Befunden und subjektivem Befinden finden Sie in der Tabelle unten.

Die Herzfrequenzvariabilität

Wenn Sie sich für die klassische Trainingsbereichsbestimmung mit einer Laktatmessung entschließen, sind Sie auf der sicheren Seite. Möchten Sie dies jedoch nicht und scheuen Sie auch die Bestimmung der maximalen Herzfrequenz, dann steuern Sie Ihre Belastung nach Gefühl. Horchen Sie so oft wie möglich in sich hinein und hören Sie auf Ihren Körper! Das fällt gerade anfangs schwer – Sie können die Reaktionen Ihres Körpers noch nicht richtig einschätzen. Je länger Sie im Trainingsprozess sind, desto leichter wird es Ihnen fallen. Glauben Sie, ein Profi muss nach zehn Trainingsjahren noch auf die Pulsuhr schauen, um zu wissen, ob er im GA1-Bereich ist? Wohl kaum!

Nun sind Sie höchstwahrscheinlich kein Profi und unsicher, wo die Grenze zwischen Belastung und Überlastung verläuft. Eine Pulsuhr mit den richtigen Trainingsbereichen für den Hausgebrauch wäre folglich die Traumlösung. Die sportmedizinische Forschung und die Hersteller von Pulsuhren haben sich diesen Traum zur Aufgabe gemacht und mit Hochdruck an der Realisierung gearbeitet. Vor einigen Jahren präsentierten sie dann die ersten Uhren, die mit einem kurzen Test während des Lauftrainings die Trainingsbereiche bestimmen konnten. Ganz ohne Ausbelastung, ganz

Die Trainingsbereiche: objektive Befunde und subjektives Befinden

Intensitätsbereich	REKOM	GA1
Laktat	< 1,5	1,5–2
Puls	< 65 %	65–80 %
Schritte/Atemzug		4
Gefühl	Puls und Atmung sind kaum beschleunigt. Sie können sich in langen Gesprächen mit Ihren Trainingspartnern unterhalten. Sie schwitzen kaum, und es ist keinerlei Willenskraft erforderlich, um sich im angegebenen Bereich zu bewegen. Die Freude an der Bewegung steht im Vordergrund. Wenn Sie diesen Trainingsbereich einsetzen, sind Sie auch gar nicht leistungsbereit und wollen allenfalls die Regeneration beschleunigen. Bedenken Sie, dass ein Training in diesem niedrigen Intensitätsbereich aber nur dann der Erholung dient, wenn die Trainingsdauer kurz bleibt!	Es kommt zu einem mäßigen Anstieg der Pulsfrequenz, und auch die Atmung ist ein wenig beschleunigt. Sie empfinden dies jedoch nicht als unangenehm, sondern könnten diese Belastung problemlos auch über Stunden aufrechterhalten. Sie fühlen sich wohl, schwitzen leicht und können immer noch ganze Sätze mit Ihren Trainingspartnern austauschen, ohne kurzatmig zu werden. Es verlangt Ihnen nur wenig Willenskraft ab, in diesem Tempobereich zu trainieren.

Die Abhängigkeit der Herzfrequenzvariabilität von der Herzfrequenz

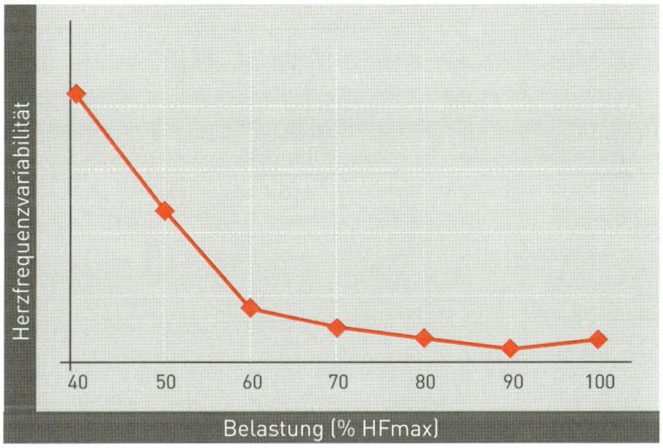

Die Unregelmäßigkeit des Herzschlags wird mit zunehmender Belastung immer kleiner. Ab ungefähr 60 Prozent der maximalen Herzfrequenz ist sie nahezu null. Durch Bestimmung dieses Punkts lassen sich Trainingsbereiche mit ausreichender Genauigkeit für den Freizeitsport bestimmen, und man ist nicht mehr auf die ungenauen Berechnungen mit Faustformeln angewiesen

ohne Laktatmessung und ganz ohne zusätzlichen Aufwand. Der Zauberbegriff nennt sich Herzfrequenzvariabilität. Ein Phänomen, das in der medizinischen Forschung schon sehr lange bekannt ist, aber erst spät Einzug in die Trainingssteuerung hielt.

Erklärend für das System ist folgender Hintergrund: Ihr Pulsschlag wird durch zwei Anteile des Nervensystems bestimmt, den Sympathikus und den Parasympathikus. Wird der Sympathikus aktiv, schlägt das Herz schneller. Der Sympathikus ist der Kampf- und Flucht-

	GA1/2	GA2	WSA
	2–3	3–6	> 6
	80–85 %	85–95 %	> 95 %
	4	3	2
	Sie spüren hier eine beschleunigte Atmung und einen erhöhten Puls. Das Tempo liegt etwas über dem GA1-Bereich, und Sie können nur noch einen oder zwei längere Sätze bequem sprechen. Sie schwitzen zunehmend und müssen sich mäßig anstrengen, um das Tempo zu halten. Sie schaffen gerade noch vier Schritte pro Atemzug. Läufer mögen diesen Bereich oft sehr gern, da sie das Gefühl haben, hier am effektivsten zu laufen. Vorsicht: Von diesem Trainingsbereich geraten Sie leicht in den GA2-Bereich.	Sie spüren sofort, wie sich Ihre Atmung stark beschleunigt und die Pulsfrequenz steigt. Mental ist eine hohe Spannkraft erforderlich, um ein Training in diesem Bereich zu absolvieren. Die Lust, sich mit anderen Läufern zu unterhalten, sinkt, und es wird schwierig, noch einen ganzen Satz herauszubringen. Sie machen nur noch drei Schritte pro Atemzug. Die Schweißproduktion wird stärker, Sie suchen nach Luft und Kühlung. Die Beine beginnen zu schmerzen, sie werden »sauer«. Freizeitsportler brauchen nicht in diesem Bereich zu trainieren!	Atmung und Puls sind maximal beschleunigt. Es ist ein Maximum an Willenskraft erforderlich, um Ihren Körper in diesen Trainingsbereich zu führen. Sie können Ihren Trainingskollegen allenfalls kurze Worte zurufen. Pro Atemzug machen Sie nur noch zwei Schritte. Die Beine schmerzen, und Sie müssen die Zähne zusammenbeißen. Die Laktatansammlung und die Erschöpfung sorgen für ein großes Unlustempfinden, weshalb Sie für ein solches Training sehr motiviert sein müssen. Wichtig: Der WSA-Bereich bleibt den Leistungssportlern und Profis vorbehalten.

3

nerv, der all die Reaktionen hervorruft, die wir erfahren, wenn wir uns erschrecken: große Pupillen, aufgestellte Haare, hoher Blutdruck, schneller Puls, gut durchblutete, arbeitsbereite Beine. Sein Gegenspieler ist der Parasympathikus oder der sogenannte Vagusnerv: Er wird aktiv, wenn wir uns erholen. Die Muskeln werden weniger durchblutet, denn das Blut fließt in den Verdauungstrakt. Die Pupillen sind eng, Sie werden müde und sind wenig leistungsbereit. Blutdruck und Herzfrequenz sinken.

Die Aktivität von Sympathikus und Parasympathikus spiegelt unsere Arbeitsbelastung recht gut wieder. Den aktuellen Einfluss der beiden Teile des Nervensystems kann man an der Herzfrequenzvariabilität ablesen. Diese Größe beschreibt den Rhythmus des Herzschlags. Ist ein Sportler völlig entspannt und unter Einfluss des Parasympathikus, so schlägt sein Herz langsam und unrhythmisch. Krank ist er deshalb nicht, im Gegenteil: Je unregelmäßiger das Herz in Ruhe schlägt, desto gesünder ist der Mensch – natürlich nur, solange es sich um die physiologischen Schwankungen des gesunden Herzrhythmus (»Sinusrhythmus«) handelt und nicht um eine ernst zu nehmende Herzrhythmusstörung. Die Herzfrequenzvariabilität beschreibt einen gesunden Herzschlag, der im Bereich von Millisekunden zu früh oder zu spät kommt. Bei einem Puls von 60 Schlägen pro Minute kommt der Herzschlag dann nicht genau jede Sekunde, sondern mal nach 952 und mal nach 1030 Millisekunden – also mit minimalen Veränderungen. Je entspannter ein Mensch ist, desto unrhythmischer wird der Pulsschlag und je angespannter und angestrengter, desto regelmäßiger. Wenn der Einfluss der Arbeitsnerven zunimmt, wird der Herzschlag an einem bestimmten Punkt nahezu komplett rhythmisch. Dieser Punkt liegt etwa bei 60 Prozent der maximalen Herzfrequenz. Diese Tatsache machen sich Pulsuhren-Hersteller zunutze!

Der unschlagbare Vorteil dieses Verfahrens ist die einfache Bedienung. Man braucht kein Institut, keine Blutprobe, keinen Fachmann für

Einflüsse auf die Herzfrequenzvariabilität

- → vegetatives Nervensystem (Parasympathikus und Sympathikus)
- → Atmung
- → Lagewechsel (liegen, sitzen, stehen)
- → Tageszeit (zirkadianer Rhythmus)
- → Lebensalter (hohe Werte bei Kindern, Abnahme mit zunehmendem Alter)
- → interindividuelle Unterschiede (genetischer Einfluss)
- → psychophysischer Stress, mentale Anspannung
- → Erkrankungen (zum Beispiel Abnahme bei Infekten)
- → körperliche Belastung

die Auswertung, keine lästige Ausbelastung, und es entstehen keine weiteren Kosten als die ohnehin anfallenden für eine Pulsuhr. Sie durchlaufen einen Test, der mit langsamem Gehen beginnt. Nach einer Minute wechseln Sie zum normalen Gehen, dann zum zügigen Gehen. Nach einer weiteren Minute beginnen Sie, langsam zu traben und dann normal zu laufen. So steigt die Belastung langsam an, und die Uhr misst dabei fortwährend Ihre Herzfrequenzvariabilität. Das Gerät ermittelt aus dem Absinken der Variabilität selbstständig die Trainingsbereiche und das Training kann beginnen. Der finnische Pulsuhren-Hersteller Polar hat sich dieses Verfahren vor einigen Jahren als »OwnZone« patentieren lassen und in seine Geräte eingebaut. Entsprechende Uhren sind ab circa 80 Euro erhältlich.

3

Die Profis: Spiroergometrie und Stoppuhr

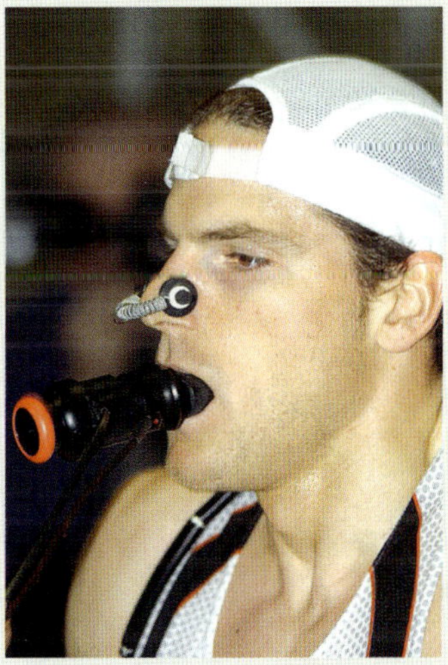

Schon für Freizeitsportler gibt es eine erdrückende Auswahl an Bestimmungsmethoden für die Trainingsbereiche. Sehr interessant ist natürlich immer wieder der Blick zu den Profis. Wie bestimmen sie ihre Trainingsbereiche? Die Referenzmethode für den Einsatz im Profisport ist die sogenannte Spiroergometrie, kurz »Spiro«. Man misst hierbei die Atemgase des Athleten. Er atmet über eine Maske oder einen Schlauch ein und aus, feine Messsonden stellen fest, wie viel Sauerstoff und Kohlendioxid sich in der ein- und ausgeatmeten Luft befinden. Das Verhältnis dieser Gase zueinander gibt genauen Aufschluss über die Stoffwechsellage des Sportlers. Außerdem ergänzt es die Aussagekraft der Laktatwerte. Ein interessanter Wert, den man mit einer Spiroergometrie ermitteln kann, ist die maximale Sauerstoffaufnahmekapazität VO_2max. Sie gibt an, wie viel Sauerstoff der Körper unter voller Belastung aus der Atemluft herausziehen kann. Je besser das Blut Sauerstoff binden kann, desto größer ist die Sauerstoffmenge, die der Körper aufnimmt. Je nach Trainingszustand schaffen Athleten, fünf und mehr Liter reinen Sauerstoff pro Minute aufzunehmen. Es ist aber wichtig, diesen Wert in Relation zum Körpergewicht zu setzen. Ein größerer, schwerer Körper kann zwar mehr Sauerstoff binden, muss aber auch mehr Gewicht bewegen. Deshalb misst man die Werte in Milliliter pro Minute pro Kilogramm Körpergewicht: ml/min/kg.

VO_2max (ml/min/kg)	Status
< 40	untrainiert
40–50	Freizeitsportler
50–60	ambitionierter Freizeitsportler
60–75	Leistungssportler
> 75	Hochleistungssportler

Aber noch eine andere Methode kommt im Profisport wieder verstärkt zum Einsatz: die Stoppuhr, also das in altbekannter Weise über Zeiten gesteuerte Training. Man ermittelt die zu erreichende Zielzeit des Athleten, zum Beispiel 29:15 Minuten über 10.000 Meter bei den Deutschen Meisterschaften. Der Trainer berechnet dann die hierfür erforderlichen Splitzeiten für die unterschiedlichen Trainingsstrecken zu den verschiedenen Saisonzeitpunkten. Dieses Training lässt Steuergrößen wie die Herzfrequenz und Laktatwerte als Kontrollinstrumente mitlaufen, richtet sich aber gerade im Intervalltraining nach den berechneten Splitzeiten. Es wird so stets die benötigte Reizstärke umgesetzt, die man im Elitebereich benötigt, um die entsprechenden Ziele zu erreichen. Diese Methode gehört in die Hände von sehr erfahrenen Trainern, da sonst eine Überlastung im Trainingsprozess droht.

Die Trainingsmethoden

3

Sie wissen nun, wie Sie überprüfen können, in welchem Belastungsbereich Sie trainieren. Um die verschiedenen Intensitäten zu erreichen, gibt es mehrere Möglichkeiten, eine Trainingseinheit zu gestalten. Eine davon ist Ihnen bestimmt noch aus dem Schulsport bekannt: der Dauerlauf. Zum Glück ist dies aber bei Weitem nicht die einzige Möglichkeit!

Die Dauermethode

Die Dauermethode ist der klassische Dauerlauf. Sie wählen den Belastungsbereich GA1 oder GA2 und absolvieren damit einen gleichmäßigen Trainingslauf. Die Dauer liegt in der Regel bei mehr als 30 Minuten und kann im GA1-Training bis auf 180 Minuten ausgedehnt werden. Nach dem Einlaufen streben Sie den Zielbereich an und halten die Herzfrequenz und das Belastungsgefühl über den Zeitraum des Trainings konstant. Durch die Ermüdung wird das Tempo mit der Zeit leicht sinken. Diese Trainingsmethode ist wirksam, birgt aber ein großes Problem: die Monotonie. Nicht nur psychologisch ist dies von Nachteil, sondern auch für den Trainingserfolg – darüber hinaus macht es Sie anfällig für Laufverletzungen.

> **Laufsport ist nicht monoton: Werden Sie kreativ bei Ihrer Trainingsgestaltung!**

Es gibt aber einige Tricks, mit denen Sie das Training abwechslungsreicher und belastungsverträglicher gestalten können. Stellen Sie sich den Timer Ihrer Uhr und führen Sie alle fünf oder zehn Minuten eine athletische Übung durch – beispielsweise zehn Strecksprünge, Liegestütze oder einen Seitwärtslauf mit 20 Schritten zur einen und 20 zur anderen Seite. So beugen Sie der Eintönigkeit vor und vermeiden, mangels Konzentration in eine unsaubere Technik zu verfallen, was schnell zu Verletzungen führen kann. Eine gute Möglichkeit ist auch, das Training in unwegsames Gelände zu verlegen, in dem Ihnen hin und wieder ein Anstieg oder ein Singletrail mit kleinen Hindernissen in die Quere kommt. So werden Sie koordinativ gefordert. Diese Abwechslung im Training bietet sich

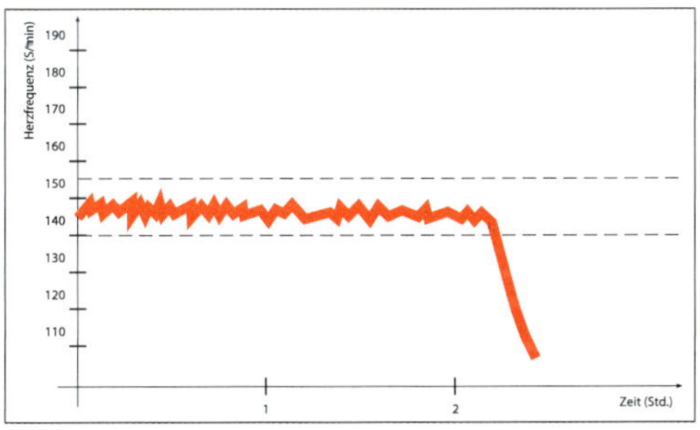

Die Pulskurve beim Lauftraining nach der Dauermethode

besonders in der Vorbereitungsphase im Winter an. Wenn die ersten Wettkämpfe nahen und Sie noch effektiver trainieren wollen, dann ersetzen Sie die allgemeinathletischen Übungen durch zehn 60-Meter-Steigerungsläufe am Ende der Trainingseinheit (mit je zwei bis fünf Minuten Abstand), mit denen Sie Ihre Schnelligkeit schulen und das eintönige Traben unterbrechen.

Den Bereich GA2 können Sie ebenfalls mit der Dauermethode trainieren. Allerdings sind die Zeiträume geringer, da Sie sich hier schon im »roten Bereich« befinden. Solche Tempodauerläufe führt man üblicherweise bis zu einer Dauer von 60 Minuten durch.

Die wechselhafte Dauermethode

In der wechselhaften Dauermethode wird abwechselnd im Grundlagenausdauerbereich 1 und 2 gelaufen. Die Belastungen im GA2-Bereich betragen dabei 3 bis 15 Minuten und werden bis zu einer Gesamtdauer von 30 bis 40 Minuten wiederholt. In den Pausen wird eine ähnlich lange Zeit im GA1-Bereich gelaufen.

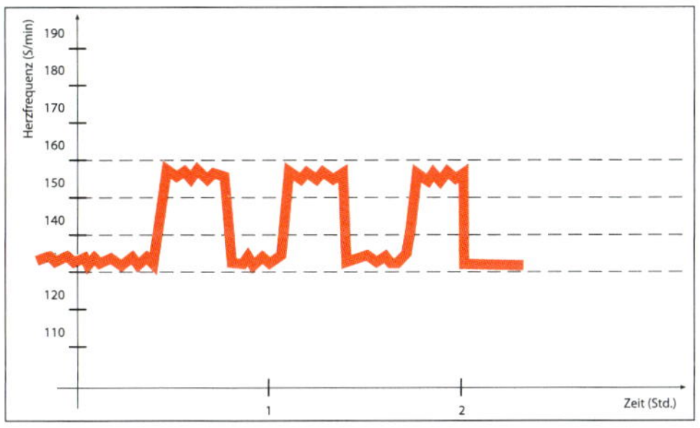

Die Pulskurve beim Lauftraining nach der wechselhaften Dauermethode

Die Crescendoläufe

Die Dauermethode kann man in der Wettkampfvorbereitung auch in den wettkampfspezifischen Ausdauertrainingsbereich ausdehnen. Nach einer GA1-Trainingsdauer von ungefähr 60 Minuten steigern Sie das Tempo langsam

Mein Tipp

Die Rückkehr der Trimm-Dich-Pfade

Die aus den 70er-Jahren bekannten Trimm-Dich-Pfade finden sich noch in einigen Wäldern und in der Nähe mancher Sportanlagen. Zum Glück! Diese »Vita Parcours« sind die idealen Trainingsstrecken für das Grundlagentraining in den Vorbereitungsperioden. Hier können Sie Ihren Dauerlauf durch allgemeinathletische Übungen ergänzen und sorgen so für ein abwechslungsreiches Training und einen guten Verletzungsschutz! Außerdem ist das Training auf den Trimm-Dich-Pfaden sehr kommunikativ: Läufer aller Alters- und Leistungsklassen lassen sich ohne Probleme mischen – ohne dass jemand über- oder unterfordert wird. Das ist effektiv und unterhaltsam: So macht gemeinsam trainieren richtig Spaß!

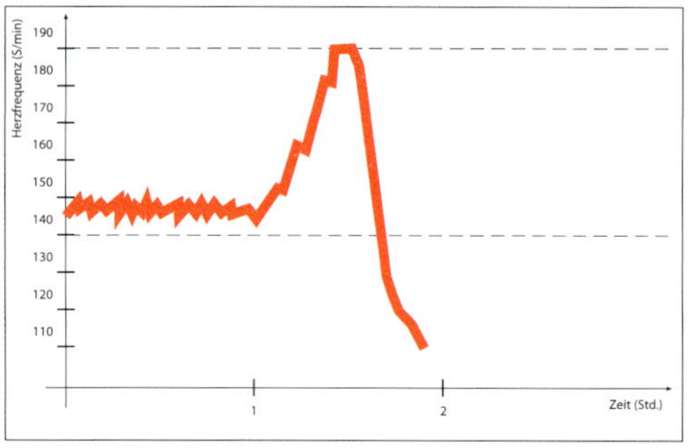

Die Pulskurve eines Lauftrainings nach der Crescendo-Methode

über 30 Minuten. Über den GA1/2-Bereich gelangen Sie in den GA2-Bereich und dann in den WSA-Bereich, bis Sie Ihr Maximaltempo erreicht haben. Danach ist ein Austraben von 15 Minuten sinnvoll. Die Crescendoläufe dienen der Entwicklung der Tempohärte und werden in den letzten Vorbereitungsphasen und der Wettkampfperiode eingesetzt.

Die Intervallmethode

Die Intervallmethode beschreibt die Aufteilung des Trainings in kleine Teilstrecken, die mit einer Pause absolviert werden. Trainer unterscheiden zwischen der intensiven und der extensiven Intervallmethode. Beiden ist gemeinsam, dass in der Pause jeweils keine komplette Erholung stattfindet. Man läuft also mit zunehmender Ermüdung in die nächsten Intervalle.

Bei der intensiven Intervallmethode ist das Tempo auf kurzen Teilstrecken höher als das auf der Wettkampfstrecke absolvierte. Es handelt sich um Training im WSA-Bereich. Beispielsweise könnte ein Sportler zehnmal 400 Meter mit einem Tempo von 3:30 Minuten pro Kilometer laufen, wenn sein Wettkampftempo auf der 10.000-Meter-Strecke bei 4:00 Minuten pro Kilometer liegt. Die Intervalldauer liegt bei 30 bis 120 Sekunden – die Pausenlänge wird im Bereich der Intervalllänge angesiedelt (einfache Pausenlänge). Ein sorgfältiges Auf- und Abwärmen ist bei solchen Trainingseinheiten Pflicht! Die intensive Intervallmethode kann auch zur Entwicklung der Kraft eingesetzt werden. An einem Hügel oder mit einem Zuggewicht werden dann Läufe gegen hohen Widerstand absolviert. Der Puls erreicht hierbei nicht zwangsläufig den WSA-Bereich. Die Gestaltung des Programms ist bezüglich der Intervall- und Pausendauer vergleichbar.

Die extensive Intervallmethode wird eingesetzt, um die Grundlagenausdauer 2 zu trainieren. Das Tempo liegt dabei in der Regel unter der Wettkampfgeschwindigkeit. Läuft ein Athlet die 10.000 Meter in einer Geschwindigkeit von 4:00 Minuten pro Kilometer (also in 40 Minuten), so kann das extensive Intervalltraining zum Beispiel mit 4:15 Minuten pro Kilometer durchgeführt werden. Sechs bis zehn Intervalle mit 1.000 Metern bei 4:15 Minuten pro Kilometer würden dann mit einer Pause von zwei bis fünf Minuten versehen werden, in der er locker trabt.

Die Wiederholungsmethode

Die Wiederholungsmethode dient dem WSA-Training. Auch hier absolvieren Sie bestimmte Intervalle, aber die Pausen sind so großzügig bemessen, dass eine vollständige Erholung zu

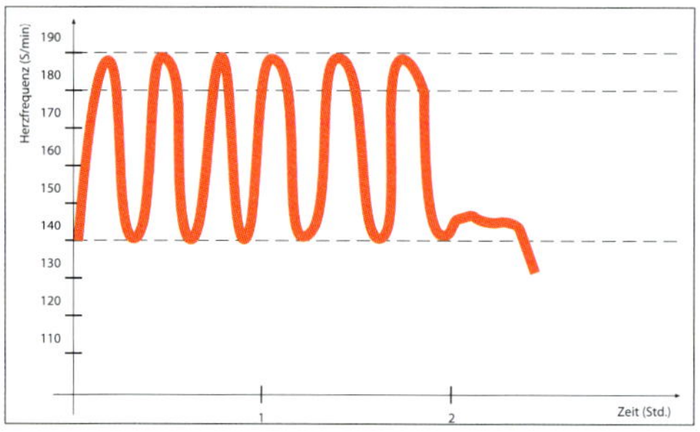

Die Pulskurve eines Lauftrainings mit intensiven Intervallen

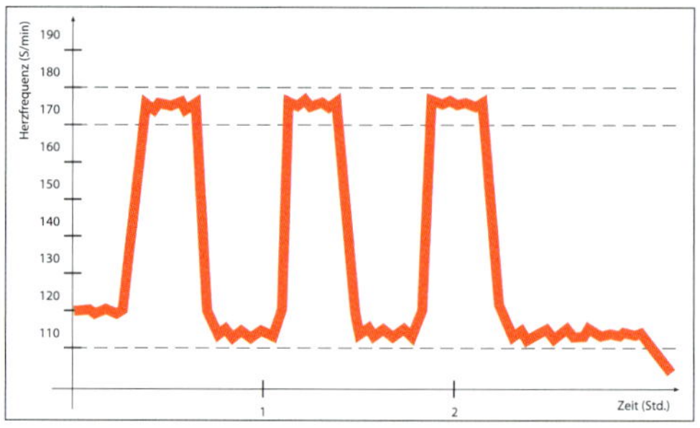

Die Pulskurve eines Lauftrainings nach der Wiederholungmethode

erwarten ist. Ein Beispiel wären dreimal 1.000 Meter im WSA-Bereich mit einer Pause von 20 Minuten, in denen locker im GA1-Bereich getrabt wird.

Das Fahrtspiel

Das Fahrtspiel ist ein sehr abwechslungsreiches Training, bei dem Sie willkürlich zwischen den Belastungsbereichen wechseln. Vom REKOM-Bereich bis zu kurzen WSA-Einlagen kommt alles darin vor. Sie können sich für die Auswahl des Tempos sehr gut vom Gelände leiten lassen: einen harten Sprint am Hügel bei Kilometer zwei, dann eine lockere Trabphase über den Feldweg, von Kilometer drei bis sechs zügig im GA2-Bereich durch den Wald, um dann im GA1-Bereich zurückzulaufen und alle 500 Meter noch einmal zum nächsten Straßenschild zu sprinten. Ihrer Kreativität sind keine Grenzen gesetzt!

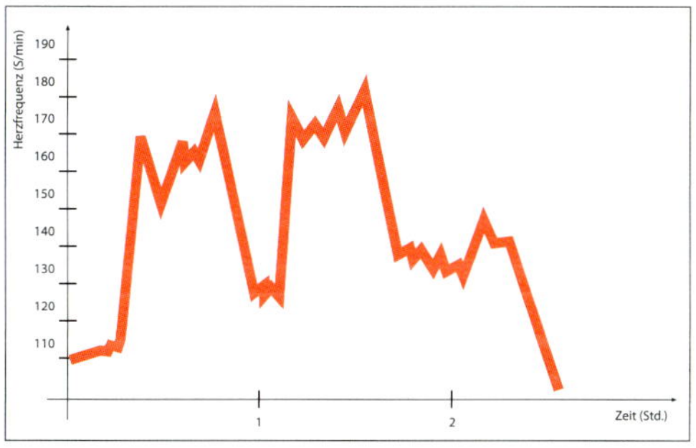

Die Pulskurve eines Lauftrainings nach der Fahrtspielmethode

Bemessung der Pausenlängen

Sie können die Pausenlänge auch mit dem Pulsmesser festlegen: Starten Sie immer dann die nächste Wiederholung, wenn Ihr Puls 120 oder 130 Schläge pro Minute erreicht hat.

Intensitäten: Trainingsmethoden und Trainingsbereiche

Trainingsbereich	Herzfrequenz in Prozent der HFmax	Trainingsmethode	Typische Streckenlängen	Typische Belastungsdauer
WSA	95–100	Intervallmethode	10–20 x 200 m 10–20 x 100 m 10 x 400 m	30–120 s
		Wiederholungsmethode	2–6 x 400–2.000 m	1–10 min
		Fahrtspiel	–	–
GA2	85–95	Intervallmethode	6–10 x 800 m 4–10 x 1.000 m 2–5 x 2.000 m	2–15 min pro Intervall
		Dauermethode	3–15 km	15–60 min
		Fahrtspiel	–	–
GA1/2	80–85	Dauermethode	5–20 km	30–90 min
		Fahrtspiel	–	–
GA1	65–80	Dauermethode	5–30 km	30–180 min
		Fahrtspiel	–	–
REKOM	< 65	Dauermethode	Ausgleichssport	30 min

3

Die Gewichtung der einzelnen Trainingsbereiche

Im letzten Abschnitt ging es darum, wie Sie überprüfen können, ob Sie im richtigen Trainingsbereich laufen und wie Sie je nach angestrebtem Bereich eine Trainingseinheit strukturieren können. Nun ist die Frage: Wie viel Zeit investieren Sie in die unterschiedlichen Trainingsbereiche?

Prozentuale Verteilung der Trainingsbereiche

Am allerwichtigsten für Ihr Training ist der GA1-Bereich. Er macht mit rund 70 Prozent den Löwenanteil Ihres Trainings aus! Wenn Sie sich auf einen Wettkampf vorbereiten, steigt neben dem Gesamtumfang auch der Anteil von WSA- und GA2-Belastungen. Mit 10 bis 25 Prozent sind diese intensiven Trainingsbereiche aber immer wesentlich seltener auf dem Trainingsplan zu finden als das Basistraining im GA1-Bereich. Der REKOM-Bereich ist mit zehn Prozent gering bemessen. Lediglich in der Zeit nach den Wettkämpfen, die der Erholung dient, wird ausschließlich im REKOM- und GA1-Bereich trainiert, dies jedoch bei deutlich reduziertem Gesamtumfang. Mehr über die verschiedenen Perioden eines Trainingsjahres erfahren Sie in Kapitel 4 (Trainingsplanung).

Chancen und Risiken hoher Umfänge

Die Trainingsbereichsverteilung hat sich über viele Jahrzehnte entwickelt. Gerade der Erfahrungsaustausch der letzten Trainergenerationen hat sehr gute Ergebnisse und Erfolge erzielt. Man hat mit immer weiter steigenden Trainingsumfängen die Sauerstofftransportkapazität des Körpers weiter ausschöpfen können. Bessere Ökonomisierung des Herz-Kreislauf-Systems, ermüdungsresistentere Muskeln: Das Absolvieren von hohen Umfängen mit einem Anteil von 70 Prozent im GA1-Bereich funktioniert! Je schlechter der Athlet, umso besser springt er auf das umfanggesteuerte Training im Grundlagenbereich an, er hat dort nämlich noch viel Entwicklungspotenzial. Unglücklicherweise trainiert er sich mit den hohen, langsamen Umfängen aber eine schlechte Bewegungstechnik an, und es kommt zu einer unsauberen Lauftechnik. Wenn dann die wichtigen Kraft- und Motorikelemente fehlen, ist es zur Verletzung oft nur noch ein kurzer Weg. Bei besseren Läufern, die sich bereits auf einem höheren Leistungsniveau bewegen, funktioniert das umfanggesteuerte Training allerdings nur noch bedingt. Neben der Sauerstoffaufnahmekapazität gibt es schließlich noch weitere leistungsbestimmende Faktoren: Die Ermüdungsresistenz des Muskels selbst und seine Fähigkeit, Sauerstoff und Nährstoffe in Energie umzusetzen, lassen sich mit anderen Methoden als den langen GA1-Läufen besser trainieren.

Allgemeine Athletik als Fundament

Auch wenn die GA1-Einheiten immer noch den größten Anteil des Trainings ausmachen – das Fundament des Trainingshauses besteht aus Kraft, Koordination, Stretching, Motorik und allgemeiner Athletik. Diese Aspekte sind zur optimalen Bewegungstechnikausbildung und zur Verletzungsprophylaxe schon immer Bestandteil eines ausgereiften Trainingskonzepts gewesen. Einige Trainer betrachteten eben dies jedoch als unnötige »Ergänzungen«, also vertane Zeit. Manch ein Trainingskonstrukt war dann – als Haus dargestellt – auf einer wackeligen Grundlage errichet worden: Kraft, Stretching, Koordination und Motorik bildeten kein solides Fundament, sondern lediglich dürftig errichtete Stützen! Wenn diese Trainer dann noch die Regenerations- und Kompensationseinheiten (immerhin bis zu zehn Prozent des Umfangs) mit REKOM-Läufen auffüllten und

» Der GA1-Bereich macht den Löwenanteil Ihres Trainings aus. «

so dem Bewegungsapparat keine wirklichen Pausen zugestanden, wurden die Folgen des Irrtums, dass Kraft-, Koordinations- und Motoriktraining überflüssig wären, deutlich. Laufverletzungen häuften sich nämlich – aufgrund hoher Umfänge und schlechter allgemeinathletischer Ausbildung. Kein Haus steht ohne vernünftiges Fundament!

Ein Paradigmenwechsel beim Trainingsaufbau

Im letzten Jahrzehnt hat eine Verlagerung der Trainingsinhalte stattgefunden, und zwar weg von Laufeinheiten mit höchsten Umfängen im GA1-Bereich hin zu mehr Kraft- und Motorikausbildung. Dies ermöglicht den Athleten, den Schwerpunkt beim Absolvieren der Laufkilometer auf Qualität anstatt Quantität zu setzen. Die Entwicklung muss kein Widerspruch zur »alten Methode« sein: Es vollzieht sich lediglich ein Wandlungsprozess, der auf neuen Erkenntnissen und Erfahrungen beruht. Es ist spannend zu beobachten, wie weit sich die Verschiebung vom umfangbetonten Training zum Kraft- und Motoriktraining voranschreiten wird. In jedem Fall sind Sie mit diesem Ansatz auf dem besten Weg zu einem gesunden Lauftraining – und noch dazu in bester Gesellschaft.

Der abgesenkte Gesamtumfang hat sich nämlich sogar in der Paradedisziplin des Ausdauersports bewährt: dem Ironman-Triathlon. Ausgerechnet in der Königsdisziplin des Triathlons, wo 3,8 Kilometer geschwommen, 180 Kilometer Rad gefahren und 42,2 Kilometer gelaufen werden, wurden die Laufumfänge wieder reduziert – zugunsten von Athletik, Motorik und Intensitäten. Und das in einem reinrassigen Langdistanzausdauersport! Die Triathlonelite der Deutschen Triathlon Union trainiert im Winter inzwischen wöchentlich bis zu fünf Stunden ausschließlich die Stabilität des Rumpfs.

3

Qualität statt Quantität

Der beste Verletzungsschutz überhaupt ist eine gute Umfangbemessung, also ein Training unter dem Motto »Qualität statt Quantität«. Auch wenn ich mit diesem Buch den Anspruch habe, die Voraussetzungen für ein beschwerdefreies Laufen zu schaffen, so komme ich um eine Feststellung nicht umhin: Das Verletzungsrisiko steigt ab einem Umfang von 30 Kilometern pro Woche signifikant an![3] Die Erfahrung der Trainer lehrt, dass bei Umfängen ab 70 Kilometern pro Woche eine weitere Schallmauer wartet, ab der die Verletzungszahlen weiter in die Höhe schnellen. Da ist es gut zu wissen, dass Sie mit etwas weniger Umfang und einem guten Kraft- und Motoriktraining resistenter gegen Verletzungen werden und außerdem Top-Leistungen erreichen können!

Dennoch werden einige Anhänger der altbewährten Methode an dieser festhalten wollen. Diese Haltung ist auch verständlich, haben die Trainer doch jahrelang erfolgreich damit gearbeitet. Lediglich die Anzahl der Verletzungen wachsen ihnen mittlerweile über den Kopf. Anscheinend gelten die Worte Prinz Philips von Großbritannien auch für die Trainingsstrukturierung: »Es ist unmöglich Staub wegzublasen, ohne dass jemand zu husten anfängt.« Aber dieser Fortschritt sollte im Hinblick auf ein belastungsverträglicheres Training bei 30 Prozent verletzten Läufern an der Startlinie eines Marathons nicht aufgehalten werden!

Wer trainiert wie viel?

Freizeitsportler: Hier stehen die Gesundheit und die Freude an der Bewegung im Vordergrund,

» Das Fundament des Trainings besteht aus Kraft, Koordination und allgemeiner Athletik. «

nicht die Resultate. Er trainiert so, wie Beruf und Zeitbudget es zulassen. Ganz ohne Ehrgeiz sind aber auch die Freizeitsportler nicht mehr: Sie nehmen an lokalen Wettkämpfen oder an Stadtmarathons teil, wo sie ihre persönlichen Bestzeiten verbessern wollen. Freizeitsportler trainieren weniger als acht Stunden pro Woche.

Leistungssportler: Diese Sportler trainieren 10 bis 20 Stunden pro Woche, also 500 bis 1.000 Stunden pro Jahr. Zur Trainingsbelastung kommen bei ihnen die beruflichen Anforderungen hinzu. Diese beiden Bereiche miteinander vereinbaren zu können ist in der Regel nicht einfach, aber eine Grundvoraussetzung, um regionale und nationale Erfolge zu erzielen. Die wichtige Regeneration kommt hier oft zu kurz.

Hochleistungssportler und Profis: Ein Pensum von über 20 Stunden pro Woche bedeutet mehr als 1.000 Stunden Training pro Jahr – und das netto, also reine Trainingszeit ohne Rüstzeiten wie Umziehen oder Duschen. Ergänzend kommen Vor- und Nachbereitungen des Trainings wie Stretching und Massagen hinzu. So werden die Voraussetzungen für internationale Spitzenleistungen geschaffen.

Rumpfstabilisation zur Leistungssteigerung

»Ich führe die deutliche Leistungsentwicklung der deutschen Kaderathleten in der Laufdisziplin maßgeblich auf den Komplex aus Rumpfstabilitätstraining und Dehnung zurück. Neben dem Lauftraining haben Kaderathleten der Deutschen Triathlon Union (DTU) planmäßig ein Rumpftraining zu absolvieren, das zusammen mit Dehnung und Lockerung in den Vorbereitungsperioden einen Umfang von bis zu fünf Stunden pro Woche einnimmt. Während der Wettkampfsaison absolvieren die Topathleten zwei bis vier kürzere Rumpfstabilisationseinheiten von 15 bis 30 Minuten pro Woche, diese meistens nach regenerativem oder kurzem GA1-Training. Das Rumpftraining erfüllt im Sinne der Verletzungsprophylaxe sowie der indirekten Geschwindigkeitssteigerung eine wichtige Doppelfunktion. Bei einem weichen Rumpf verpuffen die in der Stützphase aufgebrachten Kräfte, und die Geschwindigkeit sinkt – wie bei einem Rennrad mit weichem Tretlager. Die Bedeutung der Rumpfmuskulatur nimmt im Zustand der fortschreitenden Ermüdung, also besonders bei langen Wettkampfstrecken, beachtlich zu!«

Ralf Ebli, Ex-Nationaltrainer Triathlon

Die Topathleten der DTU trainieren ihren Rumpf also bis zu fünf Stunden pro Woche. Weniger Verletzungen und höhere Laufgeschwindigkeiten sind das Resultat – zahlreiche Weltcup-Erfolge der Athleten von Ralf Ebli sprechen für sich. Andrea Brede, Ironman-Europameisterin 2006 (Foto unten), sagt zu diesem Thema: »Ich laufe im Training nur noch 60 bis 80 Kilometer pro Woche. Natürlich sind diese Umfänge bei uns Triathleten um ein umfangreiches Radtraining ergänzt, aber gerade das Radtraining hilft mir, die orthopädische Belastung gering zu halten. Wichtiger als der Umfang allein sind die Intensitäten und das Techniktraining. Regelmäßiges Intervalltraining ist auch für den Langstreckler effektiver, schult den optimalen Bewegungsablauf und schont im Vergleich zu häufigen überlangen Läufen die Sehnen und Gelenke.«

Praxistipp

→ Finden Sie Ihre Methode zur Trainingssteuerung

Bei der Vielzahl der Methoden zur Trainingssteuerung müssen Trainer und Sportler sich stets fragen, welche Methode welchem Sportler den besten Nutzen bringt. Welche Methode kommt für Sie am ehesten infrage?

Gefühl

Die Gefühlsmethode ist für jede Leistungsklasse geeignet. Je besser Sie Ihren Körper kennen und in ihn hineinhorchen können, desto eher können Sie sich auf Ihr Gefühl verlassen. Anfänger haben damit jedoch hin und wieder Probleme: Der Einsatz eines Pulsmessers mit Trainingsbereichsbestimmung ist dann zunächst sehr sinnvoll, um den Körper in den einzelnen Belastungsbereichen kennenzulernen. Eine Steuerung des Trainings nach Gefühl hat schon manchen Athleten zum Weltrekord geführt und ist bei viel Erfahrung mehr wert als viele wissenschaftliche Hilfsmittel. Der Körper ist keine Maschine und darf nicht als solche behandelt werden!

Faustformeln

Die Gefahr im Umgang mit Faustregeln und der »Berechnung« von Trainingsbereichen ist nicht zu unterschätzen. Unter Umständen entstehen völlig fehlerhafte Werte, und die Sportler geraten in eine Über- oder Unterforderung. Von Faustformeln rate ich daher in diesem Zusammenhang grundsätzlich ab. Bevor Sie damit hantieren, hören Sie besser genau auf Ihren Körper und interpretieren Sie die Zeichen und Signale, die er Ihnen sendet.

Herzfrequenzvariabilität

Die Analyse der Herzfrequenzvariabilität ist die ideale Methode für den Freizeitsportler, der einen soliden Anhalt für die Bestimmung seiner Trainingsbereiche sucht, aber nicht den Anspruch an Genauigkeit eines Leistungssportlers hat. Ohne Leistungsdiagnostik und großen Aufwand bestimmt die Uhr den Trainingsbereich für Ihr Training. Die Kosten sind nur unwesentlich höher als für eine andere hochwertige Pulsuhr – eine gute Investition.

Laktatmessung

Die Feststellung der Trainingsbereiche mit einer Laktatleistungsdiagnostik ist die Methode schlechthin. Für alle Sportler ist sie empfehlenswert. Der Freizeitsportler erhält in einer einmaligen Untersuchung exakte Pulswerte für sein Training, gegebenenfalls auch ohne erschöpfende Ausbelastung

» Die richtige Methode zur Trainingssteuerung hängt von vielen individuellen Faktoren ab. «

im Test. Fortgeschrittene und Profis nutzen das Standardverfahren für die Trainingsbereichsbestimmung und die Kontrolle der Leistungsentwicklung. Kleiner Wermutstropfen: Diese Messung kostet 100 bis 200 Euro.

Maximale Herzfrequenz

Die Ermittlung der maximalen Herzfrequenz ist zwar nicht so genau wie eine Laktatleistungsdiagnostik, bietet dem kostenbewussten Athleten aber trotzdem eine gute Orientierung über seine Trainingsbereiche. Was dem Freizeitsportler aufgrund der Ausbelastung missfällt und dem Profi wegen der etwas ungenauen Werte nicht zusagt, ist für den Leistungssportler mit schmalem Geldbeutel ideal. Die Kosten liegen bei null!

Spiroergometrie

Die Spiroergometrie ist das ideale Verfahren für den Profisport. Man kann die Leistungsentwicklung noch exakter verfolgen als mit den Laktatwerten allein. Die Auswertung ist allerdings schwierig und muss durch sportmedizinische Experten erfolgen. Die Kosten sind mit 150 bis 300 Euro deutlich höher als für einen Laktattest und lohnen sich wirklich nur für die Cracks.

Zeitengesteuertes Training

Die scheinbar einfache Stoppuhr-Methode ist nur etwas für den Leistungssport. Sie setzt große Erfahrung und die enge Zusammenarbeit mit einem Trainer voraus. Freizeit- und selbst Leistungssportler haben hierfür in der Regel nicht die notwendigen Rahmenbedingungen!

	Methode	Genauigkeit	Preis	Lohnt sich für die, ...
Laktatleistungsdiagnostik	Einmalige Untersuchung, bei der die Pulsbereiche bei einem Belastungstest festgelegt werden	sehr gut	Test ab 100 Euro + Pulsuhr ab 50 Euro	... die es genau wissen wollen!
Training nach Gefühl	Erspüren der Trainingsbereiche; meist von erfahrenen Athleten angewandt	ausreichend	0 Euro	... die keine Pulsuhr mögen!
»OwnZone« von Polar	Pulsuhr mit »OwnZone«-Funktion misst die Herzfrequenzvariabilität und berechnet daraus die individuellen Trainingsbereiche	gut	Pulsuhr ab 60 Euro	... die eine einfache Pulsmessung suchen!

Kapitel 4

Trainingsplanung

Die Trainingsplanung ist von entscheidender Bedeutung – geht es doch darum, die sportlichen Ziele zu erreichen und mit möglichst geringem Aufwand einen maximalen Ertrag zu erzielen. Das gilt längst nicht nur für Profiathleten, auch Freizeitsportler haben ein berechtigtes Interesse, ihr Training sinnvoll, also zielgerichtet und effektiv zu gestalten. Aber Sie wollen nicht nur effektiv, sondern zusätzlich auch noch gesund trainieren? Ist das nicht ein Widerspruch in sich? Neben dem Trainer und dem Trainierenden hat schließlich auch der Arzt eine bestimmte Vorstellung, wie körperliche Ertüchtigung gestaltet werden sollte. Sein Ziel: Der Sportler ist gesund, ausreichend erholt und verletzungsfrei. Aber liegt der Schlüssel zum Erfolg nicht in einem Training, das hart und damit schon wieder ungesund ist? Das stimmt so nicht – bei genauerer Betrachtung entpuppt sich der vermeintliche Widerspruch als ein Gefüge aus zwei sich ergänzenden Aspekten! Kurz gesagt: Eine geschickte Trainingsplanung ermöglicht Ihnen, zwei Fliegen mit einer Klappe zu schlagen. Ein klug strukturiertes Training führt nämlich zu einer optimalen Leistungsentwicklung und sorgt gleichzeitig dafür, dass Sie gesund und Ihr Bewegungsapparat belastbar bleiben!

Darüber wollen Sie mehr erfahren? In diesem Kapitel lernen Sie, worauf es bei der Trainingsplanung ankommt und wie Sie Übertraining oder Unterforderung mit stagnierender Leistung als Folge vermeiden. Am Ende dieses Kapitels finden Sie eine 12-Punkte-Checkliste, mit der Sie Ihren individuellen Trainingsplan gestalten können. Das ist Ihnen zu viel Aufwand? Dann blättern Sie zu den fertigen Plänen im Anhang dieses Buches. Bei meinem Trainingssystem brauchen Sie nicht lange zu planen – machen Sie einfach mit!

»» Ihr Leistungszuwachs entwickelt sich in den Ruhepausen! ««

Das Prinzip der Superkompensation

Um den Wechsel von Be- und Entlastung in seiner Tragweite zu verstehen, müssen wir uns erst einmal anschauen, was eigentlich bei einer sportlichen Belastung im Körper passiert. Eines ist offensichtlich: Wenn Sie laufen, muss Ihr Körper Muskelarbeit leisten. Das Herz schlägt schneller, um mehr Blut in die Muskulatur zu pressen und den Sauerstoff im ganzen Körper zu verteilen. Nährstoffe werden über das Blut zu den Muskeln transportiert, die Muskeln verwerten Fette und Kohlenhydrate zusammen mit Sauerstoff und gewinnen daraus die Energie, die Sie zum Laufen brauchen. Mit zunehmender Dauer der Belastung werden die Energiespeicher geleert und die Muskeln zunehmend erschöpft. Das Laufen wird anstrengender, Sie werden müde. Ihr Körper verliert außerdem Flüssigkeit über den Schweiß und über die Atmung, sodass der Wasserhaushalt aus dem Gleichgewicht gerät. Parallel zu all diesen Vorgängen werden natürlich auch Knochen, Sehnen und Bänder beansprucht: Kleine Haarrisse und Mikroschäden entstehen durch die großen Kräfte, die beim Laufen wirken.

Das hört sich alles wenig gesund an und für die Leistungsentwicklung wenig förderlich. Das wäre es auch tatsächlich, wenn nicht eine Regenerationsphase folgen würde. Die Regeneration beginnt glücklicherweise sofort dann, wenn Sie aufhören zu trainieren. Der Körper beginnt gleich mit der Reparatur der Veränderungen, die durch das Training entstanden sind. Die Energiespeicher werden mit dem Teller Nudeln nach dem Training wieder aufgefüllt, der Wasserhaushalt durch die Apfelschorle wieder ausgeglichen, und die Muskeln erholen sich in ein bis zwei Tagen wieder – je nachdem wie stark die Belastung war. Auch die Knochen, Sehnen und Bänder werden in der Regenerationsphase repariert. Nach extremen Belastungen wie Marathon- oder Ultraläufen dauern diese Prozesse natürlich etwas länger.

Nur in den Pausen werden Sie besser

In der Pause nach der sportlichen Belastung ist Ihr Körper also in der Lage, sich in den alten Zustand zurückzuversetzen. Er wird durch das Training also keineswegs dauerhaft geschädigt – im Gegenteil! Und das ist der Trick des gesamten sportlichen Trainings, egal in welcher Sportart, egal ob Weltmeister oder Anfänger: Ihr Körper stellt die Systeme nämlich in besserer Qualität wieder her, als sie vor dem Training ausgebildet waren! Der Organismus ahnt sozusagen, dass Sie erneut auf die Idee kommen könnten, zehn Kilometer um den nächstgelegenen See zu laufen, und bereitet sich in weiser Voraussicht darauf vor. Er füllt die Energiespeicher auf und sorgt dafür, dass die Muskeln nicht nur repariert, sondern gleich ein wenig kräftiger aufgebaut werden. Auch die Menge des roten Blutfarbstoffs erhöht Ihr Organismus vorsorglich – so kann er den Sauerstoff effizienter zu den Muskeln transportieren.

Das Prinzip der Superkompensation

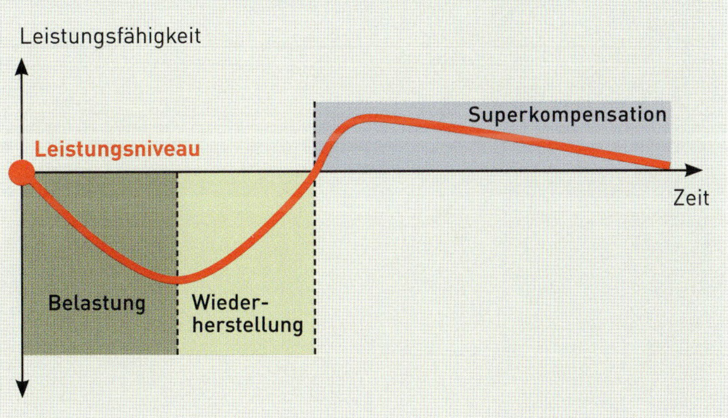

Dieses Prinzip nennt der Sportwissenschaftler Superkompensation oder auch Überkompensation. Der Körper gleicht die Ermüdung nicht nur aus, er kompensiert über das zuvor vorhandene Maß hinaus.

Durch Training und die darauf folgende Regeneration können Sie also schneller laufen. Nur durch den stetigen Wechsel von Be- und Entlastung ist es dem Körper möglich, sich anzupassen und seine Leistungsfähigkeit zu verbessern. Im Klartext heißt das: Sie trainieren zwar fleißig, aber schneller werden Sie in den Pausen. Und zwar nur in den Pausen!

Fordern, aber nicht überfordern

Wer geschickt ist, der baut sein Training so auf, dass ein Superkompensationseffekt dem nächsten folgt: Training, Regeneration, Training, Regeneration, Training ... So können Sie sukzessive die Leistungsfähigkeit ausbauen. Doch die richtige Aneinanderreihung von Superkompensationseffekten ist gar nicht so einfach, wie man denken könnte.

Zu viele Belastungen führen dazu, dass der Körper sich gar nicht mehr richtig erholen kann und die Leistungsfähigkeit sinkt. Überlasten Sie Ihren Körper, wird er geschwächt – er wird nicht nur müde, sondern verletzungsanfällig und schnell krank. Sehnen, Muskeln und Bänder melden sich dann mit Reizungen und Entzündungen zu Wort. All diese Reaktionen signalisieren: Mach mal Pause! Auf der anderen Seite bleibt ein echter Trainingseffekt aus, wenn Sie sich unterfordern, das heißt, in einem Maße

» Fordern, aber nicht überfordern: Wechseln Sie Be- und Entlastung geschickt ab! «

Leistungssteigerung bei ausreichender Regeneration

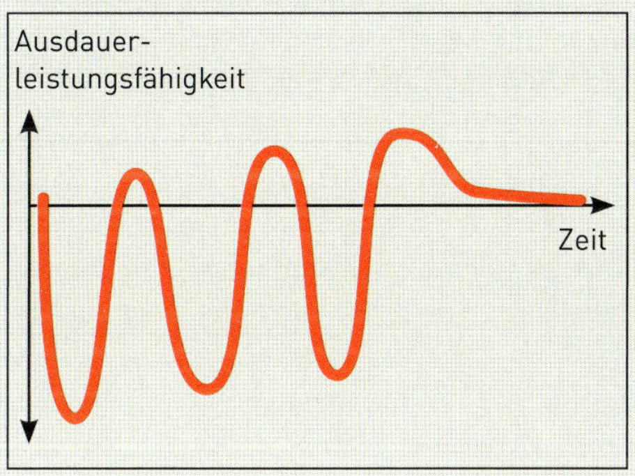

Leistungsabfall bei unzureichender Regeneration

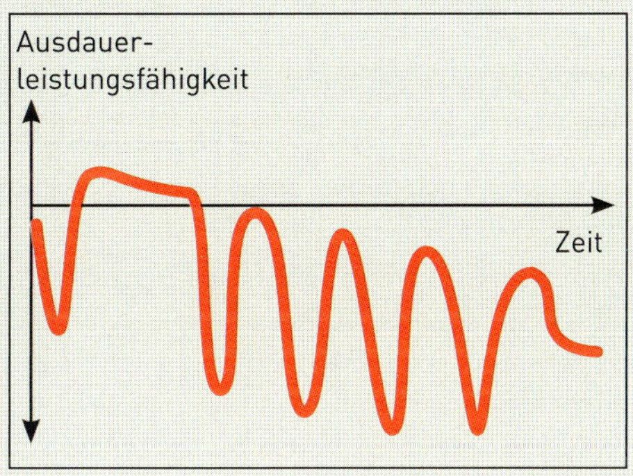

Sport treiben, welches Ihren Körper kaum ermüdet, oder Sie so lange Pausen einlegen, dass Ihr Körper sich stets vollständig erholen kann. Kleine Überlastungen im Training sind also durchaus erwünscht, damit Ihr Körper sich an ein neues Belastungsniveau anpasst und Sie Ihre Leistung verbessern.

Um den Superkompensationseffekt effektiv zu nutzen, ist es sinnvoll, dass Sie Ihren Körper einige Tage hintereinander durch Trainingsreize fordern. Er wird dann zunehmend müder, alle Systeme fordern nach und nach eine Pause. Diese legen Sie dann mit einer Verzögerung von einigen Tagen ein. Zum Beispiel können Sie am ersten Tag zehn Kilometer laufen, am Tag darauf 14 und am dritten Tag 18. Ihr Körper ist immer schwerer ermüdet worden, konnte nicht ausreichend regenerieren, und Sie belohnen ihn erst am vierten Tag durch einen Ruhetag. Jetzt können alle Erholungsprozesse vollständig ablaufen und es kommt zu einem ausgeprägten Superkompensationseffekt!

Das richtige Maß

Dieses Prinzip, also der regelmäßige Wechsel von Be- und Entlastung, nennt der Sportwissenschaftler Zyklisierung. Sie belasten den Körper für einen, zwei, drei oder vier Tage, um dann einen Tag zu regenerieren. Danach beginnt der nächste Belastungsblock. Aber wie belasten Sie sich richtig? Laufen Sie zwei Tage oder vier Tage hintereinander? Wie viel können Sie vertragen? Und wie schnell sollen Sie überhaupt laufen? Es ist ja ein Unterschied, ob Sie zehn Kilometer in 60 Minuten laufen oder in 42. Nach dem einen Lauf sind Sie kaum ermüdet, nach dem anderen schmerzen Ihnen unter Umständen heftig die Beine. Das sind die Fragen, auf die wir individuelle Antworten finden müssen. Ohne Trainingsreiz gibt es keinen Fortschritt, aber es kommt auf das richtige Maß an. Und da liegt der Hase der gesamten Trainingslehre im Pfeffer. Die Frage nach dem richtigen Maß beschäftigt Sportwissenschaftler, Sportmediziner und Trainer seit jeher. Die Antwort auf diese Frage bestimmt schließlich das gesamte Handeln der Trainer im Elitesport.

Es ist individuell sehr schwer zu bemessen, wann ein Sportler wieder belastbar ist. Die Erholungszeit und somit der optimale Zeitpunkt für den Wiedereintritt ins Training variiert je nach Dauer des Trainings, nach Tempo, Alter und Erfahrung des Athleten, es hängt auch von den Witterungsbedingungen, dem Gesundheitszustand und vielen weiteren Faktoren ab. Was der chinesische Philosoph Konfuzius (circa 551–479 vor Christus) im Sinne einer Lebensweisheit erkannte, gilt sicherlich ganz besonders für den Sportler: »Über das Ziel hinauszuschießen ist ebenso schlimm, wie nicht ans Ziel zu kommen.«

4

Die Zyklisierung

Auch wenn es im Trainingsprozess nicht einfach ist, den Zeitpunkt der gerade ausreichenden Erholung immer genau zu berechnen, ist es ist durchaus möglich, sich diesem Idealzustand anzunähern. Die Zyklisierung ist ein im Leistungssport erprobtes Prinzip für die sinnvolle Verteilung von Be- und Entlastung, dessen Sie sich in jedem Trainingsprozess in leicht abgewandelter Form bedienen sollten. Die Zyklisierung beschreibt, dass Sie nach zwei, drei oder vier Belastungstagen einen Tag pausieren, um Ihrem Körper den entsprechenden Erholungszeitraum zu gewähren. Man nennt das dann beispielsweise einen 4:1-, 3:1-, oder 2:1-Zyklus. Denkbar wäre aber auch ein 1:1-Zyklus oder sogar ein 1:2-Zyklus, bei dem nach einer Belastung zwei Erholungstage folgen.

Ihr Wochenprogramm: der Mikrozyklus

Dieses Konzept der Zyklisierung findet sich in unterschiedlichen Zeitfenstern. Für einen Zeitraum von einer Woche spricht man von einem Mikrozyklus. Es hängt natürlich maßgeblich von den Inhalten und Ihrer Ausgangssituation ab, wie viele Tage Sie sich in Folge belasten können. Intensive Trainingseinheiten bedürfen einer zeitigeren und längeren Regeneration als lange, lockere Läufe. Für das Grundlagentraining, für die lockeren Dauerläufe, die die Ausdauer entwickeln sollen, kann ich Ihnen einen ersten Hinweis geben: Das Standardprogramm für einen ambitionierten Sportler sieht hier am ehesten eine 3:1-Zyklisierung vor. Weltklasseprofis belasten oftmals 4:1, Radsportler aufgrund der geringeren orthopädischen Belastung auch 5:1 oder 6:1. Jugendliche, Einsteiger und Altersklassensportler über 40 Jahre verfügen noch nicht oder nicht mehr über ein so starkes Regenerationsvermögen wie junge Athleten – daher sind sie mit einem 2:1-Zyklus am besten beraten. Auch Sportler, die gerade eine Verletzung auskuriert haben und sich langsam wieder ans Training gewöhnen müssen, wählen solche 2:1-Zyklen – oder gehen vorerst mit 1:1 auf Nummer sicher.

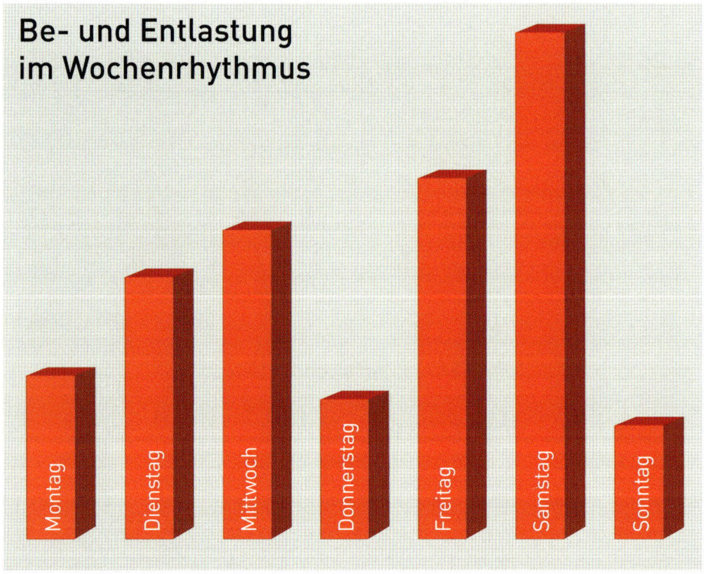

Ihr Monatsprogramm: der Mesozyklus

Das Konzept der Zyklisierung finden Sie ebenso im nächstgrößeren Zeitfenster wieder, den Wochen. Wie bei den Mikrozyklen werden Sie Ihren Körper je nach Leistungsvermögen und Trainingsinhalt zunehmend fordern, jedoch über mehrere Wochen – um dann eine Woche der Erholung und Regeneration einzuplanen. Diese Woche ist nicht sportfrei, aber Sie werden weniger trainieren als in den Wochen zuvor. Wie bei der Abfolge der Trainingstage belasten viele Profis vier Wochen und entlasten eine (4:1). Ambitionierte Leistungssportler belasten in der Regel drei Wochen und erholen sich ebenfalls eine. Das Gros der Freizeitsportler und Altersklassenathleten ist mit einem 2:1-Zyklus ideal beraten.

» Der Wechsel von Be- und Entlastung ist die Basis jeden sportlichen Fortschritts. «

Ihr Jahresprogramm: der Makrozyklus

Wenn es Mikro- und Mesozyklen gibt, dann gibt es natürlich auch Makrozyklen. Makrozyklen beschreiben die Grobstruktur eines Trainingsjahres. Auch hier steigt die Belastung an. Zwei bis drei Mesozyklen bilden einen Makrozyklus. Die Makrozyklen werden im Jahresverlauf immer umfangreicher, anstrengender und intensiver. Am Ende steht meist der Hauptwettkampf und darauf folgt – natürlich – ein Regenerationsmakrozyklus. Auch die Profis trainieren niemals das gesamte Jahr, sondern haben am Ende eine vier- bis achtwöchige Trainingspause, damit sich der Körper komplett erholen kann.

Der langjährige Trainingsaufbau

In der Weltelite wird sogar in Zyklen über mehrere Jahre geplant: zum Beispiel im Oympiazyklus über vier Jahre. Im langjährigen Aufbau von Weltklassesportlern werden auch Jahre eingeplant, die zur Festigung der Leistung dienen und nicht zum weiteren Aufbau. Solche Konsolidierungsjahre entsprechen dann den Ruhetagen oder Wochen, die Sie in Ihren Trainingszyklen einhalten. Neben psychologischen Faktoren lassen sich mit diesem reduzierten Training teilweise auch die Erfolge von Weltklasse-Ausdauersportlerinnen nach ihrem Babyjahr erklären. Ein Jahr Pause, in dem der Körper wieder Fuß fassen kann und an Stärke gewinnt, wirkt dann im nächsten Trainingsjahr oft wahre Wunder!

Ein »kleiner Olympiazyklus« ist aber auch für Sie als Laufeinsteiger durchaus anzuraten. Wissenschaftlich wurde nämlich nachgewiesen, dass Laufverletzungen am Bewegungsapparat bei Sportlern, die drei Jahre oder länger den Laufsport betreiben, deutlich seltener sind. Anfänger, die sich einen 10-Kilometer-Lauf oder gar einen Marathon zum Ziel gesetzt haben, tun sicher gut daran, die Belastung sehr langfristig über einen Zeitraum von zwei bis drei Saisons zu planen und aufzubauen. Ihr Bewegungsapparat wird es Ihnen danken!

Mein Tipp

So gestalten Sie Ihr Training

Der Trainingstag ist die kleinste Einheit im Trainingsprozess. Es gilt folgende Grundregel: Koordination vor Schnelligkeit vor Kraft vor Ausdauer. Warum die Profis die Inhalte in dieser Reihenfolge gestalten? Weil Training nicht nur Ihre Muskeln, sondern auch Ihren Kopf fordert!

❶ **Koordination:** Ein Koordinationstraining, wie beispielsweise das Lauf-Abc (siehe Kapitel 6), trainiert ganz besonders die Zusammenarbeit von Gehirn und Muskulatur. Hierfür müssen Sie in jeder Hinsicht voll und ganz erholt sein – deshalb trainieren Sie dies immer am Anfang einer Trainingseinheit oder eines Trainingstages.

❷ **Schnelligkeit:** Auch für das Schnelligkeitstraining müssen Sie erholt sein, sonst können Sie die dafür notwendigen Frequenzen nicht entwickeln. Es bietet sich besonders an, erst den Bewegungsablauf im Lauf-Abc zu schulen und dann im noch frischen Zustand an die Schnelligkeitsarbeit zu gehen.

❸ **Kraft:** Sieht der Tag ein Krafttraining vor, platzieren Sie dies nach etwaigen Koordinations- und Schnelligkeitsinhalten– auf jeden Fall vor einem Ausdauertraining.

❹ **Ausdauer:** Ausdauertraining, wie der lockere Dauerlauf, ist eine Bewegung, die Sie auch im vorermüdeten Zustand absolvieren können. Hier kommt es nicht so sehr drauf an, ob Sie voll erholt sind oder nicht.

Dagegen wäre es höchst ungeschickt, einen Dauerlauf zu machen und erst anschließend die motorisch besonders anspruchsvollen Inhalte Koordination, Schnelligkeit und Kraft zu bearbeiten. Das heißt nicht, dass Sie am Ende eines Dauerlaufs nicht noch ein paar Steigerungsläufe machen könnten – damit unterbrechen Sie die Bewegungsmonotonie und das ist durchaus sinnvoll. Aber: Richtiges Schnelligkeitstraining im eigentlichen Sinne ist dies nicht mehr.

Die Periodisierung im Trainingsjahr

Die Trainingsperioden

Für die Makrozyklen hat man auch den Begriff der Trainingsperioden geprägt. Die sogenannte Periodisierung bedeutet, dass Sie Ihr Trainingsjahr in verschiedene Trainingsperioden einteilen, in denen Sie jeweils unterschiedliche Schwerpunkte setzen. Meist planen Sportler ein bis drei Vorbereitungsperioden, die von einer Wettkampfperiode gefolgt werden und einer abschließenden Übergangsperiode zur Regeneration. Am Ende der Wettkampfperiode steht immer der wichtigste Wettkampf des Jahres, Ihr Stadtmarathon zum Beispiel. Der Trainingsumfang in den einzelnen Perioden steigert sich langsam, in der dritten (letzten) Vorbereitungsperiode ist der Umfang am höchsten und sinkt dann zum Wettkampf hin wieder langsam ab. Die Trainingsperioden unterscheiden sich außerdem im Inhalt: Anfangs erarbeiten Sie sich Koordination, Kraft und Grundlagenausdauer, kurz vor dem Wettkampf sorgt intensives Intervalltraining für Schnelligkeit. Innerhalb dieser Perioden findet sich der stete Wechsel von Be- und Entlastung.

Planen Sie zwei wichtige Wettkämpfe, beispielsweise einen Marathon im Frühjahr und einen im Herbst, dann wählen Sie eine zweifache Periodisierung, das heißt, Sie durchlaufen die Perioden in verkürzter Form unter leichter Inhaltsabwandlung zweimal. Nach dem ersten Stadtmarathon erfolgt eine Erholungsphase von einigen Wochen, dann wird ein neuer Aufbau zum zweiten Highlight der Saison gestartet.

Egal in welchem Zeitfenster Sie sich den Trainingsprozess also anschauen: Immer ist er geprägt durch eine Steigerung der Belastung, die durch eine Erholungsphase gekürt wird. Die Anwendung der Periodisierung ist verblüffend einfach – nutzen Sie dieses Prinzip für Ihre Trainingsplanung. So können Sie zeigen, was in Ihnen steckt!

Vorbereitungsperiode I

Die erste der Vorbereitungsperioden bereitet Ihren Körper auf die speziellen Belastungen vor, die zu einem späteren Zeitpunkt gefordert werden. An dieser Stelle legen Sie die Basis für die gesamte Saison – und die Basis für Ihre Gesundheit! Die allgemeine Athletik nimmt dabei einen besonderen Stellenwert ein, die Rumpfstabilisation und das allgemeine Krafttraining können zu diesem Zeitpunkt gern auch noch an Geräten durchgeführt werden. Trainieren Sie alle Muskelgruppen, nicht nur die Laufmuskulatur. Außerdem ist jetzt die richtige Zeit, Ihre Lauftechnik intensiv zu schulen. Entwickeln Sie Ihre

»Setzen Sie Schwerpunkte!«

Motorik durch lauftechnische Elemente und Schnelligkeitstraining (Steigerungsläufe, kurze Intervalle von 50 bis 200 Metern). In diesen Wochen bauen Sie außerdem Ihre Grundlagenausdauer durch extensive Dauerläufe und Ausgleichssport auf.

Der zeitliche Trainingsumfang in dieser Phase ist noch verhältnismäßig gering, er entspricht ungefähr 60 Prozent des anvisierten maximalen Umfangs im Trainingsjahr. Wenn Sie also für Ihre intensivste Trainingsperiode höchstens zehn Stunden pro Woche für das Training einplanen, dann trainieren Sie in der Vorbereitungsperiode I gerade einmal sechs Stunden.

Vorbereitungsperiode II

Ihr Körper ist nun bereit, die in den letzten Wochen erworbenen Grundlagen in die Laufbewegung umzusetzen. Die Ausdauer wird weiterhin durch Ausgleichssport gesteigert, aber der Dauerlauf nimmt einen immer größeren Platz ein. Auch der Gesamtumfang steigt: Die Ausbildung der allgemeinen Athletik wird um eine speziellere Vorbereitung der Laufmuskulatur im Krafttraining ergänzt – ebenso die Lauftechnikschulung. Perfekt geeignet: Steigerungsläufe von 100 bis 300 Metern mit einem Zugreifen als Gewicht sowie Hügelläufe.

Vorbereitungsperiode III

Jetzt geht es an die Intensitäten! In der letzten Vorbereitungsperiode wird es Zeit, intensiv zu trainieren – und daneben die allgemeine Athletik zu perfektionieren. Intensive Intervallprogramme wie 10 x 400 Meter oder 6 x 1.000 Meter stehen nun einmal pro Woche auf dem Plan. Langsam erhöhen Sie die Zahl und/oder die Dauer der einzelnen Durchgänge. Auch das Lauftempo ziehen Sie in den folgenden Wochen an. Die Anzahl der Laufkilometer steigern Sie auf das Jahresmaximum. Hinzu kommt: Der gleiche Umfang mit höheren Intensitäten ergibt bereits eine größere Belastung! Das Krafttraining konzentriert sich nun auf die Laufmuskulatur: Spezielle Vorbereitungsprogramme, die hohe Wiederholungs-

Vorbereitungsperiode I

Zeitlicher Umfang: 60 % des Jahresmaximums
Dauer: 4–8 Wochen

REKOM	10 %
GA1	75 %
GA2	10 %
WSA	5 %

Vorbereitungsperiode II

Zeitlicher Umfang: 80 % des Jahresmaximums
Dauer: 4–8 Wochen

REKOM	10 %
GA1	70 %
GA2	10 %
WSA	10 %

Vorbereitungsperiode III

Zeitlicher Umfang: 100 % des Jahresmaximums
Dauer: 4–8 Wochen

REKOM	10 %
GA1	65 %
GA2	15 %
WSA	10 %

4

Wettkampfperiode

Zeitlicher Umfang: 50–80 % des Jahresmaximums
Dauer: 4–12 Wochen

REKOM	10–30 % (je nach Wettkampfdichte)
GA1	40 % (ggf. als Block, damit die Basis nicht wegbricht)
GA2	10–20 % (je nach Wettkampfdichte)
WSA	10–20 % (je nach Wettkampfdichte)

Übergangsperiode

Zeitlicher Umfang: 25 % des Jahresmaximums
Dauer: 2–6 Wochen

REKOM	50 %
GA1	50 %
GA2	0 %
WSA	0 %

zahlen bei geringem Gewicht in lauftypischen Bewegungsmustern vorsehen, lösen das allgemeine Krafttraining ab. Rumpfstabilisationsübungen und Lauf-Abc bleiben aber das ganze Jahr über wichtig!

Wettkampfperiode

Jetzt geht es los! In der Wettkampfperiode beginnt die mehr oder minder enge Abfolge von Vorbereitungswettkämpfen, um sich auf den Hauptwettkampf vorzubereiten. Nun erarbeiten Sie sich die Wettkampfhärte und Geschwindigkeit. Gleichzeitig wird Ihr Gesamttrainingsumfang sinken – die notwendige Regeneration könnte ansonsten aufgrund der hohen Intensität in den Vorbereitungswettkämpfen und beim Bahntraining nicht gewährleistet werden. Bei allen hochintensiven Trainings- und Wettkampfinhalten darf die Stabilisation der Grundlagenausdauer jedoch nicht vernachlässigt werden. Phasenweise sollten Sie kurze Grundlagenausdauerblöcke im unteren Tempobereich absolvieren. Das Motorik- und Techniktraining wird weiterhin vor den intensiven Einheiten absolviert; die Rumpfstabilisation bleibt integraler Bestandteil Ihres Trainingskonzepts.

Unmittelbare Hauptwettkampfvorbereitung (UWV oder Tapering)

Vor langen Wettkämpfen wie einem Marathon gewinnen die letzten Wochen vor dem Rennen besonders an Bedeutung. Es ist wichtig, dass Sie komplett erholt in den Wettkampf starten. Ein bewährtes Prinzip ist das sogenannte Tapering (engl. Zuspitzen): Die Umfänge starten maximal und sinken zum Ende des Taperings. Drei Wochen vor dem Wettkampf setzen Sie einen Umfangshöhepunkt. In der zweiten, also der vorletzten Woche werden die Umfänge weiter drastisch reduziert. Die wenigen Kilometer werden mit intensiven Intervallprogrammen absolviert. Die dritte Woche dient der Regeneration. Hier wird nur eine letzte Trainingseinheit am vierten Tag vor dem Rennen absolviert, um dann die endgültige Erholung einzuleiten. So gehen Sie topfit an den Start!

>> In der Wettkampfperiode erarbeiten Sie sich Wettkampfhärte und Geschwindigkeit. <<

Übergangsperiode

Die Übergangsperiode dient der Regeneration. Sie können die Phase auch gern als Wiedergutmachung für die Entbehrungen eines langen Trainingsprozesses ansehen. Es ist Pause! Sie geben Ihrem Körper nach dem Hauptwettkampf und Saisonabschluss die wohlverdiente Ruhe. Kein weiterer Stress wirkt auf Ihre Muskeln, Sehnen und Bänder ein und alle Regenerationsprozesse können abgeschlossen werden. Wenn Sie sich danach fühlen, trainieren Sie am besten erst einmal (fast) gar nicht. Sobald Ihr Körper sich wieder bewegen möchte, suchen Sie sich eine andere Disziplin aus als das Laufen. Wie an Regenerationstagen auch sollten Sie schwimmen, radeln oder alternative Bewegungsmöglichkeiten erproben. Besonders wichtige Bestandteile der Regenerationsphase sind der Besuch Ihres Lieblingsrestaurants oder Kinoabende, der Jahresurlaub und die Stunden zum Relaxen auf dem Sofa mit einem guten Buch. Auch Ihre Psyche hat ein Recht auf Regeneration – und Ihre Freunde und Familie ein Recht auf Sie!

4

Beispiele für Trainingswochen in den unterschiedlichen Perioden

Vorbereitungsperiode I

Montag	frei	
Dienstag	Ausgleichssport	1 h Fußball o. Ä.
Mittwoch	Rumpfstabilisation	1 h Rumpfübungen
Donnerstag	Techniktraining mit Schnelligkeitsentwicklung	10 min einlaufen, 10 min Technikübungen 30 min Lauf-Abc, 10 x 50 m Steigerungsläufe 10 x 100 m WSA, 5 min auslaufen
Freitag	frei	
Samstag	Krafttraining	1 h Krafttraining an Geräten
Sonntag	langer Dauerlauf	1–1,5 h GA1

Vorbereitungsperiode II

Montag	frei	
Dienstag	Techniktraining mit Kraftentwicklung	10 min einlaufen, 10 min Technikübungen 30 min Lauf-Abc, 10 x 50 m Steigerungsläufe 10 x 200 m Zugreifen-Übung, 5 min auslaufen
Mittwoch	Rumpfstabilisation	1 h Rumpfübungen
Donnerstag	Hügelläufe	10 min einlaufen, 8 x 2 min Hügellauf extensiv 20 min auslaufen
Freitag	Ausgleichssport	1 h Tischtennis o. Ä.
Samstag	Krafttraining spezifisch	10 min seilspringen, 30 min: Hockwenden, Parkbank, Bordsteinkante, Strecksprünge, 10 min auslaufen
Sonntag	langer Dauerlauf	1–2 h GA1

Vorbereitungsperiode III

Montag	Rumpfstabilisation, Laufkraft	30 min Rumpfübungen, 30 min Laufkraft-Übungen
Dienstag	intensive Intervalle	10 min einlaufen, 10 min Technikübungen 30 min Lauf-Abc, 10 x 50 m Steigerungsläufe 6 x 1.000 m GA2, 5 min auslaufen
Mittwoch	frei	
Donnerstag	Tempodauerlauf	8–15 km GA2
Freitag	Rumpfstabilisation, Laufkraft	30 min Rumpfübungen, 30 min Laufkraft-Übungen
Samstag	Lauftechnik und Dauerlauf	10 min einlaufen, 20 min Lauf-Abc, 60 min Dauerlauf GA1
Sonntag	langer Dauerlauf	1,5–2 h GA1

Wettkampfperiode

Montag	frei	
Dienstag	Rumpfstabilisation	45 min Rumpfübungen
Mittwoch	Technik + Dauerlauf	10 min einlaufen, 20 min Lauf-Abc, 60 min Dauerlauf GA1
Donnerstag	Dauerlauf	1–1,5 h GA1
Freitag	Rumpfstabilisation, Laufkraft	30 min Rumpfübungen, 30 min Laufkraft-Übungen
Samstag	Lauftechnik	5 min einlaufen, 30 min Lauf-Abc, 5 min auslaufen
Sonntag	Wettkampf	10.000 m

Beispiel für die Vorbereitung auf einen Hauptwettkampf (Marathon)

Montag	Grundlagentraining	30 km	Umfangshöhepunkt
Dienstag	Grundlagentraining	20 km	
Mittwoch	Rumpfstabilisation	45 min Rumpfübungen	
Donnerstag	Grundlagentraining	20 km	
Freitag	Grundlagentraining	15 km	
Samstag	Rumpfstabilisation	45 min Rumpfübungen	
Sonntag	Tempodauerlauf	10 km GA2	
Montag	Rumpfstabilisation	45 min Rumpfübungen	Intensitätshöhepunkt
Dienstag	Rumpfstabilisation, Laufkraft	30 min Rumpfübungen 30 min Laufkraft-Übungen	
Mittwoch	intensives Training	8 x 1.000 m GA2	
Donnerstag	frei		
Freitag	intensives Training	8 x 800 m GA2	
Samstag	frei		
Sonntag	intensives Training	10 x 400 m WSA	
Montag	frei		Regenerationswoche für den Wettkampf
Dienstag	Rumpfstabilisation	30 min Rumpfübungen	
Mittwoch	intensives Intervalltraining	8 x 1.000 m GA2	
Donnerstag	frei		
Freitag	frei		
Samstag	kurzes Traben	3–5 km GA1 (nur wenn explizit gewünscht!)	
Sonntag	Wettkampf	Marathon	

Beispiel für eine Trainingswoche in der Übergangsperiode

Montag	Rumpfstabilisation	30 min Rumpfübungen
Dienstag	frei	
Mittwoch	Ausgleichssport	1 h Fußball o. Ä.
Donnerstag	frei	Massage
Freitag	frei	
Samstag	laufen	8 km GA1
Sonntag	frei	Sauna

Werden Sie Ihr eigener Coach!

Je mehr Sie über die Prinzipien der Trainingssteuerung und der Trainingsplanung erfahren, desto mehr »Werkzeug« haben Sie in der Hand, um Ihr eigenes Training effektiv zu gestalten. Doch auch wenn Sie Ihre Trainingsplanung anderen überlassen und Trainingspläne nutzen wollen, ist es nicht verkehrt, die Hintergründe und Funktionsweise von Trainingsprogrammen zu kennen und zu verstehen. Die durchdachte Strukturierung des Trainingsprozesses ist nämlich bei den meisten Sportlern ein vernachlässigtes Feld. Dies zeigt sich besonders in den folgenden beiden Punkten: Training in den falschen Bereichen und die Nichteinhaltung von Ruhephasen.

Training in den falschen Bereichen

Das erste Problem betrifft meist die Freizeitsportler: die unzureichende Trainingssteuerung. Viele Sportler wissen zwar, in welchem Bereich sie sich belasten sollten, sie kontrollieren sich eventuell sogar mit einem Herzfrequenzmesser, aber im Eifer des täglichen Trainingsgefechts wird dieser Ratgeber ignoriert. Trainer fragen sich mitunter, wozu einige Sportler den Pulsmesser überhaupt einsetzen, wenn sie doch immer schneller laufen, als es ihre Trainingsbereiche vorsehen! Mit Sicherheit ist ein gewisses Vertrauen in die Trainingswissenschaft notwendig, um sich auch bei vermeintlich niedrigem Trainingstempo sicher zu sein, einen guten Effekt zu erzielen. Doch falls Sie damit Probleme haben sollten, so vergegenwärtigen Sie sich: Das Wissen um die Intensitätsbereiche ist im Hochleistungsbereich jahrzehntelang auf die Probe gestellt worden. Ein Leistungsaufbau vollzieht sich langsam und Geduld gehört dazu. Vertrauen Sie auf das bewährte Wissen der Profitrainer und darauf, dass die Gesetze der Trainingslehre auch bei Ihnen greifen werden.

Zu wenig Ruhe

Das zweite Problem betrifft meist die Leistungssportler: die geringe Bereitschaft zur Einhaltung von Ruhephasen im Trainingsprozess. Auch dies zeigt wiederum das mangelnde Vertrauen in die sportliche Leistungsfähigkeit und die Formentwicklung – häufig trotz des eigens angelesenen Wissens. Mitunter müssen Sportler von ihren Trainern zu Ruhetagen gezwungen werden. Und wer, wie sicher die meisten von Ihnen, keinen Trainer hat, der kennt dieses bohrende schlechte Gewissen an den Tagen, wo eigentlich kein Training stattfinden sollte. Werde ich jetzt nicht schlechter? Verliere ich nicht die mühsam aufgebaute Form? Nehme ich so nicht gleich wieder zu? Ein bisschen kann ich ja noch laufen! Die Kollegen trainieren ja auch … Die Mehr-

> » Mithilfe eines Trainingsplans können Sie das Maximum aus sich herausholen! «

zahl der Sportler tendiert immer wieder dazu, die wichtigen Regenerationszeiten zu vernachlässigen – auch wenn sie eigentlich wissen, dass ihnen ein solches Verhalten nicht hilft. Was können Sie also tun? Das beste Mittel gegen Überlastung ist, einen Trainingsplan als Leitfaden zu haben! Der Plan verschafft Ihnen Orientierung und die Sicherheit, wann Sie welche Pausen einlegen müssen. Wenn Sie erst einmal die Erfolge sehen, dann werden Sie die Ruhetage wirklich genießen können – ganz ohne schlechtes Gewissen!

Bleiben Sie flexibel

Ein Trainingsplan bietet Ihnen das Gerüst für Ihr Training. Nun sind Sie aber kein Profiath let, der sein gesamtes Leben dem Trainingsprozess unterordnen könnte. Es gibt viele Dinge, die Ihnen einen Strich durch die Rechnung machen können: Ihre Familie, ein unvorhergesehener Termin bei der Arbeit oder eine Erkältung, die das Training für eine Woche plötzlich unmöglich macht. Insofern ist es auf den ersten Blick sicherlich erstrebenswert, selbst die Regie über die eigene Tages- und Trainingsplanung zu übernehmen. Das Wissen dazu haben Sie sich in den letzten Kapiteln angeeignet – und können jetzt mit der Umsetzung beginnen. Doch die ist zugegebenermaßen nicht einfach und sehr zeitintensiv, daher bietet sie sich eher für Profis an. Aus diesem Grund finden Sie im Anhang dieses Buchs Trainingspläne, die auf dem neusten Stand der Sportwissenschaft und orthopädisch verträglich sind – damit trainieren Sie sicher und effizient. Wenn Sie dagegen die Unregelmäßigkeiten Ihres Lebens in einem eigenen Plan besser berücksich tigt sehen, dann nutzen Sie den 12-Punkte-Plan, den Sie am Ende dieses Kapitels finden. Danach können Sie Ihr Training selbst gestal ten – von heute bis zu Ihrem nächsten sportlichen Ziel!

Trainingslager und Höhentraining

Wer sich mit der Gestaltung des eigenen Trainingsprozesses beschäftigt, der wird schnell auf eine weitere Spielart des ambitionierten Trainings stoßen: das Trainingslager. Nicht nur Weltelitesportler und Nationalkader, sondern auch leistungsorientierte Freizeitathleten widmen sich in Trainingslagern gezielt und intensiv ihrer Sportart. Was ist überhaupt ein Trainingslager? Was findet dort statt? Wem nützt dies, und was gilt es bei der Durchführung zu beachten?

Konzentration auf den Sport

In einem Trainingslager wird für einen bestimmten Zeitraum an einem anderen Ort trainiert. Das allein ist schon ein wichtiger Unterschied zum Training daheim: Sie genießen einen Tapetenwechsel und sind von Ihrer gewohnten Umgebung und damit von den alltäglichen Störfaktoren abgerückt. Der Ort des Trainingslagers wird natürlich unter dem Gesichtspunkt der Trainingsbedingungen ausgewählt: Läufer begeben sich gern nach Portugal, um an langen Strände zu trainieren oder suchen sich Gegenden in Italien mit großen Pinienwäldern, die einen idealen Laufuntergrund für hohe Umfänge bieten. Radsportler versammeln sich gern auf Inseln, auf denen es früher warm ist als daheim – Mallorca und Lanzarote bieten ein mildes Klima sowie landschaftlich schöne und dazu anspruchsvolle Strecken. Mit einem Aufenthalt im Camp können Sie zu bestimmten Saisonzeitpunkten einen besonderen Reiz setzen. Ein typischer Zeitpunkt im Jahresverlauf ist dabei das Frühjahr, wenn Sie aus dem Wintertraining kommen und die ersten höheren Umfänge anstehen.

Gute Vorbereitung und dosierte Belastung sind entscheidend

Es ist natürlich verlockend, sich mit großem Eifer dem Sport zu widmen, wenn ideale Trainingsbedingungen und keine weitere Ablenkung Sie umgeben. Doch Eifer kann schnell in Ärger umschlagen: Viele Hobbysportler haben im Vorfeld keine umfangreiche Anpassungszeit genossen. Was für den Profi Pflichtprogramm ist, sollte bei Ihnen im Rahmen eines umfangreichen Wintertrainings vorbereitet werden. Es ist nämlich fatal, wenn Sie nach drei oder fünf Stunden Sport pro Woche auf einmal sechs Stunden am Tag trainieren – Achillessehnenreizungen, Kniegelenk- oder Schienbeinkantenschmerzen werden den Sport im Urlaub jäh beenden.

Wer ehrgeizig trainiert, der kann in einem Trainingscamp den Umfang um weitere 50 Prozent steigern – wenn er genügend Regeneration einplant. Wenn Sie die Zeit richtig professionell nutzen möchten, dann können Sie in Ihrem Trainingscamp natürlich all die Sachen täglich üben, die sonst zu kurz kommen! Idealerweise werden Sie also jeden Tag vor dem Frühstück mit einem 40-minütigen Lauf-Abc- und Koordina-

» Sportcamps bieten leistungsorientierten Freizeitsportlern ideale Trainingsbedingungen. «

tionsprogramm starten. Nach dem Frühstück kann dann eine Pause erfolgen, nach der Sie die nur allzu gern vernachlässigten Muskelgruppen im Rahmen eines Krafttrainings bearbeiten. Erst nach einem Mittagsschläfchen würde dann der Hauptlauf mit den entsprechenden Inhalten folgen. Ein ausführliches Stretchingprogramm am Abend sowie die ebenso wichtigen regenerativen Anwendungen wie Sauna, Bäder und Massagen runden einen Profitrainingstag ab.

So ist der Tag schnell gefüllt und der vermeintliche Urlaub wird zum fordernden Trainingscamp. In einer Gruppe, die ein ähnliches Leistungsniveau teilt, macht das aber sehr viel Spaß! Es gibt mittlerweile ein breites Angebot an Sportreisen für zielstrebige Hobbyläufer und Profis aller Leistungsklassen: Für den Crack mit 30 Stunden Training pro Woche sowie für den Freizeitsportler im aktiven Jahresurlaub, der nach zwei Stunden Training und einigen Stretchingübungen abends sein Bier an der Hotelbar genießt!

Die richtige Ausrüstung

Es ist ärgerlich, wenn Sie im Trainingslager auf Dinge verzichten müssen, die sich für eine angenehme Sportausübung bewährt haben. Sie laufen sich bei langen Trainingseinheiten immer wieder die Oberschenkelinnenseiten wund und die Vaseline-Dose steht zu Hause – so wird das Camp zur Qual. Sie sind in einer sonnenreichen Region und haben die Sonnencreme nicht dabei? Damit gefährden Sie sogar Ihre Gesundheit. Während Sie Vaseline und Sonnencreme fast überall kaufen können, sieht es mit persönlichen Dingen anders aus. Sie planen hohe Laufumfänge und die orthopädische Einlage, die Sie dafür brauchen, liegt noch daheim im Schuhschrank? Schon ist es vorbei mit dem Training! Machen Sie also wie für Ihre erste große Klassenfahrt eine ausführliche Packliste, damit nichts vergessen wird. Im Übrigen erhöht dies die Vorfreude!

Das Training in der Höhe

Das Höhentrainingslager war früher nur Profis vorbehalten – mittlerweile erfreut es sich aber auch bei Freizeitsportlern immer größerer Beliebtheit! Der Grund für einen solchen Höhenaufenthalt ist die dünne Luft, die den Körper stärker fordert. In der Höhe herrscht ein geringerer Sauerstoffpartialdruck als im Flachland. Zwar ist der Sauerstoffgehalt der Luft in Meereshöhe und auf 2.000 Metern (oder auf dem Mount Everest) mit 21 Prozent gleich. Durch den geringen Druck kommt aber weniger Sauerstoff in der Lunge an. Der Körper befindet sich also in einer sauerstoffarmen

Banale Probleme in der Höhe

In der Höhe gibt es einige Dinge, die Sie unbedingt beachten sollten: So ist vor allem die Akklimatisierungsphase nicht zu unterschätzen. Starten Sie bei einem Höhenaufenthalt nicht am Tag der Anreise mit dem vollen Trainingsprogramm, sondern lassen Sie Ihrem Körper wenigstens zwei Tage mit einem leichten Training Zeit zur Anpassung. Auch Ihre unter Umständen beeinträchtigte Schlafqualität wird sich dann bessern.

Denken Sie an die Höhensonne, Flachländler unterschätzen diese nur zu gern. Sonnenschutz ist also oberste Pflicht: Sunblocker mit einem Lichtschutzfaktor von über 30 für die exponierten Hautareale wie Nase und Ohren!

Warum es so ist, kann Ihnen die moderne Schulmedizin nicht beantworten, aber die Verstopfung des Magen-Darm-Trakts ist ein häufiges Problem während Höhenaufenthalten – selbst bei Sportlern. Hausmittel helfen: Nehmen Sie einen Löffel Leinsamenschrot (keine ganzen Kerne, die können nicht quellen) mit zwei großen Gläsern Wasser zum Frühstück zu sich und ernähren Sie sich ballaststoffreich. Trockenobst ist ebenfalls eine gute Empfehlung, um Magen und Darm in Schwung zu halten.

Die Höhenluft ist trocken: Trockene Schleimhäute und ein erhöhter Flüssigkeitsverlust gerade über die Atmung können zu einer negativen Wasserbilanz Ihres Körpers führen. Achten Sie auf eine reichliche Wasserzufuhr, gerade auch beim Training. Mit den üblichen zwei Litern am Tag ist es in der Höhe lange nicht getan: Planen Sie mindestens drei bis vier Liter ein!

4

Umgebung, was ihn in einen kleinen Sauerstoffmangel führt: die Hypoxie. Dieser Mangel erhöht den Trainingsreiz: Der Körper ist bemüht, die Hypoxie zu beseitigen. Er bildet mehr rote Blutkörperchen, die für den Sauerstofftransport im Blut zuständig sind.

Es ist wohl eine menschliche Eigenschaft, sofort die Extreme auszuloten, wenn man ein Mittel entdeckt hat, das funktioniert. Wenn Höhentraining auf 1.800 Metern bereits wirkt, dann wirken 3.000 bestimmt noch viel besser? Oder gar 3.800 Meter? Die Erfahrung mit Höhentrainingscamps hat jedoch gezeigt, dass eine Höhenlage zwischen 1.800 und 2.300 Metern ideal ist. Teilweise begnügen sich Sportler auch schon mit 1.600 Metern – mit Erfolg! Schließlich soll unter den Bedingungen gerade noch ein normales Training möglich sein. Wenn dagegen aufgrund der großen Höhe schon leichte Dauerläufe Sie derart schwächen, dass Ihr Körper einen Ruhetag pro Trainingstag benötigt, so können Sie beim besten Willen keinen guten Trainingsprozess gestalten. Auch die Regeneration wird negativ beeinflusst. Wählen Sie also moderate Höhen. Sie stellen ein Reizklima dar, in dem der Körper sich besonders gut fordern und erholen kann. Die Weltklasseläufer aus Kenia trainieren zwar fast ausnahmslos auf einem Hochplateau von 3.000 Meter Höhe – ein Gebiet, das kein europäischer Athlet für das Training aufsuchen würde. Allerdings sind die Kenianer auf dieser Höhe aufgewachsen und somit bestens angepasst.

Selbst in moderaten Höhen ist ein Trainingscamp eine hohe Belastung. Der Körper ist ständig doppelt gefordert und Schwachstellen werden gnadenlos aufgedeckt. Wer in einem schlechten Trainingszustand anreist, wird sehr schnell bemerken, wie der eigene Körper zu kämpfen hat. Auch Infekte stellen sich dann leicht ein, da das Immunsystem unter den Höhenbedingungen und unter der großen Trainingsbelastung weniger effektiv arbeiten kann. Wer sich in die Höhe begeben will, der sollte zuvor auch seinen Zahnarzt aufsuchen: Durch Löcher geschädigte Zähne machen sich aufgrund der Änderung der Druckverhältnisse in der Höhe äußerst schmerzhaft bemerkbar! Eine drohende Überlastung haben Sie also in der Höhe immer im Nacken sitzen. Es ist deshalb sinnvoll, das Training nicht wie im Flachland zu strukturieren. Planen Sie frühzeitig entsprechende Ent-

Höhentraining versus EPO

EPO (Erythropoetin) ist eines der am weitesten verbreiteten Dopingmittel im Ausdauersport. EPO ist ein körpereigenes Hormon: Es regt die Blutbildung an und führt damit zu mehr roten Blutkörperchen. Das verbessert die Sauerstoffversorgung der Muskeln: Sie können effektiver arbeiten und der Sportler schneller laufen. Eigentlich für schwer Nierenkranke gedacht, ist das Medikament EPO für Sportler ausdrücklich verboten. Viel schlimmer als der hohe Kostenfaktor sind die heftigen Nebenwirkungen bei übermäßiger Anwendung: EPO führt zu lebensgefährlichen Thrombosen und Embolien – das verdickte Blut verstopft wichtige Gefäße. Frei von Nebenwirkungen ist dagegen das Höhentraining: Es bewirkt ebenfalls die vermehrte Bildung roter Blutkörperchen, nur in viel moderaterem und somit gesundem Ausmaß!

Parameter Harnstoff

Harnstoff ist das Endprodukt des Eiweißstoffwechsels. Je nach Essgewohnheit sind die Harnstoffwerte im Blut sehr individuell. Der Normalwert liegt in einer Spanne von 4,0 bis 7,0 Millimol pro Liter. Wenn Sie Ihr Training über diesen Parameter steuern wollen, müssen Sie Ihren individuellen Normwert genau kennen. Dazu wird Ihnen in nüchternem Zustand Blut abgenommen – der dann gemessene Harnstoffspiegel ist Ihr Normwert und damit Ihre Basis. Training lässt den Harnstoffspiegel üblicherweise um 1,0 bis 5,0 Millimol pro Liter ansteigen. Im Trainingsprozess wird Ihnen immer wieder Blut zur Kontrolle abgenommen – große Harnstoffanstiege würden frühzeitig auf drohende Überlastungen hinweisen. Das einzige Manko an dieser Methode: Viel eiweißreiche Nahrung und auch die zugeführte Flüssigkeitsmenge können das Ergebnis deutlich beeinflussen.

lastungsphasen ein! Unter Umständen entschließen Sie sich gleich für eine 2:1- anstelle einer üblichen 3:1-Zyklisierung. Die Dauer eines Trainingscamps sollte nach Möglichkeit zwei Wochen nicht übersteigen. Auch auf Meeresniveau wird ein dreiwöchiges Trainingslager am Ende sehr lang, zäh und anstrengend und kann leicht zur Überlastung führen. Viel hilft nicht immer viel – belassen Sie es bei zwei Wochen.

Verzögerte Wirkung

Die Effekte eines Trainingscamps sind aufgrund der hohen Belastung mit deutlicher Verzögerung zu erwarten. So werden Sie nicht nach einigen Tagen Regeneration nach dem Trainingscamp »zünden«, sondern mit einer Latenz von einigen Wochen, in denen Sie sich schon wieder im normalen Trainingsprozess befinden. Höhentrainingslager wirken besonders verzögert, planen Sie hier erst knapp vier Wochen nach dem Ende des Camps einen wichtigen Wettkampf ein. Für diese und andere Probleme ist ein großes Maß an Erfahrung der beste Erfolgsgarant. Ein entsprechend ausgebildeter Trainer in Ihrer Umgebung wird Ihnen gern Auskunft erteilen. Oder Sie nutzen einen Reiseservice, um ein Trainingscamp unter Anleitung und in der Gruppe zu erleben.

Übertraining

Der wichtigste Schritt, um mit sinnvoll gestalteten Regenerationsphasen das körperliche und geistige Wohlbefinden zu erhalten, ist das Erkennen der Gesamtbelastung. Sie ergibt sich neben dem sportlichen Training aus der beruflichen und familiären Belastung. Ich möchte an dieser Stelle dringend davor warnen, nur die Trainingsstunden zu addieren und die übrigen Lebensbereiche in der Belastungsanalyse außer Acht zu lassen. Ansonsten kann aufgrund dauerhafter Überlastung ein Übertrainingszustand entstehen, der eine Wechselwirkung aus psychischen und physischen Faktoren darstellt. Wenn Sie ihn bemerken, ist es oftmals zu spät. Vielleicht sinken Ihre Wettkampfleistungen plötzlich ins Bodenlose, vielleicht steigt Ihr morgendlicher Ruhepuls und Sie fühlen sich so unwohl, dass an ein Training nicht mehr zu denken ist. Ihre Muskeln schmerzen, und die Achillessehne macht das Laufen unmöglich. Ihr Partner streikt, weil Sie bei der geringsten Kleinigkeit ausrasten. Im schlimmsten Fall dekompensieren Sie: Es kommt zum totalen Einbruch der Leistungsfähigkeit, der auch das berufliche Wirken in Gefahr bringen kann. Übertraining hat viele Gesichter: in seiner Schwere und seinen Erscheinungsformen.

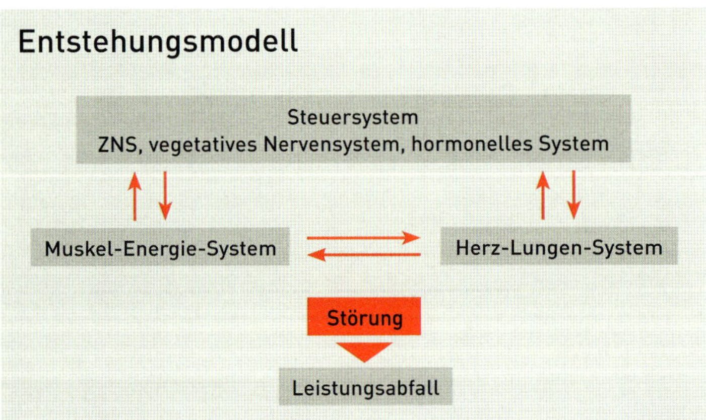

Nach: L. Geiger, Überlastungsschäden im Sport, BLV Buchverlag 1997

Von der normalen Trainingsermüdung unterscheidet sich das Übertraining durch die Dauer der Ermüdung. Der übertrainierte Körper ist nicht mehr in der Lage, nach einem Trainingsreiz eine ausreichende Erholung zu erreichen. Superkompensationseffekte, die sonst die Leistung steigern, bleiben aus oder verkehren sich ins Gegenteil. Die verminderte Leistungsfähigkeit wird durch eine Erhöhung des Trainingspensums verständlicherweise noch weiter eingeschränkt. Sie geraten in einen Teufelskreis aus gesteigertem Training und immer weiter sinkender Leistungs- und Regenerationsfähigkeit.

Übertraining betrifft viele Systeme

Ein Übertraining betrifft mehrere Bereiche des Körpers. Der Sportmediziner Ludwig V. Geiger hat dies in einem anschaulichen Modell (siehe Grafik links) zusammengefasst[1]: Er unterscheidet das Steuersystem (Zentralnervensystem, vegetatives Nervensystem und hormonelles System), das Muskel-Energie-System sowie das Herz-Lungen-System. Alle Systeme stehen miteinander in Verbindung; wenn es in einem zu Störungen aufgrund einer Überlastung kommt, dann sind unweigerlich alle anderen Funktionssysteme mit betroffen. Das macht sich letztlich in einem Leistungsabfall bemerkbar.

Erregungs- und Hemmungsübertraining

Interessanterweise finden Änderungen in den verschiedenen Systemen häufig in unterschiedliche Richtungen statt. Dies ist für die Diagnose eines Übertrainings von großer Bedeutung. Unterschieden werden generell zwei Formen des Übertrainings: das Erregungsübertraining (sympathikoton) und das Hemmungsübertraining (parasympathikoton). Diese Einteilung stammt von Israel[2] und ist für die Behandlung sehr nützlich und sinnvoll, da die verschiede-

» Dem Übertrainingszustand liegen physische und psychische Faktoren zugrunde. «

Die Fehlfunktionen der Körpersysteme im Übertraining[3]

Steuersystem

→ starke Stimmungsschwankungen (Aggressivität und Fatalismus)
→ Antriebslosigkeit, Depression, Leistungsverweigerung
→ Schlafstörungen, häufig im Sinne von Einschlafstörungen
→ Konzentrationsstörungen
→ Verschiebungen im Hormonhaushalt zugunsten substanzabbauender (kataboler) Hormone. Der Spiegel aufbauender (anaboler) Hormone sinkt. Vermehrte Ausschüttung von Stresshormonen (Katecholamine)

Muskel-Energie-System

→ vorzeitige Muskelermüdung bei geringer Belastung
→ Krampfneigung
→ Verletzungsneigung im Sinne von Faserrissen
→ Überlastungsschäden im Sinne von Sehnenansatzreizungen
→ Koordinationsstörungen
→ Gewichtsabnahme durch Wasserverlust und entleerte Energiespeicher

Herz-Lungen-System

→ Änderungen des Ruhepulses
→ vermehrte Kollapsneigung
→ erhöhte Ruheatmung

nen Formen des Übertrainings auch unterschiedliche Konsequenzen für die Therapie mit sich bringen.

Das Erregungsübertraining findet man häufiger bei jungen Sportlern und kürzeren Distanzen. Das heißt aber keinesfalls, dass es bei Langstrecklern nicht vorkommen kann! Der Verlauf ist oft dramatisch, deshalb leicht zu erkennen und bei entsprechender Behandlung relativ kurz. Anders das Hemmungsübertraining: Man findet es häufiger bei erfahrenen Athleten auf längeren Distanzen. Der Verlauf ist wenig dramatisch und kann als schleichend charakterisiert werden. Das erschwert die Erkennung enorm. Die Behandlung setzt einen

Sympathikus und Parasympathikus

Das vegetative Nervensystem besitzt zwei Ausgänge. Der Sympathikus steuerte zu Urzeiten Kampf- und Fluchtreaktionen (im Englischen mit »fright, fight and flight« zusammengefasst: erschrecken, kämpfen und flüchten). Die Pupillen stellen sich weit, Herzschlag und Blutdruck steigen. Die Aufmerksamkeit wird erhöht. Zu diesem Zeitpunkt werden weniger überlebenswichtige Körperaktivitäten wie die Verdauung weitestgehend eingestellt. Gesteuert werden diese dann wieder in Ruhephasen: durch den Parasympathikus. Die Verdauung und Regeneration wird durch dessen Erregung gefördert. Die Pupillen stellen sich wieder eng, und auch Blutdruck und Pulsschlag gehen auf ein niedriges Niveau zurück.

wesentlich längeren Zeitraum voraus als beim Erregungsübertraining.

Sinkt die Leistungsfähigkeit eines Athleten unerklärlicherweise ab und es findet sich eine Auswahl der erwähnten Symptome, so kann natürlich genauso eine organische Erkrankung zugrunde liegen. Bevor also ein Übertraining festgestellt wird, muss ein gut geschulter Mediziner organische Erkrankungen mit ähnlicher Symptomatik ausschließen:

- → Blutarmut (Eisenmangelanämie)
- → Schilddrüsenüber-/-unterfunktion
- → Pfeiffer-Drüsenfieber
- → Viruserkrankungen (evtl. mit Befall des Herzmuskels)
- → Reiseinfektionen (evtl. aus vorher stattgefundenen Trainingslagern)
- → Mineralhaushaltsstörungen
- → Vitamin- und Spurenelementmangel
- → bakterielle Infektionen
- → allergische Grunderkrankungen
- → rheumatische Erkrankungen
- → bösartige Tumore
- → Chronisches Müdigkeitssyndrom (»chronic fatigue syndrom«) und artverwandte Erkrankungen wie »sick-building-syndrome«

Die Nadel im Heuhaufen

Leider wird man in der Medizin nie alle Erkrankungen ausschließen können: Das macht die Diagnose Übertraining als reine Ausschlussdiagnose schwierig. Viele sportmedizinische Institute sind deshalb seit geraumer Zeit damit beschäftigt, Kriterien zu finden, die für ein Übertraining beweisend sind. Alle regis-

Die Symptomatiken der beiden Übertrainingsformen im Vergleich[4]

Erregungsübertraining	Hemmungsübertraining
leichte Ermüdbarkeit	abnorme Ermüdbarkeit (zwar fehlen die Topleistungen, ein Halbmarathon könnte aber kurz nach Erreichen des Ziels ein zweites Mal gelaufen werden)
Erregungszustände	Hemmungszustände
innere Unruhe	phlegmatische Stimmungslage
Appetitstörungen	Appetit normal
Gewichtsverlust	Gewicht normal
Nachtschweiß	kein Nachtschweiß
Blässe	normale Hautfarbe
Kopfschmerzen	klarer Kopf
Schlafstörungen	Schlaf normal
beschleunigter Herzschlag in Ruhe und unter Belastung	verlangsamte Herzfrequenz in Ruhe
verzögerte Rückstellung der Herzfrequenz nach Belastung	normale Herzfrequenzrückstellung
Grundumsatz erhöht	Grundumsatz normal
beschleunigte Atmung unter Belastung	Atmung normal
generell verzögerte Erholung	Erholung normal
gehäuft akute Verletzungen	gehäuft Überlastungsschäden

» Die Ausschlussdiagnose ist bei Überlastungszuständen die einzige Möglichkeit der Diagnostik. «

trierten Faktoren sind bei übertrainierten Athleten leider nur teilweise vorzufinden. Ein negatives Ergebnis der meisten Blutuntersuchungen oder anderer Tests ist somit niemals als ein Ausschlussfaktor für das Überlastungssyndrom zu werten. Ferner deutet nicht jeder positive Wert zwangsläufig auf ein Übertrainingssyndrom hin. Die Untersuchungsbefunde können nicht mehr sein als ein Teil des Puzzles, welches für die Diagnose Übertraining zusammengefügt werden muss.

Untersuchen kann man auf Folgendes:

- → starken Anstieg oder Abfall der Stresshormonspiegel (Adrenalin und Noradrenalin)
- → verminderten Anstieg der Stresshormonspiegel unter Belastung
- → Verschiebung der katabolen Hormone (Cortisol) zuungunsten der anabolen Hormone (Testosteron)
- → um mehr als 30 Prozent gegenüber Voruntersuchungen verminderte Laktatwerte in der Leistungsdiagnostik bei Belastungsabbruch
- → erhöhte Harnstoffwerte über mehrere Tage in Ruhe
- → verminderte Kalium- und Magnesiumspiegel im Blut
- → erhöhte Kreatinkinasewerte (zeigt die Zerstörung von Muskelzellen an)

Ein negatives Ergebnis der Blutuntersuchungen oder anderer Tests schließt ein Übertraining also nicht aus! Sie müssen sich der Tatsache bewusst sein, dass diese Laborwerte nicht die gewünschte Sicherheit bringen – trotz teilweise horrender Kosten. Das einzig verlässliche Mittel, ein Übertraining zu erkennen, ist die genaue Betrachtung des zurückliegenden Trainingszeitraums und der Begleitumstände. Fahnden Sie nach einem gestörten Verhältnis von Belastung zu Entlastung, das Sie in eine zunehmend schlechtere Leistungs- und Regenerationsfähigkeit geführt hat. Hierfür sind Trainingsaufzeichnungen sehr sinnvoll. Stieg Ihr Ruhepuls während der letzten Wochen an, ohne dass die Belastung erhöht wurde? Sanken Ihre Trainings- und Wettkampfleistungen schleichend? Haben Sie nach stagnierenden Leistungen Ihren Trainingsumfang weiter gesteigert? Auch indirekte Faktoren mit Symptomen, die Sie der oben genannten Tabelle entnehmen können, sind richtungsweisend. Kam es zu nächtlichen Schweißausbrüchen? Sank Ihr Appetit? Hatten Sie Stimmungsschwankungen?

Gerade in diesem Bereich kann es sinnvoll sein, den Lebenspartner oder die Familie zu befragen. Das Umfeld bemerkt solche Veränderungen nämlich häufig deutlich besser als der Athlet mit seiner eingeschränkten Wahrnehmung für Missstände. In jedem Fall ist aber auch hier das Trainingstagebuch ein wichtiges Hilfsmittel.

Unerfreulicherweise sind die Symptome eines Übertrainingssyndroms häufig so diffus und schleichend, dass Sie unter Umständen Ihre gesamte Lebenssituation überprüfen müssen. Großer Stress im Beruf und/oder eine überfordernde familiäre Belastung können Sie bei einem »normalen« Trainingspensum bereits überlasten. Die Energiereserven Ihres Körpers sind begrenzt. Auch vorangegangene Infekte und psychische Probleme wie Erwartungsdruck verhindern eine hinreichende Regeneration und können, gegebenenfalls über Wochen oder Monate unterdrückt, abrupt zu einem gigantischen Leistungseinbruch führen. Eventuell aber auch zu einem leichten Übertrainingszustand, der

Basedowoides und addisonoides Übertraining

Mediziner und Sportwissenschaftler vergleichen die zwei Übertrainingsarten gern mit verwandten Krankheitsbildern:

Das Erregungsübertraining wird so auch als basedowoides Übertraining bezeichnet. Die Basedowsche Krankheit ist eine Überfunktion der Schilddrüse, die ebenfalls mit gesteigerter Erregung, hohem Pulsschlag, Schlafstörungen sowie erhöhtem Grundumsatz und weiteren Symptomen einhergeht.

Das Hemmungsübertraining nennt der Experte auch addisonoides Übertraining. Die Addisonkrankheit ist eine Unterfunktion der Nebennierenrinde, die sich aufgrund von Hormonausfällen durch Schwäche und Antriebslosigkeit äußert.

> Die Trainingspause bemisst sich an der Länge des Übertrainingszustands.

4

Die Wegbereiter des Übertrainings

In den verschieden Bereichen des komplexen Sportlerlebens finden sich viele Faktoren, die ein Übertraining begünstigen können[5]:

Psyche
- → überzogene Erwartungshaltung
- → Erwartungen von Freunden, Eltern …
- → Rivalitäten im Training
- → Sponsorendruck
- → Unfähigkeit zur Entspannung (Verbissenheit)

Gesundheitszustand
- → Bagatellverletzungen ohne Trainingseinschränkung
- → Entzündungen an abgegrenzten Arealen (Zahnwurzeln, Nasennebenhöhlen, Gaumenmandel)
- → Infekte der oberen Atemwege
- → Magen-Darm-Störungen (Durchfall, Erbrechen)
- → Erholung nach überstandenen Erkrankungen

Lebensweise
- → unregelmäßiger Tagesablauf
- → Lärmbelastungen in Ruhephasen
- → Ernährungsfehler
- → Schlafentzug
- → Genussmittelmissbrauch (Alkohol, Zigaretten)
- → Medikamentenmissbrauch
- → falsche (nicht vorhandene) Freizeitgestaltung

Familie und Beruf
- → psychische Konflikte
- → Probleme in Partnerschaften (Hochleistungsalter = Lebensphase der Partnersuche)
- → wirtschaftliche Schwierigkeiten
- → Misserfolge in Beruf und Ausbildung
- → gestörtes Arbeitsklima
- → gestörte Beziehungen zu Sportkameraden und Trainer

Sportliche Fehlbelastungen
- → Eintönigkeit im Trainingsaufbau
- → gehäufte Wettkampfteilnahmen (Vorstartzustände)
- → ungenügendes Trainingsinteresse
- → sportliche Überforderung
- → ungenügende Regenerationsphasen

Bioklimatische Faktoren
- → ungewohnte Hitze- oder Kälteperioden
- → abrupter Temperaturwechsel
- → lang anhaltende Schlechtwetterperioden
- → Föhneinbrüche

kaum erkannt wird und langfristig zu unterschwelligen Leistungseinbußen führt. Wie gesagt: Ein Übertrainingssyndrom hat viele Gesichter und kann in nahezu jeder Symptomkonstellation und in jedem Schweregrad auftreten. Auch die Einteilung der Symptomatiken nach Israel kann sich durchaus vermischen: Ein Hemmungsübertraining kann beispielsweise mit einem gesteigerten Ruhepuls aufwarten.

Therapie des Übertrainings

In der Akutphase des Übertrainings ist es sinnvoll, die Therapie entsprechend des Krankheitstyps zu gestalten. Für beide Typen gilt zunächst eine Wettkampfpause. Je nach Schweregrad sollte diese zwei bis zwölf Wochen oder mehr betragen – beim Hemmungsübertraining länger als beim Erregungsübertraining. Eine Faustregel besagt, dass Sie das Training (und somit natürlich auch die Wettkämpfe) dreimal so lang reduzieren sollten, wie die Entstehung des Übertrainingssyndroms gedauert hat. Haben Sie also über einen Zeitraum von vier Wochen die Symptome ignoriert und sich überlastet (beispielsweise eine spezielle Wettkampfvorbereitung), werden Sie etwa zwölf Wochen brauchen, um wieder belastbar zu werden. Dies kann im Extremfall mit dem Ende der

Saison gleichgesetzt werden. Im Einzelfall ist es sinnvoller, sich komplett auf die nächste Saison zu konzentrieren. Das Training sollte in dieser Zeit nicht völlig ausgesetzt werden, um einem Entlastungssyndrom vorzubeugen. Regenerative Aktivitätseinheiten in anderen Sportarten sind nun besonders sinnvoll – beispielsweise Schwimmen, Sportspiele, Aquajogging. Achten Sie auf eine vollwertige Ernährung, auch ein Tapetenwechsel wirkt. Sämtliche Anwendungen und Maßnahmen der passiven Regeneration sind willkommene Therapiemaßnahmen.

Chronisches Müdigkeitssyndrom und Burn-out

Übertraining ist ein ernstes Thema. Wird es längerfristig ignoriert und trainieren Sie trotz der Warnzeichen Ihres Körpers weiter, ohne sich die notwendigen Regenerationsintervalle zu nehmen, dann droht Ihnen das Krankheitsbild des Burn-outs (chronisches Müdigkeitssyndrom, engl. »chronic fatigue syndrome«). Burn-out ist die vollständige Erschöpfung des Körpers und des Geistes nach einer über Monate und unter Umständen Jahre andauernden Überlastung. Manager sind für dieses Krankheitsbild stets anfällig gewesen: viele Reisen, viel Terminstress, wenige Ruhephasen und Ausgleichsmöglichkeiten. In den letzten Jahren ist ein Burn-out aber auch vermehrt bei ambitionierten Sportlern aufgetreten. Die permanent hohe Belastung durch den Spagat zwischen Familie, Beruf und Sport fordert irgendwann ihren Preis. Achten Sie auf Ihren Körper und richten Sie Ruhephasen ein – dann wird Ihnen so etwas nicht passieren.

Lässt sich Erholung messen?

Wollen Sie fröhlich, ausgeglichen und belastbar sein? Dann ist es sinnvoll, sich mit Ihrem aktuellen Regenerationszustand zu befassen:

Nur wenn Sie richtig erholt sind, können Ihre nächsten Trainingsreize gut wirken. Nur wenn Sie richtig erholt sind, werden Ihre Sehnen, Muskeln und Bänder gesund und belastbar bleiben. Nur dann werden Sie auch psychisch so ausgeglichen bleiben, dass Sie dem Sport neben den Anforderungen von Arbeit und Familie gewachsen sind. Da es nicht leicht ist, über den wirklichen Regenerationszustand Ihres Körpers im Bilde zu sein, hat sich die Sportmedizin in den letzten Jahrzehnten auf die Suche nach möglichen Kontrollgrößen gemacht. Dieses Thema ist bisher allerdings noch nicht vollständig gelöst – die folgenden Methoden geben dennoch wichtige Hinweise.

Das Ruhepulsverhalten unter der Lupe

Wissenschaftler haben das Ruhepulsverhalten von Sportlern in Studien überprüft. Auf einem Fragebogen wurde das Trainingsprogramm erfasst und der Ruhepuls eines jeden Trainingstages dokumentiert. Nach einem längeren Untersuchungszeitraum wurden die Daten unabhängig ausgewertet. Das Ergebnis: Es zeigten sich keine ausschließlichen Verknüpfungen des erhöhten Ruhepulses mit Krankheit und Belastung. Der Ruhepuls zeigte sich vielmehr als sehr vager Parameter zur Belastungsbeurteilung. Dennoch: Als ein hinweisgebendes Element in der Beurteilung hat sich der Ruhepuls bewährt – Sie sollten sich nur nicht ausschließlich darauf verlassen.

Richtungsweiser Ruhepuls

Der Ruhepuls gibt den Athleten aller Leistungsklassen seit jeher einen Hinweis auf den Regenerationszustand. Der Ruhepuls wird morgens gemessen, wenn Sie noch im Bett liegen. Er ist abgesehen von zwei bis drei Schlägen pro Minute konstant – also innerhalb enger Grenzen. Bei jedem Sportler ist er unterschiedlich. Tendenziell ist er bei Hochtrainierten niedriger als bei Untrainierten, ohne jedoch dabei direkt etwas über die Leistungsfähigkeit auszusagen. Bei Überlastungen und bei Infekten steigt er jedoch an. Während es unter forciertem Training durchaus normal ist, wenn der Ruhepuls vier bis sechs Schläge pro Minute höher ist als normal, so steigt er bei Überlastung um mehr als acht Schläge pro Minute an.

Messen Sie für ein paar Wochen, wo Ihr Ruhepuls unter normalen Bedingungen liegt. So können Sie sich zukünftig leicht einen Überblick über Ihren Regenerationszustand verschaffen. Aber Vorsicht! Wenn der Ruhepuls sich gar nicht mehr erhöht oder sogar absinkt, so ist das kein Zeichen für eine besonders tolle Form, sondern kann auch ein Zeichen für eine drohende oder schon akute Überlastung sein. Sie kommt vor beim Hemmungsübertraining (addisonoid, parasympathikoton) – ich weiß, es ist ziemlich verzwickt.

Die Herzfrequenzvariabilität

Große sportmedizinische Hoffnung wird in die Analyse der Herzfrequenzvariabilität gesetzt. Mit dieser Messgröße können Sie den Zustand des vegetativen Nervensystems erkennen und beurteilen. Einige Geräte des Marktführers Polar haben diese Messfunktion integriert – beispielsweise die »RS 800«. Auch bei der Betreuung von Leistungssportlern wird mit dieser Größe gearbeitet. Das Prinzip ist simpel: Wird die Variabilität der Herzfrequenz kleiner, so steigt der Stresszustand an. Wird sie größer, ist

» If in doubt, leave it out – im Zweifel fällt das Training aus! «

das Erholungsnervensystem aktiver. Bei Infekten und psychischem Stress verringert sich die Herzfrequenzvariabilität ebenfalls. Eindeutige Diagnosen über den Zustand des Sportlers und seine Trainingsfähigkeit sind aber genauso schwierig wie bei der Analyse des Ruhepulses – endgültige Aussagen, wann wieder belastet werden darf, können auch so noch nicht getroffen werden.

Vertrauen Sie Ihrem Gefühl!

Ihr Körper ist ein viel zu komplexes Gebilde, als dass sein gesamter Belastungszustand mit einem einfachen Pulsmesswert zusammengefasst werden könnte. Wichtige Hinweise auf Ihren Regenerationszustand bleiben daher auch weiterhin die Übertrainingswarnzeichen, die bei Ihnen sofort die Alarmglocken erklingen lassen sollten, zum Beispiel: Nachtschweiß, eine sinkende Schlafqualität, zunehmende Nervosität, Unausgeglichenheit, Appetitlosigkeit sowie Gewichtsverlust. Aber so weit muss es gar nicht erst kommen. Das Befinden ändert sich meist schon deutlich, bevor es zu so gravierenden Körperreaktionen kommt. Sie müssen lediglich ein Gespür dafür entwickeln, wie Sie einen ermüdeten Körper einordnen sollen. Wer ausgeruht ist, merkt dies sofort. Und mit etwas Erfahrung können Sie auch schnell erkennen, wenn Sie sich wirklich überlastet haben. Das eigentliche Problem ist die Grenzzone: Sie spüren, dass Sie müde sind; Sie spüren aber auch, dass Sie eigentlich noch trainieren könnten. Eigentlich! Und hier beginnt die Gratwanderung: Je nach Gesamtsituation ist es im einen Fall besser, einen Ruhetag einzulegen, im anderen kann es sinnvoll sein, doch noch zu trainieren, um den optimalen Erfolg zu erzielen. Hierfür brauchen Sie Zeit und viel Gespür. Sie können dies erlernen! Wenn Sie sich unsicher sind, gilt »If in doubt, leave it out« – im Zweifel lassen Sie das Training besser sein. Wenn Sie erst lange darüber nachdenken müssen, ob Sie besser trainieren oder pausieren, dann lassen Sie die Trainingseinheit sausen!

Ähnlich verhält es sich mit aufflammenden Krankheiten. Wenn Sie morgens aufwachen und Ihr Hals kratzt oder Ihre Nase verstopft ist, dann treffen Sie augenblicklich die Entscheidung, das Training abzusagen. Diese sollten Sie auch dann nicht revidieren, wenn Sie sich nach dem Mittag oder zum Abend hin eigentlich wieder besser fühlen. Wenn Ihr Körper morgens ein Signal gibt, dann sollten Sie dies beachten. Die Hektik des Arbeitstags verschleiert oft ein paar Symptome des beginnenden Infekts – und darin liegt die Gefahr!

Ein weiterer guter Ratgeber dafür, wie es um Ihren Regenerationsstatus bestellt ist, ist die Trainingslust. Lustlosigkeit für das Hobby, das Ihnen sonst so viel Freude bereitet, ist ein sicherer Indikator dafür, dass das Training der letzten Tage und Wochen zu viel des Guten war. Oftmals bahnt sich der Überlastungsprozess aber auch schleichend und unbemerkt an, Sie nehmen die stetige Stimmungs- und Motivationsverschlechterung kaum zur Kenntnis oder halten sie für eine harmlose »Frühjahrsmüdigkeit«. Hierfür ist das Dokumentieren der Trainingsdaten und des Befindens sinnvoll. Tun Sie dies in einem Trainingstagebuch.

Trainingsverbot bei Fieber

Absolutes Trainingsverbot besteht bei jeglichen Zeichen einer fieberhaften Körpertemperatur, also einer Temperatur von über 38,0° C. Laien kennen in solchen Fällen meist nicht die genaue Quelle des Fiebers. Ist sie ein eitriger Entzündungsherd (beispielsweise durch Streptokokken im Rachen – die Mandeln!), dann können diese Bakterien sich durch die körperliche Arbeit in den Blutstrom ausbreiten und sich an den Herzklappen niederlassen. Wenn das passiert, können die Herzklappen irreparabel geschädigt werden. Das hätte schwerwiegende Folgen: Die geschädigten Klappen können zu einer schweren Herzschwäche und der Notwendigkeit eines Klappenersatzes führen. Wie auch immer der Verlauf ist: Sporttreiben wird Ihnen so unter Umständen unmöglich. Also denken Sie an den Rat Ihrer Großmutter: mit Fieber ins Bett!

4

Kontrollinstrument Trainingstagebuch

Das Trainingstagebuch ist wichtig: Sie können damit das zuvor geplante Training kontrollieren und schleichende Fehlentwicklungen in der Trainingsbelastung erkennen. Außerdem ist es gut fürs Selbstbewusstsein und Durchhaltevermögen, denn es sagt: Glückwunsch, Sie haben etwas geschafft!

Was gehört in ein Trainingstagebuch?

Zunächst werden die Kopfdaten notiert: Datum, Name, Ruhepuls (eventuell Ruheherzfrequenzvariabilität), Gewicht und Schlafdauer. Es folgen die Trainingsdaten: die Dauer des Trainings, die exakten Inhalte mit den dazugehörigen Intensitäten sowie den Zwischenzeiten und Pulswerten. Weitere Notizen zum Drumherum des Trainings: Wie war das Wetter? Welche besonderen Belastungen in Familie und Beruf mussten Sie neben dem Training tolerieren? Und ganz wichtig am Ende: Wie haben Sie sich gefühlt? Schreiben Sie hier eine ganz und gar subjektive Einschätzung zur Situation auf, gern im Telegrammstil, einfach so, wie Sie sich fühlen. Es müssen keine Erklärungen folgen. Zum Beispiel: Heute bin ich geflogen, es lief richtig gut! Oder: Ein genialer Wettkampf! Oder aber: Mist, irgendwie war ich heute schon wieder so müde. Oder: Ich war gestresst von der Arbeit, das Training war eine Quälerei!

Was auch immer Sie an dieser Stelle zu Protokoll geben und wie nichtig dies auch erscheinen mag: In einer späteren Analyse sind vielleicht gerade Ihre subjektiven Einschätzungen der Hinweis auf ein sich abzeichnendes Übertraining!

In erster Linie dient das Trainingstagebuch dazu, einen Soll- und Ist-Abgleich der geplanten Trainingsdaten vornehmen zu können. Haben Sie Ihr Pensum erfüllt? Wurden die gewünschten Intensitätsbereiche eingehalten? Zeichnet sich die gewünschte Leistungsentwicklung ab? Hierbei helfen Ihnen die Trainingsdaten und die weiteren Aufzeichnungen. Die Trainingsdokumentation ist aber nur sinnvoll, wenn Sie in regelmäßigen Abständen auch ausgewertet und überprüft wird: Addieren Sie die Trainingskilometer und -stunden pro Woche und stellen Sie die Intensitäten-Verteilung dar.

Trainingsprotokoll am PC

Wenn Sie alles auf Papier notiert haben, müssen Sie viel darin herumblättern und den Taschenrechner schwingen. Komfortabler geht dies mittlerweile mit den modernen Trainingssoftware-Programmen für den PC. In benutzerfreundlichen Masken gibt es hier nach Eingabe der Trainingsdaten alle Auswertungen per Mausklick. Wie viele Stunden haben Sie trainiert? Wie viele Stunden haben Sie in welchem Intensitätsbereich zugebracht? All diese Daten sind sofort zugänglich. Bedingung: Die Daten wurden zuvor sorgfältig erfasst. Aber auch das ist heute dank moderner Interfaces kein Problem mehr: Via Infrarot oder USB werden die in der Pulsuhr gespeicherten Daten übertragen. Neben der Herzfrequenz, die alle fünf Sekunden gespeichert wird, zeichnen die Uhren Zwischenzeiten und alle weiteren relevanten Daten auf. Die Daten werden in Sekundenschnelle übertragen – so werden Dokumentation und Auswertung schnell und effizient.

Praxistipp

→ So erstellen Sie einen Trainingsplan

1 Setzen Sie sich ein Ziel!
Beginnen Sie damit, sich ein Ziel zu suchen – sowohl einen Termin als auch einen Umfang. Die Auswahl sollte ehrgeizig, aber realistisch erfolgen: Vielleicht wollen Sie innerhalb eines Jahres die zehn Kilometer beim heimischen Volkslauf absolvieren? Oder Sie planen Ihren großen Marathonlauf?

Was auch immer Sie vorhaben: Planen Sie das Ziel möglichst konkret, denn: »Je klarer die Zielvorstellung, desto klarer der Erfolg« (Vera F. Birkenbihl, *1946, deutsche Autorin und Management-Trainerin). Aber überfordern Sie sich nicht – und denken Sie an die Regenerationszeiten! Während Sie ruhig mehrere kürzere Rennen planen dürfen, so reichen maximal zwei Marathons pro Saison vollkommen aus!

2 Klären Sie die Begleitumstände!
Wer kein Profisportler ist, für den gilt: Prüfen Sie nach Festlegung des sportlichen Ziels, inwieweit dieses mit Ihrer übrigen Lebensplanung kompatibel ist. Die familiären Planungen spielen hier genauso mit hinein wie die beruflichen Belastungen. Sie werden schwerlich die intensive Marathonvorbereitung akkurat absolvieren können, wenn zu der Zeit ein Projektabschluss kurz bevorsteht und täglich zwölf Stunden Büroarbeit auf Sie warten. Definieren Sie in so einem Fall lieber das sportliche Ziel neu und planen Sie eine Herausforderung, die terminlich besser passt.

3 Setzen Sie Schwerpunkte!
Setzen Sie für Ihre Lebensbereiche in der »heißen Phase« Ihres sportlichen Ziels Prioritäten. »Erfolgsregel: Ich jage nie zwei Hasen auf einmal«, sagte schon Otto von Bismarck (1815–1898). Auch für den Trainingsprozess ist es eine goldene Regel, nur ein Ziel zur Zeit zu fokussieren. Wenn Sie (und auch Ihre Mitmenschen) wissen, wofür Sie gerade schwerpunktmäßig arbeiten und für welchen Zeitraum, vermeiden Sie viel Frustration und Ärger. Seien Sie fair zu sich selbst und zu anderen!

4 Bestimmen Sie den Umfang!
Wenn Sie mit einer Einschätzung der Umstände in Arbeit und Privatleben die nötigen Freiräume für Ihr Sportprojekt herauskristallisiert haben, dann folgt die nächste wichtige Aufgabe: Legen Sie Ihr maximales Zeitbudget für die Vorbereitungszeit fest! Hiervon leiten sich dann auch die ersten Umfänge ab. Sie wissen: Die Umfänge werden zum Saisonhöhepunkt kontinuierlich gesteigert. Wenn Sie in den umfangreichsten Phasen vor dem Wettkampf beispielsweise maximal zwölf Stunden in der Woche trainieren wollen, dann reicht es, wenn Sie in der Vorbereitungsperiode I mit sechs bis acht Stunden pro Woche starten.

5 Planen Sie rückwärts!

Es ist für einen Trainer ein völlig normales Unterfangen, nicht vom heutigen Tag zum Wettkampfziel zu planen, sondern vom Wettkampfziel zum heutigen Tag. Wenn Sie den Wettkampftermin festgelegt haben, so sind mit der unmittelbaren Wettkampfvorbereitung (Tapering) und den unterschiedlichen Trainingsperioden die Eckpfeiler Ihres Plans bereits gesetzt. Für das bessere Verständnis des zeitlichen Aufbaus habe ich die Perioden unter Punkt 6 chronologisch aufgeführt.

6 Legen Sie die Perioden fest!

Periodisieren Sie Ihr Trainingsjahr, um mit einem gezielten Wechsel von Be- und Entlastungsphasen Ihre individuelle Höchstform zum entscheidenden Zeitpunkt zu erreichen.

Vorbereitungsperiode I	4–8 Wochen
Vorbereitungsperiode II	4–8 Wochen
Vorbereitungsperiode III	4–8 Wochen
Wettkampfperiode	4–6 Wochen
Übergangsperiode	2–6 Wochen

7 Bilden Sie Zyklen!

Entscheiden Sie sich zwischen einer 2:1- oder 3:1-Zyklisierung und wenden Sie diese auf die verschiedenen Perioden mit den entsprechenden Inhalten an. Für die Wochenplanung bedeutet dies, dass Sie eine steigende Belastung für drei Wochen (wahlweise auch nur zwei Wochen) wählen: In der ersten Belastungswoche wählen Sie relativ geringe Umfänge mit höheren Intensitäten. In den folgenden Belastungswochen findet sich ein steigender Umfang bei eher extensiven Inhalten (Grundlagenausdauer). Die jeweils vierte Woche ist von Umfang und Intensität reduziert – bei nur etwa 50 bis 60 Prozent der Belastungswoche. Sie dient der Erholung.

8 Planen Sie die Abfolge!

Technik, Schnelligkeit und Koordination trainieren Sie in ausgeruhtem Zustand – also nach einem Ruhetag. Krafttraining und Hügelläufe werden vor den Ausdauerbelastungen absolviert.

Mikrozyklusbeispiele (Tagesplanungen):
1. Schnelligkeit/Koordination
2. Kraft
3. Ausdauer
4. Ruhetag

1. Hügelläufe
2. Ausdauer, mittel
3. Ausdauer, lang
4. Ruhetag

1. Intervallarbeit
2. Ausdauer, Fahrtspiel
3. Ausdauer, Dauermethode
4. Ruhetag

9 Kombinieren Sie sinnvoll!

Koordination vor Schnelligkeit vor Kraft vor Ausdauer: Getreu dieser sinnvollen Reihenfolge ist es möglich, bestimmte Trainingsinhalte miteinander zu koppeln. Nutzen Sie das – ansonsten verlieren Sie zu viel Zeit. Beliebte Kombinationen verschiedener Inhalte sind:

- Koordinationstraining → Krafttraining
- Einlaufen → Lauf-Abc → Intervalltraining → Auslaufen
- Krafttraining → Lauftraining
- Dauerläufe → 10 Steigerungen zum Durchbrechen der Bewegungsmonotonie
- Regenerationstraining → Rumpfstabilisation

10 Beachten Sie die Grundregeln!

→ Steigern Sie die Umfänge langsam!
→ Steigern Sie erst den Umfang, dann die Intensität!
→ Die Dauermethode bildet die Basis Ihres Trainings.

→ Krafttraining ist ein ganzjähriger Bestandteil Ihres Trainingskonzepts.
→ Schulen Sie Ihre Lauftechnik ganzjährig.

11 Legen Sie die Intensitäten fest!

Bevor Sie starten, analysieren Sie Ihre Belastungsbereiche mit den in Kapitel 3 (Trainingssteuerung) genannten Verfahren. So gehen Sie sicher, auch wirklich im richtigen Belastungsbereich zu trainieren. Ihre Trainingsplanung ist nämlich nur so gut, wie Ihre Fähigkeit, die Belastungsbereiche zu treffen und einzuhalten. Trainieren Sie dauerhaft zu schnell oder zu langsam, sind Übertraining oder ein ausbleibender Trainingseffekt die Folgen.

12 Planen Sie, aber bleiben Sie flexibel!

Im Trainingsplan eines Profis wird jeder Trainingstag einige Wochen im Voraus exakt vorgeplant: Die Sportler können ihre ganze Energie auf das Training konzentrieren. Sie halten sich oft in Trainingslagern auf und sind somit auch unabhängiger vom Wetter.

Für Sie ist es sicherlich besser, lediglich die Wochenumfänge und die Wocheninhalte festzulegen, um sich eine gewisse Flexibilität zu bewahren. Es schneit am Dienstag und Sie hatten eigentlich einen 20-Kilometer-Dauerlauf geplant? Eventuell ist es relativ gut möglich, die Einheit mit dem Krafttraining vom Sonntag zu tauschen. Dazu werden Ihnen Entscheidungen wie diese immer wieder abverlangt werden: außerordentliche Termine, Stress bei der Arbeit, Kinder abholen ... Da Sie ohnehin immer wieder gezwungen sind zu intervenieren, kann es von Vorteil sein, wenn Sie den Belastungsaufbau und Ihr Trainingskonstrukt flexibel halten.

Kapitel 5

Grundlagen des Athletiktrainings

» Krafttraining ist der wirksamste Schutz vor Gelenkproblemen. «

Die alten Griechen nannten ihre Wettkämpfer Athlētēs. Und die besaßen, was man heute unter dem Begriff der allgemeinen Athletik versteht: Perfekt ausgebildete motorische Grundeigenschaften – dazu gehört konditionelles und koordinatives Leistungsvermögen. Je stärker diese individuellen Fähigkeiten bei Ihnen ausgeprägt sind, desto athletischer sind Sie.

Die Kondition

Kondition ist ein weit verbreiteter Begriff. Sie denken dabei wahrscheinlich am ehesten an Ausdauer: Wer eine gute Kondition hat, der macht auf der Laufrunde nicht so schnell schlapp. Das stimmt – doch nur teilweise, denn Kondition ist mehr als das: Kondition setzt sich aus den vier konditionellen Fähigkeiten Kraft, Ausdauer, Schnelligkeit und Beweglichkeit zusammen. Wer in diesen teilweise gegenläufigen Eigenschaften (Kraft und Ausdauer sind beispielswiese in ihrer Extremform nicht ohne Weiteres miteinander zu verbinden) punkten kann, ist also »konditionell« gut aufgestellt.

Die Koordination

Koordination heißt so viel wie Zuordnung: Eine Lehrerin koordiniert die zappeligen Grundschüler, ein Abteilungsleiter Projekte an die Mitarbeiter. Die Sportphysiologie bezeichnet mit dem Begriff Koordination das Zusammenspiel von motorischen und sensomotorischen Abläufen – also die Bewegungssteuerung. Sie brauchen Ihre koordinativen Fähigkeiten beispielsweise, wenn Sie Ihre Lauftechnik optimieren möchten, da hierfür ein ausgeklügeltes Zusammenspiel Ihrer Muskeln erforderlich ist. Die koordinativen Fähigkeiten werden noch einmal differenziert:

- → die kinästhetische Differenzierungsfähigkeit
- → die Reaktionsfähigkeit
- → die Kopplungsfähigkeit
- → die Orientierungsfähigkeit
- → die Gleichgewichtsfähigkeit
- → die Umstellungsfähigkeit
- → die Rhythmisierungsfähigkeit

Welche Fähigkeiten brauchen Sie?

Für Sie als Langstreckenläufer steht das Thema Ausdauer an erster Stelle. Mit welchen Methoden Sie Ausdauer und auch Schnelligkeit trainieren, haben Sie bereits in den Kapiteln »Trainingssteuerung« und »Trainingsplanung« gelesen. Mindestens ebenso wichtig für Sie sind aber auch die konditionellen Fähigkeiten Kraft und Beweglichkeit sowie die Koordination – mehr darüber erfahren Sie in diesem Kapitel.

Kraft und Rumpfstabilisation

Womit verbinden Sie den Begriff »Krafttraining«? Mit Bodybuilding, großen Muskelbergen und starken Belastungen für die Gelenke? So etwas schreckt Sie wahrscheinlich eher ab – Läufer wollen schließlich schlank und athletisch sein, nicht breitschultrig. Doch Krafttraining ist nicht gleich Krafttraining! Die meisten Elite-Ausdauersportler mit schlanken Beinen führen regelmäßig Krafttrainingseinheiten durch und nicht jedes Krafttraining führt automatisch zu wuchernden Muskelbergen. Vielmehr führen die richtigen Übungen zu einem schlanken und leistungsfähigen Körper!

Die Kraftarten

Es gibt verschiedene Arten, wie Sie Kraft aufbringen können. Sportwissenschaftler unterscheiden zwischen Maximalkraft, Schnellkraft und Kraftausdauer. Die Maximalkraft ist die größtmögliche willkürliche Muskelkontraktionskraft gegen höchste äußere Widerstände – also alle Kraft, die Sie aufbringen können, wenn Sie schwerste Gewichte stemmen.

Mit der Schnellkraft überwinden Sie Widerstände mit höchstmöglicher Kontraktionsgeschwindigkeit – dank des Nerv-Muskel-Systems. Mit ihr beschleunigen Sie Ihren Körper (oder ein Sportgerät) maximal. Für 100-Meter-Sprints benötigen Sie eine gut entwickelte Schnellkraft! Ein weiteres Beispiel für die Schnellkraft ist die Schusskraft – die Kraft, mit der Fußballspieler den Ball ins Tor schießen.

Die Kraftausdauer verbindet – wer hätte das gedacht – die Komponenten Kraft und Ausdauer. Sie ist die Fähigkeit, Ermüdungen während lang anhaltender oder sich ständig wiederholender Belastung zu widerstehen. Sie ist somit eine komplexe konditionelle Fähigkeit bei einer dynamischen Arbeitsweise der Muskulatur. Mit den Kraftübungen werden Sie Ihre Kraftausdauer trainieren. Sie hat die positivsten Effekte für Ihr Lauftraining! Das Kraftausdauertraining lässt sich wiederum unterscheiden in spezifisches und in unspezifisches Kraftausdauertraining, außerdem noch in Kraftausdauertraining der Vortriebs- und der Stabilisierungsmuskulatur.

Spezifisches und unspezifisches Kraftausdauertraining

Ein unspezifisches Kraftausdauertraining schult in erster Linie Ihre allgemeine Kondition, indem Sie Übungen durchführen, die nicht Teil der Laufbewegung sind. Ausfallschritte sind eine Kraftübung für die Beinmuskulatur, der Bewegungsablauf findet sich so in der Laufbewegung allerdings nicht wieder. Für den Läufer sind sie demnach unspezifisch. Durch unspezifisches Training werden Sie belastbarer – ein solides Fundament entsteht.

Mithilfe des spezifischen Kraftausdauertrainings, zum Beispiel der Übung »Bordsteinkante«, trainieren Sie genau die Muskulatur, die Sie

5

Schneller laufen mit Krafttraining?

Lange Zeit schob man die Begrenzung der Leistungsfähigkeit in den Ausdauersportarten auf die Ansammlung von Milchsäure und anderen Produkten des sauren Stoffwechsels. Dadurch wird die Muskelkontraktion ab einem gewissen Punkt unmöglich. Verhindert wird die Milchsäurebildung nur durch mehr Sauerstoff. Also glaubte man jahrelang, dass die Ausdauer lediglich durch die Sauerstofftransport-Kapazität des Herz-Kreislauf-Systems und der Atmung bestimmt sei. Gemessen wird die Sauerstofftransport-Kapazität als maximale Sauerstoffaufnahme-Kapazität (VO_2max). Die VO_2max lässt sich durch Ausdauersport verbessern – also durch Streckenbelastung. Der Tenor lautete: Um Laufen zu können, muss man laufen! Ignoriert wurden dabei Erkenntnisse, die dem widersprachen – wie die des Forschers Juri Verchoshanskij:

- → Die VO_2max sinkt in der Wettkampfperiode teilweise sogar leicht ab.
- → Bessere Leistungen in der Saison gehen nicht zwingend mit einer besseren VO_2max einher.
- → In den letzten Jahrzehnten stieg zwar in der Elite die sportliche Leistungsfähigkeit, jedoch nicht deren VO_2max.

Diese Ergebnisse bestätigen: Die Ausdauer wird nicht nur und nicht so sehr von der VO_2max bestimmt wie angenommen. Vielmehr wird die Ausdauer durch die Anpassung der Muskeln selbst bestimmt. Diese verbessern nämlich durch Training ihre Fähigkeit zur Energiebereitstellung, die Energie-Kraftwerke der Zellen, die Mitochondrien, werden effektiver und zahlreicher. Die Mitochondrien können unter Trainingsbelastung ihre Effektivität verdoppeln – die VO_2max legt hingegen nur 10 bis 14 Prozent zu. Die Qualität der Ausdauerfähigkeit liegt folglich auch in den Tiefen der Muskelzelle begründet und nicht nur im sauerstofftransportierenden Prozess von Lunge und Herz-Kreislauf-System.

Ein gesteigerter Laufumfang verbessert fast unbegrenzt die vegetativen und hormonellen Systeme des Organismus. Für die lokale Muskelausdauer ist er jedoch wenig wirkungsvoll. Und das orthopädische Risiko steigt ebenfalls erheblich an!

Die Lösung für ein gesundheitsverträgliches und effektives Training: Setzen Sie vielfältige Reize ein und nicht nur den des kontinuierlichen Dauerlaufs! Konkret bedeutet das ein spezialisiertes Krafttraining – zum Beispiel spezifische Laufkraftübungen wie »Parkbank« (siehe Kapitel 6). Die Übungen orientieren sich stark an dem Bewegungsablauf der Laufbewegung. So berücksichtigen Sie die Spezifik der Muskelarbeit und deren Energieversorgung. Indem Sie Ihre Laufkraft verbessern, steigern Sie auch Ihre Geschwindigkeit. Nur so wird eine Überlastung vermieden. Die Beschränkung der Ausdauerentwicklung liegt also nicht allein in der Fähigkeit des Herzens zum Bluttransport – sie liegt auch in den Anpassungsprozessen der Skelettmuskulatur!

beim Laufen brauchen. Dieses Training macht Sie schneller: Es erhöht Ihre Wettkampfgeschwindigkeit, indem Sie Vortrieb- und Antriebsleistung verbessern. Spezifisches Kraftausdauertraining, wie zum Beispiel das Ziehen eines Widerstandes beim Laufen, sorgt dafür, dass Sie Ihre angestrebte Distanz bestmöglich durchhalten können – egal ob es sich um einen 400-Meter-Sprint oder einen Marathon handelt.

Neben der vortriebswirksamen Muskulatur sollte aber auch die Stabilisierungsmuskulatur durch ein Kraftausdauertraining gestärkt werden. Denn auch sie sorgt für Tempo: Die Streckung Ihres Beins in der Abdruckphase ist nur dann effektiv, wenn erstens der Fuß am einen Ende auf einen Fixpunkt trifft, der nicht nachgibt (den Asphalt), und zweitens das andere Ende des Beins den Rumpf in der Abdruckphase vorwärts schiebt. Sind Ihre Rumpfmuskeln hingegen zu schwach, erzeugen Sie mit der Kraft aus der Beinstreckung ein Hohlkreuz – und keinen Vortrieb. Wie Sie Ihr Becken stabilisieren? Mit Rumpfkrafttraining! Es ist – fast nebenbei – der sicherste Verletzungsschutz der Welt, denn es verhindert nicht nur eine Hohlkreuzbildung, sondern

» Wer klug ist, trainiert seinen Rumpf. «

auch zahlreiche andere Fehlbewegungen, die immer wieder zu Überlastungsbeschwerden bei Läufern führen.

Die Rumpfstabilität: Schlüssel zum Erfolg

Es ist sinnvoll, einen großen Teil der Trainingszeit auf die Kräftigung des Rumpfes zu verwenden – je nach Trainingsphase und Gesamttrainingszeit wird dies bei Leistungssportlern bis zu fünf Stunden pro Woche ausmachen. Sie laufen schließlich nicht nur mit den Beinen!

Die Notwendigkeit eines solchen Trainings unterstreicht auch folgende Anekdote eines Sprinters, der durch eine Verletzung für mehrere Wochen ausfiel. Verbissen trainierte er nur die Dinge, die sein ruhig gestelltes Bein zuließ – dies war besonders die Rumpfstabilität. Obwohl er kaum »richtig« trainiert hatte, konnte er nach seiner Genesung eine neue persönliche Bestzeit auf seiner Spezialstrecke aufstellen. Dieses Beispiel zeigt, dass Sie den Ausdruck »richtig trainieren« künftig nicht nur für das Laufen nutzen sollten, sondern genauso für das begleitende Athletiktraining. Beide Komponenten sind gleich wichtig! Beim Rumpfstabilisationstraining »opfern« Sie keine wichtige Trainingszeit – Sie setzen sie höchst sinnvoll ein.

Die Wichtigkeit der Rumpfstabilität kennen die alten Trainerhasen längst aus anderen Disziplinen. Auch ein Schwimmer bewegt seine Arme und Beine an einem hoffentlich kräftigen Rumpf: Ist dieser instabil, so kann die Kraft der Arme und Beine nicht wirkungsvoll eingesetzt werden. Sie werden nun verstehen, was der ehemalige Bundestrainer im Langstreckenschwimmen, Thomas Hetzer, sagt: »Der leistungslimitierende Faktor eines Eliteschwimmers ist nicht die Arm- und Beinkraft, sondern die Rumpfstabilität als Basis für ein effektives Schwimmen.«

So sieht optimales Krafttraining aus

Sie trainieren Ihren Körper in den Bereichen Laufkraft (Kräftigung der Vortriebsmuskulatur) und Rumpfstabilisation (beinhaltet Beinachsen- und Beckenstabilität). Doch Achtung: Krafttraining ist nicht gleich Krafttraining.

Wenig Gewicht – viele Wiederholungen

Ein stabiles Muskelkorsett aufzubauen, das Sie dauerhaft in Ihrer physiologischen Haltung stützt, bedarf keiner Muskelberge. Ferner werden Sie auch keine große Gewichtszunahme zu verzeichnen haben, wenn Sie Ihr Krafttraining richtig durchführen. Sie wandeln Ihr Fett einfach in Muskelmasse um! Der Trick für Ihr richtiges Krafttraining: kleine Gewichte, die häufig bewegt werden. Darin liegt der Hauptunterschied zu Bodybuildern, die größte Gewichte nur wenige Male bewegen. Wer sich möglichst dicke und voluminöse Muskeln antrainieren will, der absolviert mit hohen Gewichten zwei bis acht Wiederholungsserien. Sie hingegen nehmen ein kleines Gewicht und machen 15 bis 30 Durchgänge der gleichen Übung. In den meisten Fällen können Sie mit dem eigenen Körpergewicht arbeiten.

Krafttraining ist überall möglich

Wer ehrgeizig trainiert, führt sein Krafttraining nach dem Training von Schnelligkeit und Koordination durch – auf jeden Fall vor dem der Ausdauer: Aufwärmen, Lauf-Abc, Krafttraining und dann einen Dauerlauf. Für alle anderen gilt: Bauen Sie Ihr Krafttraining einfach in Ihre Laufrunde ein. Wenn Sie auf Ihrer Laufrunde an einem Kinderspielplatz vorbeikommen, machen Sie einfach Klimmzüge am Klettergerüst. Auf dem Rasen eines Sportplatzes macht das Krafttraining noch mehr Spaß als auf einer Gymnastikmatte im Wohnzimmer – und wer sagt eigentlich, dass die Sitzbänke nur für wachsame Mütter geeignet sind und nicht ebenso für die Kräftigung Ihrer Streckerkette? Die Bank bei Kilometer drei nutzen Sie für die Kräftigung Ihrer Abduktoren, an der Bordsteinkante in der ruhigen Nebenstraße pushen Sie Ihre Waden. Seien Sie kreativ!

Aber auch das Fitnessstudio ist an Vielseitigkeit nicht zu überbieten. Wer die Geräte nicht mag, der kann auf elastische Therapiebänder oder kleine Hanteln ausweichen. Ein weiterer Vorteil: Sie können mit Gleichgesinnten zusammen trainieren. Erfahrene Trainer kontrollieren und helfen Ihnen bei der Bewegungsausführung. Die Zeiten, in denen muskelbepackte Schwergewichte in heruntergekommenen Hinterhofhallen trainiert haben, sind längst vorbei. Lassen Sie sich neben den Trainingsmöglichkeiten am besten gleich die Wellness- und Regenerationsmöglichkeiten Ihres Studios zeigen. Viele Clubs bieten Sauna, Dampfbad und Whirlpool an – die ideale Möglichkeit zur Regeneration.

Meine Herren: Bauch, Beine, Po!

»Problemzonen« bearbeiten: Bauch-Beine-Po-Kurse sind sehr beliebt in Fitnessstudios – bei Frauen. Bei Männern sind sie eher verpönt. Die Damen erweisen sich an dieser Stelle als das intelligentere Geschlecht: Interessanterweise handelt es sich dabei nämlich genau um die Problemzonen des Läufers! Also los, liebe Herren: Die Kurse haben meist eine Länge von 30 bis 60 Minuten und widmen sich mit einer Vielzahl von Übungen den typischen Läuferschwachpunkten. So manch einem gestandenen Marathoni ging hier schon die Puste aus. Dank Gruppendynamik fällt Ihnen das Training leichter und mit Musik macht die Gymnastik noch mal so viel Spaß!

Zeitfaktor und Trainingspensum

Eine häufige Frage von Läufern, die ihr Training unter Zeitdruck absolvieren müssen: Wenn ich nur fünf oder zehn Minuten pro Woche Zeit habe, lohnt es sich dann überhaupt? Ja, eindeutig! Es gibt beim Krafttraining sicherlich keine Schwellendosis für die Wirksamkeit. Und wenn Sie einmal keine Zeit für das Standardprogramm haben, dann lassen Sie einfach ein paar Übungen weg. Vielleicht haben Sie ein anderes Mal mehr Zeit und machen die Übungen dann etwas ausführlicher. Berechtigterweise stellt sich allerdings die Frage nach dem optimalen Trainingspensum. Das hängt natürlich sehr von Ihren Zielsetzungen ab, ein Freizeitläufer, der seine Gesundheit verbessern will, für den lautet meine Empfehlung: zweimal pro Woche 30 Minuten Kräftigung. So können Sie Problemen vorbeugen – oder diese im schlimmsten Fall beseitigen. Je höher Ihre Ziele, desto höher auch die Anforderungen an die Rumpfstabilität und die Kraft der Beinmuskulatur. Das Extrembeispiel der deutschen Spitzentriathleten: fünf Stunden Kraft- und Dehnungstraining pro Woche im Wintertraining. Für all diejenigen, die nicht so viel Zeit erübrigen können und wollen, enthalten meine Trainingspläne die effektivsten Kraftübungen – speziell für Läufer entwickelt und in drei Leistungsstufen unterteilt: Einsteiger, Fortgeschrittene und Profis. Alle Übungen, die Sie schnell und verletzungsfrei machen, finden Sie in Kapitel 6.

5

5

Beweglichkeit und Stretching

Wie war das bei Ihnen im Schulsport: Kamen Sie mit den Fingern an Ihre Füße? Oder war das ein Ding der Unmöglichkeit? Beweglichkeit kann man durchaus trainieren, doch was die Grundvoraussetzungen betrifft, ist jeder Mensch unterschiedlich beweglich. Die Beweglichkeit wird von verschiedenen Faktoren bestimmt, man unterscheidet dabei zwischen endogenen (inneren) und exogenen (äußeren) Faktoren.

Endogene Faktoren

Beeinflussbar:

- → Dehnungszustand der Muskulatur
- → Kraft der Gegenspieler am Gelenk (bei aktiver Dehnung)
- → neurophysiologische Bedingungen (emotionaler Erregungszustand, Ermüdungsgrad, Schmerz)
- → Stoffwechsel (Laktatwert, Körpertemperatur)

Kaum beeinflussbar:

- → mechanische Beweglichkeit des knöchernen Gelenks
- → Umfang der Muskelmasse
- → anthropogene Voraussetzungen (Alter, Geschlecht)
- → Veranlagung bezüglich der Dehnfähigkeit von Muskel- und Bindegewebe

Exogene Faktoren

- → Tageszeit
- → Außentemperatur
- → äußere Kräfte (Massenträgheit, Schwerkraft)

Warum werden Muskeln kurz?

Die Skelettmuskulatur besteht aus tonischer und phasischer Muskulatur. Die tonischen Muskeln sind die Haltemuskeln, sie stabilisieren den Körper. Tonische Muskulatur neigt zur Verkürzung (besonders bei Büroarbeitern), so ist zum Beispiel die der Oberschenkelrückseite oder der Hüftlendenmuskel oft zu kurz. Die phasische Muskulatur ist die Vortriebs- oder Bewegungsmuskulatur. Sie ist meist lang genug, aber nicht ausreichend kräftig. Zu schwach sind oft die Gesäßmuskulatur und die Beinabspreizer.

Bewegen Sie sich ausreichend, bleibt alles im Gleichgewicht. Ihr Körper ist dafür gemacht: Ihre Vorfahren waren ständig in Bewegung, sie warfen Speere, sie jagten, trugen, zogen und schoben Beute und Baumaterial. Sie dagegen heben wahrscheinlich gerade einmal einen Kasten Wasser beim Samstagseinkauf – ansonsten sitzen Sie: auf dem Küchenstuhl beim Frühstück, im Auto, bei der Arbeit sowieso, auf dem Sofa … So leidet der Schultergürtel unter Ihrer täglichen Arbeit am Schreib-

» Wer als Kind schon unbeweglich war, wird nie ein Schlangenmensch. «

Tonische und phasische Muskulatur

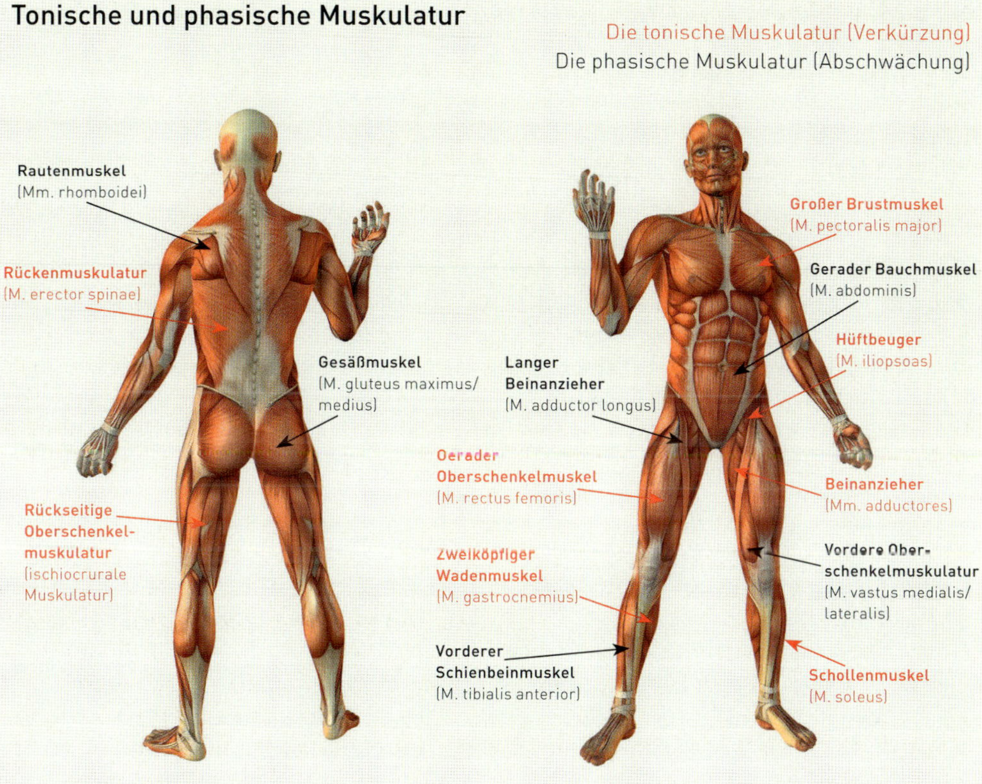

tisch. Ihr Rücken wird rund, Ihr Kopf schiebt sich vor, Ihre Brust zieht sich vorn zusammen. Wenn Sie diese Haltung nur kurzfristig einnehmen, ist alles in Ordnung. Tun Sie dies aber zehn Stunden am Tag im Büro und den Rest des Tages auf dem Sofa, im Auto oder am Esstisch, dann bringen Sie Ihre Muskeln in eine Dauerfehlhaltung. Da hilft dann kein kurzes Recken und Strecken mehr, wie es der Steinzeitmensch gemacht hat, wenn er sich mal »verlegen« hat – nein, das führt dazu, dass Ihre tonische Muskulatur verkümmert und Ihre phasische Muskulatur sich verkürzt.

Eine solche Fehlhaltung schädigt auf Dauer auch Ihre Wirbelsäule – Nackenverspannungen und Rückenschmerzen sind die Folge. Und diese »Zivilisationsverkürzungen« führen zum Zivilisationslaufstil – den haben Sie bereits in Kapitel 2 kennengelernt. Das wird besonders an der Hüfte deutlich: Durch permanentes Sitzen verkürzt sich der Hüftlendenmuskel und Sie können das Bein nicht mehr ausreichend nach hinten bewegen. Sie knicken beim Laufen in der Hüfte ab und »sitzen«, anstatt leicht und elegant zu laufen. Ein besonderes Augenmerk sollte also den für unsere Zivilisation typischen Verkürzungen gelten. Die sind nämlich hausgemacht – und behebbar! Physiotherapeuten haben es, wenn man so will, meist mit »Zivilisationsverkürzungen« zu tun.

Hilft Stretching?

Stretching soll Abhilfe schaffen! Das kontrollierte Ziehen an den Muskeln ist jedem bekannt, vielmehr noch: Stretching ist seit Jahrzehnten ein Inbegriff verantwortungsbewusster Sportausübung. Der Sportler, der es nicht durchführt, hat stets ein schlechtes Gewissen. Es wird seit jeher darauf hingewiesen, dass Dehnen ein herausragender Verletzungsschutz sei. Das ist jedoch fragwürdig – obwohl heute in jedem Sportmagazin das Dehnen angepriesen wird.

Wie viel Beweglichkeit ist normal? Hypo- und hypermobile Typen

Die große Frage vor allem Dehnen ist allerdings, wie beweglich ein Gelenk denn eigentlich sein soll. Es gibt hierzu unzählige medizinische Fachbücher mit unzähligen Normwerten, die allesamt die Frage aufwerfen, wer denn überhaupt bestimmt, was »normal« ist und was nicht. Ist es der Bevölkerungsdurchschnitt? Ist derjenige krank, der fünf Grad weniger Hüftstreckung erreicht, oder der, der zehn Grad mehr erreicht?

Neben normalbeweglichen Menschen gibt es hypo- und hypermobile Typen. Erstere sind unterbeweglich – sie kamen früher nie mit den Fingerspitzen an ihre Füße, ihre Gelenke sind eher unbeweglich. Oft sind Männer hypomobil. Hypermobile Typen sind hingegen häufiger beim weiblichen Geschlecht zu finden. Die Gelenke sind überbeweglich, oft eine Folge sehr dehnfähigen Bindegewebes. Eine kritische Untersuchung von Dr. Hinzmann[1] stellte 1989 klar, dass die Gelenkbeweglichkeit wie fast alle medizinischen Messwerte der Normalverteilung unterliegen: Mittlere Bewegungsausmaße sind am häufigsten, etwas verminderte oder vermehrte Beweglichkeit kommt seltener vor, während extrem steife oder extrem flexible Menschen sehr selten sind. Die Grenzen vom Gesunden zum Kranken sind ferner fließend und schwer zu bestimmen.

Sie sind also nicht besser oder schlechter, wenn Sie beweglicher sind. Sie sind ja auch nicht besser oder schlechter, weil Sie 183 Zentimeter groß sind und nicht 177. Außerdem wird derjenige, der als Kind mit den Fingerspitzen die Füße nicht berühren konnte, dies meist auch mit reichlich Dehnen nur schwer erreichen. Beim Dehnen geht es also weniger um das Erreichen eines für alle Sportler geltenden Normwerts. Es gilt krankhafte und leistungshemmende Verkürzungen zu beheben. Diese entstehen zum Beispiel durch stundenlanges Sitzen auf dem Bürostuhl. Oder durch das Tragen von hohen Absätzen am Schuh. Vor der Therapie steht jedoch immer die Diagnose. Um herauszufinden, welche Muskeln bei Ihnen möglicherweise verkürzt sind, benötigen Sie ein interessantes Instrument: die Muskellängentests. Mein Tipp: Testen Sie Ihre Muskellängen! Wie sehr hat der moderne Lebensstil die Muskeln schon beeinträchtigt? Alle Muskellängentests finden Sie am Ende dieses Kapitels!

Schuhe: Wer schön sein will, muss leiden?

Eklatant ist das Verkürzungsproblem an Ihrem Unterschenkel. Wie viel Zeit haben Sie heute bereits in Schuhen verbracht? Ich nehme an, dass Sie aus dem Bett direkt in Ihre Hausschuhe geschlüpft sind, tagsüber trugen Sie einen Schuh bei der Arbeit und in Ihrer Freizeit – egal ob diese sportiv war oder nicht, Sie werden auch beschuht gewesen sein. Kurzum: Über 90 Prozent Ihrer Wachzeit verbringen Sie in Schuhen. Auch wenn Sie nicht in High Heels unterwegs sind, so weist doch jeder moderne Schuh eine Absatzerhöhung auf, und zwar die Damen- wie auch die Herrenmodelle. Sie verbringen also den Großteil Ihrer Lebenszeit mit einer Erhöhung von zwei bis vier Zentimetern unter der Ferse! Wenn man die Ferse hochstellt, dann wird die Wadenmuskulatur kürzer. Daher haben unzählige Menschen verkürzte Wadenmuskeln – weniger durch den Sport als vielmehr durch die Zivilisationsbedingungen.

Krankhafte Gelenkveränderungen

Gelenkbeweglichkeit ist nicht allein eine Typsache. Bei krankhaften Veränderungen des Skelettsystems können einzelne Gelenke in ihrer Beweglichkeit eingeschränkt sein – selbst bei hypermobilen Typen. Eine solche Krankheit ist zum Beispiel die Hüftgelenkarthrose. Sie verursacht eine Verkürzung des Hüftlendenmuskels (M. Iliopsoas), sodass die Gelenkbeweglichkeit in die Streckung (Extension) gehemmt ist. Bei Menschen mit Wirbelgleiten sind hingegen die rückwärtigen Oberschenkelmuskeln (ischiocrurale Muskulatur) oft isoliert verkürzt. Denn je kürzer sie sind, desto mehr ziehen sie hinten am Becken und vermeiden damit, dass das Becken nach vorn kippt – was das Wirbelgleiten verstärken würde. Werden Sie also hellhörig, wenn nur ein Muskel verkürzt ist!

» Muskuläre Dysbalancen verhindern eine ökonomische Bewegung. «

Muskuläre Balance

Stretching ist nur ein Teil der modernen Verletzungsprophylaxe. Will man das Gesamtsystem verstehen, darf man nicht nur einen einzelnen Muskel betrachten und versuchen, diesen mit Dehnübungen in seiner Länge zu beeinflussen. Man muss stattdessen den gesamten Bewegungsapparat analysieren.

Muskelfasern sind aus kleinen Untereinheiten zusammengesetzt, die aktiv ineinandergleiten können: Das ist die Muskelarbeit. Der Muskel kommt aber nicht von allein aus dieser Position heraus. Er kann sich nicht länger machen, er kann nur länger gemacht werden – von einem anderen Muskel oder durch Einwirkungen der Schwerkraft. Schauen Sie sich das am Beispiel Ihres Oberarms an: Strecken Sie einmal Ihren Arm aus. Wenn Sie jetzt das Ellenbogengelenk beugen, dann benutzen Sie dafür Ihren Bizeps. Dieser verkürzt sich, was Sie daran erkennen, dass er dicker wird. Die Masse der Muskelfasern stapelt sich übereinander. Wenn Sie diesen Zustand wieder ändern wollen, braucht Ihr Bizeps Hilfe. Diese bekommt er durch den Trizeps, der sich an der Rückseite des Oberarms befindet. Wenn er sich verkürzt, dann wird der Bizeps wieder lang gezogen. Diese beiden Muskeln arbeiten also zusammen: als Spieler und Gegenspieler – als Agonist und Antagonist. Ein Muskel allein würde keinen Sinn ergeben – eine Bewegung wäre dann nicht möglich. Diese Paarung existiert folglich an jedem Gelenk. Es gibt immer einen Beuger und einen Strecker, an den Fingern wie am Kniegelenk. Mitunter wird die Muskelpaarung auch für das Anziehen und Abspreizen gebraucht, zum Beispiel an der Hüfte. Immer sind es Muskelpaare, die gemeinsam ein Gelenk bewegen.

Symptome und Folgen muskulärer Dysbalancen

Symptome

- Kopfschmerz
- Belastungsschmerz, eventuell später Ruheschmerz
- muskuläre Verspannungen (Myogelosen)
- Durchblutungsstörungen, Taubheitsgefühl

Folgen

- Verschleißerscheinungen der Gelenke
- Sehnenschädigung
- Muskelverletzungen (Zerrungen, Risse)
- Blockierungen

Die muskuläre Dysbalance als Federmodell

Sie können die Muskelpaare bei einem Gelenk mit zwei Federn vergleichen. Wenn die Feder der einen Seite ausgeleiert ist, dann ist es wenig sinnvoll, die Feder der Gegenseite durch Dehnen zu verlängern: Sie würden eine Instabilität des muskulären Führungsapparats erzeugen. Vielmehr ist es notwendig, dass Sie die ausgeleierte Feder wieder auf Spannung bringen – mit Kräftigungsübungen. Sie sehen: Die Balance der Muskelspannung stellen Sie eher mit Kräftigungs- als mit Dehnungsübungen wieder her.

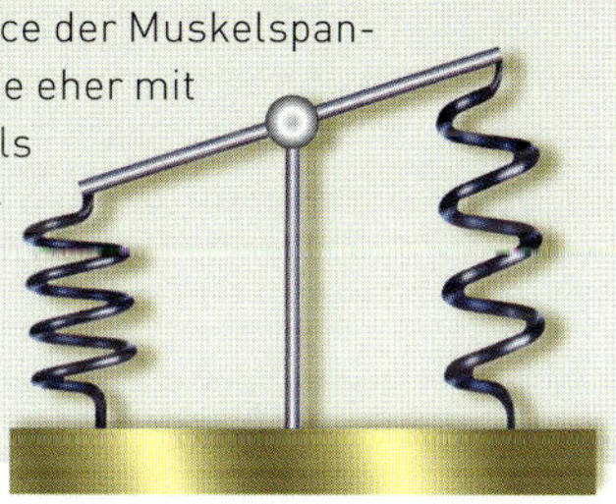

Muskuläre Dysbalance

Die Verkürzung eines Muskels ist deshalb immer eine Störung des gesamten Muskel-Gelenk-Systems – dies wird auch muskuläre Dysbalance genannt. Meist verkürzen sich die Muskeln, deren Gegenspieler schwach sind, weil das Gelenk nicht in der richtigen Position gehalten wird. Dies ist wie bereits erwähnt bei der Hüfte der Fall: Der Gesäßmuskel ist durch unsere Schreibtischarbeit abgeschwächt und deshalb sitzt der Sportler nicht nur im Büro, sondern auch beim Laufen. »Sitzen« beim Laufen heißt, dass das Gelenk nicht mehr vollständig gestreckt wird. Der Hüftlendenmuskel als muskulärer Gegenspieler reagiert nun auch auf diese Fehlhaltung des Gelenks: Er passt sich der verkürzten Position, die er beim Sitzen einnimmt, an und blockiert künftig die vollständige Hüftgelenkstreckung. Ein verkürzter Muskel hat sich also in den meisten Fällen an eine abgeschwächte Gegenseite angepasst.

Die Zivilisations-Dysbalancen und ihre Folgen für den Läufer

❶ Schultergürtel

Kapuzenmuskel (M. trapezius), rhombenförmiger Muskel (Mm. rhomboidei), Brustmuskulatur (M. pectoralis major)

Durch das lange Sitzen am Schreibtisch verkümmert die Zwischenschulterblattmuskulatur. Sie sitzen mit immer runderem Rücken und fallen in sich zusammen. Die Brustmuskulatur verkürzt und fixiert damit die Fehlhaltung. Irgendwann ist der Rückenbereich kaum mehr in der Lage sich aufzurichten.

❷ Bauch/Rücken

Rückenmuskulatur (M. erector spinae), gerade Bauchmuskeln (M. rectus abdominis)

Ständiges Sitzen schwächt Ihre Bauchmuskeln (M. rectus abdominis), sie geben nach, werden also lang, ein Hohlkreuz entsteht – auch wegen der zur Verkürzung neigenden Rückenstrecker. Ohne kräftiges Widerlager kann sich Ihre Wirbelsäule nicht halten und kippt vor allem in der Abdruckphase des Laufens ins Hohlkreuz.

❸ Hüfte frontal

Schenkelanzieher (Mm. adductores), Beinabspreizer (Mm. abductores)

Die Schenkelanzieher (Adduktoren oder Mm. adductores) sind eine große Muskelgruppe an der Oberschenkelinnenseite. Sie sorgen unter anderem für eine wirksame Stabilisierung des Kniegelenks bei der Laufbewegung. Meist sind sie zu kurz.

Viel kleiner sind die Abduktoren. Sie halten jedoch beim Einbeinstand Ihr gesamtes Körpergewicht in Balance und stabilisieren damit Ihre Hüfte. Meist jedoch nicht ausreichend – sie neigen zur Schwäche.

❹ Hüfte sagittal

Hüftbeuger (M. iliopsoas), Gesäßmuskulatur (M. gluteus maximus)

Der Hüftbeuger (M. iliopsoas) ist wichtig für einen weiten Schritt hinter dem Körper. Leider neigt er zur Verkürzung, so wie sein Gegenspieler – die Gesäßmuskulatur – zur Abschwächung neigt. Die typische muskuläre Dysbalance führt deshalb zum »sitzenden Laufstil«, weil die Hüfte nicht mehr gestreckt wird. Außerdem kann der Muskel an Ihrer Lendenwirbelsäule zerren – ein Hohlkreuz entsteht.

❺ Oberschenkel

Oberschenkenkelstrecker (M. quadriceps), hintere Oberschenkelmuskulatur (Mm. ischiocrurales)

Der Oberschenkelstrecker (M. quadriceps) führt und stabilisiert Ihre Kniescheibe optimal – sofern innerer und äußerer Anteil gleichmäßig entwickelt sind.

Die hintere Oberschenkelmuskulatur (Mm. ischiocrurales) funktioniert vielfältig: Sie streckt in der Hüfte und verhindert so zusammen mit dem Gesäß das »Sitzen« im Laufen. Darüber beugt sie im Kniegelenk und schützt es vor Scherbelastungen, indem sie das vordere Kreuzband unterstützt.

❻ Unterschenkel

Zwillingswadenmuskel (M. gastrocnemius), Schollenmuskel (M. soleus), vordere Schienbeinmuskulatur (M. tibialis anterior)

Ihre Waden sorgen für den Energieretourn. Sind sie deutlich verkürzt, muss sich Ihr Fuß zu früh vom Boden lösen. Die Spannung auf die Achillessehne steigt stark an, noch bevor Knie- und Hüftgelenk sich dynamisch für die Abdruckbewegung strecken können.

Der oberflächliche Zwillingswadenmuskel (M. gastrocnemius) ist besonders dann aktiv, wenn Sie Ihr Knie in der Laufbewegung strecken – er ist sozusagen Ihr Abdruckmuskel.

Unterhalb des Zwillingswadenmuskels liegt der Schollenmuskel (M. soleus). Er bleibt von der Kniefunktion unbeeinflusst – sein Ursprung sitzt tiefer. So bleibt seine Spannung auch bei einer Kniebeugung erhalten. In der Stützphase der Laufbewegung trägt er Ihren Körper und sichert Ihren Fuß. Der Schollenmuskel ist der Haltemuskel Ihrer Wade.

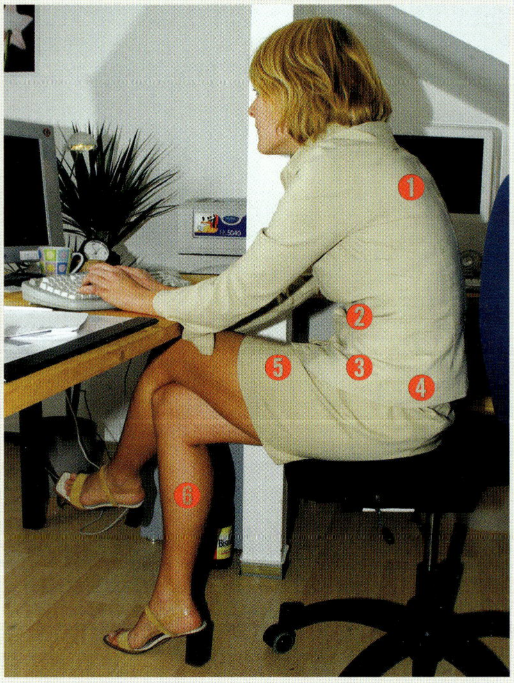

Statisches und dynamisches Stretching

Es gibt verschiedene Methoden, verkürzte Muskeln zu längen: Die Dehnung kann dynamisch oder statisch erfolgen. Die sogenannte ballistische Dehnung, die durch Wippen und Federn erzielt wird, ist in den 1980er-Jahren sehr in Verruf geraten, im Gegenzug wurden die statischen Dehnmethoden mit passiven und aktiven Übungen modern. Bei den passiven, statischen Dehnungsübungen wird der Muskel durch die Einnahme einer bestimmten Position, durch die Schwerkraft und/oder einen Trainingspartner dauerhaft gedehnt. Bei den aktiven Dehnungsübungen wird die Dehnung beispielsweise durch die Anspannung des Gegenspielers herbeigeführt. Das ist vorteilhaft, denn die Anspannung des Gegenspielers ruft eine reflexartige Entspannung des Spielers hervor – und die ist im Rahmen des Dehnungstrainings natürlich durchaus erwünscht!

Im Sport oder der Therapie von Patienten werden auch weitaus komplexere Dehnungsübungen wie die Anspannungs-Entspannungs-Dehnungs-Methode angewendet. Der Muskel wird zuerst angespannt und nachfolgend entspannt – das erreicht im Nachgang eine effektivere Dehnung. Selbstverständlich werden die Übungen hierdurch wesentlich komplizierter. Die typischen Bewegungen, die Sie zur Anspannung und Entspannung eines jeden Muskels benötigen, müssen Sie hierfür genau kennen. Nichts für Ihren Trainingsalltag also. Ich empfehle daher die Dauermethode – diese wende ich auch in meinen Kursen an. Die Dehnung ist passiv und statisch: Mithilfe Ihres Körpergewichts und der Schwerkraft gehen Sie langsam in die Dehnungsposition, halten sie für 20 Sekunden und lösen sie langsam wieder. Auf das ballistische Wippen verzichten wir im Freizeitsport, weil es Sportlern meist schwerfällt, das richtige Maß für solche Bewegungen zu finden. Geben Sie Ihren Muskelspindeln besser sanft die Gelegenheit, sich auf die Dehnung einzustellen. So können Sie Ihre Muskeln langsam auseinanderziehen und das gewünschte Ergebnis erzielen. Schmerzen dürfen Sie dabei auf keinen Fall haben, nur ein angenehmes Dehnungsgefühl.

Stretching wirkt nur im Gesamtkonzept

Noch einmal im Klartext: Sie zerren bestenfalls einmal am Tag für 20 bis 30 Sekunden an Ihrem Hüftlendenmuskel, der sich während der 14 Stunden am Tag, die Sie auf unterschiedlichen Stühlen verbringen, verkürzt. Und auch während Ihrer einstündigen Laufrunde findet sich der Muskel in der sitzenden, zur Verkürzung führenden Fehlhaltung wieder? Das allein kann natürlich nicht zu einem ausgeglichen trainierten Bewegungsapparat führen. Nur die Kraft der Gegenspieler holt Sie aus den Fehlhaltungen heraus. Krafttraining ist daher wichtiger als Stretching! Ist der Agonist aufgrund des vorwiegend sitzenden Lebensstils zu kurz, bringt es wenig, ihn auf die Länge des zu schwachen Antagonisten zu dehnen! Kräftigen Sie diesen lieber – er zieht den Agonisten wieder in seine optimale Länge! Ein straffes Muskelkorsett schützt Sie besser vor Verletzungen als ein ausgeleiertes!

5

Mein Tipp

Stretching: So machen Sie es richtig

Wer stretchen sollte und wer besser nicht

→ **Hypermobile Läufer:** Lassen Sie besser die Finger vom Stretching. Es hilft Ihnen nicht, sondern erhöht im Gegenteil eher die Verletzungsgefahr. Konzentrieren Sie sich auf das Kraft- und Koordinationstraining und stretchen Sie nur, wenn Sie es zu Regenerationszwecken unbedingt wünschen.

→ **Hypomobile Läufer:** Sie können vom Stretching profitieren. Stretchen Sie regelmäßig, so verbessern Sie Ihre Gelenkbeweglichkeit. Ein ausreichend langer Hüftlendenmuskel macht Sie sogar schneller!

→ **Normal bewegliche, gesunde Läufer:** Mit dem Standard-Programm aus meinem System können Sie Ihre Beweglichkeit erhalten. Sie beugen effektiv Verkürzungen vor – eine Viertelstunde haben Sie sicherlich hin und wieder Zeit!

→ **Gesunde Läufer mit spezifischen Dysbalancen:** Stretchen Sie mit dem Standard-Programm aus meinem System und ergänzen Sie die Übungen gegebenenfalls um geeignete, speziell für die verkürzte Muskelgruppe. Beispiele finden Sie im Kapitel 15 (Verletzungsmanagement).

→ **Verletzte Läufer mit Beschwerden:** Auch Sie sollten regelmäßig dehnen! Absolvieren Sie regelmäßig das Standard-Programm aus meinem System und ergänzen Sie dieses um spezielle Übungen nach Maßgabe Ihres Therapeuten.

Halten Sie die Dehnungsspannung auf keinen Fall zu kurz!

Der Muskel ist ein empfindliches Gebilde. Um es vor Rissen und Überlastung zu schützen, ist es durchsetzt von kleinen Dehnungsfühlern, den sogenannten Muskelspindeln. Die Muskelspindeln kontrollieren immerzu die Länge des Muskels. Treten Sie zum Beispiel in ein Loch im Boden, wird die Länge der Beinmuskeln ungewöhnlich rasch geändert. Die Muskelspindeln reagieren noch in der Schrecksekunde: Sie spannen sich blitzschnell an! Das nennt man einen Reflex. Der Arzt macht mit seinem Reflexhammer am Knie genau das Gleiche: Er schlägt auf die Sehne, der Muskel wird rasch in seiner Länge geändert und spannt sich deshalb an. Diesen Mechanismus müssen Sie beim Dehnen unbedingt bedenken. Sonst sorgen die Muskelspindeln dafür, dass der Muskel sich anspannt, anstatt gedehnt zu werden. Sie können Ihre Dehnungsfühler überlisten: Ziehen Sie ruhig und gleichmäßig an den Muskeln, nicht ruckartig. Und halten Sie die Dehnung lange genug: Die Muskelspindeln hören erst nach sieben Sekunden auf, den Muskel zum Anspannen zu aktivieren! Wer kürzer dehnt, erreicht dagegen nicht den gewünschten Effekt.

Der richtige Zeitpunkt fürs Stretching

Unter folgenden Bedingungen ist ein Dehnprogramm sinnvoll:

→ Dehnungszeitpunkt in einem erwärmten, nicht ermüdeten Zustand
→ nach dem Krafttraining der Antagonisten
→ nach dem Rumpfstabilisations- und Haltungstraining
→ nach regenerativen Anwendungen

Dehnen kann auch schaden! Dehnen Sie Ihre Muskulatur

→ **nicht** nach intensivem Training oder einem harten Wettkampf
→ **nicht** unmittelbar vor dem Training oder einem Wettkampf

» 20 Sekunden Stretching: Kampf gegen Windmühlen! «

Richtig dehnen: die Oberschenkelrückseite

Den Fuß nicht zur Nasenspitze ziehen? Das haben Sie sicher einmal anders gelernt, nicht wahr? Die Sportwissenschaft hat aber in jüngster Zeit erkannt, dass man mit dieser Übungsdurchführung keinen optimalen Dehnerfolg erreicht. Die Gründe können Sie ganz einfach in einem kleinen Selbsttest nachvollziehen. Gehen Sie einmal in die Grundposition für die Dehnübung. Neben dem gerade vorgebeugten Rücken ziehen Sie nun auch die Zehenspitzen zur Nase. Wenn Sie eine ausreichende Dehnspannung aufgebaut haben, klappen Sie bitte die Fußspitze flach herunter. Was ist passiert? Die Dehnspannung war in null Komma nichts verschwunden. Interessant ist die Tatsache, dass sich die Stellung von Knie- und Hüftgelenk zueinander durch die Fußposition nicht geändert hat. Somit hat sich am Spannungszustand der hinteren Oberschenkelmuskulatur ebenfalls nichts geändert, denn die verläuft ja zwischen Knie und Hüfte und nicht etwa zwischen Hüfte und Fuß. Was ist die Erklärung für dieses außergewöhnliche Phänomen? Die Spannung auf dem Ischiasnerv, der vom Rücken bis in die Großzehe verläuft, verursacht den unangenehmen Dehnungsschmerz. Er wird besonders durch das Anziehen der Zehenspitzen gestreckt und gereizt. Damit Sie nicht anstelle Ihrer hinteren Oberschenkelmuskulatur den Ischiasnerv dehnen, lassen Sie in Zukunft einfach den Fuß flach auf dem Boden.

5

5

Kontroverse: Taugt Stretching als Verletzungsschutz?

An Stretchingübungen werden in der Regel folgende hohe Erwartungen geknüpft:

- → Beseitigung von muskulären Dysbalancen
- → Abnahme von Muskelspannung
- → Verbesserung der Regeneration
- → Verhinderung von Muskelkater und Muskelverletzungen
- → Verbesserung der sportlichen Leistung
- → Verbesserung der Elastizität
- → Ökonomisierung der Bewegung
- → Verbesserung des Bewegungsausmaßes

Fakt ist: Nur der letzte Punkt ist wissenschaftlich belegt.[2] Ihre Gelenke werden durch Stretching beweglicher. Ansonsten gilt: Die Stretchingdogmen, die vielen dehnmüden Sportlern in den letzten Jahrzehnten ein schlechtes Gewissen beschert haben, wandelten sich in letzter Zeit. Stretching ist in die Kritik geraten: Der vermeintlich sichere Verletzungsschutz entpuppte sich nur bedingt als tauglich, um Läuferprobleme zu lösen. So zeigten Studien:

- → Dehnungsübungen können den Muskelkater nach hartem Training offenbar nicht verhindern.[3,4] Wahrscheinlich können sie den muskulären Schaden nach einer harten Trainingseinheit weiter erhöhen[5]! Mit lockerem Auslaufen verarbeiten Sie die hohe Belastung besser als mit Stretchingübungen.
- → Stretching allein dient nicht der Verletzungsprophylaxe (wenn auch nicht ausschließlich an Läufern untersucht).[6,7,8] Stretching kann anscheinend allenfalls zusammen mit Krafttraining muskuläre Dysbalancen verringern und dadurch Verletzungen teilweise vorbeugen.

Verletzungsanfälligkeit trotz Stretching

Die Studien bestätigen das Phänomen, dass viele Athleten trotz fleißigen Stretchings verletzt sind, während es zahlreiche Athleten trotz ihrer Faulheit in Sachen Stretching nie sind. »Stretching schützt nicht vor Verletzungen« – Sie können sich vorstellen, dass eine derartige Aussage für größten Aufruhr in der Sportszene sorgte. Sollte plötzlich Arnold Glasows Aussage, »Was gestern die Formel für den Erfolg war, wird morgen das Rezept für Niederlagen sein«, auch für das Stretching zutreffen? Trainer, Physiotherapeuten und Ärzte aus verschiedenen Disziplinen waren betroffen, hatten sie doch unter Umständen über Jahrzehnte ihren Sportlern die Vorzüge des Dehnens gepredigt.

Vorteile des Stretchings

Ganz unrecht hatten sie mit dem Einsatz des Stretchings aber auch nicht: Stretching erzielt beweglichere Gelenke[8]. Der Trainer sieht darin das Potenzial einer besseren Entfaltung des Bewegungsablaufs. Der Schritt wird länger und raumgreifender. Physiotherapeuten und Ärzte versuchen, Fehlhaltungen und schädliche Gelenkstellungen durch Stretching auszugleichen. Außerdem weiß jeder Sportler, dass er durch beherztes Dehnen bei einem Krampf in der Tat den Muskeltonus senken kann. Und die therapeutischen Erfolge sprechen ganz einfach für sich: Die langjährige Erfahrung hat gezeigt, dass der richtige Einsatz der Übungen in einem Gesamtkonzept aus Kraft- und Koordinationstraining viel erreichen kann. Deshalb ist uns das Stretching in der medizinischen Therapie sowie im Sport auch stets erhalten geblieben.

Koordination und Koordinationstraining

Sie wissen Ihren Körper nun zu kräftigen und auszubalancieren. Zumindest Muskel für Muskel. An diesem Punkt kommt die Koordination ins Spiel: Ihre Muskeln sind wie das Team eines Großunternehmens. Jede Menge verfügbare Arbeitskraft – die allerdings verpufft, wenn jeder tut, wozu er gerade Lust hat und sich nicht mit den anderen abstimmt. Das kennen Sie – das funktioniert nicht. So ist es jedoch auch bei Ihren Muskeln: Die arbeiten nie allein, sondern stets mit den anderen zusammen.

Die große Schaltzentrale für dieses Zusammenspiel ist Ihr Gehirn: Einlaufende Nervenstränge senden Informationen von Muskeln und Gelenken, auslaufende Nervenstränge geben Impulse, die den Muskel aktivieren. So wird das Gehirn permanent über den Spannungszustand und die Länge der Muskeln informiert. Ferner ist es stets über die Stellung der Gelenke zueinander im Bilde.

Der Mensch ist ein lernfähiges Wesen. Je fleißiger Sie an etwas arbeiten, desto überzeugender sind in der Regel Ihre Ergebnisse – vom Einflussfaktor »Talent« einmal abgesehen. Bei motorischen Vorgängen verhält es sich genauso. Gehen und Laufen haben Sie gelernt – aber wahrscheinlich kaum perfektioniert. Hinzu

kam, dass Sie das Laufen unter unvorteilhaften Bedingungen der modernen Zivilisation gelernt haben. Insofern ist es sinnvoll, die Laufbewegung erneut einzustudieren. Und die Koordinationsübungen sind das Feintuning dafür!

Die kinästhetische Differenzierungsfähigkeit ist die Fähigkeit für hohe Feinabstimmung und eine große Bewegungsökonomie, die Reaktionsfähigkeit lässt Sie motorisch auf Signale reagieren, und die Kopplungsfähigkeit lässt Sie Teilkörperbewegungen räumlich, zeitlich und dynamisch aufeinander abstimmen. Mithilfe der Orientierungsfähigkeit können Sie Veränderungen der Lage oder Bewegung zielgerecht anpassen – das klappt zum Beispiel nicht mehr, wenn Sie mehr als ein Glas Rotwein getrunken haben. Dann wird es auch schwer mit der Gleichgewichtsfähigkeit: Sie hält Ihren gesamten Körper im Gleichgewichtszustand. Weitere Fähigkeiten sind die Umstellungsfähigkeit, die Ihre Handlung an (plötzlich) geänderte Umgebungsbedingungen anpasst, und die Rhythmisierungsfähigkeit, mit der Sie einen von außen vorgegebenen Rhythmus erfassen und motorisch umsetzen können – zum Beispiel im Takt Ihrer Musik zu laufen. Besonders relevant sind für Sie die kinästhetische Differenzierungsfähigkeit, mit der Sie Ihre Bewegungsabläufe optimieren können, und die Gleichgewichtsfähigkeit, durch deren Training die Stabilisierungsmuskulatur gestärkt wird.

Ziel des Koordinationstrainings

Ziel ist es, Ihrem Gehirn beizubringen, die Muskeln zum richtigen Zeitpunkt, in der richtigen Art und Weise und im richtigen Team einzusetzen. Koordinationstraining ist zwar auch körperlich anstrengend, in erster Linie ist es aber »Gehirnjogging«. Muskulatur und Gehirn zu verknüpfen zahlt sich aus: Durch das korrekte Ansprechen Ihrer Muskulatur erhalten Sie

- → eine elegante, flüssige Bewegung und damit viel Freude am Laufen,
- → effektive Bewegung, also schnelles Laufen mit neuen Bestzeiten,
- → den unentbehrlichen Verletzungsschutz.

Es gibt Läufer, die durch ein vorbildliches Krafttraining ihre Beckenmuskulatur gut in Form gebracht haben. Der Abspreizer der Hüfte schützt diese auch vor dem gefährlichen Abkippen und stabilisiert das Becken seitlich. Diese Läufer machen dreimal 40 Abspreizwiederholungen in sauberer Übungsdurchführung »mit links«. Wenn diese Sportler aber laufen, dann kippt ihr Becken trotzdem bei jedem Schritt – wie bei einem Untrainierten. Die Laufökonomie ist dahin, der Rücken wird stark belastet. Des Rätsels Lösung liegt im Gehirn: Es hat nicht gelernt, die Muskeln innerhalb des Bewegungsablaufs korrekt anzusteuern und einzusetzen. Trainieren Sie also zielgerichtet und ganzheitlich – Sie brauchen auch Koordinationstraining!

Wie funktioniert Koordinationstraining?

Bewegungen automatisieren

Um die Koordination für das Laufen zu verbessern, isolieren Sie ganz einfach einzelne Teile der Laufbewegung. Sie suchen sich eine Teilbewegung heraus und führen diese vielfach wiederholt sauber durch, damit das Gehirn diesen Bewegungsablauf lernt. Den kann es später abrufen, wenn Sie in die Laufbewegung übergehen. Sie automatisieren die Bewegung förmlich, bis sie im Unterbewusstsein stattfindet. Wie beim Autofahren: In der Fahrschule mussten Sie sich noch auf jede einzelne Aktion konzentrieren. Nach einiger Zeit hatten Sie das Gefühl, Ihr Auto fährt fast von allein. Beim Laufen ist es genauso!

Überbetonung sinnvoller Bewegung schult die Koordination

Neben dem Isolieren und Automatisieren einer Teilbewegung gibt es im Sport noch ein weiteres Rezept, um Bewegungen zu perfektionieren. Sie können bestimmte Bewegungen, die oft nur unzureichend ausgeführt werden, so durchführen, dass sie über das gewünschte Maß noch hinausgehen. Der Sinn ist es, über die Extreme die korrekte Bewegung zu erlernen. Im Dauerlauf brauchen Sie dann nicht die anstrengende Extrembewegung durchzufüh-

5

ren, sondern finden nach und nach das Optimum für Ihren individuellen Stil. Ein gutes Beispiel ist der Kniehub: Sie lernen die Bewegung durch vielfaches Anheben des Knies auf 90 Grad (Skipping). Im Dauerlauf nutzen Sie aber nur das dafür notwendige Maß – und das liegt für längere Strecken deutlich unter 90 Grad Kniehub.

Das Training der Koordination

Koordination können Sie auf ganz verschiedene Art und Weise trainieren. Sämtliche Übungen finden Sie in Kapitel 6.

Koordinationsübungen

Stabilisations- und Gleichgewichtsübungen werden von uns in den Trainingsplänen zusammenfassend »Koordinationsübungen« genannt. Sie sind eine Herausforderung für Ihre Geschicklichkeit und dienen der Vernetzung von Nervensystem und Muskulatur. Die Übungen sprechen Ihren Gleichgewichtssinn an und fördern dadurch die Minimalbewegungen, die Ihr Körper zum Ausgleich braucht. Sie aktivieren die tiefliegende Stabilisierungsmuskulatur Ihres gesamten Körpers.

Lauf-Abc

Das Lauf-Abc besteht aus den eigentlichen Laufbewegungsübungen. Sie sind mitunter auch kraftlastig und anstrengend, in erster Linie sind sie aber immer ein Ausschnitt aus dem großen Gesamtbewegungsmuster der Laufbewegung. Einzelteile der Laufbewegung wie Kniehub oder Anfersen werden in einer Übung wiederholt und damit automatisiert.

So steigern Sie den Schwierigkeitsgrad

Eine weitere Steigerung des Schwierigkeitsgrads ist jederzeit möglich. Schließen Sie zum Beispiel während des Balancierens erst ein Auge, dann beide. So wird die Übung deutlich anspruchsvoller. Oder strecken Sie beide Arme in die Luft, um sich der Ausgleichspendel zu berauben. Mit einer weiteren Variante lässt sich das Koordinationstraining auf dem Brett auch in das Gruppentraining integrieren: Werfen Sie sich gegenseitig einen Ball zu. Je ungenauer geworfen wird, desto schwieriger die Übung!

Die Laufkraftübungen

Auch die bereits erwähnten Laufkraftübungen haben, anders als Kraftübungen an einem Gerät im Fitnessstudio, einen koordinativen Aspekt. So trainieren Sie bei Übungen wie »Parkbank« das Miteinander der Muskeln – nicht einen einzelnen Muskel.

Geräte für Koordinationsübungen

Für das Koordinationstraining gibt es verschiedene Trainingsinstrumente, mit denen Sie die Übungen durchführen können. Der Aufwand ist gering: 15 Minuten vor dem Training sind schon genug!

Der Stabilisationstrainer

Stabilisationstrainer sind Weichschaum-Kissen, in die Ihr Fuß leicht einsinkt – ein optimales Training der Fußmuskulatur! Oft sind sie in unterschiedlichen Härten erhältlich – für das Training mit verschiedenen Schwierigkeitsgraden. Die sogenannten Stabitrainer werden von mir in der Praxis und von meinem Team auf den Seminaren eingesetzt.

Das Kippelbrett

Ein Kippelbrett lässt sich bequem selbst bauen: Unter einem Brett, das etwas größer ist als Ihr Fuß, montieren Sie eine schmale Leiste. Auf dieser Leiste kippelt das Brett dann. Je höher und schmaler die Leiste ist, desto schwieriger wird es. Aber nicht nur der Schwierigkeitsgrad kann angepasst werden, sondern auch die zu trainierende Muskelgruppe. Je nach Leistenanordnung (gerade, schräg von außen vorn nach innen hinten oder umgekehrt) werden andere Muskeln angesprochen.

Der Therapiekreisel

Wollen Sie Ihrem Fuß alle Bewegungsrichtungen freigeben, verwenden Sie einen Therapie-

» Das Koordinationstraining optimiert die Laufbewegung. «

kreisel. Darauf müssen Sie Ihren Körper auf einem Punkt ausbalancieren – nicht auf einer Linie. Entsprechend steigt der Anspruch der Übung.

Gummiwärmflasche

Therapiekreisel oder Stabilisationstrainer lassen sich auch durch eine Gummiwärmflasche ersetzen: Füllen Sie diese zu drei Vierteln mit Wasser, schrauben Sie sie fest zu – eine preisgünstige Alternative! Aber wohl keine Lösung auf Dauer.

Die Durchführung des Lauf-Abc

Das Lauf-Abc trainieren Sie immer barfuß. Am besten auf einem gepflegten Fußballplatz. Wenn der Boden zu unangenehm oder zu kalt für Ihre Fußsohlen ist, dann tragen Sie Fußtrainer. Aber niemals Laufschuhe! Sie sollten wenigstens diese Möglichkeit nutzen, auch Ihre Füße richtig zu trainieren. Denken Sie daran: Die Kette reißt immer am schwächsten Glied. Und beim Läufer sind dies meist die Fußmuskeln!

Absolvieren Sie jede Übung über eine Distanz von 10 bis 15 Metern, dafür jede Übung achtmal. Insgesamt trainieren Sie Ihr Lauf-Abc idealerweise über eine Dauer von 15 bis 45 Minuten.

Der richtige Zeitpunkt für das Koordinationstraining

Der beste Zeitpunkt für Stabilisationstraining und Lauf-Abc ist nach einer zehnminütigen Aufwärmphase. Profis absolvieren diese Übungen nach dem Aufwärmen und vor dem Hauptprogramm. Alle anderen trainieren die Koordination einfach vor dem Training: Ziehen Sie Ihre Laufsachen an und machen Sie die drei Einsteigerübungen auf dem Stabitrainer (siehe Kapitel 6), bevor Sie in Ihre Schuhe schlüpfen und loslaufen.

Wichtig: Koordinationsübungen gehören niemals ans Ende eines Trainings! Ihr Bewegungsapparat ist dann bereits ermüdet und Sie könnten die Übungen nicht mehr ganz sauber ausführen – der Trainingseffekt wäre nicht mehr gegeben!

Praxistipp

→ Muskellängentests

Haben Schreibtischstuhl und Autositz Ihre Muskulatur schon verkümmern lassen? Finden Sie es heraus! Sie benötigen lediglich einen Tisch, auf den Sie sich legen können und einen Partner, der Ihr Bewegungsausmaß prüft.

Oberschenkelvorderseite (M. rectus femoris)

In Rückenlage: Winkel im Kniegelenk beurteilen.
Achtung: Kein Hohlkreuz machen!

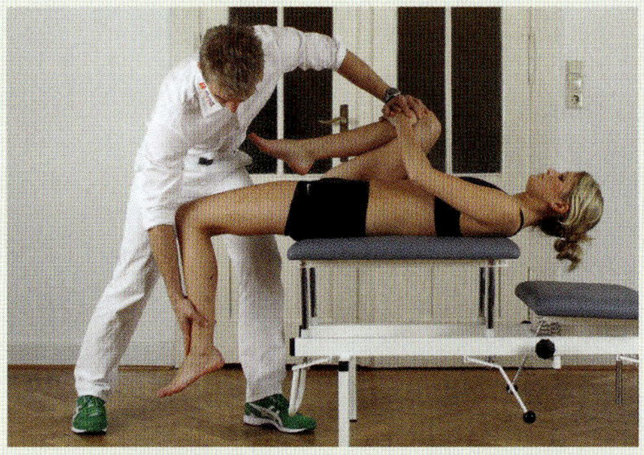

Auswertung:

Kniewinkel < 90°	hypermobil
Kniewinkel = 90°	normal
Kniewinkel > 90°	hypomobil

Oberschenkelrückseite (Mm. ischiocrurales)

In Rückenlage bei gestrecktem Bein: Winkel zwischen Oberschenkel und Boden prüfen.
Achtung: Das andere Bein bleibt gestreckt auf der Liege!

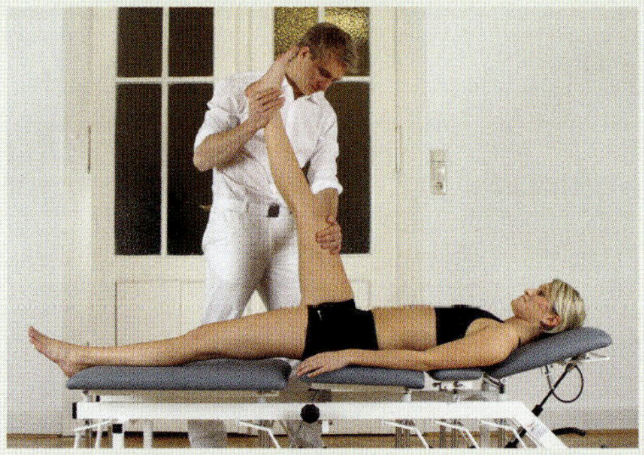

Auswertung:

= 90°	hypermobil
= 70–90°	normal
< 70°	hypomobil

Zwillingswadenmuskel (M. gastrocnemius)

Bei gestrecktem Knie im Liegen: Winkel des Fußes zur Vertikalen prüfen, außerdem die tiefe Hocke prüfen.

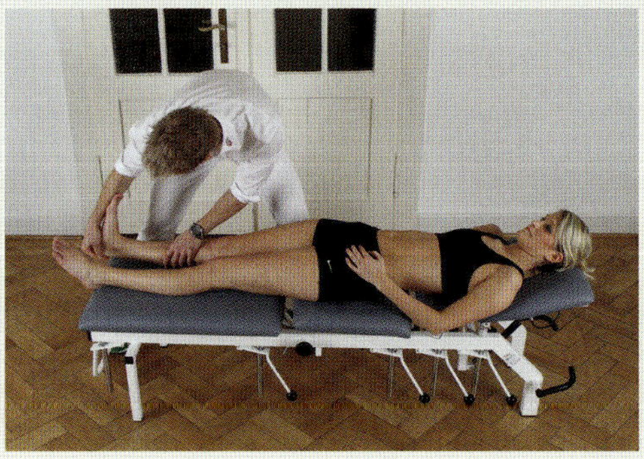

Auswertung:

> 15°	hypermobil
= 10–15°	normal
< 10°	hypomobil

Schollenmuskel (M. soleus)
Bei gebeugtem Knie im Liegen: Winkel des Fußes zur Vertikalen prüfen, außerdem die tiefe Hocke prüfen.

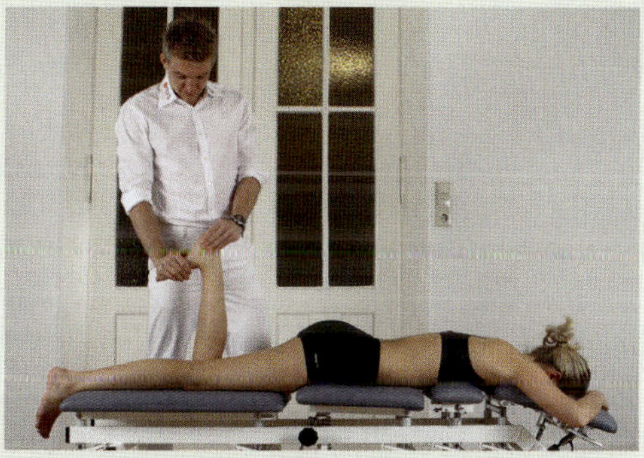

Auswertung:

> 30°	hypermobil
= 20–30°	normal
< 20°	hypomobil

Hüftbeuger (M. iliopsoas)
In Rückenlage an Tischkante: Winkel des Oberschenkels zur Horizontalen prüfen.

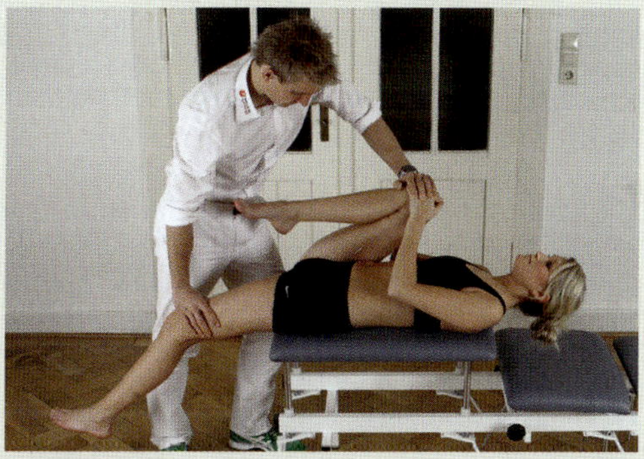

Auswertung:

> 10°	hypermobil
= 0–10°	normal
< 0°	hypomobil

Beinanzieher (Mm. adductores)
In Rückenlage ein Bein aufstellen und nach außen fallen lassen.

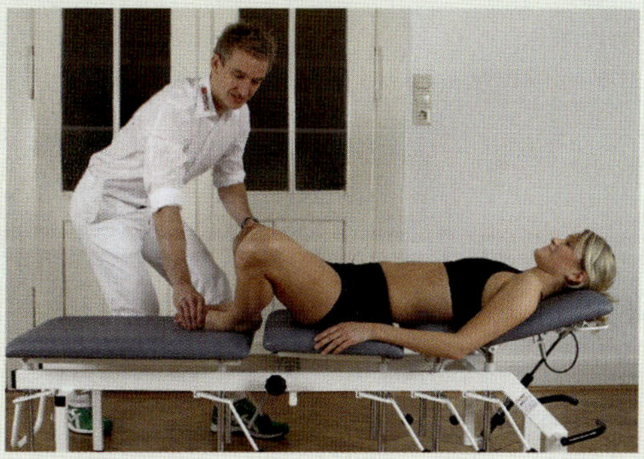

Auswertung:

> 45°	hypermobil
= 45°	normal
< 45°	hypomobil

6

Kapitel 6

Das Trainings- system

6

Sie wissen nun, dass Training auch für Freizeitsportler mehr bedeutet, als einfach nur zu laufen. Die Konzentration allein auf Läufe mit hohem Umfang führt früher oder später zu Verletzungen im Trainingsprozess. Moderne Trainingsplanung dagegen ist vielschichtig: Neben sorgfältig strukturierten Laufeinheiten mit unterschiedlicher Intensität werden Kraft, Koordination und Technik gleichermaßen trainiert – nur so gelingt es auf Dauer, leicht und verletzungsfrei zu laufen.

Und mit Sicherheit haben Sie Ziele beim Laufen: Das kann die Teilnahme am Stadtmarathon sein, eine neue Bestzeit, das Wunschgewicht oder einfach die Reduktion von Stress und gesundheitlichen Risikofaktoren. Diese Dinge wollen Sie selbstverständlich auf effektivem Wege erreichen, schließlich investieren Sie mit jeder Trainingseinheit Zeit und Energie. Und das neben Beruf, Familie, Freunden und anderen Hobbys! Da dürfen Sie schon erwarten, dass Ihre Trainingszeit so effektiv wie möglich genutzt wird. Und ineffektives Training hat schon manchen Sportler frustriert: Da legt einer die Disziplin eines Generals an den Tag und schleppt trotzdem überflüssige Pfunde mit sich herum? Der nächste rennt mit viel Ehrgeiz von Verletzung zu Verletzung, während wieder andere trotz immenser Trainingsumfänge einfach nicht schneller werden. Das verdirbt natürlich den Spaß am Laufen und die Motivation.

MARQUARDT RUNNING ist ein Konzept, das sich an Ihrer natürlichen Bewegung orientiert: Mit einem orthopädisch verträglichen und effektiven Trainingsprogramm lernen Sie, leicht, schnell und verletzungsfrei zu laufen. Abwechslung ist dabei das A und O! Die Trainingspläne für alle Leistungsklassen finden Sie im Anhang, sämtliche Übungen in diesem Kapitel.

Der Aufbau des Trainingssystems

Das von mir entwickelte Trainingskonzept beinhaltet zum einen Laufeinheiten, die durch Intervalltraining auf der Bahn ergänzt werden, und zum anderen Athletiktraining, das Ihren Körper rundum stärkt und so Verletzungen vorbeugt – außerdem trainiert es die laufspezifische Muskulatur und macht Sie schnell!

Das Athletiktraining

Das Athletiktraining enthält die Grundübungen aus den fünf Bereichen Laufkraft, Koordination, Lauf-Abc, Rumpfstabilisation und Stretching – diese Übungen finden Sie ab Seite 176. Für all diejenigen, die mehr tun möchten, enthält das Konzept die Zusatzübungen für die Rumpfkräftigung mit Trainingshilfen und das Stretching (ab Seite 202). Wenn Sie also noch schneller und athletischer werden wollen oder vielleicht zu Verletzungen neigen, sind Sie mit diesem zusätzlichen Rumpfstabilisationsprogramm bestens gerüstet! Eine kurze Beschreibung aller Übungsbereiche finden Sie auf der nächsten Seite.

Sowohl die Grundübungen als auch die Zusatzübungen sind in drei Schwierigkeitsstufen gegliedert: Einsteiger, Fortgeschrittene und Profis. Jeder Bereich enthält pro Stufe drei Übungen – bis auf das Modul Stretching, hier empfehle ich dieselben drei Basisübungen für alle. Das Trainingsprogramm der Grundübungen enthält also für jede Stufe 5 x 3 Übungen inklusive Stretching. Wann Sie am besten welche Übungen machen, entnehmen Sie einfach den Trainingsplänen im Anhang.

»Oha«, denken Sie jetzt vielleicht, »das soll ich auch noch alles machen?« Keine Sorge: Meine Trainingspläne sind abwechslungsreich, aber keinesfalls zeitraubend. Mit durchdacht strukturierten Laufeinheiten schonen Sie Ihren Terminkalender ebenso wie Ihren Bewegungsapparat. Dank der Athletikübungen sparen Sie viel Zeit, die Sie sonst womöglich in Wartezimmern von Orthopäden und Sportmedizinern verbringen würden. Außerdem wissen Sie bereits aus Kapitel 4, wie wichtig das Element Regeneration für die Trainingsgestaltung ist: In meinen Plänen sind auch Tage vorgesehen, an denen Sie gar nicht trainieren. Es sei denn … Sie fühlen sich dank der ausgefeilten Trainingsplanung plötzlich so fit, dass Sie unbedingt aufs Rennrad oder ins Schwimmbad müssen!

Das Trainingssystem von MARQUARDT RUNNING: die Grundübungen

→ Laufkraft 3 x 3 Übungen	→ Koordination 3 x 3 Übungen	→ Rumpfstabi 3 x 3 Übungen	→ Lauf-Abc 3 x 3 Übungen	→ Stretching 1 x 3 Übungen
Einsteiger 15 Minuten	Einsteiger 15 Minuten	Einsteiger 15 Minuten	Einsteiger 15 Minuten	Basisübungen 15 Minuten
Fortgeschrittene 15 Minuten	Fortgeschrittene 15 Minuten	Fortgeschrittene 15 Minuten	Fortgeschrittene 15 Minuten	
Profis 15 Minuten	Profis 15 Minuten	Profis 15 Minuten	Profis 15 Minuten	

6

Athletiktraining: Die Grund- und Zusatzübungen

Die Grundübungen (ab Seite 176)

→ Laufkraft

Die Laufkraftübungen schaffen keine wuchtigen Muskelberge, sondern einen schlanken und leistungsfähigen Körper. Stabilität und Kraftzuwachs bilden die Basis eines vernünftigen Lauftrainings. Die komplexen Bewegungsabläufe sind perfekte Schnell- und Gesundmacher!

→ Koordination

Bringen Sie sich in Balance: Die Koordinationsübungen fördern das Zusammenspiel Ihrer Muskeln optimal. Lassen Sie sich in Ihrer Geschicklichkeit herausfordern!

→ Rumpfstabilisation

Jeder Läufer ist nur so stark wie sein Rumpf, denn dieser bildet die Basis für die Arm- und Beinarbeit. Wenn Sie Ihre Rumpf- und Beckenmuskulatur stärken, erleben Sie ein neues Körpergefühl – auf der Laufstrecke wie auf dem Bürostuhl!

→ Lauf-Abc

Das Lauf-Abc zerlegt die Laufbewegung in einzelne Abschnitte. So können Sie jede Bewegungssequenz separat trainieren und verbessern. Starten Sie mit den Basics, um ganz nach vorn zu kommen! Führen Sie das Lauf-Abc barfuß oder mit Fußtrainern auf einer Rasenfläche durch.

→ Stretching

Ein Gepard würde nicht so raumgreifende Schritte machen können, wenn er sich nicht regelmäßig strecken würde. Vor allem nicht, wenn er den ganzen Tag auf einem Bürostuhl säße. Damit Sie geschmeidig laufen können, führen Sie regelmäßig die Stretching-Übungen durch!

Die Zusatzübungen: Rumpfstabilität mit Trainingshilfen (ab Seite 202)

→ Medizinball

Die meisten Menschen schrecken beim Anblick des Medizinballs zusammen: Oje, der furchtbare Schulsport! Auf meinen Seminaren sind der Ball und die entsprechenden Übungen plötzlich sehr beliebt. Zusammengeschreckt wird erst am nächsten Tag – wegen des Muskelkaters.

→ Gymstick

Der Gymstick ist ein vielseitiges Gerät: Er macht schwere und platzraubende Langhanteln überflüssig. Physiotherapeuten und Trainer setzen ihn ein, um Rumpf, Arme und Beine zu stabilisieren und zu kräftigen.

→ Thera-Band

Die Therapiebänder sind wahre Allrounder: Durch den progressiven Widerstand steigern sie Kraft und Koordination – am ganzen Körper.

→ Bioswing

Training von Motorik, Kraft, Koordination und Stabilität: Indem Sie den Stab schwingen, erzeugen Sie Vibrationen – um Ihr Gleichgewicht und die Schwingungen des Stabs unter Kontrolle halten zu können, müssen Sie Körperspannung aufrechterhalten und vor allem die tiefliegende Muskulatur anspannen. Der Schwungwiderstand lässt sich stufenlos einstellen – so werden auch die Einsteigerübungen zur muskulären Herausforderung.

→ Gymnastikball

Die Krankenkassen haben recht: Gymnastikbälle sind super – für den Schreibtisch wie für die Rumpfstabilisation. Nichts ist schlimmer für Ihren Bewegungsapparat, als ruhig gestellt zu werden. Auf dem Ball kommen Sie in Bewegung!

» Ziele stecken, Ziele erreichen: Trainieren Sie professionell und erfolgreich! «

Das Basis-System: KKS

Koordination, Kraft, Stretching: Das Basis-System eignet sich perfekt für Sie, wenn Sie nur zwei, drei Mal pro Woche und ohne Trainingsplan trainieren – und dabei schnell, leicht und verletzungsfrei laufen wollen. Integrieren Sie einfach die wichtigsten Übungen in Ihr Training: Vor dem Lauf balancieren Sie zehn Minuten barfuß auf dem Stabilitätstrainer, während des Laufens bauen Sie spielerisch die Einsteiger-Laufkraft-Übungen ein und zu Hause angekommen, stretchen Sie Ihre noch warmen Muskeln! So trainieren Sie Ihre allgemeine Athletik, bauen Ihre Fitness und einen wirksamen Verletzungsschutz auf. Sie brauchen dafür nicht mehr als eine Bordsteinkante, eine Parkbank, einen Stabitrainer und eventuell eine Gymnastikmatte.

Lauf-Abc

Eine Lauf-Abc-Einheit gestalten Sie beispielsweise wie folgt:

Gesamtdauer → 15, 30 oder 45 Minuten
Einlaufen → 5 Minuten
Lauf-Abc → 8 x 10–15 Meter je Lauf-Abc-Übung im Fußtrainer; die Übungen variieren!
Weiteres Lauftraining laut Plan

Barfußtraining im Winter?

Für die Profis sind die grundlegenden Lauf-Abc-Übungen selbst im Winter unverzichtbar. Auch Sie profitieren davon, das ganze Jahr über barfuß zu trainieren: Fuß-, Knie- und Hüftgelenke bleiben stabil, die Muskulatur wird wei-

6

terhin gestärkt. So drohen bei den höheren Trainingsumfängen im Frühjahr keine Überlastungsschäden. Doch bei Temperaturen unter zehn Grad, Regen, Schnee und Eis kommen Ihre Füße verständlicherweise an ihre Grenzen. Die Lauf-Abc-Übungen in Schuhen zu absolvieren ist jedoch nur halb so effektiv. Was bleiben für Alternativen? Einerseits leichteste Wettkampfschuhe, die Sie wenigstens ein Minimum vom Untergrund wahrnehmen lassen. Die bessere Alternative sind jedoch Fußtrainer: Surfschuhe aus Neopren. Dank der dünnen Gummisohle können die Zehen sich frei bewegen und ihre natürliche Greiffunktion ausüben. Ganz ohne Stützen und ohne hohe Ferse können Sie auch im Winter »wie barfuß« laufen: Die Fußtrainer halten Ihre Füße für die Dauer des Lauf-Abc warm. Fußtrainer finden Sie im Einzelhandel oder im Shop unter www.marquardt-running.com.

Die Laufeinheiten

Die Laufeinheiten des Trainingssystems umfassen Dauerlauf mit konstantem Tempo, mit Tempowechsel oder Temposteigerung (progressiver Dauerlauf) sowie Intervalltraining auf der Bahn. Eine Erklärung finden Sie auf Seite 175.

Bahntraining

Die Bahn bietet ideale Trainingsmöglichkeiten – besonders für Tempo- und Intervalleinheiten. Ihr Bahntraining gestalten Sie beispielsweise wie folgt:

Gesamtdauer	→ 60–90 Minuten
Einlaufen	→ 10–15 Minuten
Lauf-Abc	→ 20 Minuten, 4–8 Übungen
Steigerungen	→ 6–10 Steigerungsläufe über 60 Meter mit 80–90 Prozent des Maximaltempos
Hauptprogramm	→ siehe Plan
Auslaufen	→ 10 Minuten im Fußtrainer

Trainingsplanwahl

Je nach Ausgangssituation und Ziel benötigen Sie unterschiedliche Trainingspläne. Schließlich will nicht jeder gleich einen Marathon finishen – einige von Ihnen fangen sicher auch erst mit dem Laufen an. Im Anhang finden Sie Pläne sowohl für Einsteiger und als auch für Fortgeschrittene.

Einsteiger

Wenn Sie bisher wenig oder keine Erfahrung im Laufsport gesammelt haben, sind die Einsteigerpläne genau das Richtige für Sie. Als Anfänger starten Sie ganz bequem bei null und können sich innerhalb von drei Monaten sicher und ohne Überlastungen auf eine Strecke von fünf Kilometern vorbereiten. Wenn Sie bis auf zehn Kilometer kommen möchten, können Sie nach dem Plan »Von 0 auf 5 km« die Strecken in einem weiteren 3-Monats-Programm kontinuierlich steigern. Dieses modulare System können Sie fortsetzen bis zum

Halbmarathon oder Marathon. Es kommen jeweils weitere drei Monate Vorbereitung dazu. So ergibt sich für den Marathon also eine Vorbereitungszeit von zwölf Monaten – in unseren Augen das absolute Minimum für Einsteiger.

Fortgeschrittene

Sie haben bereits die Einstiegspläne absolviert und wollen mehr? Dann blättern Sie zum Halbmarathon- oder Marathonplan. Diese Pläne sind für Läufer geschrieben, die bereits Marathonerfahrung (unter 5:00 Stunden) ha-

Das Einsteigermodulsystem im Überblick

Ziel	Spezielle Voraussetzungen	Max. km/Woche	Max. Std./Woche	Allgemeine Voraussetzungen
0 auf 5 km		15 km	4:00	körperliche Gesundheit und Sporttauglichkeit
5 auf 10 km	Pläne 0 bis 5 km	30 km	5:00	
10 auf 21,1 km	Pläne 0 bis 10 km	40 km	6:00	
21,1 auf 42,2 km	Pläne 0 bis 21,1	50 km	7:30	
Dauer der Pläne: jeweils 12 Wochen				

Zielzeiten Halbmarathon
Vorbereitungszeit: 16 Wochen

Zielzeit in Std.	Voraussetzung: 10 km in Min.	Max. km/Woche	Max. Std./Woche
2:15	60:00	40	6:00
2:00	55:00	45	6:30
1:50	50:00	50	7:00
1:40	46:00	55	7:30
1:30	42:00	65	8:00
1:20	37:00	80	9:00

Zielzeiten Marathon
Vorbereitungszeit: 16 Wochen

Zielzeit in Std.	Voraussetzung: 10 km in Min.	Max. km/Woche	Max. Std./Woche
4:30	58:00	65	8:00
4:00	51:00	70	9:00
3:45	48:00	75	9:15
3:30	45:00	80	9:30
3:15	41:00	85	9:45
3:00	38:00	95	10:00
2:45	35:00	110	10:30

ben, und zielen auf Endzeiten von 2:00 (Halbmarathon) beziehungsweise 4:00 Stunden (Marathon). Neben den klar definierten Zielzeiten unterscheiden sich diese Trainingspläne von den Einsteigerplänen auch durch die Intensitätssteuerung. Während in den Einstiegsplänen die Belastung mit dem Prozentsatz der maximalen Herzfrequenz angegeben ist, enthalten die Fortgeschrittenenpläne konkrete Streckenlängen und Tempovorgaben. Nur so kommen Sie auch sicher mit der avisierten Zeit ins Ziel. Eine einfache Methode, die ob ihrer Effektivität auch heute noch die meistverwendete Methode im Leistungssport ist.

Wenn Sie sich nicht sicher sind, welche Zielzeit Sie für einen Halbmarathon oder Marathon realistischerweise ansteuern können, geben Ihnen die beiden Tabellen auf der vorigen Seite eine Entscheidungshilfe. Sollten Sie nach einem erfolgreichen Halbmarathon Ihren ersten Marathon anstreben, können Sie sich an eine einfache Faustregel halten: Multiplizieren Sie Ihre Halbmarathonzeit mit zwei und addieren Sie zehn Minuten. Wenn Ihnen eher die kurzen als die langen Strecken liegen, dann addieren Sie 15 bis 20 Minuten.

Vorsicht: Pläne aus dem Internet

Viele Trainingspläne, die im Internet kursieren, verdienen das Siegel »orthopädisch höchst bedenklich«. Es handelt sich dabei häufig um Excel-Tabellen, die meist ein geschäftstüchtiger Autodidakt mit Zeitvorgaben gefüttert hat. Heraus kommen Kilometer- und Zeitenempfehlungen, die Sie hin und wieder zum Ziel bringen mögen – viel öfter aber zum Orthopäden! Auf jedem meiner Seminare treffe ich Läufer, die mit diesen verstaubten Aneinanderreihungen von Wochenkilometer-Empfehlungen ohne richtiges Konzept, ohne Technik- und Stabilisationseinheiten bis zur Verletzung trainiert haben. Training auf diese Art und Weise ist gefährlich! Selbstverständlich ist nicht alles schlecht, was im Internet angeboten wird. Auch auf meiner Seite (www.marquardt-running.com) finden Sie weitere Trainingspläne zum Download. Achten Sie aber immer auf die Qualität der Pläne. Wer hat sie geschrieben, von wem wurden sie geprüft? Liegt dem Trainingsprogramm ein Konzept zugrunde? Beinhalten die Pläne auch Kraft- und Koordinationsübungen?

Die Trainingspläne anwenden

Trainingsplanung ist Vertrauenssache. Wenn Sie sich für einen Plan entscheiden, dann absolvieren Sie ihn, so gut Sie können. Natürlich ist es keine Katastrophe, wenn einmal die eine oder andere Trainingseinheit ausfällt – Ihr Körper ist schließlich keine Maschine! Aber am besten ist zweifelsohne folgende Taktik: einen Trainingsplan auswählen, ausdrucken, an die Kühlschranktür hängen, dann tun, was darauf steht, schließlich das Ziel erreichen und einfach glücklich sein! Dafür müssen Sie vorab jedoch ein paar Dinge wissen.

Checkliste für Einsteiger

- → internistischer Check-up beim Hausarzt oder Sportmediziner
- → Herzfrequenzmessgerät
- → Laufschuhkauf nach einer seriösen Beratung
- → ggf. ergänzend natural-motion-Schuh wie zum Beispiel »Nike Free«
- → MARQUARDT-RUNNING-Fußtrainer
- → Stabitrainer
- → ggf. Gymnastikmatte

Absolvieren Sie den ganzen Trainingsplan!

Trainingspläne stellen ein in sich geschlossenes System dar, deshalb sollten Sie keinen Bestandteil weglassen. Immer wieder glauben Läufer, Sie könnten die Dinge, die Ihnen nicht so gut gefallen, einfach gegen einen langsamen Dauerlauf austauschen. Das funktioniert aber nicht! Kraft, Stabilisation, Stretching, Intervalleinheiten – all diese Dinge sind auf Ihrem Weg zum Ziel gleich wichtig. Halten Sie sich an Ihren Trainingsplan – Ihrer Gesundheit und Ihrem Erfolg zuliebe!

Nutzen Sie die Trainingsbereiche!

Meine Trainingspläne enthalten unter anderem Angaben zur Belastungsdauer und zur Intensität. Die Intensität habe ich als Prozentwert der maximalen Herzfrequenz (HFmax) angegeben. Überprüfen Sie sich selbst mit einem Pulsmesser, dann besteht keine Gefahr, dass Sie sich über- oder unterbelasten. Nutzen Sie Ihre Trainingsbereiche – nur so trainieren Sie sinnvoll! Wie Sie die maximale Herzfrequenz selbst ermitteln, können Sie in Kapitel 3 nachlesen.

Weniger laufen, mehr erreichen

Vielleicht fragen Sie sich, warum meine Pläne etwas weniger Wochenkilometer als viele Pläne aus dem Internet aufweisen? Das ist Teil der meiner Philosophie und basiert auf den Erkenntnissen der modernen Trainingswissenschaft: Laufumfänge allein stehen nicht mehr im Vordergrund, sondern werden durch Intervalleinheiten und orthopädisch entlastendes Ausgleichstraining, wie beispielsweise Radfahren, ergänzt. Das Athletiktraining für Kraft, Rumpfstabilisation und Koordination trägt sein Übriges dazu bei, dass Sie mit einem geringeren Laufumfang mehr erreichen. Schauen Sie bei Ihrem Trainingsplan lieber auf die Stunden als auf die Kilometer – diese Größe ist aussagekräftiger!

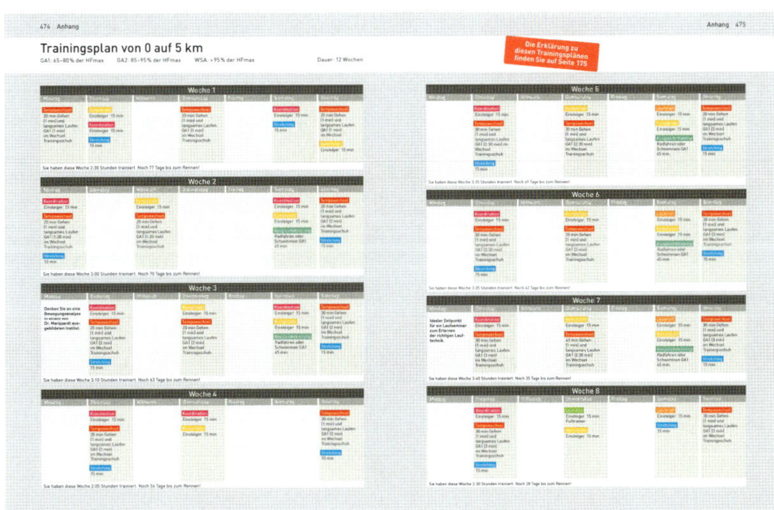
474 Anhang

Anhang 475

Trainingsplan von 0 auf 5 km

Die Erklärung zu diesen Trainingsplänen finden Sie auf Seite 175

Woche 1

Woche 2

Woche 3

Woche 4

Woche 5

Woche 6

Woche 7

Woche 8

Trainingsplan von 0 auf 5 km

GA1: 65–80 % der HFmax GA2: 85–95 % der HFmax WSA: > 95 % der HFmax Dauer: 12 Wochen

Woche 10

Montag	Dienstag	Mittwoch	Donnerstag	Freitag	Samstag	Sonntag
	Koordination (13) Einsteiger 15 min Tempowechsel 30 min Gehen (1 min) und langsames Laufen GA1 (5 min) im Wechsel Trainingsschuh (9) Stretching 15 min		Rumpfstabi Einsteiger 15 min Dauerlauf 20 min GA1 75–80 % HFmax Trainingsschuh		Lauf-Abc (14) Einsteiger 15 min Fußtrainer (12) Laufkraft Einsteiger 15 min Rumpfstabi Einsteiger 15 min Stretching 15 min	Tempowechsel (1) 40 min Gehen (1 min) und langsames Laufen GA1 (5 min) im Wechsel Trainingsschuh Ausgleichstraining Schwimmen oder (7) Radfahren GA1 30 min

Sie haben diese Woche 3:45 Stunden trainiert. Noch 14 Tage bis zum Rennen!

Trainingsplan Halbmarathon in 2:00 h

GA1: 65–80 % der HFmax GA2: 85–95 % der HFmax WSA: > 95 % der HFmax
Wettkampftempo: 5:41 min/km Dauer: 16 Wochen

Woche 7

Montag	Dienstag	Mittwoch	Donnerstag	Freitag	Samstag	Sonntag
	Bahntraining (5) 10 x 400 m GA2 5:15 min/km (= 126 s auf 400 m) 2 min Trabpause (80 min inkl. Ein-/Auslaufen) Wettkampfschuh (11) Stretching 15 min		Rumpfstabi (15) Einsteiger + Fortgeschrittene 30 min Dauerlauf (2) 87 min GA1 12 km 7:15 min/km Cushionschuh/Stabilschuh		Laufkraft (16) Einsteiger + Fortgeschrittene 30 min Tempodauerlauf (3) 30 min GA2 5 km 6:00 min/km Lighttrainer	Koordination Einsteiger 15 min Dauerlauf 61 min GA1 9 km 6:45 min/km Lighttrainer (10) Stretching 15 min

Sie sind diese Woche 30 Kilometer gelaufen und haben 6:05 Stunden trainiert. Noch 63 Tage bis zum Rennen!

Trainingsplan Marathon in 4:00 h

GA1: 65–80 % der HFmax GA2: 85–95 % der HFmax WSA: > 95 % der HFmax
Wettkampftempo: 5:41 min/km Dauer: 16 Wochen

Woche 16

Montag	Dienstag	Mittwoch	Donnerstag	Freitag	Samstag	Sonntag
	Rumpfstabi Einsteiger 15 min (6) Ausgleichstraining Schwimmen REKOM 30 min	Progressiver Dauerlauf (4) 46 min GA1/2 8 km 6:10–5:30 min/km Lighttrainer Stretching (17) 15 min		Dauerlauf 34 min GA1 5 km 6:45 min/km Lighttrainer Stretching 15 min	Dauerlauf 26 min GA1 4 km 6:30 min/km Lighttrainer	Marathon

Sie sind diese Woche 59 Kilometer gelaufen und haben einen Marathon absolviert. Herzlichen Glückwunsch!

1 Tempowechsel
Gehen/Laufen: Wechseln Sie die Lauf- und Gehphasen in den angegebenen Zeiten ab.

2 Dauerlauf (GA1, GA2, WSA)
Sie laufen locker los, steigern bis zu Ihrem angegebenen Trainingstempo und halten dieses konstant. Effektiv: vier bis sechs 60-Meter-Sprints am Ende.

3 Tempodauerlauf
Sie laufen locker los und steigern dann bis zu Ihrem angegebenen Trainingstempo. Das Tempo wird für die angegebenen Intervalle erhöht und wieder auf das Ausgangsniveau gesenkt.

4 Progressiver Dauerlauf
Sie laufen locker los und steigern dann bis zu Ihrem angegebenen Trainingstempo. Steigern Sie das Tempo über die gesamte Trainingsdauer bis zum angegebenen Endtempo.

6

5 Bahntraining
Ihr Bahntraining dauert circa 60 bis 90 Minuten. Wie Sie es optimal aufbauen, lesen Sie im Kasten auf Seite 170.

6 Ausgleichstraining: REKOM
Diese Einheiten dienen Ihrer Erholung, besonders im orthopädischen Sinne. Absolvieren Sie ein entlastendes Training – gern im Wasser, ungern in Laufschuhen.

7 Ausgleichstraining: GA1
Dieses Training, das Sie wahlweise auf dem Rad oder auf Inlineskates zurücklegen können, trainiert Ihre Grundlagenausdauer, ohne Ihre Gelenke zu belasten.

8 Kombi-Einheit
Bei der Lauf-Rad-Kombination trainieren Sie eine lange Belastung und den Fettstoffwechsel, ohne die Gelenke zu überlasten. Die Trainingsdauer wird mit dem schonenden Radtraining orthopädisch verträglich erhöht.

9 Trainingsschuh
Diese Schuhe verwenden Sie bei den längeren Läufen. Das Stützsystem sollten Sie mit einer Bewegungsanalyse auf Ihre Bedürfnisse abstimmen.

10 Lighttrainer
Der ideale Schuh für Ihre zügigen Läufe. Das Stützsystem sollte auch bei den Lighttrainern mit einer Bewegungsanalyse auf Ihre Bedürfnisse abgestimmt werden. Bis zu einem Tempo von 3:00 Stunden auf der Marathonstrecke sind diese Schuhe auch im Wettkampf gut geeignet.

11 Wettkampfschuh
Tragen Sie diese Schuhe beim Bahntraining und Läufen mit hohem Tempo. Wer eine Marathonzeit von 3:00 Stunden und schneller anpeilt und sich in den Schuhen wohlfühlt, sollte sie auch im Wettkampf tragen.

12 Fußtrainer
Ihr Schuh für das Lauf-Abc. Absolvieren Sie niemals das Lauf-Abc in gestützten Schuhen! Das stört Ihren Bewegungsablauf. Machen Sie es richtig: Im Sommer barfuß, in der Übergangszeit mit dem Fußtrainer!

13 Koordination
15 Minuten auf dem Stabitrainer. Alle Übungen finden Sie ab Seite 182.

14 Lauf-Abc
Ihr Lauf-Abc dauert circa 15 bis 45 Minuten – wie Sie es optimal aufbauen, lesen Sie auf Seite 169. Alle Lauf-Abc Übungen finden Sie ab Seite 194.

15 Rumpfstabilisation
Wärmen Sie sich fünf Minuten auf (Laufen, Seilspringen etc.) und absolvieren Sie anschließend die Übungen mit ein bis drei Durchgängen à 15 bis 20 Wiederholungen (ab Seite 188).

16 Laufkraft
Auch beim Laufkrafttraining gilt: fünf Minuten aufwärmen und dann das Einsteiger-, Fortgeschrittenen- oder Profiprogramm (ab Seite 176) mit den angegebenen Wiederholungen absolvieren.

17 Stretching
Stretchen Sie sich für eine Gesamtdauer von 15 Minuten mit den Übungen von Seite 200 und Seite 232.

Die Grundübungen für Einsteiger, Fortgeschrittene und Profis

Laufkraft

6

→ Für Einsteiger

Seitstützhampelmann

Stützen Sie sich mit ausgestrecktem Arm auf eine Parkbank oder eine andere Erhöhung. Richten Sie Ihren Körper im 90-Grad-Winkel dazu aus. Ihr Rumpf ist gestreckt: Ihr Körper bildet von Kopf bis Fuß eine gerade Linie. Bauen Sie Spannung auf. Ziehen Sie Ihren Bauchnabel ein und die Innenkante des Fußes Richtung Nase. Führen Sie nun mit dem freien Arm und dem freien Bein eine langsame Hampelmannbewegung aus. Sie stärken auf diese Weise Ihre Abduktoren und stabilisieren Ihr Becken!

3 x 5–10 Wiederholungen pro Seite

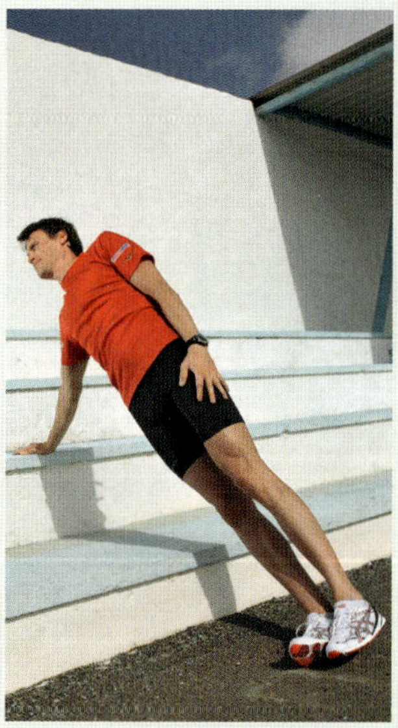

Parkbank

Jetzt geht es an Ihre Streckerkette! Stellen Sie Ihren rechten Fuß auf die Sitzfläche einer Parkbank oder auf eine hohe Stufe – Geübte stehen nur auf dem Ballen. Drücken Sie sich kräftig hoch und strecken Sie dabei Fuß, Knie und Hüfte des rechten Beins. Ziehen Sie das linke Bein und den rechten Arm körpernah nach oben – Sie bewegen sie kreuzkoordiniert wie beim Laufen. Durch die Armarbeit erreichen Sie einen idealen Kniehub. Diese Übung sorgt für eine optimale Hüftstreckung.

3 x 10–15 Wiederholungen pro Seite

Bordsteinkante

Stehen Sie mit geschlossenen Füßen vor einer Bordsteinkante. Winkeln Sie Ihre Arme spitz an und halten Sie sie dicht am Körper – die Arme werden nicht zum Schwungholen benutzt! Springen Sie nun auf die Kante, landen Sie mit beiden Füßen und springen Sie sofort wieder zurück. Beginnen Sie ohne Zwischenhopser den zweiten Sprung – so schnell wie möglich! Variieren Sie diese Übung, indem Sie seitwärts zum Bordstein stehen oder mit nur einem Bein springen.

3 x 10–30 Sprünge

Laufkraft

6

→ Für Fortgeschrittene

Bordsteinkante mit Anfersen

Sie hüpfen mit geschlossenen Füßen auf die Bordsteinkante – wie bei der Einsteigerübung auf der vorigen Seite. Jetzt springen Sie aber nicht einfach wieder hinunter, sondern drücken sich kräftig ab und fersen in der Luft beide Beine gleichzeitig an, bevor Sie wieder vor der Bordsteinkante auf dem Boden landen. Machen Sie einen flachen Zwischensprung und beginnen Sie die Übung erneut. Ihre Waden werden sich in Zukunft mit kräftigem Abdruck und kurzen Bodenkontaktzeiten bedanken.

3 x 8–10 Wiederholungen

6

Strecksprünge

Gehen Sie in die Hocke (etwa 90 Grad Kniebeugung). Aus dieser Position schnellen Sie nach oben – bis Sie komplett gestreckt sind. Die Arme strecken Sie dabei in die Luft – sie verlängern die gerade Linie des Körpers. Drücken Sie sich so kräftig wie möglich ab und strecken Sie sich von den Zehen bis in die Fingerspitzen. Es kommt darauf an, möglichst hoch zu springen, nicht weit – deshalb sollten Sie bei jedem Sprung nur wenig nach vorn wandern (etwa einen halben Meter). Der Strecksprung fordert Kraft und Koordination.

3 x 6–12 Wiederholungen

Hockwenden

Suchen Sie sich eine Stange in Hüfthöhe oder ein geeignetes Geländer oder einen Zaun. Stellen Sie sich längs dazu auf. Beide Hände greifen voreinander die Stange, dabei greift die Hand, die von der Stange weiter entfernt ist, vorn. Nun drücken Sie sich kräftig ab, hocken die Beine an und landen auf der anderen Seite. Da Sie nun andersherum stehen, müssen Ihre Hände rasch umgreifen. Springen Sie sofort wieder zurück!

3 x 10–20 Wiederholungen
Höhe der Stange variieren

Laufkraft

6

→ Für Profis

Hüftstrecker mit Thera-Band

In Bauchlage legen Sie die Hände vor den Kopf oder unter die Stirn. Ein Bein liegt gestreckt auf dem Boden, das andere rechtwinklig im Knie. Das Band ist mit dem einen Ende am Sprunggelenk des angewinkelten Beins befestigt, mit dem anderen in Verlängerung des Oberschenkels am Boden. Ziehen Sie die Fußspitze Richtung Schienbein und spannen Sie Ihren Rumpf an. Jetzt heben Sie den Oberschenkel des angewinkelten Beins circa drei Zentimeter an. Wichtig: Halten Sie dabei die Rumpfspannung!

3 x 60 Sekunden pro Seite

Armarbeit mit Hantel

Stehen Sie schulterbreit, Ihre Knie sind leicht gebeugt. Spannen Sie Bauch und Gesäß an. In den Händen halten Sie zwei Kurzhanteln (500 bis 1.000 Gramm). Führen Sie jetzt die lauftypische Armarbeit aus: Ihre Ellenbogenwinkel sind spitz, die Arme bewegen sich vor und zurück. Und das so weit wie möglich – also mit maximaler Schulteramplitude. Halten Sie dabei unbedingt die Rumpfspannung! Diese Übung kräftigt die Muskeln, die Ihre Arme vor- und zurückbewegen.

3 x 60 Sekunden

Kniehub

Am Sprunggelenk Ihres linken Beins haben Sie ein Thera-Band befestigt, das andere Ende an einem festen Gegenstand. Stellen Sie sich hüftbreit auf und winkeln Sie die Arme an. Bauen Sie außerdem Spannung im Rumpf auf. Ziehen Sie nun das linke Bein nach vorn oben. Es geht insbesondere darum, dass Sie das Knie kräftig anheben! Über die Spannung und die Stärke des Therapiebands können Sie den Widerstand regulieren. Unterstützen Sie diese Bewegung außerdem mit einer kreuzkoordinierten Armarbeit: Der rechte Arm arbeitet mit dem linken Bein zusammen und umgekehrt.

3 x 60 Sekunden pro Seite

Koordination

6

→ Für Einsteiger

Einbeinstand

Balancieren Sie auf dem Stabilitätstrainer auf einem Bein und beugen Sie dieses minimal im Knie – dadurch wird die Belastung von Ihrer Muskulatur abgefangen.
Halten Sie diese Position. Wackeln ist erlaubt – die Muskeln können sich aufeinander abstimmen und Ihre Beinachsen werden stabiler. Bei jedem Laufschritt werden Sie von dieser Übung profitieren. Wenn Sie den Schwierigkeitsgrad steigern wollen, schließen Sie ein Auge, später beide. Oder Sie verlagern das Gewicht nur auf den Fußballen.

3 x 30–90 Sekunden pro Seite halten

» Kräftige Füße laufen schneller. «

Kniebeuge

Stellen Sie sich mit beiden Füßen auf den Stabilitätstrainer und gehen Sie leicht in die Knie, schieben Sie dabei das Gesäß nach hinten. Beugen Sie die Knie nur bis maximal 90 Grad! Ihr Rumpf verlagert sich nach vorn, Ihr Rücken bleibt dabei gerade, ziehen Sie den Bauchnabel ein. Achten Sie darauf, dass sich Ihre Knie nicht über die Fußspitzen hinweg nach vorn schieben, sondern das Gesäß nach hinten. Bewegen Sie sich langsam zur Ausgangsposition zurück.

3 x 10–15 Kniebeugen

Zehen- und Hackenstand

Stehen Sie mit beiden Füßen auf dem Stabilitätstrainer und beugen Sie Ihre Knie minimal. Drücken Sie sich hoch auf die Zehenspitzen. Von dort senken Sie die Fersen wieder ab und verlagern Ihr Gewicht auf die Hacken – Ihre Zehen sind nun in der Luft. Und wieder zurück auf die Zehenspitzen! Ein Kinderspiel? Dann schließen Sie die Augen oder strecken Sie die Arme zu den Seiten aus! Freuen Sie sich auf kräftige Füße: Ihre Fußgewölbe werden Sie demnächst noch besser abfedern können!

3 x 10–15 Zehen- und Hackenstände

Koordination

6

→ Für Fortgeschrittene

Einbeinstand mit Ball

Sie stehen mit dem rechten Fuß auf dem Stabilitätstrainer, Ihr Knie ist minimal gebeugt. Das linke Bein spreizen Sie ab. Ihre Arme strecken Sie wie ein Hampelmann nach schräg oben aus. Mit der rechten Hand balancieren Sie ein Gewicht von einem bis drei Kilogramm – beispielsweise einen Medizinball. Halten Sie diese Position. Das ist Ihnen zu einfach? Dann schließen Sie die Augen oder verlagern Ihr Gewicht auf den Fußballen.

3 x 30–45 Sekunden pro Seite halten

6

Ausfallschritte

Stellen Sie sich in die Position der Abfahrtshocke auf den Stabilitätstrainer. Der Rücken bleibt dabei gerade, den Bauchnabel ziehen Sie ein, die Arme winkeln Sie an. Verlagern Sie Ihr Gewicht auf das rechte Bein. Tippen Sie dann mit dem linken Fuß vor den Stabilitätstrainer. Anschließend machen Sie einen langen Ausfallschritt nach hinten und setzen mit den Zehen des linken Fußes kurz hinter dem Pad auf. Führen Sie Ihr Bein wieder nach vorn. Ihr Knie zeigt dabei während der gesamten Zeit nach vorn.

3 x 10–15 Ausfallschritte pro Seite

Baum im Wind

Stellen Sie sich mit beiden Füßen auf den Stabilitätstrainer, Ihre Knie sind leicht gebeugt. Spannen Sie Bauch und Gesäß an und richten Sie sich auf: Stellen Sie sich auf die Zehenspitzen und heben Sie die Arme über den Kopf. Halten Sie die Schultern tief – schließlich wollen Sie keinen verspannten Nacken! Neigen Sie sich nun wie ein Baum im Wind von der einen zur anderen Seite. Fällt Ihnen das sehr leicht? Dann schließen Sie die Augen oder verlagern Sie Ihr Gewicht auf die Fußballen.

3 x 10 Wiederholungen pro Seite

Koordination

6

→ Für Profis

Position 1

Sie stehen mit beiden Füßen auf dem Stabilitätstrainer. Bauch und Gesäß sind angespannt, die Knie sind leicht gebeugt. Winkeln Sie nun Ihr linkes Bein in Knie und Hüfte um 90 Grad an. Ihren rechten Arm strecken Sie nach oben – die Schulter bleibt dabei tief. Ihren linken Arm strecken Sie nach unten aus. Schwieriger wird die Übung, wenn Sie Ihr Gewicht auf den Fußballen verlagern oder die Augen schließen. Gehen Sie von dieser Übung direkt über zu Position 2.

20–60 Sekunden halten

Position 2

Von Position 1 ausgehend, steht Ihr rechtes Bein immer noch mit minimal gebeugtem Knie auf dem Stabilitätstrainer. Halten Sie weiterhin die Rumpfspannung – der Bauchnabel ist eingezogen, das Gesäß angespannt. Strecken Sie Ihre Arme waagerecht zu den Seiten aus. Senken Sie nun Ihren Oberschenkel ab. Ihr Knie bleibt im 90-Grad-Winkel gebeugt – der Unterschenkel verläuft somit parallel zum Boden. Achten Sie auf Ihre Bauchspannung: Fallen Sie nicht ins Hohlkreuz!

20–60 Sekunden halten

Position 3

Sie befinden sich in Position 2. Das rechte Bein, das auf dem Stabilitätstrainer steht, beugen Sie nun etwas tiefer. Strecken Sie Ihr linkes Bein nach schräg hinten aus. Ihr Rumpf gleicht das Gewicht des hinteren Beins aus, indem Sie sich nach vorn neigen – bei geradem Rücken! Die Arme werden in Verlängerung des Rumpfs ausgestreckt. Ausgehend von dieser Position führen Sie jetzt Mini-Kniebeugen aus. Achtung: Ihr Knie zeigt nach vorn – es weicht nicht zur Seite aus!

**3–10 Mini-Kniebeugen,
dann die Seite wechseln und
Position 1 bis 3 von vorn durchführen!**

Rumpfstabilisation

6

→ Für Einsteiger

Vierfüßler

Knien Sie sich in den Vierfüßlerstand und ziehen Sie den Bauchnabel ein. Strecken Sie den rechten Arm bodenparallel nach vorn sowie das linke Bein bodenparallel nach hinten aus. Achten Sie darauf, dass Ihr Becken nicht zur Seite kippt! Ihr Blick geht Richtung Boden – die Halswirbelsäule knickt nicht nach oben ab! Halten Sie diese Position, Bauchspannung nicht vergessen! Diese Übung kräftigt Ihren Rücken.

3 x 20–40 Sekunden pro Seite halten

» Rumpfstabilistation: das Zaubermittel für Eleganz und Sicherheit. «

Sit-up

Legen Sie sich auf den Rücken, am besten auf eine Gymnastikmatte. Stellen Sie die Fersen auf die Unterlage und winkeln Sie die Knie im 90-Grad-Winkel an. Die Zehen werden zu den Knien gezogen. Drücken Sie die Lendenwirbelsäule auf die Unterlage, die Arme halten Sie bodenparallel. Heben Sie den Oberkörper an und schieben Sie Ihre Arme dabei fußwärts. Gehen Sie langsam in die Ausgangsposition zurück – ohne die Bauchspannung zu verlieren!

3 x 15–25 Wiederholungen

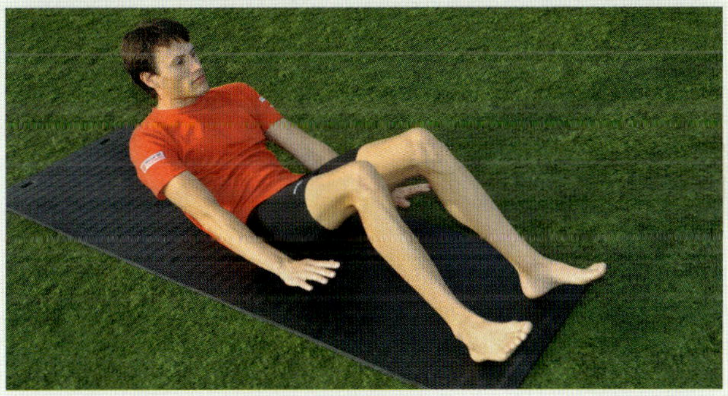

Abduktoren

Legen Sie sich auf die rechte Seite und beugen Sie das rechte Bein in Knie und Hüfte rechtwinklig. Ihr Becken steht senkrecht zum Boden, Ihr Bauch ist angespannt. Ihren rechten Arm können Sie unter Ihrem Kopf anwinkeln. Ziehen Sie Ihre linke Fußspitze an und spreizen Sie das linke Bein bis zu einem Winkel von circa 45 Grad ab – ohne dass Ihr Becken nach hinten kippt! Senken Sie das Bein langsam wieder ab, ohne es auf der Unterlage abzulegen.

3 x 10–20 Wiederholungen pro Seite

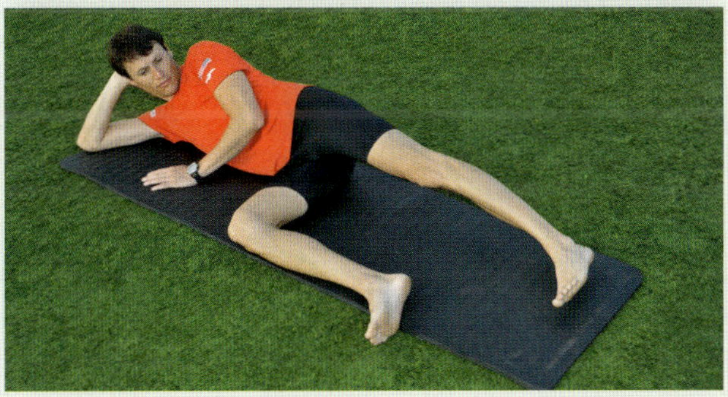

Rumpfstabilisation

6

→ Für Fortgeschrittene

Bridging

Sie liegen auf dem Rücken. Ihre Arme liegen neben dem Körper, Ihre Handflächen zeigen zum Boden. Ein Bein ist angestellt, der Fuß berührt nur mit der Ferse den Boden. Ihr anderes Bein ist gestreckt und in der Luft. Atmen Sie aus und ziehen Sie den Bauchnabel ein. Spannen Sie Ihr Gesäß an und heben Sie es hoch, bis Oberschenkel und Rumpf eine Linie bilden. Halten Sie die Position kurz und senken Sie Ihr Gesäß langsam bis knapp über den Boden ab – dann heben Sie es wieder hoch! Halten Sie die Rumpfspannung!

3 x 10–20 Wiederholungen

Seitstütz

Sie liegen auf Ihrer rechten Seite. Mit Ihrem rechten Arm stützen Sie Ihren Oberkörper – der Ellenbogenwinkel beträgt 90 Grad, der Unterarm liegt auf der Unterlage. Ihr linker Arm liegt ausgestreckt auf Ihrem Rumpf. Beide Beine sind gestreckt, die Fußspitzen ziehen Sie an. Heben Sie nun die Hüfte von der Unterlage ab – so hoch, bis Ihr Körper eine gerade Linie bildet. Halten Sie diese Spannung ohne einzuknicken – stärken Sie Ihre Mitte!

3 x 30–45 Sekunden pro Seite halten

Sit-up schräg

Legen Sie sich auf den Rücken. Stellen Sie Ihre Fersen auf und ziehen Sie Ihre Fußspitzen an. Ihre Knie sind rechtwinklig gebeugt. Drücken Sie Ihre Lendenwirbelsäule auf die Unterlage. Heben Sie Ihren Oberkörper an und führen Sie dabei beide Arme abwechselnd links und rechts an Ihren Knien vorbei. Beim langsamen Absinken halten Sie stets die Bauchspannung! Die Rotation im Oberkörper stärkt Ihre schräge Bauchmuskulatur – Rettungsringe ade!

3 x 20 Wiederholungen

Rumpfstabilisation

6

→ Für Profis

Liegestütz ausrotiert

Positionieren Sie sich im Liegestütz: Ihre Oberarme sind bodenparallel, der Ellenbogenwinkel beträgt 90 Grad. Ihre Zehen sind aufgestellt, Ihr Blick richtet sich zur Matte. Spannen Sie den Bauch fest an und rotieren Sie Ihren Oberkörper am obersten Punkt zur Seite – Sie lösen dafür Ihren Arm von der Unterlage und heben ihn an. Ihr Blick wandert mit zur Seite. Gehen Sie in den tiefen Liegestütz zurück und wiederholen Sie die Übung zur anderen Seite.

3 x 10–15 Wiederholungen

Seitstützhampelmann

Sie liegen in der Seitstütz-Position, Ihr Körper bildet eine Linie. Halten Sie diese Position 30 Sekunden lang und machen Sie dabei zehn Mal eine Hampelmannbewegung mit dem freien Arm und dem freien Bein. Danach rotieren Sie um 90 Grad in den Bauchstütz – 30 Sekunden lang halten Sie sich auf Unterarmen und Zehenspitzen, Rumpf und Beine bilden eine Linie. Es folgt für 30 Sekunden der Seitstütz mit der Hampelmannbewegung zur anderen Seite. Drehen Sie sich anschließend auf den Rücken – abgestützt auf Ferse und Ellenbogen. Halten Sie auch diese Position 30 Sekunden lang.

3 Durchgänge

Hohe Brücke

Aus der Rückenlage drücken Sie sich mit Armen und Beinen hoch, sodass Sie eine Brücke bilden. Ihr Bauch ist angespannt und hängt nicht nach unten durch. Noch schwieriger wird es, wenn Ihre Füße sich nur mit den Zehenspitzen abstützen. Heben Sie nun abwechselnd ein Bein: Das Knie bleibt um 90 Grad gebeugt und wird Richtung Nase gezogen, bis Ihr Oberschenkel senkrecht zum Boden steht. Senken Sie das Bein langsam wieder ab und ziehen Sie das anderen Bein hoch. Diese Übung kräftigt Ihr Gesäß hervorragend!

3 x 20 Schritte auf der Stelle

Lauf-Abc

6

→ Für Einsteiger

Anfersen

Richten Sie sich auf und spannen Sie Ihren Bauch an. Halten Sie Ihre Arme fest am Körper, der Ellenbogenwinkel ist kleiner als 90 Grad. Laufen Sie langsam vorwärts – Ihre Oberschenkel zeigen dabei senkrecht nach unten, Ihre Knie heben Sie kaum. Beugen Sie die Unterschenkel abwechselnd maximal und schlagen Sie mit der Ferse gegen Ihr Gesäß. Diese Übung übertreibt, was Sie beim Laufen stets tun sollten: Das Schwungbein leicht anfersen!

4–10 x 15 Meter

» Barfuß zur Topform! «

Einbeinsprünge

Stehen Sie auf einem Bein und strecken Sie die Arme wie ein Seiltänzer zu den Seiten aus. Spannen Sie Ihren Bauch an. Aus dieser Position springen Sie mit einem langsamen, langen Sprung auf das andere Bein. Balancieren Sie die Bewegung bis zum völligen Stillstand aus, bevor Sie wieder zurückspringen. Anspruchsvoller wird die Sprungübung, wenn Sie seitwärts springen oder mit dem linken Bein nach links und mit dem rechten nach rechts!

10 bis 15 Sprünge

Käsekästchen

Ihre Füße stehen dicht beieinander. Rumpfspannung! Aus dieser Position springen Sie in die Luft und landen ein Stückchen weiter vorn, Ihre Füße kommen mit einem Abstand von 30 bis 60 Zentimetern auf. Springen Sie wieder vorwärts und landen Sie mit geschlossenen Füßen. Führen Sie diese Übung auch rückwärts aus! Wenn Ihnen das schon auf dem Schulhof zu simpel war, schlagen Sie Ihre Füße in der Luft zusammen, um sie bei der Landung wieder auseinanderschnellen zu lassen.

4–10 x 15 Meter

Lauf-Abc

6

→ Für Fortgeschrittene

Zappelphilipp

Stellen Sie Ihre Füße dicht zusammen und bauen Sie Rumpfspannung auf. Nun springen Sie abwechselnd nach links und rechts. Das Führungsbein, das die Bewegung einleitet, wird so weit nach oben gezogen, dass der Oberschenkel waagerecht ist. Dann drehen Sie den Oberschenkel nach außen und landen wieder auf diesem Bein. Versuchen Sie dies auch aus dem Seitwärtslauf: Laufen Sie seitwärts nach rechts, so führt das rechte Bein die oben beschriebene Bewegung immer wieder aus, das linke Bein wird mit einem sehr kurzen Schritt nachgesetzt. So trainieren Sie die Hüftbeuger und Abspreizer.

4–10 x zu jeder Seite

6

Prellhopser

Sie bewegen sich langsam vorwärts: Ihre Füße stehen nebeneinander auf einer Linie, Sie drücken sich mit dem rechten Bein kräftig ab und beugen das linke Bein in der Hüfte und im Knie. Achtung: Beide Füße landen gleichzeitig wieder auf dem Boden – und zwar direkt nebeneinander, auf gleicher Höhe. Unmittelbar nach der Landung drückt Sie nun das linke Bein in die Luft und das rechte beugen Sie in Hüfte und Knie – wieder berühren bei der Landung beide Füße gleichzeitig den Boden. Führen Sie die Prellhopser flach aus, dafür mit hoher Frequenz.

4–10 x 15 Meter

Stephopser

Drücken Sie sich mit einem Bein ab und landen Sie auf dem anderen Bein circa 30 Zentimeter weiter außen und 30 Zentimeter weiter vorn. Das Abdruckbein zieht nach und setzt einen »Tap« daneben – ein kurzes Berühren des Bodens, ohne Körpergewicht zu tragen. Dann löst sich dieser Fuß sofort wieder vom Boden und zieht zur anderen Seite – nach außen vorn. Nun setzt der andere Fuß mit einem Tap nach. Das Knie führt dabei die Bewegung: Ziehen Sie das Knie an und drehen Sie in der Hüfte leicht nach außen. So fallen Sie quasi auf die gewünschte Position.

4–10 x 15 Meter

Lauf-Abc

6

→ Für Profis

Lange Sprünge

Der Name sagt es bereits: Sie machen lange Schritte, dabei drücken Sie sich mit einem Bein kräftig ab und ziehen den Schritt mit deutlichem Kniehub des anderen Beins so lang wie möglich nach vorn. Ihre Arme unterstützen den Sprung kräftig. Nach der Landung auf dem anderen Bein drücken Sie sich ebenso kräftig wieder ab. Die Sprünge werden länger und kräftiger – bis Sie fast fliegen!
Achtung: Die langen Sprünge sind eine harte Übung für fortgeschrittene Läufer. Die Stoßbelastung ist groß und erfordert einen gut vorbereiteten Bewegungsapparat!

8–12 x 20 Meter

6

Skippings

Hoch die Knie: Beim Skipping laufen Sie langsam vorwärts und ziehen bei jedem Schritt Ihr Bein so hoch wie möglich. Die Armarbeit ist hier ein absolutes Muss: Je kräftiger und höher Sie Ihre Arme schwingen, desto besser gelingt der Kniehub! Also: Arme eng anwinkeln und im Ellenbogen vor dem Körper nach vorn oben ziehen, hinten bilden Sie ein Läuferdreieck. Besonders für ein hohes Lauftempo ist diese Übung unverzichtbar!

4–10 x 15 Meter

Fußgelenksarbeit

Ein Bein steht auf dem Boden, das Knie ist gestreckt, die Ferse hat leichten Bodenkontakt. Das andere Bein ist im Kniegelenk leicht gebeugt, der Fuß im Sprunggelenk so weit wie möglich gestreckt – nur die Zehen haben noch Bodenkontakt. Diese Bewegungsextreme tauschen Sie nun von links nach rechts durch: Strecken und beugen Sie das Fußgelenk maximal. Bewegen Sie die Arme dabei mit. Die Zehen haben immer Kontakt zum Boden! Dies ist das perfekte Fußtraining.

4–10 x 10 Meter

Stretchen Sie sich für eine Gesamtdauer von 15 Minuten!

Stretching

6

→ Für Jedermann

Wadenmuskulatur

Schollenmuskel (linkes Bild):
Stützen Sie sich mit den Händen an einer Wand ab. Machen Sie einen mittelgroßen Ausfallschritt und beugen Sie beide Knie. Verlagern Sie das Gewicht auf das hintere Bein und hocken Sie sich darauf tief ab.

Zwillingswadenmuskel (rechtes Bild):
Vergrößern Sie den Ausfallschritt und strecken Sie das hintere Bein im Knie durch. Verlagern Sie das Gewicht auf das vordere Bein, bis Sie die Dehnung in der Wade des hinteren Beins spüren.

Jeweils 20 Sekunden pro Seite

Hüftlendenmuskel

Knien Sie sich wie ein Ritter hin. Gegebenenfalls polstern Sie Ihr Knie weich. Stellen Sie den Oberschenkel des vorderen Bein so weit auf, dass der Winkel im Knie circa 90 Grad beträgt. Richten Sie Ihren Oberkörper auf und drücken Sie die Hüfte nach vorn unten, bis Sie eine Spannung in der Leiste spüren. Achtung: Der rechte Winkel im Knie darf nicht kleiner als 90 Grad werden – sonst wird der Druck auf Ihre Kniescheibe zu hoch!

20 Sekunden pro Seite

Oberschenkelvorderseite

Legen Sie sich auf die Seite und winkeln Sie das untere Bein in der Hüfte und im Kniegelenk um jeweils 90 Grad an. Winkeln Sie den unteren Arm unter Ihrem Kopf an. Spannen Sie die Bauchmuskulatur an und umfassen Sie nun mit der oberen Hand das Sprunggelenk des oberen Beins. Ziehen Sie den Fuß in Richtung Gesäß. Halten Sie Ihr Bein während der gesamten Übung streng bodenparallel – kippen Sie nicht mit dem Becken zur Seite!

20 Sekunden pro Seite

Die Zusatzübungen: Rumpfstabilisation mit Trainingshilfen

Medizinball

6

→ Für Einsteiger

Überkopfwürfe

Sie stehen mit etwa drei Meter Abstand Ihrem Trainingspartner gegenüber – gut gestreckt, nur das Knie ist minimal gebeugt. Die Arme befinden sich über Ihrem Kopf – inklusive Medizinball. Werfen Sie den Ball mit einer Bewegung aus dem Ellenbogengelenk, bewegen Sie dabei möglichst nur Ihre Unterarme. Ihr Partner fängt den Ball und hält die Ellenbogen dabei ebenfalls über dem Kopf. Alternativ werfen Sie den Ball an eine Wand und fangen ihn dann wie beschrieben über dem Kopf wieder auf.

3 x 10 Wiederholungen

Bauchsitz

Sie sitzen auf einer Unterlage und heben die gestreckten Beine ein Stück in die Luft. Ihr Rücken bleibt gerade, Ihren Bauchnabel ziehen Sie nach innen! Den Medizinball halten Sie in beiden Händen. Aus dieser Position legen Sie den Ball zügig von links nach rechts. Tippen Sie ihn seitlich Ihres Gesäßes jeweils kurz auf den Boden und drehen Sie sich sofort zur anderen Seite. Ihre Beine bleiben während der gesamten Übung in der Luft!

3 x 20 Wiederholungen

Rückenstrecker

Sie liegen auf dem Bauch. Vor Ihrem Kopf liegt der Medizinball – so weit entfernt, dass Sie ihn mit gestreckten Armen gerade eben greifen können. Das tun Sie auch, Ihr Blick richtet sich ab jetzt auf die Matte. Nun legen Sie den Ball von links nach rechts – immer mit gestreckten Armen. Ihre Beine bleiben auf dem Boden und – Sie ahnen es schon – Ihr Bauch ist angespannt. Diese Übung macht Ihren Rücken fit für Alltag und Laufrunde.

3 x 10 Wiederholungen

Medizinball

6

→ Für Fortgeschrittene

Rumpfaufrichtung

Sie stehen hüftbreit mit leicht gebeugten Knien und leicht vorgeneigtem Oberkörper. Ihr Becken ist nach hinten gekippt – Ihre Bauchmuskulatur ist also angespannt. Sie halten den Ball seitlich auf Hüfthöhe und bewegen diesen dann mit gestreckten Armen diagonal nach oben zur Gegenseite – so hoch Sie können. Wichtig ist, dass Sie das Becken dabei nicht bewegen! Bei der Bewegung nach oben richten Sie sich spürbar in der Brustwirbelsäule auf.

3 x 15 Wiederholungen pro Seite

Rumpfrotation

Setzen Sie sich mit einem Abstand von ein bis zwei Metern neben Ihren Partner – so, dass Sie in entgegengesetzte Richtungen schauen. Ihre Beine befinden sich ein Stück in der Luft. Aus einer Rumpfrotation heraus werfen Sie nun den Ball möglichst mit ausgestreckten Armen zu Ihrem Partner. Der fängt ihn und bremst die Bewegung ab, indem er mit seinem Oberkörper rotiert. Kein Partner da? Werfen Sie den Ball gegen eine Wand!

3 x 15 Wiederholungen

Crunch

Setzen Sie sich Ihrem Partner gegenüber und verhaken Sie die Füße so miteinander, dass Sie ein festes Widerlager haben. Knie- und Hüftgelenk bilden jeweils einen Winkel von 90 Grad. Sie werfen den Medizinball über Ihren Kopf zu Ihrem Partner. Der fängt den Ball mit gestreckten Armen auf Kopfhöhe und bremst den Schwung mithilfe der Rumpfmuskulatur ab – nicht nur mit den Armen! Wenn Sie vor einer Wand trainieren, fixieren Sie Ihre Füße an der Wand und werfen den Ball so, dass er auf Kopfhöhe zurückfliegt.

3 x 20 Wiederholungen

Medizinball

→ Für Profis

Bauchsitz mit geworfenem Ball

Sie sitzen mit gestreckten Beinen auf der Unterlage und halten den Rücken gerade. Spannen Sie Ihren Bauch fest an und heben Sie Ihre Beine hoch. Ihr Partner steht hinter Ihnen, auf fünf beziehungsweise sieben Uhr. Aus dieser seitlichen Position wirft er Ihnen den Medizinball zu. Sie fangen ihn und bremsen den Schwung ab, indem Sie zur Gegenseite rotieren. Aus dieser Position beschleunigen Sie aus dem Rumpf und werfen den Ball zu Ihrem Partner zurück.

3 x 8 Wiederholungen pro Seite

6

Russian Twist

Sie sitzen: Ihre Knie sind im rechten Winkel gebeugt, ebenso Ihre Hüfte. Der Bauch ist angespannt, den Medizinball halten Sie mit gestreckten Armen vor sich. Ihr Blick fixiert den Ball. Nun rotieren Sie im Schultergürtel nach rechts und nach links – ohne dabei den Blick vom Ball zu nehmen. Ihre Arme bleiben gestreckt! Wenn Sie Schwierigkeiten mit dem Gleichgewicht haben, kann sich ein Partner auf Ihre Füße stützen oder Sie haken die Füße irgendwo ein.

3 x 8 Wiederholungen pro Seite

Standwaage

Sie stehen auf einem Bein. Ihr Knie ist minimal gebeugt, Ihr Rumpf ist gut gespannt. Den Medizinball halten Sie vor sich in beiden Händen. Jetzt lassen Sie sich nach vorn kippen, sodass der Ball vor Ihnen kurz den Boden berührt. Das freie Bein wird dabei nach hinten ausgestreckt – bis es bodenparallel ist. Ihr Becken bleibt waagerecht. Richten Sie sich langsam wieder auf und wiederholen Sie die Bewegung – Sie ernten Kraft und Koordination!

3 x 15 Wiederholungen

Gymstick

6

→ Für Einsteiger

Oberkörperrotation

Befestigen Sie die Tubes an Ihren Füßen und stellen Sie sich schulterbreit auf. Legen Sie den Gymstick auf Ihre Schultern – das Gummi ist jetzt gespannt. Ziehen Sie den Bauchnabel nach innen und rotieren Sie nun nach links und rechts – gegen den Widerstand der Tubes. Der Widerstand lässt sich übrigens stufenlos verstellen: Wickeln Sie einfach den Stab auf!

3 x 10 Wiederholungen pro Seite

Rudern stehend

Befestigen Sie die Tubes an Ihren Füßen. Stehen Sie hüftbreit mit gebeugten Knien. Strecken Sie das Gesäß weit nach hinten und beugen Sie Ihren Oberkörper vor. Achten Sie auf einen geraden Rücken und Spannung in Bauch- und Gesäßmuskulatur! Gegen den Widerstand der Tubes ziehen Sie den Gymstick in Richtung Brust.

3 x 10 Wiederholungen

Kniebeuge

Sie stehen hüftbreit mit dem Gymstick auf den Schultern, die Tubes sind an Ihren Füßen befestigt. Schieben Sie nun Ihr Gesäß nach hinten und beugen Sie Ihre Knie. Halten Sie Ihren Rücken gerade und ziehen Sie Ihren Bauchnabel ein. Wichtig: Ihre Knie dürfen sich nicht vor die Fußspitze schieben – das Gesäß schiebt stattdessen nach hinten!

3 x 10 Wiederholungen

Gymstick

6

→ Für Fortgeschrittene

Hüftstreckung kniend

Befestigen Sie die Tubes an Ihren Füßen und knien Sie sich hin. Stützen Sie sich auf Ihre Hände und fixieren Sie damit den Gymstick. Führen Sie nun ein Bein gegen den Widerstand nach hinten oben. Spannen Sie dabei Ihren Bauch an und achten Sie auf Ihr Becken: Machen Sie keine Ausweichbewegungen nach oben!

3 x 15 Wiederholungen

Schulterheben

Sie liegen auf dem Rücken, Ihre Füße befinden sich in den Schlaufen des Gymsticks. Diesen halten Sie mit gestreckten Armen auf Brusthöhe. Jetzt heben Sie beide Beine leicht vom Boden ab und führen Ihre Arme nach oben über den Kopf – gestreckt! Spannen Sie den Bauch an, er sichert Ihre Lendenwirbelsäule.

3 x 10 Wiederholungen

Nackendrücken mit Seitschritt

Sie stehen hüftbreit, die Tubes sind an Ihren Füßen befestigt. Sie halten den Gymstick auf Brusthöhe. Strecken Sie nun beide Arme nach oben aus und machen Sie gleichzeitig einen Schritt zur Seite.
Gehen Sie in die Ausgangsposition zurück. Die nächste Übungsausführung starten Sie zur anderen Seite.

2 x 10 Wiederholungen pro Seite

Gymstick

→ Für Profis

Käfer

Sie liegen auf dem Rücken, Ihre Füße sind in den Schlaufen. Ihre Beine sind in Knie und Hüfte um je 90 Grad angewinkelt. Den Gymstick halten Sie auf Brusthöhe. Gegen den Widerstand strecken Sie nun beide Arme über den Kopf – und gleichzeitig strecken Sie ein Bein aus, abwechselnd links und rechts. Den Widerstand können Sie über die Tubes regulieren.

3 x 20 Wiederholungen

Trizeps im Ausfallschritt

Befestigen Sie die Schlaufen an Ihren Füßen und stellen Sie sich auf. Den Gymstick halten Sie hinter Ihrem Kopf – Ihre Ellenbogen sind gebeugt. Machen Sie nun einen Ausfallschritt: Strecken Sie das linke Bein nach hinten und gleichzeitig die Arme gerade nach oben. Achtung: Das rechte Knie darf sich nicht vor die Fußspitze schieben!

3 x 10 Wiederholungen pro Seite

Flieger

Ihre Füßen sind in den Schlaufen, Sie stehen auf einem Bein und halten den Gymstick auf Schulterhöhe vor dem Körper. Nun neigen Sie den Oberkörper bei leicht gebeugtem Standbein nach vorn: Die gestreckten Arme und Beine bilden eine Linie. Kurz halten. Zurück in die Ausgangsposition – und dann das andere Bein.

3 x 10 Wiederholungen pro Seite

Thera-Band

6

→ Für Einsteiger

Streckerkette

Sie stehen hüftbreit mit minimal außenrotierten Füßen auf dem Thera-Band. Spannen Sie Ihre Bauchmuskulatur an und neigen Sie Ihren Oberkörper leicht nach vorn. Greifen Sie die Enden des Bandes über Kreuz. Ziehen Sie nun beide Arme gegen den Widerstand nach oben außen. Richten Sie sich dabei in der Wirbelsäule auf.

3 x 15 Wiederholungen

Abduktoren

Sie stehen hüftbreit mit minimal gebeugten Kniegelenken. Das Thera-Band ist seitlich von Ihnen befestigt und um den Knöchel des äußeren Beins gelegt – es ist schon eine gewisse Spannung aufgebaut. Sie spreizen nun das Bein gegen den Widerstand des Bands um circa 45 Grad ab. Langsam zurück – und wieder von vorn.

3 x 15 Wiederholungen pro Seite

Seitliche Rumpfmuskulatur

Sie stehen hüftbreit mit angespanntem Rücken. Eine Hand ist seitlich neben Ihrem Kopf, die andere hält das Thera-Band, das an einem Gegenstand befestigt ist. Beugen Sie sich zur Seite und richten Sie sich wieder auf. Arme, Schultern, Oberkörper und Hüfte bleiben während der ganzen Übungsausführung in einer Ebene.

3 x 15 Wiederholungen pro Seite

Thera-Band

→ Für Fortgeschrittene

Crunch

Sie liegen auf dem Rücken und stellen die Fersen auf. Ihre Knie sind recht winklig gebeugt. Das Thera-Band ist hinter Ihnen befestigt – Sie halten es mit beiden Händen. Drücken Sie Ihre Lendenwirbelsäule auf die Unterlage, spannen Sie den Bauch an und heben Sie den Oberkörper an. Halten Sie Ihre Arme parallel zum Boden und schieben Sie sie fußwärts.

3 x 20 Wiederholungen

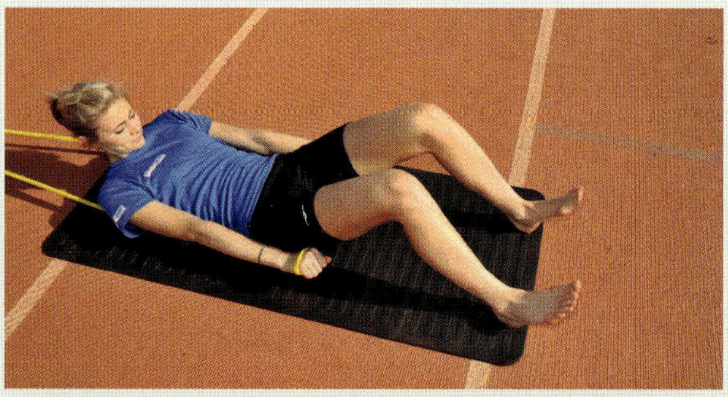

Hüftstrecker

Gehen Sie in den Vierfüßlerstand. Klemmen Sie das Thera-Band unter einer Hand fest und befestigen Sie das andere Ende am gegenseitigen Fuß. Nun strecken Sie dieses Bein bodenparallel aus. Weichen Sie dabei nicht mit dem Becken zur Seite aus – Ihre Pobacken bleiben auf gleicher Höhe!

3 x 15 Wiederholungen pro Seite

Schwimmer

Legen Sie sich auf den Bauch und stellen Sie die Fußspitzen auf. Das Thera-Band ist kopfwärts vor Ihnen fixiert. Sie halten die beiden Enden des Bands in den Händen und führen beide Arme gestreckt und im langen Bogen nach hinten an den Körper heran. Spannen Sie wie immer Bauch und Gesäß an.

3 x 20 Wiederholungen

Thera-Band

6

Für Profis

Rumpfrotation

Fixieren Sie das Thera-Band seitlich von sich ihn Brusthöhe. Stehen Sie hüftbreit und halten Sie das Band mit beiden Händen in Brusthöhe vor der Körpermitte. Rotieren Sie nun Arme, Kopf und Schultergürtel gegen den Widerstand. Das Becken dreht sich nicht mit!

3 x 20 Wiederholungen pro Seite

6

Abduktoren im Ausfallschritt

Verlagern Sie das Körpergewicht auf Ihr linkes Bein und beugen Sie im Kniegelenk um etwa 60 Grad. Das Theraband ist links von Ihnen befestigt und umschlingt den rechten Außenknöchel. Ziehen Sie nun, während Sie im linken Knie beugen, das rechte Bein nach hinten außen. Ähnlich einem Eisschnellläufer. Zu einfach? Dann stellen Sie sich dabei mit dem linken Fuß auf Ihren Stabitrainer.

3 x 10 Wiederholungen pro Seite

Standwaage

Sie stehen auf einem Bein, das Knie ist minimal gebeugt. Richten Sie Ihren Oberkörper und das andere Bein bodenparallel aus. Dabei stehen Sie auf dem Thera-Band, dessen Enden Sie in den Händen halten. Gegen den Widerstand des Bands heben Sie beide Arme an – bis sie bodenparallel sind.

2 x 15 Wiederholungen pro Seite

Bioswing

→ Für Einsteiger

Rumpfrotation

Halten Sie den Bioswing mit beiden Händen übereinander vor dem Körper. Er steht senkrecht zum Boden, Ihre Ellenbogen sind gebeugt. Setzen Sie nun den Stab durch ein kräftiges Vor- und Zurückbewegen der Hände in Schwingung und halten Sie diese aufrecht. Dabei drehen Sie Ihren Oberkörper leicht nach links und über die Mitte weiter nach rechts. Der Kopf folgt der Bewegung des Oberkörpers, das Becken bleibt stabil: Die Bewegung erfolgt aus dem Oberkörper!

3 x 10–15 Sekunden

Frontschwung

Halten Sie den Stab mit beiden Händen auf Brusthöhe – parallel zum Boden. Ihre Daumen zeigen zueinander, Ihre Ellenbogen sind gebeugt und Ihre Schultern sind tief. Spannen Sie Bauch und Gesäß an und setzen Sie nun den Stab durch ein kräftiges Hoch- und Herunterbewegen der Hände in Schwingung. Halten Sie diese aufrecht. Fällt Ihnen die Übung leicht, versuchen Sie, Ihre Arme weiter zu beugen und zu strecken. Sie aktivieren Ihren Bauch und den oberen Rücken!

3 x 10–15 Sekunden

Brustwirbelsäule

Halten Sie den Bioswing mit beiden Händen auf Bauchnabelhöhe – parallel zum Boden. Ihre Ellenbogen sind gebeugt und Ihre Schultern tief. Setzen Sie nun den Stab durch ein kräftiges Vor- und Zurückbewegen der Hände in Schwingung und halten Sie diese aufrecht. Führen Sie nun eine halbkreisförmige Bewegung der Arme bis über den Kopf aus – die Ellenbogen bis ungefähr auf Ohrenhöhe. Senken Sie Ihre Arme anschließend wieder bis auf Bauchnabelhöhe.

3 x 10–15 Sekunden

Bioswing

6

→ Für Fortgeschrittene

Speerwurf

Greifen Sie den Bioswing von oben mit einer Hand und halten Sie ihn auf Bauchnabelhöhe – diagonal vor der Körpermitte. Ihr Ellenbogen ist leicht gebeugt. Setzen Sie den Stab durch ein kräftiges Vor- und Zurückbewegen der Hand in Schwingung und halten Sie diese aufrecht. Führen Sie den Stab in einer halbkreisförmigen Bewegung nach außen oben hinten. Der Handrücken zeigt in der Endstellung nach unten, Hand und Schulter befinden sich auf einer Linie.

3 x 10–15 Sekunden je Seite

6

Einbeinstand

Sie stehen auf Ihrem linken Bein. Ihr Hüftgelenk ist circa 30 Grad gebeugt. Sie heben Ihr rechtes Bein an, sodass Ihr rechter Unterschenkel senkrecht nach unten »hängt«, Ihre Zehen sind angehoben. Halten Sie den Stab mit beiden Händen in Bauchnabelhöhe und parallel zum Boden. Ihre Ellenbogen sind gebeugt. Setzen Sie nun den Stab durch ein kräftiges Vor- und Zurückbewegen der Hände in Schwingung und halten Sie diese aufrecht. Arm- und Beinposition bleiben unverändert.

3 x 10–15 Sekunden je Seite

Kniebeuge

Gehen Sie um circa 110 Grad in die Knie und beugen Sie Ihren Oberkörper leicht nach vorn. Halten Sie den Bioswing mit beiden Händen kurz oberhalb der Knie parallel zum Boden. Ihre Daumen zeigen zueinander und berühren sich leicht. Ihre Ellenbogen sind gebeugt, das Gewicht befindet sich etwas mehr auf dem Vorfuß. Setzen Sie den Stab durch ein kräftiges Vor- und Zurückbewegen der Hände in Schwingung und halten Sie diese aufrecht. Ihr Becken bleibt stabil.

3 x 10–15 Sekunden

Bioswing

6

→ Für Profis

Standwaage

Sie stehen in der Standwaagen-Position auf dem linken Bein, Ihr Knie ist leicht gebeugt. Das rechte Bein wird bodenparallel nach hinten ausgestreckt. Achten Sie auf eine feste Rumpfspannung – die Schultern ziehen Sie in Richtung Gesäß. Den Bioswing halten Sie mit der rechten Hand rechtwinklig ausgestreckt parallel zum Boden. Bringen Sie ihn in Schwingung und halten Sie diese aufrecht. Dabei führen Sie Ihren Arm herunter bis auf Höhe des linken Knies und wieder zurück nach oben. Diese Übung können Sie auf der Gymnastikmatte oder auf dem Stabilitätstrainer durchführen.

3 x 5 Wiederholungen pro Seite

Einbeinkniebeuge

Sie stehen mit Ihrem linken Fuß auf einer Gymnastikmatte. Den Bioswing halten Sie bodenparallel in Ihrer rechten Hand auf Höhe des Oberschenkels. Machen Sie nun einbeinige Kniebeugen, ohne dabei Ihr Knie vor die Fußspitze zu schieben. Gleichzeitig bringen Sie den Stab in Schwingung und führen ihn neben Ihrem Körper auf Schulterhöhe und wieder zurück. Achtung: Ziehen Sie dabei nicht die Schulter hoch! Diese Übung können Sie auch auf dem Stabilitätstrainer durchführen.

3 x 5 Wiederholungen pro Seite

Ausfallschritt

Sie stehen auf beiden Füßen auf einer Gymnastikmatte oder dem Stabilitätstrainer, mit der rechten Hand halten Sie den Bioswing senkrecht vor sich. Bringen Sie ihn mit Links-rechts-Bewegungen zum Schwingen. Mit dem linken Bein machen Sie nun einen Ausfallschritt nach hinten. Der Rücken neigt sich vor, bleibt aber gerade! Tippen Sie den Fuß kurz auf den Boden und stellen Sie ihn wieder neben dem anderen Fuß ab.

3 x 5 Ausfallschritte pro Seite

Gymnastikball

6

→ Für Einsteiger

Kreuzroller

Legen Sie sich mit dem Schulterblattbereich auf den Ball und stellen Sie beide Füße so auf, dass Ihre Knie rechtwinklig gebeugt sind. Strecken Sie beide Arme zur Seite aus und rollen Sie entlang der ausgestreckten Arme abwechselnd nach links und nach rechts. Halten Sie dabei den Rumpf stabil!

3 x 5 Wiederholungen zu jeder Seite

Sit-up

Positionieren Sie sich mit dem Rücken auf dem Ball – Kopf und Gesäß sind jeweils in der Luft. Ihre Füße stehen auf dem Boden, die Knie sind rechtwinklig gebeugt. Führen Sie nun Ihre gestreckten Arme nach vorn und heben Sie den Oberkörper unter Bauchspannung leicht an. Die instabile Lage macht die Übung effektiv!

3 x 15 Wiederholungen

Vierfüßler

Legen Sie sich mit dem Bauch auf den Ball. Ihr linker Fuß und Ihre rechte Hand halten Kontakt zum Boden und stabilisieren Sie. Strecken Sie nun Ihren linken Arm und Ihr rechtes Bein bodenparallel aus. Blicken Sie in Richtung Boden – die Halswirbelsäule knickt nicht ab! Ihr Bauch ist angespannt und das Becken gerade.

3 x 20 Sekunden pro Seite

Gymnastikball

6 → Für Fortgeschrittene

Ischis mit dem Ball

Bilden Sie eine Brücke: Ihr Schultergürtel liegt auf dem Boden und eine Ferse auf dem Ball. Der Kniebeugewinkel dieses Beins beträgt 90 Grad. Das andere Bein beugen Sie ebenfalls in der Hüfte, es berührt den Ball aber nicht. Heben und senken Sie nun langsam Ihr Gesäß. Diese Übung ist ideal für die Kräftigung der Oberschenkelrückseite!

3 x 5 Wiederholungen pro Seite

6

Rückenstrecker

Platzieren Sie den Ball unter Ihrer vorderen Hüfte und stellen Sie Ihre Füße mit den Zehen auf den Boden. Strecken Sie einen Arm nach oben beziehungsweise vorn aus – bis er mit Beinen und Rumpf eine Linie bildet. Halten Sie die Spannung für 10 bis 15 Sekunden. Beim zweiten Durchgang wechseln Sie den Arm. Fortgeschrittene strecken beide Arme nach oben aus.

3 x 10 Wiederholungen

Abduktoren

Sie liegen auf der Seite und halten den Gymnastikball zwischen den Beinen. Mit der Hand des oberen Arms stützen Sie sich vor dem Körper ab, sodass Sie nicht zur Seite rollen. Heben Sie nun den Ball so weit von der Unterlage ab, wie Sie können. Führen Sie ihn langsam zurück, ohne die Spannung zu lösen.

3 x 8 Wiederholungen pro Seite

Gymnastikball

6

→ Für Profis

Bauch und Adduktoren

Sie liegen auf dem Rücken. Ihre Lendenwirbelsäule hält Kontakt zur Unterlage. Halten Sie den Ball mit Ihren Unterschenkeln beziehungsweise Füßen fest und heben Sie ihn in die Höhe. Aus dieser Grundposition machen Sie Sit-ups, bei denen Sie die ausgestreckten Arme zwischen den Beinen nach vorn schieben.

3 x 10 Wiederholungen

Bauchstütz

Stützen Sie sich mit den Händen auf dem Boden ab und mit den Fußballen auf dem Ball. Nun strecken Sie die Beine aus. Halten Sie den Rumpf gerade und ziehen Sie dabei den Bauchnabel ein. Die gestreckte Position halten Sie kurz und ziehen die Beine dann wieder an.

10 x vor und zurück

Zwischenschulterblattmuskulatur

Fixieren Sie den Ball zwischen Ihrer Brustwirbelsäule und einer Wand. Mit dem Gesäß rutschen Sie unter den Ball. Ihre Kniegelenke beugen Sie rechtwinklig, Ihre Zehen ziehen Sie an. Blicken Sie geradeaus und heben Sie die Arme an. Dabei richten Sie sich auf und drücken gegen den Ball.
Erschweren können Sie die Übung durch den zusätzlichen Einsatz eines Thera-Bands, das Sie von den Füßen aus über Kreuz in die Höhe ziehen.

10 x 15 Sekunden halten

Stretching

6

→ Für Jedermann

Brustmuskulatur

Suchen Sie sich eine Wand und positionieren Sie sich in Schrittstellung längs zu ihr – der Fuß, der weiter von der Wand entfernt ist, steht vorn. Bilden Sie in Ellenbogen- und Schultergelenk einen Winkel von 90 Grad. Legen Sie den Arm an die Wand. Schauen Sie dabei über die Schulter der Gegenseite und rotieren Sie den Rumpf dorthin. Der gesamte Unterarm hält den Kontakt zur Wand. So bauen Sie Spannung auf: Der Brustmuskel wird gedehnt.
Variation: Positionieren Sie Ihren Arm in verschiedenen Höhen – so erreichen Sie unterschiedliche Anteile des Brustmuskels.

20 Sekunden pro Seite halten

Oberschenkelrückseite

Stellen Sie ein Bein ungefähr 20 Zentimeter vor das andere. Beugen Sie das hintere Bein im Knie und den Oberkörper in der Hüfte nach vorn, bis Sie eine Spannung an der Oberschenkelrückseite spüren. Der Rücken bleibt dabei gerade, die Hände können Sie an die Hüften nehmen oder auf dem Steißbein verschränken.
Wichtig: Der Fuß des gedehnten Beins steht flach auf dem Boden! Werden die Zehen zur Nasenspitze gezogen, dehnen Sie Ihren Ischiasnerv – und nicht Ihre ischiocrurale Muskulatur!

20 Sekunden pro Seite halten

6

Oberschenkelinnenseite

Sie stehen im Grätschstand: Ihre Füße stehen circa einen Meter auseinander. Die Fußspitzen zeigen parallel nach vorn. Das zu dehnende Bein bleibt gestreckt – das andere Bein beugen Sie und verlagern Ihr Gewicht darauf, bis Sie ein Ziehen auf der Innenseite des gestreckten Beins spüren.
Wichtig: Schieben Sie das Knie des gebeugten Beins nicht über Ihre Fußspitze hinaus – das würde das Knie zu stark belasten.

20 Sekunden pro Seite halten

Volksbank
Reutlingen
127
EnBW
Pliezhausen 2010

Kapitel 7
Wettkampf

Die optimale Wettkampfvorbereitung

Der Wettkampf ist *das* Motivationsmittel. Das Erleben dieses sportlichen Höhepunkts spornt viele Freizeitläufer immer wieder dazu an, die Laufschuhe zu schnüren, sich Tag für Tag zu fordern und zu beweisen – für diesen einen Moment: den Zieleinlauf. Die Emotionen bei einem Wettkampf und dem Streben nach der Bestleistung vergisst ein Läufer so schnell nicht wieder – und Freud und Leid liegen hier dicht beieinander. Voraussetzung für eine gute Leistung ist eine gute Trainingsplanung, wie wir in Kapitel 4 besprochen haben. Dazu gehört auch, vor dem Wettkampf das Zeitziel festzulegen. Wie schnell Sie auf den Unterdistanzen sein sollten, um bestimmte Halbmarathon- oder Marathonzeiten erreichen zu können, können Sie der Pacetabelle am Ende dieses Kapitels entnehmen. Damit am großen Tag alles klappt, brauchen Sie also eine Strategie. Mit dem Motto »Dabeisein ist alles« werden Sie zwar bestimmt viel Spaß haben, aber wahrscheinlich keine Bestzeit laufen. Lesen Sie in diesem Kapitel, wie Sie am Tag X alles aus sich herausholen können: Sie haben hart trainiert – zeigen Sie auch, was Sie können!

Nicht jeder kann den Marathon unter 3:00 Stunden laufen

Ein Grundsatz in unserer westlichen Gesellschaft lautet »Wenn du es wirklich willst, dann kannst du alles schaffen!«. Diese Einstellung vermitteln auch Trainer und Psychologen gern. Willen macht stark, das ist klar – aber auch ein starker Wille hat Grenzen und die liegen meist beim Talent. Das bedeutet im Klartext: Diejenigen, die einen Marathon in 2:50, 2:30 Stunden oder gar noch schneller laufen, die haben viel Talent. Meist sind diese Sportler fast ohne Training in der Lage, 10 Kilometer unter 40 Minuten zu laufen. Wer nach einigen Jahren Training ohne grobe Fehler immer noch mit den 60 Minuten auf 10 Kilometer hadert, hat einfach weniger Talent. Natürlich macht es Spaß, sein Training zu optimieren und seine Leistungsgrenzen auszuschöpfen. Aber lassen Sie sich nicht frustrieren, wenn Ihnen einige Leistungsbereiche verschlossen bleiben. Laufen ist und bleibt dennoch Ihr Sport – und Sie laufen für Ihre persönlichen Ziele!

Die drei schnellsten Marathonstrecken Deutschlands

Zur optimalen Vorbereitung gehört zunächst – mit einem gewissen Vorlauf – die Auswahl eines geeigneten Wettkampfs, denn Marathon ist nicht gleich Marathon. Was in der Streckenlänge auf den Zentimeter genau identisch ist, unterscheidet sich in Profil und Bedingungen mitunter stark: Bei einigen Rennen geht es bergauf und bergab, bei anderen ist der Streckenverlauf flach, mal stehen jubelnde Zuschauermassen entlang der gesamten Strecke, bei wieder anderen führen lange »Durststrecken« durch einsame Gebiete. Wer seine Bestzeit im Visier hat, sollte sich eine schnelle Strecke aussuchen. Gemessen an den Siegerzeiten waren im Jahr 2009 die folgenden Rennen die erfolgversprechendsten.

Der Berlin-Marathon

2010 gewann Patrick Makau Musyok in 2:05:08 Stunden den Berlin-Marathon, bei den Frauen siegte Aberu Kebede mit 2:23:58 Stunden. 2008 lief der Äthiopier Gebrselassie auf dem Pflaster der Hauptstadt mit einer Zeit von 2:03:59 Stunden sogar Weltrekord. Bei diesem Marathon ist der Streckenverlauf relativ eben und jubelnde Zuschauer säumen fast durchgängig die Strecke. Meist findet der Berlin-

» Gut vorbereitet ist halb gewonnen – schöpfen Sie alle Möglichkeiten aus! «

Marathon am letzten Septemberwochenende statt. Die Witterungsbedingungen sind ideal – nicht zu kalt und meist trocken. Mehr Informationen unter www.berlin-marathon.com.

Der Frankfurt-Marathon

2010 siegte Wilson Kipsang Kiprotichdie in Frankfurt mit einer Zeit von 2:04:57 Stunden. Schnellste Frau war Caroline Cheptanui Kilel, die nach 2:23:25 Stunden ins Ziel lief. Super für Spätstarter: Der Oktober-Marathon in der Börsenmetropole hat ein flaches Streckenprofil, der Höhenunterschied liegt bei unter 30 Metern und die breiten Straßen sind von begeisterten Zuschauern umrandet. Skyline und ein roter Teppich im Ziel – ein Goldstück unter den Stadtläufen! Mehr Informationen unter www.frankfurt-marathon.com.

Der Köln-Marathon

Schnellster Mann unterm Dom war 2010 Francis Kipkoech Bowen mit einer Zeit von 2:14:15 Stunden. Marathonsiegerin wurde die Deutsche Katharina Heinig – mit 2:46:05 Stunden. Auch am Marathontag sind in Köln die Jecken los! Die 700.000 Zuschauer lassen sich von den Läufern und den Hotspots mit Musik und Moderation begeistern – Laufen macht einfach Spaß! Der Köln-Marathon findet im warmen bis heißen August statt, das Streckenprofil ist eben. Der Veranstalter bewirbt seinen Lauf als »schnell und charmant« – mehr Informationen unter www.koeln-marathon.de.

Die letzten Tage vor dem Rennen

Um am Wettkampftag topfit zu sein, stellen erfahrene Läufer ihren Trainingsablauf und ihre Ernährung einige Tage vorher um. Das sollten auch Sie tun, um Ihre persönliche Bestzeit bringen zu können. Abgesehen von der zunehmenden Aufregung in den Tagen vor dem Rennen stellen Sie sich mit Sicherheit verschiedene Fragen: Wann trainiere ich das letzte Mal? Und wie intensiv? Was soll ich essen? Und wie viel? Soll ich mich ausruhen oder in Bewegung bleiben? Machen Sie sich nicht verrückt – mit den folgenden Tipps behalten Sie die Nerven!

1 Wie Sie Ihrem Trainingsplan entnehmen können, sinken sowohl Umfang als auch Intensität in den letzten Tagen vor dem Wettkampf deutlich ab. Dies dient Ihrer Erholung: Aus dem vollen Training heraus würden Sie mehr oder weniger ermüdet an den Start gehen – das stünde einer optimalen Leistungsentfaltung entgegen. Bedenken Sie: Diese Regenerationsphase vor dem Rennen ist besonders wichtig! In den letzten Tagen vor dem Wettkampf können Sie Ihre Form nicht mehr entscheidend verbessern, durch zu intensives Training aber deutlich verschlechtern.

7

2 Beachten Sie den ersten Punkt bitte auch, wenn Sie in den letzten Wochen vor dem Rennen den einen oder anderen Trainingsausfall hatten. Ich kann Sie beruhigen: In den allermeisten Fällen sind kürzere, unerwartete Trainingspausen in der Vorbereitung längst nicht so leistungsmindernd, wie man vielleicht erwarten würde. Der größte Fehler, den Sie jetzt noch machen können: kurz vor dem Rennen noch einige extra Trainingseinheiten einzulegen. Stattdessen müssen Sie jetzt Ruhe bewahren. Schlafen Sie viel – im Bett regenerieren Sie am besten. Vermeiden Sie kurz vor dem Rennen lange Geschäftsreisen und Überstunden im Büro. Ruhen Sie sich aus, schalten Sie ab.

3 Füllen Sie Ihre Energiespeicher auf: Nehmen Sie vor dem Wettkampf eine kohlenhydratreiche Kost zu sich – Sie brauchen die Energie im Rennen. Verboten ist dagegen Reduktionskost. Versuchen Sie nicht kurz vor dem Rennen, Ihr Gewicht zu reduzieren, denn ohne die richtige Energiezufuhr wird Ihr Körper weniger leistungsfähig. In den letzten drei Tagen vor dem Rennen essen Sie reichlich Nudelgerichte, Reisgerichte, Brot und Zerealien. Ballaststoffreiche Nahrungsmittel treten in den Hintergrund – auch wenn sie sonst der wichtigste Bestandteil Ihrer Ernährung sind. Rohkost belastet Ihre Verdauung und bringt Sie so kurz vor dem Wettkampf aus dem Gleichgewicht.

» Ein Wettkampf ist ein Hexenkessel voller Emotionen! «

Mythos: 35-Kilometer-Training

Marathon-Neulinge befürchten vor allem eines: die Streckenlänge. Schulterklopfend wird ihnen von erfahrenen Läufern geraten: »Lauf vorher einmal 35 Kilometer, dann weißt du, dass du es schaffst.« Dieser Tipp führt oft dazu, dass der Marathon mit einem Eisbeutel auf dem schmerzenden Knie im Fernsehen verfolgt werden muss. Den Fokus nur auf die verletzungsträchtigen ultralangen Läufe zu legen ist problematisch. Besonders, wenn ihnen zuliebe die Stabilisations- und Technikübungen vernachlässigt werden. Natürlich ist die Basis des Ausdauertrainings die Anpassung an lange Strecken – und dafür müssen Sie auch lange laufen. Aber: Auch auf kürzeren Strecken finden wichtige Anpassungsprozesse statt, vor allem bei höheren Intensitäten. Ihr Körper ist in der Lage, durch Ausdauertraining Fähigkeiten zu entwickeln, die er auch bei Belastungen einsetzen kann, die länger sind als die Trainingsläufe. Beispiel Triathlon über die Ironman-Distanz: 3,8 Kilometer Schwimmen, 180 Kilometer Radfahren, 42,195 Kilometer Laufen – diese Distanzen absolvieren Triathleten nicht im Training! Die orthopädische Belastung wäre viel zu hoch. Ihren Wettkampf absolvieren sie bei guter Vorbereitung trotzdem mit voller Leistungsfähigkeit. Ergo: Sie müssen vor dem Marathon lange Läufe machen. 25 bis 30 Kilometer reichen aber für den Freizeitsportler vollkommen aus. Sinnvoller als überlange Distanzen zu laufen, ist das Training regelmäßig um die wichtigen Stabilisierungsübungen zu ergänzen (siehe Kapitel 6). So bleiben Sie verletzungsfrei und können auch noch bei Kilometer 35 Kraft auf die Straße bringen. Außerdem sind intensive Läufe sehr wichtig, um ein hinreichendes Ausdauerniveau zu erlangen. Laufen Sie also nicht nur in lockerem Tempo! Ein Trick für das Training mit hohem Umfang: Trainieren Sie die ersten ein oder zwei Stunden Ihres extralangen Ausdauertrainings mit dem Fahrrad – im Grundlagenbereich (Herzfrequenz fünf bis zehn Schläge niedriger als beim Laufen). Wechseln Sie dann direkt für zwei Stunden in die Laufschuhe. So haben Sie den Stoffwechsel ganz sicher auf die ganz langen Läufe vorbereitet, aber die Sehnen und Gelenke entlastet. So können Sie sicher und schmerzfrei an den Start gehen – und Ihr Rennen genießen!

4 Planen Sie Ihr Rennen: Erstellen Sie sich eine Pacetabelle. »Pace« (engl. Geschwindigkeit, Schritt) ist das angeschlagene Tempo eines Läufers. Wenn Sie also beispielsweise planen, Ihren Halbmarathon in 1:45 Stunden zu absolvieren, dann errechnen Sie zunächst die Zeit, die Sie für einen Kilometer benötigen. In diesem Fall wären das ziemlich genau 5:00 Minuten pro Kilometer. Für Ihre Pacetabelle errechnen Sie anhand dieser Größe, welche Durchgangszeit Sie bei jedem Kilometer des Rennens halten müssen. Schreiben Sie sich die wichtigsten Durchgangszeiten für das Rennen einfach mit einem wasserfesten Filzstift auf den Unterarm – so wissen Sie immer und zu jeder Zeit, ob Sie im Zeitplan unterwegs sind.

5 Legen Sie Ihren Ernährungsplan für das Rennen fest. Auf Seite 249 können Sie anhand der Wettkampfdauer ablesen, wie viel Nahrung und Flüssigkeit Sie idealerweise während des Rennens zuführen sollten. Schauen Sie sich auf der Basis dieser Werte die Ausschreibung des Rennens genau an: Wo befinden sich Verpflegungsstellen? Was genau wird an welcher Verpflegungsstelle gereicht? Wann kommen Sie laut Pacetabelle an welcher Verpflegungsstation vorbei? Klären Sie diese Fragen – so überlassen Sie nichts dem Zufall. Nutzen Sie die Verpflegungsstationen des Rennveranstalters so gut es geht – umso weniger müssen Sie selbst transportieren. Wenn Sie im Vorfeld feststellen, dass an den Verpflegungsstationen keine adäquaten Energieriegel gereicht werden, dann rüsten Sie sich entsprechend Ihres Rennverpflegungsplans selbst aus.

6 Askese vor dem Rennen sorgt nicht zwingend für bessere Leistungen: Kein Rotwein, keine Kekse, keine Gummibärchen, keine Schokolade, hungrig ins Bett, keine Sahne auf den Erdbeeren – es ist erstaunlich, worauf

7

Sportler in der heißen Phase vor großen Wettkämpfen so alles verzichten. Die große Frage: Werden sie dadurch schneller? Ja und nein. Für Ihren Körper ist ein Stück Schokolade nach dem Training sicherlich kein Problem und wird die Leistung auch nicht schmälern. Genauso wenig wird dies der in Maßen genossene Rotwein tun – die Dosis macht eben das Gift. Sie beweisen sich mit der Askese aber etwas anderes: Sie haben die Kontrolle über sich, Sie erreichen Ihre Ziele, Sie überstehen Entbehrungen. Zum einen ist das natürlich eine wichtige mentale Stütze für jeden Läufer, zum anderen zeigt das ein mangelndes Selbstvertrauen in die eigenen Fähigkeiten. Viel wichtiger ist jedoch, dass Sie Ihre Balance finden – gute Athleten sollten eine disziplinierte Vorbereitung mit dem kontrollierten Verzehr von Genussmitteln von überflüssiger Selbstkasteiung unterscheiden können. Auf ein Stück Schokolade zu verzichten, das Ihnen ein wenig Wohlbefinden und Entspannung nach einem harten Training verschafft, wird dagegen kaum ausschlaggebend für eine Bestleistung im Wettkampf sein.

Spezielle Ernährung vor dem Wettkampf: Carboloading

Mit der Saltin-Diät, betitelt nach dem skandinavischen Physiologen Bengt Saltin[1], wird die Kohlenhydrat-Speicherkapazität von Leber und Muskulatur erhöht – mit diesem Trick können Sie intensiven Dauerbelastungen länger standhalten. Zunächst bauen Sie eine Phase verringerter Kohlenhydratzufuhr in Ihren Ernährungsplan ein. Sie trainieren und hungern also Ihre Speicher leer, indem Sie sich etwa eine Woche vor dem Rennen mit einer reinen Fett-Eiweiß-Diät ernähren und das Training fortsetzen. Drei Tage vor dem Wettkampf erfolgt noch ein letzter intensiver Trainingslauf von 90 Minuten, um die Kohlenhydratspeicher vollständig zu leeren. Das ist wahrlich kein Picknick, wie die unangenehmen Nebenwirkungen zeigen: Unterzuckerung, Magenprobleme, Schwindelgefühl und Kreislaufprobleme. Auch das psychische Empfinden kann gestört werden, einige Athleten fühlen sich stark erschöpft und niedergeschlagen. Erst dann folgt die Trainingspause bis zum Wettkampf mit reiner Kohlenhydratzufuhr, was zur übermäßigen Füllung der Speicher führt.

Ebenfalls effektiv und dabei deutlich risikoärmer ist eine abgeschwächte Version der Saltin-Diät, die heute meist »Carboloading« genannt wird. Das Prinzip: Sie nutzen ein intensives Training bis maximal drei Tage vor dem Rennen, um die Kohlenhydratspeicher zu leeren. Sie verzichten allerdings auf die reine Fett-Eiweiß-Diät, um unerwünschte Nebenwirkungen zu vermeiden. Nach einem letzten »Entleerungslauf« folgt auch hier für drei Tage bis zum Rennen eine fast reine Kohlenhydratzufuhr, um die Speicher effektiv zu füllen. Ich rate Ihnen zu dieser Variante, da deutlich weniger Nebenwirkungen zu befürchten sind.

» Der größte Sieg: Sie sind zufrieden mit sich selbst! «

Das erfolgreiche Rennen

Erfolg bedeutet, dass Sie im Ziel mit sich selbst zufrieden sind. Und auch wenn viel Unvorhergesehenes geschehen kann und wird, hat Erfolg wenig mit Zufall zu tun. Je ernster Sie die Vorbereitung nehmen, desto mehr Freude wird Ihnen der Lauf machen. Eine gute Planung nimmt Ihnen die Nervosität und lässt Sie den Wettkampf souverän überstehen. Was Sie dabei beachten müssen, erfahren Sie auf den folgenden Seiten.

Der Morgen des Renntags

Aufstehen

→ Am Tag des Rennens stellen Sie Ihren Wecker so, dass Sie etwa drei Stunden vor dem Start ein leichtes Frühstück zu sich nehmen können. Geeignet sind ein paar Cornflakes, vielleicht auch Toastbrot mit etwas Honig oder Marmelade und eine Tasse Tee oder Kaffee. Kein Vollkornmüsli oder Obstsalat: Das Frühstück darf Ihren Magen nicht belasten. Trinken Sie schon zum Frühstück ausreichend, sodass Sie nicht erst kurz vor dem Start Ihren Durst bemerken.

Packen

→ Packen Sie Ihre Tasche anhand einer Packliste (siehe Praxistipp auf Seite 253). Ihre Nervosität lässt Sie sonst die Hälfte vergessen. Viele Läufer legen Ihre Sachen auch bereits am Vorabend bereit.

Ankommen am Wettkampfort

→ Kommen Sie eine, besser zwei Stunden vor dem Start am Wettkampfort an. Vermeiden Sie Hektik in dieser wichtigen Phase!

→ Ihr erstes Ziel ist die Startnummernausgabe, bei der Sie sich anmelden und Ihre Startnummer sowie weitere Rennunterlagen und Informationen erhalten. Übrigens: Bei Großveranstaltungen findet die Startnummernausgabe häufig am Vorabend des Rennens statt – so sparen Sie Zeit und Nerven.

Keine Schmerztabletten vor dem Start!

Sie haben lange und überlegt trainiert, und jetzt ist die Achillessehne entzündet oder das Knie schmerzt – aber Sie wollen unbedingt starten. Na klar: Da kommt Ihnen der Gedanke, es mit Schmerzmitteln zu versuchen – nur für ein paar Stunden. Aber genau das tun Sie bitte nicht! Es ist gefährlich, mit Schmerzen zu laufen und noch gefährlicher, mit Schmerzmitteln zu laufen. Die typischen Schmerzmittel, die man bei Beschwerden am Bewegungsapparat einsetzt, entstammen der Gruppe der Antirheumatika (NSAR). Sie bremsen die Entzündung und auch den Schmerz. Allerdings haben die Medikamente zahlreiche Nebenwirkungen: Neben lebensbedrohlichen Magenblutungen kann es zu einer Einschränkung der Nierenleistung kommen. Gefährlich wird dies vor allem bei Rennen in der Hitze: Wenn die Nieren aufgrund der Medikamente bereits eingeschränkt arbeiten und dann noch ein Wassermangel hinzukommt, kann die Nierentätigkeit ganz ausfallen. Im schlimmsten Fall landet man dann auf der Intensivstation des nächsten Krankenhauses. Also, lieber keine Tabletten vor dem Start! Wettkämpfe läuft man, wenn man gesund ist, und nicht, wenn man Schmerztabletten braucht.

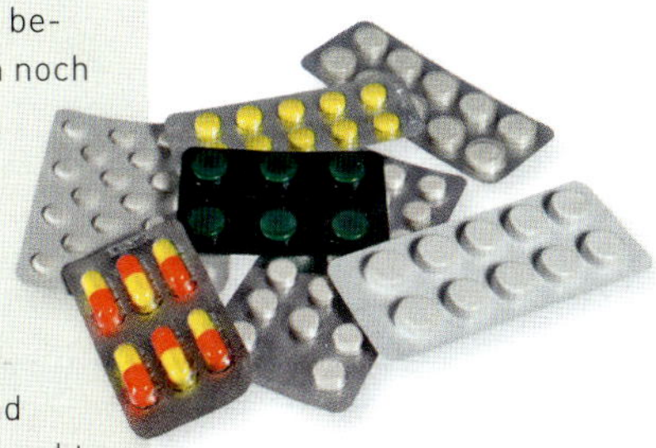

Vorbereitungsrituale

→ Empfindliche Läufer kleben ihre Brustwarzen ab: Die empfindliche Haut reagiert auf die Reibung des Trikots oft mit Schmerzen.

→ Beugen Sie Scheuerstellen vor: Schmieren Sie Vaseline auf Ihre Oberschenkelinnenseiten und unter die Arme. So vermeiden Sie unnötige Schmerzen.

→ Sorgen Sie für den nötigen Sonnenschutz: Bei sonnigem Wetter unbedingt eincremen!

7

7

→ Bringen Sie den Brustgurt Ihres Pulsmessers an und feuchten Sie die Elektroden an, sodass das Signal sicher übertragen wird. Legen Sie die Pulsuhr an.
→ Ziehen Sie Ihr Lieblingstrikot und Ihre Lieblingshose an. Denken Sie daran, dass Sie bei hohem Tempo stark schwitzen werden und somit nicht zu dick bekleidet sein sollten.
→ Ziehen Sie sich ein paar bereits getragene Laufsocken an und keine frisch gewaschenen – so vermeiden Sie schmerzhafte Blasen.
→ Schnüren Sie Ihren Laufschuh sicherheitshalber mit einer doppelten Schleife – ein offener Schuh ist sehr ärgerlich.
→ Notieren Sie sich die wichtigsten Eckpunkte Ihrer Pacetabelle auf dem Unterarm. So sind Sie sicher, nicht zu schnell und nicht zu langsam zu laufen.
→ Bringen Sie Ihren Zeitmessungschip mit einem Klettband im Knöchelbereich an und achten Sie darauf, dass dieser dort nicht scheuert. Viele Läufer montieren den Chip auch direkt am Schuh. Achtung: Der Chip darf nicht auf den Fußrücken drücken.
→ Nehmen Sie die richtige Startposition ein. Bei großen Marathonveranstaltungen werden die Läufer je nach zuvor erbrachter Bestzeit in Startblöcke aufgeteilt. In jedem Startblock sind Läufer einer ähnlichen Leistungsklasse zusammengefasst, sodass an der Spitze wirklich nur schnelle Läufer stehen. Ist vom Veranstalter eine solche Sortierung nicht vorgesehen, so bleiben Sie bitte trotzdem fair und schätzen sich realistisch ein. Für Läufer, die eine Bestzeit anstreben, ist nichts ärgerlicher, als auf den ersten Kilometern eines Rennens durch langsamere Läufer aufgehalten zu werden. Starten Sie zum ersten Mal, so stellen Sie sich am besten hinten an, damit machen Sie sich auch selbst weniger Druck.

Startschuss

Peng! Nach dem Startschuss ist die ganze Nervosität meist auf einen Schlag verflogen. Jetzt können Sie laufen, jetzt können Sie zeigen, was in Ihnen steckt. Es geht nun keineswegs darum, dass Sie möglichst schnell losrennen, um irgendwie schnell ins Ziel zu kommen. Wenn Sie Ihren Wettkampf erfolgreich laufen möchten, dann müssen Sie sich konzentrieren. Egal ob der Lauf nun eine Dreiviertelstunde oder über vier Stunden dauert – vom Startschuss an haben Sie jede Menge zu tun.

Kontrollieren Sie Ihr Tempo

Wenn Sie sich zur Tempokontrolle über Ihren Pulsbereich entschieden haben, dann sollten Sie sich von Anfang an strikt daran halten. Laufen Sie einen Halbmarathon, so sollte Ihr Puls in der ersten Wettkampfhälfte etwa in der Mitte des Grundlagenausdauerbereichs 2 liegen. Auf den letzten Kilometern können Sie, sofern möglich, noch versuchen, das Tempo etwas zu erhöhen. Starten Sie auf der Marathondistanz, so sollte sich Ihr angestrebter Pulsbereich für die erste Wettkampfhälfte etwa im unteren Drittel des Grundlagenausdauerbereichs 2 befinden. In der zweiten Hälfte des Marathonrennens sind dann häufig eher die ermüdeten Beine als der emporschnellende Puls der leistungslimitierende Faktor. Haben Sie sich hingegen entschieden, Ihr Rennen über eine Paceliste zu steuern, so sollten Sie die Zeit eines jeden Kilometers mit Ihrer Stoppuhr am Handgelenk stoppen, um jederzeit das Tempo vorsichtig erhöhen oder senken zu können. Ich empfehle Einsteigern zunächst die Kontrolle

» Im Rennen ist Konzentration alles – Erfolg ist Kopfsache! «

mittels Pulsmesser, mit mehr Erfahrung können Sie persönliche Bestzeiten über eine Pacetabelle anstreben.

Für Rennen über kürzere Distanzen ist die Steuerung über den Puls allenfalls für Anfänger eine Lösung, die sich vor einem zu hohen Starttempo schützen wollen, um die Distanz sicher zu bewältigen. Wird die Strecke über fünf und zehn Kilometer sicher beherrscht, so steigt der Puls bei voller Ausschöpfung des Leistungspotenzials gerade bei den fünf Kilometern auch in den WSA-Bereich. Bei einem solchen Tempo haben Sie mehr damit zu tun, sich zu konzentrieren, sich selbst anzustacheln und Gas zu geben, als auf die Pulsuhr zu gucken. Und wenn Sie draufgucken, wird es unerheblich sein, ob diese nun 190 oder 192 Schläge pro Minute anzeigt. Für den Könner ist es da interessanter, die Kilometerdurchgangszeiten im Auge zu behalten. Gerade bei den ersten Kilometern nützt dies, um das geplante Renntempo möglichst rasch zu finden und nicht zu überpacen.

Essen und trinken Sie

Setzen Sie ab der Halbmarathondistanz, sofern diese mehr als 90 Minuten in Anspruch nimmt, Ihren Ernährungsplan sorgfältig um. Wie Sie einen solchen Plan ausarbeiten, lesen Sie am Ende dieses Kapitels. Sie werden festgelegen, an welcher Stelle Sie wie viel Nahrung zuführen wollen. Halten Sie sich an diesen Plan: Vergessen Sie auf keinen Fall zu essen und zu trinken.

Laufen Sie Ihr eigenes Tempo

Lassen Sie sich nicht von anderen Läufern zu einem höheren Tempo verleiten – laufen Sie Ihr Tempo. Vermeiden Sie außerdem, zu schnell zu starten, und laufen Sie lieber progressiv – also die zweite Hälfte schneller als die erste. Die meisten Weltrekorde im Langstreckenlauf wurden so erlaufen. Halten Sie sich also an Ihre Pacetabelle, auch wenn Sie zu Beginn des Rennens das Gefühl haben, gebremst zu werden. Haben Sie in der zweiten Hälfte Kraftreserven, können Sie dann gern Ihrer Bestzeit entgegenlaufen.

Überwinden Sie tote Punkte

Es wird in Ihrem Rennen nicht immer lustig sein. Phasen der Euphorie werden sich mit zähen Phasen abwechseln, in denen Sie vielleicht der Mut verlässt und Sie das Vertrauen in Ihre Leistungsfähigkeit verlieren. Es gibt für diese Phasen kein Patentrezept. Aber auf Ihren langen oder intensiven Trainingsläufen und in der eisern durchgehaltenen Vorbereitung haben Sie unlängst Ihre eigenen Taktiken entwickelt, sich zu motivieren. Mein Tipp: Setzen Sie sich klei-

Mein Tipp

Dehnen gehört nicht zum Aufwärmen!

Läufer lieben Rituale: Mit Vorliebe werden immer dieselben Schuhe im Rennen getragen oder die Socken vom ersten Wettkampf. Besonders interessant: die letzten Minuten unmittelbar vor dem Start. Dort stehen sie dann herum, warten, sind nervös, wissen nicht, was sie tun sollen. Anscheinend liegt den Sportlern dann nichts näher als das zu tun, was sie sonst stets vergessen – zu dehnen. Gewöhnen Sie sich das nicht an! Wenn Verkürzungen und muskuläre Ungleichgewichte vorhanden sind, dann werden Sie diese nicht in kurzer Zeit beseitigen. Die Dehnübungen erzielen zwar kurzfristige Effekte – aber nicht die, die Sie sich erhoffen: Die Übungen senken den Muskeltonus – Sie haben keine Spannung mehr. Durch das Dehnen wird das Zusammenspiel des Muskelsystems gestört. Das macht Sie langsamer und auch verletzungsanfälliger. Muskeln, die frisch gedehnt sind, verlieren ihren sonst fast perfekten Stellungssinn – und schon knicken Sie um! Am besten verzichten Sie ganz aufs Dehnen vor dem Start. Laufen Sie sich zehn Minuten locker ein, bringen Sie sich mit kurzen, nur mäßig schnellen Steigerungsläufen auf Betriebstemperatur und führen Sie eventuell einzelne Lauf-Abc-Übungen durch. Im Startblock springen oder traben Sie in den letzten Minuten auf der Stelle, wenn Ihre nervösen Beine unbedingt Bewegung brauchen.

7

Mythos »Mann mit dem Hammer«

Es ranken sich Mythen und Legenden um den 35. Kilometer beim Marathon: Dort schlägt der Mann mit dem Hammer zu und nichts geht mehr. Die Energiereserven sind leer, die Waden krampfen, die Muskeln machen dicht. Das passiert vielen. Was verwundert: Alle Läufer glauben, exakt bei Kilometer 35 vom Unheil heimgesucht zu werden. Der Eliteläufer, der nach zwei Stunden dort durchrauscht, aber auch der Freizeitläufer, der nach über vier Stunden dort vorbeikommt. Die Wahrheit: Die zweite Hälfte des Marathons ist einfach schwer und tut verdammt weh. Ganz besonders, wenn das Tempo falsch eingeteilt wurde oder Sie zu wenig gegessen und getrunken haben. Also, wenn Sie meine Meinung dazu hören wollen: Trainieren Sie ordentlich, laufen Sie nach Ihrer Pace, essen und trinken Sie ausreichend und genießen Sie Kilometer 35. Der 36. Kilometer wird schlimmer!

Wenn nichts mehr geht: aufgeben oder durchhalten?

Sie sind für sich selbst verantwortlich. Sie haben hart trainiert und wissen, dass Sie Schmerzen aushalten müssen. Blasen an den Füßen, wund gescheuerte Oberschenkel – da kommen Sie irgendwie durch. Sie laufen schließlich, um anzukommen. Aber so ausgeleiert es auch klingen mag: Ihre Gesundheit steht an erster Stelle. Wenn Schmerzen, die nicht von einer Blase oder einer anderen (wenn auch schmerzhaften) Bagatelle herrühren, nicht mehr auszuhalten sind – dann brechen Sie das Rennen sicherheitshalber ab. Auch Profis tun das, selbst auf kurzen Distanzen.

ne Etappenziele, bis zur nächsten Kurve oder bis zum nächsten Kilometerschild – das motiviert in Krisenzeiten.

Rechnen Sie mit Schmerzen

Wenn Sie eine Bestzeit laufen wollen, müssen Sie die Zähne zusammenbeißen – egal ob auf fünf oder 42 Kilometern. Die kurzen Distanzen sind glücklicherweise schnell vorbei. Bei einem Marathon brauchen Sie mehr Biss: Die erste Hälfte läuft bei guter Vorbereitung meist wie von selbst. Ist die Halbmarathondistanz einmal geschafft, setzen zunehmend Schmerzen in der Beinmuskulatur ein. Wenn Sie glauben, dass diese bis zum Ziel noch einmal verschwinden, dann haben Sie sich schlicht und ergreifend getäuscht. Mit jedem Schritt wird es anstrengender und mit jedem Schritt werden die Beine etwas mehr wehtun. Stellen Sie sich darauf ein – glauben Sie nicht, dass Sie beschwingt und leicht wie eine Feder ins Ziel laufen würden. Diese Euphorie können Sie höchstens auf der Zielgeraden erwarten. Bis dahin wird die Sache eine große Herausforderung – und genau das ist der Grund, weshalb Sie später so stolz auf dieses Rennen sein werden.

Schlussspurt

»Wer am Ende noch sprinten kann, der hat im Rennen nicht alles gegeben«, lautet eine alte Trainerweisheit. So in etwa kommt das hin: Haben Sie Ihre Leistungsreserven in einem langen Rennen ausgelotet, werden Sie Ihr Tempo nur noch auf den letzten Metern deutlich erhöhen können. Haben Sie allerdings die Reserven, Ihr Tempo auf den letzten Kilometern noch deutlich zu steigern, dann haben Sie Ihre Möglichkeiten tatsächlich nicht ausgeschöpft. Besonders für die langen Distanzen gilt: Ein fulminanter Schlussspurt über die letzten Kilometer ist eher nicht das Ziel eines ambitionierten Halbmarathon- oder Marathonläufers.

Verpflegung im Wettkampf

Essen ist für den Sportler unverzichtbar – im Training wie im Wettkampf. Ohne Nahrung keine Leistung! Ihre Wettkampfvorbereitung weitet sich also auch auf Ihren Speiseplan aus. Was Sie schnell und fit macht, lesen Sie in Kapitel 14. Für den Wettkampf selbst gelten aber eigene Regeln.

Des Läufers Liebling sind die Kohlenhydrate. Wenn Sie länger als 90 Minuten mit hohem Tempo laufen, dann gehen Ihre Kohlenhydratspeicher zur Neige. Ihnen schwinden langsam die Kräfte und das Tempo sinkt immer weiter – trotz noch so großen Ehrgeizes. Nach 90 Minuten ohne Kohlenhydratzufuhr schaltet Ihr

» Ohne Nahrung keine Leistung. «

Körper zum Großteil auf Fettverbrennung um – ihm bleibt nichts anderes übrig. Das macht leider langsam, doch dem können Sie einfach vorbeugen. Die Faustregel: Bei längeren Wettkämpfen führen Sie sich etwa 60 Gramm Kohlenhydrate pro Stunde zu. Achten Sie auf leicht verdauliche Kohlenhydrate, die keine Verdauungsstörungen oder Übelkeit auslösen und gut vom Körper aufgenommen werden können. Bestens geeignet sind bestimmte Maltodextrinzucker – in Form von Riegeln und Gels. Die Nahrungsergänzungsmittelindustrie hat diese mit verschiedenen Geschmacksrichtungen aromatisiert und so verpackt, dass sie auch im Wettkampf gut zu transportieren sind. Die Gels sind besonders für diejenigen interessant, die bei hohem Tempo Probleme haben, feste Nahrung zu sich zu nehmen.

Natürlich können Sie im Wettkampf auch gern Bananen essen. Die sind gut verträglich und völlig natürlich – allerdings wenig effizient. Der Grund: Sie müssen sich, wie eben erwähnt, während eines längeren Rennens die Energiemenge von circa 60 Gramm Kohlenhydraten pro gelaufene Stunde zuführen. Wenn Sie also einen Marathon in vier Stunden laufen wollen, benötigen Sie etwa 240 Gramm Kohlenhydrate. Eine normale, geschälte Bananen wiegt 100 bis 130 Gramm. Bei einem Kohlenhydratanteil von etwas über 20 Prozent kommen Sie damit auf circa 25 Gramm Kohlenhydrate. Somit müssten Sie im Rennen acht bis zehn Bananen essen! Ein Kilo Banane – das dürfte selbst den größten Bananenfreund auf eine harte Probe stellen. Je nach Rennorganisation müssen Sie die krummen Dinger gegebenfalls auch noch

Akkus aufladen: Energieriegel und -gels

Die Banane war gestern. Schnell, leicht verdaulich, hochkonzentriert – in moderner Wettkampfverpflegung steckt Hightech für Ihre Leistung. Profitieren Sie davon – Ihre Energiebilanz entscheidet über Ihre Wettkampfleistung!

Was ist drin?

In erster Linie Energie – hochkonzentrierte Kohlenhydrate. Maltodextrin ist der am häufigsten eingesetzte Energieträger. Meist handelt es sich um eine Mischung aus kurz- und langkettigen Zuckerarten: Nach dem Verzehr gelangt er kontinuierlich ins Blut und versorgt Ihren Körper so langanhaltend mit Energie. Das ist wichtig, um den Blutzuckerspiegel konstant zu halten!

In einigen Riegeln sind zusätzlich konzentrierte Eiweiße (Aminosäuren) enthalten. Diese eignen sich ideal für das Training oder die Zeit nach dem Zieleinlauf – zur Regeneration. Auch fetthaltige Produkte sind im Wettkampf überflüssig – hier kommt es nur auf die Kohlenhydrate an!

Neben den hochkonzentrierten Kohlenhydraten spielen Elektrolyte eine wichtige Rolle: die Salze und Spurenelemente, die über den Schweiß verloren gehen. Früher waren Elektrolyte eine Angelegenheit der Sportgetränke. Da Salze zunehmend als stark leistungsfördernd erkannt wurden, setzen viele Hersteller auch den Energieriegeln oder Gels vor allem Natrium zu.

Eine besondere Rolle spielt dabei das Natrium: Es ist wichtig für die Muskelarbeit, die Erregungsweiterleitung in den Nervenzellen, den Wasser- und den Säuren-Basen-Haushalt. Also praktisch für alles, was Sie beim Laufen brauchen! Mit Natrium angereichert sind zum Beispiel folgende Produkte: »Performance Bar C2max« von PowerBar mit 230 Milligramm pro Riegel und »PowerGel C2MAX« von PowerBar mit 210 Milligramm Natrium pro Portion.

Weitere Elektrolyte wie Magnesium, Kalium und Kalzium werden in entsprechenden Mengen beigemischt. Achten Sie auf richtige »Performance-Riegel«, die keinen Schokoladenüberzug haben. So etwas ist im Wettkampf und bei Hitze nicht zu gebrauchen!

Für Bananenfreunde: pflanzliche Riegel

Wer sich nicht mit Hightech-Bars und süßen Gels anfreunden kann, der sollte pflanzliche Bio-Energieriegel testen. Es gibt Riegel mit folgenden Inhaltsstoffen, die den Freund gesunder Ernährung begeistern: Dattelpaste, Vollreisprotein, Leinsamensprossen, Quinoasprossen und dergleichen mehr. Diese Riegel eignen sich besonders für lange

Trainingseinheiten. Und für Sportler mit einer Laktoseintoleranz und Veganer. Für den Wettkampfeinsatz sollten aber vor allem die schnelleren Läufer klassische Performance-Riegel verwenden. Der Fettanteil der Bioriegel ist für den Wettkampf zu hoch, auch wenn es sich dabei um ernährungspyhsiologisch wertvolle einfach ungesättigte und mehrfach ungesättigte Omega-3-Fettsäuren handelt. Ferner sind der Natriumgehalt und das Zuckerprofil nicht auf die Belastung abgestimmt.

Wie sind sie verpackt?

Handlich – egal ob Riegel oder Gel. Sie passen in jede Trikottasche oder in den Verpflegungsgürtel. Ein wenig leichter und platzsparender sind die Gels.

Wie ist die Handhabung?

Bei den Gels besser als bei den Riegeln. Die Gel-Tüten werden aufgerissen oder aufgeschraubt und dann ausgetrunken. Manche Gels sind so süß und zähflüssig, dass Sie gut beraten sind, sie mit Wasser hinunterzuspülen. Solche Gels nehmen Sie am besten kurz vor einer Verpflegungsstation zu sich – sonst haben Sie das Gefühl, Ihr Mund klebt zu. Die Bars essen Sie wie einen Schokoriegel. Das klingt einfach – ist es aber besonders bei hohem Tempo nicht immer. Die zähe Masse will erst einmal gekaut und hinuntergeschluckt werden. Auch hier hilft ein Becher Wasser.

Besser fest oder flüssig?

Zwar ist die Energiezusammensetzung von Gels und Riegeln oft identisch, doch sind die Gels einfach praktischer, da schneller zuzuführen. Erst 1994 kam das erste auf den deutschen Markt – »Squeezy« wurde zu Recht schnell akzeptiert. Besonders bei Hitze ist die Aufnahme flüssiger Kohlenhydrate zu empfehlen: Feste Nahrung wie die Riegel verzögern die Magenentleerung – das verlangsamt die Resorption. Ein Vorteil der Riegel: Sie lösen ein stärkeres Sättigungsgefühl aus. Besonders bei langen Läufen kann dies als sehr angenehm empfunden werden.

Letztendlich ist es eine reine Geschmacksfrage, welche Verpflegung Sie wählen. Probieren Sie beide Strategien im Training mehrfach aus. Sollten Sie ein Gel gefunden haben, das Ihnen bekommt und das Sie mögen, dann rate ich Ihnen, es für den Wettkampf einzupacken. Besser können Sie sich Ihren Brennstoff nicht zuführen!

» Denken Sie nicht nur an ausreichend Flüssigkeit, sondern auch an Salze! «

5 Tipps zur Wettkampfverpflegung

- → Trinken Sie je nach Außentemperatur 0,5 bis 1,0 Liter Flüssigkeit pro Stunde.
- → Ergänzen Sie 400 Milligramm Natrium je Liter Flüssigkeit.
- → Führen Sie 60 Gramm Kohlenhydrate pro Stunde zu.
- → Energieriegel oder -gels bieten die effektivste und sicherste Energiezufuhr während des Rennens.
- → Jede Rennverpflegung sollte im Training ausprobiert worden sein. Suchen Sie einen Energieriegel, den Sie auch bei höherem Tempo gut vertragen und der Ihnen vor allem schmeckt.

7

selbst transportieren. Sie können natürlich auch einen Teil Ihrer Wettkampfverpflegung über Gels und Riegel sicherstellen und den anderen Teil über Bananen. Da ist Ihrer Kreativität keine Grenze gesetzt – Hauptsache, Sie nehmen Kohlenhydrate zu sich!

Der Hungerast

Müdigkeit, Schwindel, Leistungsschwäche, Übelkeit, »Sternchen sehen«: Viele Läufer fürchten den »Hungerast« aufgrund von Unterzuckerung im Rennen. Für Ihre Leistungsfähigkeit ist ein konstanter Blutzuckerspiegel wichtig. Wird dem Blut durch die Belastung Glukose entnommen, muss sie aus dem Leberglykogen nachgefüllt werden. Das verhindert eine Unterzuckerung. Nach Verbrauch des Leberglykogens wird es für den Organismus aber zunehmend schwierig, den Blutzucker konstant zu halten. Zwar stehen verschiedene Substrate für dessen Neubildung zur Verfügung und über entsprechende Hormone wird dieser Vorgang auch angekurbelt, jedoch fällt das Schritthalten mit dem Verbrauch schwer. Führen Sie bei langen Wettkämpfen keine Kohlenhydrate zu, so sinkt Ihr Blutzuckerspiegel – Ihnen wird schwindelig, die Leistung sinkt ins Bodenlose. Es ist nur bedingt sinnvoll, die Speicher direkt vor dem Rennen aufzufüllen: Werden vor dem Sport »schnelle« Kohlenhydrate aufgenommen, so können, bedingt durch die reaktive Insulinausschüttung, Unterzuckerung und Müdigkeit die Folge sein. Wichtiger sind daher bei langen Belastungen die während des Sports aufgenommenen Kohlenhydrate.

Richtig trinken im Wettkampf

Mindestens genauso so wichtig wie die Nahrungszufuhr ist die Flüssigkeitsversorgung. Je heißer Ihr Renntag ist, desto mehr Flüssigkeit benötigen Sie. Bei sehr hohen Temperaturen sollten Sie im Marathon bis zu einen Liter pro Stunde trinken. Viel mehr Flüssigkeit wird Ihr Körper unter Belastung nicht aufnehmen können. Bei normalen Temperaturen kommt man mit etwas weniger aus. Vernachlässigen Sie das Trinken keinesfalls aus Bequemlichkeit! Leistungseinbrüche, Muskelkrämpfe und Kopfschmerzen wären die Folge. Ganz besonders, wenn die zugeführte Flüssigkeit nicht über die ausreichende Menge an Natrium verfügt. Alle reden immer von Magnesium – im Training ist das auch richtig. Die

Ernährungstabellen für Wettkämpfe unterschiedlicher Dauer

Wettkampfdauer	Trinken	Essen
< 1:30 Std.	nach Bedarf	–
1:30–2:30 Std.	etwa 1,0 Liter	1–2 Energieriegel oder 2–4 Gels/Bananen
2:30–3:30 Std.	etwa 1,5 Liter	2–3 Energieriegel oder 4–6 Gels/Bananen
3:30–4:30 Std.	etwa 2 Liter	3–4 Riegel oder 6–8 Gels/Bananen
> 4:30 Std.	etwa 2,5 Liter	4–5 Riegel oder 8–10 Gels/Bananen Für jede weitere Stunde einen weiteren Riegel oder zwei Gels. Evtl. auch etwas salzige Kost, wenn diese vertragen wird.

Alle Angaben für normale Temperaturen von etwa 15 °C. Bei Hitze muss die Trinkmenge entsprechend angepasst werden. Zugrundegelegt sind für einen Riegel etwa 60 Gramm Kohlenhydrate und für ein Gel oder eine Banane etwa die Hälfte.

Magnesiumzufuhr während des Rennens wird jedoch von vielen Freizeitsportlern hoffnungslos überbewertet. Wichtig für Sie zu wissen: Magnesium wirkt in höheren Dosen häufig abführend – und kann somit dem Wettkampf ein vorzeitiges Ende bereiten. Magnesium steigert weder die Leistung, noch schützt es Sie vor Krämpfen. Die Aufgaben übernimmt das Natrium – besser bekannt als Kochsalz (Natriumchlorid). Das gehört in jede Trinkflasche: Pro Liter sollten es 400 Milligramm Natrium sein. Dies entspricht etwa einer Menge von einem Gramm Kochsalz. Gute Sportgetränke verfügen über exakt diese Natriummenge. Aber nicht alle Energiepulver sind gut – lesen Sie auf der Packung nach, was enthalten ist.

Wenn Sie ungern essen, können Sie Ihrem Getränk einen Kohlenhydratzuschuss geben. Maximal 60 Gramm langkettige Zucker – wie in Sportmischgetränken enthalten. Viele Läufer haben damit gute Erfahrungen gemacht – was an Kohlenhydraten in der Flasche ist, muss nicht mehr verzehrt werden.

Achten Sie außerdem darauf, dass Ihr Getränk keine Kohlensäure enthält. Das bekommt dem Magen weniger gut und führt beim Laufen oft zum Verschlucken! Verpflegung kann auch nerven, sie stört Ihren Laufrhythmus. Aus den vollen Plastikbechern verschütten Sie im Lauf die eine Hälfte, an der anderen verschlucken Sie sich. Eine ausreichende Flüssigkeitszufuhr sieht anders aus: Könner weichen deshalb auf übliche Sporttrinkflaschen aus, diese deponieren Sie vorab an der Rennstrecke oder lassen sie sich von Freunden reichen. Trinkflaschen haben zudem den Vorteil, dass Sie Ihr Lieblingsgetränk trinken können – und zwar ausreichend davon!

Schneller laufen mit Doping?

Auch wenn einige Läufer dies behaupten: Doping allein macht aus niemandem einen Wunderläufer. Fachkundige schätzen die maximalen Leistungssteigerungen durch illegale Substanzen auf maximal 10 bis 15 Prozent. Laufen Sie den Marathon in 3:30 Stunden, hätten Sie selbst gedopt Probleme, auf weniger als drei Stunden zu kommen. Für 2:58 Stunden bedarf es einer Leistungssteigerung von 15 Prozent! Und selbst das ist nicht genug, um aus Freizeitsportlern Medaillenkandidaten zu machen – die Profis sind immer noch über 50 Minuten schneller.

Was bleibt, ist die Erkenntnis: Der wichtigste Faktor auf dem Weg nach oben ist der Selektionsvorgang. Es gewinnt der Läufer mit dem meisten Talent, mit der größten Widerstandskraft und natürlich auch mit dem besten Training und einem festen Willen. Für diejenigen, die oben sind, spielen Medikamente dann (leider!) mitunter die entscheidende Rolle – aber sie allein werden einen Sportler nicht in die Spitze führen.

Nach dem Rennen

Plötzlich ist alles vorbei: Sie haben Ihr Ziel erreicht. Sie haben alles gegeben, Ihre Grenzen gespürt – der Stolz auf Ihre Leistungen ist der Lohn für Ihre harte Arbeit. Genießen Sie den Erfolg im Ziel und lassen Sie sich von Ihrer Familie und Ihren Trainingspartnern ordentlich feiern!

Bratwurst und Kuchen

Auch wenn es aus ernährungsphysiologischer Sicht nicht sinnvoll ist: Geben Sie sich Ihren Gelüsten hin, sei es die Bratwurst nach dem Rennen oder das große Stück Torte, auf das Sie so lang verzichtet haben. Wer nach dem Rennen einen empfindlichen Magen hat, wartet damit allerdings besser bis zum nächsten Tag. Bratwurst und Kuchen haben eines gemeinsam: Wenngleich sie für die körperliche Regeneration zu fett sind, so bewirken sie für die mentale Regeneration doch Wunder. Folgendes sollten Sie beachten, damit Sie Ihre Erholung so schnell wie möglich einleiten:

- → Sorgen Sie für einen schnellen Ausgleich des Flüssigkeitsverlustes mithilfe eines Elektrolytgetränks – nehmen Sie gern ein mit Kohlenhydraten angereichertes.
- → Füllen Sie Ihre Energiespeicher mit einer kohlenhydratreichen Mahlzeit wieder auf, sobald Ihr Magen dies verträgt. Auch hochwertige Eiweiße beschleunigen die Regeneration – Ihre Muskeln müssen repariert werden! Auf Fette können Sie in dieser Phase zunächst verzichten.
- → Bewegen Sie sich nach dem Rennen sanft und gönnen Sie sich eine Massage oder Warmwasseranwendungen. Bitte kein Stretching! Wenn überhaupt, dann dehnen Sie nur sehr, sehr vorsichtig. Ansonsten verstärken Sie damit den durch die Belastung im Rennen entstandenen Schaden in Ihrer Muskulatur.

Kohlenhydrate gegen den Open-Window-Effekt

Die Funktion Ihres Immunsystems ist unmittelbar nach einer intensiven Belastung eingeschränkt, der sogenannte Open-Window-Effekt macht Sie für Erkältungskrankheiten und Infektionen empfänglicher. Neben warmer Kleidung stabilisiert auch eine zeitnahe Kohlenhydrateinnahme nach Belastungsende Ihr Immunsystem! Schnelle Kohlenhydrate lassen den Insulinspiegel rasant ansteigen. Das vermindert die Aktivität von Stresshormonen, die Ihr Immunsystem hemmen. Essen Sie direkt nach einem belastenden und langen Training Kartoffeln oder Rosinenbrötchen und nach dem Duschen eine kohlenhydratreiche Mahlzeit: Das hilft nicht nur, Ihre Speicher schnell aufzufüllen und die Regenerationszeit zu verkürzen, sondern auch das Immunsystem zu stabilisieren!

Ab aufs Sofa!

Die Dauer der Regenerationszeit richtet sich danach, wie lang und intensiv Ihr Wettkampf war. Für alle Strecken gilt jedoch vorläufig: Ab aufs Sofa! Auch wenn Sie die Euphorie des Wettkampfgeschehens angesteckt hat – nutzen Sie diese Motivation zu einem späteren Zeitpunkt. Nach dem Rennen sollten Sie Ihr Trainingspensum deutlich verringern – egal ob Sie sich bereits auf den nächsten Wettkampf vorbereiten wollen oder zunächst den Erfolg genießen möchten. Besonders die langen Wettkämpfe führen zu Schäden an Ihrer Muskulatur und an Ihren Bändern und Sehnen. Ihr Körper braucht Zeit, um alle Strukturen wiederherzustellen. Und auch wenn Ihre Beine nach einigen Tagen nicht mehr schmerzen – Ihr passiver Bewegungsapparat braucht noch Ruhe! Die Laufschuhe sollten in der Ecke bleiben. Wie lang? Eine Faustregel für Einsteiger sagt: Für

> Nach dem Spiel ist vor dem Spiel.
> Genießen Sie aber erst einmal das Danach …

jeden Wettkampf, auf den Sie sich gezielt vorbereitet und bei dem Sie alles gegeben haben (also keine Vorbereitungswettkämpfe), reduzieren Sie das Training in den Laufschuhen einen Tag je gelaufenem Wettkampfkilometer und vermeiden intensive Einheiten.

Gerade in den ersten Tagen gilt: Wenn Sie mit Ihrem Sofa nichts anzufangen wissen, gehen Sie ins Schwimmbad und kräftigen Sie Ihren Rumpf. Oder fahren Sie mit Freunden und Familie Rad – die kamen in der letzten Zeit sicherlich ohnehin zu kurz.

Vorsicht: Suchtgefahr!

Rennen laufen – das kann durchaus süchtig machen. Allerdings darf ich Ihnen als Mediziner sagen, dass dies wahrlich die beste Sucht ist, die Ihnen für Ihre Gesundheit passieren

Meine persönliche Wettkampferfahrung

Als junger Triathlet war ich ehrgeizig und perfektionistisch: Ich habe viele Rennen absolviert und diese immer minutiös vorbereitet. Mehr noch als der Läufer muss der Triathlet mit seinem Fahrrad, dem Schwimmzeug, dem Neoprenanzug und der Organisation der Wechselzonen sehr vieles vorbereiten. Dementsprechend habe ich auch meine Marathonläufe generalstabsmäßig durchgeplant. Und wie man das als junger Sportler so macht: Ich wollte Bestzeiten erzwingen. So plante ich bereits bei meinem ersten Marathonlauf eine Zeit unter 3:00 Stunden ein – in Anbetracht meiner sonstigen Laufleistung hätte mir die auch durchaus möglich sein sollen. Es wurden Ernährungspläne gemacht, Pacetabellen ausgearbeitet und das Training in den Tagen vor dem Wettkampf ordnungsgemäß reduziert. Meine Packliste vor dem Rennen glich einem militärischen Einsatzplan, sodass eigentlich gar nichts hätte schiefgehen können. Aber das alles half nichts: Bei Kilometer 30 verpasste ich vor lauter Nervosität die fest eingeplante Eigenverpflegungsstation! Ich lief hungrig und völlig verunsichert, weil ich meinen Ernährungsplan nicht eingehalten hatte, mit – tja – 3:00:18 Stunden über die Ziellinie. Die Marathondistanz hatte mich in die Knie gezwungen. Die Zeit war passabel, aber mein Ziel hatte ich verfehlt! Ich benötigte viele Jahre, um die nötige Gelassenheit sowohl im Training als auch im Rennen zu entwickeln. Der wichtigste Schlüssel zum Erfolg: der Spagat zwischen Laisser-faire und militärischem Drill. Irgendwann war es mir möglich, trotz exakter Vorbereitung des Rennens auch mit der nötigen Gelassenheit zu starten. Bestes Beispiel: Am Abend vor meinem Marathonbestzeitlauf saß ich mit Freunden in einer Eisdiele am Potsdamer Platz, um kurz vor Mitternacht noch zwei Portionen Tiramisu zu essen. Das hatte mit optimaler Vorbereitung herzlich wenig zu tun, vermittelte mir aber die nötige Entspannung. Im Rennen am nächsten Morgen grummelte mein Magen zwar ein wenig mehr als sonst – ich war aber konzentriert bei der Sache. Ich hielt meinen Ernährungsplan und meine Pacetabelle ein – und lief endlich mit 2:51 Stunden über die Ziellinie!

kann. Vielleicht ist das belastende Marathonrennen selbst nicht unbedingt das gesündeste, was Sie tun können, aber das regelmäßige Training dafür ist es umso mehr! Wenn Sie also wieder Rennen laufen wollen, dann sollten Sie sich Gedanken über Ihre neuen Ziele machen. Freizeitsportlern reicht oft ein langer Lauf pro Jahr, um sich immer wieder für ihr Training motivieren zu können. Realisieren Sie Ihre Ziele auf keinen Fall zu zügig – besonders, wenn Sie etwas ambitionierter sind und Ihre Bestzeiten steigern wollen. Beispiel Halbmarathon: Wenn Sie Ihren ersten Halbmarathon in 2:05 Stunden gelaufen sind, so sollten Sie zunächst die 2:00-Stunden-Grenze anpeilen – und nicht etwa 1:45 Stunden. Je besser Sie werden, desto schwieriger ist eine Steigerung, auch wenn es »nur« 5 Minuten auf 21,1 Kilometern sind. Das Gleiche gilt ebenfalls für den Marathonlauf. Dort ist eine Steigerung um fünf bis zehn Minuten mit einem gehörigen Mehraufwand im Training verbunden – schadenfrei übersteht Ihr Körper dies nur bei einer langsamen Gewöhnung.

Planen Sie mehrere Rennen in einem Jahr, sollten Sie allerdings nur eines als Bestzeitrennen planen. Sie können Ihrem Körper nicht das ganze Jahr über den Trainings- und Wettkampfstress zumuten, den es bedarf, um eine neue Bestzeit zu laufen. Üblicherweise bestreiten Läufer in solchen Fällen vorher Wettkämpfe mit kürzeren Distanzen, um sich in Form zu bringen. Diese Rennen werden dann »aus dem Training heraus« bestritten. Reduzieren Sie in diesem Fall vorher nur kurz das Training und stellen Sie die Ernährung nicht um. Eine solche minutiöse Vorbereitung erfolgt erst beim Hauptrennen, bei dem Sie Ihre Bestzeit anstreben.

Praxistipp
→ Ihre Packliste für den Wettkampf

- → Ihre Wettkampfschuhe
- → bereits einmal getragene Laufsocken (frisch gewaschene Socken machen leichter Blasen)
- → Ihr Lieblingstrikot und Ihre Lieblingslaufhose – in kurzer Ausführung (Denken Sie daran, dass Sie Vollgas geben und Ihnen dabei warm sein wird!)
- → Sicherheitsnadeln oder Startnummernband zur Befestigung Ihrer Startnummer
- → Vaseline
- → Pflaster
- → Sonnencreme
- → Trinkflasche
- → Müsliriegel, Bananen und andere leichte Kost
- → Pacetabelle
- → Ihr Pulsmesser und der dazugehörige Brustgurt
- → ggf. Ihren Zeitmessungs-Chip (erhältlich beim Veranstalter)
- → Sonnenbrille
- → Mütze, Kopfbedeckung als Sonnenschutz
- → Wechselkleidung für die Zeit nach dem Wettkampf
- → Handtuch, Badelatschen, Duschgel
- → Ihre individuelle Rennverpflegung (Energieriegel, Energiegels, Ihr Sportgetränk)

Marathon-Pacetabelle

km	Zielzeit in Stunden						
	2:45:00	3:00:00	3:15:00	3:30:00	3:45:00	4:00:00	4:30:00
1	0:03:55	0:04:16	0:04:37	0:04:59	0:05:20	0:05:41	0:06:24
2	0:07:49	0:08:32	0:09:15	0:09:57	0:10:40	0:11:22	0:12:48
3	0:11:44	0:12:48	0:13:52	0:14:56	0:16:00	0:17:04	0:19:12
4	0:15:38	0:17:04	0:18:29	0:19:54	0:21:20	0:22:45	0:25:36
5	0:19:33	0:21:20	0:23:06	0:24:53	0:26:40	0:28:26	0:32:00
6	0:23:28	0:25:36	0:27:44	0:29:52	0:32:00	0:34:08	0:38:23
7	0:27:22	0:29:52	0:32:21	0:34:50	0:37:20	0:39:49	0:44:47
8	0:31:17	0:34:07	0:36:58	0:39:49	0:42:39	0:45:30	0:51:11
9	0:35:11	0:38:23	0:41:35	0:44:47	0:47:59	0:51:11	0:57:35
10	0:39:06	0:42:39	0:46:13	0:49:46	0:53:19	0:56:53	1:03:59
11	0:43:01	0:46:55	0:50:50	0:54:45	0:58:39	1:02:34	1:10:23
12	0:46:55	0:51:11	0:55:27	0:59:43	1:03:59	1:08:15	1:16:47
13	0:50:50	0:55:27	1:00:04	1:04:42	1:09:19	1:13:56	1:23:11
14	0:54:44	0:59:43	1:04:42	1:09:40	1:14:39	1:19:38	1:29:35
15	0:58:39	1:03:59	1:09:19	1:14:39	1:19:59	1:25:19	1:35:59
16	1:02:34	1:08:15	1:13:56	1:19:38	1:25:19	1:31:00	1:42:22
17	1:06:28	1:12:31	1:18:33	1:24:36	1:30:39	1:36:41	1:48:46
18	1:10:23	1:16:47	1:23:11	1:29:35	1:35:59	1:42:23	1:55:10
19	1:14:17	1:21:03	1:27:48	1:34:33	1:41:19	1:48:04	2:01:34
20	1:18:12	1:25:19	1:32:25	1:39:32	1:46:39	1:53:45	2:07:58
21	1:22:07	1:29:35	1:37:02	1:44:31	1:51:59	1:59:26	2:14:22
21,1	**1:22:30**	**1:30:00**	**1:37:30**	**1:45:00**	**1:52:31**	**2:00:00**	**2:15:00**

km	Zielzeit in Stunden						
	2:45:00	3:00:00	3:15:00	3:30:00	3:45:00	4:00:00	4:30:00
22	1:26:01	1:33:50	1:41:40	1:49:29	1:57:18	2:05:08	2:20:46
23	1:29:56	1:38:06	1:46:17	1:54:28	2:02:38	2:10:49	2:27:10
24	1:33:50	1:42:22	1:50:54	1:59:26	2:07:58	2:16:30	2:33:34
25	1:37:45	1:46:38	1:55:31	2:04:25	2:13:18	2:22:11	2:39:58
26	1:41:40	1:50:54	2:00:09	2:09:24	2:18:38	2:27:53	2:46:21
27	1:45:34	1:55:10	2:04:46	2:14:22	2:23:58	2:33:34	2:52:45
28	1:49:29	1:59:26	2:09:23	2:19:21	2:29:18	2:39:15	2:59:09
29	1:53:23	2:03:42	2:14:00	2:24:19	2:34:38	2:44:56	3:05:33
30	1:57:18	2:07:58	2:18:38	2:29:18	2:39:58	2:50:38	3:11:57
31	2:01:13	2:12:14	2:23:15	2:34:17	2:45:18	2:56:19	3:18:21
32	2:05:07	2:16:30	2:27:52	2:39:15	2:50:38	3:02:00	3:24:45
33	2:09:02	2:20:46	2:32:29	2:44:14	2:55:58	3:07:41	3:31:09
34	2:12:56	2:25:02	2:37:07	2:49:12	3:01:18	3:13:23	3:37:33
35	2:16:51	2:29:18	2:41:44	2:54:11	3:06:38	3:19:04	3:43:57
36	2:20:46	2:33:33	2:46:21	2:59:10	3:11:57	3:24:45	3:50:20
37	2:24:40	2:37:49	2:50:58	3:04:08	3:17:17	3:30:26	3:56:44
38	2:28:35	2:42:05	2:55:36	3:09:07	3:22:37	3:36:08	4:03:08
39	2:32:29	2:46:21	3:00:13	3:14:05	3:27:57	3:41:49	4:09:32
40	2:36:24	2:50:37	3:04:50	3:19:04	3:33:17	3:47:30	4:15:56
41	2:40:19	2:54:53	3:09:27	3:24:03	3:38:37	3:53:11	4:22:20
42	2:44:13	2:59:09	3:14:05	3:29:01	3:43:57	3:58:53	4:28:44
42,195	2:44:59	2:59:59	3:14:59	3:29:59	3:44:59	3:59:59	4:29:59

Kapitel 8
Regeneration

8

In den Pausen werden Sie besser

Wollen Sie fit, schnell und gesund werden, kommen Sie um Pausen nicht herum. Sie können im Sport nur dann besser werden, wenn Sie nicht andauernd trainieren – das haben Sie bereits in Kapitel 4 (Trainingsplanung) gelesen. Es kommt auf das richtige Verhältnis von Be- und Entlastung an. Steigen Sie zu früh wieder in die Laufschuhe, sind Sie müde und unausgeglichen – im Training wie im Büro. Nach dem Spiel ist bekanntlich vor dem Spiel: In diesem Sinne ist die Nachbereitung des Trainings mit regenerationsfördernden Maßnahmen auch gleich wieder die Vorbereitung auf die nächste sportliche Belastung. Alle Mittel zur Regenerationsförderung sind jedoch wirkungslos, wenn Sie Ihre individuelle Trainingsbelastung und Ihr Bedürfnis nach Entlastung falsch einschätzen. Wie hoch ist die Belastung für Ihren Körper eigentlich?

Ermitteln der Gesamtbelastung

Um das richtige Verhältnis von Be- und Entlastung zu finden, bedarf es einer Analyse Ihres Trainings. Eine beliebte Methode ist es, die Laufkilometer zu addieren – doch damit machen Läufer es sich zu einfach. Denn: Was ist mit dem Krafttraining? Was mit dem Stretching? Und dem Lauf-Abc? Diese Dinge sind nicht nur wichtig für die Gesunderhaltung des Läufers, sondern ebenfalls eine sportliche Belastung – und

diese wird in der reinen Kilometerangabe nicht widergespiegelt. Kilometerzählen reicht für die Analyse also nicht aus. Wie ist es mit der Trainingszeit? Ist es sinnvoller, die Stunden, die man pro Woche trainiert hat, anzugeben? Auch dies ist eine Methode mit Haken und Ösen: Sechs Stunden Training pro Woche können alles bedeuten. Sie können in der einen Woche drei Stunden ausgleichendes, lockeres Krafttraining und zwei Regenerationsläufe absolviert haben – in der darauffolgenden Woche stattdessen in den sechs Stunden dreimal auf der Tartanbahn gewesen sein und lange intensive Intervallläufe hinter sich gebracht haben. Die Belastungsintensitäten dieser beiden Wochen unterscheiden sich deutlich voneinander.

Manche Sportler ermitteln Ihre Gesamtbelastung, indem sie die verschiedenen Intensitätsbereiche mit Faktoren belegen. So multiplizieren sie die Länge eines Regenerationslaufs mit eins und den intensiven GA2-Lauf mit dem Faktor drei. Sie ahnen es schon – auch dies ist kein verlässliches Mittel, um die Gesamtbelastung transparent zu machen.

Ein weiterer Faktor, der in die Analyse der Gesamtbelastung mit einfließen muss, ist die Belastung in Ihren anderen Lebensbereichen. Häufig wird vergessen, dass berufliche und private Stressoren die Regeneration beeinflussen oder gar verhindern. Auf der Arbeit herrscht Hektik, den Stress nehmen Sie mit nach Hause – nein, erst mit in den Supermarkt, Sie haben ja morgens den Einkaufszettel eingesteckt. Verpflichtungen, Partner, Kinder, Freunde – wer voll unter Strom steht und die zehn Kilometer in der Mittagspause oder zwischen zwei Terminen hektisch abreißt, wird den Trainingsreiz nicht gut verarbeiten. Auf Dauer überlastet das Ihren Körper, auch wenn Ihr Trainingsumfang unter Umständen gar nicht so hoch ist!

Die Gleichung ist einfach: Die Addition von sportlicher Belastung und den Belastungen des täglichen Lebens ergeben Ihre Gesamtbelastung. Die Rechnung ist hingegen kompliziert. Das Ganze ist oft mehr als die Summe seiner Einzelteile – und es gibt kein Patentrezept. Sie müssen sorgfältig in sich hineinhören, um zu erkennen, wann die Belastung zu groß wird.

Mein Tipp

Mit Naps zur Höchstleistung

Der Nachtschlaf ist unser wichtigstes Regenerationsinstrument! Schlafen Sie dauerhaft weniger als acht Stunden und steigern Sie dann auch noch Ihre Trainingsbelastung, so droht Gefahr. Der Körper braucht die Erholungsphase. Hochleistungssportler verlängern ihren Nachtschlaf in harten Trainingsphasen auf bis zu zehn Stunden pro Nacht. Wo Sie die Zeit hernehmen sollen? Versuchen Sie es mit »Naps« – andere Sportler haben damit gute Erfahrungen gemacht. Naps sind kleine Nickerchen nach dem Training oder in der Mittagspause. Was altmodisch klingt, ist wieder voll im Trend. Mit Naps bleiben Sie den ganzen Tag über leistungsfähig! Zu viele Überstunden, ein hartes Training und dann wollten die Kinder nicht ins Bett? Holen Sie sich die Energie einfach und schnell zurück: Naps haben eine Dauer von zwanzig bis dreißig Minuten – so sackt Ihr Kreislauf nicht ab und Sie fühlen sich anschließend frisch und leistungsbereit!

Die Trainingskilometer und die Wochenstunden sind ein Hilfsmittel, aber die Intensitäten der Belastung und die privaten und beruflichen Faktoren dürfen Sie niemals vergessen – daran bemessen Sie Ihre Pausenlängen und Regenerationszeiten.

Regeneration für Ihr Immunsystem

Auch Ihr Hormonsystem reagiert auf Belastung – im Positiven wie im Negativen. Wenn die Belastung zu groß wird, schüttet der Körper Stresshormone aus. Stresshormone stellen den Köper auf Stress ein, indem sie den Stoffwechsel umstellen. Das wichtigste Stresshormon ist das Cortisol. Bei überlasteten Managern und Sportlern schwimmt es in großen Mengen im Blut – und macht sie krank. Denn dieses Durcheinander der Hormone und anderer Botenstoffe, die sich gegen eine mögliche Über-

8

» Zu viel Training macht Sie krank. «

8

Muskelkater

Die Ursachen des Muskelkaters sind aus sportmedizinischer Sicht keineswegs so eindeutig, wie Forscher lange Zeit dachten: Bis vor Kurzem vertraten Wissenschaftler die Ansicht, dass sich Milchsäure und andere Zwischenprodukte des Stoffwechsels, die bei intensiver Belastung anfallen, in der Muskulatur abgelagert haben – und erst wieder abtransportiert werden müssen. Außer Acht ließ man dabei lange Zeit, dass auch sportliche Betätigung, die ohne große Milchsäureproduktion vonstattengeht, zu kräftigem Muskelkater führen kann. Ein langer Dauerlauf oder eine entspannte Bergwanderung erzeugen beispielsweise keine besonders hohen Laktatwerte – aber bei Ungeübten heftigen Muskelkater.

Des Rätsels Lösung wird unter dem Mikroskop sichtbar: Die Muskelfasern eines muskelkatergeplagten Muskels weisen lauter feine Verletzungen auf – sogenannte Mikrotraumen. Eine Belastung erzeugt Risse in den Muskelzellen. Und auch die Kontraktionsfilamente nehmen Schaden – das sind die Eiweißfäden, die sich zusammenziehen, wenn sich der Muskel anspannt. Mikrotraumen können übrigens auch im Blut nachgewiesen werden: Bestimmte Enzyme, die sich normalerweise nur im Muskel aufhalten, werden aus den beschädigten Zellen ins Blut gespült. Ein solches Enzym ist beispielsweise die Creatin-Kinase (CK). Misst ein Arzt Ihren CK-Spiegel, kann er Ihren Ermüdungszustand bewerten. Der CK-Wert erhöht sich übrigens auch beim Herzinfarkt, weil dadurch Muskelzellen des Herzmuskels zerstört werden, allerdings aufgrund von Sauerstoffmangel bei einem verstopften Herzkranzgefäß und nicht durch Überlastung.

lastung zur Wehr setzen, geht auch am Immunsystem nicht spurlos vorüber. Das ist wie bei der Muskulatur: Wenn Sie den Körper maßvoll belasten, dann werden Sie glücklich, leistungsstark und belastbar. Übertreiben Sie es aber, werden Sie müde, krank und infektanfällig.

Regeneration für den passiven Bewegungsapparat

Dass Sie Ihren aktiven Bewegungsapparat durch zu viel Sport überlasten können, liegt auf der Hand: Muskelkater und Muskelfaserrisse sind ein bekanntes Übel. Die Schäden mit den schwerwiegenderen Folgen entstehen jedoch am passiven Bewegungsapparat: an den Sehnen, Bändern, Knochen und Knorpeloberflächen. Auch an diesen Stellen entstehen Mikrotraumen – minimale Schädigungen. Das ist grundsätzlich kein Problem für Ihren Körper, er ist in der Lage, auch solche Schädigungen zu reparieren– sofern die Belastungen im Rahmen bleiben und Sie ihm genügend Zeit für diese Reparaturen geben. Andernfalls summieren sich die kleinen Verletzungen und es tut früher oder später dann richtig weh: Die Achillessehne wird dick und entzündet sich, die Bänder am Knie werden überreizt. Wenn Sie humpeln statt zu laufen, waren die Erholungszeiten nicht ausreichend! Wie so oft im sportlichen Training gilt auch für die Regeneration: Mit der richtigen Strategie verbessern Sie also nicht nur die Leistung, sondern beugen auch Verletzungen vor.

Regeneration für Geist und Seele

Nicht nur Ihr Körper ermüdet durch die Überlastung, sondern auch Ihr Geist: Die Bewegungssteuerungssysteme verlieren an Leistungsfähigkeit, mit zunehmender Trainingsdauer werden Sie immer fahriger in Ihren Bewegungen. Die Ursachen hierfür sind von der medizinischen Forschung noch nicht abschließend geklärt; die Erfahrung lehrt aber, dass sich auch das Nervensystem erholen muss. Deshalb werden Lauf-Abc-Übungen, die motorisch sehr anspruchsvoll sind, immer zu Beginn des Trainings durchgeführt. Und auch schnelle Läufe, die hohe koordinative Anforderungen stellen, weil eine saubere Technik und eine exakte Bewegungsausführung wichtig sind, sollten Sie in erholtem Zustand absolvieren. Von der Muskelsteuerung einmal abgesehen, braucht der Geist ebenfalls Erholungsphasen. Auch wenn der Sport Ihnen noch so viel Spaß macht, irgendwann ist die Luft einmal raus. Sie benötigen in solchen Fällen Abwechslung oder einfach nur Ruhe. Erholung garantieren zum Beispiel die Beschäftigung mit anderen Hobbys, ein kulturelles Programm, Unternehmungen mit Freunden oder auch Urlaub. Gönnen Sie sich diese Pausen, sie sind für die sportliche Leistungsfähigkeit ein unverzichtbarer Baustein. Das Leben besteht nicht nur aus Training und Bestzeiten. Sport ist die schönste Nebensache der Welt – nicht mehr und nicht weniger.

Wie viele Erkältungen sind normal?

Volle Busse und U-Bahnen, die Kollegen bei der Arbeit, verschnupfte Freunde und Kinder: Fast überall besteht ein hohes Ansteckungsrisiko für Erkältungskrankheiten, per Tröpfcheninfektionen übertragen und dann durch Viren ausgelöst. Im Frühjahr und im Herbst haben die Erkältungskrankheiten Hochsaison. Moderater Sport und ein gesunder Lebensstil leisten einen sicheren Beitrag zur Infektprophylaxe. Aber eben nur moderater Sport – wer mehr trainiert, als ihm guttut, wird noch anfälliger für Erkältungen. Im Leistungs- und Hochleistungssport ist es deshalb Normalzustand, dass das leicht überlastete Immunsystem zu sechs und mehr Erkältungen pro Jahr führt. Abhilfe schaffen die Überprüfung der Regenerationszeiten und eine sorgfältige Beobachtung der Gesamtbelastung, eine gesunde Ernährung – und die Beachtung von Großmutters Ratschlägen: »Schal und Mütze nicht vergessen!«, »Zieh dir nach dem Training etwas über!« Darüber hinaus wurden mit Echinacea-Präparaten gute Erfolge in der Infektprophylaxe bei Sportlern erzielt. Das sind pflanzliche Medikamente, die das Immunsystem stimulieren und kräftigen. Diese dürfen aber nur phasenweise genommen werden und nicht das ganze Jahr über. Nutzen Sie diese Möglichkeit – sprechen Sie mit Ihrem Arzt!

Einleitung der Regeneration: die Kompensation

Direkt nach der Belastung ist es sinnvoll, den Körper langsam von den Strapazen des Trainings oder Wettkampfs auf die Regeneration vorzubereiten. Die Grundregel heißt: Kompensation vor Regeneration! Die Kompensation nach dem Training leitet die Wiederherstellungsprozesse ein. Bei den Leichtathleten heißt das nach Training und Wettkampf: »Schuhe aus, auslaufen!«. Tun Sie das – fünf Minuten locker traben, so langsam es geht. Ganz ohne Druck, ganz ohne sich anzustrengen. Sie können ebenfalls einige wenige Rumpfstabilisationsübungen machen, ein paar Hopserläufe und Beweglichkeitsübungen, bevor Sie das Training ausklingen lassen. Wenn Sie Ihr Training auf diese Weise beenden, kommen Sie lockerer nach Hause – und können besser regenerieren.

Die wichtigste Sportlerpflicht nach der Belastung ist das Zuführen von Energie: Für die entleerten Energiespeicher wie für die Reparaturarbeiten an Muskeln und Skelettsystem muss ausreichend Nahrung zur Verfügung stehen. Flüssigkeit und Kohlenhydrate sind die Dinge, die Ihr Körper direkt nach der Belastung am dringendsten braucht. Anders als im Wettkampf benötigen Sie dafür im Training keine teuren Energieriegel, Gelkonzentrate und

Pulver: Ein großes Glas Apfelschorle und eine Banane enthalten genau das, was Sie jetzt brauchen! Eiweiße reparieren Ihren Bewegungsapparat – sie spielen eine herausragende Rolle in den Wiederherstellungsprozessen des Körpers. Was Ihr Körper im komplexen Feld der Ernährung benötigt, um insbesondere die Reparaturprozesse adäquat ausführen zu können, erfahren Sie in Kapitel 14.

Die Regeneration nach einem Marathon

Ein Wettkampf, bei dem Sie an Ihre Grenzen gegangen sind, wird Ihren Körper auch in der anschließenden Regenerationszeit sehr fordern. Auch Ihr Geist muss die Belastungen eines herausfordernden Wettkampfs verarbeiten – ständige Starts sind psychisch sehr belastend.

Es gibt grundsätzlich keine für jedermann gültige Regel, wie lange Sie nach einem 10.000-Meter-Lauf oder einem Marathon pausieren sollten. Athleten mit langjähriger Trainings- und Wettkampferfahrung sind allerdings in der Regel wesentlich besser in der Lage, mit den Extrembelastungen umzugehen als Einsteiger – die Auszeit nach dem Rennen ist aber für beide wichtig!

Nach dem Marathon sollte in den ersten Tagen gar nicht gelaufen werden. Ihre Muskeln wurden schwer geschädigt – wie sehr, zeigt das Blutbild: Nach einem Marathon zeigt Ihr Körper Belastungsanzeichen wie nach einem schweren Herzinfarkt! Und das werden Sie auch merken. Diese Schäden müssen verheilen: Gehen Sie schwimmen, wenn Sie den Wunsch haben, sich zu bewegen. Generell sollte das Training für zwei bis vier Wochen reduziert bleiben – starten Sie in dieser Zeit bei keinem anderen Wettkampf! Viele Sportler berichten, dass sie den Marathon erst nach sechs Wochen richtig weggesteckt haben. Wenn das bei Ihnen auch so ist, dann nehmen Sie sich einfach die Pause nach dem großen Rennen! Wer den Marathon mit Bestzeitambitionen läuft, wird nicht mehr als ein bis zwei solcher Rennen pro Jahr absolvieren. Auch in Profikreisen wird meistens eine zweigipflige Saison geplant. Alle weiteren Rennen vor diesen beiden Marathonhöhepunkten dienen lediglich der Formüberprüfung.

Der zeitliche Ablauf der Regeneration (nach K. Hottenrott)

5 Minuten	Auffüllen der Kreatinphosphatspeicher, dem Superkraftstoff für Sprintdistanzen bis 10 Sekunden
20 Minuten	Normalisierung von Puls und Blutdruck
30 Minuten	Ausgleich der Übersäuerung durch die von den Muskeln gebildete Milchsäure
90 Minuten	Beginn des Neuaufbaus von zerstörtem Muskeleiweiß
6–24 Stunden	Ausgleich des Flüssigkeitsdefizits in allen Körperzellen
1 Tag	Auffüllen der Kohlenhydratspeicher in der Leber
2–7 Tage	Auffüllen der Kohlenhydratspeicher in der beanspruchten, unter Umständen zerstörten Muskulatur
3–5 Tage	Auffüllen der muskulären Fettspeicher
3–10 Tage	Wiederherstellen von defekten Muskelfasern, Reparatur kleiner Schäden am Bewegungsapparat
1–2 Wochen	Wiederherstellen der Energiebereitstellungssysteme in den Zellen (Mitochondrien, mitochondriale Enzymsysteme)
1–3 Wochen	psychische Erholung vom Belastungsstress
4–6 Wochen	Abschluss der Regeneration nach Marathon oder Langstreckentriathlon

8

8

Aktive und passive Regeneration

Sie haben direkt nach der Belastung Flüssigkeit, Kohlenhydrate und Eiweiß zu sich genommen und mit der Kompensation die Regeneration eingeleitet. Nun muss Ihr Körper die Reparaturprozesse erledigen, dafür haben Sie Entlastungstage eingeplant. Die Frage ist nur, wie Sie diese Tage gestalten: Ist aktive oder passive Erholung effektiver? Aktive Erholung bedeutet Bewegung des Körpers im niedrigsten Intensitätsbereich – dem Bereich für Regeneration und Kompensation (REKOM). Die passive Erholung beschreibt alle anderen Anwendungen, die den Körper schneller wieder fit werden lassen – Sauna, Massage und dergleichen mehr.

Regeneration am besten im Bett?

Die Wissenschaft ist sich noch immer uneinig, wie Sportler sich am Ruhetag am besten verhalten. Recht unumstritten ist, dass gut trainierte Athleten auch an Ruhetagen im REKOM-Bereich trainieren sollten. Einige Fachleute argumentieren aber auch, dass die Erholung am besten in Ruhe stattfindet: durch Nichtstun. Vom orthopädischen Standpunkt aus ist das sicher richtig: Mikrotraumen, egal ob an Muskeln, Sehnen oder Bändern, heilen am besten in Ruhe – und sicher nicht durch weitere Belastungen. Andererseits lehrt die Erfahrung, dass man im Trainingsprozess durch leichte Bewegung schneller wieder hergestellt ist. – Ja, wie denn nun? Am besten ist es, Sie gehen nach Ihrem Gefühl und vor allem danach, ob Sie anfällig für Verletzungen sind oder nicht. Sie haben keine Lust, sich zu bewegen? Sie haben schon so manches Mal Probleme mit Ihren Sehnen und Bändern gehabt? Dann lassen Sie am Ruhetag das Ausdauertraining sein. Wenn Sie sich hingegen topfit und nach leichter Bewegung fühlen, dann können Sie am Ruhetag ruhig eine REKOM-Einheit absolvieren. Was alle Sportler hingegen nicht nur nach Belieben dürfen, sondern sogar sollen: Widmen Sie sich an den Ruhetagen den Schwachstellen Ihres Bewegungsapparats! Ruhetage sind die idealen Tage für leichtes Rumpfstabilisationstraining und Stretching – eine bessere Bewegungsalternative gibt es nicht!

Aktive Erholung

Das Kompensationstraining am Ruhetag wird bei niedrigem Tempo durchgeführt. Es geht nicht darum zu trainieren, sondern sich leicht zu bewegen. Viele Athleten nennen die REKOM-Einheiten auch scherzhaft »Bewegungstherapie«. Wichtig ist, dass die Dauer dieses Trainings keinesfalls zu lang ist. Auch wenn die Intensität schon niedrig ist – weniger ist auch im Hinblick auf die Dauer mehr! Länger als 45 Minuten sollte eine Regenerationseinheit niemals dauern!

Allerdings ist das Laufen zu Regenerationszwecken nicht ungefährlich: Laufen ist exzentrische Muskelarbeit – und die beinhaltet ein gehöriges Schädigungspotenzial. Wenn Sie schon ermüdet sind, dann machen Sie es den Beinen mit jedem weiteren Lauf schwerer, sich zu erholen – egal wie langsam und kurz Sie laufen. Je weniger Erfahrung Sie aber haben und je weniger Trainingsaufwand Sie betreiben, desto eher sollten Sie die Finger vom Regenerationslauf lassen. Auch viele Elitesportler führen keine Läufe zur Regeneration durch – das Verletzungsrisiko steht in keinem Verhältnis zur Wirkung, nicht nur für die Muskeln, auch für Knochen, Sehnen und Bänder. Bewegen Sie sich am Ruhetag besser sanft und alternativ. Ideal dafür ist die Schwerelosigkeit des Wassers, also Schwimmen, oder sanftes Pedalieren auf dem Rad. In beiden Fällen aber gilt: Erstens langsam! Zweitens kurz! Mehr als 30 Minuten sollten Sie im Wasser nicht zubringen, und eine Stunde auf dem Rad ist ebenfalls mehr als genug!

» Ruhetage sind ideal für ein 30-minütiges Rumpfstabilisationstraining! «

Passive Erholung

Die passiven Erholungsmaßnahmen sind zum Wohlfühlen geeignet. Sie werden aus zwei verschiedenen Gründen eingesetzt: erstens wenn Sie sich sportlich überlastet fühlen oder Ihr Bewegungsapparat erste Warnsignale in Form von Schmerzen aussendet. Und zweitens um Ihr tägliches Training und das REKOM-Training an Ruhetagen zu ergänzen. Es gibt eine breite Palette regenerativer Maßnahmen – von der altbewährten Sauna bis hin zur modernen Magnetfeldmatte. Jedes Mittel hat seine Vor- und Nachteile. Diese stelle ich Ihnen nun vor – so finden Sie Ihr optimales Regenerationsmittel für die entsprechende Trainingsphase!

Die Sauna

Die Sauna kurbelt Ihren Stoffwechsel an und steigert die Durchblutung. Durch die Wärme werden Ihre Muskeln locker und stark durchblutet – das beschleunigt die Reparatur von Mikroverletzungen und den Abtransport von Stoffwechsel-Endprodukten. Zwei weitere gute Gründe fürs Saunieren: die verbesserte Durchblutungsanpassung und Thermoregulation Ihrer Haut. Dieser Effekt kommt durch das anschließende Abkühlen zustande: Der Körper passt sich erst an die Hitze an, Ihre Gefäße stellen sich weit. Wird er mit einem kalten Guss abgekühlt, stellen sich Ihre Gefäße blitzschnell eng. Seit Jahrhunderten wird dahinter ein abhärtender Effekt vermutet – die Sauna ist eine Top-Empfehlung!

8

Wie saunieren Sie richtig? Es geht wieder einmal um den richtigen Rhythmus, und zwar um den aus Hitze, Kälte und Ruhe. Ein Saunagang dauert zwischen 5 und 20 Minuten – je nach Temperatur der Sauna. Die liegt zwischen 60 und 100 Grad. Bei diesen Zeitangaben handelt es sich jedoch nur um Empfehlungen: Die Dauer des Saunaaufenthalts hängt auch davon ab, ob Sie auf den oberen oder unteren Stufen sitzen – die Temperaturen unterscheiden sich von Stufe zu Stufe enorm. Mal wieder der beste Anhaltspunkt ist Ihr Empfinden. Sie sollten in der Sauna eine gewisse Zeit ausharren, in der Sie Ihren Körper deutlich erwärmen und anfangen zu schwitzen. Diese Dauer ist individuell – keinesfalls sollten Sie sich unwohl fühlen und in Wettkampfmanier die Zähne zusammenbeißen. Saunieren dient der Entspannung – und nicht der Quälerei. Wichtiger als Dauer und Temperatur ist die Anzahl der Sauna-Gänge: Ideal sind drei. Nach jedem Gang müssen Sie sich abkühlen. Möglichkeiten gibt es dafür einige – die kalte Dusche, das Tauchbad oder vielleicht sogar das Abreiben mit Schnee. Ihrer Kreativität sind kaum Grenzen gesetzt. Etwas Überwindung kostet es unter Umständen schon, aber durch die Hitze, die man im Körper durch die Sauna gespeichert hat, besteht keine Erkältungsgefahr! Nach dem Abkühlen trocknen Sie sich gut ab und suchen für 20 bis 30 Minuten einen Ruheraum auf. Ziehen Sie einen Bademantel über – fröstelnd können Sie nicht gut entspannen. Auch lauwarme Fußbäder sind in dieser Phase gut für den Kreislauf. Die Ruhepause ist eine der wichtigsten Phasen für die Regeneration: Ihre Muskelverhärtungen lösen sich. Trinken Sie in der Ruhephase reichlich! Wird Ihr Körper zu trocken, fühlen Sie sich unwohl, der Kreislauf sackt ab und die Regeneration verzögert sich. Also: Eine große Flasche Wasser oder Apfelschorle einpacken!

In der unmittelbaren Wettkampfvorbereitung ist Saunieren allerdings nicht zu empfehlen: Die Wasser- und Elektrolytverluste können auch bei gut Trainierten so erhebliche Ausmaße annehmen, dass deren Ausgleich länger als eine Nacht dauert. Die Leistungsfähigkeit ist dann am nächsten Tag deutlich herabgesetzt. Die Entspannung durch die Sauna ist ferner so stark, dass der Muskeltonus deutlich gesenkt wird – am nächsten Tag fehlt Ihnen dann oft die Spannkraft. Deshalb gilt: Gehen Sie nie vor Wettkämpfen oder wichtigen Trainingseinheiten in die Sauna!

Wie viel Schweiß verliert man eigentlich?

Die Schweißproduktion hängt in großem Ausmaß vom Trainingszustand ab. Und zwar proportional: Je trainierter, desto mehr wird geschwitzt. Nicht der Untrainierte schwitzt besonders viel, sondern der hochtrainierte Ausdauersportler. Der Vergleich macht es deutlich: circa 0,8 Liter verliert der Untrainierte im Gegensatz zu 2,4 Litern beim Topathleten – pro Stunde! Der Sportler hat nämlich auch das Schwitzen trainiert, sein Körper passt sich an die Erwärmung beim Training an und lernt, die notwendige Kühlleistung zu bringen, indem die Schweißdrüsen mehr Schweiß produzieren. Interessant ist auch, dass Trainierte »besseren« Schweiß produzieren, sie schwitzen verlustärmer. Bei gut Trainierten sind weniger Mineralstoffe im Schweiß enthalten – so beugt der Körper einem zu großen Verlust vor.

Vorteile
→ Abhärtung
→ gute Entspannung für die Muskulatur
→ psychische Entspannung durch Ruhe

Nachteile
→ hoher Zeitaufwand
→ teilweise Regenerationsverzögerung durch Dehydration
→ unflexible Durchführung, ortsgebunden

Die Massage

Eine professionelle Massage kann nach dem Sport wahre Wunder wirken – nicht umsonst hat jeder Profisportler immer auch einen Masseur in seinem Betreuerteam. Massagen lösen Muskelverspannungen, fördern die Durchblutung, befreien überlastete Muskelansätze und machen schmerzende Beine schnell wieder fit. Eine professionelle Massage kann aber durchaus unterschiedliche Ziele verfolgen: Je nach angewandter Technik ist sie regenerationsfördernd und bereitet den Sportler auf eine Ruhephase vor oder aber sie aktiviert, steigert den Stoffwechsel und bereitet auf ein leichtes Training vor – beispielsweise am Entlastungstag.

Eine Massage, die Sie selbst vornehmen können, ist die Fußmassage – besonders nach langen Läufen ist sie sehr angenehm. Mit Igelbällen und Massagerollen tun Sie nicht nur etwas für die Entspannung – Sie verbessern auch die Durchblutung der Fußsohle. So schützen Sie sich vor einer Überlastung der Fußsohle: der Plantarfasciitis.

Vorteile
→ psychisch wohltuend
→ Durchblutungsförderung und Stoffwechselaktivierung
→ Lösung von Muskelverspannungen und Überlastungen

Nachteile
→ hohe Kosten
→ unflexibel, an Ort und Masseur gebunden
→ nicht jedermanns Sache

Autogenes Training

Autogenes Training ist konzentrierte Selbstentspannung. Autosuggestive Formeln wie »Ich bin ganz ruhig« werden mehrmals wiederholt – so dämpfen Sie Ihren Bewusstseinszustand, der mit einer optimalen Muskelentspannung einhergeht. Durch sogenannte Affirmationen wie »Mein rechter Arm ist ganz schwer« wird die Durchblutung gefördert. Diese Wirkung ist bewiesen: Die Entspannung der Muskulatur, die Gefäßweitstellung und die Mehrdurchblutung kann an einer zunehmenden Hauttemperatur

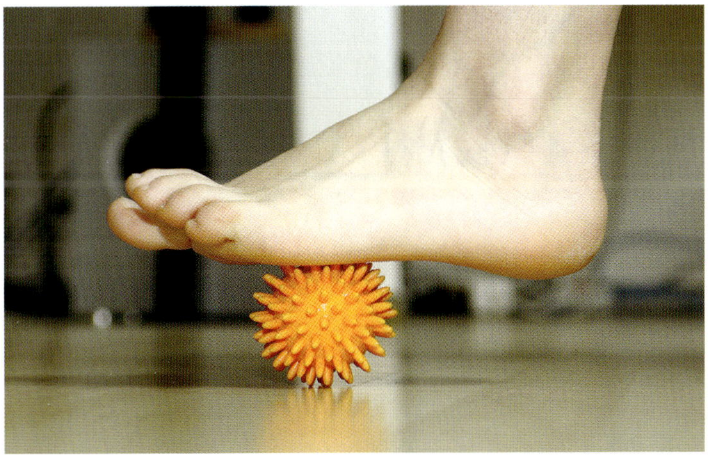

8

8

gemessen werden. Autogenes Training dämpft die Erregbarkeit Ihrer nervösen Strukturenden – die psychophysische Wiederherstellung wird beschleunigt!

Vorteile

- → Lenkung der Aufmerksamkeit nach innen
- → besseres Stressmanagement
- → Ansprechen bestimmter Körperteile möglich

Nachteile

- → schwierig zu erlernen
- → muss in Phasen ohne Stress erlernt werden
- → muss regelmäßig geübt werden

Tiefenmuskelentspannung

Die Tiefenmuskelentspannung wird auch Progressive Muskelrelaxation nach Jacobson genannt. Im Vergleich zum übungsintensiven autogenen Training ist sie rasch und einfach zu erlernen. Nach einem einleitenden tiefen Ein- und Ausatmen werden nacheinander alle Hauptmuskelgruppen des Körpers intensiv angespannt – und anschließend wieder entspannt. Der intensive Kontrast von starker An- und Entspannung senkt die elektrische Aktivität in den einzelnen Muskelbündeln. Durch die Wechselbeziehung von Muskulatur und Gehirn entspannt auch das zentrale Nervensystem. Die Blutgefäße stellen sich weit – die Muskulatur wird besser durchblutet.

Vorteile

- → Ansprechen bestimmter Körperteile möglich
- → Abbau von Spannung in Vorstartzuständen
- → leicht erlernbar

Nachteile

- → Anstrengung durch massive Muskelanspannung
- → bei Verletzungen nur bedingt einsetzbar

Elektrische Muskelstimulation (EMS)

Normalerweise werden unsere Muskeln über die Nerven aktiviert – durch elektrische Impulse aus dem Gehirn. Elektroden auf der Haut können diese Aufgabe ebenfalls übernehmen: Sie stimulieren den Muskel und bringen ihn dazu zu kontrahieren. Die elektrische Stimulation wird in der Medizin seit langer Zeit genutzt: Muskeln, deren Nervenbahn erkrankt war, können damit in ihrer Funktions- und Kraftfähigkeit erhalten werden. Es gibt unterschiedliche Arten, die Muskeln zu aktivieren: Die Art des Muskeltrainings wird bestimmt durch die Dauer, Frequenz und Intensität der Stromimpulse. Beispielsweise wirken niedrige Frequenzen von ein bis zehn Hertz bei Einzelkontraktionen entschlackend und entspannend: Die Durchblutung und die Sauerstoffversorgung im behandelten Muskel verbessert sich, wodurch ein Abtransport von Stoffwechselprodukten unterstützt wird – wie bei der Lymphdrainage. Im Gegensatz dazu sorgen mittlere Frequenzen von 20 bis 50 Hertz durch schnell aufeinanderfolgende Kontraktionen für eine hohe Muskelbelastung – sie kommt einem Krafttraining gleich. So wird durch die elektrische Muskelstimulation (EMS) intensive

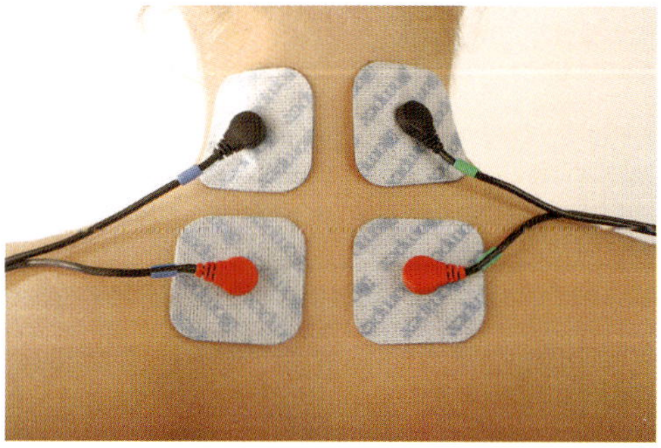

Muskelarbeit ohne Ermüdung von Herz und Psyche möglich – bei minimaler Belastung der Gelenke und Sehnen.

Der Einsatzbereich der Geräte reicht also von milder Regenerationsunterstützung bis zum aktivierenden Trainingsprogramm. Die Kosten sind jedoch nicht unerheblich – und nicht jedem gefällt die künstliche Muskelkontraktion.

Vorteile
→ flexibel einsetzbar
→ keine fremde Hilfe erforderlich
→ auch zum Training geeignet

Nachteile
→ teuer (ab 300 Euro pro Gerät)
→ nicht jeder mag die passiven Kontraktionen
→ trainiert werden stets nur einzelne Muskeln

Die Methoden des Pfarrers Kneipp

Es gibt eine Methode aus dem Kur- und Badetherapiebetrieb, die sich seit mehr als 100 Jahren bewährt hat: die Kälteanwendungen nach Pfarrer Kneipp. Er wusste den Körper abzuhärten und den Stoffwechsel zu aktivieren. In leicht abgewandelter Form erfahren seine Methoden in Wellness-Einrichtungen zurzeit eine Renaissance.

Die Anwendungen sehen folgendermaßen aus: Teile des Körpers werden mit kaltem Wasser begossen. Das Wasser sollte so kalt wie möglich sein und die Dauer so kurz wie möglich. Die Anwendungen werden oft in Form von Güssen vorgenommen. Teilgüsse an Unterschenkeln oder den Beinen können über den ganzen Körper ausgedehnt werden. Der kalte, voluminöse Wasserstrahl wird dabei aus einer Kanne oder einem Schlauch geleitet. Es soll glatt über die Haut fließen – Pfarrer Kneipp schrieb, die Haut sollte im Moment des Gusses wie von einer »Wasserplatte« bedeckt sein. Anschließend streifen Sie sich mit den Händen ab – Sie benutzen kein Handtuch. Ihr Körper ist so gezwungen, wieder Wärme zu produzieren – Stoffwechsel und Durchblutung werden in der behandelten Partie stark gesteigert. Die Güsse sind eine Herausforderung für den Körper – Sie müssen sich erst daran gewöhnen. Aus diesem Grund sollten Sie die Anwendungen nur langsam steigern und erst einmal mit Unterschenkelgüssen beginnen. Wichtig: Führen Sie den Guss nur durch, wenn Ihnen warm ist. Frösteln Sie am Tag der Anwendung, lassen Sie die Finger von den kalten Güssen! Ansonsten sind die aktivierenden Effekte für den Stoffwechsel hervorragend. An einem trainingsfreien Tag oder an einem Tag mit einer kurzen REKOM-Einheit können die Kneipp'schen Güsse und die anschließende Bewegung in der trockenen Kleidung Wunder wirken – Sie werden frisch, die Muskeln werden gut durchblutet, und Ihr Körper kann ideal regenerieren.

8

Tautreten für gesunde Füße

Die gleichen positiven Effekte erzielen Sie mit dem Tautreten: Gehen Sie am frühen Morgen barfuß über das nasse, kühle Gras. Sind Sie bereits abgehärtet, können Sie im Winter auch barfuß in den Schnee gehen! Bewegen Sie Ihre Füße für ein bis zwei Minuten durch das kalte Gras oder den Schnee, streifen Sie anschließend das Wasser ab und schlüpfen Sie dann in warme, trockene Socken – die ideale Fußkräftigung und Heilung. Denn nicht nur Ihre Muskulatur profitiert von dieser Übung: Der Reiz stärkt Ihr Immunsystem, Ihre Füße werden durchblutet, Ihre Haut wird widerstandsfähig, Ihre Sehnen regenerieren sich. Plantarfasciitis, Fersenspornschmerzen, Fußpilz, kalte Füße und Erkältungen – all dem schlagen Sie so ein Schnippchen!

Vorteile

→ gute Abhärtung
→ perfekte Stoffwechselaktivierung
→ Naturerlebnis

Nachteile

→ nichts für empfindliche Gemüter
→ an örtliche Gegebenheiten gebunden
→ langsame Gewöhnung erforderlich

Mein Tipp

Kalt duschen!

Leider können Sie Kneipp nicht an jedem Ort und zu jeder Zeit in seiner Reinform anwenden – dafür bedarf es der entsprechenden Einrichtung oder eines kühlen Flusslaufs oder Sees. Für den Alltag haben Sie aber Ihre Dusche! Pfarrer Kneipp war ein Freund der Wechseldusche: Nach dem Sport dürfen Sie natürlich weiterhin die warme Dusche genießen – aber zur Abhärtung ist es für jeden Sportler ratsam, am Ende der Körperreinigung im 15-Sekunden-Takt kalt – warm – kalt – warm – kalt zu duschen. Sie beenden die Dusche also immer kalt. Immer! So profitieren Sie von den positiven Effekten auf Stoffwechsel und Immunsystem. Außerdem frieren Sie nach dem Duschen nicht so schnell. Üben Sie die Auseinandersetzung mit den Elementen in Ihrem Badezimmer – dann kann Ihnen ein Regenlauf oder der niesende Kollege nichts abhaben!

Das künstliche Magnetfeld

Die Erde hat ein natürliches Magnetfeld, dem Sie permanent ausgesetzt sind – und das Sie in Balance hält. In Ihrer zivilisierten Umgebung ist dieses Feld jedoch durch Häuser und versiegelte Flächen immer stärker abgeschirmt worden. Einige Forscher vermuten, dass Ihnen dies Probleme bereiten kann. Wird der Körper einem künstlich erzeugten Magnetfeld ausgesetzt, das dem der Erde ähnelt, so hat dies viele positive Effekte: Der Zellstoffwechsel wird aktiviert und die Durchblutung gesteigert. In der Medizin setzt man Magnetfelder schon seit Langem zur Therapie von schlecht heilenden Knochenbrüchen ein – mit gutem Erfolg. Mittlerweile gibt es die Möglichkeit, ein Magnetfeld mit einer Matte zu erzeugen, die Sie zu Hause einsetzen können – zusammengerollt können Sie sie sogar unterwegs dabeihaben. Mit einem kleinen Transformator im Stecker werden die Matten an die Steckdose angeschlossen. Mit der elektrischen Energie wird so die gewünschte Feldstärke erzeugt. Viele Topathleten und Physiotherapeuten schwören auf die Regeneration auf der Matte! Die Spezialmatten sind jedoch eine kostspielige Investition: Der Anschaffungspreis liegt bei 1.000 Euro und mehr.

Vorteile
→ schnelle Anwendung
→ Regeneration auf Knopfdruck
→ positive Effekte auf den Bewegungsapparat

Nachteile
→ teuer
→ Matte muss mitgeführt werden
→ wissenschaftlich umstritten

Tabletten zur besseren Regeneration?

Schneller, besser, effektiver regenerieren: Es gibt endlose Werbebotschaften, die mit regenerationsfördernden Tabletten locken. Vitamine und Mineralstoffe werden in höchsten Dosen angeboten – zusammen mit dem bestätigenden Statement eines Topstars, der viel Geld für die Werbeanzeige kassiert hat. Wissenschaftliche Studien dazu gibt es in der Regel keine – und wenn, dann halten sie einer Überprüfung nicht stand. Es sei an dieser Stelle eindeutig hervorgehoben, dass Sie Regeneration nicht in Tablettenform kaufen können. Eine gesunde Ernährung ist vollkommen ausreichend für eine gute Regeneration – aber mitunter schwierig in der Umsetzung. Worauf Sie als Sportler wirklich achten müssen, lesen Sie in Kapitel 14.

Psychische Entspannung durch Ablenkung

Sie trainieren mittlerweile wie ein Profi. Sie bauen Ihre Belastung vernünftig auf und glauben längst nicht mehr an »Viel hilft viel«. Sie haben Ruhetage eingeplant. Jetzt muss das, was in Ihrem Kopf angekommen ist, nur noch in Ihrem Bauch ankommen. Mit anderen Worten: Haben Sie kein schlechtes Gewissen mehr! Genießen Sie die Pausen! Es ist vollkommen richtig und gesund, wenn Sie sich nach einigen Tagen mit viel Arbeit im Beruf und hartem Training nach Feierabend auch einmal auf einen faulen Tag freuen. Sie müssen einen solchen Tag nicht immer mit passiven Regenerationsmitteln füllen. Verlieren Sie sich nicht in Freizeitstress – tun Sie auch die Dinge, für die Sie sonst keine Ruhe haben. Verbringen Sie Zeit mit Familie und Freunden, ohne die nächste Trainingseinheit im Hinterkopf zu haben. Lesen Sie endlich die Zeitungen, die sich schon stapeln! Oder tun Sie einfach gar nichts – lassen Sie die Seele baumeln. Wenn Sie dies schaffen, ohne permanent ans Training zu denken, dann haben Sie es geschafft – Sie haben Ihre Balance gefunden. So sind Sie auch bereit für Topleistungen in Sport und Beruf!

8

Praxistipp

→ Regeneration mit der Blackroll

Die Blackroll ist ein ideales Mittel zur Selbstmassage: Die 30 Zentimeter kurze Rolle aus hartem, aber leichtem Schaumstoff löst muskuläre Verspannungen und Myofaszia (bindegewebige Umhüllung von Muskeln und Muskelgruppen). Außerdem behandelt sie Verklebungen von Muskel- oder Bindegewebsfasern (Triggerzonen). Sie rollen einfach mit der entsprechenden Körperpartie über die Blackroll und stützen sich dabei mit Ihren Armen auf dem Boden ab. Abhängig von Ihren Verspannungen kann die Massage mit dieser Rolle ebenso schmerzhaft sein wie die eines Physiotherapeuten – aber auch genauso wirksam! Die Blackroll massiert nicht nur, sie hat auch den Effekt einer Lymphdrainage: Wassereinlagerungen werden abtransportiert und das Gewebe stark durchblutet. Die Rolle bringt morgens müde Muskeln in Schwung oder lockert vor dem Training die Muskulatur – unschlagbar ist sie abends zur Entspannung nach dem Sport oder einem langen Tag im Büro. Spürbare Erfolge lassen sich besonders bei der Verletzungstherapie erzielen: Über die Oberschenkelaußenseite/die Wadenmuskulatur gerollt bessert sie Beschwerden von Läuferknie (Tractus-iliotibialis-Syndrom), Achillessehnenentzündung (Achillodynie) und Fersensporn (Plantarfasciitis).

Hüftbeuger und Oberschenkelstrecker
In Bauchlage stützen Sie sich auf Unterarmen und Zehenspitzen ab. Platzieren Sie die Blackroll unter einem Oberschenkel und verlagern Sie Ihr Gewicht darauf. Spannen Sie Ihren Rumpf an und rollen Sie Ihren Oberschenkel langsam über die Blackroll – von der Hüfte bis zum Knie. Wenn Sie die Wirkung verstärken wollen, legen Sie das andere Bein über das auf der Rolle – so lastet mehr Gewicht auf der Muskulatur.
10 x vor- und zurückrollen

Rückwärtige Oberschenkelmuskulatur
Setzen Sie sich mit ausgestreckten Beinen auf den Boden und kreuzen Sie ein Bein über das andere. Platzieren Sie die Blackroll unter dem Oberschenkel des unteren Beins. Spannen Sie den Bauch an und heben Sie Ihr Gesäß. Auf den Armen abgestützt rollen Sie sich nun vor und zurück – von der Kniekehle bis zum Gesäß. Eine bestimmte Stelle schmerzt besonders? Verharren Sie kurz dort! So wird die Stelle anschließend noch besser durchblutet und gelockert.
10 x vor- und zurückrollen

Die Adduktoren und die Oberschenkelinnenseite
Sie befinden sich in der gleichen Position wie bei der Übung für den Oberschenkelstrecker. Ein Bein spreizen Sie nun zur Seite ab – winkeln Sie es in Hüfte und Knie um 90 Grad an. Unter diesem Bein platzieren Sie die Blackroll und verlagern Ihr Gewicht darauf. Rollen Sie langsam mit der Oberschenkelinnenseite auf und ab. Diese Übung massiert tiefenwirksam die gesamte Oberschenkelinnenseite!
10 x vor- und zurückrollen

Tiefe und oberflächliche Wadenmuskulatur
Setzen Sie sich mit ausgestreckten Beinen auf den Boden und kreuzen Sie ein Bein über das andere. Platzieren Sie die Blackroll unter der Wade des unteren Beins. Stützen Sie sich mit Ihren Armen ab. Spannen Sie den Bauch an und heben Sie Ihr Gesäß. In dieser schwebenden Position rollen Sie nun Ihre Wade über die Blackroll – von der Kniekehle bis zur Achillessehne.
10 x vor- und zurückrollen

Top-Übung

Die Abduktoren und die seitliche Hüfte
Legen Sie sich auf die Seite und stützen Sie sich mit Ihrem unteren Arm ab. Platzieren Sie die Blackroll unter Ihrer Oberschenkelaußenseite und verlagern Sie Ihr Gewicht darauf. Die Beine sollten gestreckt und parallel zum Boden sein. Mit dem Arm halten Sie das Gleichgewicht. Wenn das zu schwierig ist, stellen Sie zur Unterstützung das obere Bein vor Ihren Körper. Rollen Sie nun langsam auf und ab – von der Hüfte bis zum Knie. Mit dieser Übung entspannen und lockern Sie Ihre Abduktoren!
10 x vor- und zurückrollen

Top-Übung

Kapitel 9

Ausgleichssport

Verletzungsschutz durch Fremdgehen

Warum spielte Elite-Eisschnellläuferin Anni Friesinger Fußball? Warum balanciert Profi-Skirennfahrer Felix Neureuther auf einem Seil über Schluchten? Weil sie clever trainieren! Elitesportler nutzen ihre Zeit so effektiv wie möglich – unter anderem für alternatives Training. Durch Ausgleichssport sind sie belastbarer und seltener verletzt. Gleiches gilt auch für Läufer – nutzen Sie diese Erkenntnis der Profis, es gibt viele interessante Gründe, den Laufschuhen hin und wieder untreu zu werden!

9

Schutz vor Überlastung: hohe Umfänge mit Ausgleichstraining

Jede Sportart stellt andere Anforderungen an Ihre Muskeln und an Ihre Koordination. So werden durch das Ausüben von Ausgleichssport Muskelgruppen an verschiedenen Stellen gekräftigt – Ihre Gelenke werden dadurch besser geführt und gehalten. Und indem Sie Fähigkeiten wie Kraft, Ausdauer und Schnelligkeit differenziert entwickeln, beugen Sie Monotonie und lokaler Überbeanspruchung vor. Nicht nur Muskeln, sondern auch Sehnen und Bänder werden durch ein vielseitig angelegtes Training widerstandsfähiger. Durchbrechen Sie die Bewegungsstereotypie einer einzigen Sportart – verbessern Sie Ihre Koordination durch andere Bewegungsabläufe. Eine bessere Prophylaxe gegen Gelenküberlastungen und Unfälle gibt es nicht! Jeder hat irgendwo seinen Schwachpunkt – belasten Sie sich eintönig, wird dieser sich ab einem bestimmten Laufumfang schmerzhaft zeigen. Damit stoßen Sie erneut auf die Umfangdiskussion: Hohe Laufkilometerbelastungen sind die Verletzungsauslöser schlechthin! Alternativtraining ist eine ideale Lösung, um hohe Umfänge zu trainieren – verlagern Sie beispielsweise einen Teil der dreistündigen Trainingszeit auf das Rennrad. So trainieren Sie Ihre aerobe Kapazität effektiv, belasten aber unterschiedliche Muskulatur und schonen Ihre Gelenke, Sehnen und Bänder – so mindern Sie das Verletzungsrisiko um ein Vielfaches. Für Elitesportler dagegen ist es leider nicht ganz so einfach: In der spezifischen Wettkampfvorbereitungen müssen diese Läufer wirklich alle Reize innerhalb des Lauftrainings setzen. Aber nicht jeder läuft im Bereich der Weltspitze und hat den belastbaren Bewegungsapparat eines Profis. Nutzen Sie die Vorteile des Alternativtrainings und werden Sie schnell, athletisch und belastbar!

Aktive Erholung und mentaler Ausgleich

Alternative Sportarten sind ideal für eine aktive Regeneration! Wenn Sie sich an Ruhetagen gegen die Couch entscheiden, lassen Sie Ihre Laufschuhe besser im Schrank und bedienen sich einer der Möglichkeiten, die ich auf den kommenden Seiten vorstellen werde. So können Sie Ihre unter Umständen überbeanspruchten Stütz- und Bindegewebsstrukturen schonen und Ihre beanspruchten Laufmuskelgruppen wirksam regenerieren.

Wenn Sie fleißig trainieren, kennen Sie bei Weitem nicht nur die physische Erschöpfung. Besonders, wenn Sie sich über Jahre der Faszination des Laufsport hingegeben haben, werden Sie Abwechslung zu schätzen wissen – nur so erhalten Sie sich Ihre mentale Spannkraft. Für den leistungsorientierten Sportler ist es mit Sicherheit sehr erholsam, bei einer anderen Sportart einmal frei von Leistungsdruck zu sein. Niemand verlangt von einem Läufer im Schwimmbad Bestleistungen! Hier können Sie sich frei bewegen – und genießen.

Ein interessanter Aspekt ist auch die Auseinandersetzung mit Sportlern aus anderen Sport-

» Fordern Sie Körper und Geist – Alternativsport macht Sie unschlagbar! «

arten, denn egal ob Radfahrer, Skiläufer, Nordic Walker oder Schwimmer: Sie sind anders. Jede Sportart zieht eine bestimmte Klientel an – der Austausch mit ihnen kann sportlich wie auch persönlich neue Horizonte eröffnen.

Was für ein Sportlertyp sind Sie?

Jede Sportart hat im Hinblick auf die oben angesprochenen Aspekte ein anderes Profil – und ist damit für unterschiedliche Sportlertypen geeignet. Zum Beispiel stellt sich die Frage: Mannschafts- oder Individualsport? Die einen lieben das gemeinsame Arbeiten, die gemeinsame Freude über den Erfolg, die Geselligkeit. Die Individualisten kämpfen lieber für sich allein und lieben die Abgeschiedenheit. Das ist vielleicht ein wenig überspitzt formuliert – aber es leuchtet ein, dass sich beim Fußball tendenziell andere Charaktere wohlfühlen als beim Marathonlauf. Der Austausch ist deshalb umso interessanter!

Auch der Faktor Talent entscheidet über die ausgeübte Sportart. Wer partout kein Ballgefühl hat, wird sich nicht das Basketballtraining aussuchen. – Aber warum eigentlich nicht? Fehlendes Ballgefühl deutet auf eine Koordinationsschwäche hin und die sollte auch der Läufer im Sinne einer sportlichen Weiterentwicklung schulen! Da beim Rudern der Kraftaufwand groß ist, finden sich drahtige 60-Kilogramm-Personen dort seltener im Wettkampfbereich. Aber warum denn nicht unter dem Aspekt der Vielseitigkeit einmal diese athletische Lücke schließen? Trauen Sie sich in neue Gefilde und wenden Sie sich Ihrer schwachen Seite zu. Nicht nur damit Ihre Verletzungsrate sinkt, sondern auch um andere Herausforderungen wahrnehmen zu können. Der Ausgleichssport macht Sie in jeder Hinsicht flexibel. Schaffen Sie neue Reize, neue Herausforderungen und Ziele: Ein Besuch bei den Nicht-Läufern lohnt sich!

Mitentscheidend für die Wahl Ihres Ausgleichssports sind natürlich auch die Witterung und der Saisonzeitpunkt: Andere Sportarten bringen neue Abhängigkeiten mit sich. Während Sie im Winter Probleme mit dem Radtraining bekommen, wird sich das Skifahren in dieser Zeit besonders anbieten. Und wenn Sie im Winter abends in der Dunkelheit nicht mehr laufen möchten, dann lockt Sie vielleicht der Indoor-Cycling-Kurs im Fitnessclub. Freuen Sie sich darauf: Warum nicht dem Wechsel der Jahreszeiten mit einem zeitweisen Wechsel der Sportarten und Trainingsgewohnheiten folgen?

9

Schwimmen

Schwimmen bietet Ihnen mit den vier Lagen (Brust, Kraul, Rücken, Delfin) die Möglichkeit, sämtliche Muskelgruppen Ihres Körpers zu trainieren. Die Bewegungsabläufe haben mit dem Laufen wenig gemein, vor allem finden sie ohne Gewichtsbelastung des Körpers statt – der ideale Ausgleich. Ihr Körper schwebt im Wasser und wird gegen dessen Widerstand bewegt.

Technik und Schwierigkeitsgrad

Die Schwimmtechnik zu erlernen ist absolute Grundvoraussetzung. Nur so haben Sie Spaß an der Sportart – und trainieren effektiv. Je nach Schwimmart ist dies unterschiedlich schwierig. Für Ihr Ausdauertraining eignet sich das Kraulschwimmen am besten – es ist auch am leichtesten zu erlernen. Kraulen verteilt die Belastung ausgeglichen auf Ihren gesamten

» Gönnen Sie sich eine Auszeit in der Schwerelosigkeit. «

Ausrüstung und Kosten	
Badehose	ca. 25 €
Badeanzug	ca. 50 €
Badelatschen zum Schutz vor Fußpilz	ca. 25 €
Schwimmbrille zum Schutz der Augen vor Chlor	ca. 10 €
Pullbuoy	ca. 15 €
Paddles	ca. 15 €
Brett	ca. 15 €
Schwimmbadeintritt	2–6 €

Körper. Das Rückenschwimmen ist ebenfalls recht einfach zu erlernen und sorgt für eine gute Streckung in der Bewegung: So wird Ihre Rückenmuskulatur optimal trainiert. Auch wenn in Deutschland das Brustschwimmen als Grundschwimmart gelehrt wird, ist dies die schwierigste Disziplin – wenn man sie in Perfektion beherrschen will. Wer sich mit dem Brustschwimmen nur behäbig über Wasser halten kann – und das ist die große Mehrheit von 90 Prozent – der wird damit nicht wirklich effektiv trainieren können.

Die Eleganz des Delfin- oder Schmetterlingsschwimmens ist sehr beeindruckend. Neben Wassergefühl erfordert diese Lage vor allem viel Kraft – sie ist eine Stilart für den fortgeschrittenen Schwimmer. Egal für welche Schwimmart Sie sich entscheiden: Ein Kurs unter Anleitung ist für alle, die früher nicht im Schwimmverein aktiv waren, empfehlenswert.

Spaßfaktor und Flexibilität

Letztlich ist es wie beim Laufen: Die richtige Technik eröffnet neue Horizonte. Wer das Schwimmen erlernt hat und sich im Wasser wohlfühlt, wer schnell und leicht durch das Wasser gleitet – der liebt die schwerelose Bewegung. Wer hingegen schwerfällig gegen das Wasser ankämpft, empfindet oft wenig Freude beim »Kachelnzählen« im Schwimmbecken. Viel Spaß bietet auch das Schwimmen in Freigewässern – das ist wirklich Natur hautnah erleben.

Schwimmbäder gibt es in jedem größeren Ort. Auch Schwimmvereine sind sehr zahlreich vertreten. Sie sind jedoch an die Öffnungszeiten der Bäder gebunden – es sei denn, Sie trainieren im See oder Fluss.

Einsatz bei Gesundheitsproblemen

Schwimmen entlastet den Bewegungsapparat. Es ist ideal für alle Verletzungen und Beschwerden des Bewegungsapparats geeignet, die eine Gewichtsentlastung fordern. Ermüdungsbrüche, eine Vielzahl von Sehnenbeschwerden und der Gelenkverschleiß, die gefürchtete Arthrose – all das sind Erkrankungen, mit denen Sie gut im Schwimmbad trainieren können!

9

Verband und Kontaktmöglichkeiten

Deutscher Schwimm-Verband e.V.
www.dsv.de

Vorteile

- → Entlastung des Bewegungsapparats
- → witterungsunabhängig (Hallenbad)
- → Ausgleichstraining für die gesamte Muskulatur

Nachteile

- → Voraussetzung: Beherrschung der Technik
- → vorgegebene Trainingszeiten durch Öffnungszeiten der Schwimmbäder
- → Monotonie möglich

Radfahren

Radfahren beansprucht besonders die Streckerkette: Sie trainieren die Gesäßmuskulatur für die Hüftstreckung, die Oberschenkelmuskulatur für die Kniegelenkstreckung und die Wadenmuskulatur zum Strecken des Sprunggelenks. Oberkörper und Rumpf werden hingegen kaum trainiert. Dies ändert sich allerdings, sobald Sie die Straße verlassen und in schwierigerem Gelände unterwegs sind: Hier ist mitunter auch vom Oberkörper starker Krafteinsatz gefragt. Dennoch: Die Beinmuskulatur wird deutlich mehr beansprucht.

» Radfahren ist ideal für lange Ausdauereinheiten. «

Ausrüstung und Kosten	
Rad	ab 500 €
Helm	ab 40 €
Bekleidung Je nach Jahreszeit und Anspruch können Sie zunächst bequeme Alltagskleidung und Sportschuhe tragen. Professionelle Outfits mit Radschuhen, -hosen und -trikots kosten unter Umständen mehrere Hundert Euro.	

Technik und Schwierigkeitsgrad

Radfahren kann fast jeder seit seiner Kindheit – die meisten beherrschen daher die Technik schon in den Grundzügen. Wer effektiv und gesund trainieren möchte, der kann sich Tipps aus entsprechender Fachliteratur holen. Eine gute Technik macht schnell – und Spaß! Technisch anspruchsvoll ist das Mountainbike-Fahren in schwierigem Gelände. Es erfordert ein hohes Maß an Koordination und Konzentration.

Spaßfaktor und Flexibilität

Geschwindigkeitsrausch und Kilometerfressen: Mit einem guten Rad bei entsprechendem Wetter durch eine schöne Landschaft zu radeln gehört zu den angenehmsten Möglichkeiten, Sport zu treiben. Je nach Vorlieben sind Sie in der Lage, weite Strecken zurückzulegen und so beim Training nebenbei Ihre Umgebung zu erkunden – oder im Wald per Mountainbike anspruchsvolle Wege und Herausforderungen zu meistern. Auch Indoor-Cycling im Studio wird immer beliebter.

Obwohl Sie nicht an feste Trainingszeiten gebunden sind, gehört Radfahren zu den unflexibelsten Sportarten überhaupt! Sie haben Ihr Rad nicht immer dabei – folglich ist Radfahren kein Sport für diejenigen, die beruflich viel unterwegs sind. Außerdem kann die Witterung mit Regen, Wind und niedrigen Temperaturen schnell einen Strich durch die Trainingsplanung machen.

Einsatz bei Gesundheitsproblemen

Radfahren befreit Ihren Körper von jeglicher Stoßbelastung – der Einsatz bei Gelenkbeschwerden der unteren Extremitäten ist daher ideal. Leiden Sie unter Sehnenbeschwerden, die durch das Laufen ausgelöst wurden, ist Radfahren eine gute Möglichkeit, Ihr Herz-Kreislauf-System weiter zu trainieren – ohne die Sehnen zu beanspruchen. Damit es nicht zu Rückenproblemen kommt, empfiehlt sich die professionelle Anpassung der Radgröße und der Sitzposition.

Verband und Kontaktmöglichkeiten

Bund Deutscher Radfahrer e.V.
www.rad-net.de

Vorteile

- Technik muss nicht erlernt werden
- gutes Herz-Kreislauf-Training
- unabhängig von Trainingszeiten

Nachteile

- einseitiges Training, vor allem der Beinmuskulatur
- witterungsabhängig
- relativ hohe Material- und Unterhaltskosten

9

Inlineskating

Beim Inlineskating werden Ihre Beine und ganz besonders auch die Haltemuskulatur des Rückens ideal gekräftigt. Aus diesem Grund ist Skating eine Ausdauersportart, die von vielen Radfahrern und Läufern gern als Ergänzungstraining durchgeführt wird. Positiv ist auch das gute Training der äußeren Hüftmuskulatur, die Sie zur Stabilisierung Ihres Beckens benötigen. Das Training der Herz-Kreislauf-Funktion ist auf Skates genauso gut möglich wie in Laufschuhen.

Technik und Schwierigkeitsgrad

Inlineskating erfordert einen guten Gleichgewichtssinn – und in der Lernphase eine gute Koordination. Besonders wichtig bei dieser Sportart ist das Beherrschen der korrekten Brems- und Falltechnik, die Sie in Kursen erlernen können – wozu ich Ihnen dringend rate. Unsicherheiten und Stürze können beim Inlineskating immer wieder vorkommen. Deshalb zählt es auch sicher nicht zu den einfachsten und sichersten Sportarten. Benutzen Sie unbedingt eine Schutzausrüstung!

Spaßfaktor und Flexibilität

Skaten können Sie allein oder in der Gruppe – in jedem Fall können Sie die Geschwindigkeit und das Gleiten auf dem Asphalt genießen. Skaten ist Funsport und ernst zu nehmender Wettkampfsport zugleich.

Ausrüstung und Kosten	
Skates	ab 60 €
Helm	ab 25 €
Knieschützer	ab 10 €
Ellenbogenschützer	ab 10 €
Handgelenkschützer	ab 10 €

Mit Inlineskates sind Sie zeitlich ungebunden. Sie sind weder auf Trainingspartner noch auf die Trainingszeiten eines Clubs angewiesen. Wenn Sie wirklich gut trainieren wollen, brauchen Sie allerdings eines: geeignete Strecken. Straßen mit gutem, trockenem Asphalt finden zu müssen schränkt Ihre Flexibilität deutlich ein.

Einsatz bei Gesundheitsproblemen

Inlineskating entlastet Ihre Gelenke, daher zählt es zu den orthopädisch schonenden Sportarten. Bei Rückenproblemen ist Vorsicht geboten – achten Sie auf eine korrekte Technik und Haltung. Bei Sehnenproblemen muss im Einzelfall entschieden werden, inwieweit Inlineskating eine günstige Trainingsmöglichkeit darstellt. Nicht zu unterschätzen ist in jedem Fall das Verletzungsrisiko durch Stürze.

Verband und Kontaktmöglichkeiten

Deutscher Rollsport- und Inline-Verband
www.driv.de

Vorteile

- → ideales Herz-Kreislauf-Training
- → gutes Training der Hüft- und Rückenmuskulatur
- → orthopädisch gut verträglich

Nachteile

- → witterungsabhängig
- → hohes Sturz- und Verletzungsrisiko
- → Straßen mit glatter Asphaltdecke und wenig Verkehr erforderlich

» Am Stock gehen Sie erst, wenn Sie alt sind?
Dann entgeht Ihnen etwas! «

Nordic Walking

Nordic Walking macht Sie rundum fit: Es trainiert die gesamte Muskulatur Ihres Körpers. Neben den Beinen werden Schultergürtel und Rumpf ideal gekräftigt. Durch den Stockeinsatz ist das Herz-Kreislauf-Training fast so effektiv wie beim Laufen.

Technik und Schwierigkeitsgrad

Wie in allen Sportarten ist es sinnvoll, in einem Kurs die korrekte Technik in Sachen Stockeinsatz und Abrolltechnik zu erlernen – erfreulicherweise ist das sehr einfach.

Spaßfaktor und Flexibilität

Nordic Walking ist der ideale Ausgleichssport – und macht viel Spaß! Mit den Stöcken sind Sie sehr sportlich unterwegs. Ein weiterer Trainingseffekt: Mit Ihren Stöcken können Sie viele Gymnastikübungen durchführen.

Walken können Sie überall, und wenn Sie die Stöcke einpacken, dann ist auch Nordic Walking überall problemlos möglich. Für den Einsatz in Städten und auf befestigten Wegen gibt es spezielle Gummistutzen für die Stockspitzen. So können Sie in jedem Gelände optimal trainieren!

Einsatz bei Gesundheitsproblemen

Bei Gelenk- und Sehnenproblemen kann Nordic Walking eine sinnvolle Alternative zum Laufen sein, denn die Stoßbelastung ist viel geringer. Aber auch »nur« als Ausgleichssport ist das Training der unterschiedlichen Muskelgruppen ideal – gerade bei Verspannungen des Schultergürtels ist es dringend zu empfehlen!

Ausrüstung und Kosten	
Schuhe	ca. 100 €
Stöcke	ca. 50 €
Kleidung Wie für das Laufen reicht anfangs bequeme Alltagskleidung aus. Auch Ihre Laufschuhe können Sie bedenkenlos verwenden. Professionelles Equipment ist in allen Preisklassen erhältlich.	

Verband und Kontaktmöglichkeiten

Nordic Walking Union e.V.
www.nwunion.de

Vorteile

- → ideales Ganzkörpertraining
- → gutes Herz-Kreislauf-Training
- → witterungsunabhängig

Nachteile

- → bei falscher Technik Überlastung möglich

Skilanglauf

Skilanglauf ist das ideale Ganzkörpertraining – alle Muskelgruppen werden beansprucht. Nicht nur Arme, Beine und Schultergürtel, sondern ganz besonders der Rumpf wird trainiert. Dies ist für die Verletzungsprophylaxe und Leistungssteigerung in der Laufdisziplin optimal.

Technik und Schwierigkeitsgrad

Skilanglauf will erlernt werden. In jedem Skigebiet gibt es dafür Kurse im Einzel- oder Gruppenunterricht. Die Preise sind erschwinglich. Je nach Talent und Vorbildung reichen bereits eine bis drei Unterrichtseinheiten, um loslegen zu können. Die Technik können Sie bei Bedarf in weiteren Kursen vervollständigen. In der Regel erlernen Sie zunächst den klassischen Stil. Fortgeschrittene können auch die Skatingtechnik ins Visier nehmen.

Spaßfaktor und Flexibilität

Skilanglauf verbindet die Bewegung in der freien Natur mit einem idealen Trainingsreiz. Neben der Allroundkräftigung erleben Sie den Winter hautnah – ohne zu frieren!

Mit dem Skilanglauf sind Sie wohl oder übel an örtliche und klimatische Bedingungen gebunden. Schneesicherheit und entsprechende Loipen sind Grundvoraussetzungen. Hauptsächlich ist der Skilanglauf für die wenigen interessant, die in Winterskigebieten leben – und das auch nur zur Saison von Mitte Dezember bis Mitte März. Alle anderen können diesen Sport lediglich im Winterurlaub ausführen.

Ausrüstung und Kosten	
Ski	ab 150 €
Bindung	ab 50 €
Schuhe	ab 150 €
Stöcke	ab 40 €
Miete	10–20 €/Tag
Kleidung Es kann weitestgehend die Winterlaufkleidung verwendet werden.	
Skipass für die Saison (Deutschland)	ca. 150 €
Unterrichtsstunden (90 Minuten)	ca. 60 € (in Gruppen billiger)

Einsatz bei Gesundheitsproblemen

Skilanglauf entlastet Ihren Stütz- und Bewegungsapparat. Ihre Gelenke werden sanft bewegt, die Belastung verteilt sich auf Ihren gesamten Körper. Bei Gelenkbeschwerden ist Skilanglauf meist optimal geeignet; bei Sehnenbeschwerden der unteren Extremitäten muss im Einzelfall entschieden werden. Wichtig: Auf die richtige Technik kommt es an – sie ist für eine gesunde Sportausübung notwendig.

Verband und Kontaktmöglichkeiten

Deutscher Skiverband
www.ski-online.de

Vorteile

→ Ganzkörpertraining, gute Rumpfkräftigung
→ hervorragendes Herz-Kreislauf-Training
→ orthopädisch entlastend

Nachteile

→ saisonabhängig
→ an Skigebiete gebunden
→ teuer

» Jede Spielsportart zeichnet sich durch eine eigene Ausdauer-, Kraft- und Tempokomponente aus. «

Mannschafts- und Ballsport

Bei fast allen Mannschafts- und Feldsportarten sind zahlreiche Stopp- und Ausweichbewegungen notwendig: Diese seitlichen Bewegungen kräftigen Ihre Stabilisationsmuskulatur und verbessern Ihre Koordination. Schnelle Antritte und Sprints fördern Kraft- und Schnelligkeit mehr als der Laufsport.

Technik und Schwierigkeitsgrad

Egal ob Fußball, Volleyball, Hockey oder Handball: Wer nicht jahrelang eine Feldsportart trainiert hat, wird nicht ohne Weiteres in einer Mannschaft mitspielen können – zu groß sind die Leistungsunterschiede. Es gibt aber in vielen Vereinen auch Just-for-fun-Gruppen, in die jeder einsteigen kann. Hier steht der Spaß im Vordergrund und auch das Verletzungsrisiko ist geringer.

Spaßfaktor und Flexibilität

Für viele Läufer ist der Teamsport ein Buch mit sieben Siegeln – aber ein Versuch lohnt sich immer! Mit Gleichgesinnten zu trainieren eröffnet neue Perspektiven. Geteiltes Leid ist schließlich halbes Leid und sich gemeinsam über ein schönes Training zu freuen macht doppelt so viel Spaß. Die Sportart lässt sich je nach Vorliebe und Vorkenntnis auswählen: Jede Spielsportart zeichnet sich durch eine eigene Ausdauer-, Kraft- und Tempokomponente aus.

Als Mannschaftssportler sind Sie selbstverständlich an gemeinsame Trainingszeiten gebunden. Und so, wie Sie die Mannschaft brauchen, braucht die Mannschaft auch Sie. Mannschaftssportarten eignen sich demnach nicht für Menschen, die ihr Training immer dann einbauen, wenn es »gerade passt«.

Einsatz bei Gesundheitsproblemen

Die Feldsportarten kennzeichnen viele schnelle Bewegungen und Belastungswechsel. Was in Maßen hervorragend für Kraft und Koordination ist, kann bei Vorschäden und Beinachsenfehlstellungen zu einer übermäßigen Gelenkbelastung führen. Je nach Gruppe ist auch das Verletzungsrisiko im »Eifer des Gefechts« nicht zu unterschätzen. Grundsätzlich müssen Sportler mit orthopädischen Vorschäden bei diesen Sportarten vorsichtig sein.

Ausrüstung und Kosten

Meist ist neben einem Paar Schuhe und gewöhnlicher Sportkleidung lediglich die Mitgliedschaft in einem Sportverein erforderlich. Kosten für den Sportverein schwanken je nach Angebot des Vereins zwischen 10 und 100 € pro Monat.

Verbände und Kontaktmöglichkeiten

Deutscher Fußball-Bund
www.dfb.de
Deutscher Basketball Bund
www.basketball-bund.de

Vorteile

- → Gemeinschaftsgefühl
- → gutes Kraft- und Koordinationstraining
- → Motivationshilfe durch das Team

Nachteile

- → fixe Trainingszeiten und dauerhafte Verpflichtung gegenüber dem Team notwendig
- → Verletzungsrisiko erhöht
- → unter Umständen schwierig, eine Mannschaft auf dem richtigen Niveau zu finden

9

Aerobic

Aerobic ist nicht gleich Aerobic: Das Kursangebot der Fitnessclubs ist über die Jahre immer vielfältiger geworden. Auch Sportvereine bieten mittlerweile Kurse an. Das Angebot reicht von den klassischen Kursen auf dem Stepper über Rope-Skipping (Seilspringen) und BBP (Bauch-Beine-Po) zu Hot-Iron (kraftausdauerorientiertes Aerobictraining mit Hanteln) – für jeden Geschmack ist etwas dabei. Herz-Kreislauf-Training, Koordination und Kraftaspekte – beim Aerobic können Sie all das umsetzen.

Technik und Schwierigkeitsgrad

Die Kurse werden üblicherweise in verschiedenen Schwierigkeitsstufen angeboten. So können Sie meist zwischen Anfängern, Fortgeschrittenen und Profis wählen – und kurzerhand Ihrem Können entsprechend wechseln.

Spaßfaktor und Flexibilität

Haben Sie einmal Gefallen an dem gemeinschaftlichen Training gefunden, wollen Sie es nicht mehr missen. Auf die Bewegung abgestimmte Musik, professionell organisierte Stunden – so macht Training Spaß!

Sie sind an die Kurszeiten Ihres Fitnessclubs gebunden. Anders als beim Mannschaftssport sind Sie hier jedoch nicht zum Erscheinen verpflichtet – wenn Sie mal keine Zeit haben, ist das kein Problem.

Einsatz bei Gesundheitsproblemen

Die Anforderungen sind je nach Kurs sehr verschieden. Einige sind kraftlastig, andere setzen ihren Schwerpunkt auf Entspannung oder Koordination – mit den berühmten Choreografien in verschiedenen Schwierigkeitsgraden. Grundsätzlich wird von den Instruktoren sehr auf eine orthopädisch einwandfreie Bewegungsausführung geachtet. Das Verletzungsrisiko ist gering.

Ausrüstung und Kosten	
Fitnessclubbeitrag	30 bis 120 € pro Monat
Sportverein	5 bis 50 € pro Monat

Verband und Kontaktmöglichkeiten

Deutscher Fitness und Aerobic Verband e.V.
www.dfav.de

Vorteile

→ viel Abwechslung im Kursangebot
→ gute Ausbildung der allgemeinen Athletik
→ Gemeinschaftsgefühl

Nachteile

→ Kosten durch Mitgliedschaft in Fitnessclub
→ Indoor-Sport liegt nicht jedem Läufer
→ Überforderungen in der Gruppendynamik sind häufig

» Mit Aquajogging trainieren Sie die laufspezifische Muskulatur – ohne dabei Ihre Gelenke zu belasten. «

Aquajogging

Aquajogging fordert und entlastet Sie zugleich: Der Widerstand für die Fortbewegung ist im tiefen Wasser stark erhöht – die Belastung des Bewegungsapparats aber deutlich reduziert. Besonders die unteren Extremitäten sind vollständig entlastet. Mit einem Hüftgurt beschaffen Sie sich den notwendigen Auftrieb und mit zusätzlichen Auftriebshilfen an Armen und Beinen können Sie den Widerstand der Bewegung steigern. Die Bewegungsgeschwindigkeit ist deutlich langsamer als beim Laufen, daher eignet sich dieses Training in der Wettkampfphase nur bedingt.

Technik und Schwierigkeitsgrad

Machen Sie es von Anfang an richtig: Ich empfehle Ihnen, einen Kurs zu belegen. Diese werden von öffentlichen Schwimmbädern, Volkshochschulen und Sportvereinen angeboten. Grundsätzlich ist Aquajogging ohne größere Probleme für jedermann zu erlernen.

Spaßfaktor und Flexibilität

Die meisten Athleten kennen das Aquajogging nur als Lückenbüßer in der Zeit einer orthopädischen Verletzung – dementsprechend negativ sind sie gegenüber dem Wasserlaufen eingestellt. Eine gewisse Monotonie ist bei diesem Training auch nicht zu bestreiten. Aber in Gruppen und nach guter Anleitung ergeben sich im Wasser vielfältige Trainingsmöglichkeiten!

Aquajogging können Sie in jedem Schwimmbad allein durchführen – oder in Gruppen in einem Kursangebot. Flexibilität ist also durchaus gegeben – auch für diejenigen, die in vielen Städten unterwegs sind. Ein Schwimmbad findet sich fast überall.

Einsatz bei Gesundheitsproblemen

Bei fast allen orthopädischen Beschwerden ist Aquajogging ideal geeignet, um das Training aufrechtzuerhalten. Bei Stressfrakturen, bei Sehnenüberlastungen, nach Operationen – fast immer ist eine Bewegung in der Schwerelosigkeit des Wassers möglich. Gegebenenfalls erfolgt sie unter physiotherapeutischer Aufsicht und Anleitung. Auch Arthrosepatienten profitieren enorm von der entlastenden Bewegung im Wasser.

Ausrüstung und Kosten	
Hüftgurt	ab 30 €
Hanteln	ab 18 €
Schwimmbadeintritt	2–6 €

Verband und Kontaktmöglichkeiten

Deutscher Rollsport- und Inline-Verband
www.driv.de

Vorteile

→ orthopädisch entlastend
→ Training der laufspezifischen Muskulatur
→ perfektes Herz-Kreislauf-Training

Nachteile

→ Monotonie
→ warme Chlorluft

9

Indoor-Cycling

Indoor-Cycling-Kurse gibt es in verschiedenen Ausrichtungen. Grundsätzlich wird mit sehr hohen Frequenzen und ohne Freilauf des Rads pedaliert. Sie müssen also pausenlos treten – und optimieren so Ihre Koordination. Manchmal sind die Frequenzen geringer: Die Widerstände können stufenlos am Rad verstellt werden, sodass Sie auch sehr kraftlastige Stunden absolvieren können. Vorkenntnisse sind für das Indoor-Cycling nicht erforderlich.

9

Technik und Schwierigkeitsgrad

In Anfängerkursen wird in einer Einführungsstunde alles Notwendige zur Bedienung des Rads und zur Haltung auf dem Indoor-Rad erklärt. Die Kurse sind wie die Aerobicgruppen in Anfänger-, Fortgeschrittenen- und Profikurse unterteilt, sodass Sie jederzeit Ihrem Niveau entsprechende Stunden besuchen können. Die Einheiten sind oft hochintensiv – ein ideales Herz-Kreislauf-Training. Sie müssen sich eher vor Überlastungen als vor Unterforderung in Acht nehmen.

Ausrüstung und Kosten	
Fitnessclubbeitrag	30 bis 120 € pro Monat
Radhose	50 €
Radschuhe	ab 150 €

Spaßfaktor und Flexibilität

Indoor-Cycling ist ein besonderes Sporterlebnis und sehr beliebt. Schnelle Musik, motivierende Instruktoren, der Wechsel aus Tempo und Kraft – beim Indoor-Cycling ist für jeden etwas dabei!

Sie sind an die Kurszeiten der Fitnessclubs gebunden – aber nicht so festgelegt wie beim Mannschaftssport. Haben Sie mal keine Zeit, macht das nichts. Ein Minuspunkt: In vielen Studios gibt es aufgrund der begrenzten Platzkapazität Wartelisten.

Einsatz bei Gesundheitsproblemen

Die orthopädische Belastung ist wie beim gewöhnlichen Radfahren sehr gering. Wer nicht gerade von Rückenproblemen geplagt ist, kann hier meist bei einer guten Entlastung der unteren Extremitäten trainieren. So ist Indoor-Cycling als Ergänzungstraining sowohl in umfangreichen Trainingsphasen als auch bei vielen Sehnenüberlastungen eine Option.

Vereine und Kontaktmöglichkeiten

Angebote in Vereinen und Fitnessclubs

Vorteile

→ Gemeinschaftsgefühl
→ ideales Herz-Kreislauf-Training
→ großes Kursangebot für jedes Niveau

Nachteile

→ Indoor-Sport liegt nicht jedem Läufer
→ Kosten für Mitgliedschaft im Fitnessclub
→ Überforderung in der Gruppendynamik sehr häufig

» Rudern ist ein einzigartiges Ganzkörpertraining. «

Rudern

Rudern ist eine anspruchsvolle Sportart – sie ermöglicht ein einzigartiges Ganzkörpertraining. Als Ruderer trainieren Sie exakt die Muskeln, die in Ihrer zivilisierten Alltagshaltung zunehmend verkümmern. Das Gesäß, den Rumpf und die Rückenmuskulatur (insbesondere den Zwischenschulterblattbereich) kräftigen Sie ideal – und steuern so Fehlhaltungen entgegen. Ruderer haben sehr große Herz- und Lungenvolumina – die größten unter den Sportlern. Das Training ist für das Herz-Kreislauf-System und die Fitness unwahrscheinlich effektiv.

Technik und Schwierigkeitsgrad

Es ist wichtig, die korrekte Rudertechnik zu erlernen: Sonst leidet Ihr Rücken – besonders Ihre Lendenwirbelsäule. Hierfür rate ich Ihnen dringend zu einer Anleitung und Einweisung durch einen Trainer. Zumindest in den Grundzügen lässt sich die Technik so im Handumdrehen erlernen.

Spaßfaktor und Flexibilität

Auf Kanälen oder Seen in der freien Natur ist Rudern gleichermaßen ein Sport- und Naturerlebnis. Unter Umständen können Sie sogar in der Gruppe trainieren. Wer diese Möglichkeiten nicht hat, aber die Trainingseffekte des Ruderns nicht missen will, dem bleibt das Training im Fitnessstudio auf dem Ruderergometer.

So flexibel Sie auf dem Ruderergometer im Fitnessstudio sind, so unflexibel sind Sie mit dem Boot auf dem See. Vereinstrainingszeiten, Witterungsbedingungen und die Absprache mit anderen Trainingspartnern machen Rudern zu einem Sport, den Sie nicht mal eben zwischendurch ausüben können.

Einsatz bei Gesundheitsproblemen

Die orthopädische Belastung ist sehr gering. Wer nicht gerade von Rückenproblemen geplagt ist, kann beim Rudern Arme, Beine und Rumpf ausgezeichnet trainieren – die Belastung verteilt sich optimal. Wollen Sie muskuläre Dysbalancen aufarbeiten? Dann ist Rudern ideal – selbstverständlich auch als Prophylaxe!

Ausrüstung und Kosten	
Fitnessclubbeitrag	30 bis 120 € pro Monat
Ruderverein	70 bis 200 € pro Jahr

Verband und Kontaktmöglichkeiten

Deutscher Ruderverband e.V.
www.rudern.de

Vorteile

- → Training vieler Muskelgruppen, vor allem der für die richtige Haltung wichtigen Muskulatur
- → ideales Herz-Kreislauf-Training
- → gelenkschonend

Nachteile

- → stark wetterabhängig (sofern das Training nicht drinnen stattfindet)
- → ortsgebunden

9

Kapitel 10

Laufschuh

10

Was muss Ihr Laufschuh leisten?

Was benötigen Sie in erster Linie zum Laufen? Nichts! Keine Funktionsjacke, keinen MP3-Player – und auch keinen Schuh. Die Natur schuf einen hochkomplexen Bewegungsapparat, mit dem Ihre Vorfahren vom Höhleneingang bis zur nächsten Büffelherde traben konnten. Ziel sind heute jedoch nicht mehr die Büffel, sondern die Stadtparks, die Steppe wich Asphalt, Beton und gepflasterten Wegen. Sie laufen fast ausschließlich auf völlig glatten, versiegelten, harten Flächen. Haben Sie einmal versucht, diese Strecke barfuß zu laufen? Erstaunlich viel kann Ihr Körper tolerieren – hier stößt er aber an seine Grenzen, denn für das Barfußlaufen auf Asphalt ist Ihr Bewegungsapparat nicht ausgelegt. Eine natürliche Dämpfung des Untergrunds, die Ihren Fuß schmerzfrei aufsetzen lässt, ist auf Asphaltflächen nicht gegeben. Keinesfalls muss der Untergrund die gesamte Dämpfungsarbeit leisten – Ihr Körper dämpft die Stöße der Laufbewegung zum größten Teil mit seinen Gelenken ab! Aber der Boden muss Ihren Aufprall so weit abfedern, dass Ihre körpereigenen Systeme ohne Schaden ihre Arbeit verrichten können. Natürliche Bodenbeläge sind dafür bestens geeignet: Sie sind weich und etwas uneben – ideale Bedingungen für Ihre Fußsohle, die so unbeschadet aufsetzen kann. Ferner können Ihre Zehen im weichen Untergrund die für die Fußstabilität wichtige Greiffunktion wahrnehmen. Beim harten Asphalt dagegen ist das leider nicht der Fall!

Dämpfung und Schutz der Fußsohle

Eine der vordringlichsten Aufgaben des modernen Sportschuhs besteht also darin, die übermäßige Stoßbelastung der unnatürlich harten Böden abzudämpfen. Die Dämpfung sollte ungefähr den Zustand herstellen, den Ihr Fuß auf weichem Waldboden vorfinden würde. Eben so viel, dass Sie die harten Untergründe tolerieren können, und dafür ist nicht allzu viel Dämpfung erforderlich. Es geht nämlich nicht darum, die gesamte Stoßbelastung zu eliminieren – die war immer da und ist für Ihre Gesundheit sogar notwendig!

Neben dem richtigen Maß an Stoßabsorption werden Sie von Ihrem Schuh erwarten, dass er Ihre Fußsohle schützt – vor Scherben

und Splittern zum einen, vor einem übermäßigen Abrieb der Haut zum anderen. Rauen Teerbelägen ist kaum eine Hornhaut gewachsen.

Das Angebot der Industrie

Wenn der Fuß doch aber nur eine schützende Sohle und ein wenig Dämpfung benötigt, warum kostet ein Paar Laufschuhe dann 150 Euro? Weil die Schuh- und Sportartikelindustrie Läufern noch wesentlich mehr anbietet: Der Schuh soll den Läufer schneller machen und vor Problemen mit seinem Bewegungsapparat schützen. Das ist zwar ein löbliches Ziel, das aber bei dem Versuch der Umsetzung verfehlt wird: Ihr Fuß ist schon perfekt – die vielen technologischen »Verbesserungen«, die von der Industrie entwickelt wurden, können die Probleme von Läufern auch nicht lösen. Im Gegenteil: Sie schufen wieder neue Probleme – mit Technologien wird heute teilweise gegen die Auswirkungen der Technologien angekämpft. Der Grund für dieses Dilemma: Die Probleme der Läufer liegen ganz offenbar weniger am Schuh als vielmehr an mangelnder Lauftechnik, Kraft und Koordination. Diese Defizite kann der beste Schuh nicht kompensieren. Jedenfalls haben moderne Schuhe die Häufigkeit von Verletzungen nicht reduziert: Trotz modernster Schuhe sinken die Verletzungszahlen nicht.[1] Machen Sie es richtig: Schulen Sie Ihre Lauftechnik – und verlassen Sie sich nicht auf teure Schuhe.

» Erste Priorität: Ihr Schuh muss passen. «

Der Aufbau des Laufschuhs

Obermaterial
Der Schaft eines modernen Laufschuhs wird aus strapazierfähigen Kunstledermaterialien und sogenannten Meshstoffen produziert. Meshmaterialien sind extrem luftdurchlässige und atmungsaktive Kunstfasergewebe, die Ihren Fuß angenehm belüften. Verstärkungselemente an den hoch belasteten Stellen verbessern den Halt im Schuh.

Fersenkappe
Die Fersenkappe verbessert Ihren Halt im Schuh. Sie umschließt Ihr Fersenbein fest – wichtig insbesondere für Läufer mit Überbeweglichkeiten.

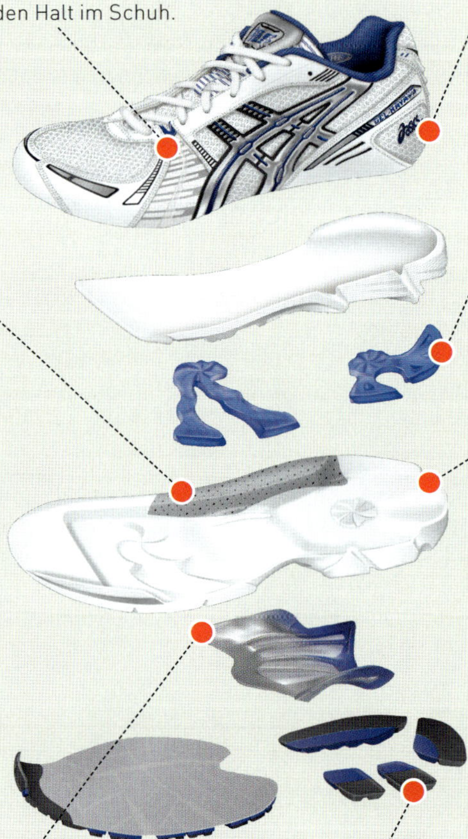

Pronationsstütze
Zur passiven Korrektur von Überbeweglichkeiten werden bei bestimmten Schuhmodellen Pronationsstützen auf der Innenseite in die Zwischensohle eingelassen. Diese verhindern durch einen höheren Härtegrad das Einwärtskippen des Schuhs. Meist werden sie durch Graufärbung kenntlich gemacht.

Dämpfungselemente
In die Zwischensohlen integriert sind Dämpfungssysteme im Vor- und Rückfußbereich, zum Beispiel Gel- oder Luftkissen.

Zwischensohle
Moderne Laufschuhe besitzen eine leichte Zwischensohle aus Ethylen-Vinyl-Acetat (EVA). Dieses Material ist sehr flexibel und verfügt über eine gute Eigendämpfung. Schwerer, aber auch stabiler ist das Polyurethan (PU), das man in den ersten Laufschuhgenerationen einsetzte. Es kommt heute nur noch bei wenigen Schuhen für schwergewichtige Läufer zum Einsatz.

Mittelfußbrücke
Im Mittelfußbereich finden sich technische Konstruktionsmerkmale, die die Verdrehung von Vor- und Rückfuß führen – sogenannte Torsionselemente oder Mittelfußbrücken.

Außensohle
Die Außensohlen der Laufschuhe bestehen aus karbonisierten Gummimischungen, die langlebig sind und einen guten Kontakt zum Untergrund herstellen. Für Straßenrennen gibt es leichtere und griffigere Materialien – sie sind jedoch nicht so langlebig. Die Kontaktflächen und Kerbungen beeinflussen das Abrollverhalten. Sie sollten sich an Ihren anatomischen Gegebenheiten orientieren und die Flexibilität Ihres Fußes unterstützen.

Die Komponenten Ihres Laufschuhs

Ihr perfekter Schuh ist ein Kompromiss: Er schützt Sie vor den Zivilisationsbedingungen und lässt Sie dabei so natürlich wie möglich laufen. Der Schuh sollte straff und gleichmäßig gedämpft sein, dabei flach und leicht gebaut, so viel wie nötig, aber so wenig wie möglich stützen und sehr beweglich und flexibel sein. Ach ja: Passen muss er Ihnen auch noch … Sie können mir glauben: Einen Schuh zu finden, der diesen zwei Voraussetzungen entspricht, ist gar nicht so einfach!

Die Dämpfung

Um einen harten Untergrund wie Asphalt für Ihre Füße erträglich zu machen, gibt es diverse Dämpfungssysteme in jedem modernen Schuh. Manchmal schießen die Hersteller jedoch über das Ziel hinaus: Zum Beispiel, wenn die Dämpfung vier Zentimeter dick und butterweich wird. Solche Schuhe lassen Sie bitte links liegen!

Ihre Gelenke brauchen Stoßbelastungen

Um Ihnen immer mehr Dämpfung und immer wieder Innovationen in diesem Bereich schmackhaft zu machen, setzte die Schuhindustrie irreführende Vergleiche ein: Wenn Ihr Körper aufkommt, so wirkt das Drei- bis Fünffache Ihres Körpergewichts auf Ihre Gelenke ein. Noch eindrucksvoller wird das Ganze, wenn man die Gewichtsbelastung Ihrer 10.000 Schritte, die Sie in einer Stunde Lauftraining machen, hochrechnet: Da kommt schnell eine Last von vielen Tonnen auf Ihre Gelenke zusammen. Herrje!

Ihr Körper wird hier dargestellt wie ein technisches Bauteil: Dämpften Sie mit dem Schuh die Stoßbelastungen weg, täte das Ihren Gelenken gut, so wie es auch Ihrem Auto guttut, über intakte Stoßdämpfer zu verfügen. – Dieser Vergleich hinkt jedoch! Anders als Ihr Auto kann Ihr Körper Stoßkräfte nämlich nicht nur vertragen, er braucht sie sogar. Stoßkräfte erhalten die Gesundheit Ihrer Gelenke und verhindern Knochenschwund! Das nennt der Mediziner Inaktivitätsosteoporose – zu finden bei alten Menschen, Astronauten, Bettlägerigen und: Büroarbeitern! Deren Knochen und Gelenke erfahren zu wenig Stoßkräfte, die in der Evolution eigentlich vorgesehen waren, und bauen deshalb nicht genügend Knochenmasse auf. Auch die Ernährung des Gelenkknorpels leidet, denn sie ist auf regelmäßige Be- und Entlastung zum Beispiel beim Laufen angewiesen. Werbung und Marketing der Sportartikelindustrie missachten diese Zusammenhänge: Immer neue »Technologien«, immer mehr Dämpfung – immer neue Probleme! Zum Beispiel die der Fersenerhöhung. Oder aber die oft zu breiten Zwischensohlen: Ein breiter, voluminöser Rückfußsohlenbereich ändert die Hebelverhältnisse unter Ihrem Fuß – er verstärkt die Überpronation![2] Die Forschung plädiert aufgrund dessen seit Langem für schmalere Schuhe – aber das Marketing der Schuhindustrie steht dem entgegen!

Der »Fila Flow«: ein legendärer Schuh ohne Dämpfungssysteme, der funktionierte!

10

10

Horizontale Dämpfung

Im Jahr 2003 gab es eine Neuerung auf dem Markt: die horizontale Dämpfung. Sie federt nicht nur die Aufprallkräfte ab, sondern reduziert zusätzlich die Scherkräfte, die der Fuß auf dem Boden durch seine Bewegungsrichtung nach vorn erzeugt.

Sie erinnern sich: Läufer mit einer schlechten Lauftechnik erzeugen durch den Unterschenkelvorschwung eine Stoppbewegung ihrer Ferse und dadurch die horizontal wirkenden Scherkräfte. Knieschmerzen sind eine häufige Folge dieser unsauberen Lauftechnik. Horizontale Dämpfungen wie »DMX Shear« (RBK) oder »forMotion™« (adidas), die wie eine Verschiebeschicht an der Ferse arbeiten, lindern dadurch häufig Knieprobleme.

Gut ausgebildete Läufer brauchen solche Technologien allerdings nicht: Sie setzen den Fuß dicht am Körperschwerpunkt auf und führen den Schritt aktiv zurück. Das danken ihnen die Kniegelenke!

Wahrnehmung des Untergrunds

Ein weiteres Problem der übermäßigen Dämpfung: die verschleierte Information über den Untergrund. Normalerweise versorgen Sie Millionen von kleinen Sensoren an Ihrer Fußsohle mit Informationen: Das Gelenk- und Muskelspiel wird von Ihrem Körper auf kleinste Unebenheiten abgestimmt. Achten Sie einmal darauf, wie sensibel Ihr Körper beim Barfußlaufen auf wechselnde Untergründe reagiert. Sie werden auf Gras anders laufen als auf Sand. Dieses Feintuning verwehrt Ihnen ein dick gedämpfter Schuh fast vollständig. Alles fühlt sich gleich an – ist es aber nicht. Dieses mangelnde Untergrundgefühl führt leicht zum Umknicken, und die Hinweise mehren sich, dass auch die typischen Überlastungsschäden der Läufer mit der schlechten Anpassung an den Bodenbelag zu tun haben.

Instabilität durch weiche Sohlen

Ihr Fuß findet immer weniger Halt, je höher und weicher die Sohle wird. Im Vorfußbereich sieht es nicht besser aus: Normalerweise flacht das Quergewölbe des menschlichen Fußes unter der Belastung beim Gehen und Laufen ab. Die Mittelfußköpfchen stellen dabei den Kontakt zum Untergrund her und der Vorfuß weicht leicht auseinander. So wird die Belastung verteilt und die Zehen können ihre Greiffunktion ideal wahrnehmen. Ein Belastungsmaximum findet sich unter den Mittelfußköpfchen II und III. Die weichen Dämpfungsmaterialien werden jedoch oft sehr punktuell in der Mitte des Vorfußes verarbeitet; die Ränder sind dann aus dem härteren, konventionellen EVA geschäumt. In diesem Fall sinkt Ihr Fuß in der Mitte wie in einer Hängematte ein. Da neben den Mittelfußköpfchen die Nerven der Zehen verlaufen, kommt es häufig zu Irritationen und Reizungen des Vorfußes – den Spreizfußbeschwerden. Achten Sie auf eine vollflächige Vorfußdämpfung!

Sprunggelenkbiomechanik mit und ohne Schuh

Der Fuß dreht um die Achse des unteren Sprunggelenks (roter Punkt) nach innen (Pronationsbewegung). Hierbei wirkt die Körpergewichtskraft über einen Hebel auf das Gelenk ein, der vom äußeren Aufsatzpunkt bis zum Drehpunkt reicht. Beim Barfußlauf ist der Abstand und somit der Hebel sehr gering – die Pronationsbewegung kann gut kontrolliert werden. Bei breiten Sohlen wird der Hebel länger: Die Kraft, die Sie in die Pronation lenkt, wird größer. Schuhe sollten daher im Rückfußbereich schmal und rund gefertigt werden – so natürlich wie möglich!

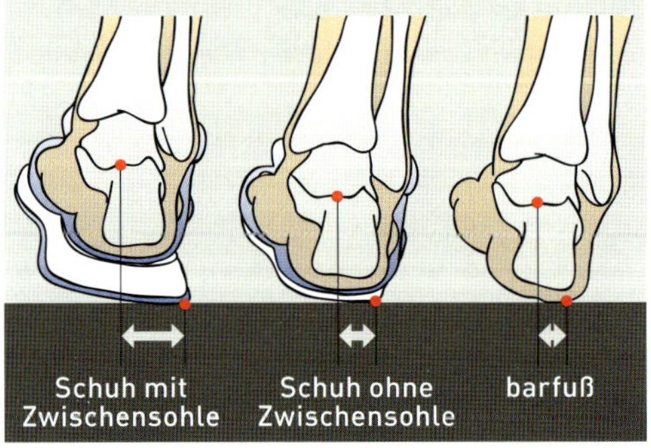

Vorfußdämpfungssysteme

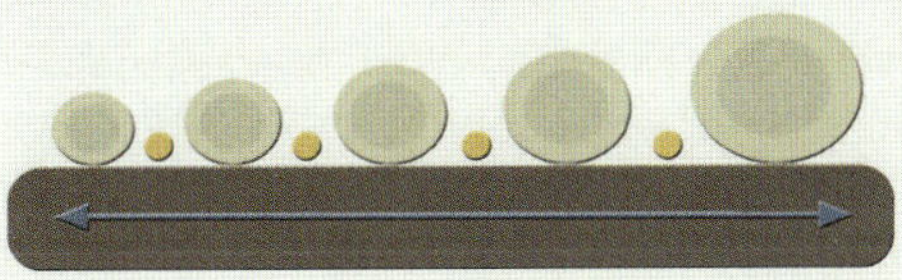

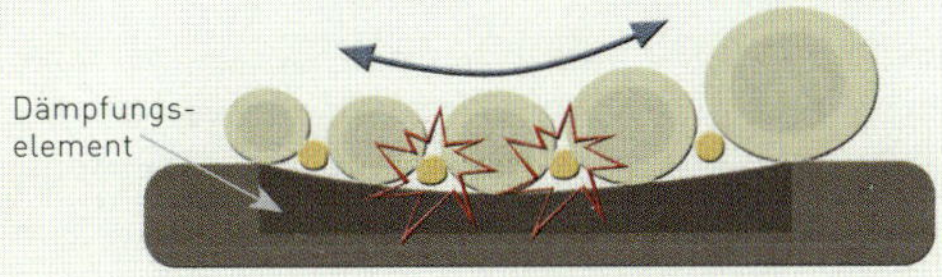

Das Quergewölbe des menschlichen Fußes flacht unter der Belastung beim Gehen und Laufen physiologischerweise ab. Die Mittelfußköpfchen stellen dabei den Kontakt zum Untergrund her, und der Vorfuß weicht leicht auseinander. So wird die Belastung verteilt, und die Zehen können ihre Greiffunktion ideal wahrnehmen. Ein Belastungsmaximum findet sich unter den Mittelfußköpfchen II und III.

Bei einem unverhältnismäßig weichen Vorfußbereich mit einer punktuellen Aufweichung in der Mitte durch ein Dämpfungsinlay sinkt der gesamte Vorfußbereich wie in einer Hängematte ein. Reizungen der Nerven des Vorfußes (Nn. digitales plantares) sind die Folge. Dämpfungssysteme sollten daher den gesamten Vorfußbereich erfassen und nicht nur einzelne Punkte.

Mittelfußknochen (Ossa metatarsalia) — Nervi digitales plantares communes — Zwischensohlenmaterial

Absätze

Wieder eine Selbstverständlichkeit: Alle tragen Absätze, sogar Männer. Und das immer! Das Phänomen ist so verbreitet, dass es nicht mehr zur Kenntnis genommen wird: Schuhe sind hinten höher gefertigt als vorn, und zwar bei Frauen- wie Herrenmodellen. Der Höhenunterschied von Vor- zu Rückfuß wird Sprengung genannt. Ist der Schuh vorn 12 Millimeter hoch und unter der Ferse 26 Millimeter, so hat der Schuh einen Absatz von 26 Millimeter (absolute) Höhe und eine Sprengung von 14 Millimetern (Differenz). Riskieren Sie ruhig einen Blick in Ihren Schuhschrank: Mal optisch betont, mal kaschiert – alle Schuhe verfügen über die obligatorische Erhöhung der Ferse. Warum Sie sich Absätze antun? Einerseits aus Ästhetik: Die Waden erscheinen durch die geänderte Muskelspannung wohler geformt, Sie wirken durch den Absatz größer, die Beckenkippung nach vorn betont Brust und Gesäß, auch bei Männern! Andererseits befinden Sie sich längst in einem Teufelskreislauf: Ihre Wadenmuskeln und Ihre gesamte Streckerkette sind durch die immerwährende Fersenerhöhung längst verkürzt. Mit verkürzter Wadenmuskulatur steht es sich unangenehm auf flachem Schuhwerk – die Waden spannen. So wird unwillkürlich erneut ein Schuh mit Fersenerhöhung angeschafft. Bei abruptem Entfernen der Erhöhung können sogar Achillessehnenentzündungen und Fußsohlenentzündungen die Folge sein. Letzteres ist ein Krankheitsbild, das Barfußläufer aus unbeschuhten Kulturen kaum kennen![3]

Leider haben auch Ihre Laufschuhe Sprengung – und die Fersenerhöhung verdirbt Ihre Biomechanik: Mit einer 10- oder 15-Millimeter-Sprengung werden Sie immer mit der Fer-

Die Folgen der Absätze

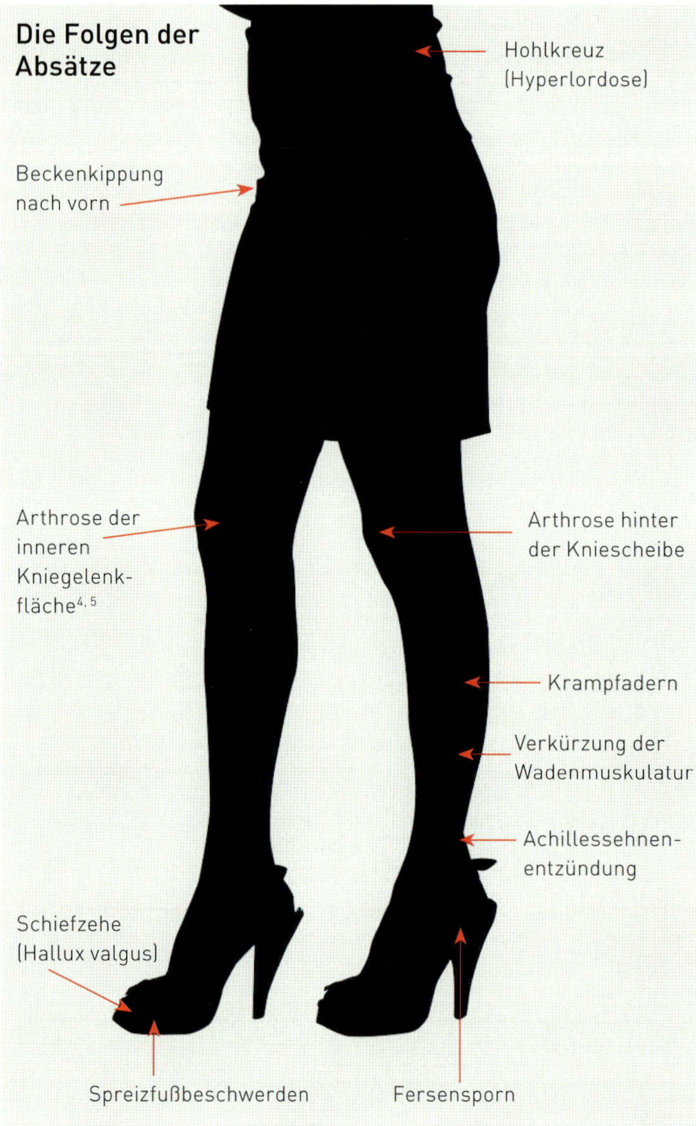

se zuerst aufkommen – auch wenn Sie eigentlich flach landen wollten. Sie könnten die Sprengung wegfräsen lassen, von 14 (das Standardmaß!) auf 0 Millimeter. Ich lasse meinen Orthopädieschuhtechniker genau das tun. Aber Vorsicht: Schuhe ohne Absätze führen schnell zur Achillessehnenentzündung – wenn Sie die Absätze ohne Gewöhnungsphase weglassen. Geben Sie Ihrem Körper Zeit, laufen Sie immer wieder barfuß (und somit ohne Absatz!), damit Sehnen, Muskeln und Bänder sich anpassen können. So können Sie die Spirale aus Verkürzung, höheren Absätzen und weiterer Verkürzung stoppen!

Manche behaupten, der Fuß rolle mit der Fersenerhöhung besser ab und das spare Energie beim Laufen. Natürlich rollt der Fuß beim Fersenläufer mit Absätzen von der Ferse zum Vorfuß »bergab«, aber glauben Sie wirklich, mit diesem »Trick« könnte man die Natur und die Physik überlisten und schneller laufen? Nein, ganz im Gegenteil: Nachweislich verliert die Wade durch die Fersenerhöhung an Spannung. Beim Barfußlaufen wird die Wadenspannung in elastischen Strukturen gespeichert und im Sinne eines Energy-Returns in aktive Fortbewegungsenergie umgesetzt (siehe Kapitel 2) – Sie laufen schneller.

Die Pronationsstütze

Ihre Schuhe sind weich, Sie laufen auf einer instabilen Basis: Die mangelnde Kontrolle und der breite Schuh zwingen viele Läufer in die Überpronation – klarer Fall: Jetzt müssen Stützen her! Noch mehr Technik soll die andere Technik irgendwie retten. Schuhhersteller begannen folglich, härtere Zwischensohlenmaterialien an der Innenseite der Schuhe einzubauen. Genannt werden die Verhärtungen auch »dual density« (im deutschen Sprachgebrauch: zweite Härte), weil die Dichte des EVAs entsprechend erhöht wurde. In besonders aufwendigen Konstruktionen wird auch mit einer dreifach abgestuften Dichte gearbeitet.

Was Jahrzehnte zum Standard des Laufschuhbaus gehörte, wird seit dem Jahr 2000 wiederum kritisch beäugt, weil auch die Stützen die Häufigkeit der Laufverletzungen nicht reduzierten. Phil McCartney, Produktmanager bei Nike, belächelt die Rettungsversuche Jahre später: »Eine Pronation mit einer Pronationsstütze abzufangen gleicht dem Versuch, ein Auto zu bremsen, indem man es vor eine Wand fährt.«

Stützen: Nie im Vorfußbereich!

Trotz neuerer Kritik: Im Rückfußbereich können diese Stützen durchaus Überbeweglichkeiten reduzieren, und einigen Läufern nützt dies auch. Manche Konstrukteure verwende-

» Schuhe sollen schützen und nicht in den Bewegungsablauf eingreifen! «

ten sie jedoch blindlings für den gesamten Schuh: So finden sich immer wieder Pronationsstützen auch im Vorfußbereich, wo sie zu gefährlichen Fehlbewegungen führen können. Der undifferenzierte Einsatz eines härteren Materials unter der Großzehe sorgt nämlich für eine Abrollbewegung über die kleinen Zehen. Der Kleinzehenbeugemuskel wird überlastet – eine häufige Ursache für das Schienbeinkantensyndrom. Kaufen Sie keine Schuhe mit Pronationsstütze im Vorfußbereich!

Was tun bei Supinationstendenzen?

Ein gerader Leisten und eine zweite Härte im Rückfußbereich können Überpronationstendenzen passiv unterstützen. Aber was ist mit denen, die nach außen verkippen? Schuhkonstrukteure haben auch hier Modelle mit zweiten Härten entwickelt – dieses Mal auf der Außenseite. Aber: Der Fuß hat diese Stützsysteme nicht gut toleriert, weshalb das Konzept verworfen wurde. Heute wird ein möglichst kräftig gebogener Leisten gewählt, der die Außenseite maximal führt und unterstützt. Die Zwischensohle bleibt neutral und verfügt logischerweise über keine harten Stützsysteme an der Innenseite – der Schuh sollte sehr beweglich sein.

Der richtige Schuh für Sie

Schuh für Supinierer	Schuh für Überpronierer
gebogener Leisten	halbgebogener/gerader Leisten
neutraler Sohlenaufbau ohne Stützen	Sohlenaufbau mit zweiter Härte auf der Innenseite
hohe Torsionsfähigkeit	feste Fersenkappe

10

Massive Überpronation bei einem Fersenläufer in einem handelsüblichen Laufschuh

10

Schuster, bleib bei deinen Leisten

Das Stützvermögen der Schuhe wird aber längst nicht nur durch die zweite Härte, sondern ganz besonders auch durch die Leistenform bestimmt: das Instrument, auf dem der Schuh gefertigt wird.

Der gerade Leisten
Eine eher unnatürliche Form: Ein solcher Leisten ist an der Innenseite des Fußes gerade durchgezogen und spiegelt nicht die natürliche Wölbung und Aussparung der Fußinnenseite durch das Längsgewölbe wieder. So ergibt sich eine große mediale Stützfläche: Die Schuhe sind aber geeignet, schwere Fehlstellungen bei hohem Körpergewicht abzufangen.

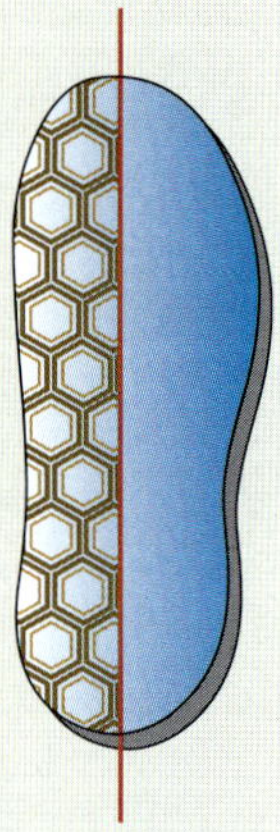

Der halbgebogene Leisten
Der halbgebogene Leisten spiegelt die natürliche Fußform etwas eher wieder, aber auch er ist nur teilweise der Fußanatomie nachempfunden. Er ist prinzipiell geeignet für Läufer, die ein wenig mehr Stabilität auf der Innenseite des Schuhs benötigen, als sie es beim Barfußlaufen täten.

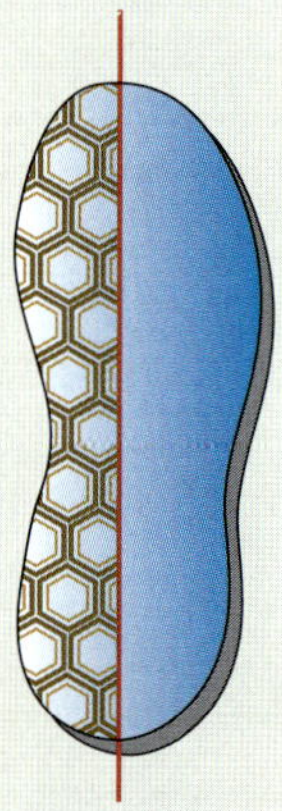

Der gebogene Leisten
Gebogene Leisten sind der natürlichen Fußform nachempfunden. Sie bieten, so wie der gesunde Fuß auch, vornehmlich Stützfläche an der Außenseite des Fußes. Darüber hinaus ergibt sich eine hohe Flexibilität dieser Schuhe. Für gesunde Füße und eine gute Lauftechnik ist dies die optimale Leistenform!

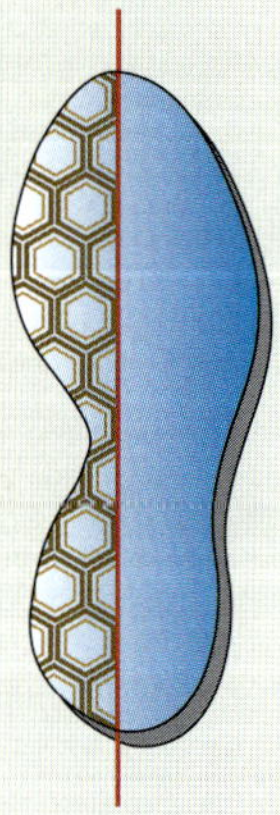

Stützen im Schuh: Viel hilft viel?

Die Entwicklung der Stützkonstruktionen fiel nicht zufällig in eine Zeit, in der die Überpronationsbewegung von der Sportmedizin als das Hauptübel der Laufverletzung schlechthin angesehen wurde. Scharfe Zungen nannten diese Phase der 1980er- und 1990er-Jahre auch den »Antipronationsfeldzug« der Schuhindustrie. »Viel hilft viel« schien plötzlich das Motto zu sein, und so wurde weit über das Ziel hinausgeschossen. Eine Zeit lang war es Usus, im Zweifelsfall immer ein Quäntchen mehr an Stützsystemen im Schuh zu empfehlen. Getreu dem Motto »Viel hilft viel« – und was dem einen hilft, kann dem anderen ja nicht schaden. Aber dem ist nicht so! Was dem Läufer mit massiver Fehlstellung eventuell helfen kann, würde den gesunden Läufer in die gegenteilige Fehlstellung drängen: die Supination. Während der Körper gegen eine Überpronation wenigstens noch muskuläre Sicherungssysteme bemühen kann, ist dies bei der Supination viel schwieriger, und Verletzungen und eine verminderte Eigenstoßdämpfung des Körpers drohen. Es ging so weit, dass in Laufgeschäften der Anteil der Schuhe mit den Stützsystemen zeitweise bei 90 Prozent lag! 90 Prozent der Läufer weisen diese Fehlstellung auf und können ihre Laufbewegung nicht mehr selbst stützen? Dies war schon eine eigenartige Vorstellung!

Heute hat man erkannt, dass die physiologische Pronation von entscheidender Bedeutung für eine gesunde Laufbewegung ist. In der Therapie von Laufverletzungen zeigte sich indes die Überpronation ebenfalls nicht als der erhoffte, für alles verantwortliche Sündenbock: Keine breit angelegte wissenschaftliche Untersuchung konnte je belegen, dass die Stützsysteme zu einem signifikanten Rückgang der Laufbeschwerden führen!

Die Forderung an den modernen Schuh fasst Michael Warburton trefflich zusammen: »Shoes should be considered protective, rather than corrective devices«[6], – die Schuhe sollen schützen, aber nicht korrigierend in den Bewegungsablauf eingreifen.

» Ihr Fuß ist beweglich –
Ihr Laufschuh sollte es auch sein! «

Schaden Laufschuhe den Gelenken?

Ja. Denn grundsätzlich erzeugt ein Laufschuh immer größere Hebelkräfte, als es beim natürlichen Barfußlaufen der Fall wäre – und die belasten Ihre Gelenke. Kritisch anzumerken ist allerdings, dass die Studie[7], die den »Laufschuhe machen Ihre Gelenke kaputt«-Meldungen der Tageszeitungen zugrunde liegt, mit pronationsgestützten Schuhen durchgeführt wurde. Diese waren eventuell gar nicht indiziert und mussten zwangsweise zu vermehrter Gelenkbelastung auf der Innenseite des Kniegelenks führen. Dennoch bleibt die Erhöhung der innenseitigen Gelenkbelastung durch Pronationsstützen ein wesentlicher Befund. Immerhin ist gerade an der Stelle besonders häufig mit einer Kniegelenkarthrose zu rechnen! Die Zurückhaltung gegenüber Pronationsstützen hat deshalb bei Fachleuten zugenommen.

Es gilt also weiterhin: Laufschuhe verbessern Ihre Laufbewegung eigentlich nicht – ein guter Laufschuh hält den Schaden, den er verursacht, einfach so klein wie möglich.

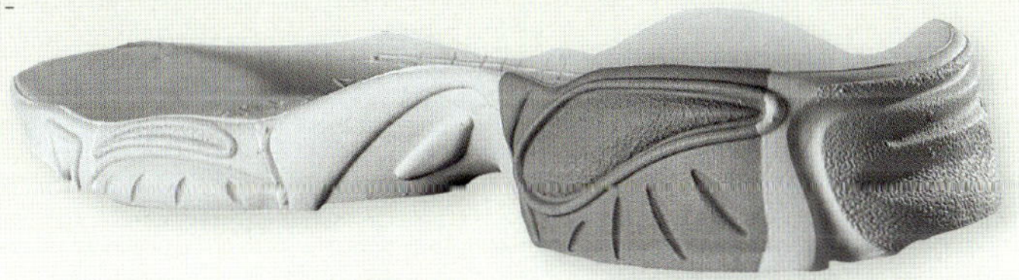

10

Die Torsion

Die physiologische Verdrehung

Ihr Fuß verdreht sich in charakteristischer Weise: Während sich Ihr Vorfuß in der Abdruckphase über die Innenseite Ihres Fußes (Großzehenbereich) abwickelt, wird der Rückfußbereich durch die Kraft der Achillessehne nach außen gehebelt. Sie verhindert eine übermäßige Pronationsbewegung. Sind Ihre Schuhe zu steif, ist also diese natürliche Verdrehbarkeit nicht gegeben, so passiert Folgendes: Ihre Achillessehne würde mit ihrer Kraft nicht nur Ihren Rückfuß nach außen ziehen, sondern über den steifen Schuh Ihren gesamten Fuß. Dadurch würde der Abdruck fälschlicherweise über die Fußaußenkante erfolgen: Diese so erzeugte Vorfußsupination ist mit unangenehmen Schienbeinkantenreizungen und Achillessehnenentzündungen verknüpft.

Die Torsionsfähigkeit ist also besonders wichtig, um Ihrem Fuß die nötige Flexibilität auf unebenem Untergrund zu geben.

Der Torsionsstab

In modernen Schuhen erwarten Sie also zu Recht entsprechende Systeme, die diese Bewegung freigeben. Das erste System entwickelte Dr. Bernhard Segesser, ein Schweizer Arzt und Biomechaniker, für die Firma Adidas – »Torsion«: Bei einer Aussparung des Mittelfußbereichs, der die Verdrehbarkeit zuließ, wurde ein Torsionsstab eingefügt, der die gewünschte Bewegung führte und in anderen Bewegungsebenen beschränkte. Nach anfänglichen Schwierigkeiten wurde die geistreiche Erfindung von nahezu allen Schuhfirmen kopiert.

Der Torsionstest im Schuhgeschäft

Leider ließ sich der biomechanische Ansatz der Entwicklung in den letzten Jahren in einigen Laufschuhen nur schwer wiedererkennen. Viele Schuhmodelle verfügten über optisch interessante Brücken und Nachahmungen des Torsionsstabs, lassen tatsächlich aber kaum die gewünschte Torsion zu. Mit »Form follows func-

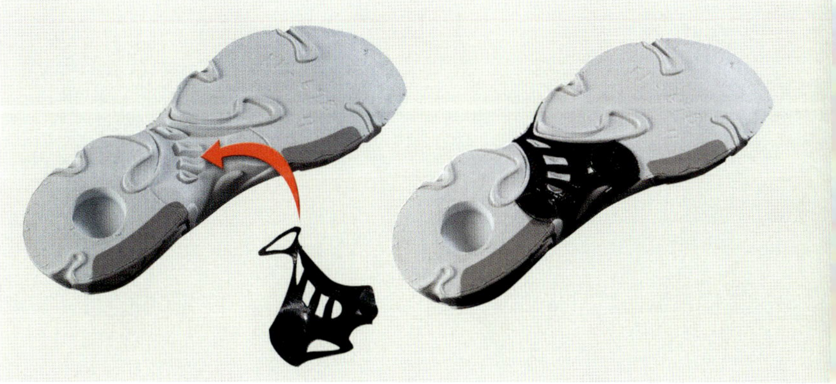

Um die Beweglichkeit des Mittelfußbereichs auf die Torsion zu beschränken und ein Durchsinken des Mittelfußes zu vermeiden, werden entsprechende Stabilisierungselemente eingesetzt

» Ultraleichte Materialien?
Ein Schuh wiegt fast ein halbes Kilo! «

398 Gramm

485 Gramm

tion« wirbt die Sportindustrie gern, zutreffender wäre manchmal »Form follows marketing«. Überzeugen Sie sich beim Schuhkauf am besten selbst von der Torsionsfähigkeit Ihres Schuhs: Nehmen Sie den Schuh in die Hand und halten Sie den Vorfußbereich mit der einen, den Rückfußbereich mit der anderen Hand. Nun versuchen Sie beide Teile des Schuhs gegeneinander zu verdrehen. Eine gute Orientierung: Verdrehen Sie einen Wettkampfschuh – daran können Sie sehen, wie leicht eine solche Verdrehung vonstattengehen kann. Vergleichen Sie dies dann mit den anderen Modellen. Sie werden erstaunliche Unterschiede feststellen!

Das Gewicht

Wie viel darf Ihr Laufschuh wiegen? Diese Fragen können Sie sich selbst beantworten: Wie viel Gewicht haben Sie am Fuß, wenn Sie barfuß laufen? Richtig: Ein Laufschuh sollte so wenig wie möglich wiegen! Nehmen Sie im Sportgeschäft einen Wettkampfschuh in die Hand. Und in die andere einen stabilen, gedämpften Trainingsschuh. Obwohl alle Hersteller versprechen, extrem leichte Materialien zu verwenden, ist der Unterschied dennoch enorm: Besonders Dämpfungssysteme sind sehr schwer. Warum das ein Problem ist? Schuhe wirken am Ende Ihres Beins als Masse an einem langen Pendel und beschleunigen das gesamte Bein: je schwerer das Gewicht (der Schuh), desto mehr. Das Fatale: Ihr Bein schwingt stark nach vorn – und das wollen Sie ja im Hinblick auf einen flachen Fußaufsatz kurz vor dem Körperschwerpunkt vermeiden. Barfußlaufen ohne Schwungmasse ist sehr angenehm. Tragen Sie bis zu einem halben Kilo Schuh am Fuß, belastet das nicht nur grundsätzlich Ihren Bewegungsapparat, sondern auch Ihren Laufstil. Und damit auch Ihre Gesundheit – und Ihre Schnelligkeit. Christoph Reinschmidt von der University of Calgary fand in einer Studie heraus: Die Wirkung des zusätzlichen Schuhgewichts steigt im Quadrat mit der steigenden Geschwindigkeit.[8] Fazit: Ein hohes Gewicht macht Sie langsam. Eine Steigerung des Gewichts um 100 Gramm fordert bei einem – zugegebenermaßen hohen – Tempo von drei Minuten pro Kilometer etwa ein Prozent mehr Laufarbeit von Ihnen.[9] Klingt wenig? Nun, bei einer Strecke von zehn Kilometern würde ein Topläufer somit 18 Sekunden verlieren! Bei geringerem Tempo sind die Effekte zwar weniger deutlich, aber wenn Sie statt eines Trainingsschuhs einen Wettkampfschuh tragen, dann sparen Sie auch schnell 200 Gramm Gewicht!

Was wiegen Schuhe heute im Hightech-Zeitalter überhaupt noch? Gern wird mit den immer besseren, immer schnelleren, immer leichteren Materialien geworben, aber ein Blick auf die Gewichtsbilanzen ist ernüchternd. Der »Adidas Marathon Trainer II«, ein Schuh mit veralteter PU-Sohle, der in den letzten 35 Jahren kaum überarbeitet wurde und so noch erhältlich ist, wiegt 398 Gramm in Größe 45. Viele moderne Stabil- und Trailschuhe bringen bei gleicher Größe 450 bis 500 Gramm auf die Waage. So herausragend waren die Gewichtsersparnisse offenbar nicht bei allen Modellen.

Passform und Schuhlänge

Bei der Diskussion der vermeintlichen Hightech-Elemente im Laufschuh gerät ein wichtiger Punkt oft völlig in Vergessenheit: die Passform. Sie entscheidet wie kein anderer Faktor über Wohlbefinden und die Funktionsfähigkeit des Fußes im Schuh. Es führt kein Weg daran vorbei: Der Schuh muss einfach passen.

Die Schuhgrößen

Die Passform wird in erster Linie über die Länge Ihres Fußes bestimmt. Orientieren Sie sich nicht an der Größe Ihrer Freizeitschuhe: Ihr Fuß schiebt sich bei der Abrollbewegung im Schuh vor – ist dieser zu kurz, drohen kurzfristig blaue Zehennägel, langfristig Fußfehlstellungen und Reizungen der Unterschenkelmuskulatur. Kaufen Sie Laufschuhe immer eine Nummer größer!

Die Weitensysteme

Neuerdings werden Schuhe aber nicht nur in der Länge angepasst, sondern auch in der Weite. Neben der üblichen Variation der Weite über die Länge werden zusätzliche Schuhweiten angeboten. Die Leisten in unterschiedlichen Weiten werden mit 2A, B, D, 2E und 4E bezeichnet. D ist die Standardweite, B und 2A bezeichnen besonders schmale Modelle, und die Leisten 2E und 4E sind für besonders breite Füße. Es ist ein überaus sinnvolles Unterfangen, den verschiedenen Fußbreiten bei gleicher Länge auch unterschiedliche Weiten zur Verfügung zu stellen. Dies ist allerdings häufig nur in der Theorie der Fall: Praktisch wird bei Schuhweiten oft geschummelt, aus wirtschaftlichen Gründen wird oft nur das Obermaterial in der Passform verändert, nicht aber die Sohle, die bleibt dann für alle Weiten gleich! Achten Sie beim Schuhkauf umso mehr darauf, ob der Schuh wirklich passt: sowohl Obermaterial als auch Sohle!

10

10

Die Schuhkategorien

Schuhe werden im Handel in bestimmte Kategorien eingeteilt: nach Läufertyp, orthopädischen Voraussetzungen und geplantem Einsatzbereich. Das erleichtert Ihnen und den Händlern den Griff zum richtigen Modell.

Stabil- oder Bewegungskontrollschuhe

Diese Schuhe werden auf geraden Leisten gefertigt. Sie haben eine geringe Torsionsfähigkeit, kräftige Pronationsstützen auf der Innenseite des Schuhs und sehr viel Dämpfung. Sie sollen Ihren Fuß stabilisieren und eine Überbeweglichkeit verhindern.
Merkmale: gerader Leisten, Pronationsstütze, geringe Torsionsfähigkeit, gute Dämpfung.

Cushion- oder Neutralschuhe

Diese Schuhe, die auf einem halbgebogenen Leisten gefertigt werden, sind für Läufer ohne Fehlstellungen gedacht: keine Pronationsstützen, aber sehr voluminöse Dämpfungselemente und damit eine enorme Bauhöhe. Die Torsionsfähigkeit ist oft nicht so gut, wie sie sein sollte.
Merkmale: neutrale Zwischensohle, halbgebogener Leisten, hohe Dämpfungssysteme, häufig zu geringe Torsionsfreiheit.

Lighttrainer

Ideal für schnelles Training und lange Wettkämpfe. Die Schuhe werden auf halbgebogenen oder gebogenen Leisten gefertigt – mit oder ohne Stützen. Sie sind flach, vermitteln einen guten Bodenkontakt, eine gute Torsionsfähigkeit und ein geringes Gewicht. Perfekt für natürliches Laufen!
Merkmale: halbgebogener oder gebogener Leisten, flachere Zwischensohle, gute Torsionsfähigkeit.

Wettkampfschuhe

Der Leisten der Wettkampfschuhe ist meistens gebogen, der Schuh ist kompromisslos leicht, flach und beweglich (keine Mittelfußverstärkung). Gutes Untergrundgefühl, optimale Biomechanik. Eventuelle Pronationsstützen sind zu vernachlässigen – ein reines Verkaufsargument.
Merkmale: flache Bauweise, gebogener Leisten, niedriges Gewicht, gute Torsionsfähigkeit.

» Lighttrainer sind ideal für natürliches Laufen. «

Trailschuhe

Übliche Trailschuhe sind meist Stabil- oder Cushionschuhe, die mit wasserdichten, grauen Obermaterialien und leicht profilierten Sohlen versehen wurden. Sie sind ideal für den Stadtpark bei Regen. Für den Einsatz im gröberen Gelände eignen sie sich aufgrund der Stützen und dicken Sohlen kaum: »Echte« Trailschuhe sind flach, flexibel und so griffig, dass sie auf Asphalt sehr unangenehm zu laufen sind.
Merkmale: flache Zwischensohle, griffige Außensohle, strapazierfähiges Obermaterial, gute Torsionsfähigkeit.

Spikes

Sie haben eine schmale Passform auf einem gebogenen Leisten, dämpfen kaum und setzen daher eine gute Lauftechnik mit aktiver Dämpfung der körpereigenen Systeme voraus. Die Spikes sind in die Sohle der Vorfußplatte eingeschraubt und gewährleisten idealen Grip auf der Bahn oder im Gelände – für Crossläufe sind die Spikes länger.
Merkmale: Schuhplatte mit einschraubbaren Spikes unterschiedlicher Länge, geringe Fersensprengung, gebogener Leisten.

Fußtrainer

Die Fußtrainer nach Dr. Marquardt aus Neopren sind ideal für die Kräftigung Ihrer Füße und das Lauf-Abc im Winter. Die langlebigen Schuhe bieten volle Beweglichkeit für die Zehen, freie Torsion, keine Stützen und keine Fersensprengung. Hier ist Ihr Fuß frei – wie beim Barfußlaufen!
Merkmale: keine Fersensprengung, sehr dünne Sohle, freie Torsion, keine Stützen, keine Dämpfung, maximale Freiheit für die Füße.

Wer trägt welchen Schuh für welchen Einsatz?

	Lange Dauerläufe	Intensive, kurze Läufe	Intensives Bahntraining	Crossläufe	Marathons	Kurze Wettkämpfe
Aktive Läufer	Cushion, Lighttrainer	neutrale Lighttrainer, Wettkampfschuhe	Wettkampfschuhe, Neoprenschuhe für Lauf-Abc	flache Trailschuhe, Wettkampfschuhe	neutrale Lighttrainer, Wettkampfschuhe	Wettkampfschuhe, bei Bahnläufen Spikes
Passive Läufer	Stabilschuh, Cushionschuh	gestützte/ ungestützte Lighttrainer	Wettkampfschuhe, Neoprenschuhe für Lauf-Abc, Crossläufe	flache Trailschuhe, Wettkampfschuhe	gestützte/ ungestützte Lighttrainer	Wettkampfschuhe, gestützte/ ungestützte Lighttrainer

10

Der Fuß im Laufschuh

So gut moderne Laufschuhe auch sein mögen – der Schuh wird in der Funktionalität niemals so perfekt sein wie Ihr Fuß selbst. Das feine Zusammenspiel von Drucksensoren unter der Fußsohle und dem Gelenk- und Muskelspiel (auf natürlichem Belag) sind unübertroffen. Hinterfragen Sie das Selbstverständliche: Was passiert, wenn Sie einen Schuh tragen?

- → Gummi und Dämpfungssysteme stören die Wahrnehmung des Untergrunds. Ihr Bewegungsablauf kann nicht auf den Untergrund abgestimmt werden.
- → Hohe Absätze reduzieren die Vorspannung der Wade: Die Stabilität des Sprunggelenks sinkt und es kommt zur Überpronation.
- → Die Zehen sind im Schuh quasi ruhig gestellt: Die Vorspannung der Fußsohle, die durch das Anheben der Zehen erfolgt (Windlass-Mechanismus), nimmt ab.
- → Wenig frische Luft, stattdessen Fußschweiß, der die Haut aufweicht: Der ideale Nährboden für Fußpilz!
- → Hohe Absätze und weiche Dämpfungen unter der Ferse lassen Ihren Laufstil leiden, Sie werden zum passiven Laufstil gedrängt – mit all seinen negativen Folgen (siehe Kapitel 2).
- → Die Kräfteverhältnisse Ihres Unterschenkels verändern sich: Während der Barfüßige die lange Zehenmuskulatur maximal aktiviert hat, um den Boden zu greifen und sich abzudrücken, wird die Zehenpartie im Schuh ruhig gestellt. Die Kraft für den Fußabdruck kommt zum größeren Teil durch die oberflächliche Wadenmuskulatur – das belastet Ihre Achillessehne stark.

Die Situation ist eindeutig: Beim Laufen einen Schuh zu tragen bringt viele Nachteile mit sich, dennoch können Sie nicht völlig auf ihn verzichten. Hin und wieder hingegen schon: In jeder Stadt und in jedem Dorf gibt es einen Fußballplatz, auf dem Sie problem-

Die Schuheigenschaften in der Übersicht

	Stabil	Cushion	Light	Handelsübliche Trailschuhe
Dämpfung	meist übermäßig	meist übermäßig	gut	meist übermäßig
Stützen	mittel bis extrem stark	keine	leicht gestützte oder ungestützt	gestützt und ungestützt
Fersensprengung	10–15 mm	10–15 mm	8–12 mm	10–15 mm
Torsion	wenig, aber für den Einsatzbereich sinnvoll	zu gering	gut	zu gering
Gewicht (Größe 44)	400–500 g	350–450 g	300–400 g	350–500 g
Flexibilität im Vorfuß	oft unzureichend	oft unzureichend	gut	zu gering
Einsatzbereich	passive Läufer mit Fehlstellungen	passive Läufer ohne Fehlstellungen	passive Läufer mit Fehlstellungen im Wettkampf, aktive Läufer im Training	passive Läufer im Stadtpark oder beim Waldlauf auf befestigten Wegen

» Kein Schuh der Welt kann Ihren Fuß verbessern! «

los barfuß laufen können! Raus aus den Schuhen – nur für einige Minuten: Freuen Sie sich auf eine ausgewogene Kräftigung Ihrer Fußmuskeln und eine perfekte Schulung von Untergrundwahrnehmung und Koordination der Laufbewegung. Barfußlaufen ist der beste Verletzungsschutz überhaupt – und ein Riesenspaß!

Einige prominente Athleten bestreiten sogar ihre Wettkämpfe auf Asphalt ohne die schützenden Schuhsohlen. Bei den Olympischen Spielen 1960 in Rom sorgte Abebe Bikila für Schlagzeilen, als er dem Asphalt des olympischen Marathonlaufs lediglich seine blanken Fußsohlen entgegensetzte – und in 2:15:16 Stunden olympisches Gold gewann. Auch bei der Leichtathletik-WM in Edmonton 2001 zeigte sich eine Langstreckenläuferin unbeschuht bei einem Bahnwettkampf. Nicht ungewöhnlich ist seit jeher das unbeschuhte Auftreten afrikanischer Läufer bei Crossläufen.

10

»Richtige« Trailschuhe	Wettkampf	Spikes	Straßenfußtrainer	Fußtrainer »FiveFingers«
gut	wenig Dämpfung, meist ideal	keine	gut	keine
keine	meist keine	keine	keine	keine
3–8 mm	4–8 mm	0 mm	6–13 mm	0 mm
gut	sehr gut	sehr gut	sehr gut	sehr gut
250–350 g	150–250 g	150–200 g	250–300 g	200 g
gut	sehr gut	unterschiedlich	sehr gut	sehr gut
aktive Läufer in unwegsamem Gelände	passive Läufer ohne Fehlstellungen im Wettkampf, aktive Läufer in Training (!) und Wettkampf	aktive Läufer auf der Bahn, Crossläufer im Wettkampf	aktive und passive Läufer im Alltag, aktive Läufer für kurze Trainingsläufe von 5 bis 8 km	Lauf-Abc, kurze Läufe auf Naturbelag

10

Fußtraining

Ihre Füße trainieren Sie am besten barfuß. Die einen von Ihnen denken jetzt: »und wenn es schneit?!«, die anderen fragen sich: »Wie kann ich meine Füße zusätzlich im Alltag trainieren?« Hier die Lösung: Einige Hersteller setzen auf innovative Schuhkonzepte, die Ihnen zu einer natürlichen Fußfunktion verhelfen.

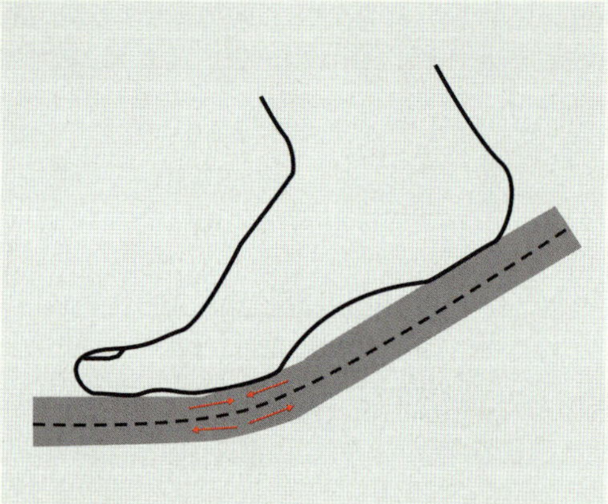

Die Schuhsohle befindet sich in der Abdruckphase unter Spannung. Der »Nike Free« verringert diesen Effekt durch seine tiefen Flexkerben

Straßenfußtrainer

Im Jahr 2004 wagte der amerikanische Hersteller Nike mit dem »Free« einen neuen Vorstoß in Richtung natürlicher Fußfunktion. Davon ausgehend, dass der Fuß sich über aktivierte Muskulatur selbst stützt, wurde der Schuh wesentlich stärker auf Flexibilität ausgelegt. So aktiviert er die natürliche Muskelfunktion stärker als ein normaler Schuh. Tiefe Einschnitte in der Sohle, die Flexkerben, sorgen für die Streckung der Zehen in der Abdruckbewegung – die Zehenmuskulatur spannt sich und stabilisiert den Fuß. Mit dem »Free« dehnen Sie Ihre Fußsohlensehne und beugen so dem Fersensporn vor.

Der Schuh ist extrem leicht, denn Stützsysteme wie Pronationsstützen wurden aufgrund der aktivierten Fußmuskulatur entbehrlich – sogar auf eine Fersenkappe konnte verzichtet werden. Je nach Version ist die Fersensprengung des Schuhs unterschiedlich groß: sechs Millimeter beim »Free 3.0« und 13 Millimeter beim »RUN+«. Das Gleiche gilt für den neuen »adidas Clima Cool Chill«: Sechs Jahre dauerte es, bis ein Pendant zum »Nike Free« abgeliefert wurde – sonst kopiert die Sportartikelszene wesentlich schneller. Flexibilität wird hier durch z-förmige Schlitze erreicht – die Flexibilität ist jedoch geringer als beim »Free«. Wichtig: Erst nach hinreichender Gewöhnung über mehrere Monate sollten Sie einen solchen Schuh für kurze Dauerläufe von fünf bis acht Kilometern einsetzen.

»FiveFingers«

Die Firma Vibram konnte den »Nike Free« in Sachen Fußfreiheit noch toppen: In den Zehenschuhen, den »FiveFingers«, kann sich jede Zehe einzeln bewegen – wie Finger im Handschuh! Und das völlig ohne Fersensprengung. Diese Schuhe sind ideal für kurze Läufe auf Sand oder Gras – besonders wenn Steinchen oder Scherben herumliegen. Der Schuh schützt, ohne Sie einzuschränken.

Die dezente Spreizung der Zehen beugt üblichen Fußverformungen vor. Für Spaziergänge und kurze Läufe bis fünf Kilometer (nach entsprechender Gewöhnungsphase!) auf weichem Untergrund sind diese Zehenschuhe eine tolle Sache!

Fußtrainer aus Neopren

Für das Lauf-Abc oder kurze Läufe auf natürlichem Untergrund eignen sich diese Fußtrainer perfekt. Die Fußsohle ist vor Scherben, Steinen, Schmutz und Kälte geschützt. Und die Bewegung der Fußmuskeln und -gelenke findet garantiert ohne Fersensprengung statt. Regelmäßiges Training im Fußtrainer hat sich als wirksame Prophylaxe von Laufbeschwerden erwiesen. Besonders, da das Barfußtraining mit ihnen auch im Winter fortgeführt werden kann – so starten Sie verletzungsfrei und belastbar in die neue Saison!

Barfuß

Achten Sie beim Barfußlaufen sorgfältig auf den Untergrund. Ein genauer Blick dafür, wo Sie hintreten, und die nötige Aufmerksamkeit für die Wegstrecke sind der sicherste Schutz vor Verletzungen. Zudem müssen Sie Ihren Impfschutz beachten: Im Erdreich und besonders in Holzsplittern können sich die Erreger des Wundstarrkrampfs (Clostridium tetani) finden – stellen Sie daher Ihren Tetanusimpfschutz sicher!

»MBT«

Die Schweizer »MBT«-Schuhe (MBT steht in Anlehnung an einen kenianischen Volksstamm für Massai-Barfuß-Technik) sollen muskulären Dysbalancen und Haltungsfehlern vorbeugen – sie dienen weniger dem Fußmuskulaturtraining. Die Schuhe haben einen negativen Absatz – der Vorfuß steht höher als die Ferse. So wird die Achillessehne stets auf Spannung gehalten, und Sie werden gezwungen, aktiv zu stehen. Über die Muskelfunktionsketten wird so auch das Becken aufgerichtet und mit ihm Ihre gesamte Wirbelsäule. »MBT«-Schuhe haben sich in der Therapie von Haltungsschwächen und muskulären Dysbalancen bewährt. Zum Laufen oder als Mittel für Fußmuskulaturtraining sind sie weniger geeignet.

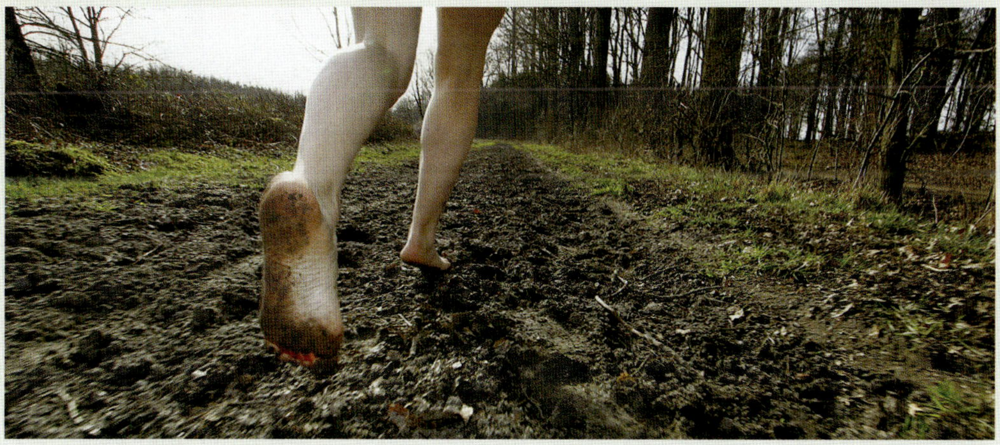

10

10

Die Beläge

Jeder Boden fordert Ihren Bewegungsapparat auf eine andere Art und Weise heraus. Dies sind die häufigsten Laufbeläge:

Asphalt
Auf Asphalt wird am häufigsten gelaufen – leider. Das Laufen auf der harten, glatten, versiegelten Fläche ist unnatürlich für Ihren Körper und lässt Ihr koordinatives Geschick und die Kraft Ihrer Ausgleichsmuskulatur auf ein Minimum zusammenschrumpfen. Der Vorteil von Asphalt: Sie haben eine ideale Kraftübertragung. Nichts rutscht oder gibt nach – Sie können die Kraft direkt auf die Straße bringen. In der Marathonvorbereitung sollten Sie regelmäßig auf Asphalt laufen, um Ihren Bewegungsapparat an den harten Boden zu gewöhnen.

Schotter
Schotter ist ein trügerischer Belag: Meist ist ein älterer Schotterbelag derart verdichtet, dass er nur unwesentlich weicher ist als vollständig versiegelte Flächen. Auch die Tatsache, dass der Schotter auf verdichtetem Boden aufgeschüttet wird, zeigt, dass er mit einem natürlichen Belag kaum mehr etwas gemeinsam hat. Der Fußabdruck ist aufgrund der rutschigeren Oberfläche nicht so effektiv wie auf Asphalt.

Waldwege
Perfekt: Auf den natürlichen, unebenen Waldwegen müssen Sie immer wieder Dingen ausweichen – Wurzeln, Tannenzapfen oder Stöckchen. Das schult Ihre Koordination, der weich federnde Belag fördert Ihren natürlichen Fußaufsatz und kräftigt Ihre Unterschenkel. Mit etwas Gewöhnung, und wenn nicht zu viele Bucheckern und Wurzeln den Weg überwuchern, können Sie in tieferen Wäldern sogar ein paar Minuten barfuß laufen. Voraussetzung: ein echter Waldboden. Davon gibt es immer weniger; die meisten Waldwege sind künstlich angelegt und mit Schotter aufgefüllt. Dann sind sie unwesentlich besser als andere befestigte Wege.

Aschenbahn
Die Aschenbahn ist ebenfalls aufgeschüttet und verdichtet. Je nach Zustand kann die Bahn weicher oder härter sein. Vor allem, wenn die Asche nach Regen feucht ist, wird sie teilweise sehr weich (ich laufe dann manchmal barfuß darauf). In der Regel ist sie aber bei trockenem Wetter ideal für das Intervalltraining: Keine Wurzeln oder Straßenkreuzungen stören – perfekt für hohe Geschwindigkeiten. Ein Tipp: Wechseln Sie hin und wieder die Laufrichtung – so belasten Sie Ihren Körper gleichmäßig.

Ist Laufen auf Asphalt gefährlich?

Wenn Sie mich auf Studienergebnisse festnageln wollen: Nein, Laufen auf Asphalt ist nicht gefährlich. Es konnte keine erhöhte Arthrosegefahr nachgewiesen werden[10]. Asphalt hat sogar den Vorteil, dass Sie seltener umknicken als beispielsweise im Wald. Bevor sich jetzt aber alle Läufer mit Fehlstellungen über eine Rechtfertigung für Stadtläufe freuen: Damit Ihre Fehlstellungen besser werden, müssen Sie Ihre Fußstatik trainieren – und das geht nur auf unebenem Terrain! Die Erfahrung lehrt, dass weiche (Wald-)Böden verträglicher sind. Eliteläufer zieht es für umfangreiche Trainingsphasen in Regionen mit Nadelwäldern – wie die Pinienwälder in der Toskana. Die weichen Böden beugen offensichtlich Überlastungserscheinungen vor und schützen damit ideal vor Verletzungen – auch wenn das noch kein Wissenschaftler bewiesen hat.

Folgende Wege sollten Sie meiden:

Geneigte Wege

Sie laufen Ihr Training auf kleineren, asphaltierten Straßen in Form einer Runde? Das kann Ihnen schaden! Asphaltierte Straßen haben eine Neigung: Von der Mitte zu den Rändern fällt die Oberfläche ab, damit das Wasser abfließen kann. Ihr einer Fuß steht so bei jedem Schritt in der Überpronation, der andere in der Supination. Sie sollten lieber auf der gleichen Seite einer Strecke hin- und zurücklaufen, damit die Belastung gleichmäßig verteilt wird.

Tartanbahn

Tartan ist ein griffiger Kunststoffbelag, der den Spikes von Bahnlaufschuhen als Widerlager dient. Häufig trainieren Langstreckenläufer mit aufwendig gedämpften Straßenlaufschuhen auf der Tartanbahn. Dabei kommt es zu einer problematischen Doppel-Dämpfung: Untergrund und Schuh sind aus stoßabsorbierendem Material – das erzeugt unphysiologische Schwingungen und stört die Untergrundwahrnehmung Ihres Körpers. Bei häufigerem Einsatz führt das oftmals zu Problemen und Verletzungen. Auf der Bahn tragen Sie am besten Spikes oder allenfalls ganz flache, feste Wettkampfschuhe – niemals Cushion- oder Stabilschuhe.

Beton

Beton ist steinhart – noch härter als Asphalt. Das quält Ihren Bewegungsapparat. Gönnen Sie Ihrem Körper ein wenig Dämpfung und lassen Sie betonierte Wege links liegen.

Die besten Beläge zum Barfußlaufen:

Gras und Rasen

Schuhe aus und ab auf den Fußball- oder Golfplatz: Die gepflegten Rasenflächen sind der ideale Laufuntergrund! Der Belag ist fest, gibt leicht nach und puffert so Ihren Fuß angenehm ab. Zusätzlich bietet der Untergrund Ihren Zehen die Möglichkeit, sich in ihn zu krallen, um so über die lange Fußmuskulatur den Fuß zu

stabilisieren. Legen Sie Ihre Laufrunde an Rasenflächen vorbei und gönnen Sie sich vor oder nach dem Training für einige Minuten den Luxus der Bewegung in Freiheit – ohne Schuhe!

Sandstrand

Auch der Strand ist gut geeignet, Ihre Füße zu kräftigen. Der feste Sand nahe des Wassers bietet einen idealen Laufuntergrund: Er gibt leicht nach und lässt die Greiffunktion Ihrer Zehen zu. Achtung: Der Strand neigt sich wie eine schmale Straße – laufen Sie hin und zurück, so belasten Sie sich ausgeglichen. Auch den tiefen Sand etwas weiter landeinwärts können Sie nutzen – er belastet jedoch Knochen, Sehnen und Bänder wesentlich höher. Wenn Sie mit dem Laufen im tiefen Sand zu schnell beginnen, droht Ihre Achillessehne zu überlasten. Für ein paar Minuten ist die reizwirksame Kräftigung der Unterschenkelmuskulatur im tiefen Sand aber immer sinnvoll. Später können Sie auch kurze Steigerungsläufe in den weichen Sand verlagern, um den Kraftreiz zu erhöhen.

Sie haben keinen Strand in der Nähe? Nutzen Sie folgende Alternativen: die Weitsprung-Sandgrube auf dem Sportplatz, sandige Reitwege, den (unbespielten!) Bunker vom Golfplatz sowie Beachvolleyballfelder. Sie wirken besser als der Therapiekreisel und machen vor allem mehr Spaß!

» Eine gute Beratung ist Gold wert – suchen Sie nach einem ausgebildeten Fachmann! «

Mein Tipp

Tipps zur Schuhauswahl

Dämpfung

→ Achten Sie auf eine flache und straffe Dämpfung des Rückfußes (wenig Absatz, schmaler Rückfußbereich).

→ Wichtig ist eine gleichmäßige Dämpfung des Vorfußes.

→ Weniger ist mehr!

Sprengung

→ Wählen Sie so wenig Sprengung wie möglich – hohe Absätze haben in Laufschuhen nichts zu suchen!

→ Nehmen Sie Lighttrainer, die sind im Rückfuß meist flach gefertigt. Aber gewöhnen Sie sich vorsichtig und langsam daran!

Pronationsstützen

→ Wählen Sie den richtigen Leisten: einen gebogenen für Supinierer und für Läufer mit gesunder Fußhaltung und aktivem Laufstil, einen geraden Leisten für Überpronierer.

→ Es gilt wie immer: »If in doubt, leave it out« – im Zweifel lassen Sie die Stützen weg!

→ Wenn eine Stütze sein muss, dann nur im Rückfußbereich – im Vorfußbereich führen sie zu Verletzungen!

Torsion

→ Je beweglicher der Schuh ist, desto natürlicher ist Ihr Laufverhalten.

→ Aktiver Laufstil: Achten Sie auf eine möglichst große Torsionsfähigkeit des Schuhs.

→ Passiver Laufstil mit schwerer Überpronation: Achten Sie darauf, dass die Torsionsfähigkeit durch entsprechende Stabilisierungssysteme kontrolliert wird.

Gewicht

→ Ihr Schuh sollte so leicht wie möglich sein. Er ist dann gleichzeitig flexibler!

→ Leichtigkeit ist nicht nur im Wettkampf wichtig: Auch im Training zählen Flexibilität und Beweglichkeit für gesunde Läufer mehr als Stabilität.

→ Sie laufen mit einer deutlichen Überpronation? Dann wählen Sie aus der für Sie geeigneten Stabilitätsklasse trotzdem den leichtesten Schuh – Ihrem Bewegungsapparat zuliebe!

Passform

→ Kaufen Sie den Laufschuh eine Nummer größer als Ihre Freizeitschuhe. Es gilt die Faustregel: Bei geschnürtem Schuh sollte im Stehen noch eine Daumenbreite Platz zwischen dem längstem Zeh und der Schuhspitze sein.

→ Testen Sie den Schuh auf jeden Fall in Bewegung – laufen (nicht gehen!) Sie auf und ab. Manche Sportgeschäfte bieten auch eine mehrwöchige Probefrist, innerhalb derer Sie den Schuh zu Hause tragen können – fragen Sie danach!

→ Ihre Zehen sollten Platz zum Greifen haben, »schwimmen« Sie jedoch im Schuh hin und her, ist er zu breit!

→ Wählen Sie Wettkampfschuhe etwas schmaler: So haben Sie bei hohen Geschwindigkeiten optimalen Halt in den Kurven.

Die Schuhberatung im Sportschuhgeschäft

Sie sind nun »vorbelastet«: Sie bekommen keine leuchtenden Augen, wenn der Verkäufer von den neusten Dämpfungs-Technologien schwärmt, und nehmen jeden vorgeführten Schuh erst einmal in die Hand, um ihn kräftig zu verdrehen. Sie erinnern sich, Wissen will angewendet werden, sonst ist es nutzlos!

Die beste Voraussetzung ist sicherlich eine vorherige Bewegungsanalyse vom Fachmann. Dann haben Sie schon eine Liste mit den Schuhen in der Hand, die für Sie geeignet sind – und müssen nur noch den raussuchen, der Ihnen am besten passt. Sie haben weder Liste noch Bewegungsanalyse? Dann müssen Sie doppelt aufpassen: Eine gute Beratung steht und fällt mit der Qualifikation des Verkäufers und mit der technischen Ausstattung des Laufgeschäfts. Die Ausbildung des Verkäufers werden Sie natürlich nicht im Detail erfahren, aber Sie können schnell ein Gefühl dafür bekommen, ob da jemand weiß, wovon er spricht – oder nicht. Die Qualifikation zeigt sich weniger in langen Monologen über bestimmte Schuhtechnologien als vielmehr in einer soliden Analyse Ihrer biomechanischen Voraussetzungen. Eine gute Beratung beginnt mit einer Reihe wichtiger Fragen.

→ Seit wann laufen Sie?
→ Wie viele Kilometer laufen Sie pro Woche?
→ Nehmen Sie an Wettkämpfen teil?
→ Wie schnell und intensiv laufen Sie?
→ Für welchen Einsatzbereich soll der Schuh sein?
→ Auf welchem Belag werden Sie den Schuh laufen?
→ Wie schwer sind Sie?
→ Hatten Sie in der letzten Zeit besondere Beschwerden beim Lauftraining?
→ Tragen Sie orthopädische Einlagen?
→ Was für einen Laufstil haben Sie?
→ Machen Sie Ausgleichssport?
→ In welcher Jahreszeit laufen Sie hauptsächlich?

10

So kann der Verkäufer sich ein Bild von Ihnen als Läufer machen und die weiteren zu sammelnden Befunde richtig einordnen. Als Nächstes ist ein Blick auf Ihre alten Schuhe und Einlagen unumgänglich. Bringen Sie diese unbedingt mit ins Laufgeschäft – auch wenn Sie dreckig und muffig sind. Der Abrieb Ihres getragenen Schuhs kann nämlich ideal bestimmte Fehlstellungen aufzeigen. Aber: Längst nicht bei jedem Läufer sind wegweisende Abriebmuster zu erkennen. Bei einigen Schuhen sieht man aufgrund eines neutralen Abrollverhaltens schlichtweg gar nichts.

Ziele einer orientierenden Beratung durch den Sportfachhändler:

→ Feststellung des Fußtyps
→ Erfassung der Beinachsenstatik
→ Diagnose von Überpronations- beziehungsweise Supinationstendenzen
→ Optimale Beratung hinsichtlich des Schuhs
→ Gegebenenfalls Empfehlungen geben, einen Orthopäden aufzusuchen
→ Gegebenenfalls Empfehlungen geben, eine professionelle Bewegungsanalyse durchführen zu lassen

Die Analysemöglichkeiten im Sportgeschäft

Ihr Verkäufer hat sich ein Bild von Ihnen als Läufer gemacht. Nun muss Ihre Laufbewegung untersucht werden. Die Ansprüche bei der Analyse sind in den letzten Jahren stark gestiegen. Ein Laufband und eine Videokamera sind längst kein Qualitätsgarant für eine gute Beratung mehr – die Ausrüstung muss mehr leisten. Laufbänder, Kameras, Beleuchtung, Scanner oder Druckmessplatten sind für eine professionelle Beratung unverzichtbar.

Die Videoanalyse

Die 2-D-Video-Laufbandanalyse ist mittlerweile der Klassiker der Laufschuhberatung. Aus kaum einem Laufgeschäft ist das Laufband mit der von hinten auf den Fuß beziehungsweise Unterschenkel gerichteten Kamera wegzudenken – dabei birgt gerade dieses Analyseverfahren zahlreiche Gefahren (siehe Kasten auf Seite 317). Eine Bewegungsanalyse im Laufgeschäft ist deshalb keinesfalls mit einer professionellen Bewegungsanalyse zu vergleichen, die ja die Markierung des gesamten Körpers und die Winkelmessung in allen Ebenen vorsieht. Mit den Videoaufnahmen der Füße im Schuhgeschäft lassen sich allenfalls offensichtliche Fehlstellungen erkennen – und teilweise nicht einmal das. Ein Beispiel: Wenn nur der Fuß gefilmt wird, der Läufer aber ein O-Bein hat, so entsteht im Bereich des gefilmten Knöchels oft der Eindruck einer Überpro-

» Hose hochkrempeln und laufen: Gefahr für typische Analysefehler! «

Das Abriebmuster verschlissener Schuhe

Normales Schuhabriebmuster

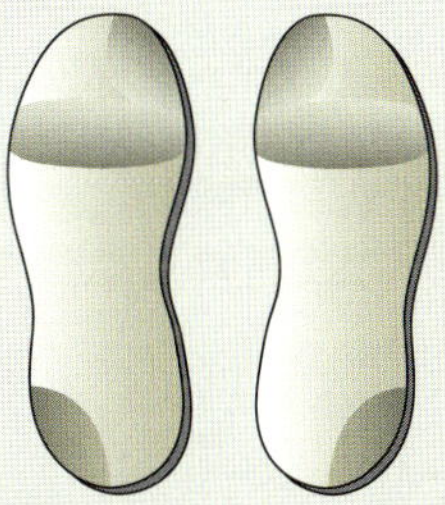

Schuhe von Fersenläufern ohne auffällige Fehlstellungen weisen einen Abrieb an der hinteren äußeren Schuhkante auf. Der Abrieb an der Außenkante des Aufsatzbereichs hat nichts mit einer Supinationsfehlstellung zu tun! Der Vorfußbereich ist recht gleichmäßig abgenutzt mit einem leichten Schwerpunkt auf der Vorfußinnenseite.

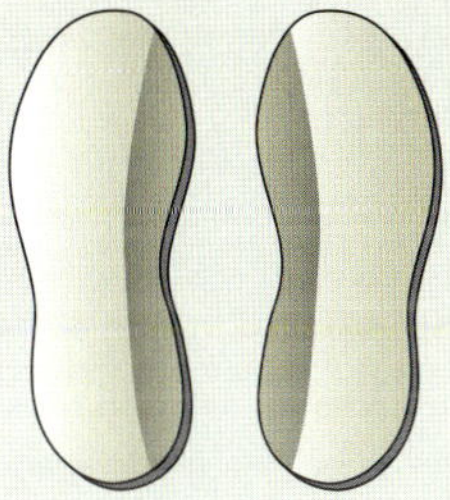

Komprimierter Schuhinnenrand, Abrieb des hinteren Schuhinnenrands

Bei einer deutlichen X-Bein-Stellung und/oder einer Überpronation im unteren Sprunggelenk wird der Schuh auf der Innenseite stärker belastet – und das EVA an dieser Stelle stärker komprimiert. Unter Umständen steht sogar der gesamte Schuh nach innen gekippt.

Vorsicht: Bei einer Pronationsstütze im Schuh findet sich aufgrund des härteren Materials an der Innenseite des Schuhs kein charakteristisches Abriebverhalten – trotz der Fehlstellung.

Komprimierter Schuhaußenrand, Abrieb des äußeren Schuhrands

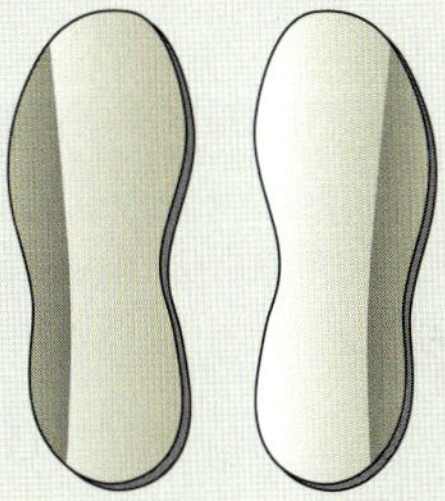

Bei O-Bein-Stellungen und/oder Supinationsfehlstellungen im unteren Sprunggelenk wird der äußere Schuhrand stärker belastet – der gesamte äußere Schuhrand ist komprimiert und abgerieben. Verstärkt werden kann ein solcher Effekt durch zusätzliche Pronationsstützen auf der Schuhinnenseite, nach denen in jedem Fall zu fahnden ist.

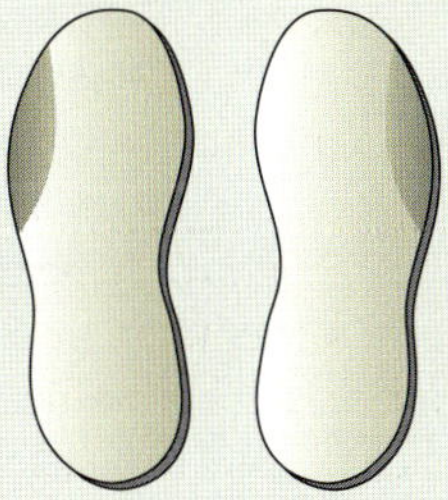

Abrieb im äußeren Vorfußbereich

Bei Läufern mit aktiver Lauftechnik und verstärkter Tendenz zur Supination beschränkt sich die Fehlbewegung häufig auf die Supination im Vorfuß – hier ist der äußere Rand des Vorfußes stark komprimiert und abgerieben. Aber auch bei Fersenläufern mit einer Überpronation im Rückfuß (!) kommt eine solche Ausweichbewegung auf den vorderen äußeren Fußrand vor. In jedem Fall gilt es, Pronationsstützen im Vorfußbereich, die hier streng kontraindiziert wären, auszuschließen.

Starker Abrieb der Außensohle in der Mitte des Vorfußes

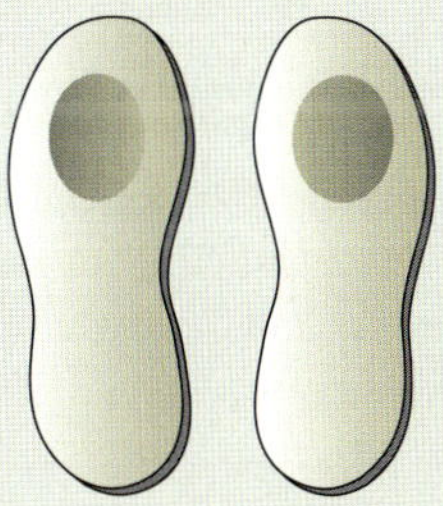

Bei Spreizfußbeschwerden wird der Druck im Vorfuß nicht flächig verteilt, sondern mittig konzentriert. Dementsprechend verschleißt die Außensohle des Vorfußes sehr punktuell. Auch die Zwischensohle wird zentral stark komprimiert – nach einiger Gebrauchszeit bildet sich eine Mulde in der Mitte der Zwischensohle im Vorfuß aus. Diese kann man tasten oder aber an einer stark deformierten Einlegesohle erkennen, die in der Mitte ausgebeult ist.

nation. Allerdings dürfen solche Läufer, um die Kniegelenke nicht zu schädigen, keine Pronationsstütze tragen.

»Achillex«

Die Firma Xybermind hat mit der »Achillex«-Geräte-Familie ein Produkt geschaffen, mit dem es möglich sein soll, das Zusammenspiel von Schuh und Fuß dynamisch zu messen und automatisch zu beurteilen. Das Messverfahren ist einfach: Es wird kein Laufband für Ihre Analyse benötigt, sondern lediglich ein Sensorband, das um Ihr Bein und Ihren Schuh gelegt wird. Sie laufen ein Stück und die Messergebnisse werden via Funk an einen PC oder Laptop übermittelt – oder an eine tragbare Weste mit integrierter Elektronik. Neben Ihrem Laufstil wird das Ausmaß der Pronations-

Gefahren der Laufbandanalyse

»Krempeln Sie bitte Ihre Hose ein wenig hoch« – mehr kann ein Verkäufer in einem Sportgeschäft nicht von Ihnen verlangen. Dabei liegt gerade hier das Problem: Fehlstellungen müssen anhand Ihres gesamten Beins erkannt und in Zusammenhang gebracht werden. Der Blick allein auf Ihr Sprunggelenk sagt leider wenig aus! Für eine aussagekräftige Analyse ist zumindest erforderlich, dass

- → das Laufband über eine breite Lauffläche verfügt, da Sie sich zu jeder Zeit sicher fühlen müssen. Ist es zu schmal, beeinflusst es Ihren Laufstil, und der Verkäufer sieht nicht, wie Sie normalerweise auf einem breiten Weg oder der Straße laufen.
- → die Kamera fest hinter dem Laufband installiert und exakt auf das Laufband ausgerichtet (kalibriert) ist.
- → die Analyse des Bewegungsablaufs mit Informationen über die Druckverteilung unter der Fußsohle kombiniert wird.
- → der Bewegungsapparat vollständig mit Markierungen auf der Haut versehen wird. Nur so lässt sich mit Genauigkeit eine Aussage über die ermittelten Winkel treffen.
- → ein ausgebildeter Analyst die Winkel vollständig und im Zusammenhang interpretiert.

Werden diese Anforderungen nicht erfüllt, ist die Videoanalyse im Sportgeschäft meist nur Augenwischerei. Gehen Sie dann lieber gleich in ein professionelles Bewegungsanalyselabor und Sie bekommen Ergebnisse, auf die Sie sich verlassen können. Eine Fehlberatung mit dem anschließenden Kauf eines für Sie ungeeigneten Schuhs kann schließlich negative Folgen für Ihre Gesundheit haben.

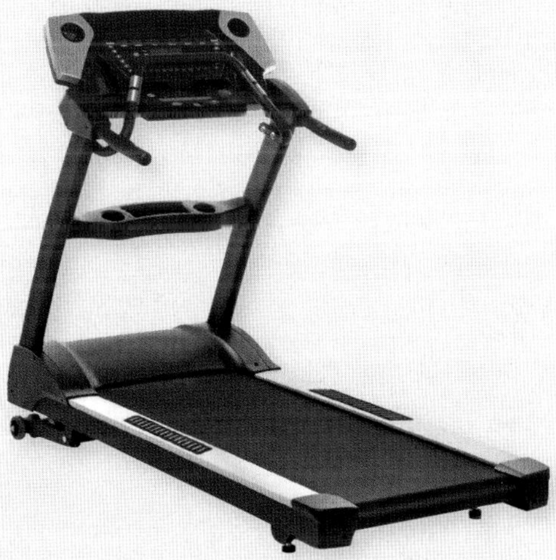

bewegung und der Stoßbelastung gemessen. Durch Vergleichsmessungen mit verschiedenen Schuhen lässt sich deren Eignung für Sie beurteilen. Problematisch: Beim Messen der Pronationsbewegung weiß das System leider nicht, ob Sie ein O-Bein haben oder nicht. Darauf muss immer geachtet werden!

Druckmessplatte

Die Druckmessplatte ist ein rechteckiges Messfeld mit mehreren Tausend Drucksensoren. Sie misst die statische und die dynamische Druckverteilung unter Ihren Füßen. Bei der dynamischen Messung gehen und/oder laufen Sie über die Platte. Dabei wird Ihr Abrollverhalten über den Verlauf des Druckzentrums mess- und sichtbar. So können Normalfußläufer, Überpronierer und Supinierer unterschieden werden. Idealerweise findet dies direkt auf dem Laufband (Druckmessplatte unter dem Gurt) statt, was aber mit Anschaffungskosten von 40.000 Euro ein extrem teures Messverfahren ist.

Fußscanner

Fußscanner können eine nützliche Ergänzung sein: Mittels einer statischen Analyse geben sie Aufschluss über Fußtyp, Fußform und eventuelle Fehlstellungen Ihres Fußes beim Stehen. Fußscanner sind meist A3-Spezial-Scanner, die bis zu 180 Kilogramm Belastung aushalten. Sie ermöglichen exakte und schnelle Fußanalysen, bei dem die Füße automatisch in Länge und Breite vermessen werden. Ähnliche Ergebnisse bringt die »footdisc« hervor. Hier erhalten Sie in wenigen Sekunden aufgrund der Wärme Ihrer Fußsohle einen farbigen Fußabdruck

10

auf einer Thermofolie, der nach etwa 20 Sekunden durch die Abkühlung wieder verschwindet. Neben der genauen Schuhgröße erhält der Verkäufer so Auskunft darüber, ob Ihr Fuß schmal, normal oder breit ist, zusätzlich wird Ihr Fußtyp ermittelt. Dies ist eine erste, aber allein sicher nicht ausreichende Orientierung für die Auswahl des Laufschuhs.

Bewegungsanalysesoftware

»Motionquest« ist eine Bewegungsanalysesoftware für die Schuhauswahl von der Firma currex. In einem etwa zehnminütigen Test ermittelt der Verkäufer Ihre statische und dynamische Beinachsenstellung, Ihren Fußtyp, die Stellung Ihrer Fußachsen sowie den Laufstil und Ihr Körpergewicht. Die Software ermittelt diese Daten mit hoher Genauigkeit und gibt daraufhin eine herstellerunabhängige Schuhempfehlung aus. Sportgeschäfte haben diese Auswahl meist an ihr Sortiment angepasst.

Endspurt

Eine gute Beratung ist alles andere als eine Kleinigkeit, die man nebenbei erledigen kann. Planen Sie für den Schuhkauf sicherheitshalber eine ganze Stunde ein. Nach der – hoffentlich umfangreichen – Analyse wird der Verkäufer

Schuhberatung: die Systeme im Überblick

	Was wird gemacht?	Vorteile
Laufband-analyse im Schuhgeschäft	Videoaufnahme der Sprunggelenke von hinten	→ Probelaufen von Laufschuhen → Erkennung offensichtlicher Fehlstellungen (aber: oft fehlerhafte Interpretation!)
»Achillex«	Messung der Rückfußbeweglichkeit über einen Sensor am Schuh	→ kompakte, vollautomatische dynamische Analyse → Vergleichsmessungen und herstellerunabhängige Schuhempfehlung → sicher, auch bei unerfahrenen Verkäufern
»Motionquest«	Der Verkäufer stellt acht Fragen zur Biomechanik, Statik und Dynamik, deren Antworten mithilfe der Bewegungsanalysesoftware »Motionquest« ausgewertet werden.	→ automatische Verrechnung der Analyseergebnisse → hohe Genauigkeit bei exakter Testdurchführung → konkrete Schuhempfehlung → herstellerunabhängige Schuhempfehlung (mit Angabe der Fersensprengung) → detaillierter Analysebericht
Scanner/ »Footdisc«	exakte Bestimmung der Schuhgröße, des Fußtyps und der Fußform durch einen Fußabdruck	→ schnelle, unkomplizierte Analyse des statischen Fußtyps → Ergebnis sofort sichtbar
Fußdruck-messung	Messung der Ganglinie und der Druckspitzen mithilfe einer Druckmessplatte	→ Messung der Auswirkungen aller Gelenke auf den Fußdruck (statisch und dynamisch) → wenig komplexe, schnelle Auswertung → Ermittlung von Fußtyp, Ganglinie und Druckspitzen
Medizinische Bewegungs-analyse	2-D-Videoanalyse von Fuß, Knie, Beinachse, Becken und Wirbelsäule von medizinischem Fachpersonal	→ exakte Vermessung der Lauftechnik → exakte Vermessung von Wirbelsäule, Becken, Beinachse, Knie und Fuß → Hilfe bei Laufverletzungen, Leistungsstagnationen und Fußproblemen

Ihnen einige geeignete Modelle aussuchen. Diese testen Sie dann auf dem Laufband nach Gefühl, während der Verkäufer Ihre Bewegung am Computer verfolgt und in Rücksprache mit Ihnen einschätzt. Sie haben ein, zwei oder gar drei Modelle gefunden, die Ihnen gefallen und ein gesundes Laufverhalten ermöglichen? Herzlichen Glückwunsch, dann kaufen Sie den, der am günstigsten ist oder den, der am besten zu Ihrem Laufshirt passt. Ein Schuh soll schließlich motivieren! Wenn es finanziell möglich ist, nehmen Sie beide oder alle drei mit, und laufen Sie diese abwechselnd im Training. Ihr Bewegungsapparat wird es Ihnen danken: Kleine Änderungen

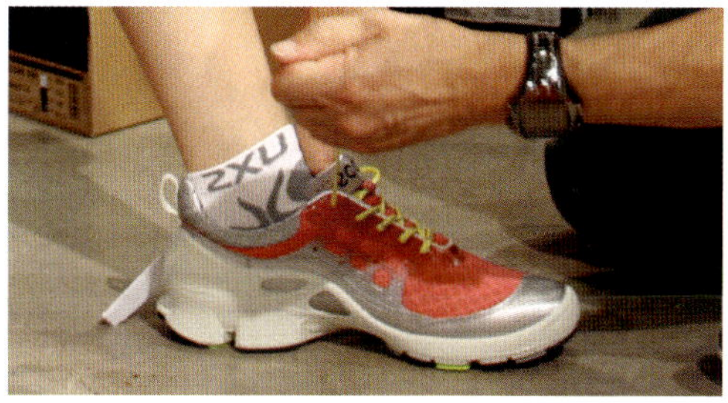

in der Schuhmechanik belasten Ihren Körper abwechslungsreicher – und das macht Sie verletzungsresistent! Und teurer ist es im Endeffekt auch nicht – bis Sie das nächste Mal ins Schuhgeschäft müssen, dauert es nun!

10

Nachteile	Bewertung des Analysesystems
→ fehlerhafte Vermessung, da Beinachse nicht vermessen wird → oft ungenaue Kameraposition → keine anatomischen Markierungen möglich (erforderte das Ausziehen bis auf die Unterhose) → Fehler in der Analyse bei unzureichender Schulung des Personals	⊕⊕○○○
→ Auswirkungen von O-Beinen werden nicht sicher erkannt → keine Schuhdatenbank	⊕⊕⊕○○
→ Es findet keine Laufbewegung statt, dynamische Beinachse wird dennoch durch Kniebeuge ermittelt. → Ungenauigkeiten bei der Bestimmung von Fußtyp und Laufstil bei schlecht geschultem Personal	⊕⊕⊕⊕○
→ rein statische Analyse der Fußform und des Fußtyps → Fehler in der Analyse bei unzureichender Schulung des Personals → Laufstil und Abrollverhalten werden nicht erfasst	⊕○○○○
→ Ursprung etwaiger Fehlstellungen bleibt verborgen (nur die Summe der Kräfte wird ermittelt, Unterscheidungen von Fuß- und Kniegelenkfehlstellungen nur bedingt möglich)	⊕⊕⊕○○
→ Zeitaufwand: zwei Stunden → hohe Kosten → nur bei Experten möglich, evtl. längerer Anreiseweg	⊕⊕⊕⊕⊕

10

Finden Sie den optimalen Schuh für Ihren Laufstil: Teil I (für Mittelfußläufer)

Schritt 1
So bestimmen Sie Ihren Lauftyp
Schauen Sie unter die Sohle Ihres Laufschuhs:

Ihr Schuh ist gleichmäßig abgelaufen. Es findet sich kein verstärkter Abrieb an der Ferse. Sie nutzen die Fußmuskulatur, um den Fuß zu stabilisieren und Stöße abzufangen.
flacher Fußaufsatz

Ihr Schuh ist außen an der Ferse abgelaufen. Dies ist ein sicheres Zeichen für den Fersenlauf. Die Fußmuskulatur hat Schwierigkeiten, den Fuß zu stabilisieren und Stöße abzufangen.
Fersenaufsatz

Mittelfußlauf
Sie machen einen kurzen Schritt und setzen den Fuß flach auf.

Fersenlauf
Sie machen einen langen Schritt und setzen den Fuß mit der Ferse zuerst auf.

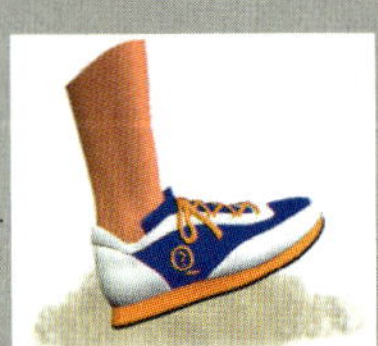

Bitte lesen Sie weiter auf der nächsten Doppelseite!

Schritt 2
Welche dynamische Beinachse haben Sie?
Stellen Sie sich vor den Spiegel. Machen Sie eine einbeinige Kniebeuge, bei der Sie das Kniegelenk um circa 40 Grad beugen. Betrachten Sie, wie sich das Kniegelenk auf einer Linie zwischen Hüftgelenkmitte und Sprunggelenkmitte bewegt. Das Kniegelenk befindet sich normalerweise auf einer Linie zwischen Hüftgelenkmitte und Sprunggelenkmitte und ist durch die Hüftmuskulatur gut stabilisiert. Eine X-Bein-Fehlstellung, bedingt durch Fuß- und/oder Hüftfehlstellungen, führt zu einem Abweichen nach innen. Oftmals ist aber einfach die Hüftmuskulatur zu schwach, um Becken und Beinachse zu stabilisieren. Eine O-Bein-Fehlstellung, bedingt durch Fuß- und/oder Hüftfehlstellungen, führt zu einem Abweichen nach außen.

dynamisches X-Bein

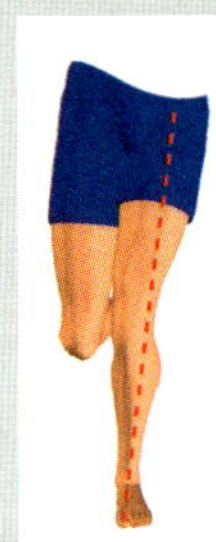

- Hohlfuß → 1
- Senkfuß → 2
- Normalfuß → 3

dynamisches O-Bein

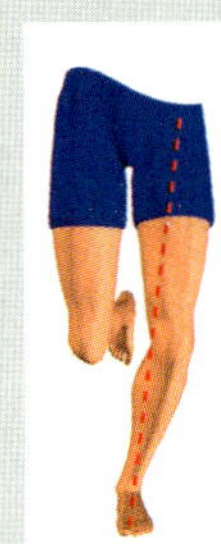

- Hohlfuß → 4
- Senkfuß → 5
- Normalfuß → 6

dynamisch gerade Beinachse

- Hohlfuß → 7
- Senkfuß → 8
- Normalfuß → 9

Schritt 3
Was für einen Fußtyp haben Sie?
Machen Sie einen Fußabdruck auf dem Badezimmerboden, wenn Sie aus der Dusche kommen. Wie sieht der Fußabdruck aus?

Hohlfuß: Durch die überhöhte Fußwölbung ist auf der Außenseite des Fußabdrucks eine Aussparung zu sehen. Der Fuß hat ein Kontaktareal im Vorfuß und eines im Rückfuß.

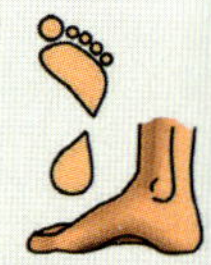

Senkfuß: Das Längsgewölbe des Fußes ist abgeflacht, weshalb der Fuß auf der Innenseite auch an der Stelle einen Abdruck erzeugt, wo sich eigentlich das Längsgewölbe aufspannt.

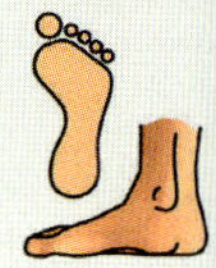

Normalfuß: Durch die Fußwölbung ist auf der Innenseite des Fußabdrucks eine Aussparung zu sehen.

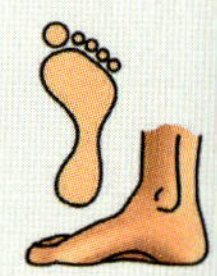

Ergebnis für Mittelfußläufer

1 Normalfußläufer Sie haben eine Unterbeweglichkeit des Fußes mit einer leichten Instabilität der Beinachse. Ihr Fuß proniert somit in einem Ausmaß, das keiner weiteren Abstützung auf der Innen- oder Außenseite bedarf. Ich rate Ihnen zu Schuhen ohne Pronationsstütze.

2 leichter Überpronierer Sie haben eine Überpronationsbewegung, die durch Ihre aktive Lauftechnik zum größten Teil kompensiert wird. Die Fußmuskeln verhindern eine exzessive Pronation. Ich empfehle Ihnen daher viel Fußmuskeltraining und Training der Hüftmuskulatur zum Stabilisieren Ihrer Beinachse und leicht pronationsgestützte Schuhe.

3 Normalfußläufer Ihre leichte Beinachseninstabilität wird durch die aktive Lauftechnik zum Teil kompensiert, da die Muskelvorspannung während der Landephase im Unterschenkelbereich sehr gut ist. Durch die normale Fußbeweglichkeit entsteht so auch keine Überpronationsbewegung. Ich empfehle in solchen Fällen neutrales Schuhwerk ohne Stützen.

4 Supinierer O-Bein und Hohlfuß gemeinsam bedeuten, dass Ihr Fuß und Ihre Beinachse kaum in der Lage sind, Stöße abzufedern. Ihnen fehlt die Pronationsbewegung. Tragen Sie gut gedämpfte, aber dennoch flache Schuhe, die für Supinierer geeignet sind. Ich rate in diesen Fällen dringend zu einem Propriozeptionstraining mit dem Stabitrainer, um Ihre Beinachsenstatik zu verbessern.

5 Normalfußläufer Ihr O-Bein wird durch den instabilen Fuß kompensiert: Der Fuß dreht übermäßig nach innen, um die schiefe Beinachse auszugleichen. Deshalb ist die starke Pronation bei Ihnen dringend erforderlich. Glücklicherweise laufen Sie mit einer aktiven Lauftechnik, sodass diese Pronationsbewegung muskulär gesichert wird. Tragen Sie unbedingt neutrale Schuhe. Ich setze in diesen Fällen nur Pronationsstützen ein, wenn der Fersenbodenwinkel mehr als drei Grad valgus beträgt. Sonst nicht! Eine Bewegungsanalyse beim Fachmann hilft Ihnen hier weiter.

6 Supinierer Das O-Bein sorgt für eine etwas vermehrte Außenkantenbelastung Ihres Schuhs. Durch den gesunden Fuß und die gute Lauftechnik ist mit keinen Überbeweglichkeiten im Sprunggelenkbereich zu rechnen, sodass Sie einen neutralen, am besten supinierergeeigneten Schuh tragen sollten. Führen Sie dringend ein Propriozeptionstraining mit dem Stabilitätstrainer durch, um Ihre Beinachse gut zu stabiliseren und einer Verstärkung des O-Beins entgegenzuwirken.

7 Supinierer Eine gesunde, gerade Beinachse, eine gute Lauftechnik und ein etwas starrer, wenig dämpfender Fuß. So entsteht leicht eine diskrete Supination. Ich empfehle Ihnen einen neutralen Schuh mit gebogenem Leisten, der flach und flexibel ist. Er sollte keine Pronationsstütze haben, denn Sie sind Normalfußläufer mit einer Tendenz zum Supinierer.

8 Normalfußläufer Ihren Senkfuß, der zur Überpronationsbewegung neigt, kompensieren Sie mit Ihrer guten Lauftechnik. Die Unterschenkelmuskulatur ist vorgespannt und hält den Fuß sicher. Ihre Beinachse ist gerade und weist keine Überbeweglichkeiten auf. Ich rate Ihnen zu einem neutralen Laufschuh ohne Pronationsstütze.

9 Normalfußläufer Sie haben eine gerade Beinachse, einen gesunden Fuß und eine natürliche Lauftechnik. Herzlichen Glückwunsch. Besser könnten die Voraussetzungen für erfolgreiches Laufen kaum sein. Ich empfehle Ihnen einen flachen, leichten und neutralen Schuh ohne Stützen.

Finden Sie den optimalen Schuh für Ihren Laufstil: Teil II (für Fersenläufer)

Schritt 1

So bestimmen Sie Ihren Lauftyp

Schauen Sie unter die Sohle Ihres Laufschuhs:

Ihr Schuh ist gleichmäßig abgelaufen. Es findet sich kein verstärkter Abrieb an der Ferse. Sie nutzen die Fußmuskulatur, um den Fuß zu stabilisieren und Stöße abzufangen.
flacher Fußaufsatz

Ihr Schuh ist außen an der Ferse abgelaufen. Dies ist ein sicheres Zeichen für den Fersenlauf. Die Fußmuskulatur hat Schwierigkeiten, den Fuß zu stabilisieren und Stöße abzufangen.
Fersenaufsatz

Fersenlauf
Sie machen einen langen Schritt und setzen den Fuß mit der Ferse zuerst auf.

Mittelfußlauf
Sie machen einen kurzen Schritt und setzen den Fuß flach auf.

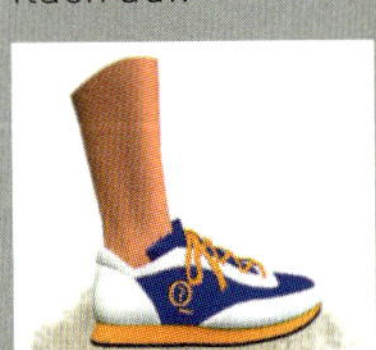

Bitte lesen Sie weiter auf der vorigen Doppelseite!

Schritt 2

Welche dynamische Beinachse haben Sie?

Stellen Sie sich vor den Spiegel. Machen Sie eine einbeinige Kniebeuge, bei der Sie das Kniegelenk um circa 40 Grad beugen. Betrachten Sie, wie sich das Kniegelenk auf einer Linie zwischen Hüftgelenkmitte und Sprunggelenkmitte bewegt. Das Kniegelenk befindet sich normalerweise auf einer Linie zwischen Hüftgelenkmitte und Sprunggelenkmitte und ist durch die Hüftmuskulatur gut stabilisiert. Eine X-Bein-Fehlstellung, bedingt durch Fuß- und/oder Hüftfehlstellungen, führt zu einem Abweichen nach innen. Oftmals ist aber einfach die Hüftmuskulatur zu schwach, um Becken und Beinachse zu stabilisieren. Eine O-Bein-Fehlstellung, bedingt durch Fuß- und/oder Hüftfehlstellungen, führt zu einem Abweichen nach außen.

dynamisches X-Bein

- Hohlfuß → ❶
- Senkfuß → ❷
- Normalfuß → ❸

dynamisches O-Bein

- Hohlfuß → ❹
- Senkfuß → ❺
- Normalfuß → ❻

dynamisch gerade Beinachse

- Hohlfuß → ❼
- Senkfuß → ❽
- Normalfuß → ❾

Schritt 3

Was für einen Fußtyp haben Sie?

Machen Sie einen Fußabdruck auf dem Badezimmerboden, wenn Sie aus der Dusche kommen. Wie sieht der Fußabdruck aus?

Hohlfuß: Durch die überhöhte Fußwölbung ist auf der Außenseite des Fußabdrucks eine Aussparung zu sehen. Der Fuß hat ein Kontaktareal im Vorfuß und eines im Rückfuß.

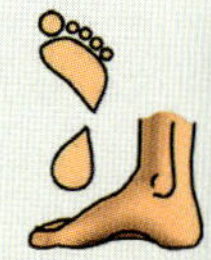

Senkfuß: Das Längsgewölbe des Fußes ist abgeflacht, weshalb der Fuß auf der Innenseite auch an der Stelle einen Abdruck erzeugt, wo sich eigentlich das Längsgewölbe aufspannt.

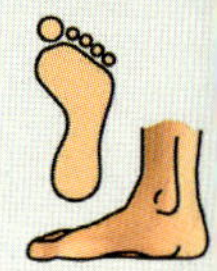

Normalfuß: Durch die Fußwölbung ist auf der Innenseite des Fußabdrucks eine Aussparung zu sehen.

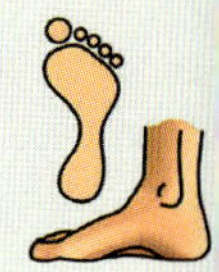

Ergebnis für Fersenläufer

1 Normalfußläufer Sie haben eine Unterbeweglichkeit des Fußes mit einer leichten Instabilität der Beinachse. Ihr Fuß proniert somit in einem Ausmaß, das keiner weiteren Abstützung auf der Innen- oder Außenseite bedarf. Ich rate Ihnen zu Schuhen ohne Pronationsstütze.

2 starker Überpronierer Sie laufen durch das X-Bein mit einer vermehrten Belastung auf der Fußinnenseite. Ihre Fußgewölbe sind ebenfalls schlecht in der Lage, Ihr Körpergewicht zu stützen. Sie haben daher eine Überpronationsbewegung, die mit einem Schuh versorgt werden sollte, der auf der Innenseite härter ist als auf der Außenseite – eine Pronationsstütze. Ich empfehle Ihnen viel Fußmuskeltraining, pronationsgestützte Schuhe und eine Schulung Ihrer Lauftechnik, sodass Ihr Körper lernt, sich selbst zu stützen.

3 leichter Überpronierer Ihre leichte Beinachseninstabilität sorgt trotz normaler Fußbeweglichkeit für eine leichte Überpronationsbewegung. Ich empfehle in solchen Fällen Schuhwerk mit leichten Stützen auf der Innenseite sowie ein Training der hüftstabilisierenden Muskulatur.

4 Supinierer O-Bein und Hohlfuß gemeinsam bedeuten, dass Ihr Fuß und Ihre Beinachse kaum in der Lage sind, Stöße abzufedern. Ihnen fehlt die Pronationsbewegung. Tragen Sie gut gedämpfte, aber dennoch flache Schuhe, die für Supinierer geeignet sind. Ich rate in diesen Fällen dringend zu einem Propriozeptionstraining mit dem Stabitrainer, um Ihre Beinachsenstatik zu verbessern.

5 Normalfußläufer Ihr O-Bein wird durch den instabilen Fuß zum Teil kompensiert: Der Fuß dreht übermäßig nach innen, um die schiefe Beinachse auszugleichen. Deshalb ist die starke Pronation bei Ihnen dringend erforderlich. Tragen Sie daher unbedingt neutrale Schuhe, auch wenn der Achillessehnenwinkel in der Bewegungsanalyse sehr groß ist. Ich setze in diesen Fällen nur Pronationsstützen ein, wenn der Fersenbodenwinkel mehr als drei Grad valgus beträgt. Eine Bewegungsanalyse beim Fachmann hilft Ihnen hier weiter.

6 Supinierer Ihr O-Bein sorgt für eine vermehrte Außenkantenbelastung in der Laufbeweung. Dieser Effekt ist weitestgehend Lauftechnik unabhängig. Bei normaler Fußbeweglichkeit benötigen Sie somit neutrale oder supinierergeeignete Laufschuhe. Eine Optimierung Ihrer Lauftechnik würde allerdings die Stoßkräfte beim Laufen mindern. Führen Sie dringend ein Propriozeptionstraining mit dem Stabitrainer durch, um Ihre Beinachse gut zu stabilisieren und einer Verstärkung des O-Beins entgegenzuwirken.

7 Supinierer Eine gesunde, gerade Beinachse und ein etwas starrer, wenig dämpfender Fuß. So entsteht leicht eine diskrete Supination. Ich empfehle Ihnen einen neutralen Schuh mit gebogenem Leisten, der flach und flexibel ist. Er sollte keine Pronationsstütze haben, denn Sie sind Normalfußläufer mit einer Tendenz zum Supinierer. Eine Optimierung Ihrer Lauftechnik mindert die Stoßbelastung Ihrer Gelenke.

8 leichter Überpronierer Ihren Senkfuß, der zur Überpronationsbewegung neigt, könnten Sie mit einer guten Lauftechnik kompensieren. Ohne ein Lauftechniktraining werden Sie trotz Ihrer geraden Beinachse durch den instabilen Fuß zum leichten Überpronierer und benötigen einen Laufschuh mit leichter Pronationsstütze.

9 Normalfußläufer Sie haben eine gerade Beinachse und einen gesunden Fuß. Besser können die Voraussetzungen für erfolgreiches Laufen kaum sein. Ich empfehle Ihnen einen flachen, leichten und neutralen Schuh ohne Stützen. Idealerweise könnten Sie Ihre Lauftechnik noch optimieren.

10

Praxistipp

→ 10 Tipps zum Schuhkauf

1 Nehmen Sie sich Zeit

Kaufen Sie Ihren Schuh nicht zwischen Tür und Angel. Unter Zeitdruck werden meist die falschen Entscheidungen getroffen, und längst nicht alle Händler nehmen gebrauchte Schuhe zurück.

2 Kaufen Sie Ihre Schuhe abends

Die Länge Ihres Fußes hängt stark von der Verspannung des Längsgewölbes mit der Muskulatur ab: Abends ist diese erschlafft und Ihr Fuß leicht eine halbe Nummer größer als am frühen Morgen.

3 Bringen Sie alte Laufschuhe mit

Der Abrieb Ihrer alten Schuhe gibt oft Hinweise auf bestimmte Fehlstellungen und fehlerhaftes Abrollverhalten. Der Verkäufer wird sich nicht daran stören, dass die Schuhe dreckig und muffig sind. Vielmehr freut er sich über die wichtigen Anhaltspunkte, die ihm der alte Schuh bringt!

4 Nehmen Sie Ihre Laufsocken mit ins Geschäft

Es gibt dicke und dünne Laufsocken; in den Sportgeschäften erhalten Sie meist dicke Baumwolltennissocken. Das verfälscht den Größeneindruck immens.

5 Bringen Sie orthopädische Einlagen mit

Laufschuh und Einlage bilden eine Einheit und müssen aufeinander abgestimmt sein. Es ist unmöglich, den richtigen Schuh für einen Einlagenträger zu finden, wenn er diesen nicht zusammen mit den Einlagen Probe läuft!

6 Führen Sie eine Bewegungsanalyse durch

Ihre individuellen biomechanischen Voraussetzungen zu erkennen ist ausschlaggebend für Ihre Schuhauswahl. Achten Sie darauf, dass Ihr Berater das Einmaleins der Biomechanik beherrscht und Sie sinnvoll untersucht!

7 Beachten Sie Unterschiede im Laufstil

Für den passiven Läufer ergibt sich eine gänzlich andere Beratungssituation als für den aktiven Läufer. Während man bei der ersten peinlich genau auf den Stützbedarf des Schuhs achten muss, reicht es beim aktiven Läufer, schwerere Fehlstellungen entsprechend zu versorgen. Alle Fehlstellungen nahe des Normbereichs werden hier völlig problemlos durch die Muskulatur kompensiert. Der Ballenläufer muss vielmehr darauf achten, dass der Schuh dem Fuß ein Maximum an Beweglichkeit und ein bodennahes Laufverhalten zugesteht, damit er optimal funktionieren kann.

8 Bleiben Sie flexibel

Sicher, irgendwann wissen Sie, mit welchem Schuh Sie gut zurechtkommen. Aber Vorsicht: Der Leisten, also die Form, auf der der Schuh gefertigt wird, ändert sich häufig – selbst wenn der Name des Schuhs gleichgeblieben ist. Anziehen und Probelaufen ist unumgänglich – und notfalls auch das Abschiednehmen vom jahrelang gern gelaufenen Modell.

9 Schauen Sie auf den Preis

Wenn zwei Schuhe, die Ihnen für Ihre Bedürfnisse gleich gut erscheinen, unterschiedliche Preise haben, nehmen Sie ruhig die günstigere Variante und wechseln Sie diese zeitiger wieder aus. Der teurere Schuh hält nicht länger!

10 Ein Paar Schuhe reicht nicht

Kaufen Sie Ihren zweiten Laufschuh nach Möglichkeit, bevor Sie den ersten verschlissen haben. Es ist immer besser, wenn Sie zwei oder gar drei Paar Laufschuhe im Schrank haben. Der Grund: Jeder Laufschuh ist etwas anders konstruiert. Das sorgt bei Ihnen für eine leicht unterschiedliche Belastung des Bewegungsapparats, die Ihr Körper besser tolerieren kann. Variierende Reize sind auch gleichzeitig ein gutes Training für die Fußmuskulatur.

Kapitel 11

Bewegungsanalyse

» Vor der Therapie steht die Diagnose! «

Gründe für eine Bewegungsanalyse gibt es so viele wie Läufer im Stadtpark. Oft existiert der Verdacht auf eine Fehlstellung oder einen unökonomischen Bewegungsablauf. Die Indikationen dafür können ganz verschieden sein: Achillessehnenentzündung, Kniebeschwerden wie beim Läuferknie (runner's knee) oder Patellaspitzensyndrom, Schienbeinkantenprobleme (shin splints), Tractus-iliotibialis-Syndrom (Läuferknie), Stressfrakturen, Fersensporn oder ganz allgemein Schmerzen in Rücken oder Leiste.

Sie haben solche Läuferbeschwerden? Eine professionelle Bewegungsanalyse deckt die Ursachen auf und beantwortet Fragen nach Ihren individuellen Möglichkeiten, schneller und effizienter zu laufen – und den richtigen Schuh zu finden. Dabei klärt eine solche Analyse gegebenenfalls auch, ob Ihre Einlagenversorgung wirklich funktioniert.

Um bei verletzten Läufern einen sinnvollen Therapieplan aufstellen zu können und nicht irgendwie auf Verdacht zu therapieren, müssen diese in der Bewegung untersucht werden. Was nützt es, wenn der Untersuchende beim sitzenden oder stehenden Läufer eine unauffällige Beinachsenstatik vorfindet und daraus eine Therapie ableiten will? Unter Umständen stellt sich diese Beinachse in der Belastung beim Laufen ganz anders dar.

Sicher, jeder Läufer ist anders – aber es gibt eine Reihe von typischen biomechanischen Abweichungen, die mit bestimmten Laufverletzungen im Zusammenhang stehen. Sie alle haben eines gemeinsam: Man sieht sie am besten, wenn nicht sogar ausschließlich, in der Bewegung. Die Bewegungsanalyse ist die Basis für eine präzise Beurteilung Ihrer Biomechanik und für eine wirkungsvolle Therapie. Alles andere kostet unnötig Zeit und Geld – Ihre Trainingszeit und Ihr Geld!

Die medizinische Bewegungsanalyse

Eine professionelle Bewegungsanalyse besteht aus einer festgelegten Abfolge verschiedener Schritte. Zunächst erfolgt ein ausführliches Gespräch und eine statische Untersuchung. Dann werden an den Stellen Ihres Körpers, an denen sich die Bewegungsachsen der für die Analyse interessanten Gelenke befinden, anatomische Markierungen angebracht. Wichtig: Keineswegs werden nur dort Markierungen angebracht, wo Schmerzen auftreten – sehr häufig haben Laufbeschwerden nämlich ihre Ursache an ganz anderer Stelle. Es muss also immer eine vollständige Untersuchung des Bewegungsapparats erfolgen.

Anschließend werden Sie in die Benutzung des Laufbands eingewiesen und probieren es für einige Meter barfuß aus. Die Eingewöhnungsphase ist besonders wichtig, denn Ihr Laufstil verändert sich auf dem Laufband. Dies vor allem dann, wenn Sie nicht ausreichend an das Laufen auf einem Laufband gewöhnt sind. Sobald Sie sich eingewöhnt haben, kann die Untersuchung beginnen: Nun dürfen Sie laufen! Etwa 10 bis 15 Minuten dauert es, bis die unterschiedlichen Videoaufnahmen erstellt sind.

Die Auswertung

Nun wird es bei der Auswertung der Bewegungsdaten am Computer spannend. Hierfür verwende ich ein von mir entwickeltes Schema. Es ermöglicht die auf der nächsten Doppelseite dargestellten Beurteilungen nach dem 4-Punkt-Modell sowie die auf den folgenden Seiten beschriebenen Befunde.

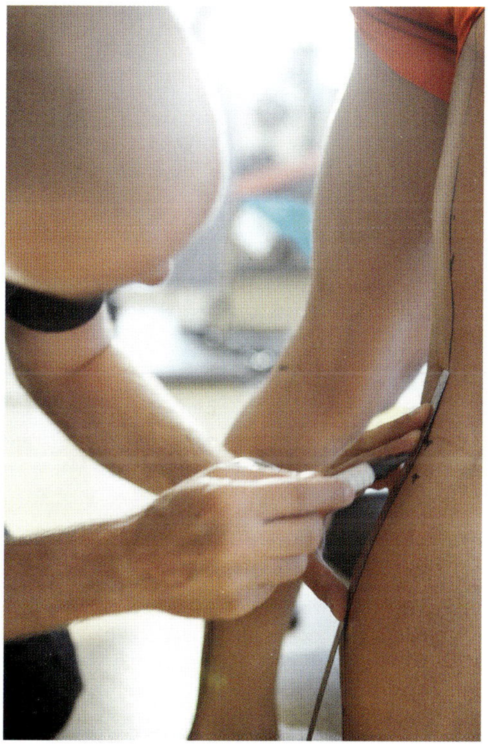

11

Die Läufer werden barfuß und im Laufschuh untersucht. Während barfuß oft auf dem Vorfuß gelaufen wird, wechseln ungeübte Läufer im Laufschuh meist zum Fersenlauf. Die Läuferin auf den Bildern beherrscht eine perfekte Technik – auch im Laufschuh

1. Aufsatz

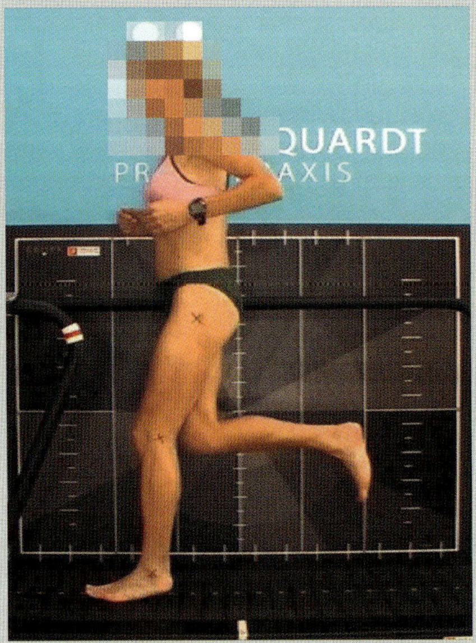

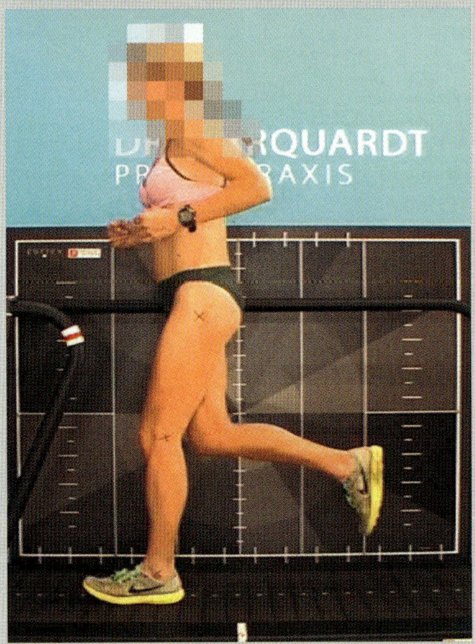

In der seitlichen Aufnahme des Fußaufsatzes kann Ihr Laufstil sicher beschrieben werden. Außerdem lässt sich beurteilen, ob Sie dicht am Körperschwerpunkt oder ungünstigerweise weit davor aufkommen.

2. Stütz

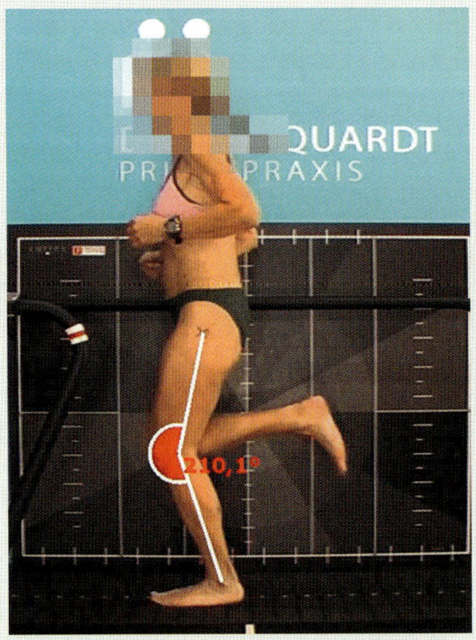

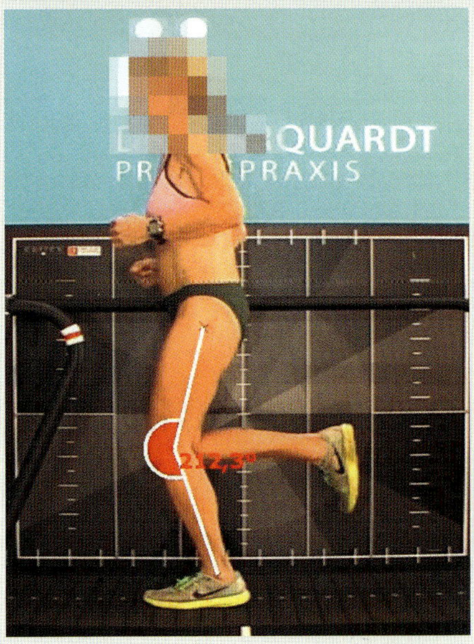

In dem Moment, in dem sich Ihr Fuß unter der Hüfte befindet, lässt sich beurteilen, ob Sie zum »Sitzen« neigen. Je tiefer Sie im Kniegelenk einsinken, desto größer ist die Belastung hinter Ihrer Kniescheibe. Normalbefund: 30–40° Kniebeugewinkel.

» Lassen Sie Ihren Laufstil vom Fachmann unter die Lupe nehmen! «

3. Abdruck

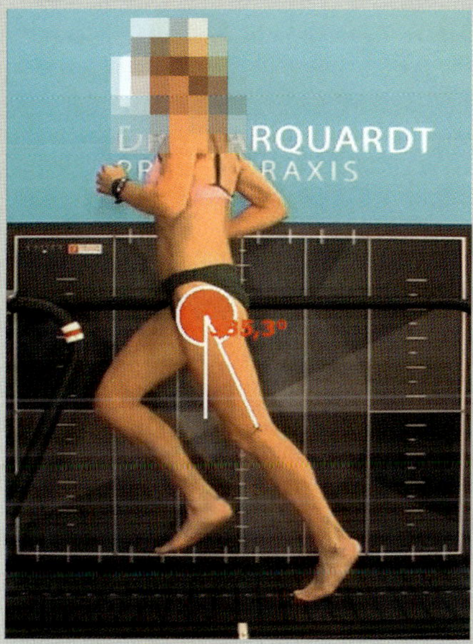

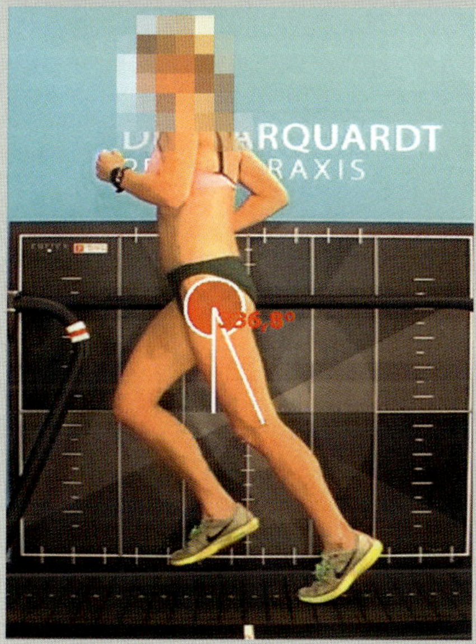

Der Abdruck wird durch eine möglichst gute Hüftstreckung definiert. Die gute Streckung in Knie- und Hüftgelenk sollte ohne Hohlkreuzbildung und Beckenkippung nach vorn erfolgen.
Normalbefund: 20–30° Hüftstreckung.

4. Schwung

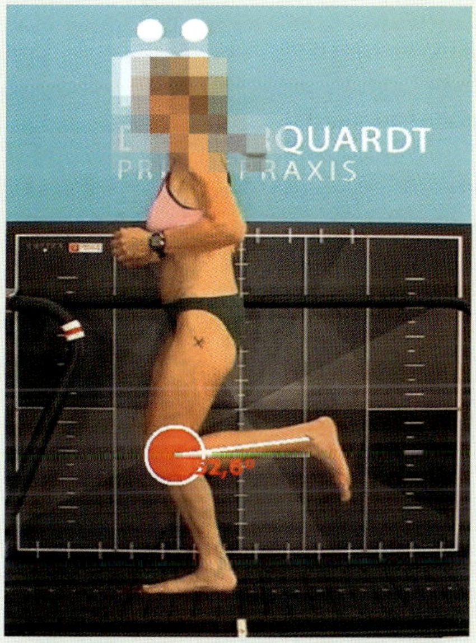

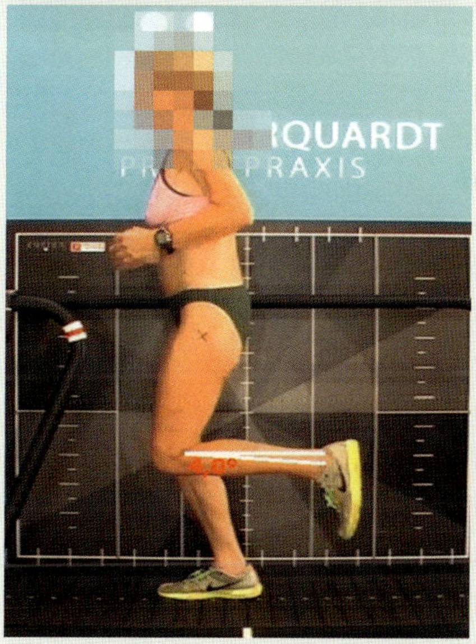

In dem Moment, in dem sich Ihr gegenseitiges Bein unter Ihrer Hüfte befindet, lässt sich die Qualität Ihres Schwungs beurteilen. Idealerweise wird der Unterschenkel etwa bodenparallel geführt, bei sehr hohem Lauftempo wird er weiter angehoben.
Normalbefund: Unterschenkel bodenparallel +/- 10°.

Rumpfstabilität – Normalbefund

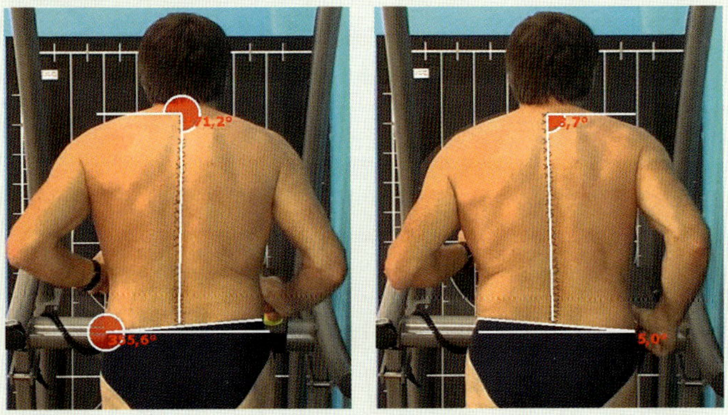

Trendelenburg 4–7°, Duchenne 0–3°
Links: Stützphase links, rechts: Stützphase rechts

11

Beurteilung der Rumpfstabilität

Eine leichte Verkippung des Beckens in der Standphase ist physiologisch und erwünscht. Sie minimiert die Vertikalbewegungen des Oberkörpers. Die übliche Beckenkippung sollte allerdings keinesfalls mehr als sieben Grad betragen. Ist die hüftstabilisierende Muskulatur (Mm. abductores) zu schwach, so verkippt das Becken stärker, man nennt dies das »Trendelenburg-Zeichen«. Zur Kompensation wird häufig der Oberkörper zur Verlagerung des Schwerpunkts zur Standbeinseite geneigt (»Zeichen nach Duchenne«). Üblicherweise wird der Oberkörper nur in geringem Ausmaße nach links und rechts geneigt. Der Seitneigungswinkel sollte drei Grad nicht überschreiten. In der Laufbewegung setzen Sie Ihren Fuß üblicherweise an der Körpermittellinie auf.

Laufen auf dem Laufband

Nicht nur bei der Bewegungsanalyse sind Laufbänder praktisch: Wer keinen Spaß daran hat, Wind und Wetter zu trotzen, dem bieten Laufbänder eine sinnvolle Alternative für Schlechtwettertage. Die Beläge sind längst nicht mehr steinhart – die meisten Laufbänder bieten mittlerweile eine gute Dämpfung. Das schützt offenbar vor Stressfrakturen[1]. Allerdings ist das Laufen ohne Luftwiderstand wesentlich leichter, weshalb Läufer auf dem Laufband meist schneller sind. Damit Sie dem Waldlauf auch in Bezug auf den Anstrengungsgrad so nahe wie möglich kommen, müssten Sie eigentlich eine Steigung der Lauffläche von ein bis zwei Prozent einstellen – was aber aus orthopädischen Gründen besser unterbleiben sollte. Laufen Sie lieber etwas schneller als permanent bergauf.

Bei der Bewegungsanalyse ist unbedingt zu beachten, dass Ihr Laufstil sich auf dem Band verändert – dazu wurden viele wissenschaftliche Untersuchungen durchgeführt. Folgende Veränderungen des Laufstils konnten Forscher feststellen:

- → verstärkte Vorneigung des Oberkörpers
- → unwillkürlich verkürzte Schrittlänge vor dem Körperschwerpunkt, um mehr Sicherheit zu erlangen
- → Fußaufsatz auf dem Vorfuß, besonders beim Barfußlaufen
- → ein flacherer Fußaufsatz auch mit Laufschuhen
- → verstärktes Anheben der Füße in der Schwungphase gegenüber dem Laufen auf normalem Untergrund
- → insgesamt sinkende Schrittlänge und steigende Schrittfrequenz

Diese Änderungen fallen sehr unterschiedlich ins Gewicht – je nach Vertrautheit des Sportlers mit dem Laufband, deshalb sind Einweisung und Gewöhnung vor der Analyse unabdingbar. Ein guter Bewegungsanalyst muss über die systematisch auftretenden Fehler informiert sein und die daraus resultierenden Änderungen des Bewegungsablaufs in seine Analyse mit einbeziehen.

Schwingt der Fuß Ihres Standbeins über die Körpermittellinie hinüber, so ist dies oft ein Zeichen für eine Beckeninstabilität – Ihr Becken kann nur stabilisiert werden, indem Sie die Standfläche weiter unter den Körperschwerpunkt schieben.

Beurteilung der Beinachse

Gemessen wird Ihre Beinachse von der Mitte der Gesäßfalte über die Mitte der Kniegelenkfalte bis zum Ansatz der Achillessehne. Dabei bildet sie üblicherweise eine Gerade. Abweichungen nach innen und außen zeigen eine dynamische X- oder O-Bein-Stellung an. Wichtig zu beachten ist, dass eine ausgeprägte Innen- oder Außenrotation der Beinachse diesen Winkel aufgrund der zweidimensionalen Projektion systematisch verzerrt.

Betrachtet man die Bewegung Ihrer Kniescheibenspitze während des gesamten Bewegungszyklus von vorn und verbindet man die einzelnen Positionspunkte der Kniescheibenspitze miteinander, erhält man eine leicht nach innen unten weisende Schleife. Eine verstärkte Innen- oder Außenrotation führt zu entsprechenden Abweichungen der Linie Ihres Kniebewegungsmusters.

Beurteilung der Sprunggelenkbeweglichkeit

Der Achillessehnenwinkel zeigt die Beweglichkeit im Sprunggelenkkomplex an. Er wird gern verwendet, um eine Überpronationen oder Supination zu diagnostizieren. Achtung: Ein X- oder O-Bein verzerrt diesen Winkel deutlich, denn ein Schenkel des Winkels wird durch die Position des Unterschenkels bestimmt!

Der Fersenbodenwinkel gibt die Position Ihres Fersenbeins im Raum an – unabhängig von der Stellung der Beinachse. Üblicherweise steht das Fersenbein fast senkrecht. Es kann aber auch um bis zu vier Grad nach innen kippen, (ab vier Grad läge eine Überpronation vor), oder um bis zu zwei Grad nach außen (ab zwei Grad läge eine Supination vor). Über eine Markierung der Fersenkappe Ihres Laufschuhs lässt sich der Fersenbodenwinkel auch für den Laufschuh bestimmen. Der stimmt jedoch nicht im-

Beinachse – Normalbefund

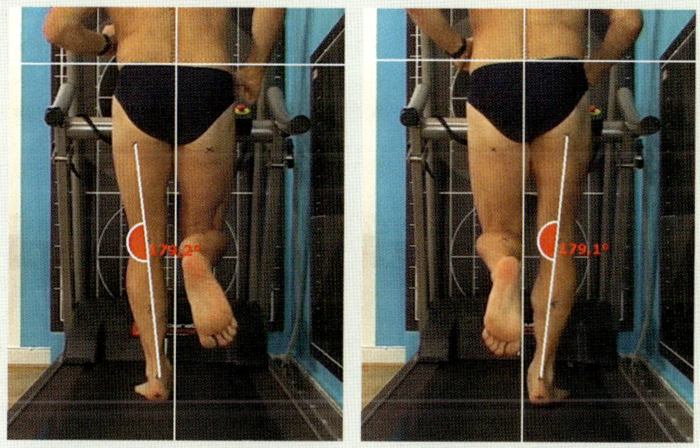

Beinachse links und rechts, barfuß: 3° valgus – 3° varus

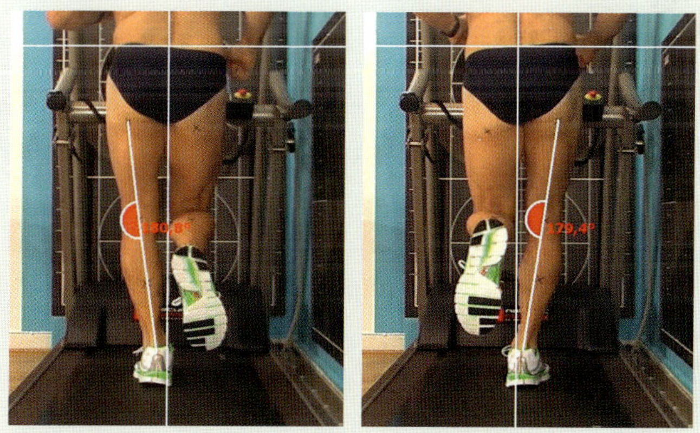

Beinachse links und rechts, mit Schuhen: 3° valgus – 3° varus

Kniebewegungsmuster – Normalbefund

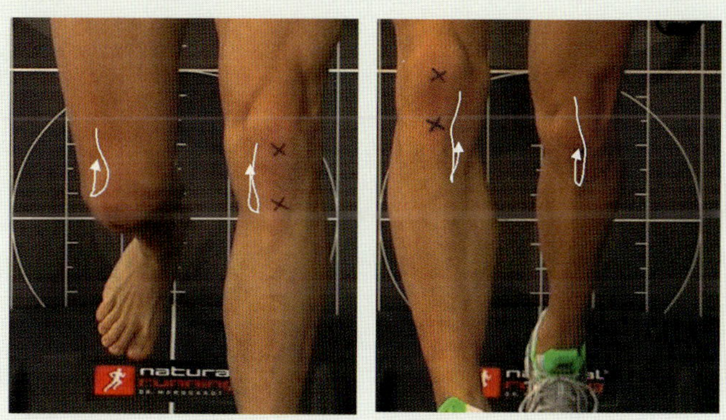

Kniebewegungsmuster barfuß und mit Schuhen: medial-kaudal in der vorderen Stützphase

Sprunggelenkbeweglichkeit – Normalbefund

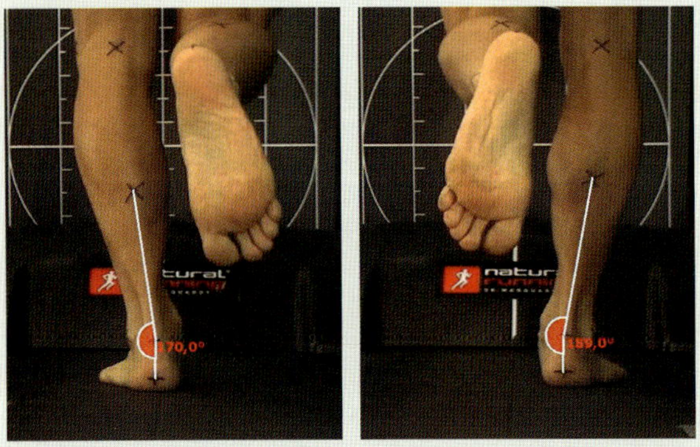

Achillessehnenwinkel links und rechts: 8–12° valgus

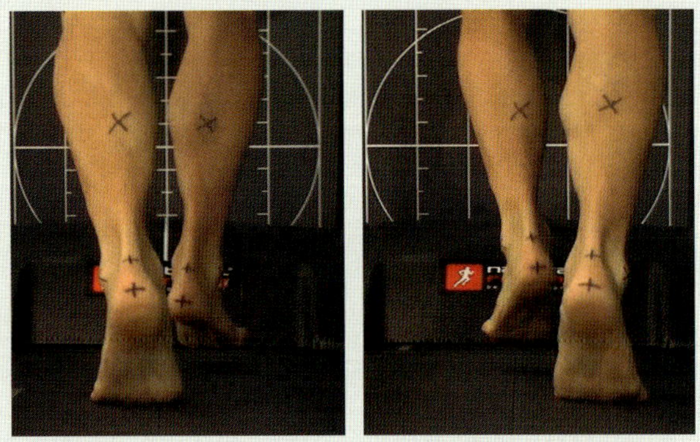

Abdruck links und rechts über die Großzehe

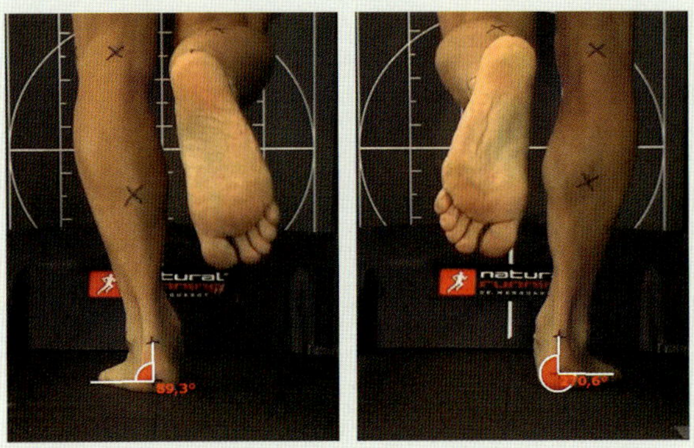

Fersenbodenwinkel links und rechts: 4° valgus – 2° varus

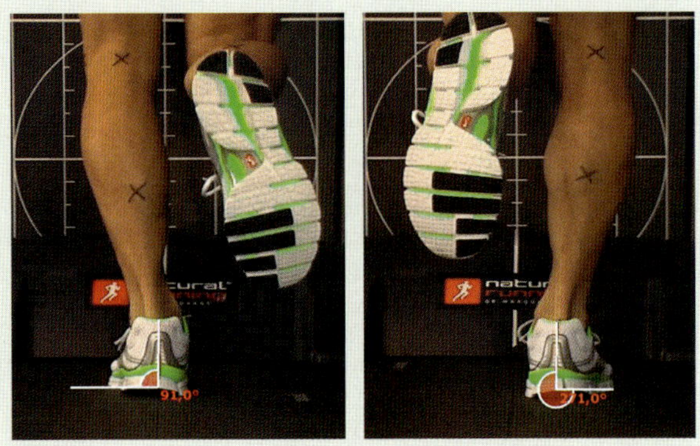

Fersenkappenbodenwinkel links und rechts: 4° valgus – 2° varus

mer mit dem Fersenbodenwinkel des Fußes überein: Es kann deutliche Relativbewegungen zwischen Fuß und Schuh geben.

Die Abdruckbewegung Ihres Fußes erfolgt üblicherweise über die Großzehe – den ersten Strahl. Kippt Ihr Fuß im Abdruck Richtung Kleinzehen, spricht man von einer Vorfußsupination.

Fehler bei der Auswertung der Bewegungsanalyse

Die Aufnahmetechnik führt in der Bewegungsanalyse zu systematischen Fehlern. Die muss der Bewegungsanalyst kennen, um eine sorgfältige Auswertung der Daten durchführen zu können. Zu nennen sind:

- → Der Parallaxenfehler: Er beschreibt die Verzerrung des Bildrands – bedingt durch die Kameralinse. Winkel sollten daher immer so zentral wie möglich ermittelt werden.
- → Der Perspektivenfehler: Er macht Streckenbestimmungen nur an der Ebene möglich, für die ein Längenmaß definiert wurde. Befindet sich ein Körperteil vor oder hinter dieser definierten Ebene, so wird die Strecke zu kurz oder zu lang ermittelt.
- → Der Rotationsfehler: Durch die Rotation des Fußes und der Beinachse nach außen werden die Winkel von Beinachse und Sprunggelenk systematisch falsch gemessen, weshalb der Analyst hierfür Korrekturverfahren ansetzen muss.

Anatomische Ebenen- und Lagebeziehungen

Frontal
Betrachtung der Stirnebene von vorn oder hinten (frons = lat. Stirn). Aussagen zur Abweichung der Beinachse nach innen und außen können ideal getroffen werden.

Transversal
Betrachtung einer Ebene, die sich parallel zum Boden befindet. Rotationsbewegungen werden in dieser Ebene deutlich. So kann die Rotation des Schienbeins, die in der transversalen Ebene stattfindet, aufgrund der Verschiebungen der Körperteile in der Frontalebene erfasst werden.

Valgus
Nach innen gekippt, X-Bein-Abweichung.

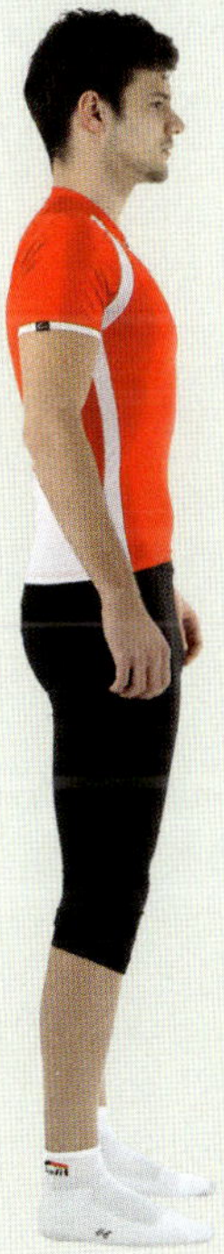

Sagittal
Die seitliche Ebene wird markiert durch einen von vorn im Körper steckenden Pfeil (sagitta = lat. Pfeil). Die seitliche Analyse ist wichtig zur Beurteilung des Laufstils. Sie ermöglicht insbesondere Aussagen zur Flexion (Beugung) und Extension (Streckung) von Hüfte, Knie und Sprunggelenk.

Varus
Nach außen gekippt, O-Bein-Abweichung.

Lateral
Zur Körperaußenseite hin gelegen (latus = lat. Seite). Eine relative Lagebezeichnung. Beispiel: Die kleine Zehe liegt lateral von der Großzehe.

Medial
Zur Körpermitte hin gelegen (Medianlinie = Körpermittellinie). Eine relative Lagebezeichnung. Beispiel: Die Großzehe liegt medial von der kleinen Zehe.

Ein gutes Analyselabor zeichnet sich durch gute Lichtverhältnisse, ausreichend Platz und Kameras mit kürzesten Verschlusszeiten aus

Der Befund und die Maßnahmen

Die Untersuchungsergebnisse münden am Ende Ihrer Behandlung in einen definierten Maßnahmenkatalog. Dieser besteht aus aktiven und passiven Maßnahmen sowie optimalen Ausrüstungshinweisen. Alle Ergebnisse und Trainingsempfehlungen sollten Ihnen in einem ausführlichen Bericht mitgegeben werden. Idealerweise wird auch die weitere Trainingsplanung erörtert, um ein sinnvolles Be- und Entlastungsverhältnis zu erreichen und somit neuerlichen Überlastungsbeschwerden effektiv vorzubeugen. Wesentlich ist oftmals auch die Strukturierung der Regenerationsmaßnahmen – gerade im Leistungstraining. Hierbei kann beispielsweise die Blackroll (siehe Kapitel 8) wertvolle Dienste leisten. In meiner Praxis werden bei komplexen Behandlungsempfehlungen Therapiepläne für Überlastungsschäden erstellt, die über einen Zeitraum von zwölf Wochen und mehr abgearbeitet werden. Anders ist bei diesem komplexen Thema kein optimaler Behandlungserfolg zu erwarten.

Typische Befunde der Bewegungsanalyse

Die Überpronation

Ursachen

Die Überpronation tritt bei einem Knicksenkfuß (der Fuß kippt bei gleichzeitig abgeflachtem Längsgewölbe nach innen) und einer schwachen Fußmuskulatur auf. Bei einer schlechten Lauftechnik zeigt er sich besonders. Oftmals findet sich eine Verbindung mit einem X-Bein. Entgegen vielfältiger Meinung ist der Grad der Überpronation nicht vom Körpergewicht abhängig.

Folgen

- → Achillessehnenentzündung
- → verstärkte X-Bein-Achsenfehlstatik
- → Kniebeschwerden
- → Schienbeinkantensyndrom

Die Gelenkkette – warum der Fuß das Becken beeinflusst

Ihr Fuß kann sowohl nach innen kippen (Pronationsbewegung) als auch nach außen kippen (Supinationsbewegung). Was viele Laien (und auch mancher Therapeut) nicht ahnen: Ihr Unterschenkel, der Sprunggelenk und Knie verbindet, rotiert durch die Pronationsbewegung nach innen. Das führt über die Kopplung des Kniegelenks zu einer Innenrotation des Oberschenkels. Zu guter Letzt löst dies eine Kippung des Beckens nach vorn aus und beeinflusst so die Haltung Ihrer Wirbelsäule. Bei einer Supinationsstellung des Fußes kommt es zur gegenteiligen Bewegung: Unter- und Oberschenkel rotieren nach außen und das Becken kippt nach hinten.

Das Problem kann aber auch »absteigend« sein: Leiden Sie unter einer Beckenkippung aufgrund verkürzter Muskeln, so beeinflusst diese über die Stellung von Ober- und Unterschenkel Ihre Fußstellung. Nur eine genaue Untersuchung und Bewegungsanalyse kann klären, wo der Ursprung des Problems liegt – und an welcher Stelle eine Korrektur erfolgen sollte.

Versorgung

- → Barfußlaufen zur Fußkräftigung
- → Schulung eines aktiven Laufstils
- → Therapiekreisel
- → Lauf-Abc
- → Wadenkrafttraining
- → Schuhe mit Pronationsstütze
- → orthopädische Einlagenversorgung mit Längsgewölbestütze und Supinationskeil

Die Überpronation

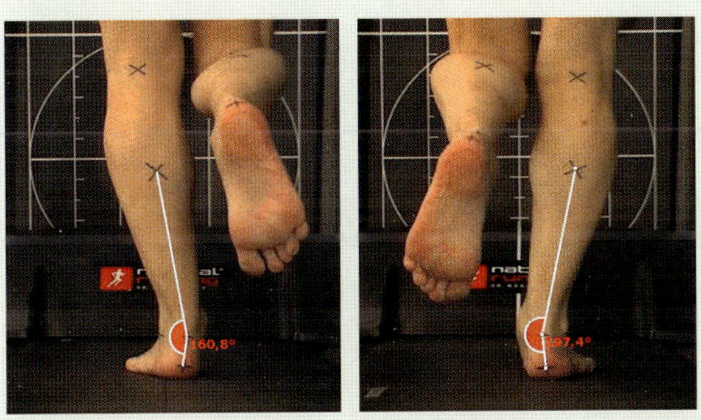

Achillessehnenwinkel links: 20° valgus,
Achillessehnenwinkel rechts: 17° valgus
(Normalbefund: 8–12° valgus)

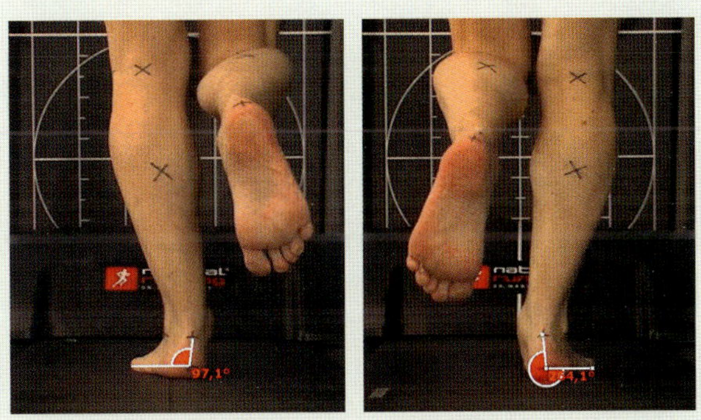

Fersenbodenwinkel links: 7° valgus,
Fersenbodenwinkel rechts: 6° valgus
(Normalbefund: 4° valgus – 2° varus)

Überpronation – eine Zivilisationskrankheit?

Über die Überpronation wurde in den vergangenen Jahren viel geschrieben. Lange Zeit wurde sie als hauptverantwortlich für sämtliche Laufverletzungen angesehen, weshalb es zahlreiche Schuhversorgungskonzepte zur Minimierung dieser Bewegung gab. Dabei ist die Pronation grundsätzlich keine »gefährliche« Bewegung des Körpers. Ganz im Gegenteil: Innerhalb des normalen Bewegungsausmaßes ist die Pronation für die normale Funktion des Fußes unerlässlich. Aber nicht nur die Fußaktion, sondern auch die Positionierung der Beinachse steht mit der Pronationsbewegung in Zusammenhang. Die normale Bewegung darf also keinesfalls eingeschränkt werden, dann würden Sie nach außen umknicken. Das könnte Ihr Körper muskulär kaum kompensieren – ganz im Gegensatz zur Pronationsbewegung, die unter guter muskulärer Kontrolle steht.

Eine übermäßige Pronationsbewegung findet sich besonders häufig bei unausgebildeten Läufern mit schlechten Kraft-, Technik- und Koordinationsfähigkeiten. Bei lauftechnischer und athletischer Ausbildung der Läufer wird dieser Anteil geringer. Die Überpronation ist oftmals schlicht eine Zivilisationskrankheit des modernen Läufers!

Die Supination

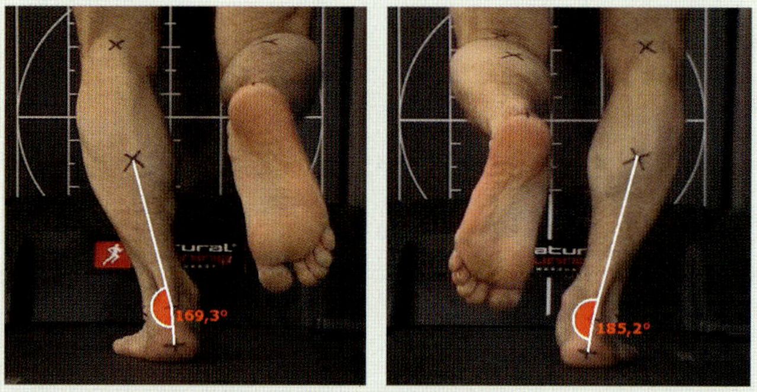

Achillessehnenwinkel links: 11° valgus, Achillessehnenwinkel rechts: 5° valgus (Normalbefund: 8–12° valgus)

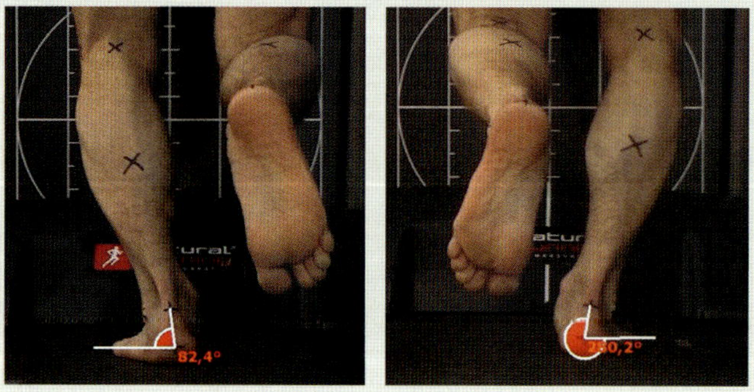

Fersenbodenwinkel links: 8° varus, Fersenbodenwinkel rechts: 10° varus (Normalbefund: 4° valgus – 2° varus)

Die Supination

Ursachen

Supinierer knicken im unteren Sprunggelenk nach außen. Häufig liegt eine Veranlagung wie eine Hohlfußfehlstellung mit unflexiblem Fuß- und Sprunggelenkkomplex oder O-Beine zugrunde. Teilweise wird die Fehlstellung durch zu starke Pronationsstützen im Schuhwerk ausgelöst. Das ist dann ein vermeidbares Problem!

Folgen

→ Achillessehnenentzündung
→ Beinachsenfehlstatik im Sinne eines O-Beins
→ Schienbeinkantensyndrom

Versorgung

→ Einlage mit Cuboidstütze, Detorsionskern und vordere Außenranderhöhung
→ Koordinationstraining für die Füße
→ Training der Fußmuskulatur mit dem Therapiekreisel
→ Lauf-Abc zur Verbesserung der Koordination

» Die Überpronation ist eine Zivilisationskrankheit. «

Die Vorfußsupination

Ursachen

Die Vorfußsupination, also der Abdruck über die Kleinzehen, tritt oft im Rahmen einer generellen Supinationsneigung bei Hohlfuß oder O-Beinen auf. Als weitere Ursache der Vorfußsupination kommt die Vorfuß-Varusstellung (Verdrehung von Vor- und Rückfuß zueinander) oder eine Abschwächung der Fußaußenrandheber (Mm. peronei) infrage.

Folgen

→ Achillessehnenentzündung
→ Schienbeinkantensyndrom

Versorgung

→ orthopädische Einlage mit vorderer Außenranderhöhung
→ Koordinationstraining für die Füße
→ Training der Fußmuskulatur mit der Fußzirkelübung und dem Therapiekreisel
→ Lauf-Abc zur Verbesserung der Koordination
→ Rotation der Füße beachten, eventuell leicht nach außen rotieren
→ bewusst aktiv über die Großzehe abdrücken

Die Vorfußsupination

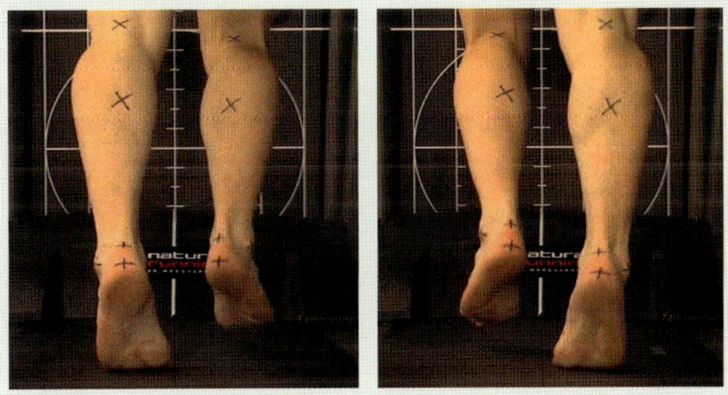

Abdruck über die Kleinzehe

Das O-Bein

Ursachen

Eine O-Bein-Stellung lässt sich einerseits durch die Veranlagung (Rotation des Oberschenkelhalses, O-Bein bei Supinationsfehlstellung des Fußes, was über die Außenrotation des Unterschenkels zum O-Bein führt), wohl aber auch durch erworbene muskuläre Ungleichgewichte erklären. Fußballer entwickeln sehr häufig im Laufe ihrer Karriere eine O-Bein-Stellung.

Folgen

→ Die ungleichmäßige Einwirkung der Körperlast auf die Kniegelenkflächen führt zu einer übermäßigen Belastung der inneren Gelenkflächen mit einem erhöhten Arthroserisiko.
→ Knieaußenbandprobleme
→ Innenmeniskusprobleme aufgrund der Rotation des Schienbeins und der ungleichmäßigen Lastverteilung

Das O-Bein

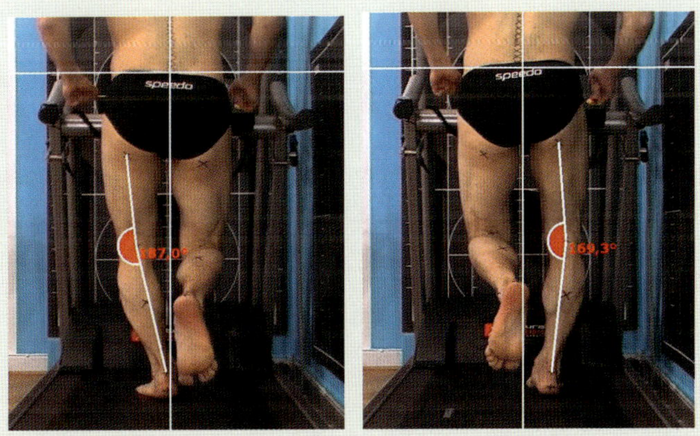

Beinachse links: 7° varus, Beinachse rechts: 11° varus (Normalbefund: 3° valgus – 3° varus)

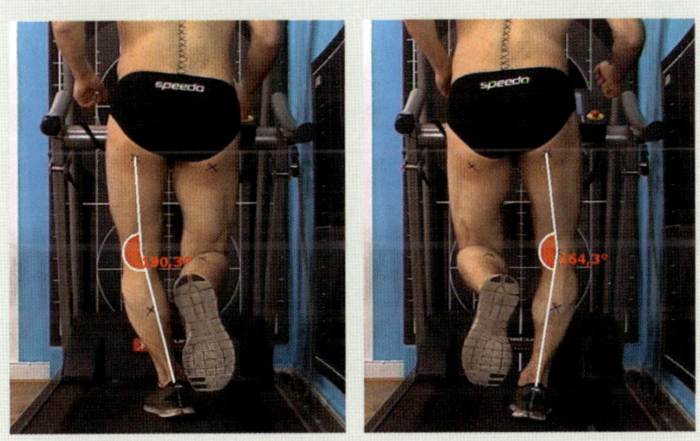

Beinachse links: 10° varus, Beinachse rechts: 16° varus (Normalbefund: 3° valgus – 3° varus)

Versorgung

- → Kräftigung der Adduktoren
- → Dehnung des Tractus iliotibialis
- → Koordinationstraining mit Therapiekreisel oder Kippelbrett
- → Fußzirkel
- → Lauf-Abc
- → Barfußlaufen zur Fußkräftigung
- → orthopädische Einlage mit vorderer Außenrandanhebung, Cuboidstütze; bei einem versteiften Großzehengrundgelenk (Hallux rigidus) kann eine Halluxhohllegung erfolgen
- → Schuhversorgung mit gebogenem Leisten zur maximalen seitlichen Unterstützung

Das X-Bein

Ursachen

Ein leichtes X-Bein ist normal: Aufgrund der Breite des Beckens kippt der Oberschenkel nach innen, um dem Fuß beim Laufen eine Position mitten unter dem Körperschwerpunkt zu ermöglichen. Die X-Stellung beträgt bei Betrachtung des knöchernen Skeletts etwa sieben Grad (bei der Bewegungsanalyse wird die mechanische Beinachse gemessen, die hat null Grad). Eine verstärkte X-Bein-Stellung entsteht bei fehlrotiertem Oberschenkelhals, einer Instabilität der becken- und beinachsenstabilisierenden Muskulatur oder bei einer Überpronation, die durch die Innenrotation des Unterschenkels zum X-Bein führt.

Das X-Bein

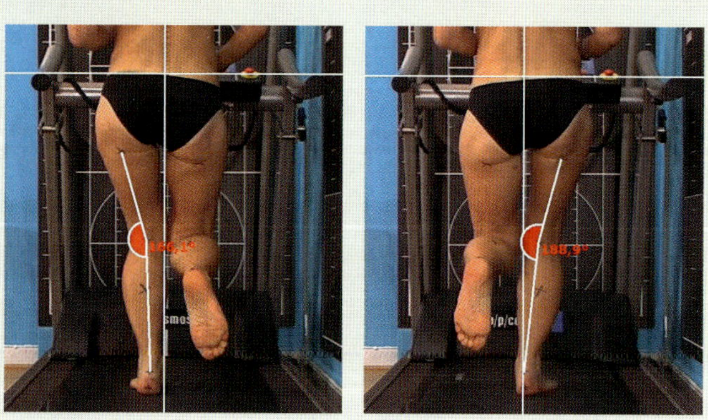

Beinachse links: 14° valgus, Beinachse rechts: 9° valgus (Normalbefund: 3° valgus – 3° varus)

Pronation bei O-Beinen

Besondere Aufmerksamkeit gilt der Pronation bei o-beinigen Läufern: Eine große Verwirrung bringt oft der Umstand mit sich, dass es sich bei dem Achillessehnenwinkel um einen relativen Winkel im Verhältnis zur Beinachse handelt. Bei einem starken O-Bein passt der Körper seine Sprunggelenkmechanik an die Beinachsenfehlstellung an – zum Glück! Anstatt den Fuß auf der Außenkante stehen zu lassen, kippt er ihn entgegen der O-Bein-Stellung nach innen. So steht der Fuß sicher auf dem Untergrund und knickt nicht nach außen um. Das ist ein notwendiger Schutzmechanismus! Es wäre in solchen Fällen falsch, die »Überpronation«, die eigentlich keine ist, zu korrigieren und den Körper in eine noch schlimmere Fehlstatik zu zwingen. Die Sprunggelenkmechanik hat sich angepasst – und darf nicht verändert werden.

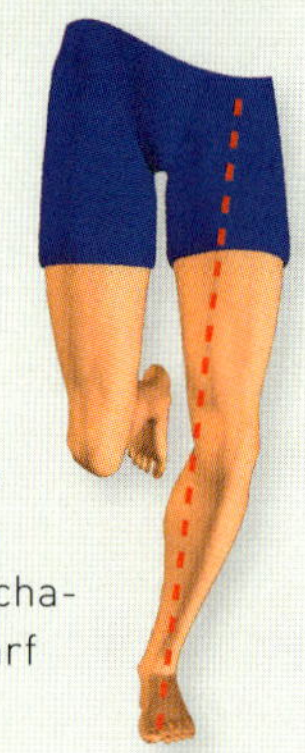

Folgen

- → Die ungleichmäßige Einwirkung der Körperlast auf die Kniegelenkflächen führt zu einer übermäßigen Belastung der äußeren Gelenkflächen mit einem erhöhten Arthroserisiko.
- → Knieinnenbandprobleme
- → Meniskusprobleme aufgrund der Rotation des Schienbeins und der ungleichmäßigen Lastverteilung

Versorgung

- → Training der Hüftaußenrotatoren und Abduktoren
- → Dehnen der Adduktoren
- → aktive Lauftechnik, Barfußlaufen
- → Koordinationstraining mit Therapiekreisel
- → Lauf-Abc, Fußzirkel
- → orthopädische Einlage mit Längsgewölbestütze, Sustentaculumstütze und Supinationskeil
- → Schuhversorgung mit härterem Material an der Innenseite

»Der Sitzer«

Ursachen

Eine mangelhafte Hüft- und Kniegelenkstreckung in der Stütz- und Abdruckphase wird oft durch eine Verkürzung des Hüftlendenmuskels (M. iliopsoas) und durch eine zu geringe Kraft der hüftstreckenden Muskulatur erzeugt: der Gesäßmuskulatur (M. gluteus maximus) und der hinteren Oberschenkelmuskulatur (Mm. ischiocrurales).

Folgen

Durch die großen Kräfte, die bei übermäßiger Kniegelenkbeugung in der Stützphase auf die Rückseite der Kniescheibe einwirken, kommt es zur Überlastung des Kniescheibenknorpelgleitlagers. Langfristig ist eine Schädigung des Knorpels hinter der Kniescheibe (Retropatellararthrose) nicht auszuschließen. Problematisch für den ambitionierten Läufer ist ferner die deutlich verschlechterte Effizienz durch die verkürzte Schrittlänge in der Abdruckphase.

Versorgung

Einzige ursächliche Therapie ist die Beseitigung der muskulären Dysbalance und die Schulung von Lauftechnik und Koordination. So können Sie den korrekten Bewegungsablauf umsetzen. Dies beinhaltet:

- → Erlernen eines Mittelfußlaufstils
- → Dehnung des Oberschenkelstreckers (M. rectus femoris)
- → Dehnung des Hüftbeugers (M. iliopsoas)
- → Kräftigung des Gesäßes (M. gluteus maximus und medius)
- → Kräftigung der hinteren Oberschenkelmuskulatur (Mm. ischiocrurales)
- → Lauf-Abc mit Übungen zur Streckung (Käsekästchen, Sprungläufe, Prellhopser)

»Der Sitzer«

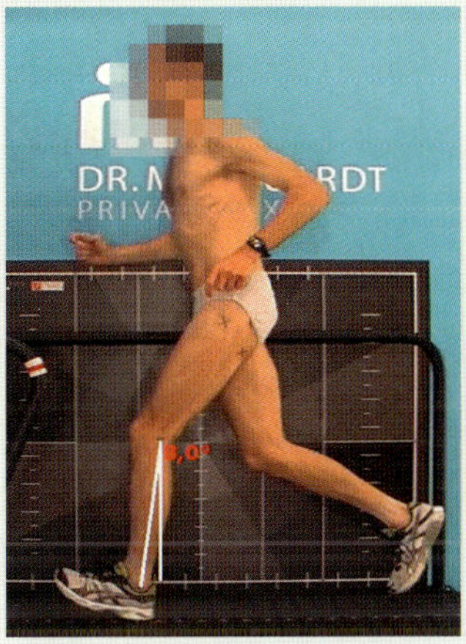

Aufsatz: deutlicher Fersenlauf, Unterschenkelvorschwung 8°

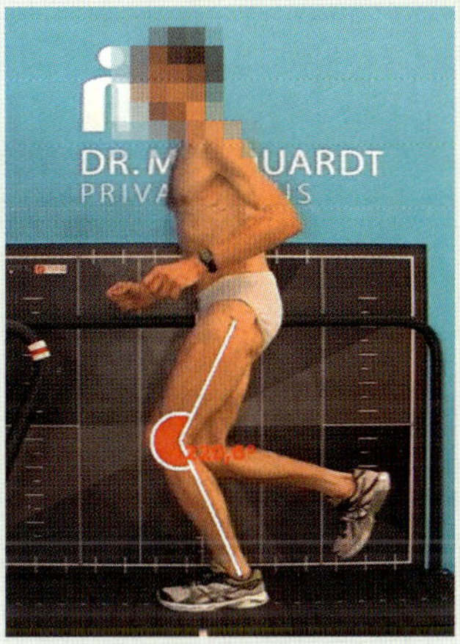

Stütz: Kniebeugewinkel 49° (Normwert: 30–40°)

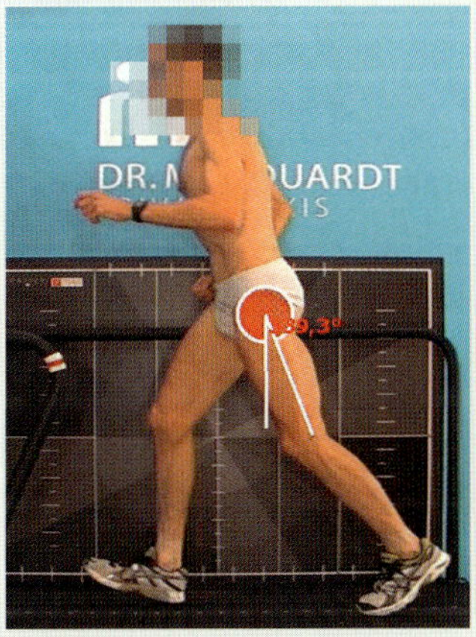

Abdruck: Hüftstreckung 21° (Normwert: 20–35°)

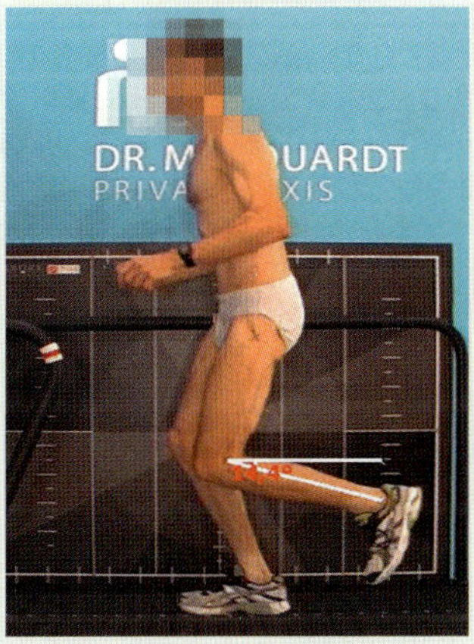

Schwung: Unterschenkelwinkel 14° (Normwert: +/-10°)

Beckeninstabilität

Ein instabiles Becken zeigt sich typischerweise auf drei Arten:

- → Duchenne-Zeichen: Beim Duchenne-Zeichen wird der Oberkörper in Richtung des Standbeins geneigt. Die Last des Körpergewichts wird über den Drehpunkt des Hüftgelenks verlagert und so das zum Abkippen neigende Becken stabilisiert.
- → Trendelenburg-Hinken: Das Trendelenburg-Hinken beschreibt eine verstärkte Kippung des Beckens zur Spielbeinseite – die Muskulatur ist zu schwach, um die Hüfte zu stabilisieren.
- → Overcrossing: Je höher das Lauftempo wird, desto enger werden die Füße unter der Körpermittellinie aufgesetzt. Setzen die Füße über die Körpermittellinie hinüber, liegt ein Overcrossing (»Schnüren«) vor.

Beckeninstabilität

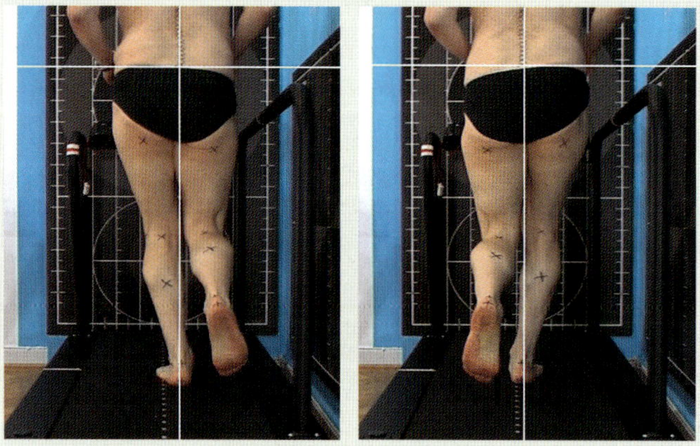

Beinachse mit Overcrossing

11

Der »varische Typ«

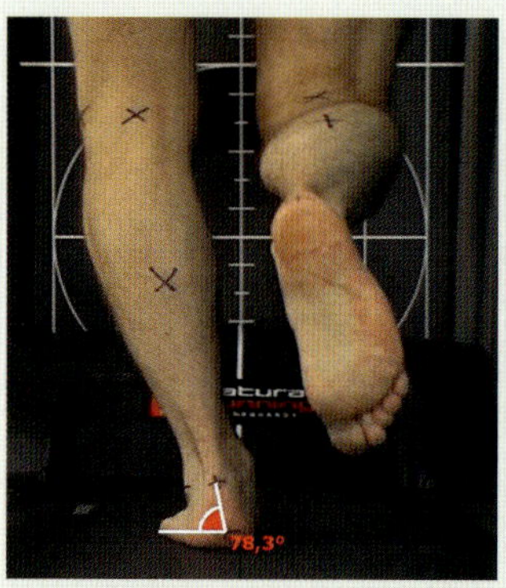

Fersenbodenwinkel: 12° varus
(Normwert: 4° valgus – 2° varus)

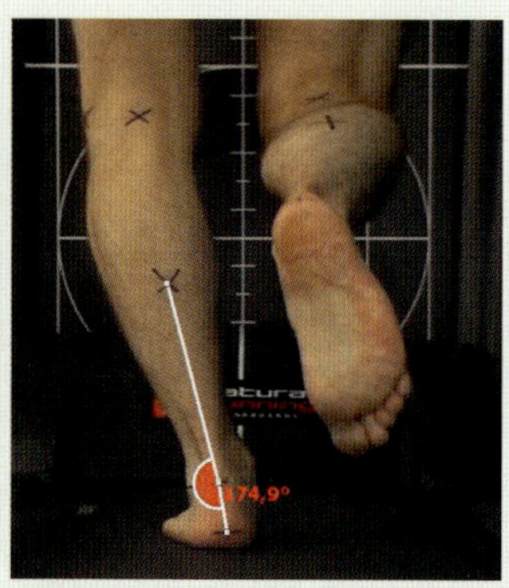

Achillessehnenwinkel: 3° valgus
(Normwert: 8–12° valgus)

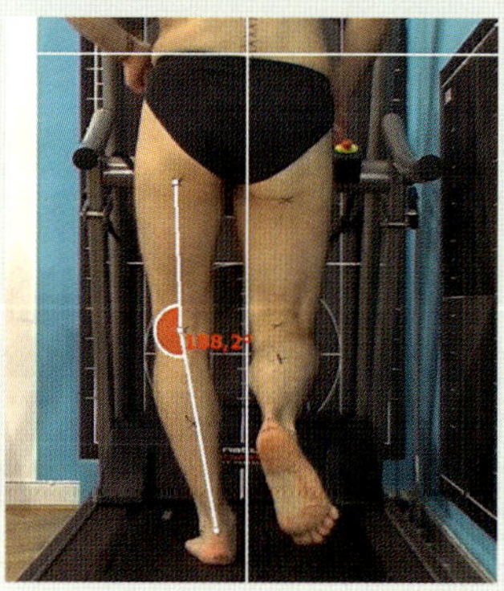

Beinachse: 8° varus
(Normwert: 3° valgus – 3° varus)

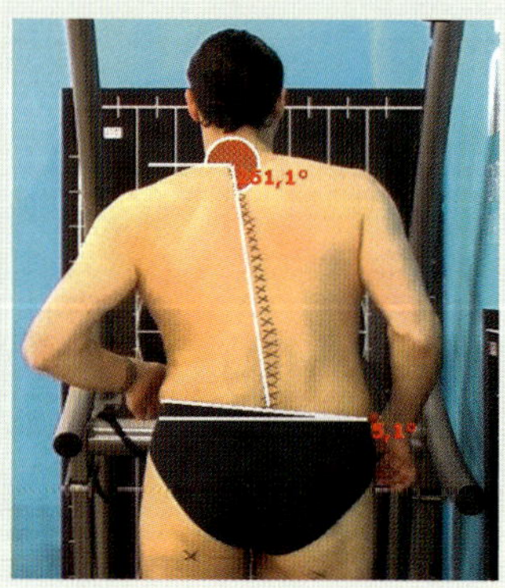

Rumpf: Duchenne 9°
(Normwert: 0–3°)

Ursachen des Overcrossings

In der Regel ist die Ursache eine Schwäche der das Becken stabilisierenden Muskulatur, also insbesondere der Oberschenkelabspreizer (Mm. abductores). In seltenen Fällen spielen aber auch eine Steilstellung des Oberschenkelhalses oder eine nicht ausreichende Hüftkopfüberdachung (»Hüftgelenkdysplasie«) eine Rolle. Ebenfalls kann ein Overcrossing durch einen Unterschied der funktionellen Beinlänge (zum Beispiel bei einer Verkürzung der Abduktoren) ausgelöst werden.

Folgen des Overcrossings

→ Wirbelsäulenprobleme
→ Tractus-iliotibialis-Probleme
→ Achillessehnenprobleme
→ Schienbeinkantenprobleme

Versorgung des Overcrossings

→ Kräftigung der Abduktoren
→ Koordinationsübungen
→ Lauf-Abc
→ »Pflastersteinelaufen«: Setzen Sie die Füße bewusst jeweils links und rechts einer Linie auf.

Der »varische Typ«

Die O-Bein-Fehlstellung in Kombination mit einem Hohlfuß und Außenrotation der Beinachse ist sehr schwierig zu beeinflussen. In der Verkettung dieser Fehlstellungen lassen sich folgende Phänomene feststellen:

→ Es tritt eine Supinationsfehlstellung im unteren Sprunggelenk auf, unter Umständen kombiniert mit einer Einwärtsrotation der Füße.
→ Die Beweglichkeitseinschränkung des Sprunggelenks bedingt eine Außenrotation des Schienbeins.
→ Die Schienbeinrotation führt das Knie in eine O-Bein-Stellung.
→ Der Oberschenkel steht außenrotiert.

Der »varische Typ« ist entweder auf einen Hohlfuß (»aufsteigende Problematik«) oder auf eine Fehlrotation des Oberschenkelhalses zurückzuführen (»absteigende Problematik«). Die optimale Schuh- und Einlagenversorgung sollte die Bewegung so weit wie möglich über die Großzehe führen. Die physiotherapeutische

Aufarbeitung der zugrunde liegenden Dysbalancen ist ebenfalls wichtig: Kräftigen Sie Ihre Adduktoren und dehnen Sie Ihre Hüftaußenrotatoren sowie die Wadenmuskulatur.

Der »valgische Typ«

Der »valgische Typ« der Kombinationsfehlhaltungen ist durch einen medialen Kollaps charakterisiert: Sämtliche Gelenke der unteren Extremität verkippen zur Körpermittellinie. Der Grund ist eine schlechte muskuläre Sicherung der Gelenkseite oder eine Veranlagung zur entsprechenden Fehlhaltung. Folgende Befunde lassen sich feststellen:

- → Die Instabilität des Beckens aufgrund schwacher Abduktoren äußert sich in einer Kippung des Beckens zur Schwungbeinseite (Trendelenburg).
- → Eine schlecht ausgebildete Außenrotatorengruppe an der Hüfte führt zu Innenrotation des Oberschenkels und zur Abweichung der Beinstatik im Sinne eines X-Beins.
- → Die valgische Beinachse wird durch die Hüftinstabilität bedingt und führt zu einer Innenrotation des Schienbeins.
- → Die Schienbeinrotation nach innen führt in Verbindung mit einer unzureichenden Unterschenkelmuskulatur und einer schlechten Lauftechnik zu einer Überpronation im unteren Sprunggelenk.

Eine derartige Kombinationsfehlstellung wird in der Praxis von mehreren Stellen angegangen. Es wäre für die Gesundheit des Läufers wenig sinnvoll, eine valgische Kombinationsfehlstellung nur mit einer orthopädischen Einlage zur Aufrichtung des Fußes zu versorgen. Andererseits würde auch eine ausschließlich physiotherapeutische Therapie der Beckenmuskulatur in ihrer Wirksamkeit begrenzt bleiben, solange der Fuß nicht in der Lage ist, das System zu stabilisieren. Neben der korrekten Schuh- und Einlagenversorgung sollte also eine gute Lauftechnik erlernt und durch Kraft- und Koordinationsübungen für die gesamte Beinachse ergänzt werden.

Der »valgische Typ«

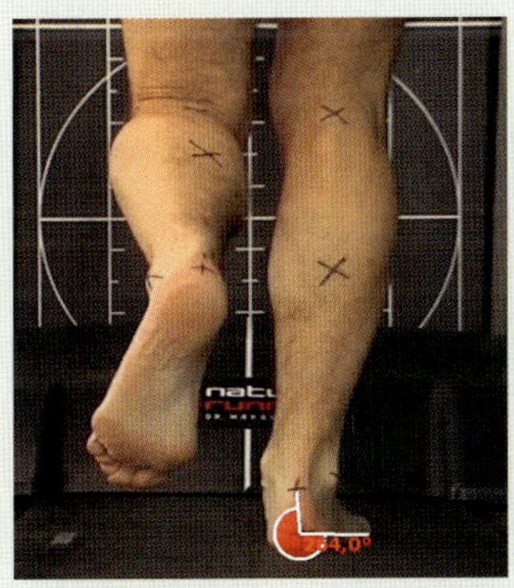

Fersenbodenwinkel: 6° valgus (Normwert: 4° valgus – 2° varus)

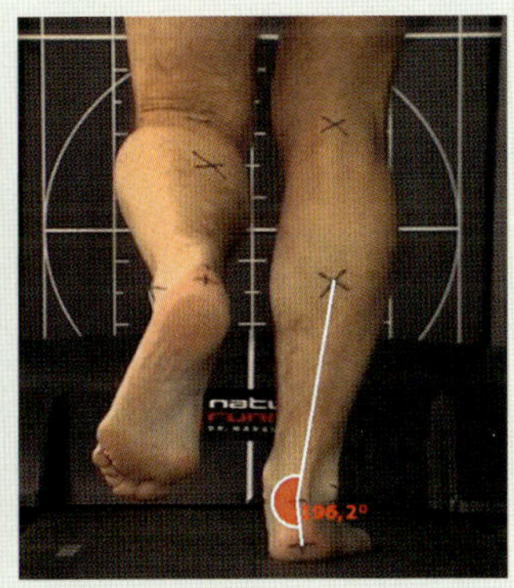

Achillessehnenwinkel: 16° valgus (Normwert: 8–12° valgus)

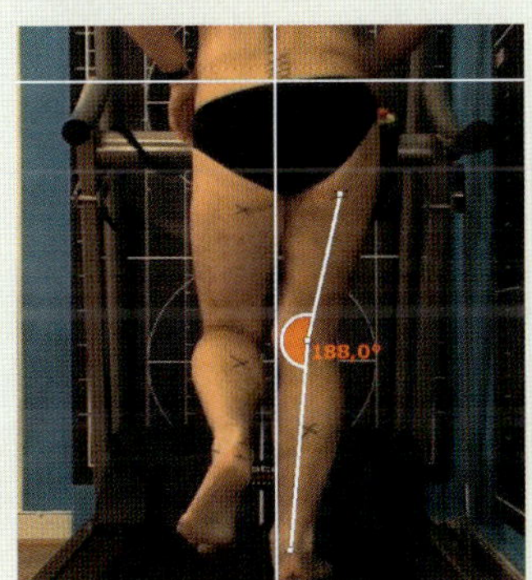

Beinachsenwinkel: 8° valgus (Normwert: 3° valgus – 3° varus)

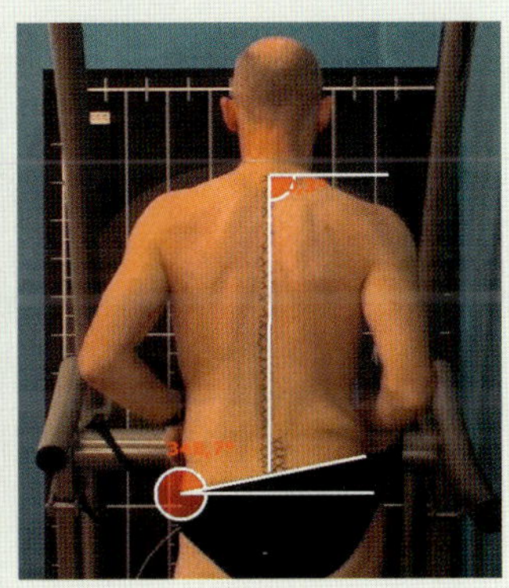

Rumpf: Trendelenburg 11° rechte Seite

Praxistipp → Bedingungen für eine gute Bewegungsanalyse

1 Qualifizierte Analysten

Ein Bewegungsanalyst sollte professionell geschult sein. Dazu gehören anatomische Kenntnisse, profundes Wissen über die Geh- und Laufbewegung sowie über die modernen Behandlungsmethoden von Laufverletzungen. Idealerweise handelt es sich um weitergebildete Ärzte, Physiotherapeuten, Sportwissenschaftler oder Orthopädietechniker.

2 Optimales Laufband

Das Laufband muss standsicher sein, eine ausreichend breite Lauffläche und vor allem einen Rückwärtsgang aufweisen – so können auch die Kniebewegungen aufgezeichnet werden. Dabei laufen Sie nicht rückwärts, sondern vorwärts in die andere Richtung – Ihre Kniescheibe schaut sozusagen Richtung Kamera. Wichtig ist, dass der Rückwärtsgang das gleiche Lauftempo zulässt wie der Vorwärtsgang: Idealerweise werden Läufer bei ihrem zügigen Dauerlauftempo analysiert, was meist zwischen 8 und 14 Kilometer pro Stunde liegt. Somit muss das Laufband über ein Sturzgeschirr verfügen, da Sie im Rückwärtsgang nicht den gesetzlich vorgeschriebenen Sturzraum von zwei Metern zur Verfügung haben.

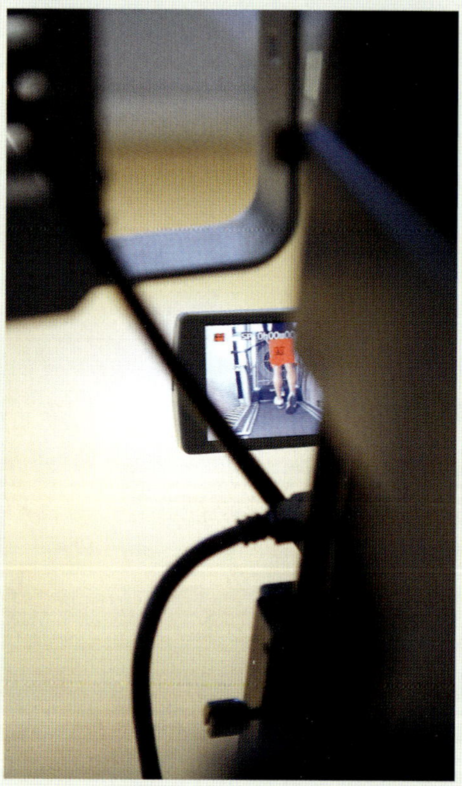

3 Hochwertige Kameras

Hochwertige Kameras sind wichtig für eine gute Aufzeichnungsqualität. Die Landephase bei einem Lauftempo von 12 Kilometern pro Stunde dauert wenige Hundertstelsekunden – um trotzdem scharfe Bilder zu erhalten, benötigt der Analyst spezielle Kameras mit extrem kurzen Belichtungszeiten. Empfehlenswert sind mindestens 50 Aufnahmen pro Sekunde, die mit einer Belichtungszeit von 1/500 Sekunde aufgenommen werden. Auch die Installation ist wichtig: Die Kameras für die frontale und seitliche Aufnahme müssen fest installiert und exakt auf das Laufband ausgerichtet sein.

4 Die Beleuchtung

Die extrem kurzen Belichtungszeiten der Spezialkameras benötigen eine große Lichtmenge – sonst wird das Bild zu dunkel. Eine normale Raumbeleuchtung reicht dafür nicht aus. Eine entsprechende Anzahl von leuchtstarken Scheinwerfern sollte das Laufband optimal ausleuchten.

5 Bewegungsebenen

Wer korrekte Aussagen zur Technik und Funktion des Laufstils machen will, kann sich nicht auf die Frontalebene allein verlassen. Mindestens zwei Kameras (eine frontale und eine seitliche) sind für die Analyse wichtig.

6 Korrekte Markierung

Um die Stellung Ihrer Gelenke beim Laufen zu analysieren, bedarf es der Markierung wichtiger Gelenkdrehpunkte und Achsenmarkierungen. Die Markierung erfordert große Sorgfalt, weil sie eine Quelle für Fehler und Ungenauigkeiten ist, nicht zuletzt aufgrund der Verschieblichkeit der Haut über dem Unterhautfettgewebe. Wird hier unpräzise gearbeitet, kommt es zu Fehlern in der Auswertung, die eine Bewegungsanalyse schlecht mit einer später durchgeführten, erneuten Analyse vergleichbar macht.

7 Interpretation sämtlicher Winkel

Es müssen immer alle Winkel (Fuß, Bein, Knie, Becken, Wirbelsäule) ausgewertet werden. Ein leicht von der Norm abweichender Winkel bedeutet nicht zwangsläufig immer eine Fehlstellung, nur im Zusammenhang mit sämtlichen Befunden kann dies entschieden werden.

8 Qualifizierte Versorgungsempfehlungen

Die Analyseergebnisse müssen stets in eine konkrete Versorgungsempfehlung münden. Diese sollte sich nicht auf Schuhe und orthopädische Einlagen beschränken. Aktive Therapiemaßnahmen sind für Ihren Behandlungserfolg mindestens ebenso wichtig!

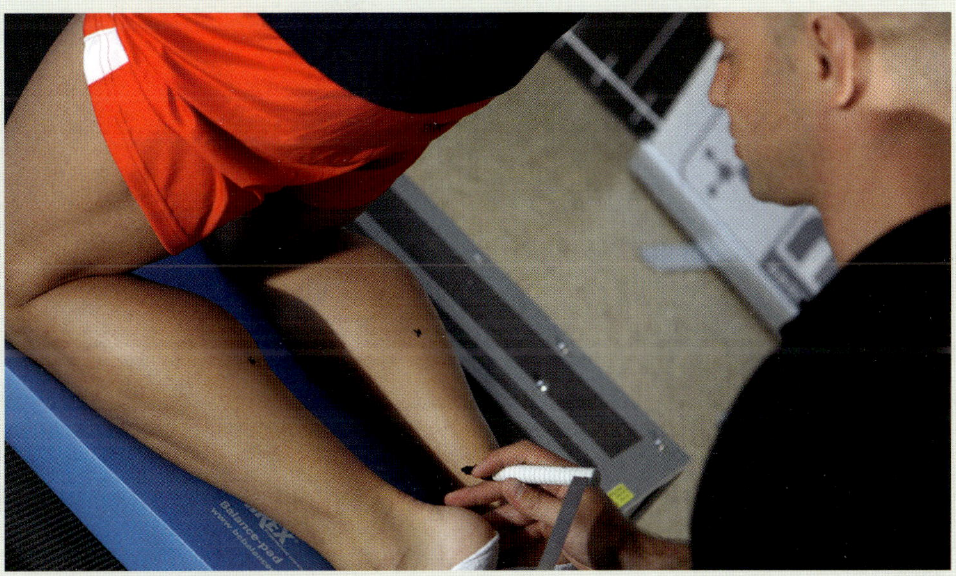

11

Kapitel 12

Einlagenversorgung

Einlagen gegen Fußfehlstellungen

Das Thema Einlagenversorgung ist so modern wie uralt: Die Anfertigung von orthopädischen Einlagen, die Fußfehlstellungen korrigieren und Schmerzen beim Gehen und Stehen verringern sollen, hat eine mehrere Hundert Jahre alte Geschichte. Im 18. Jahrhundert experimentierte Petrus Camper mit Korkschichten, die er in den Schuh integrierte, und entwickelte in dieser Weise offenbar die erste Schuheinlage. Patentanmeldungen für konkave Erhöhungen auf der Einlagenoberfläche, sogenannte Pelotten, gehen zurück bis in das Jahr 1902 und sind schriftlich belegt. Einlagen scheinen sich bewährt zu haben – dabei ist es Forschern bis dato nicht sicher gelungen, Beweise für deren Wirksamkeit vorzulegen. Dennoch: Die orthopädische Einlagenversorgung hat bei der Sportlerbetreuung einen festen Platz.

Dynamische Fußdruckmessung

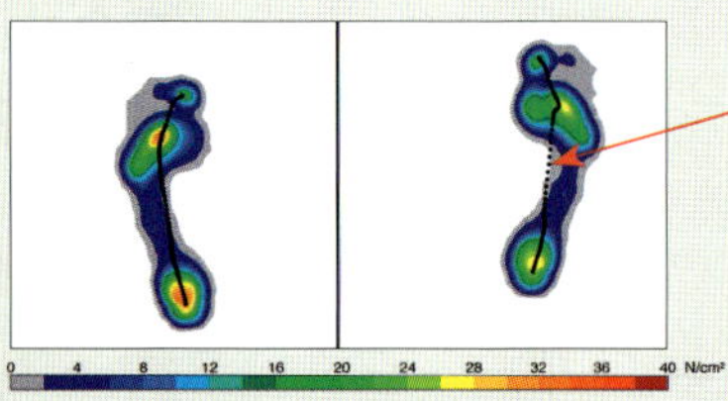

Ganglinie: der Verlauf des Druckzentrums in Projektion auf den Fußabdruck

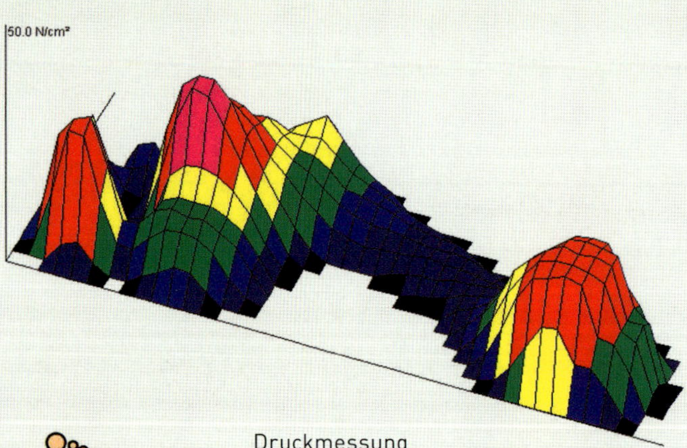

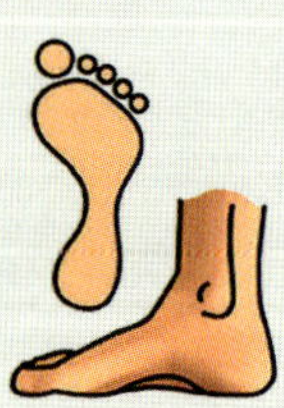

Druckmessung eines gesunden Fußes: Die Spitzen stellen den tatsächlichen Bodengegendruck unter der Ferse und unter dem Vorfuß dar

Der gesunde Fuß

Bei orthopädischen Einlagen denken Sie wahrscheinlich zunächst an kranke Füße – die sogenannten Fußfehlstellungen. Bevor Sie sich Senk- und Plattfüße genauer ansehen, werfen Sie am besten einen Blick auf den gesunden Fuß, der ja eine Vielzahl von Funktionen wahrnimmt. Der Fuß verfügt über zwei Gewölbe: das Längs- und das Quergewölbe. Ein gesunder Fuß gibt im Quergewölbe nach und verteilt den Druck gleichmäßig auf den Vorfußbereich. Es gibt zwei Druckmaxima: eines unter dem Fersenbein und eines in der Mitte des Vorfußes.

Der räumlich-zeitliche Verlauf des Druckschwerpunkts der Gesamtlast wird als Ganglinie bezeichnet und ist mithilfe der Fußdruckmessung sichtbar. In der Regel zeigt die Ganglinie einen typischen Verlauf: Mit dem Aufsetzen der Ferse findet sich unter dem Fersenzentrum der Startpunkt, danach rollen Sie den Fuß ab und der Schwerpunkt wandert leicht auf die Außenflanke des Mittelfußes. Mit dem Abheben der Ferse zentriert sich der Schwerpunkt unter den Mittelfußköpfchen II und III, um dann über den letzten Kontaktpunkt unter der Großzehe abgerollt zu werden. Bei einer Überpronation oder Supination kann die so gezeichnete Linie mehr nach innen oder außen wandern.

> Der Fuß ist die Basis Ihres Bewegungsapparats.

Die Fußfehlstellungen

Der Senkfuß

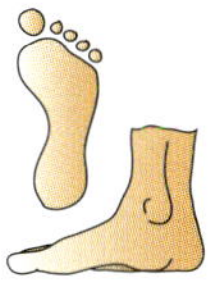

Der Senkfuß entsteht durch ein abgeflachtes Längsgewölbe. Die Fußdruckmessung zeigt eine verbreiterte Kontaktfläche des Fußes im Mittelfußbereich. Die Knickfußtendenz ist häufig – in diesem Fall kann auch bei einer Senkfußfehlstellung eine nach innen verlagerte Ganglinie auftreten.

Der Spreizfuß

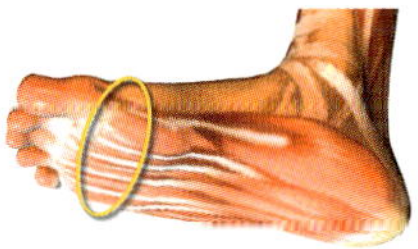

Ist das Quergewölbe abgeflacht, verteilt sich der Druck unter dem Vorfuß nicht gleichmäßig. Es kommt zu Druckspitzen unter den Mittelfußköpfchen II und III – dort treten häufig Schmerzen auf.

Der Plattfuß

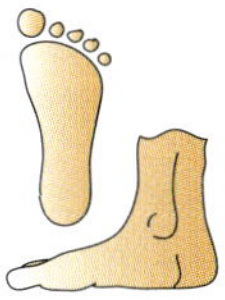

Beim Plattfuß sind Längs- und Quergewölbe abgeflacht – die gesamte Fußsohle hat Kontakt zur Unterlage. Verloren gehen eine physiologische Druckverteilung sowie die Dämpfungs- und Koordinationsfunktion der Beinachsenbewegung.

Der Knickfuß

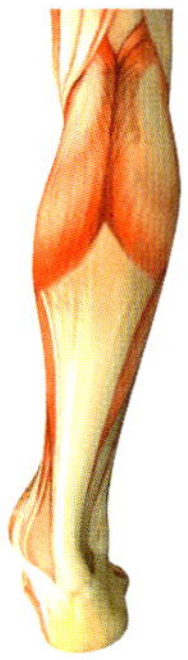

Beim Knickfuß kippt das Fersenbein nach innen. Ist zusätzlich das Längsgewölbe abgeflacht, spricht man von einem Knicksenkfuß. Die Druckmessung zeigt die nach innen verkippte Ganglinie aufgrund einer verstärkten Pronationsbewegung – und unter Umständen auch das abgeflachte Längsgewölbe.

Der Hohlfuß

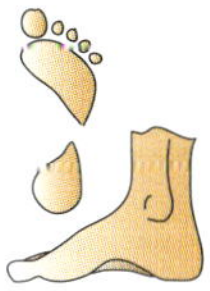

Der Hohlfuß zeichnet sich durch Verkürzungen beim Fußsohlenband (Plantarfaszie) und bei der Fußmuskulatur aus. Die Längsgewölbe sind daher sehr hoch gesprengt – der Rist des Fußes ist übermäßig hoch. Die Gewölbe funktionieren aufgrund der verkürzten Bänder und Muskeln nur eingeschränkt: Ihre Nachgiebigkeit ist gering, der Fuß ist steif. Oft ist der Hohlfuß mit einer Supinationsfehlstellung im unteren Sprunggelenk kombiniert. Die Druckmessung zeigt hochgesprengte Gewölbe mit einer unterbrochenen Kontaktfläche am äußeren Fußrand. Unter Umständen zeigt sich der charakteristische Dreipunktekontakt der Fußsohle.

3-D-Bilder dynamischer Fußabdrücke bei Fußfehlstellungen

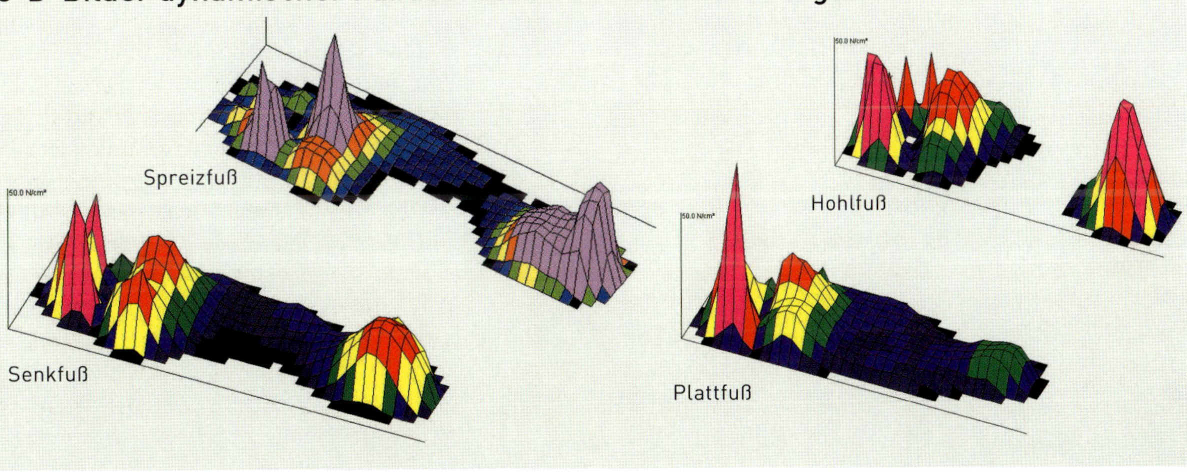

Konventionelle orthopädische Einlagen

Fußfehlstellungen werden sehr oft mit konventionellen orthopädischen Einlagen behandelt. Sie zählen zu den Korrektureinlagen, die eine fehlerhafte Fußstellung korrigieren sollen. Davon zu unterscheiden sind die sogenannten Kopieeinlagen, die lediglich die Fußform nachbilden, also ein Abbild des belasteten Fußes bilden.

Einlagen als Fußtuning?

Viele Läufer kommen auf die Idee, dass sie mit Einlagen vielleicht schneller laufen könnten. Sie sehen die Einlagen als eine Art »Fußtuning«. Dabei vergessen sie, dass ihr Fuß ein aktives System aus Muskeln, Sehnen und Bändern ist. Er ist keine Plattform, die passiv auf dem Untergrund steht, sondern hat zahlreiche Funktionen:

- → Ihr Fuß ist beweglich und passt sich dem Untergrund an.
- → Ihr Fuß verzögert den Aufprallvorgang durch die aktiv kontrollierte Pronationsbewegung.
- → Ihr Fuß dämpft über gut verspannte Fußgewölbe die Aufprallenergie ab.
- → Ihr Fuß beteiligt sich über die aktive Greif- und Abdruckbewegung Ihrer Zehen an der Vortriebsbewegung.
- → Ihr Fuß wird über Muskeln gestützt, die auch Ihr Sprunggelenk stabilisieren. Und nur wenn Ihr Sprunggelenk stabil ist, macht Ihre Beinachse keine Fehlbewegung.

Lassen Sie Ihre Füße arbeiten: Trainieren Sie Ihre Füße mit kurzen Barfußläufen, wenn Sie schmerzfrei sind. Etwas Besseres können Sie für Ihre Füße nicht tun, denn für Ihre Fußgewölbe gilt: Use it – or loose it!

Die Korrektureinlage

Die klassische Korrektureinlage orientiert sich in den meisten Fällen sehr stark an der Statik des Fußes. Zeigt sich beispielsweise im Stand ein Senkfuß, dann wird das abgeflachte Fußlängsgewölbe durch eine Erhöhung auf der Innenseite der Einlagenoberfläche unterstützt. Da auf die Fußgewölbe große Kräfte wirken, wird bei diesen konvexen Stützen häufig mit sehr festen Materialien gearbeitet.

Ein anderer grundlegender Wirkungsansatz der Korrektureinlage ist die Druckentlastung schmerzender Zonen des Fußes. Der Druck unter der Fußsohle kann aus physikalischen Gründen allerdings nicht verringert werden – die Körpergewichtskraft wirkt mit oder ohne Einlage auf den Fuß ein. Der Trick der Einlage: Das Gewicht wird unterschiedlich verteilt! Die Entlastung bestimmter Areale wird durch eine vermehrte Druckbelastung anderer Areale erreicht. So kann man beispielsweise die schmerzhafte Stelle eines Fersensporns hohllegen, wodurch hier ein verringerter Druck wirkt, jedoch ein vergrößerter Druck auf den anderen Bereichen der Fußsohle. Man spricht hier auch von (punktuellen) Weichbettungseinlagen.

Für Korrektureinlagen werden üblicherweise die folgenden Materialien verwendet:

- → Kork, Leder: Dieses noch heute sehr häufig verwendete Material wird unter anderem deshalb gern eingesetzt, weil es sich unter den Hilfsmitteln im Leistungskatalog der Krankenkassen befindet. Das Material lässt sich gut verarbeiten, ist allerdings relativ schwer und bei starker Schweißbildung häufig nach kurzer Zeit brüchig. Es ist daher für die Sporteinlagenversorgung ungeeignet.
- → Stahl, Karbon und thermoplastische Kunststoffe: Diese Materialien werden besonders

für die Formgebung im Längsgewölbebereich eingesetzt. Diese sehr festen Materialien sind nicht in der Lage, auf die natürliche Funktion des Fußes bei Bewegung zu reagieren, weshalb sie Sportlern, insbesondere Läufern, meist große Probleme beim Training bereiten.

→ Weichschaummaterialien: Ethylenvinylacetat (EVA) und Polyurethan (PU) sind handwerklich gut zu bearbeitende Weichschäume. EVA weist eine wesentlich geringere Dichte auf als PU und ist deshalb leichter. Es ist das günstigste Ausgangsmaterial für Sporteinlagen.

Die unterschiedlichen Materialien können in verschiedenen Einlagenformen verarbeitet werden. Zum Einsatz kommen randlose Einlagen, die sowohl kurz als auch langsohlig verarbeitet werden können. Bei kurzsohligen Einlagen handelt es sich um »halbe« Einlagen, die lediglich Rückfuß und Längsgewölbe des Fußes unterstützen. Darüber hinaus werden Schaleneinlagen angeboten, die den Fuß auch an den Rändern umgreifen. Für Sportler, gerade für Sie als Läufer, sollten ausschließlich langsohlige Einlagen verwendet werden.

Aufbaumaterialien und Funktionselemente

Um die Einlagenrohlinge aus den oben beschriebenen Materialien auf Ihre Fußfunktion und Ihre Bedürfnisse anzupassen, werden unterschiedliche Funktionselemente eingearbeitet. Die Pelotte, die konvexe Stütze auf der Oberfläche der Einlage, wird aus EVA unterschiedlicher Härte hergestellt. Besonders dichtes Material verwendet man, um mit Keilen an der Unterseite der Einlage den Fuß Richtung Innen- oder Außenseite zu heben (sogenannte Pronations- oder Supinationskeile). Funktionselemente aus Gummi, welche unter der Ferse angebracht werden, absorbieren Stöße. Besonders weiche Strukturschäume dienen der punktuellen Weichbettung von schmerzhaften Arealen – wie einem Fersensporn.

Bezugsstoffe

Nachdem die orthopädische Einlage mit den Funktionselementen versehen wurde, wird sie mit einem Bezugsstoff überzogen. Häufig wird hierfür Alcantara-Leder eingesetzt – es ist rutschfest und angenehm zu tragen. Gängig in der Versorgung von Diabetikern ist sogenannte LAI-Porellina aus PU, die sich durch eine glatte, geschlossene Oberfläche auszeichnet. Diese ist abwaschbar, was sehr nützlich bei Fußverletzungen sein kann. Allerdings ist diese Oberfläche sehr rutschig und daher für den Sporteinsatz nicht geeignet (aber leider dennoch häufig dort anzutreffen!). Auch EVA-Schaum kommt zum Einsatz, da er leicht, flexibel, haltbar und vor allem außerordentlich rutschfest ist. Das macht ihn für den Einsatz im Sportschuh ideal.

12

Die unterschiedlichen Funktionselemente im Detail

Pelotten im Vorfußbereich

Flacht das Quergewölbe im Vorfuß ab und kann die Last nicht mehr gleichmäßig auf den gesamten Vorfußbereich verteilt werden, so kommt es oft zu klassischen Spreizfußbeschwerden – die Schmerzen im Ballenbereich (»der Fuß tritt sich durch«). Durch die geänderte Zugmechanik der Beugesehnen der Zehen kann es zu einer nach innen abweichenden Großzehe kommen, dem Hallux valgus. Eine passive Unterstützung zur Aufrichtung des Quergewölbes soll helfen. Dazu werden unterschiedliche Pelottenformen hinter der Mittelfußköpfchenreihe positioniert. So wird das Gewölbe wieder aufgerichtet und der Druck von der überlasteten Struktur genommen.

Indikationen
- → Spreizfußbeschwerden
- → Morton'sches Neurom
- → Hallux valgus

Supinationskeil

Ein Supinationskeil stützt den Fuß auf der Innenseite und verhindert somit eine übermäßige Pronationsbewegung. Man benutzt Supinationskeile zum Abfangen von Knickfüßen und X-Beinen und zur zusätzlichen Unterstützung einer Längsgewölbestütze.

Indikationen
- → Knickfuß
- → X-Bein
- → Tibia-Innenrotation

Längsgewölbestützen

Bei einem abgeflachten Längsgewölbe kommt es zu einer vermehrten Pronation des Fußes im unteren Sprunggelenk. Über diesen Mechanismus wird nicht nur der Fuß, sondern die Mechanik der gesamten Beinachse beeinflusst. Mit einer Erhöhung der Einlage auf der Innenseite kann diese Überbeweglichkeit eingeschränkt werden. Besonders wichtig ist dabei das Unterfangen des Fersenbeinbalkons (Sustentaculum tali), um den Rückfußbereich ideal zu unterstützen. Eine Längsgewölbestütze kann ferner die Fußsohlenbänder entlasten, wenn diese aufgrund einer Längsgewölbeabflachung überlastet und entzündet sind.

Indikationen
- → Knickfuß
- → Senkfuß (selten)
- → Plattfuß
- → Plantarfasciitis
- → Fersensporn

Pronationskeil im Vorfuß

Dieser Keil hilft Läufern mit einer Supination in der Abdruckphase. Mit einer auf den Vorfuß bereich beschränkten Erhöhung von ungefähr zwei Millimetern, die zur Innenseite hin ausläuft, kann der Läufer animiert werden, die Abdruckbewegung sauber über den ersten Strahl zu führen. (Hier wäre eine durchgehende Außenranderhöhung, in der Wirkweise einer schiefen Ebene, fatal. Sie würde die Beweglichkeit des Fußes behindern und vom Kniegelenk Kompromissbewegungen verlangen, die über einen längeren Zeitraum verwendet zu Spätfolgen führen können.) Auch bei diesem Korrekturelement scheint ein propriozeptiver Wirkungsmechanismus beteiligt zu sein.

Indikation
- → Vorfußsupination

Weichbettungen

Bei starken punktuellen Schmerzen werden Weichbettungen genutzt. Sie entlasten bestimmte Zonen des Fußes vom Druck oder verteilen ihn um. Dafür werden bestimmte Areale der Auflagefläche der Einlage mit einem sehr weichen Material ausgearbeitet.

Indikationen

→ Fersensporn
→ Plantarfasciitis
→ Spreizfußbeschwerden

Hohllegungen

Die Hohllegung bestimmter Areale ist die extreme Variante der Weichbettung. Bei einer steifen Großzehe, dem Hallux rigidus, ermöglicht die Hohllegung der Großzehenkuppe eine Abdruckbewegung über den ersten Strahl – ohne dass das bereits geschädigte Gelenk weiterer Abdruckbelastung ausgesetzt wird.

Indikationen

→ Hallux rigidus
→ Vorfußsupination

Detorsionskern

Detorsionskerne minimieren eine übermäßige Verwringung der Fußwurzel – und somit zu starke Verdrehungen des Vorfußes gegen den Rückfuß. Der Mittelfußbereich wird durch ein hartes Material verstärkt. Die Verhärtung hört auf einer schrägen Linie im Vorfuß auf, die die Bewegung zur Großzehe hin über den ersten Strahl führt.

Indikationen

→ Supination
→ Vorfußsupination

Cuboidanhebung

Das Anheben des Würfelbeins (Os cuboideum) richtet den supinierten Fuß auf. Wahrscheinlich entsteht der therapeutische Nutzen durch die propriozeptive Rückwirkung und die Aktivierung der Wadenbeinmuskelgruppe, die den Fuß aktiv pronieren kann.

Indikationen

→ Supinationsfehlstellungen
→ Distorsionen (Umknicken) im Sprunggelenk

Außenranderhöhung

Für Supinierer und O-Beinige: Eine Erhöhung des Außenrands der Einlage kann den Fuß in die Pronation drängen. Sie unterstützt die fußaußenrandhebende Muskulatur. Wird der Fußaußenrand angehoben, werden die inneren Gelenkflächen im Knie entlastet. Unter Umständen ist eine solche Schuh- und Einlagenzurichtung zur Prophylaxe von arthrotischen Beschwerden bei o-beinigen Läufern in Erwägung zu ziehen, wird aber nur in Ausnahmefällen über die volle Länge installiert.

Indikationen

→ Supinationsfehlstellung
→ O-Bein
→ Tibia-Außenrotation

12

12

Die orthopädische Einlage im Zeitalter der knappen Kassen

Die konventionelle Einlagenversorgung steht seit vielen Jahren unter einem zunehmenden Kostendruck. Durchschnittlich wird für eine Standardversorgung mit einer orthopädischen Einlage weniger als 60 Euro an den Handwerksbetrieb durch die Krankenkasse gezahlt. Da der Handwerksbetrieb von diesen Kosten seine Material- und Lohnkosten sowie sämtliche weitere Betriebskosten zu begleichen hat, bleibt wenig Spielraum für individuelle Anpassungen. Die Handwerksleistung wird im modernen Medizinsystem genauso wenig bezahlt wie das ärztliche Gespräch. So kommt es, dass viele orthopädische Einlagen als Rohling von der Stange nur minimale Anpassungen durch den Handwerker erfahren, um dann mit einem firmeneigenen Bezugsstoff als »Maßeinlage« an den Kunden weitergegeben zu werden.

Wie gut ist die Einlage von der Stange?

Im Schuh- oder Sportgeschäft gibt es eine große Zahl vorgefertigter Einlagen. Diese Konfektionseinlagen, die industriell gefertigt »von der Stange« verkauft werden, werden grob den Fehlstellungen wie dem Hohlfuß oder dem Senkfuß zugeordnet und meist noch in der Länge mit der Schere zurechtgeschnitten. Eine individuelle, auf die Fußstellung angepasste Formgebung findet nicht statt. Einige Läufer empfinden die durch die Einlagen hervorgerufene Fußbettung (molding) als angenehm. »Gröbere« Fehlstellungen, wie die klassische Überpronation, lassen sich so ein Stück weit korrigieren. Bei orthopädischen Problemen sollten aber stets individuell angepasste Einlagen auf Basis einer Bewegungsanalyse eingesetzt werden.

Probleme bei der Sportlerversorgung

Mit den hier beschriebenen Einlagen haben Sportler leider häufig große Probleme: Ungeeignete Materialien treffen auf ungeeignete Rohlinge. Die Anpassung der Einlage ist meist an der Statik des Fußes orientiert – und weniger an der Dynamik der Laufbewegung. Hier liegt das große Problem: Es ist völlig normal, dass sich ein Längsgewölbe unter Druckbelastung beim Laufen absenkt. Wird dieser Prozess durch eine Längsgewölbestütze aus hartem Karbon unterbunden, folgen Druckstellen, Schmerzen und mitunter sogar offene Blasen.

Außerdem werden Probleme im Schnellverfahren nicht richtig erkannt: Die klassische orthopädische Einlagenversorgung für den Läufer sieht fast immer eine Längsgewölbe- sowie eine Quergewölbestütze vor. Das entspricht

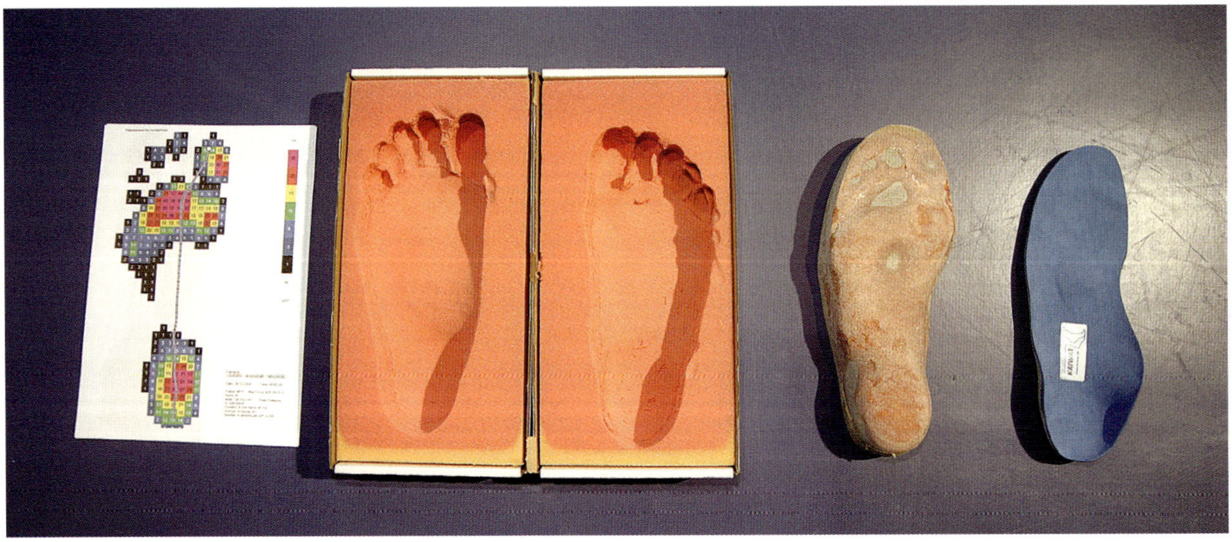

Der Weg zur Einlage (von links): Ausdruck eines dynamischen Fußabdrucks, Trittschaum zur dreidimensionalen Leistenerstellung, individuelles Leistenpositiv des Fußes und darauf hergestellte Einlage

Eine Kopieeinlage von Conform'able: Eine Anpassung ist unbedingt empfehlenswert!

kaum den Bedürfnissen der Laufbewegung!

Kein Wunder: Die Mehrzahl der orthopädischen Einlagen dieser Machart wird von Sportlern auf Dauer nicht getragen. Die Sportler fühlen sich allzu oft gestört – nicht selten entwickeln sie mit solchen Einlagen mehr Probleme als ohne.

Kopieeinlagen

Wissenschaftliche Studien bestätigen die eben erläuterten Probleme von Sportlern mit Korrektureinlagen.[1] Komforteinbußen hafteten den rigiden Stützen an – auch wenn diese aufgrund von Fehlstellungen durchaus indiziert schienen. Anders verhält es sich bei sogenannten Kopieeinlagen – die ein Abbild des belasteten Fußabdrucks bilden. Solche Einlagen werden auch vielfach in Sportgeschäften angeboten. Thermoplastisch verformbare Kunststoffe werden noch im Geschäft erwärmt und an die Form Ihres belasteten Fußes angepasst. Besondere Verbreitung hat diese Anpassung für Ski- und Radschuhe gefunden (steife Einlage möglich), sie wird aber auch zunehmend bei Langstreckenläufern eingesetzt (flexible Einlage zwingend nötig). Wissenschaftliche Untersuchungen bestätigen zahlreiche, jedoch meist unsystematische Effekte solcher Kopieeinlagen.[2]

Fersenkeil bei Achillessehnenentzündung

Eines der am meisten eingesetzten Hilfsmittel der orthopädischen Einlage ist der Fersenkeil. Besonders bei schmerzhaft entzündeten Achillessehnen wird ein bis zu 1,5 Zentimeter hoher Keil unter der Ferse angebracht, um die Achillessehne von Zugkräften zu entlasten. Nur allzu oft verbleiben diese Keile dann im Schuh und sorgen durch die von ihnen herbeigeführte Spitzfußstellung für eine Verkürzung der Wadenmuskulatur und eine deutliche Störung der natürlichen Biomechanik. (Vergleichbar ist diese Art der Korrektur mit dem Laufen auf hochhackigen Schuhen.) Fersenkeile sollten nur bei einer hochakuten Achillessehnenentzündung für die vorübergehende Entlastung von maximal vier Wochen eingesetzt werden und dann sukzessive wieder entfernt werden.

Ein anderer Einsatzbereich von Fersenkeilen ist die Beinlängendifferenz. Will man diese Beinlängendifferenz ausgleichen, so spielt dies primär für das Stehen und Gehen eine Rolle, weniger für das Laufen – hier ist ja stets nur ein Bein am Boden (siehe Kapitel 2). Soll dennoch ein Längenausgleich für das Schuhwerk erfolgen, so sollte dies immer langsohlig unter dem ganzen Fuß geschehen – nicht nur unter der Ferse. Bis zu fünf Millimeter kann ein Orthopädiemechaniker in üblichen Schuhen einpassen, weitere Erhöhungen sollten zwischen Mittel- und Außensohle des Schuhs erfolgen.

Sensomotorische Einlagen

Die sensomotorische Einlage ist eine wichtige Neuerung – von ihr gingen wesentliche neue Aspekte für die Versorgung von Sportlern aus. Funktion statt Form: Anders als die konventionelle Korrektureinlage, die die Fußform sowie den statischen Aspekt im Vordergrund sieht, steht bei ihr die Funktion des Fußes im Mittelpunkt. Dies setzt allerdings voraus, dass für eine korrekte Einlagenversorgung immer eine Analyse der Laufbewegung durchgeführt wird.

Erkenntnisse aus der Physiotherapie: Steuerung des Muskeltonus

Die Geschichte der sensomotorischen Einlagenversorgung geht zurück auf die Versorgung von Patienten mit spastischen Paresen (Lähmungen). Krankheitsbedingt kommt es hierbei zu einer überschießenden Tonussteigerung (Spannungssteigerung) der Muskulatur, die krampfartig imponiert. Lange Jahre stand man diesem Krankheitsbild seitens der Orthopädie-

technik mit beschränkten Mitteln gegenüber, während die Physiotherapie mit detonisierenden Behandlungstechniken sehr wohl positiven Einfluss auf die Krankheitssymptome nehmen konnte. Die Verbindung der physiotherapeutischen Erkenntnisse mit den Möglichkeiten des Orthopädietechnikhandwerks brachte völlig neue Ansätze für die Fertigung von orthopädischen Einlagen. In der Anpassung von sensomotorischen Einlagen geht man von dem aus der Physiologie gut bekannten Regelkreislauf des Muskelapparats durch das zentrale Nervensystem aus: Ein Signal des Gehirns über die Nerven führt eine Kontraktion des Muskels herbei. Was gemeinhin nicht bekannt ist, ist die Tatsache, dass auch die Muskulatur über Muskelspindeln und die Sehnen über sogenannte Golgi-Sehnenapparate den Spannungszustand des Muskelsystems seinerseits an das Gehirn übermitteln. Nur so kann das menschliche Gehirn die Kraft unterschiedlicher Bewegungen auf unterschiedliche Körperpositionen anpassen.

Was genau passiert, wissen Sportler oftmals aus dem Trainingsalltag: Bringt man einen Muskel in eine verkürzte Position, so muss das zentrale Nervensystem die Spannung dieses Muskels erhöhen. Nur damit werden überhaupt weitere Bewegungen möglich. Durch die Annäherung des Muskelansatzes an seinen Ursprung (die Verkürzung) steigt der Grundtonus dieses Muskels also deutlich an. Extremes Beispiel der Verkürzung: ein Krampf. Tritt einer ein, wissen Sie sofort, was zu tun ist: Der betroffene Muskel wird so schnell wie möglich mit aller Kraft gedehnt. Warum? So signalisieren Sie dem zentralen Nervensystem, dass der Muskel eine ausreichende Länge hat. Das Nervensystem kann den Tonus des Muskels ruhigen Gewissens absenken – der Krampf verschwindet.

Zurück zum ursprünglich behandelten Krankheitsbild: Das Relief der orthopädischen Einlage für Spastiker wurde mit speziellen Pelotten so angefertigt, dass die Muskulatur, die einen erhöhten Tonus aufweist und zu Krämpfen neigt, durch den Einsatz der Einlage gedehnt wird. Hierdurch senkt das zentrale Nervensystem den Muskeltonus und lindert die Spastiken. Auch Sie können von diesem Mechanismus profitieren: Kommt es beispielsweise zu Schmerzen im Bereich der Plantarfaszie (fersenspornartige Beschwerden), dann werden die Pelotten der Einlage so platziert, dass die betroffene Fußmuskulatur entspannt. Andersherum können mit Pelotten bestimmte Stellen des Fußes aufgerichtet werden. So verkürzt der Muskel – das zentrale Nervensystem aktiviert den Muskel, indem es den Tonus steigert. Durch dieses Wechselspiel aus Tonisierung und Detonisierung der Muskulatur lässt sich der Bewegungsablauf des Sportlers an den richtigen Stellen korrekt beeinflussen.

Funktionselemente einer sensomotorischen Einlage

Auf der folgenden Seite finden Sie die wesentlichen Funktionselemente einer sensomotorischen Einlage nach Lothar Jahrling erklärt. Der Orthopädieschuhtechnikmeister bewegte das klassische Handwerk in Zusammenarbeit mit Physiotherapeuten der Universitätsklinik Gießen in Richtung der sensomotorischen Versorgung und konnte auch in der Versorgung von Sportlern wesentliche Impulse setzen. Seit vielen Jahren versorgt Jahrling unter anderem den Ausnahme-Tennisspieler Roger Federer erfolgreich mit seinen funktionellen Einlagen.

12

12

Wirkweise der sensomotorischen Einlagen nach Jahrling

1 Innenseitige Pelotte
Die hintere, innenseitige Pelotte richtet das Fersenbein auf und korrigiert den Rückfuß. Sie wirkt mit ihrem höchsten Punkt unter dem sogenannten Fersenbeinbalkon (Sustentaculum tali). Die punktuelle Aufrichtung im Rückfuß führt durch die Annäherung von Ansatz und Ursprung zu einer Spannungszunahme des hinteren Schienbeinmuskels (M. tibialis posterior), der ein wichtiger Stabilisator des inneren Fußgewölbes ist.

2 Hintere äußere Pelotte
Die hintere, äußere Pelotte richtet das Fersenbein von außen auf. Die punktuelle Aufrichtung im Rückfuß aktiviert die äußere Muskulatur des Sprunggelenks (Wadenbeinmuskeln), was bei Supinationsfehlstellungen nützlich ist. Des Weiteren verringert diese Pelotte eine Überdehnung der äußeren Kapsel-Bandstrukturen des unteren und oberen Sprunggelenks.

3 Pelotte hinter den Mittelfußköpfchen
Die Pelotte hinter den Mittelfußköpfchen (Retrokapitalpelotte) dient als mechanisches Widerlager im Vorfuß und erzeigt eine Spannungszunahme auf die kurzen Fußmuskeln. Eine individuelle Anpassung dieser Pelotte ist von enormer Wichtigkeit: Es darf weder Druck auf die Mittelfußköpfchen noch auf die rückwärtigen Muskelbäuche ausgeübt werden. Nur so kommt es zur gewünschten Detonisierung der kleinen Fußbeuger und auch zu einer reduzierten Spannung der Wadenmuskulatur.

4 Zehensteg
Der sogenannte Zehensteg verstärkt die Vordehnung auf die kurzen Fußbeuger. Er muss passgenau unter den Zehenbeeren geschliffen werden. In Kombination mit der Pelotte hinter den Mittelfußköpfchen wird die Muskelspannung von Fußsohle und Wade weiter reduziert.

5 Äußere Erhöhung
Die äußere Erhöhung hebt den Vorfußaußenrand an. Sie kann auch zusätzlich unter der Einlage angebracht werden, sofern der Bewegungsablauf dies erfordert. Sie reguliert die Abdruckbewegung im Vorfuß, indem die Spannung der Fußaußenrand anhebenden Muskulatur erhöht wird.

Der Weg zur perfekten Einlage

Wie bereits zu Beginn dieses Kapitels ausgeführt, werden orthopädische Einlagen unter einem immer größer werdenden Kostendruck gefertigt, und darunter leidet die medizinische Versorgung. Ich möchte hier keine gesundheitspolitische Diskussion beginnen, jedoch ist Fakt, dass eine optimale Versorgung des Sportlers, wie ich sie im Folgenden aufzeigen möchte, von keiner Krankenkasse, auch nicht den privaten, übernommen wird. Die Kosten für die ausführliche Diagnostik, die Anfertigung und die spätere Kontrolle der orthopädischen Einlage wie hier geschildert liegen bei etwa 400 Euro (jeweils circa 200 Euro für die Einlage und für die Bewegungsanalyse).

1 Inspektion des Fußes

Schwielen, deformierte Zehen: Bei der sorgfältigen Betrachtung Ihres Fußes zeigen sich Hinweise auf vermehrte Druckbelastung, Fehlstellungen und falsche Abrollmuster.

2 Palpation des Fußes

Das Abtasten Ihres Fußes lässt Areale mit Druckschmerz erkennen und liefert darüber hinaus Hinweise zur aktiven und passiven Beweglichkeit sowie zur Mobilität der Fußgelenke.

3 Statische Untersuchung

Der statische Fußabdruck kann mittels eines »Blauabdruck« angefertigt werden. Hierfür wird ein Blatt Papier in einen zuvor mit Farbe bestrichenen Kasten gelegt. Treten Sie auf dieses Blatt Papier, überträgt sich die Farbe auf die stark belasteten Stellen.

Eine andere Möglichkeit ist die elektronische Fußdruckmessung mittels moderner Sensortechnik. Hierbei stehen Sie auf der Sensorplatte, die in mehr oder weniger kleinen Arealen den Druck, den Ihre Fußsohle auf dieses Areal ausübt, misst – Sie können sehen, wie differenziert sich der Druck unter Ihrer Sohle verteilt.

Ebenfalls üblich ist der Einsatz eines sogenannten Podoskops. Dabei stehen Sie auf einer Glasplatte. Der Untersuchende kann Ihren Fußabdruck in einem schrägen Spiegel oder einem Kamerabild erkennen. Moderner: der Einsatz von zweidimensionalen Scanapparaten. Diese fertigen ein Abbild der Fußsohle an, während Sie auf der Glasplatte des Scanners stehen. Wesentlicher Unterschied von Scanner und Podoskop zur elektronischen Fußdruckmessung: Nur Letztere lässt eine exakte Bestimmung des Drucks zu. Podoskop und Scanner fertigen lediglich ein optisches Bild der Fußsohle an.

Die statischen Untersuchungen dienen der späteren Anpassung der Einlage in den Schuh, da Fußlänge, -breite sowie die Fußform exakt abgelesen werden können.

4 Dynamischer Fußabdruck

Der Blauabdruck, viel mehr noch allerdings die elektronische Fußdruckmessung, können auch dynamisch durchgeführt werden. Hierfür gehen Sie zunächst mit dem linken, dann mit dem rechten Fuß über die Fußdruckmessplatte oder den Papierbogen in der Farbkiste. Gerade die elektronische Fußdruckmessung lässt den Verlauf des Druckzentrums während eines Schritts gut beurteilen. So werden Fehlbewegungen erkennbar, die im statischen Befund unter Umständen überhaupt nicht zu sehen waren! In Forschungseinrichtungen werden Druckmessplatten größeren Ausmaßes unter dem Laufbandgurt von Laufbändern installiert, sodass man die Fußdruckmessdaten auch innerhalb der Laufbewegung ermitteln kann.

12

5 Bewegungsanalyse aller Gelenke

Die Verteilung des Fußdrucks unter der Fußsohle sowie die Fußform reichen bei Weitem nicht aus, um die Funktion Ihres Skelettsystems in der Laufbewegung zu verstehen. Dafür wurde die orthopädische Bewegungsanalyse (Kapitel 11) entwickelt. Erst sie liefert die Verständnisbasis für die zuvor erhobenen Befunde.

6 Auswahl der optimalen Materialien

Ein Einlagenrohling aus flexiblem und leichtem EVA ist ideal – er ist erstens angenehm zu tragen und zweitens unempfindlich gegenüber Feuchtigkeit. Zusätzliche Dämpfungsmaterialien sind nicht nötig.

Das Obermaterial hat eine ebenso große Bedeutung, es sollte in jedem Fall rutschfest und feuchtigkeitsunempfindlich sein. Am besten bewährt hat sich hierfür EVA als Grundmaterial.

7 Übertragen des Fußskeletts auf den Rohling

Nun müssen die Mittelfußköpfchen sowie die Position Ihres Fersenbeins und Fersenbeinbalkons auf den Rohling übertragen werden. So können die Pelotten korrekt positioniert werden.

8 Anpassen der Funktionselemente

Die Höhen der Pelotten werden anschließend an der Schleifmaschine an Ihre Bedürfnisse angepasst. Darüber hinaus werden eventuell notwendige Hohllegungen und Weichbettungen an speziellen Punkten der Einlage ausgespart und mit weichem Material aufgefüllt. Dieser Anpassungsprozess findet idealerweise statt, wenn Sie im Nebenzimmer warten. So kann der Anpassungsvorgang kontinuierlich kontrolliert werden.

9 Einpassen der Einlage in den Schuh

Dieser Punkt wird fatalerweise oft unterschätzt: Die Einlage funktioniert nur, wenn ihre Unterseite einen guten Kraftschluss mit der Brandsohle Ihres Laufschuhs bildet, Schuh und Einlage also eine Symbiose bilden. Erfahrene Handwerker wissen: Hier werden die häufigsten Fehler gemacht.

10 Kontrolle des Gangbilds

Eigentlich selbstverständlich, doch es ist in Zeiten der angespannten finanziellen Lage im Gesundheitssystem zur Ausnahme geworden: die Kontrolle Ihres Gangbilds beziehungsweise Ihrer Laufbewegung in Ihrem Laufschuh mit der neu angepassten Einlage. Es ist aus medizinischer Sicht ein großes Manko, dass Einlagen ohne Anpassung in den Laufschuh und ohne genaue Kontrolle der Auswirkungen auf das Gangbild verabreicht werden.

Wann sind Einlagen sinnvoll?

Schauen Sie sich die wissenschaftlichen Veröffentlichungen zum Thema »medizinische Einlagenversorgung« an, so finden Sie Quellen, die deren Effektivität in der Beeinflussung des Bewegungsablaufs belegen[3]. Suchen Sie jedoch eine systematische Wirkung von orthopädischen Einlagen auf die Beschwerden eines Patientenkollektivs, so ist diese auch für bestimmte Fragestellungen kaum zu belegen.[4] Wirkungsnachweise von orthopädischen Einlagen, die den Kriterien einer evidenzbasierten Medizin genügen, hat es also bisher nicht gegeben. Interessanterweise werden sie dennoch von den Krankenkassen bezahlt[5] – aus dem medizinischen Versorgungssystem sind sie nicht wegzudenken. Bei den wissenschaftlichen Quellen zu diesem Thema fällt auf, dass gerade Forschungszentren mit Aufträgen der Grundlagenforschung sehr scharfe Urteile fällen. Dabei ist zu bedenken: Diese Wissenschaftler führen oft keine unmittelbare Patientenversorgung durch. Da ist das Urteilen mitunter leichter. Behandlungsberichte von Ärzten mit direktem Patientenkontakt zeichnen ein positiveres Bild vom Einsatz orthopädischer Einlagen. Mitunter wirkt eben die gleiche Versorgung bei verschied Patienten in unterschiedlicher Art und Weise. Erfahrung hilft dann, Sportler dennoch sinnvoll zu versorgen.[6] Die orthopädische Betreuung von Läufern kommt ohne gute orthopädische Einlagen oft nicht aus.

Praxistipp

→ Brauchen Sie eine Einlage?

Orthopädische Einlagen sollten nur dann eingesetzt werden, wenn

a) eine schlüssige Indikation dafür besteht

b) eine sinnvolle biomechanische Funktionskette, die die Einlage erzeugen soll, erstellt werden konnte

c) eine Kontrolle dieser Effekte nach Anpassung der Einlage erfolgt.

Wem ich Einlagen empfehle

Läufern mit Fußfehlstellungen, die Beschwerden verursachen und durch Muskeltraining nicht zu beseitigen sind, das heißt bei:

→ Knickfuß
→ Senkfuß
→ Hohlfuß
→ Plattfuß
→ Spreizfuß

Läufern mit beschwerdeauslösenden Bewegungsmustern wie:

→ dynamisches X-Bein
→ dynamisches O-Bein
→ verstärkte Rotation des Schienbeins nach innen oder außen
→ Vorfußsupination im Abdruck
→ Überpronationsbewegung
→ Supinationsbewegung
→ hochgradige Beinlängendifferenzen (> 2 cm)
→ geringgradige Beinlängendifferenzen bei Menschen mit stehender Tätigkeit, wenn die Beschwerden hierdurch ausgelöst scheinen

Wem ich Einlagen nicht **empfehle**

→ beschwerdefreien Läufern
→ Läufern, deren Beschwerden nicht einem biomechanisch zu korrigierenden Problem in der Bewegungsanalyse zugeordnet werden konnten
→ Läufern mit Beinlängendifferenzen unter 1,5 Zentimetern
→ Läufern mit einer Beckeninstabilität und daraus folgenden Wirbelsäulenbeschwerden beim Laufen, die in der Regel durch eine Abduktorenschwäche zu erklären sind

Kapitel 13

Laufbekleidung

13

Die Aufgaben moderner Laufbekleidung

Beim Thema Laufbekleidung scheiden sich die Geister: Der eine trägt ausschließlich die innovativsten Materialien – was nicht schon einmal auf dem Mond oder zumindest auf dem Mount Everest war, kommt ihm nicht auf die Haut. Andere, häufig Laufanfänger, tragen ein XXL-Shirt aus Baumwolle und eine ausgebeulte Hose, die nicht schön, aber dafür bequem ist. Was ist besser? Nun, zumindest Trainingsläufe im Baumwollhemd nehmen Sie nur so lange hin, bis Sie einmal professionelle Kleidung getragen haben.

Baumwolle: Wo ist das Problem?

Schlecht ist Baumwolle nicht: Sie trägt sich angenehm auf der Haut, ist vielseitig und kann in allen Schnitten verarbeitet werden. Sie ist leicht und atmungsaktiv – aber fürs Laufen ungeeignet. Baumwolle verändert nämlich ihre Eigenschaften schlagartig, wenn sie nass wird. Sie saugt Schweiß auf, ohne ihn wieder abzugeben, und das Shirt wird mit jedem Kilometer schwerer. Aber nicht nur das, Baumwolle riecht schnell unangenehm. Außerdem verschlechtert sich das Tragegefühl – besonders in Bewegung. Baumwollbekleidung kann bei längeren Läufen sogar zu Verletzungen führen: Das schwere, nasse Gewebe reibt permanent auf der Haut – zum Beispiel unter den Armen oder an den Brustwarzen. Die Haut scheuert auf und fängt an zu bluten. Außerdem kühlt die nasse Kleidung Ihren Körper schnell aus und eine Erkältung droht. Ist der Infekt einmal da, heißt es pausieren – und das muss aufgrund der falschen Kleidung nun wirklich nicht sein. Welche die richtige ist? Funktionsbekleidung!

» Baumwolle: zu nass, zu schwer – und unhygienisch. «

So funktioniert Atmungsaktivität

Früher mussten Läufer sich fragen: mit oder ohne Regenjacke – vom Regen oder lieber vom eigenen Schweiß nass werden? Membranen, Beschichtungen und Laminaten ist es zu verdanken, dass moderne Laufbekleidung »atmet«.

Die Membranen

Membranen werden auf verschiedene Art und Weise in Funktionskleidung eingebaut. Entweder liegen sie zwischen Oberstoff und Futter oder sie werden damit verklebt. Eine bekannte Membran ist Gore-Tex. Diese Membranen haben Poren, durch die Wasserdampf (Schweiß) nach außen gelangen kann, Wassertropfen (Regen) aber nicht nach innen. Ein anderes System liegt der Sympatex-Membran zugrunde: Die durch den Schweiß entstehenden Wasserdampfmoleküle werden in Richtung des niedrigeren Drucks durch die Membran geleitet und gelangen schließlich auf diesem Weg nach außen. Regentropfen können entgegen des Druckgefälles nicht in die Kleidung eindringen.

Beschichtungen und Laminate

Als Alternative für Membranen werden bei Funktionsbekleidung auch mikroporöse Beschichtungen und Laminate verwendet. Mikroporöse Beschichtungen basieren in der Regel auf dem Material Polyurethan und sind wasserdicht, aber wasserdampfdurchlässig. Sie werden entweder in flüssiger Form oder als eine Art Paste hauchdünn auf der Innenseite der Trägertextilien aufgetragen.

Laminate bestehen aus mehreren Schichten, die miteinander verbunden werden. Dieses Gewebe funktioniert dann fast wie im 3-Schichten-Prinzip. Das Außenmaterial wird dabei ergänzt durch zwei feinporige und eine grobporige Schicht, welche die Funktion eines Schwamms übernimmt und wie ein Zwischenspeicher wirkt. Die feinporigen Schichten lassen keine Wassertropfen durch.

Ihr persönlicher Funktionstyp

Während die Unterschiede der verschiedenen Materialien bei gutem Wetter kaum ins Gewicht fallen, werden sie umso größer, je nasser die Membran wird. Welcher Funktionstyp für Sie am besten geeignet ist, hängt von Ihren Vorlieben und dem geplanten Einsatz ab. Lassen Sie sich im Sportgeschäft ausführlich beraten.

Die Grenzen der Atmungsaktivität

Bei aller Begeisterung über die modernen Funktionstextilien: Die Atmungsaktivität auch der besten Laufjacke hat Grenzen. Tragen Sie unter der Jacke zu viele andere Schichten, kann es schnell zu subtropischen Temperaturen mit »Saunagefühl« kommen – die Transportkapazität der Membran reicht schlichtweg nicht aus. Vermeiden Sie also zu viele Kleidungsstücke unter einer Jacke mit Membran. Geeignet sind diese Jacken am ehesten für lockere Läufe. Ein trainierter Läufer erzeugt nämlich auch ohne Isolationsschichten oft so viel Wärme, dass die Atmungsaktivität nicht ausreicht und er »im eigenen Saft schmort«. Ist es draußen warm und regnerisch (Sommerregen), sollten Sie sich für das kühlende Nass von außen entscheiden – es ist angenehmer als die quälende Hitze von innen. Und erwarten Sie von den Jacken auf keinen Fall Wunder. Niemand bleibt bei einem Trainingslauf in wasserdichter Membran völlig trocken unter der Jacke. Ob einem das dann bis zu 300 Euro wert ist, ist eine andere Frage. Eine Alternative: Achten Sie darauf, dass Ihre neue Jacke nicht wasserdicht, sondern wasserabweisend und atmungsaktiv ist. Wasserabweisende Jacken sind atmungsaktiver als wasserdichte Modelle – und kleinen Schauern in der Regel gewachsen.

So wirkt Funktionskleidung

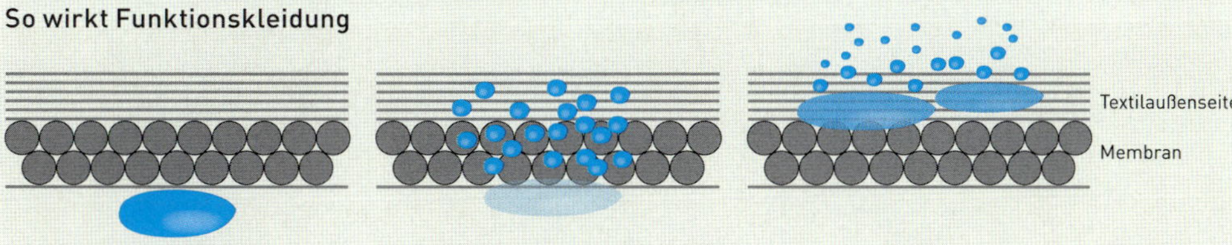

13

Funktionsbekleidung

Funktionsbekleidung ist leicht und sorgt für den richtigen Feuchtigkeitstransport. Anders als das Baumwollshirt klebt sie nicht nass auf der Haut, sondern bleibt angenehm trocken. Funktionsfasern nehmen nämlich kaum Wasser auf: Sie leiten es vom Körper weg an die Luft. Eine weitere Funktion ist die Leistungssteigerung durch Kompression.

Je nach Jahreszeit werden die Komponenten von Funktionsbekleidung so gewählt, dass sich einerseits keine Wärmestaus bilden und andererseits ein Wärmeverlust verhindert wird. Und je nach Einsatzbereich ist Funktionsbekleidung wind- und/oder wasserdicht – und gleichzeitig auch atmungsaktiv, um Feuchtigkeit vom Körper wegzutransportieren. Um diese verschiedenen Funktionen zu erreichen, müssen spezielle Fasern in unterschiedlichen Kleidungsstücken zum Einsatz kommen.

Der Open-Window-Effekt

Die Wissenschaft stand lange Zeit vor einem Rätsel: Obwohl Sport das Immunsystem stärkt, waren einige Sportler besonders häufig erkältet. Heute weiß man, dass der Open-Window-Effekt schuld ist. Direkt nach dem Training, also unmittelbar nach einer schweren Belastung, ist Ihr Immunsystem leicht geschwächt, und genau diesen Moment nutzen Bakterien und Viren. Eingeladen wie durch ein offenes Fenster siedeln sie sich auf Ihren Schleimhäuten in Nase, Rachen und Lunge an. Sie werden also nicht vom Lauf durch den Regen krank, sondern in der halben Stunde nach dem Training – besonders wenn Sie die nasse Sportkleidung anbehalten und Ihr Körper auskühlt. Deshalb gilt: Nach dem Lauf direkt warme und trockene Kleidung anziehen und Zugluft vermeiden.

Das 3-Schichten-Prinzip

Das Zwiebelschalenprinzip war gestern – heute kleiden Sie sich in drei funktionelle Schichten, in denen jede eine jeweils andere Aufgabe erfüllt:

Die Unterwäsche

Die Unterwäsche liegt möglichst direkt auf der Haut. Sie nimmt den Schweiß vom Körper auf und transportiert ihn nach außen – je enger sie sitzt, desto eher erfüllt sie diese Aufgabe. So verhindert die Unterwäsche einen Wärmeverlust über Verdunstung: Ihre Haut bleibt angenehm warm und trocken. Diese Funktion kann durch verschiedene Fasern und Gewebe erreicht werden, die sich allesamt durch ein hohes Transport- und ein geringes Speichervermögen für Feuchtigkeit auszeichnen.

Die Isolationsschicht

Die Isolationsschicht wärmt und leitet die Feuchtigkeit der untersten Schicht in Richtung Oberfläche weiter. Als Faustregel gilt: Je voluminöser das Bekleidungsteil, desto wärmer. Keinesfalls sollte die Faser aber Feuchtigkeit speichern! Deshalb ist Baumwolle ungeeignet, Fleece erfüllt diese Anforderungen hingegen ideal: Es hält sehr warm, kann aber so gut wie keine Feuchtigkeit aufnehmen, sondern leitet diese weiter.

Die Schutzschicht

Die äußerste Schicht dient dem Schutz. Membranen oder Beschichtungen dichten Sie gegen Wasser und Wind ab – bleiben dabei aber wasserdampfdurchlässig, also atmungsaktiv. Auf diese Weise kann die Feuchtigkeit, die von den inneren Bekleidungsschichten nach außen transportiert wird, auch die äußerste Schicht durchdringen.

Die Basisausrüstung

Das Laufshirt

Ob klassische T-Shirt-Form oder ärmelloses Singlet: Moderne Funktionsshirts bestehen aus synthetischen Fasern, der sogenannten Mikroseide (im Vergleich zu ihnen wirken Baumwollfasern wie klobige Seile). Die Oberteile aus Mikrofasern gewährleisten eine optimale Funktion: Sie transportieren den Schweiß und liegen leicht am Körper. Sie haben ein gutes Körperklima – temperaturunabhängig. Außerdem sind die Shirts sehr langlebig – so lohnen sich auch die Kosten, die der Komfort so mit sich bringt. Achten Sie beim Kauf darauf, dass das Hemd an keiner Stelle reibt oder drückt. Vor allem unter den Achseln sollte es nicht zu eng anliegen.

Für kühlere Tage gibt es langärmelige Funktionsshirts. Sie können sie ideal im Sinne des Mehrschichtenprinzips mit einem dünnen Unterhemd kombinieren. Achtung: Die Funktionalität kann sich nur bei richtigem Einsatz der Textilien entfalten! Tragen Sie kein Hemd aus Baumwolle zwischen atmungsaktiven Textilschichten, sonst unterbrechen Sie die Funktionskette und zerstören das ausgeklügelte System!

Die Laufhose

Genau wie die Shirts sind auch Laufhosen in verschiedenen Längen und Ausführungen erhältlich. Für den Sommer eignen sich kurze Laufhosen. Diese variieren in der Beinlänge: Es gibt sehr kurz geschnittene Modelle, solche, die bis zur Mitte des Oberschenkels reichen, sowie kniebedeckende Schnitte. Je nach Vorliebe und Geschmack können Sie zwischen weit geschnittenen Shorts, möglichst mit eingearbeitetem Innenslip, und eng anliegenden Laufhosen wählen – den sogenannten Tights.

Achtung bei weiten Shorts: Bei kräftigeren Oberschenkeln laufen Sie sich durch die Reibung schnell einen »Wolf«. Tights sind sehr elastisch und glatt und legen sich wie eine zweite Haut an den Körper. Sie bestehen aus extrem leichtem und hochwertigem Kunststoffmaterial, wofür meistens eine Mischung aus Polyester mit guter Formbeständigkeit und geringer Wasseraufnahmefähigkeit sowie Elastan (zum Beispiel Spandex oder Lycra) für den optimalen Sitz verwendet wird. Sinnvoll ist ein von innen in die Laufhose integriertes Täschchen für Ihren Schlüssel oder einen Notgroschen.

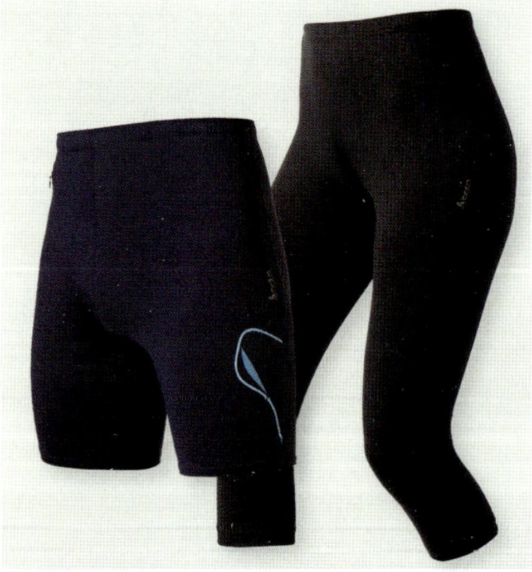

13

Bei der Auswahl der richtigen Bekleidung stehen immer Ihr eigenes Empfinden und die persönliche Temperaturverträglichkeit im Vordergrund. Allerdings sollten Sie bei Temperaturen von unter zehn Grad eine lange Laufhose anziehen – sonst kann es zu Muskelverspannungen kommen. Auch lange Laufhosen, die als Winterlaufhosen in dickeren Textilverbindungen erhältlich sind, sollten eng an den Beinen anliegen. Zum einen sorgt dies für warme Beine, zum anderen verhindern Sie damit schmerzhafte Scheuerstellen. Jedoch darf die Hose vor allem im Bereich der Leiste nicht zu knapp geschnitten sein.

Die Laufjacke

Draußen ist es nass, kalt und windig? Das ist kein Grund, nicht zu laufen! Sie brauchen lediglich eine Schutzschicht, eine Softshell. Den modernen, leichten, geschmeidigen und »geräuscharmen« Laufjacken ist es zu verdanken, dass Laufen selbst bei widrigen Bedingungen noch komfortabel ist. Für den idealen Schutz und ein komfortables Tragegefühl kombinieren die Hersteller verschiedene (Kunst-)Fasermaterialien. Diese Stoffe sind von außen wind- und wasserabweisend, von innen aber atmungsaktiv und wärmeregulierend – bis zu gewissen Grenzen. Damit ermöglichen sie einerseits den Abtransport von Wärme und Wasserdampf, können auf der anderen Seite aber auch Wärme speichern und gegen Kälte isolieren. Für besonders eisige Temperaturen sind Jacken zusätzlich innen mit wärmenden Textilien wie etwa Fleece gefüttert. Hier werden die Eigenschaften der Schutz- und der Isolationsschicht in einem Bekleidungsstück vereint. Verschweißte Nähte sorgen zusätzlich für Wind- und Wasserdichte.

Mein Tipp

Funktionsbekleidung waschen

Grundsätzlich können Sie Funktionsbekleidung in die Waschmaschine stecken. Allerdings leiden die hochfunktionellen Stoffe unter dem Waschvorgang: Bei Membranen wird auf Dauer die Imprägnierung angegriffen. Waschen Sie die Kleidung deshalb nur bei 30 bis maximal 40 Grad und verzichten Sie auf Weichspüler. Dieser kann sich zwischen den Fasern festsetzen und dadurch den Transport des Schweißes nach außen behindern. Es gibt inzwischen spezielle Flüssigwaschmittel für Funktionsbekleidung, sie sollen die Fasern schützen und während des Sports wie ein Deo wirken. Funktionsbekleidung gehört auch nicht in den Wäschetrockner, sondern zum Trocknen an einen luftigen Ort. So haben Sie länger Freude an Ihrem Laufdress!

Die Laufsocken

Ihre Füße schwitzen – bereits unter normalen Bedingungen produzieren Sie einen halben Liter Schweiß am Tag! Viel stärker noch beim Laufen; angenehm trockene Füße haben Sie nur beim Barfußlaufen. Nasse Füße reagieren empfindlicher auf die Reibung zwischen Haut und Schuh. Viele Läufer tragen gern Socken, um Blasen und offene Wunden zu vermeiden. Wenn Sie Socken tragen möchten, dann aber die richtigen: Baumwollsocken saugen sich voll und werden immer schwerer und nasser – optimalen Feuchtigkeitstransport leisten dagegen atmungsaktive Laufsocken. Sie weisen keine Nähte auf, die reiben und Blasen verursachen

13

Laufen im Dunkeln

Gehören Sie zu den Läufern, die abends nach der Arbeit Ihre Runden drehen? Dann sollten Sie sich vor allem im Winter sichtbar machen: Tragen Sie eine Laufjacke mit integrierten, reflektierenden Paspeln und wickeln Sie sich außerdem Leuchtbänder um Ihre Hand- und Fußgelenke. Alternativ können Sie sich auch für eine Leuchtweste entscheiden, die Sie einfach über Ihre Jacke ziehen. Falls Sie auf Strecken laufen, wo Sie kaum die nächsten Meter überschauen können, dann tragen Sie zusätzlich eine Stirnlampe. Allerdings ist das sehr unruhige, sich permanent auf dem Weg hin- und herbewegende Licht gewöhnungsbedürftig und das ungewohnte Tragegefühl am Kopf nicht jedermanns Sache. Aber: Sicherheit geht vor!

können, außerdem rutschen sie nicht und werfen keine Falten. Verstärkende Fasern im Fersen- und Vorfußbereich machen die Socken haltbarer. Da Ihre Füße beim Lauftraining stets gut bewegt werden, frieren sie beim Lauftraining nicht – es ist deshalb nicht erforderlich, Ihre Füße im Winter in dicke Socken zu packen. Die Passform ist entscheidend: Gute Modelle haben einen rechten und einen linken Socken sowie Damen- und Herrenvarianten.

Die Laufunterwäsche

Spezielle Laufunterwäsche besteht ebenfalls aus hochwertigem Material, das Feuchtigkeit unmittelbar von der Haut wegtransportiert, ohne diese aufzusaugen. Da die Unterwäsche direkten Kontakt zur Haut hat, muss sie sehr weich und frei von störenden Nähten sein. Die synthetischen Fasern erfüllen in der Übergangszeit und im Winter unterschiedliche Aufgaben: In der Übergangszeit dient die Unterwäsche dem Feuchtigkeitstransport und nur in geringerem Maße dem Warmhalten. Ist es aber windig und gerade so kühl, dass ein Langarmtrikot allein nicht ausreicht, brauchen Sie eine zusätzliche dünne Schicht. Bei winterlichen Temperaturen, die den Gefrierpunkt deutlich unterschreiten, ist ein zusätzlicher Wärmeschutz für Ihre Trainingsrunde erforderlich. Hier ist Unterwäsche mit isolierenden Eigenschaften ideal – achten Sie trotzdem auf den Feuchtigkeitstransport!

Die Sport-BHs

Grundsätzlich sollten Frauen beim Laufen einen Sport-BH tragen. Um über 50 Prozent lassen sich so die unwillkürlichen und oft als störend oder gar schmerzhaft empfundenen Bewegungen der Brüste beim Laufen verringern. Sport-BHs sollen gut anliegen und dem Bindegewebe Halt bieten. Sie dürfen aber auch nicht zu eng sitzen oder gar die Atmung behindern.

Es gibt zwei Formen von Sport-BHs: Körbchen-BHs und Bustiers. Erstere stützen jede Brust separat und sind für Frauen mit großen Brüsten geeignet. Teilweise sind sie mit Bügeln

Barfuß ohne Blasen

Besonders Triathleten kennen das Blasen-Problem von Wettkämpfen: Zugunsten schnellerer Wechselzeiten ziehen sie keine Socken an. Es gibt einige Tricks, Scheuerstellen vorzubeugen: Zunächst sollten Sie einen Schuh mit wenig Nähten im Innenfutter wählen – diese Maßnahme hilft aber nur, wenn Ihnen der Schuh wirklich gut passt. Verwenden Sie also Mühe darauf, einen Schuh mit optimaler Passform zu finden. Schmieren Sie an die Stellen, an denen sich typischerweise Ihre Blasen bilden, etwas Vaseline in den Schuh. Das mindert die Reibung.

Wenn Sie dann immer noch Probleme haben, bleibt nur die harte Tour: Ziehen Sie die Socken aus, und zwar immer, auch im Training. Das wird in den ersten Monaten schmerzhaft sein und zu so mancher Blase führen, aber Sie härten Ihre Füße ab und irgendwann werden Blasen für Sie kein Thema mehr sein. Unterstützen können Sie diese Maßnahme durch regelmäßiges Barfußlaufen. Eine widerstandsfähige Haut ist – anders als teure Socken und Salben – ein wirklich sicheres und günstiges Mittel gegen Blasen.

verstärkt, die allerdings schnell verrutschen oder drücken können. Bustiermodelle drücken die Brüste gegen den Brustkorb und schränken dadurch deren Bewegungen ein. Diese Variante eignet sich eher für Frauen mit kleinerer Oberweite.

Achten Sie darauf, dass die Träger verstellbar, weich und breit sind, damit sie nicht einschneiden. Für einen guten Halt sollten sie sich auf dem Rücken überkreuzen oder y-förmig zusammenlaufen. Flache Nähte scheuern nicht, und ein breiter BH-Bund kann von Vorteil sein, wenn Sie mit Pulsmesser laufen – der Brustgurt hält darunter besser. Lassen Sie sich beim Kauf eines Sport-BHs ausführlich beraten und kaufen Sie nie ohne vorherige Anprobe.

Die Zusatzausrüstung

Das Angebot ist riesig: Wie für jeden anderen Sportbereich bietet die Industrie auch für das Laufen zahlreiches Equipment an – nützliches, aber auch unnützes. Sinnvolle Accessoires, mit denen Sie Ihre Basisausrüstung aufstocken können: Kopfbedeckungen, Sonnenbrille und Handschuhe.

Die Laufmütze

Etwa 30 Prozent Ihrer Körperwärme geben Sie über Kopf und Hals ab – ein guter Grund, im Winter mit Mütze oder Cap zu laufen. Praktisch sind auch Funktions-(Schlauch-)Tücher, die wahlweise als Hals- oder Kopfschutz zu tragen sind. Da Sie auch am Kopf schwitzen, sollten Laufmützen unbedingt aus atmungsaktivem Funktionsmaterial bestehen, integriertes mehrschichtiges Fleece hält zudem bei extrem niedrigen Temperaturen warm. Auch im Sommer ist eine Kopfbedeckung sinnvoll: Bei langen Läufen schützen Lauf-Caps (am besten helle) den Kopf vor starker Sonneneinstrahlung, ein Schirm hält die Sonnenstrahlen vom Gesicht fern. So beugen Sie Sonnenbrand und -stich vor.

Das Stirnband

Neben Mützen und Kappen lassen sich auch Stirnbänder ganzjährig sinnvoll einsetzen: Im Winter schützen sie die Stirnhöhlen und bei ausreichender Breite auch die Ohren vor Zugluft. Im Sommer kühlen sie angenehm, wenn Sie sie vor dem Lauf in kaltes Wasser getaucht haben. Stirnbänder verhindern außerdem, dass Schweiß in Ihre Augen fließt und dass Ihre Brille beschlägt. Außerdem halten sie lange Haare aus dem Gesicht. Bekommen Sie nach einigen Kilometern heiße Ohren, dann nehmen Sie es einfach ab und wickeln es als Schweißband um Ihr Handgelenk.

Die Handschuhe

Viele Läufer bekommen beim Training kalte Finger: Die Hände werden nur wenig bewegt und ein Großteil des wärmenden Bluts fließt in die arbeitenden Beine. Abhilfe schaffen dünne, leichte und eng anliegende Baumwollhandschuhe oder noch besser: spezielle Funktionshandschuhe aus atmungsaktivem Material. Wirksam ist auch Handcreme, die Sie auftragen, bevor Sie die Handschuhe überziehen. Alternativ zu Handschuhen gibt es wärmende Trainingspullis mit eingearbeiteten Stoffschläuchen an den Bündchen, die wie Fäustlinge über die Hände gezogen werden.

Die Sportbrille

Auch wenn Sie normalerweise keine Sehhilfe benötigen, können Sie von speziellen Sportbrillen profitieren. Sie bieten einen 100-prozentigen Schutz vor UV-Strahlen, die sonst bei langen Läufen im Freien für Ihre Augen gefährlich werden können. Eine gute Ergänzung zum UV-Filter in den Gläsern: ein Rundumblendschutz. Dabei sollte die Brille so gut wie möglich an die Anatomie Ihres Kopfs angepasst sein. Sie sollte Ihre Augen auch von unten schützen, da sich durch Reflexion von Schnee, Sand oder Meeresbrandung die UV-Strahlung nochmals um ein Vielfaches erhöhen kann. Hochwertige Gläser beschlagen auch bei starkem Schwitzen nicht und sind bei vielen Modellen ebenso wie der Kunststoffrahmen austauschbar. Verbreitetet sind außerdem diverse abnehmbare Polster, die die Brille sommer- und wintertauglich machen. Kaufen Sie Ihre Laufbrille in jedem Fall im spezialisierten Sportbrillen-Fachgeschäft. Dort wird man Ihnen je nach Leistungsklasse und individuellen Bedürfnissen die entsprechenden Modelle vorführen. Entscheidend ist allerdings auch hierbei der Praxistest, in dem sich zeigen muss, ob die Brille während der Bewegung richtig sitzt.

» Weniger ist mehr: Wenn Sie beim Start leicht frösteln, sind Sie richtig angezogen. «

So finden Sie die richtige Laufbrille

Achten Sie beim Kauf einer Laufbrille auf folgende Kriterien:

- → Das Gestell sollte Ihrer individuellen Kopfform angepasst werden können.
- → Am elastischen Rahmen sollten Schweißbänder angebracht sein oder werden können.
- → Die Bügelenden müssen gummiert, kalt anpassbar und längenverstellbar sein.
- → Die Gläser sollten auswechselbar sein – oder Sie kaufen einzelne Brillen für verschiedene Lichtverhältnisse.
- → Die Brillengläser müssen aus bruchsicheren Polycarbonat-Scheiben bestehen – mit 100 Prozent Schutz vor UV-A- und UV-B-Strahlen.

Die Funktionen verschiedener Gläserfarben von Laufbrillen

Neutrale Gläser geben die Farben so wieder, wie das Auge sie normalerweise wahrnimmt. Neutral bedeutet: Tönungen in leichtem Grün oder Blau. Sie werden bei guten bis sehr guten Lichtverhältnissen eingesetzt. Sie dämpfen den Lichteinfall und damit den Blendeffekt.

Spezialgläser filtern das Licht, wodurch Kontraste verstärkt werden können. Spezialgläser sind besonders bei schlechten (bewölkter Himmel) oder extremen (gleißende Sonne) Lichtverhältnissen geeignet:

- → Zarte Gelbtönung verstärkt die Kontraste leicht. Gut geeignet bei sehr schwachen Lichtbedingungen.
- → Orangefarbene Tönung hellt auf und beugt der Ermüdung der Augen vor. Sie verstärkt den Kontrast und ist deshalb gut geeignet bei bewölktem Himmel und schwachem Licht.
- → Zarte Brauntönung wirkt besonders kontrastreich bei grünen Farben. Dadurch bestens geeignet für Wiesenläufer.
- → Dunkle Brauntönung ist gut geeignet für Sport unter extrem lichtintensiven Bedingungen.
- → Zarte Rosatönung macht Kontraste besonders bei Schnee sichtbar. Ideal auch für diesige Tage und schlechtes Licht.
- → Polarisierende Gläser reduzieren den Blendeffekt reflektierenden Lichts, zum Beispiel bei nassen Teerdecken. Sie lassen das Licht nur bei bestimmten Einfallswinkeln durch.

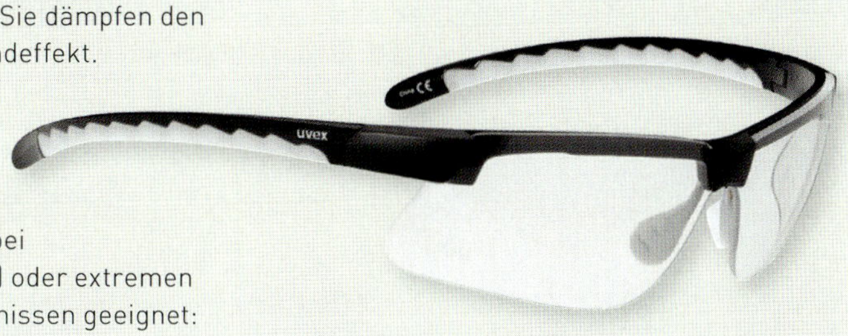

Die richtigen Kombinationen

Jetzt müssen Sie die verschiedenen Kleidungsstücke und Funktionskonzepte nur noch richtig kombinieren! Sie kennen sich selbst am besten: Lesen Sie die Außentemperatur ab und schätzen die von Ihnen benötigte Wärme ein. Dabei ist weniger in der Regel mehr. Sie produzieren beim Laufen viel Energie: Was Sie nicht für Ihre Aktivität verbrauchen, wird als Wärme abgegeben – Sie schwitzen. Jedoch packen sich besonders im Winter viele Läufer so warm ein, dass es beim Herausgehen aus der Wohnung kuschelig warm ist. Und genau da liegt der Fehler: Wählen Sie Ihre Kleidung so, dass Sie damit im Freien frösteln – Sie kommen beim Laufen schnell auf »Betriebstemperatur«. Lieber fünf Minuten frösteln, als eine Stunde lang klitschnass geschwitzt durch den kalten Wind laufen. Letzteres ist auch unter dem Aspekt der Erkältungsgefahr das weitaus größere Problem. Im Sommer gilt die Devise: so wenig anziehen, wie es Ihnen möglich ist. Sollte es regnen, müssen Sie entscheiden, ob Sie mit einer Jacke laufen wollen. Bei Schneefall ist eine zumindest wasserabweisende Jacke ratsam. Eine Kapuze oder Mütze schützt Ihren Kopf vor dem Auskühlen durch Verdunstungskälte.

13

13

Was bringen Kompressionssocken?

Die Marathonläuferin Paula Radcliffe war eine der Ersten, die bei Straßenläufen – die sie meistens gewann – mit Kniestrümpfen zu sehen war. Kompressionsstrümpfe sind nicht länger nur etwas für alte Frauen oder Flugreisende: Aus der Triathlon- und Laufszene sind sie nicht mehr wegzudenken, egal ob bei den Amateuren oder Profis. Kompressionsstrümpfe üben von außen Druck auf die Gefäße aus, dadurch werden die Venen, die das sauerstoffarme Blut zurück zum Herzen bringen, bei ihrer Arbeit gegen die Schwerkraft unterstützt. Kompression macht Ihre Waden fit! Wissenschaftliche Studien scheinen die leistungsverbessernde Wirkung zu bestätigen: höhere Geschwindigkeiten, eine Mehrdurchblutung der Wadenmuskulatur von 30 bis 50 Prozent, eine erhöhte maximale Sauerstoffaufnahme, geringere Laktatbildung, weniger Muskelkater. Allerdings ist hier Skepsis sicherlich angebracht. Wirklich sicher ist nur: Kompressionsstrümpfe verbessern Ihre Leistung, wenn Sie daran glauben!
Gegen die Strümpfe spricht ihr stolzer Preis: Knapp 50 Euro müssen Sie für gute Socken ausgeben. Ein Preis, den sicher nur ambitionierte Läufer zahlen möchten. Davon abgesehen müssten sich einige Herren sicherlich erst einmal überwinden, in Kniestrümpfen auf die Laufstrecke zu gehen.

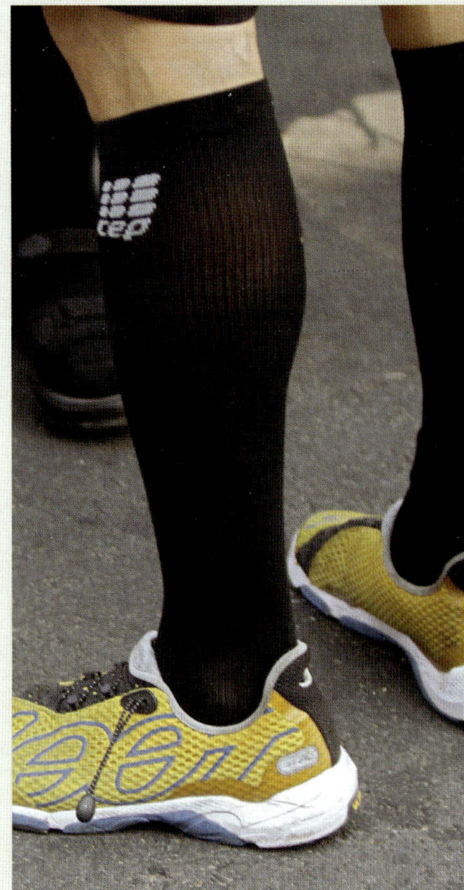

Bekleidungstabelle nach Temperatur

	< -5 °C	-5 °C bis 5 °C	5 °C bis 15 °C	15 °C bis 25 °C	> 25 °C
Kopfbedeckung	Stirnband oder Fleecemütze	Stirnband		Mütze als Sonnenschutz	Mütze als Sonnenschutz
Unterwäsche	Funktions-unterhemd	Funktions-unterhemd	Funktions-unterhemd		
Oberkörper	Fleecetrikot, Softshell	Fleecetrikot	Langarmtrikot	Funktionsshirt	Singlet
Hose	lange Tight mit Membranbesatz	lange Tight	kurze Tight, ¾ Tight	kurze Tight, Shorts	kurze Tight, Shorts
Socken	Funktionssocke	Funktionssocke	Funktionssocke	Funktionssocke	Funktionssocke
Sonstiges	Handschuhe	Handschuhe		Sonnenbrille	Sonnenbrille

Die Materialien im Überblick

Baumwolle: der Klassiker

Baumwolle ist eine Naturfaser, die (Regen-) Wasser beziehungsweise Schweiß aufsaugt – sie quillt um bis zu 40 Prozent ihres Volumens auf! Dadurch ist Ihr Körper immer mit einer feuchten Schicht umgeben, bei Zugluft führt das schnell zu Unterkühlungen. Die nasse, aufgequollene Faser lässt keine Temperaturregulation mehr zu, und das Kälteempfinden wird durch die Verdunstungskälte weiter verstärkt.

Mikrofasern: doppelt so fein wie Seide

Mikrofasern sind feiner als alle natürlichen Faserarten. So fein, dass man mit einem Gramm des Materials einen Faden von über zehn Kilometer Länge spinnen kann. Üblicherweise werden Mikrofasern aus Polyester, Polyamid oder Polyacryl hergestellt. Der große Vorteil der Mikrofasern: Sie können keine Feuchtigkeit aufnehmen. Sie leiten diese nur weiter, das heißt, sie geben sie an die nächste Textilschicht ab. Eine Mikrofaserschicht ist somit atmungsaktiv und bietet gleichzeitig einen zuverlässigen Wind- und Regenschutz. Bekleidung aus Mikrofasern ist in Gebrauch und Pflege unempfindlich und verliert auch beim Waschen ihre positiven Eigenschaften nicht.

Polyamidfasern: mehr als nur Nylonstrümpfe

Was früher die Nylonstrümpfe waren, wird heute als Faser für Sportbekleidung erfolgreich eingesetzt. Polyamidfasern sind sehr haltbar und verhindern ein Scheuern auf der Haut. Sie haben eine hohe Elastizität, was sie für die Fertigung von eng anliegender Kleidung prädestiniert. Textilien aus Polyamidfasern sind leicht zu reinigen und trocknen schnell. Obendrein sind sie formbeständig.

Polyester: die weltweit führende synthetische Faser

Polyesterfasern werden in der Outdoorbekleidung eingesetzt. Sehr verbreitet sind auch Mischungen mit Baumwolle. Zu den wichtigsten Eigenschaften zählen die besondere Licht- und Wetterbeständigkeit. Gewebe aus Polyesterfasern oder Mischungen mit einem entsprechend hohen Anteil knittern kaum und behalten ihre Form auch bei Feuchtigkeit. Polyesterfasern transportieren Feuchtigkeit gut und trocknen schnell. Sie sind pflegeleicht und überdurchschnittlich strapazierfähig.

Membranen: zuverlässiger Schutz vor Nässe und Wind

Mit der Entwicklung der Membranen steht uns wetterschützende Kleidung zur Verfügung, die gleichzeitig atmungsaktiv ist (Sympatex, Gore-Tex). Die hydrophile (wasseranziehende) Membran Sympatex besteht aus Polyester und hat keine Poren, wodurch die Wasserdichte für Feuchtigkeit von außen erreicht wird. Der Schweiß wird durch den Temperaturunterschied zwischen Körper- und Außenluft in Richtung der kühleren Umgebung geleitet. Bei der Gore-Tex-Membran entweicht der Wasserdampf durch mikroskopisch kleine Poren: Über eine Milliarde sind davon pro Quadratzentimeter auf dem gestreckten, porösen Polytetrafluorethylen (PTFE, auch bekannt unter dem Handelsnamen Teflon). Da die Poren für Regentropfen zu klein sind und für sie also der Weg nach innen versperrt ist, hat PTFE extrem wasserabstoßende Eigenschaften.

Elastan: die elastische Revolution

Elastanfasern, besser bekannt unter dem Markennamen Lycra, haben eine außergewöhnliche Elastizität. Sie garantieren eine große Bewegungsfreiheit und einen hohen Tragekomfort, weswegen sie gern in Sportbekleidung eingesetzt werden – zum Beispiel für Tights. Schon zwei Prozent Elastan reichen aus, um einer Hose Formbeständigkeit zu verleihen. Geht es bei Sportbekleidung um eine körpernahe Silhouette und hohe Dehnfähigkeit, werden 15 bis 40 Prozent Elastan beigemischt.

Power-Lycra

Es gibt neben den üblichen, sehr elastischen Elastanfasern auch noch festere. Sie stabilisieren die Muskulatur in ihrer Form und minimieren natürliche Vibrationen der Muskulatur bei ihrer Arbeit. So werden letzte Leistungsreserven freigesetzt. Sportler mit sehr muskulösen Oberschenkeln werden die formenden Eigenschaften des Materials beim Laufen zu schätzen wissen.

Kapitel 14

Ernährung

Unter Mitarbeit von Dr. Christian von Loeffelholz

Mein herzlicher Dank für die Mitarbeit an diesem Kapitel geht an Dr. Christian von Loeffelholz. Der promovierte Arzt und diplomierte Ernährungswissenschaftler hat sich mit tiefgehender Recherche und großer Sachkenntnis an diesem Kapitel beteiligt. Er betätigt sich am Deutschen Institut für Ernährungsforschung in der molekularbiologischen Grundlagenforschung und ist daher bezüglich aller Wendungen in der Ernährungsmedizin am Puls der Zeit. Seine Beratung in Ernährungsfragen für Wettkampf- und Freizeitsportler fußt nicht nur auf fachlicher Kompetenz, sondern auch auf seinen eigenen Erfahrungen als Sportler.

Ernährung für Läufer

Die Ernährung ist für Ihre Gesundheit und Ihre Leistungsfähigkeit von immenser Bedeutung – nicht umsonst sagt der Volksmund »Man ist, was man isst.« Über kaum ein Thema wird mehr debattiert, in der Boulevardpresse wie in der Wissenschaft. Und wo um eine einheitliche Lehrmeinung gerungen wird, da treiben pseudowissenschaftliche Weltanschauungen bunte Blüten: Blutgruppendiät, Trennkost, Wunderpillen – in der »Ernährungsmedizin« gibt es nichts, was es nicht gibt. Was vor Krankheiten und körperlicher Schwäche schützen soll, findet in abgewandelter Form natürlich auch bei Sportlern Anklang. Da versprechen Pulver und Pillen, die Leistung zu steigern, die Regeneration zu verkürzen und sogar vor Verletzungen zu schützen. Ist das möglich?

Worauf es wirklich ankommt

Wenn Sie Ihre Ernährung, so wie Ihre sportliche Formentwicklung, als Haus darstellen wollen, dann werden Sie feststellen, dass Fehler im Fundament Ihrer Ernährung nicht durch kleine Korrekturen am Dachstuhl behoben werden können. Für Ihr Fundament, also für Aufbau und Funktion Ihres Organismus, ist zum einen Wasser von entscheidender Bedeutung – schließlich bestehen Sie bis zu 70 Prozent daraus. Wasser ist Voraussetzung für alle chemischen Reaktionen in Ihrem Körper und reguliert maßgeblich Ihre Körpertemperatur. Zum anderen sind die Makro- und Mikronährstoffe essenziell. Makronährstoffe sind die Substanzen, die Ihren Körper mit der nötigen Energie versorgen und außerdem Bauelemente für verschiedene Zell- und Gewebe-

» Man ist, was man isst: knackiger Apfel oder labberige Pommes? «

strukturen darstellen: Fette, Kohlenhydrate und Eiweiße. Ihre Gruppe wird um die Mikronährstoffe ergänzt. Diese Stoffgruppe liefert zwar keine Energie, ist aber ebenso lebensnotwendig: Vitamine, Mengen- und Spurenelemente. Sie ermöglichen Stoffwechsel und Energiegewinnung.

Pillen für Gesunde

Gerade die Mikronährstoffe sind von der Pharmaindustrie und von Sportnahrungsherstellern in den Vordergrund gerückt worden.

Die Sportmedizin hat in den vergangenen Jahren nahezu alle Substanzen in verschiedensten Dosierungen auf positive Effekte im sportlichen Training untersucht. Das Fazit: Es wurde keine ernst zu nehmende wissenschaftliche Arbeit bekannt, in der ein leistungssteigernder Effekt durch Vitamine und Spurenelemente am gut ernährten Gesunden gezeigt werden konnte.[1,2] Dennoch: Die Werbung lenkte den Fokus der Athleten von der Gesamternährung systematisch zu den in Tablettenform substituierbaren Mikronährstoffen. Zink gegen die Erkältung, Kupfer für die Sehnen, Selen gegen die Müdigkeit und B-Vitamine für den Energiestoffwechsel: Viele Sportler verzetteln sich in den Einzelheiten der Stoffwechselphysiologie – den Gesamtzusammenhang der Ernährung verlieren sie aus den Augen. Eine einseitige und unausgewogene Lebensmittelauswahl kann niemals durch die exzessive Zufuhr von Mikronährstoffen kompensiert werden! Die Abbildung zeigt: Nahrungsergänzung ist, wie ihr Name schon sagt, höchstens eine Ergänzung zu einer ausgewogenen Mischkost – sie kann grobe Fehler der Makronährstoffzusammensetzung nicht korrigieren.

14

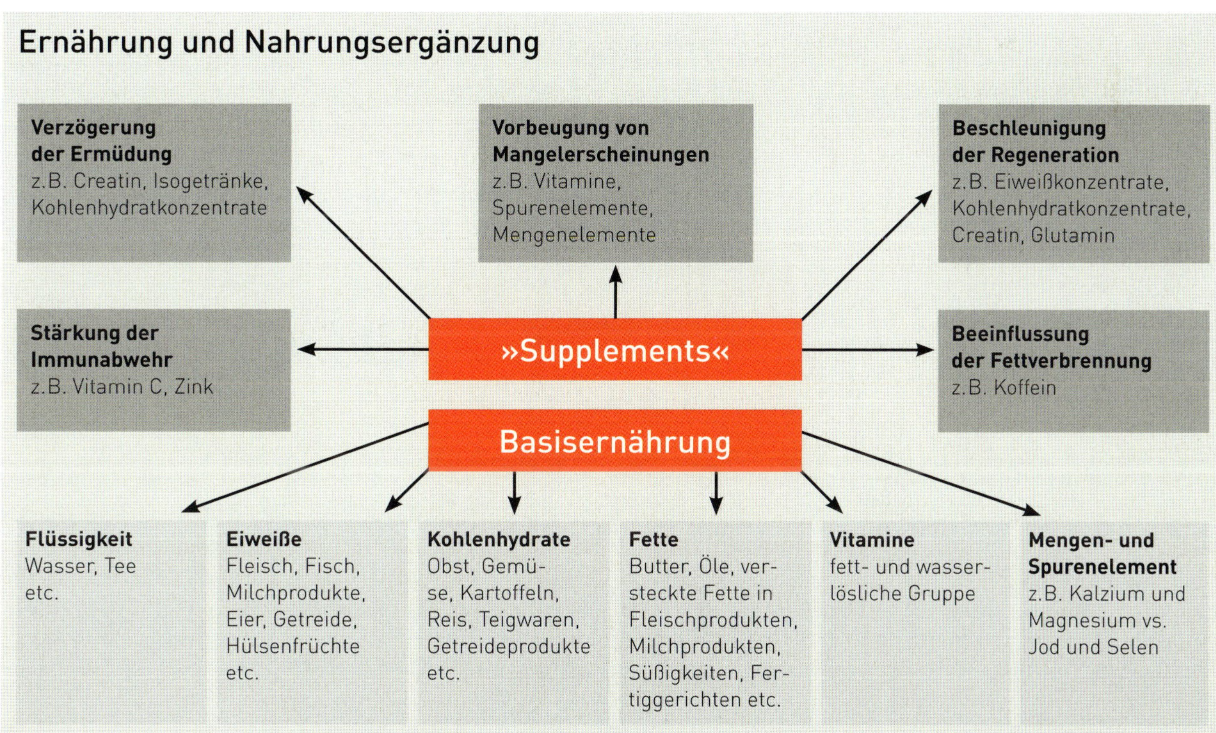

Kohlenhydrate

Sie sind des Sportlers Liebling: die Kohlenhydrate. Kohlenhydrate, auch Zucker genannt, haben die Hauptaufgabe, Ihren Körper mit Energie zu versorgen. Die »Zuckerwährung« Ihres Körpers ist die Glukose (= Traubenzucker oder Dextrose). Sie liegt im Blut gelöst vor, um als Energieträger unter anderem der Muskulatur zur Verfügung zu stehen. Glukose ist ein Einfachzucker, sie besteht also nur aus einem Typ Zuckermolekül. Zweifachzucker bestehen aus zwei Zuckerbausteinen, die miteinander verbunden sind. Mehrfachzucker bestehen aus einer mehr oder weniger lange Kette von Einfachzuckern. Sie müssen erst zu Glukose verstoffwechselt werden, bevor sie ins Blut gelangen. Diese Mehrfachzucker stellen eine wichtige Speicherform der Glukose dar.

Die Einfachzucker

Glukose

Die Menge der Glukose im Blut wird als Blutzuckerspiegel bezeichnet. Um diesen konstant zu halten, gibt die Leber je nach Bedarf Glukose ins Blut ab. Sie speichert 80 bis 150 Gramm Glukose in Form von Glykogen – einer verketteten Form von Glukosebausteinen. Wesentlich größer ist der Kohlenhydratspeicher in Ihrer Muskulatur: 500 Gramm Zucker und mehr sind hier beim gut Trainierten für die Muskelarbeit gespeichert. Dieser Vorrat wird besonders bei intensiveren Belastungen gebraucht. Traubenzucker kommt in größeren Mengen natürlicherweise zum Beispiel in Früchten vor. Im Darm angekommen, wird die Glukose zügig durch die Darmwand geschleust und steht dem Körper schnell als Energie zur Verfügung. Der Blutzuckerspiegel steigt nach dem Verzehr reiner Glukose schnell an, fällt aber aufgrund der mit der Zuckerladung einhergehenden Insulinausschüttung auch schnell wieder ab. Dies kann Heißhungergefühle und Unterzuckerungserscheinungen, wie zum Beispiel Schwindel, provozieren.

Fruktose

Fruktose besteht wie der Traubenzucker aus nur einem Baustein Zucker – beide unterscheiden sich jedoch in Aufbau und Stoffwechselverhalten voneinander. Fruktose kommt ebenfalls vielfach in Früchten vor und wird nach einer Mahlzeit durch die Darmwand aufgenommen. In der Leber folgt dann eine Um-

» Kohlenhydrate sind pure Energie – ein Zuviel wandert leider auf die Hüften. «

wandlung, vor allem in Glukose und bei Verzehr sehr großer Mengen auch in Fette. Diese Schritte benötigen aufgrund der Einschleusung in die entsprechenden Stoffwechselwege Zeit, und so dauert es länger, bis Fruktose für die Energieversorgung zur Verfügung steht. Der Anstieg des Blutzuckerspiegels erfolgt deutlich verlangsamt und insgesamt flacher als bei Glukose – der Insulinspiegel bleibt weitgehend unbeeinflusst. Sportler profitieren nicht vom Süßen mit Fruktose: Durch den langsamen Abtransport aus dem Darm kann es bei empfindlichen Personen nach dem Verzehr größerer Mengen reiner Fruktose zu Bauchbeschwerden kommen. Bei Früchten müssen Sie dagegen keine Bedenken haben: Essen Sie ruhig viel Obst, selbst bei größeren Mengen bleibt die Fruktosemenge im Rahmen und Ihr Stoffwechsel kann dies leicht bewältigen – eine Ausnahme kann allerdings der Verzehr sehr großer Mengen zuckersüßer Weintrauben darstellen.

Die Zweifachzucker

Saccharose

Saccharose ist ein anderes Wort für Haushaltszucker. Der kristalline Zucker aus Ihrer Küche ist ein Doppelzucker aus Glukose- und Fruktose-Molekülen. Dieser Zucker wird in Ihrem Magen von Enzymen (kleinen Stoffwechselgehilfen) gespalten. Allerdings folgt die Fruktose den oben beschriebenen zeitverzögerten Prozessen, weshalb der Anstieg des Blutzuckerspiegels mit einer Geschwindigkeit zwischen der von reinem Trauben- und Fruchtzucker erfolgt.

Maltose

Die Maltose ist besser bekannt als Malzzucker. Sie besteht aus zwei Einzelbausteinen Traubenzucker und wird im Dünndarm durch entsprechende Enzyme zerlegt. Danach kann das sehr leistungsfähige Transportsystem der Glukose genutzt werden. Die Folge ist ein rasanter Anstieg des Blutzuckerspiegels, der sogar stärker als nach reiner Glukoseeinnahme ausfällt.

Laktose

Laktose ist der Zucker der Milch. Milchzucker besteht ebenfalls aus zwei Bausteinen: Der erste ist die bekannte Glukose, der zweite die Galaktose, die ebenfalls von der Leber zu Glukose umgebaut werden muss. Milchzucker hat einen sehr geringen Einfluss auf den Blutzuckerspiegel.

Laktoseunverträglichkeit

Etwa 15 Prozent der Deutschen leiden darunter: Laktoseintoleranz, die Unverträglichkeit von Milchzucker.[3,4] Hierbei handelt es sich um eine Enzyminaktivität – nicht um eine Allergie! Die Aktivität der Enzyme (Lactasen), die den Milchzucker spalten und somit aufnahmefähig machen sollen, ist herabgesetzt oder fehlt ganz. Die Laktoseunverträglichkeit ist angeboren: Nach dem Abstillen fällt die Lactaseaktivität bei den meisten Menschen natürlicherweise auf ein Zehntel ihres Ausgangswerts.[5]

Trinken Menschen mit Laktoseintoleranz ein Glas Milch, essen Quarkspeise oder ein Stück Schokolade, gelangt die nicht gespaltene Laktose in tiefe Darmabschnitte: Dort wird sie von Bakterien zu Milchsäure, Essigsäure, Wasserstoff und Kohlendioxid abgebaut. Dies macht sich in Form unerfreulicher Symptome wie Blähungen, Bauchkrämpfe und Durchfall bemerkbar. Wichtig: Die Schwere dieser Symptomatik steht nicht in direkter Beziehung zur verzehrten Menge. Einige Personen werden schon beim geringsten Laktosekonsum schwere Probleme entwickeln, während dies bei anderen erst nach dem Verzehr großer Mengen vorkommt – die verträgliche Menge ist individuell. Bewährt bei einer Laktoseunverträglichkeit haben sich Versuche mit kleinen Portionen von Sauermilchprodukten (zum Beispiel Joghurt): In diesen Produkten ist der ursprünglich enthaltene Milchzucker mehr oder weniger vollständig zu Milchsäure vergoren, weshalb nur minimale Mengen enthalten sind. Wer ganz auf Kuhmilchprodukte verzichten muss, sollte seinen Kalziumbedarf mit Supplements decken – sonst steigt die Osteoporosegefahr!

> Kohlenhydrate versorgen Sie auch bei hohem Tempo mit Energie!

Die Mehrfachzucker

Stärke

Stärke ist die pflanzliche Speicherform von Glukose. Die Zuckerbausteine bilden lange, verzweigte Ketten. Im Magen-Darm-Trakt werden sie durch Enzyme in Einzelzucker gespalten und durch die Darmwand transportiert, um schließlich ins Blut zu gelangen. Stärke findet sich zum Beispiel in Kartoffeln, in Getreidemehl, aber auch in Gemüse und Hülsenfrüchten.

Glykogen

Glykogen ist die tierische und menschliche Speicherform der Stärke. Der Organismus verkettet die Glukosebausteine in ähnlicher Weise, wie es die Pflanzen tun. So kann er in Leber und Muskulatur die Glukose parat halten, die er in Zeiten der Unterversorgung benötigt. Allerdings bindet jedes Gramm Glykogen zusammen mit angelagertem Kalium etwa 2,7 Gramm Wasser in der Zelle – die Speicher sind daher relativ begrenzt.

Maltodextrin

Maltodextrine sind ebenfalls Ketten von Glukosemolekülen, die jedoch nicht so lang und so verzweigt sind wie Stärke oder Glykogen. Sie werden meist aus pflanzlicher Stärke unter dem Einsatz von Enzymen hergestellt. Maltodextrine liefern dem Körper rasch verfügbare Energie, ohne dabei so viel Wasser im Verdauungstrakt zu binden wie andere Zucker. Man bezeichnet sie aufgrund ihrer geringeren Anzahl an Zuckerbausteinen und je nach Abbaugrad auch als Oligosaccharide. In Athletenkreisen heißen sie kurz »Oligos«. Sie werden vom Körper hervorragend vertragen und in verschiedener Form bevorzugt für Sportlernahrungsmittel eingesetzt.

Machen Kohlenhydrate dick?

Kohlenhydrate sind ideal nutzbare Energielieferanten: Sie können mit und zeitweise auch ohne Sauerstoff umgesetzt werden – also aerob und anaerob. Sie stehen letztlich jedem Gewebe zur Verfügung. Dies geht sogar so weit, dass der Organismus die Fettverbrennung minimiert, wenn ihm genügend Kohlenhydrate angeboten werden: Pro Zeiteinheit kann aus Kohlenhydraten bis zu dreimal mehr Energie für die muskuläre Kontraktion bereitgestellt werden als aus Fetten – Kohlenhydratverbrennung ist um sieben Prozent ökonomischer![6, 7, 8, 9]

Kohlenhydrate sind nicht zwangsläufig Dickmacher. Essen Sie jedoch langfristig mehr Kohlenhydrate, als Sie verbrennen, dann werden Sie das an Ihrer Hüfte sehen, überschüssige Kohlenhydrate werden zu Fett umgewandelt und in den Fettzellen gespeichert. Den Verzehr gleicher Energiemengen vorausgesetzt ist es völlig egal, ob Sie Kohlenhydrat- oder Fettenergie wählen, Ihr Körper wird entsprechend der überschüssigen Energie an Gewicht zunehmen.[10] Es sei denn, Sie verbrennen die überschüssige Energie – durch Laufen!

Glykämischer Index

Wie schnell Ihrem Körper der Zucker aus Ihrem Essen zur Verfügung steht, ist abhängig von der Geschwindigkeit der Verdauungs- und Stoffwechselprozesse. In der Vergangen-

Energiegehalt, Speicher und Regulation der Hauptnährstoffe[11]

Nährstoff	Energiegehalt	Depots	Hauptregulation
Alkohol	7 kcal/g	keine	sofortige Umsetzung
Kohlenhydrate	4,1 kcal/g	Glykogen in Leber und Muskeln	sofortige Umsetzung oder Speicherung als Glykogen
Proteine	4,1 kcal/g	Aminosäurepool in Leber, Blut und Muskulatur, Körperprotein	Umsetzung oder Anlegen in Form von Körperproteinreserven
Fette	9,3 kcal/g	Fettsäuren in Fettzellen und Muskulatur	Umsetzung vor allem im Nüchtern- bzw. Hungerzustand, sonst vorwiegend Deponierung in den Fettzellen

heit wurde häufig argumentiert, dass langkettige Kohlenhydrate aufgrund des aufwendigeren Verdauungsprozesses längere Zeit zur Aufnahme benötigen als beispielsweise Ein- und Zweifachzucker. Das stimmt so nicht ganz. Um die Verfügbarkeit der Kohlenhydrate zu beschreiben, führten die Wissenschaftler um Dr. David J. Jenkins 1981 den Begriff des glykämischen Index (GI) ein.[12] Der GI gibt an, wie stark Ihr Blutzuckerspiegel nach Aufnahme von 50 Gramm eines Testlebensmittels im Vergleich zur gleichen Menge Glukose oder Weißbrot über die Zeit ansteigt und wieder absinkt.

Glykämische Last

Auch die Menge des verzehrten Lebensmittels spielt eine wichtige Rolle für Blutzuckerspiegel und Gesundheit – beispielsweise haben Traubenzuckerplättchen einen glykämischen Index von etwa 100. Essen Sie aber nur ein halbes Plättchen von ungefähr drei Gramm Gewicht, konsumieren Sie zwar ein Lebensmittel mit hohem glykämischem Index, die Wirkung auf den Blutzucker wird sich aber logischerweise in Grenzen halten. Dieser Faktor ist in der Tat so bedeutend, dass das Maß der glykämischen Last (GL, engl. »glycemic load«) eingeführt wurde.

Ein bedeutender Unterschied: Der glykämische Index hängt allein vom betreffenden Lebensmittel ab, während Sie die glykämische Last sowohl durch die Nahrungsmittelauswahl als auch über die verzehrte Menge steuern können.

Ballaststoffe

In diese Gruppe fällt eine Vielzahl der in der Natur vorkommenden Kohlenhydratformen. Ihr Clou: Sie werden nicht verdaut, sie entgehen den spaltenden Enzymen. Damit fördern sie das Sättigungsgefühl, beschleunigen die Darmentleerung, binden Wasserkapazitäten, glätten den Blutzuckerspiegel und binden und scheiden Cholesterin aus.

Die meisten epidemiologischen Studien weisen darauf hin, dass eine ballaststoffreiche Ernährung das Risiko für Darmkrebs, Typ-2-Diabetes und Herz-Kreislauf-Erkrankungen senkt.[13,14,15,16] Besonders effektiv in dieser Hinsicht sind Ballaststoffe aus Getreide.

Darauf begründet sich auch die Verzehrempfehlung der Deutschen, Schweizer und Österreichischen Gesellschaften für Ernährung aus dem Jahr 2000 – sie lautet: zehn Gramm Ballaststoffe pro 1.000 Kilokalorien beziehungsweise eine Mindestaufnahme von 30 Gramm pro Tag. Die in großen Verzehrstudien tatsächlich ermittelte Zufuhr liegt, je nach Bevölkerungsgruppe, zwischen 18 und 24 Gramm.[17,18] Also: Essen Sie lieber Vollkorn- statt Weißmehlprodukte – da sind die Ballaststoffe noch enthalten!

Glykämischer Index und glykämische Last verschiedener Lebensmittel[19, 20]

Lebensmittel	Glykämischer Index (GI)	Übliche Portionsgröße (g)	Verwertbare Kohlenhydrate (g/Portion)	Glykämische Last (GL) pro Portion
Frühstücksflocken				
Cornflakes	81 ± 3	30	26	21
Müsli (Wheetabix, Frankreich)	55 ± 10	30	19	10
Porridge (Haferflocken, gekocht in Wasser)	58 ± 4	250	22	13
Porridge aus Instant-Haferflocken	66 ± 1	250	26	17
Brot/Teigwaren/Getreide				
Weißbrot (Weizen)	70 ± 0	30	14	10
Weizenvollkornbrot	71 ± 2	30	13	9
Roggenvollkornbrot	58 ± 6	30	14	8
Langkornreis (gekocht)	56 ± 2	150	41	23
brauner Reis (gekocht)	55 ± 5	150	33	18
Spaghetti (weiß, 10–15 Min. gekocht)	44 ± 3	180	48	21
Vollkornspaghetti	37 ± 5	180	42	16
Hirse (gekocht)	71 ± 10	150	36	25
Weizen (gekocht)	41 ± 3	50	34	14
Obst				
Wassermelone	72 ± 13	120	6	4
Ananas	59 ± 8	120	13	7
Kiwi	53 ± 6	120	12	6
Banane	52 ± 4	120	24	12
Weintrauben	46 ± 3	120	18	8
Orange	42 ± 3	120	11	5
Pfirsich	42 ± 14	120	11	5
Apfel	38 ± 2	120	15	6
Birne	38 ± 2	120	11	4

Eine Übersicht, welche die Ergebnisse zahlreicher Studien und Laboruntersuchungen berücksichtigt

Lebensmittel	Glykämischer Index (GI)	Übliche Portionsgröße (g)	Verwertbare Kohlenhydrate (g/Portion)	Glykämische Last (GL) pro Portion
Gemüse				
Kartoffelbrei (instant)	85 ± 3	150	20	17
Kartoffeln (gekocht)	56–101	150	17–26	11–18
Kartoffeln (gebacken)	85 ± 12	150	30	26
Zuckermais (gekocht)	54 ± 4	80	17	9
Kidneybohnen (Dose)	52	150	17	9
grüne Erbsen (TK, gekocht)	48 ± 5	80	7	3
Karotten (roh und gekocht)	47 ± 16	80	6	3
grüne Linsen (gekocht)	30 ± 4	150	17	5
Milch(-produkte)				
Pudding	44 ± 4	100	16	7
Joghurtdrink (fettreduziert, Passionsfrucht)	38 ± 4	200	29	11
Kakao (aus fettarmer Milch)	34 ± 4	250	26	9
Milch (Vollfett)	27 ± 4	250	12	3
Getränke				
Isostar	70 ± 15	250	18	13
Fanta	68 ± 6	250	34	23
Orangensaft	50 ± 4	250	26	13
Apfelsaft (klar)	40 ± 1	250	28	11
Sonstiges				
Baguette mit Nuss-Nougat-Creme	72 ± 8	70	37	27
Popcorn (ungesüßt)	72 ± 17	20	11	8
Mars-Riegel	65 ± 3	60	40	26
Kartoffelchips	54 ± 3	50	21	11

»Zucker« kann auch eine Krankheit sein

Zu viel Zucker im Blut schadet. Deshalb reguliert Ihr Körper Ihren Blutzuckerspiegel sehr exakt: Er sollte im nüchternen Zustand (nach achtstündigem Fasten) nicht über 126 und zwei Stunden nach einer Mahlzeit nicht über 200 Milligramm pro Deziliter liegen – laut Definition der amerikanischen Diabetesgesellschaft ADA.[21] Steigt der Glukosespiegel nach einer Mahlzeit an, so schüttet die Bauchspeicheldrüse das Hormon Insulin aus. Es schleust den Zucker in insulinempfindliche Gewebe ein. Die Skelettmuskulatur nimmt hier eine zentrale Rolle ein: Sie verstoffwechselt 80 Prozent der nach einer Mahlzeit in das Blut gelangten Glukosemenge![20] Der Blutzuckerspiegel sinkt daraufhin entsprechend ab. Unter bestimmten krankhaften Bedingungen ist diese Regulation empfindlich gestört, beispielsweise bei Diabetikern. Sie produzieren kein oder zu wenig Insulin, der Zucker verliert seinen »Hauptabnehmer«, das Blut staut sich in der Blutbahn zurück und richtet erhebliche Schäden an: Die Gefäße entzünden sich und verkalken zunehmend. Bluthochdruck, Herzinfarkt, Schlaganfall, Nierenversagen, Erblindung, zerstörte

Die Einteilung des glykämischen Index[21]

Hoher GI (> 64)
Bonbons, Sportlergetränke, Kartoffeln, helles Brot

Mittlerer GI (41–64)
Nudeln, reife Bananen, Müsli, Orangensaft, Vollkornbrot und Schokolade

Niedriger GI (< 41)
Obst, Gemüse, Hülsenfrüchte, Nüsse, Fleischprodukte, Fisch und Milchprodukte

Diabetes Typ 1 und 2

Der Typ-1-Diabetes, bei dem es aufgrund von Fehlreaktionen des Immunsystems zur Zerstörung der insulinproduzierenden Zellen in der Bauchspeicheldrüse kommt, tritt vornehmlich in jungen Jahren auf. Früher nannte man ihn deshalb »juvenilen« Diabetes. Die Ursache dieser schweren Krankheit liegt nicht in Übergewicht und anderen Wohlstandserscheinungen. Sie muss von Anfang an mit Insulin behandelt werden.

Der Typ-2-Diabetes wurde früher gern »Altersdiabetes« genannt, da er meist in höherem Lebensalter auftrat. Inzwischen hat sich dieses Bild rapide gewandelt. Das Manifestationsalter verlagerte sich um durchschnittlich zehn Jahre nach vorn, und es sind nun immer mehr Jugendliche betroffen. Die Krankheit könnte treffender mit »Wohlstandsdiabetes« charakterisiert werden: Typ-2-Diabetes entsteht durch die Kombination einer (auch bei vermeintlich Gesunden sehr häufigen) erblichen Grundlage mit einem inaktiven Lebensstil und der in Industrienationen häufigen Überernährung. Kurz: Bewegungsmangel und Übergewicht.

Die Bauchspeicheldrüse produziert zwar (zunächst) noch Insulin, um den Blutzuckerspiegel zu senken, die überfüllten Fettzellen und die aufgrund mangelnder körperlicher Aktivität unempfindlich gewordenen Muskelzellen reagieren jedoch nicht mehr entsprechend darauf (Insulinresistenz). Somit muss immer mehr und dauerhafter Insulin ausgeschüttet werden, um die Blutglukose zumindest anfangs noch einigermaßen im Rahmen zu halten. In dieser Phase sind vor allem bis zwei Stunden nach einer zuckerreichen Mahlzeit kleinere Entgleisungen messbar, noch nicht dagegen im Nüchternzustand. Irgendwann ist die Kapazität der Bauchspeicheldrüse aber erschöpft, die Nüchternglukosespiegel geraten aus den Fugen, und auch der Typ-2-Diabetiker ist dann auf von außen zugeführtes Insulin angewiesen.

Nervenbahnen an Füßen und Beinen, Impotenz – all diese Krankheiten sind ein Produkt geschädigter, verstopfter Blutgefäße und eines dauerhaft überhöhten Zuckerspiegels.[22]

Auch vermeintlich gesunde, körperlich inaktive Menschen können sich potenziell schaden, wenn sie ihren Organismus allzu häufig mit einer zuckersüßen Fracht überfluten. Dies hat folgenden Hintergrund: »Schnelle« Kohlenhydrate sind oft arm an Nahrungsvolumen, sättigen somit kaum. Gepaart mit weiteren (teilweise erblichen) Faktoren tragen sie zu einer positiven Kalorienbilanz und Übergewicht bei – und damit einem Risiko für Diabetes.

So ist es auch für Ihren Blutzuckerspiegel, Ihre Figur und die Gesundheit Ihrer Blutgefäße sinnvoll, die glykämische Last mit vollwertigen Lebensmitteln in einem vernünftigen Rahmen zu halten.

Wichtig: Die gesundheitlichen Konsequenzen bei der Zufuhr von Lebensmitteln mit einem erhöhten GI sind beim gut trainierenden Sportler mit Sicherheit anders zu bewerten als beim Durchschnittsbürger. Der zitierte Grenzwert kann bei Athleten gelockert werden. Gerade unmittelbar nach einer Trainingseinheit sind schnelle »High-GI-Carbs« im Sinne einer optimalen Regeneration besonders wichtig, was dem Konzept des glykämischen Index widersprechen würde. Dies gilt aber eben nur direkt nach dem Training!

Eiweiße

Eiweiße dienen dem Organismus erst an zweiter Stelle zur Energieversorgung. In erster Linie sind sie Baustoffe. So wie die Zuckerketten aus verschiedenen einzelnen Zuckerbausteinen zusammengesetzt sind, werden auch die Eiweiße, oder Proteine, aus Untereinheiten gebildet. Man nennt diese Einzelbausteine Aminosäuren. Etwa 20 Stück sind für Ihren Stoffwechsel von Bedeutung. Je nachdem, wie diese 20 Aminosäuren kombiniert vorliegen, entstehen sehr komplexe, dreidimensionale Protein-Gebilde – mit völlig unterschiedlichen Beschaffenheiten und Funktionen.

Die wichtigsten Funktionen der Eiweiße im Überblick

- → Muskelkontraktion: Proteine spielen eine wichtige Rolle bei der Muskelkontraktion. Der Skelettmuskel besteht neben ungefähr 70 Prozent Wasser zu etwa 20 Prozent aus Protein.
- → Botenstoffe: Aminosäuren und daraus aufgebaute lang- oder kurzkettige Verbindungen (sogenannte Peptide) sind wichtige Grundstoffe für die Übertragung von Informationen.
- → Transportfunktion: Proteine dienen im Blut als Transportmittel für verschiedene Substanzen (zum Beispiel Cholesterin, Vitamine, Spurenelemente).
- → Strukturfunktion: Proteine sind Bestandteile von Zellen und Gewebe sowie von Membranen und Bindegewebe (zum Beispiel Kollagen).
- → Schutz und Abwehrfunktion: Antikörper sind aus Proteinen aufgebaut.
- → Funktionsstoffe: Enzyme, aufgebaut aus Proteinen, sind Bestandteile von Körperflüssigkeiten und Sekreten mit wichtigen Funktionen, wie zum Beispiel die Verdauungssäfte von Magen und Darm. Der gesamte Stoffwechsel wird allein über ihre Funktion aufrechterhalten.

Man nennt die Aminosäuren wegen der vielfältigen Aufgaben auch »Bausteine des Lebens«, und das zu Recht! »Protein« kommt dagegen aus dem Altgriechischen (»proteno«) und ist gleichbedeutend mit »Ich nehme den ersten Platz ein« – ebenfalls ein Hinweis auf die große Bedeutung dieser Stoffgruppe.

Verdauung von Eiweiß

Die im Verdauungstrakt ablaufenden Prozesse sind denen der Kohlenhydratverdauung im Prinzip recht ähnlich: Um die mit der Nahrung aufgenommenen komplexen Eiweißstrukturen für sich nutzbar zu machen, verändert die Magensäure die dreidimensionale Anordnung der Proteine und macht sie so für Proteasen und

Die drei Gruppen der Aminosäuren

Nichtessenzielle Aminosäuren

Ihre Verfügbarkeit war in Zeiten der Evolution nur in so geringem Ausmaß gesichert, dass sich der Organismus nicht auf die Zufuhr von außen verlassen konnte und lernte, sie aus Vorläuferstoffen selbst zu bilden.

Halbessenzielle Aminosäuren

Sie müssen unter bestimmten Bedingungen, zum Beispiel im Wachstum und bei Krankheiten, mit der Nahrung zugeführt werden.

Essenzielle Aminosäuren

Neun Aminosäuren müssen für die Bildung körpereigener Proteine mit der Nahrung regelmäßig und im richtigen Verhältnis zugeführt werden. Allerdings ist inzwischen bekannt, dass sechs von ihnen unter bestimmten Bedingungen aus gewissen Vorläufermolekülen (sogenannten Ketosäuren) gebildet werden. Entgegen den älteren Erkenntnissen sind streng genommen folglich nur zwei Eiweißbausteine wirklich essenziell: Lysin und Threonin. In der praktischen Ernährung spielt dies aber keine große Rolle.

» Vom Insulin bis zur Muskelzelle: In Ihrem Körper funktioniert nichts ohne Eiweiß! «

Peptidasen erst angreifbar. Letzteres geschieht aber ganz überwiegend erst im Dünndarm. Die Aminosäuren werden dann mithilfe von Transportern im Darm ins Blut geschleust und in verschiedenen Geweben je nach Notwendigkeit wieder zusammengesetzt. Es ist von Bedeutung, dass auch Transportsysteme für längere Peptide existieren, ja sogar ganze Proteinmoleküle können in geringem Maße aufgenommen werden. So können Enzympräparate (zum Beispiel »Wobenzym«) überhaupt in den Körper gelangen und ihre Wirkung entfalten.

Die richtige Versorgung mit Eiweiß

Ausschlaggebend für die richtige Versorgung mit Eiweiß ist die Tatsache, dass nicht alle Aminosäuren gleich häufig sind. Einige kommen in den Nahrungseiweißen sehr häufig vor, andere eher selten – die Aminosäureverteilung eines Schnitzels ist eine andere als die des Joghurts oder der Sojabohne. Sie alle werden sich wiederum von der des menschlichen Körpers unterscheiden. Und um Ihren Körper geht es letztendlich: Die Nahrung sollte eine Aminosäurenzusammensetzung haben, die ähnlich ist wie Ihre eigene, um den Eiweißhaushalt im Gleichgewicht zu halten. Dabei hängt die Qualität eines Nahrungsproteins letztlich immer von dem essenziellen Eiweißbaustein ab, von dem am wenigsten enthalten ist. Dieser wird als sogenannte »limitierende Aminosäure« bezeichnet. Eine Möglichkeit, die davon abhängige Eiweißqualität zu beschreiben, besteht zum Beispiel in der Bestimmung der sogenannten biologischen Wertigkeit.

Eiweißqualität: die biologische Wertigkeit

Die biologische Wertigkeit eines Proteins gibt an, wie gut oder schlecht der Organismus Nahrungsproteine in körpereigene überführen kann. Als Bezugswert für die biologische Wertigkeit dient Vollei-Protein mit der Wertigkeit von 100. Benötigt der Körper von einem bestimmten Nahrungsprotein kleinere Mengen als von diesem Bezugseiweiß, um die Eiweißbilanz im Gleichgewicht zu halten, so wird dessen biologische Wertigkeit über

Die biologische Wertigkeit (BW) des Eiweißes in Nahrungsmitteln und ihren Kombinationen

Nahrungsmittel bzw. Kombination	BW
Vollei (36%) + Kartoffeln (64%)	136
Lactalbumin (70%) + Kartoffeln (30%)	134
Weizen (25%) + Milch (75%)	125
Soja (40%) + Vollei (60%)	124
Vollei (68%) + Weizen (32%)	123
Milch (24%) + Vollei (76%)	119
Mais (12%) + Vollei (88%)	114
Kartoffeln (22%) + Rindfleisch (78%)	114
Vollei	100
Mais (48%) + Bohnen (52%)	99
Gelatine (16%) + Rindfleisch (84%)	98
Fisch	94
Rindfleisch	92–96
Thunfisch	92
Milch	88
Edamer Käse	85
Soja	84
Schweizer Käse	84
Grünalgen	81
Roggen	76
Reis	70
Kartoffeln	70
Brot	70
Bohnen	70

100 liegen, im anderen Fall darunter. Grundsätzlich ist tierisches Eiweiß für den Menschen biologisch hochwertiger als pflanzliches. Besonders hohe Werte über 100 lassen sich durch Ergänzung der Aminosäurespektren verschiedener Lebensmittel erreichen: Ein bekanntes Beispiel hierfür ist die Kartoffel-Ei-Kombination mit der Wertigkeit von

Bekannt für die hohe biologische Wertigkeit: die Kartoffel-Ei-Kombination

136 – die höchste bekannte biologische Wertigkeit. Werte darüber sind mit einer anderen Methode gemessen oder schlicht und einfach erfunden.

Aus der Übersicht wird leicht ersichtlich, dass bereits das Protein eines banalen Käsebrots (Weizen + Milch) eine enorme Eiweißwertigkeit besitzt. Aber auch das gute alte Chili con Carne ist bereits »senza carne«, also ohne Fleisch, nur mit Bohnen und Mais, bezüglich seiner Proteinqualität fast so wertvoll wie Vollei: eine rein vegetarische und dabei sehr hochwertige Variation!

Proteine im Stoffwechselgeschehen

Die Proteinwertigkeit spielt besonders dann eine wichtige Rolle, wenn insgesamt nur wenig Eiweiß und Nahrungsenergie zur Verfügung stehen – wie zum Beispiel in Entwicklungsländern. Wer Eiweiß im Überfluss zuführt, wie in unserer Zivilisation üblich, der braucht sich um die Wertigkeit kaum Gedanken zu machen. Eine Ausnahme stellt vielleicht die Situation unmittelbar nach dem Training dar.

Eiweiß als »Energieverschwender«

Proteine liefern Energie und das unter anderem für den Muskelaufbau notwendige Element Stickstoff. Im Durchschnitt ist Eiweiß mit etwa vier Kilokalorien pro Gramm verwertbar. Es ist auch möglich, dass Proteine bei einer positiven Kalorienbilanz in Körperfett umgewandelt werden. Allerdings ist ihr Stoffwechsel so aufwendig, dass sie von allen Nährstoffen die ausgeprägteste Wärmeabgabe nach dem Essen hervorrufen: Die Stoffwechselrate wird nach einer Proteinmahlzeit über Stunden um bis zu 35 Prozent erhöht.[25] Außerdem ist im Ausscheidungsprodukt des Eiweißstoffwechsels, dem Harnstoff, noch Restenergie enthalten. Es existieren daher viele Diätkonzepte, die sich um diese Eigenschaften des Eiweißes drehen: Eiweiß (ohne Fett!) macht schlank und fit!

Gelatine für die Gelenke?

In einschlägigen Zeitschriften werden für Sportler häufig Gelatinepräparate zur Wiederherstellung und Protektion der strapazierten Gelenkknorpel beworben. Bezüglich der Entstehung einer Gelenkarthrose wird neben den hauptsächlich verantwortlichen Über- und Fehlbelastungen oder Fehlstellungen des Skeletts eine Unterversorgung mit für die Knorpeleiweißsynthese benötigten speziellen Aminosäuren diskutiert. In Zellkultur- und Tierexperimenten konnte mittels markierter Gelatinepeptide eine Aufnahme selbiger in den Organismus, eine Anreicherung im Knorpelgewebe sowie eine Stimulation der dortigen Eiweißsynthese nachgewiesen werden.[26,27] Dies kann allein nicht als Beweis für einen ernährungsphysiologischen Effekt gewertet werden, da natürlich Aminosäuren jeglicher Zufuhr für den Körperproteinaufbau genutzt werden. Weiterhin existiert eine Reihe von Studien zur Behandlung von Arthrosepatienten mit gemischten Ergebnissen. Obwohl einige Autoren den therapeutischen Effekt der Gelatinehydrolysate für gesichert halten, sind solche Studienergebnisse mit Blick auf die Bedürfnisse von Sportlern nicht ohne Weiteres auf dieses Kollektiv übertragbar. Allerdings ist die Therapie ausgesprochen nebenwirkungsarm und insofern vielleicht einen Versuch wert: Empfohlen werden zehn Gramm Kollagenhydrolysat pro Tag als Langzeittherapie.[28,29]

Eiweiß als Sattmacher

Der im Hinblick auf das Körpergewicht vielleicht wichtigste Aspekt besteht darin, dass Eiweiß im Vergleich zu anderen Makronährstoffen die beste Sättigungswirkung aufweist. Entsprechende Studien deuten tatsächlich an, dass ein erhöhter Proteinanteil sich in der den Energiebedarf nicht deckenden Reduktionsdiät günstig auf die Körperzusammensetzung auswirkt. Wer sehr viele magere Proteinquellen verzehrt, nimmt aufgrund des Nahrungsvolumens automatisch auch geringere Mengen anderer energiereicher Lebensmittel zu sich und bleibt länger satt – und schlank!

BCAAs als Nahrungsergänzung

Unter katabolen (Eiweiß abbauenden) Stoffwechselbedingungen wird der Eiweißbaustein Alanin reichlich aus der Muskulatur freigesetzt und in die Leber transportiert. Dort dient er der Glukosebildung. Damit diese entscheidende Quelle nicht versiegt, werden aus dem verfügbaren Muskelpool unter anderem verzweigtkettige Aminosäuren (BCAA = »branched chained amino acids«) für die Alaninbildung entnommen – Ihr Muskel baut sich ab.

Aufgrund dieser gut belegten biochemischen Funktionen bieten zahlreiche Hersteller Aminosäuren als »Antikatabolika« an. Die BCAAs werden für Ausdauerathleten noch aus einem ganz speziellen Grund angeboten: Bei lang anhaltenden Belastungen sollen sie einem vorzeitigen Ermüden vorbeugen, indem sie den Gehirnstoffwechsel beeinflussen.[30,31]

Wer regelmäßig und abwechslungsreich isst, braucht keine Supplemente! Ein antikataboler Effekt der genannten Aminosäuren ist theoretisch möglich, bisher aber unzureichend belegt und dürfte bestenfalls während harter Trainingsphasen beziehungsweise bei unzureichender Versorgungslage mit Kohlenhydraten und Energie eintreten. Athleten mit Schwierigkeiten bezüglich Appetit und Nahrungsmenge profitieren vielleicht von einer Supplementierung.

Eiweiße verursachen ein hohes Sättigungsgefühl

Der Proteinstoffwechsel im Überblick[32]

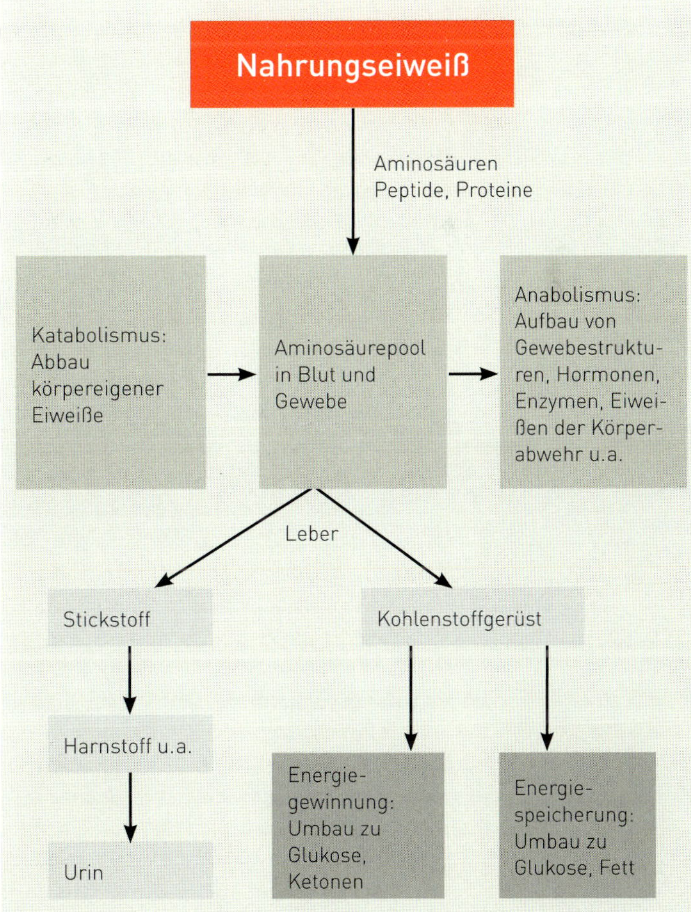

Wie viel Eiweiß benötigen Sportler?

Die Rolle der Proteinzufuhr ist im Sport, aber auch hinsichtlich der Ernährung der Allgemeinbevölkerung ein kontrovers diskutiertes Thema. Von offizieller Seite der zuständigen Gesellschaften für Ernährung wird für den körperlich aktiven wie inaktiven Menschen bei angemessener Energieversorgung eine tägliche Proteinzufuhr von 0,8 Gramm pro Kilogramm Körpergewicht pro Tag gefordert. Die aktuellen US-amerikanischen Empfehlungen liegen in der gleichen Größenordnung.[33,34] Dies würde bedeuten, dass acht bis zehn Prozent der täglichen Kalorienzufuhr auf eiweißhaltige Lebensmittel entfallen oder ein 70 Kilogramm schwerer Athlet am Tag ungefähr 56 Gramm Eiweiß aufnehmen müsste. Diese Angabe stützt sich auf Bilanzstudien, die zeigen konnten, dass auch bei erhöhter körperlicher Aktivität kein vermehrter Proteinbedarf besteht. So wurde in verschiedenen Untersuchungen nachgewiesen, dass durch eine Zufuhr von 2,5 Gramm Eiweiß pro Kilogramm Körpergewicht und Tag – und mehr – auch bei stark belastendem Training keine Erhöhung von Muskelmasse und Kraft bewirkt werden konnte.[35,36] Die tatsächliche Proteinzufuhr liegt in der Bundesrepublik aber zwischen 12 und 14 Prozent der täglich aufgenommenen Kalorienmenge[37], sodass der Eiweißbedarf des Athleten auf jeden Fall gedeckt zu sein scheint.

Allerdings werden besonders in den letzten Jahren und vor allem von internationaler Seite die Zweifel an den Angaben über die empfohlene Zufuhr immer lauter. Die zur Ermittlung der optimalen Proteinzufuhr eingesetzten Untersuchungsmethoden werden besonders im Hinblick auf die Bedürfnisse von Athleten zunehmend infrage gestellt. Im Sportlerbereich erfahrene Wissenschaftler raten: 1 Gramm pro Kilogramm Körpergewicht und Tag für Freizeitathleten, 1,6 Gramm für Hochleistungssportler.[38] Entsprechend bewegen sich die Bedürfnisse des ambitionierten Leistungssportlers dazwischen: 1,2 bis 1,4 Gramm pro Kilogramm Körpergewicht.

Hühnereier sind doch gesund

Eier sind mit einer biologischen Wertigkeit von 100 ein besonders hochwertiger Eiweißlieferant. Außerdem gehören sie zu den wenigen Lebensmitteln, die uns relevante Mengen Vitamin D liefern – ein Ei deckt bereits 30 Prozent unseres Tagesbedarfs! Eier wurden in der Vergangenheit zu Unrecht verteufelt. Der Grund: Sie enthalten einen relativ hohen Anteil an Cholesterin. Hohe Werte von »schlechtem« LDL-Cholesterin im Blut stellen einen Risikofaktor für die Entstehung von Herzerkrankungen dar. Die Verfügbarkeit von Nahrungscholesterin ist jedoch im Mittel sehr gering und bei Hühnereiern sorgen das gleichzeitig enthaltene Phosphatidylcholin und sogenannte Oxysterole für eine Resorptionshemmung – der Großteil des enthaltenen Cholesterins wird somit ausgeschieden. Cholesterinreiche Nahrungsmittel wie Eier, Butter oder Meeresfrüchte können nach heutigem Kenntnisstand nur bei einer Untergruppe von Personen für erhöhte Blutfettwerte verantwortlich gemacht werden.

Sie können sich gern täglich ein Ei in Ihrer sportlichen Ernährung gönnen – um das Cholesterin brauchen Sie sich keine Sorgen zu machen!

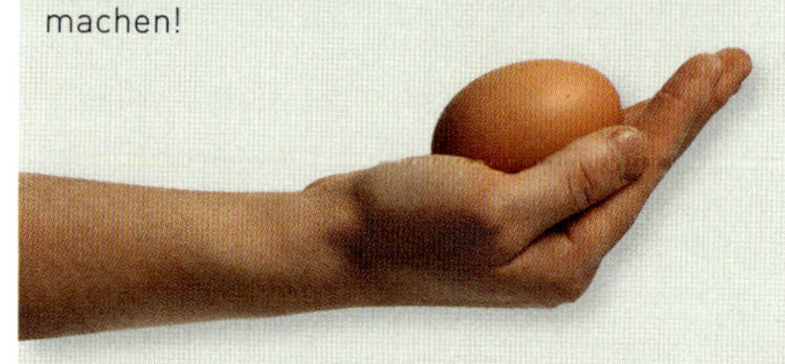

Ist zu viel Eiweiß schädlich?

Schreckensmeldungen über Nierenschäden durch erhöhten Eiweißkonsum konnten bis heute nicht belegt werden. Relevante Untersuchungen an Athleten fanden bei täglichen Eiweißmengen von bis zu 2,8 Gramm pro Kilogramm Körpergewicht und Tag keine Hinweise auf eine Verschlechterung der Nierenfunktion.[39] Damit befinden sich auch alle Ausdauerathleten in einem unproblematischen Bereich. Um die Nieren im Rahmen einer proteinreichen Ernährung zu entlasten, sollte reichlich getrunken werden.

Fette

Fett ist äußerst unbeliebt. Den Luxus dieser Verteufelung können Sie sich aber lediglich aufgrund des hiesigen Nahrungsüberflusses leisten. Es gibt nämlich gute Gründe, warum sich die Natur bei der Evolution gerade für die Fette als eine der bedeutendsten Substanzgruppen entschieden hat – und warum Sie einige Fette genießen sollten!

Energiestoffwechsel der Fette

Fette bieten mit Abstand am meisten Energie: Mit 9,3 Kilokalorien pro Gramm liefern sie mehr als doppelt so viel Energie wie Kohlenhydrate und Eiweiße. Fett ist vor allem unter Ruhebedingungen nach langem Fasten und bei wenig intensiver oder sehr lange andauernder Anstrengung ein wichtiger Brennstoff. Der Fettspeicher ist also eine Art energetischer »Lückenbüßer«, der einspringen muss, wenn gerade kein anderer Brennstoff greifbar ist. Das liegt an der Tatsache, dass unter den genannten Bedingungen genügend Sauerstoff zur Verfügung steht und Fett somit optimal umgesetzt werden kann.

Funktion der Fette

Aufgrund ihres geringen Wasserbindungsvermögens und der hohen Energiedichte können große Reserven platzsparend untergebracht werden: 100.000 Kilokalorien Reserveenergie hat ein schlanker Mensch mit normalem Körperfettanteil immer mit dabei. Hätten Sie diese Reserve in Form von Glykogen angelegt – Sie würden gewaltige Ausmaße haben!

Außerdem polstern Fette Ihren Körper an der Oberfläche ab und isolieren Sie ideal gegen Kälte. Solange die Polster in einem vernünftigen Rahmen bleiben, ist das durchaus sinnvoll. Weniger bekannt sind die Aufgaben der Fette als Nachrichtenverkehr – zum Beispiel als Teil des Immunsystems. Fettsäuren werden aus den Zellwänden, in die sie eingelagert wurden, herausgelöst und zu Botenstoffen umgewandelt. Sie bringen dann beispielsweise Entzündungsvorgänge auf Trab: Die Durchblutung steigt, Entzündungszellen werden angelockt. Andere, ebenfalls von Fettsäuren abstammende Mediatorsubstanzen bremsen diese Prozesse hingegen ab und wieder andere, wie das Cholesterin, liefern das Grundgerüst für die Bildung von Hormonen – zum Beispiel der Geschlechtshormone.

Gesättigte Fette

Fette bestehen aus langen Kohlenstoffketten. Ist diese Kette an jeder freien Stelle mit einem Wasserstoffatom besetzt, nennt man sie gesättigt. Ihr wichtigstes sichtbares Merkmal: Bei Zimmertemperatur sind sie fest. Solche Fettsäuren findet man in großer Menge in tierischen Produkten. Wurst und Milchprodukte sind reich daran – besonders Butter, aber auch bestimmte pflanzliche Fette (Kokosfett). Mit gesättigten Fetten sollten Sie sparen – ein zu großer Anteil an gesättigten Fetten führt zusammen mit Bewegungsmangel und positiver Energiebilanz potenziell zu Gefäßschäden, Herzinfarkt und Schlaganfall.[40]

14

Mein Tipp

Welche Öle nehmen Sie?
Verbannen Sie Sonnenblumen-, Maiskeim- und Distelöl aus dem Küchenschrank – sie sind reich an Omega-6-Fettsäuren. Tauschen Sie diese einfach gegen Lieferanten von pflanzlichen Omega-3-Fettsäuren aus: Walnuss-, Soja-, Leinsamen- und Rapsöl sind hier die idealen Vertreter. Während Leinöl einen sehr aromatischen Geschmack hat, sind Walnuss- und Rapsöl sehr mild. Rapsöl kann darüber hinaus auch ohne schädliche Folgen hoch erhitzt werden – perfekt zum Braten!

Einfach ungesättigte Fettsäuren

Bleibt in der chemischen Struktur einer Fettsäurekette eine Stelle unbesetzt, so spricht man von einfach ungesättigten Fettsäuren. Diese Öle sind bei Zimmertemperatur flüssig. Sie finden sich in großer Menge in der mediterranen Ernährung. Grund dafür sind die Oliven und das Olivenöl, die zu fast 80 Prozent aus dieser Fettsorte bestehen. Aber auch in bestimmten Früchten, wie der Avocado, finden sich große Mengen der wichtigen Substanz. Ein bedeutender Lieferant der einfach ungesättigten Fette aus dem Norden: das Rapsöl. Es ist mit etwa 60 Prozent fast genauso reich an den besprochenen Fettsäuren wie das Öl der Olive. Ebenfalls von der allerbesten Seite zeigen sich Nüsse und Mandeln – besonders Erdnüsse mit einem etwa 50-prozentigen Anteil einfach ungesättigter Fettsäuren. Öle, die reich an diesen Fettsäuren sind, schützen Ihr Herz und belasten Ihre Blutgefäße nicht. Sie sind ein idealer Energielieferant für Ihren Körper![41,42]

Avocados sind zwar sehr energiehaltig, verfügen aber über ein interessantes Fettsäureprofil

Mehrfach ungesättigte Fettsäuren

Besonders in Pflanzenölen finden sich Fettsäureketten, die an mehreren Stellen nicht abgesättigt sind. Diese mehrfach ungesättigten Fettsäuren werden, wie die anderen Fette auch, in die Zellwände eingebaut. Eine besondere Eigenschaft der mehrfach ungesättigten Fette ist ihre Fähigkeit, Zellmembranen geschmeidig zu halten. Besonders diese Fette werden vom Körper für die Botenstofffunktionen im Immunsystem genutzt. Es gibt hier zwei große Gruppen: die Omega-3- und die Omega-6-Fettsäuren. So komplex der Gesamtstoffwechsel dieser Fettsäuren im Immunsystem und im Entzündungsstoffwechsel auch ist, tendenziell sind Omega-6-Fettsäuren verstärkt am entzündlichen Geschehen beteiligt, während die Omega-3-Fettsäuren Entzündungen und überschießende Reaktionen des Immunsystems bremsen.

Omega-3- und Omega-6-Fette sind ungleichmäßig in verschiedenen Pflanzenölen verteilt. Achten Sie deshalb auf das richtige Verhältnis von Omega-6 zu Omega-3.

Es ist ein Dilemma, dass Sie an der Packung eines Öls nicht erkennen können, wie viel Omega-3- und Omega-6-Fette in ihm enthalten ist. Beide sind in der Obergruppe der mehrfach ungesättigten Fette zusammengefasst und so für den Verbraucher unkenntlich. Die Verhältnisse der Öle finden Sie in der Tabelle auf Seite 398.

Hochungesättigte Fettsäuren und Omega-3-Fischöl

Hochungesättigte Fettsäuren sind Fettsäurenketten, die an besonders vielen Stellen nicht vollständig mit Wasserstoff besetzt sind. Sie halten Zellmembranen durch ihre biochemi sche Struktur beweglich und beeinflussen die

» Die richtigen Fette machen Sie schnell und schlank! «

Nüsse – der ideale Sportlersnack

Nüsse weisen ein herausragendes Nährstoffprofil auf: ein je nach Nuss sehr interessantes Fettsäurenverhältnis, Ballaststoffe, pflanzliches Protein, Vitamin E, Magnesium, Folsäure und Kalium. Entsprechend zeigen mehrere große epidemiologische Studien, dass ein häufiger Verzehr von Nüssen (mehr als fünfmal pro Woche oder 100 Gramm) das Risiko für Herz-Kreislauf-Erkrankungen um bis zu 30 Prozent reduziert.[43,44]

Erdnüsse, Mandeln und Haselnüsse sind hervorragende Lieferanten für einfach ungesättigte Fettsäuren. Aber auch Pekan-, Macadamia-, Cashewnüsse oder Pistazien müssen sich in dieser Beziehung nicht verstecken! Walnüsse liefern das mit Abstand beste Verhältnis von Omega-3- zu Omega-6-Fettsäuren. Mit sechs Gramm Fettsäure pro hundert Gramm Nuss sind sie eine sehr gute Quelle für pflanzliche Omega-3-Fettsäuren!

Somit sind Nüsse Ihr idealer Snack. Nicht zuletzt wegen des hohen Anteils an Vitaminen und Mineralstoffen. Natürlich sind sie hochkalorisch, aber dafür sättigen sie hervorragend und haben, wie andere kohlenhydratarme Lebensmittel auch, einen niedrigen glykämischen Index. Übrigens: Trotz einer zum Teil erhöhten Kalorienaufnahme beim vermehrten Verzehr von Nüssen konnte in keiner Studie eine Zunahme des Körpergewichts beobachtet werden. Nüsse sind Fitmacher!

Fettsäureprofil von Nüssen[45]

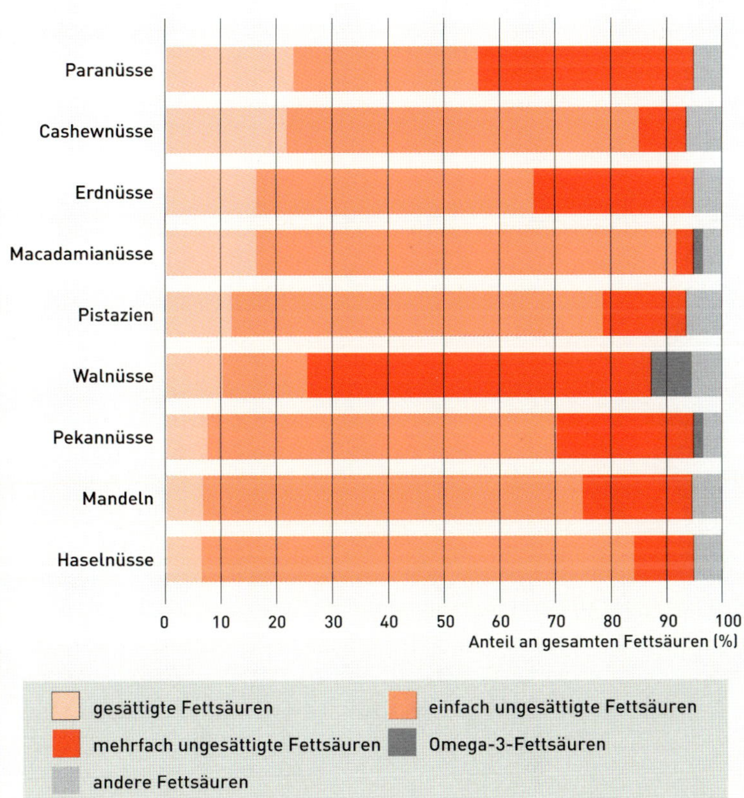

Sie essen keinen Fisch?

Wenn Sie Fisch nicht mögen, können Sie Omega-3-angereicherte Lebensmittel zu sich nehmen – inzwischen existiert eine ganze Palette davon: Eier zum Beispiel. Sie wirken sich positiv auf Blutfette und Blutdruck aus – und schützen zumindest Personen mit typischen Risikofaktoren vor Herz-Kreislauf-Erkrankungen.[46, 47, 48, 49]

Eine andere Möglichkeit stellen Fischölkapseln dar. Diese Präparate (zumindest die renommierter Hersteller) bieten den Vorteil eines standardisierten Omega-3-Gehalts und sind mit entsprechenden Mengen Antioxidanzien als Schutz vor der Zerstörung durch Sauerstoffradikale versehen. Allerdings sind die Auswirkungen einer sehr hohen Omega-3-Aufnahme, wie sie nur durch Supplemente zu erreichen ist, noch nicht endgültig geklärt – Risiken können also nicht gänzlich ausgeschlossen werden. Fischölpräparate sollten Sie übrigens grundsätzlich in der Apotheke kaufen und im Kühlschrank lagern.

In einigen Experimenten erwies sich die Zufuhr von Kaltwasserfisch als effektiver.[50] Dies mag damit zusammenhängen, dass die benötigte »Dosis« von mindestens zwei Fischkonserven oder -mahlzeiten pro Woche gleichzeitig mit einer verminderten Zufuhr gesättigter Fettsäuren einherging – ein doppeltpositiver Effekt. Ob Sie Fisch aus Konserven, tiefgefroren oder frisch essen, ist bezüglich des Omega-3-Fettsäurengehalts unwichtig.

Man beachte das extrem günstige Omega-6- zu Omega-3-Verhältnis von Rapsöl, das von keinem Speiseöl sonst erreicht wird

Fettsäurenverhältnis verschiedener Speiseöle[51]

Speiseöl	gesättigte Fettsäuren	Omega-6	Omega-3	Verhältnis Omega-6 zu Omega-3
Rapsöl	8	20	10	2
Olivenöl	14	10	Spuren	10
Sojaöl	15	54	8	7
Walnussöl	10	53	10	5
Maiskeimöl	14	52	1	52
Erdnussöl	19	34	1	34
Sonnenblumenöl	11	63	Spuren	63

» Fettspeicher können bei Langzeitbelastungen und in Krisenzeiten zuverlässig Energie bereitstellen. «

Omega-3-Fett-Gehalt von Fisch

Fisch	Omega-3-Fettsäuren (g/kg)
Makrele	26
Hering	17
Thunfisch	16
Sardine	16
Lachs	10
Heilbutt	9

Zellfunktion deutlich. Die langkettigen Omega-3-Fettsäuren sind besonders wichtig für einen gut moderierten Entzündungsstoffwechsel. Das schützt Ihr Herz-Kreislauf-System vor den Folgen der Atherosklerose und hilft Ihnen, die Trainingsbelastungen abzupuffern. Kaltwasserfische sind voll von diesen Fettsäuren! Da Sie die langkettigen Omega-3-Fettsäuren aus pflanzlichen Vorläufern nur sehr schlecht selbst bilden können, sollten Sie auf die regelmäßige Zufuhr von Fischfett achten.

Fleisch und Omega-3

Auch Fleisch kann ein relevanter Lieferant von Omega-3-Fettsäuren sein. Dies hängt jedoch wesentlich von der Fütterung und Haltung der Tiere ab. So zeigen Tiere mit Weidefütterung einen deutlich höheren Anteil an Omega-3-Fettsäuren als solche, die unter üblichen Mastbedingungen aufwachsen (außer Letzteren werden die speziellen Fette im Futter zugesetzt). Ebenso gibt es Hühnereier, die reich an Omega-3-Fettsäuren sind. Auch hier kommt der Gehalt über die Fütterung zustande. Sie liefern mit einem Ei bereits 1,2 Gramm Omega-3-Fettsäuren – mehr als die angestrebte Tagesdosis. Eine weitere Quelle ist Wild. Diese Lebensmittel sind wertvolle Alternativen, da sie für Abwechslung auf dem Speiseplan sorgen.

Vorsicht vor Transfetten

Die in den letzten Jahren gern in den Mittelpunkt der Mediendiskussion gestellten Transfette kommen in der Natur nur selten vor – vorwiegend in Produkten von Wiederkäuern. Der weit größere Anteil entsteht bei der industriellen Herstellung von Lebensmitteln. Fett ist ein Geschmacksträger und deshalb beliebt, Speisen mit wenig Aufwand gustatorisch aufzuwerten. Früher nutzte man für solche Zubereitungen häufig Butter – die ist jedoch teuer. Im großen Stil angebaute Pflanzen zum Zweck der Ölgewinnung sind hingegen sehr preisgünstig. Mit speziellen Verfahren kann man diese flüssigen Pflanzenfette härten: Chemische Bindungen wandeln sich von der in der Natur meist vorkommenden »cis-Form« in die seltene »trans-Form« um – die Transfette. Sie finden sich in allen Nahrungsmitteln, welche die Aufschrift »gehärtete pflanzliche Fette« tragen – meiden Sie diese!

Verbreitung von Transfetten in Nahrungsmitteln[52]

- → Eine verringerte Zufuhr von Nahrungsfetten spart Transfettsäuren!
- → Fettarme Zubereitungsmethoden mit geeigneten Speiseölen bevorzugen! Besonders bei an sich bereits fettreichen Diäten.
- → Bei verarbeiteten Produkten lohnt das Lesen von Etiketten: Bezeichnungen wie »enthält gehärtetes Pflanzenfett« oder »enthält teilweise gehärtetes Pflanzenfett« weisen auf Transfettsäuren hin.
- → Der regelmäßige Konsum hochwertiger Öle wie Raps-, Lein- oder Olivenöl beeinflusst den Fettstoffwechsel günstig und kann helfen, ein Gleichgewicht zu schaffen.
- → Süße Fettaufstriche, wie beispielsweise Nuss-Nougat-Cremes, aber auch etliche deftige Aufstriche enthalten Transfettsäuren. Wie immer ist nicht der völlige Verzicht, sondern der sparsame Umgang gefragt. Gleiches gilt für Fast Food, Snacks und Ähnliches.

Ihr Plus: Regelmäßiges Ausdauertraining hat sehr positive Effekte auf die Blutfettwerte. Es ist vor allem für ältere Athleten, bei Medikamentenmissbrauch, für Raucher oder Menschen mit Herz-Kreislauf-Erkrankungen in der Familie empfehlenswert!

Eiscreme ist ebenso wie Tiefkühlpizza, Fertiglasagne, Schokolade, Donuts, Kuchen oder Cappuccinopulver eine typische Lebensmittelquelle für Transfette

Zu den gesundheitlichen Auswirkungen der Transfette liegen mittlerweile zahlreiche Studien vor. Als gesichert gilt: Das Risiko für die Entstehung einer Arterienverkalkung und somit von Herz-Kreislauf-Erkrankungen ist aufgrund schlechterer Blutfettwerte erhöht![53]

Wie viel Fett ist gut?

Die Deutschen nehmen täglich im Durchschnitt 100 bis 120 Gramm Fett zu sich. Dies entspricht einem Anteil von 33 bis 40 Prozent der täglichen Kalorienmenge – laut DGE sollten es höchstens 30 Prozent sein, aktuelle US-amerikanische Forscher finden Werte von 20 bis 35 Prozent akzeptabel.[54,55,56] Wichtiger als die absolute Menge ist jedoch das Fettsäurenverhältnis. In Deutschland wird der Großteil in Form gesättigter Fettsäuren aufgenommen, gefolgt von einfach ungesättigten sowie einem etwa sechsprozentigen Anteil mehrfach ungesättigter Fettsäuren.

Ihre Vorfahren aßen besser!

Das Verhältnis von Omega-6- zu Omega-3-Fetten lag zu Zeiten Ihrer Vorfahren wahrscheinlich im Bereich von 2:1 bis 3:1, heute wird mit dem Ziel der optimalen Krankheitsvorbeugung ein Verhältnis von wenigstens 5:1 angestrebt.[61,62,63,64] Das ist leider sehr realitätsfern. In Deutschland liegt es aufgrund des Überwiegens von Omega-6-Fetten in unseren Lebensmitteln derzeit bei 8:1 bis 10:1, für die USA werden Werte von 10:1 bis 20:1 angegeben! Die Lösung des Problems ist einfach: Essen Sie mehr Omega-3-fettreiche Lebensmittel wie Leinöl, Rapsöl, fette Kaltwasserfische oder Walnüsse (siehe auch die Tabellen auf den Seiten 397 / 398). Damit sollten pro Tag etwa ein Gramm Omega-3-Fettsäuren aufgenommen werden. Der tägliche Verzehr von 30 bis 60 Gramm Kaltwasserfisch würde bereits ausreichen, das entspricht zwei Fischmahlzeiten pro Woche. Das schaffen Sie locker!

Mein Tipp

Vorsicht vor »gehärteten Fetten«

Als Orientierung für den Alltag: Bei allen Waren mit der Aufschrift »gehärtete pflanzliche Fette« müssen Sie von einer Belastung mit Transfetten ausgehen. Auch extrem hoch erhitzte Fette aus einer Fritteuse können die Transfettsäurenzufuhr erhöhen. Außerdem entstehen die Transfette beim Erhitzen und Braten von nicht dafür geeigneten Ölen – wie dem Olivenöl. Die meisten Transfette stecken in (fettigen) Backwaren und Frittiertem wie etwa Pommes frites – sie sollten in Ihrem Speiseplan zur Ausnahme gehören.

L-Carnitin als Fatburner?

Ihr Körper bildet aus Eiweiß, Eisen und Vitaminen den Stoffwechselbeschleuniger L-Carnitin – und zwar bedarfsdeckende 20 Milligramm pro Tag. Zusätzlich nehmen Sie L-Carnitin über die Nahrung auf. Die wichtigste Quelle ist Fleisch (»carnis«). Mehr L-Carnitin (in Form von Tabletten und Ampullen) fördert jedoch den Fettstoffwechsel nicht: Der L-Carnitin-Spiegel in der Muskulatur steigt nicht an – das L-Carnitin kommt nicht an seinen Wirkungsort. Es erhöht sich lediglich der L-Carnitin-Spiegel Ihres Bluts, was zur Folge hat, dass Sie das L-Carnitin über den Urin ausscheiden. Ein Mangel ist bei gesunden Athleten nie nachgewiesen worden. Andere diskutierte Effekte als die Stoffwechselaktivierung sind zum Beispiel ein Glykogensparеffekt, eine verminderte Laktatbildung sowie eine Beeinflussung der Muskelregeneration. Die Ergebnisse von Studien, in denen Sportlern drei bis fünf Gramm L-Carnitin zugeführt wurden, sind sehr widersprüchlich und spiegeln in keiner Weise den weitläufigen Gebrauch von L-Carnitin im Breiten- und Leistungssport wider. Sie wollen Ihren Stoffwechsel aktivieren? Dann geben Sie Ihr Geld vielleicht sinnvoller für ein hochwertiges Bio-Steak als für Carnitin-Fläschchen und Ampullen aus![57,58,59,60]

Leistungssportler: Gut geölt zum Sieg?

Der Teller Nudeln nach dem Training – im Prinzip in Ordnung. Allerdings ist eine allzu zuckerlastige Kost von wissenschaftlicher Seite in die Kritik geraten. Tägliches intensives Leistungssporttraining lässt den Energiebedarf stark ansteigen. Dieser wird beim Sport normalerweise zu großen Teilen über die Kohlenhydrat- und Fettreserven abgedeckt.

Bei einem geschätzten täglichen Bedarf von etwa 4.000 Kilokalorien würden bei einer ausgesprochen kohlenhydratlastigen und betont fettarmen Kost riesige Nahrungsvolumina resultieren, die langfristig kaum zu bewältigen wären. Damit steigt die Gefahr einer energetischen Unterversorgung: Der Muskel würde sich selbst verdauen, um an Energie (Muskeleiweiß) zu kommen. Sehr kontraproduktiv. Die logische Konsequenz während der Phasen des Grundlagentrainings: eine moderate Erhöhung der Fettzufuhr in Form gesunder Öle!

Mein Tipp: In den lockeren Trainingsphasen machen Sie einen Bogen um leere Stärkelieferanten und gönnen sich Mikronährstoffe, sekundäre Pflanzenstoffe und einen niedrigen GI in Form von Hülsenfrüchten, Obst und Gemüse. Im Restaurant ist der Nizza-Salat mit einer Scheibe Vollkornbrot dem Teller Nudeln durchaus vorzuziehen – auch von Freizeitsportlern!

In den intensiven Phasen werden Leistungssportler hingegen merken, wie ihr Körper förmlich nach Kohlenhydraten und besonders nach der »schnellen« Variante giert. Sie sollten dem nachgeben, denn die Regeneration vollzieht sich wesentlich schneller, wenn die Speicher rasch aufgefüllt werden. Hier sind der Teller Nudeln, Brot und Sportgetränke absolut in Ordnung – vor allem direkt nach dem Training.

Die neue Ernährungspyramide

Alles, was Sie benötigen, um fit, schlank und leistungsfähig zu werden, steckt in gesunder Nahrung. Die folgenden Empfehlungen sind praktisch und leicht umzusetzen. Optimieren Sie Ihre Ernährung vernünftig – nicht zu radikal. Abstrakte Prozentangaben, die Sie auf Ihrem Küchentisch nicht umsetzen können, helfen Ihnen dabei genauso wenig weiter wie Kalorienzählen. Schließlich verbrauchen Sie je nach Trainingsumfang, -häufigkeit und -intensität ganz unterschiedliche Energiemengen.

Hören Sie auf Ihren Hunger

Das ist so banal wie genial: Die einfachste Orientierungshilfe, um den Körper mit der richtigen Menge an Nahrung zu versorgen, ist das exakte Beachten des Hungergefühls. Ihr Körper holt sich dann im Trainingsprozess so viel Nahrung, wie er braucht. Außerdem unterliegen Ruhe- und Leistungsumsatz beim Sportler deutlichen Schwankungen, sodass es ohnehin schwierig ist, den eigenen Kalorienbedarf abzuschätzen. Selbst die besten Tabellenwerke werden Ihnen entsprechend bei der Ermittlung Ihres tatsächlichen Kalorienbedarfs wenig weiterhelfen; sie dienen bestenfalls der groben Orientierung. Also Schluss mit der Kalorienzählerei und vor allem auch Schluss mit Verboten! Sie dürfen im Prinzip alles – die Dosis macht das Gift. Apropos Dosis: Was ist denn nun das richtige Verhältnis?

Die Ernährungspyramide

Probleme mit der aktuellen Ernährung in der Bevölkerung gibt es in vielerlei Hinsicht. Drei

Durchschnittlicher täglicher Energieumsatz[65]

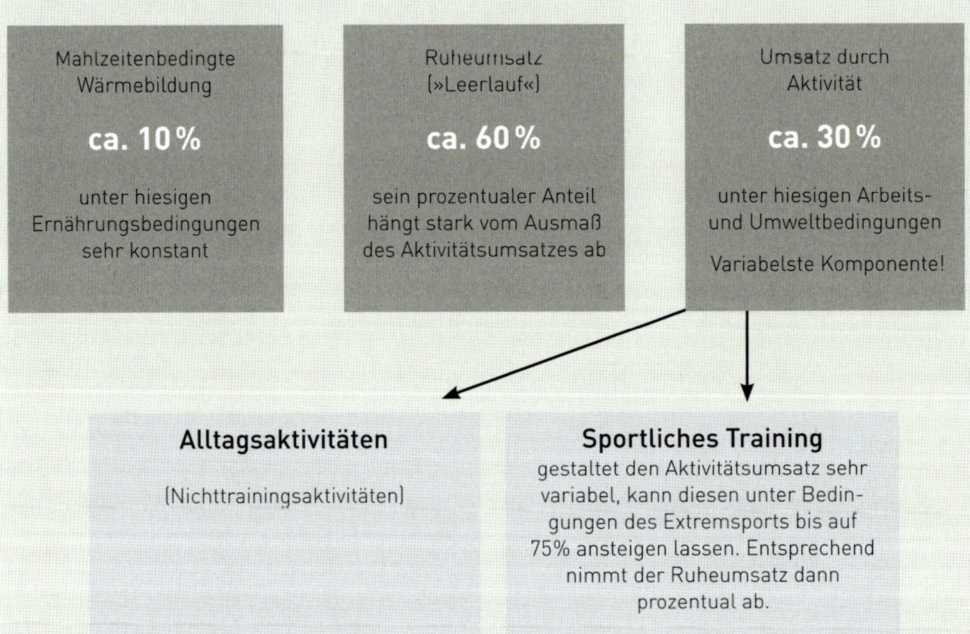

Der tägliche Energieumsatz wird vor allem durch den Aktivitätsgrad im Alltag und im Sport bestimmt

» Sich an Kohlenhydraten satt essen? Das war einmal! «

»Nutella« im Trainingslager

Nuss-Nougat-Cremes sind ein beliebtes Nahrungsmittel im Trainingslager. Doch viele Athleten haben beim Konsum ihrer täglichen Dosis ein schlechtes Gewissen. Birgt der Konsum größerer Mengen in Phasen intensiven Trainings wirklich Gefahren für den Sportler?

Dies kann mit einem klaren Nein beantwortet werden. Zu fragen ist dabei nach den Effekten des hohen Energiegehalts, des glykämischen Index sowie des Transfettsäurengehalts. Nuss-Nougat-Cremes enthalten gehärtete Fette, die die Gefäße schädigen können. Da regelmäßiges Training im Kontext von »Take five a day« und reichlichem Konsum von gesunden Ölen, Getreideballaststoffen und Kaltwasserfisch aber einen perfekten Gefäßschutz mit sich bringen, scheint die »Nutella«-Sünde aus dieser Sicht verzeihlich. Für Nuss-Nougat-Cremes auf Weißbrot wird ein hoher GI von 72 angegeben; da der Insulinstoffwechsel des hart trainierenden Athleten aber hervorragend funktioniert, sind auch aus dieser Perspektive wenig Bedenken anzumelden. Letztlich bleibt der hohe Energiegehalt (677 Kilokalorien pro 100 Gramm), vor allem bedingt durch Fett und Zucker. Die Regulation der Energiebilanz ist aus gesundheitlicher Sicht ein herausragendes Element. Da die wenigsten Sportler in Phasen harten Trainings mit der Zunahme ihrer Fettreserven zu kämpfen haben, kann bei sonstiger Beachtung der im Vorfeld gegebenen Ernährungsempfehlungen »Nutella« seinen Platz auf dem Frühstückstisch im Trainingslager durchaus behalten. Wie immer gilt: Die Dosis macht das Gift!

14

Zusammensetzung verschiedener Ernährungsvarianten in Prozent[66]

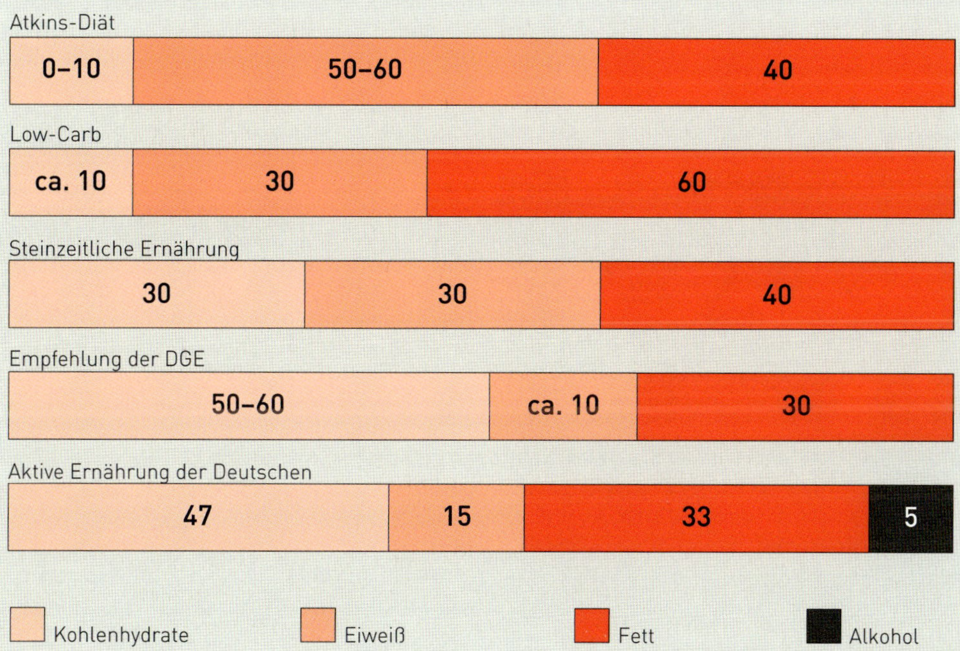

Durchschnittliche Zusammensetzung verschiedener Ernährungsvarianten in Prozent der Kalorienaufnahme im Vergleich zum durchschnittlichen bundesdeutschen Ernährungsverhalten

Folsäure und sekundäre Pflanzenstoffe

Sekundäre Pflanzenstoffe kommen in Obst und Gemüse vor und haben pharmakologische Wirkungen: Sie schützen vor Herz-Kreislauf- und bestimmten Krebserkrankungen. Innovative Geschäftsleute kamen prompt auf die Idee, solche Substanzen in Pillenform anzubieten. Die Vielfalt und die Verbundwirkung einer abwechslungs- und pflanzenreichen Kost, welche nach heutigem Verständnis für die Effekte verantwortlich ist, kann jedoch niemals über ein Supplement erzielt werden.

Obst und Gemüse liefern hingegen zusätzlich Folsäure, was in der Tat einen vorzüglichen Schutzfaktor repräsentiert. Entsprechend empfehlen das American Institute for Cancer Research/World Cancer Research Fund, die Deutsche Gesellschaft für Ernährung (DGE) und viele andere, pro Tag fünf handgroße Portionen Obst und Gemüse (»Take five a day«) zu essen.[67,68] Sie brauchen keine teuren Tabletten mit fraglicher Wirkung – mit leckerem Gemüse können Sie Ihre Gesundheit nachweislich erhalten!

14

Viertel der Männer und mehr als die Hälfte der Frauen sind übergewichtig oder krankhaft fettleibig; die Rate der Diabetes- und Herz-Kreislauf-Erkrankungen steigt rasant. Die Ursachen liegen in einer positiven Kalorienbilanz und Bewegungsarmut, darüber hinaus spielt aber auch der qualitative Aspekt der Lebensmittel eine große Rolle. Grundsätzliche Ernährungsempfehlungen sind insofern von großer Bedeutung. Die in den letzten Jahrzehnten verbreiteten Ernährungspyramiden empfahlen in der Regel Kohlenhydrate als Basis der gesunden Ernährung. Diese Auffassung ist in jüngster Zeit nicht zuletzt aufgrund der sich zunehmend verändernden Studienlage in die Diskussion geraten. Die modernste Empfehlung lautet: Essen Sie wie Ihre Vorfahren in der Steinzeit! Dafür ist Ihr Körper schließlich konzipiert – raffinierte Zucker, gehärtete Fette und Alkohol bringen ihn dagegen aus der Balance. Neue Ernährungspyramiden, zum Beispiel die der Havard School Of Public Health (siehe rechts), bauen nicht mehr vorwiegend auf Empfehlungen zum Makronährstoffverzehr auf, sondern rücken die Bedeutung der körperlichen Aktivität in den Vordergrund, inklusive Gewichtskontrolle. Sie sollen sich nicht mehr an Kohlenhydraten satt essen, sondern sich viel bewegen und gehaltvolle Nahrung essen. Bei dieser Ernährungspyramide geht es nicht um Kalorienangaben oder Portionsgrößen. Die Stichworte sind »Qualität statt Quantität« und »eine pflanzliche Basis«. Hochwertige Kohlenhydrate aus Gemüse und Früchten statt dem Teller Nudeln. Essen Sie sich an Salat mit Dressing aus gesunden Ölen satt, das (Vollkorn-) Brot ist ab sofort Beilage.

» Ihr Körper ist für die Nahrung gemacht, die in der Steinzeit auf den Tisch kam. «

Fette versus Kohlenhydrate

Neue Pyramide:
Die Basis bilden Vollkornprodukte, Obst und stärkefreies Gemüse mit gesundem Öl

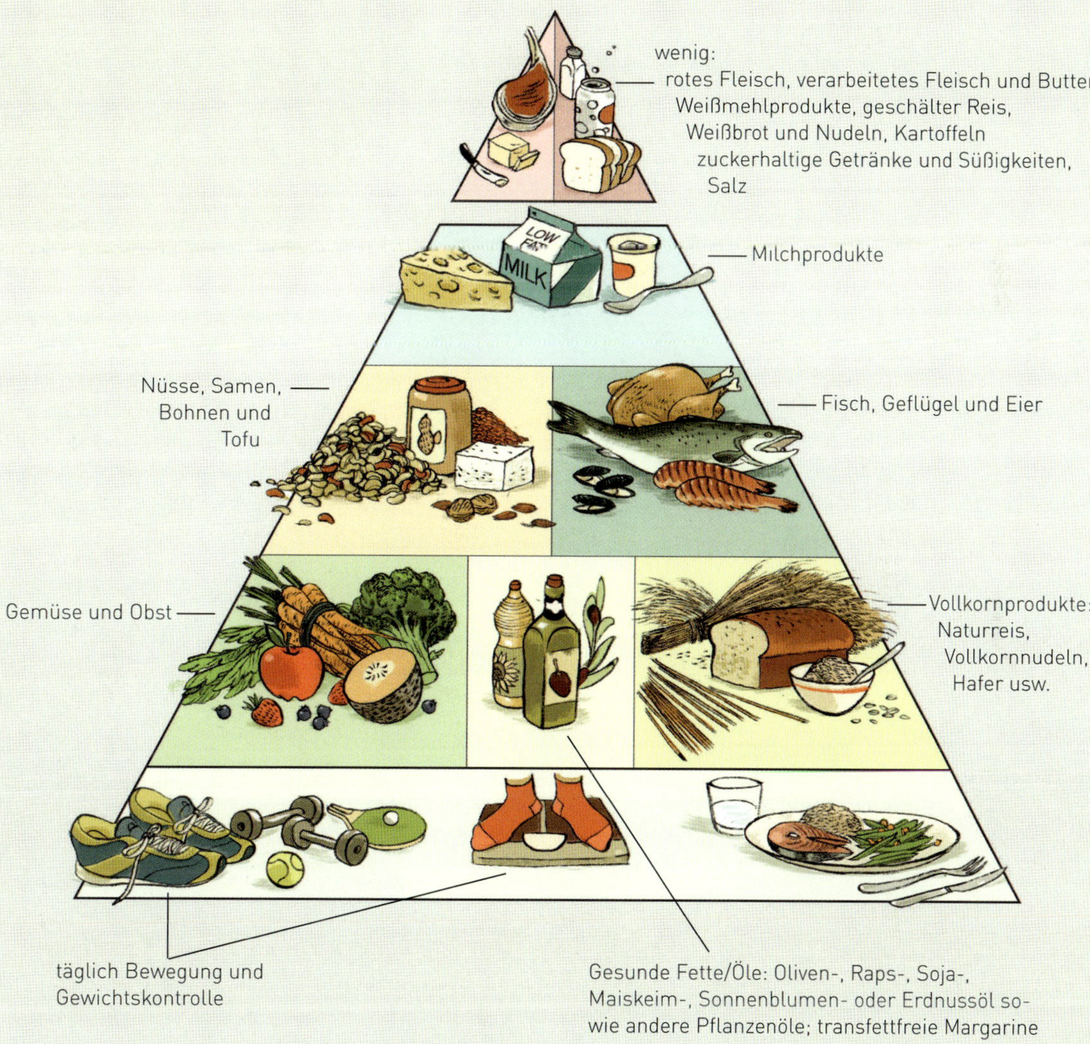

 Mehr Informationen über die »Healthy Eating Pyramid«:
The Nutrition Source, Department of Nutrition, Harvard School of Public Health, http://www.thenutritionsource.org;
Eat, Drink, and Be Healthy, by Walter C. Willett, M. D. and Patrick J. Skerrett (2005), Free Press/Simon & Schuster Inc.

Vitamine, Mengen- und Spurenelemente

Kohlenhydrate, Fette und Eiweiße: Sie kennen nun die Makronährstoffe. Im Folgenden geht es um die Mikronährstoffe, also Vitamine, Mengen- und Spurenelemente. Mikronährstoffe sind überlebenswichtig für Sie. Ihr Körper kann diese Stoffe nicht selbst bilden – sie sind essenziell. Deshalb müssen Sie diese mit der Nahrung zuführen. Mineralstoffe und Vitamine liefern dem Körper keine Energie – aber sie unterstützen viele Funktionen Ihres Körpers und bauen ihn auf!

Vitamine

Vitamine sind organische Verbindungen und stammen aus pflanzlichen und tierischen Quellen. Vitamine erfüllen die unterschiedlichsten Aufgaben in Ihrem Körper. Einen Überblick über die verschiedenen Vitamine und ihre Aufgaben bietet Ihnen die Tabelle auf der nächsten Seite.

Für das Verständnis der Vitaminwirkung ist es wichtig sich vor Augen zu halten, dass Vitamine nicht »verbraucht«, sondern viele Male eingesetzt werden! Darüber hinaus existieren sehr effektive Mechanismen der verstärkten Resorption, Wiederverwertung und verlangsamten Ausscheidung im Fall einer schlechten Versorgung. Auffällig ist, dass bestimmte Vitamine sich in Wasser auflösen und andere nur in einem fettigen Milieu. Wenn Sie eine Karotte (reich an Provitamin A) essen, dann sollte die Mahlzeit eine gewisse Menge an Fett ent-

14

Fettlösliche Vitamine: Funktion, Bedarf und Vorkommen[69, 70]

Name	Synonyme	Tagesbedarf Jugendlicher und Erwachsener (tatsächliche Aufnahme in Deutschland)	Vorkommen	Aufgabe im Körper
Fettlösliche Vitamine				
A	Retinol	0,9–1,1 mg (1,2–1,4 mg)	Leber, Thunfisch, Hering	Sehvorgang, Entwicklung und Differenzierung von Zellen, Oxidationsschutz (keine Überdosierungen!)
Provitamin A	Betacarotin	2–4 mg (2,3–2,5 mg)	Gemüse, Früchte	Oxidationsschutz, Umwandlung in Vitamin A (Sicherheit langfristiger Supplementierung unklar)
D	Calcitriol (eigentlich nicht essenziell, da Bildung in der Haut bei UV-Bestrahlung)	5–10 µg (4,3–4,9 µg)	fette Seefische, Eier	Kalzium-Stoffwechsel, weiterhin Wirkungen am Skelettmuskel, an Pankreas, Immunsystem und Haut (keine Überdosierungen!)
E	Tocopherole und Tocotrienole	12–15 mg (11,5–12,7 mg)	Pflanzenkeime/-saaten, Pflanzenöle	Oxidationsschutz (Sicherheit langfristiger Supplementierung unklar)
K	Phyllochinon und Menachinon	60 70 µg (unklar)	grüne Gemüse, Leber	Blutgerinnung, Knochenstoffwechsel

» Für Ihre Gesundheit brauchen Sie mehr als Vitamin C! «

Wasserlösliche Vitamine: Funktion, Bedarf und Vorkommen[69, 70]

Name	Synonyme	Tagesbedarf Jugendlicher und Erwachsener (tatsächliche Aufnahme in Deutschland)	Vorkommen	Aufgabe im Körper
Wasserlösliche Vitamine				
B_1	Thiamin	1–1,3 mg bzw. 0,33 mg/1.000 kcal (1,2–1,3 mg)	Vollkorngetreide, Hefeprodukte, (Schweine-) Fleisch	entscheidende Funktion im Energie- und Kohlenhydratstoffwechsel
B_2	Riboflavin	1,2–1,5 mg (1,5–1,7 mg)	Milchprodukte, Leber, Eier	wichtige Funktion im Energie-, Purin-, Fremdstoff- und Gehirnstoffwechsel
Folsäure	Tetrahydrofolate	400 µg (214–235 µg)	frisches Blatt-/ Grüngemüse, Leber, Getreidekeime	wichtige Funktion im Stoffwechsel von Erbsubstanz, Aminosäuren usw.
Niacin	Nicotinsäureamid und Nicotinsäure	13–17 mg (29–34 mg)	Fleisch, Hefeprodukte, Leber, Vollkornprodukte	wichtige Funktion im gesamten Stoffwechsel, z.B. beteiligt an der Bildung und Verbrennung von Fettsäuren, am Cholesterolstoffwechsel usw. (keine Überdosierungen!)
Pantothensäure	–	6 mg (4,5–5 mg)	weit verbreitet	zentrale Funktion im Energiestoffwechsel
B_6	Pyridoxin, Pyridoxal und Pyridoxamin	1,2–1,6 mg bzw. 0,02 mg/g Protein (1,5–1,7 mg)	Fleisch, Fisch, Vollkornprodukte	Funktion im Eiweiß- und Glykogenstoffwechsel, bei der Steroidhormonwirkung usw. (keine Überdosierungen!)
B_{12}	Cobalamine	3 µg (5,1–6,2 µg)	tierische Lebensmittel	Blutbildung, Protein- und Gehirnstoffwechsel, wichtig für die Wirkung von Folsäure
C	L-Ascorbinsäure	100 mg (106–108 mg)	frische Früchte und Gemüse	Oxidationsschutz, Bindegewebsaufbau, Aminosäuren-, Gallensäuren-, Gehirn- und Stresshormonstoffwechsel, Eisenresorption, Fremdstoffmetabolismus
H	Biotin	30–60 µg (40–45 µg)	Hefeprodukte, Eigelb, Leber, Nüsse	Funktion im Aminosäuren-, Glukose- und Fettstoffwechsel

halten – das erleichtert die Resorption des Vitamins deutlich. Bis auf die fettlöslichen Vitamine A, D, E und K (zu merken über »EDEKA«) sind alle Vitamine wasserlöslich.

Mengen- und Spurenelemente

Mineralstoffe und Spurenelemente sind anorganische Stoffe. Sie sind wichtig für Ihren Stoffwechsel und dienen als Bauelemente für Ihren Organismus. Sie unterscheiden sich nicht grundsätzlich in ihrer Funktion, sondern nur in der Menge, in der sie im Körper vorkommen. Die Mineralstoffe (auch: Mengenelemente) müssen Sie in Mengen von mehr als 50 Milligramm pro Tag zuführen; die Spurenelemente in entsprechend geringerer Dosis.

Hohe Dosen von bestimmten Mengen- und Spurenelementen können eine giftige Wirkung haben, besonders Selen, Fluorid, Kupfer, aber auch Chrom und Vanadium seien hier genannt.

Mengen- und Spurenelemente: Funktion, Bedarf und Versorgungslage[69, 70]

	Tagesbedarf Jugendlicher und Erwachsener	Tatsächliche Aufnahme in Deutschland	Vorkommen (wichtigste Quelle)	Aufgabe im Körper (Beispiel)
Kalzium	1.000–1.200 mg	790–856 mg	Kuhmilchprodukte	Knochenaufbau, Zellstoffwechsel
Phosphor	700–1.250 mg	1.185–1.336 mg	eiweißreiche Lebensmittel	Knochenaufbau, Energiestoffwechsel
Magnesium	300–400 mg	347–387 mg	Vollkornprodukte	Knochenaufbau, ca. 300 Enzyme benötigen es als Kofaktor
Natrium	550 mg	2.700–3.100 mg	verarbeitete Lebensmittel	Wasserhaushalt, Reizleitung
Kalium	2.000 mg	3.000–3.300 mg	Gemüse, Früchte	Wasserhaushalt, Reizleitung
Eisen	10–15 mg	13,1–14,3 mg	Fleisch, Fisch, pflanzliche Lebensmittel	Sauerstofftransport, Aminosäurestoffwechsel, Energiestoffwechsel
Chlor	830 mg	4.500–4.950 mg	verarbeitete Lebensmittel	Wasserhaushalt, Reizleitung
Zink	7–10 mg	9,6–10,7 mg	Austern, Leber, Fleisch	ca. 50 Enzyme benötigen es als Kofaktor
Jod	180–200 µg	84–93 µg	Seefisch	Schilddrüsenhormonstoffwechsel, Gesamtstoffwechsel
Selen	30–70 µg	ca. 40 µg	Eier	Schilddrüsenhormonstoffwechsel, Oxidationsschutz
Kupfer	1–1,5 mg	2,3–2,5 mg	Getreide, Obst, Gemüse, Fleisch	Energiestoffwechsel, Oxidationsschutz
Mangan	2–5 mg	4,4–4,7 mg	Getreideprodukte	Oxidationsschutz, Energie-, Harnstoffwechsel
Schwefel	nicht bekannt	1.000–1.300 mg (geschätzt)	eiweißreiche Lebensmittel	Proteinstoffwechsel
Chrom	30–100 µg	15– 50 µg	Leber, Getreide, Fleisch	Zuckerstoffwechsel
Molybdän	50–100 µg	80 µg	Keime, Hülsenfrüchte	Aminosäure-, Erbsubstanz-, Stresshormonstoffwechsel

Nahrungsergänzungsmittel: Praxis der Substitution

Der Einsatz von Nahrungsergänzungsmitteln (Supplements) ist ein häufiges Thema in Sportlerkreisen: Wann ist es sinnvoll, zur Tablette zu greifen, wann nicht? Birgt dies vielleicht sogar Gefahren? An dieser Stelle soll nur auf das Thema Mikronährstoffe eingegangen werden. Zahlreiche gängige Substitute wurden im Kontext der entsprechenden Unterkapitel bereits bewertet.

Prinzipiell gibt es drei verschiedene Gründe und theoretische Überlegungen für den Einsatz von Vitamin- und Mineralstoffsupplementen:

- → Vermeidung oder Beseitigung von Mangelerscheinungen
- → pharmakologische Effekte
- → psychologische Effekte

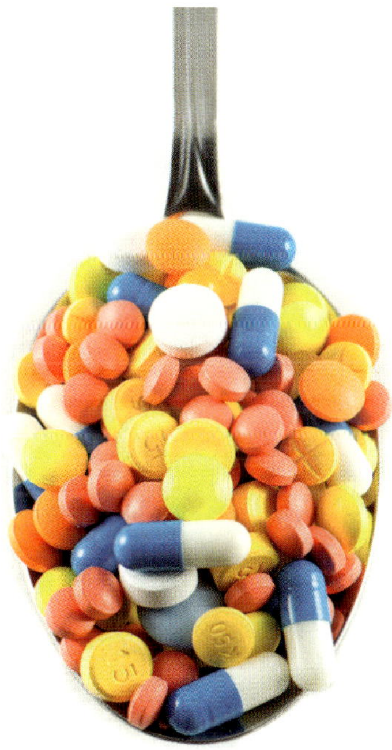

Leider stehen bei der Diskussion um die Mikronährstoffe oft finanzielle Interessen von Nahrungsergänzungsmittelherstellern im Vordergrund, die Realität bleibt nicht selten auf der Strecke – oder es wird nur die »halbe Wahrheit« verkauft.

Sind Sportler mit Mikronährstoffen unterversorgt?

Jede Form körperlicher Aktivität steigert den Energieumsatz und beeinflusst die Stoffwechseltätigkeit – das greift automatisch in Ihren Mikronährstoffhaushalt ein. Zum Beispiel stellt intensives Training aufgrund seiner unter anderem kraft- und muskelmasseaufbauenden Eigenschaften einen starken Reiz für die vermehrte Einlagerung von Kalzium in das Knochenskelett dar. Der deutlich erhöhte Kohlenhydratumsatz bei den anstrengenden Trainingseinheiten fordert ausreichende Mengen an Vitamin B_1, der Muskelaufbau in der Erholungsphase unter anderem Vitamin B_6 und Magnesium. Außerdem scheiden Sie über den Schweiß Mikronährstoffe aus: zum Beispiel Natrium, Kalium, Chlor, Magnesium, Eisen und Jod.

Sie müssen Ihre Mahlzeiten klug zusammenstellen, um den entsprechend erhöhten Bedarf zu decken. Sonst folgen eine verminderte Leistungsfähigkeit oder gar Krankheit. Entgegen einer weit verbreiteten Annahme ist die Versorgung mit Mikronährstoffen in Deutschland aber aus wissenschaftlicher Sicht als gut bis sehr gut einzuschätzen.

Dies bescheinigen die Daten des in regelmäßigen Abständen herausgegebenen Ernährungsberichts der Deutschen Gesellschaft für Ernährung (Tabellen auf Seite 407/408). Allerdings wurden für einige Mikronährstoffe auch eine unzureichende Aufnahme gemessen. Demnach nehmen viele Deutsche zu wenig von dem Vitamin Folsäure und dem Spurenelement Jod zu sich. Bei vielen Frauen fehlen überdies Eisen und Kalzium.[71]

Jod- und Folsäuremangel

Jod kommt in bedeutenden Mengen nur in Meeresfischen wie Seelachs oder Hering vor. Etwas steckt auch in Milch und Milchprodukten. Jod ist unerlässlich für die Schilddrüsenfunktion und beeinflusst zahlreiche Stoffwechselvorgänge. Eine langfristig niedrige Jodzufuhr kann die Leistung von Sportlern mindern. Auch für Folsäure sind Mangelerscheinungen belegt, was zu einem erhöhten Risiko für Herz-Kreislauf-Erkrankungen führen kann. Eine einfache Empfehlung zur Vermeidung einer solchen Situation: »Take five a day« in Bezug auf Obst und Gemüse, außerdem der tägliche Konsum von Milch- und Vollkornprodukten und wenigstens zweimal wöchentlich Seefisch – orientieren Sie sich einfach an der Pyramide (Seite 405). Kochen Sie außerdem mit Jodsalz. Sollten Sie keinen Fisch essen, sprechen Sie mit Ihrem Arzt über ein Jod-Ergänzungsmittel.

Magnesium

Magnesium ist in vielen Lebensmitteln enthalten, eine ungenügende Aufnahme ist deshalb unwahrscheinlich. Eine besonders ergiebige Quelle sind (Vollkorn-)Getreideprodukte. Magnesium ist essenziell für die Erregungsübertragung auf Ihre Muskulatur. Ein mögliches Mangelsymptom sind Muskelkrämpfe. Sollten Sie Magnesiumtabletten einnehmen, nehmen Sie weniger als 360 Milligramm pro Tag – sonst bekommen Sie leicht Durchfall.

Zink

Viele Sportler nehmen Zinkpräparate. Das kann negative Folgen haben, denn schon eine kurzfristige Supplementierung von 50 Milligramm kann den Kupfer- und Eisenstoffwechsel beeinträchtigen. Sollten Sie ein Zinkpräparat einnehmen, bleiben Sie deshalb bei einer längerfristigen Gesamtaufnahme unter 30 Milligramm pro Tag. Zu viel Zink kann auch Ihr Immunsystem verschlechtern. Wenn Sie regelmäßig tierische Eiweißquellen essen, ist Ihr täglicher Zinkbedarf gedeckt. Befinden Sie sich nicht in einem Übertrainingszustand, sind Sie wahrscheinlich ausreichend zinkversorgt.

Eisen

Eisenhaltige Eiweiße (Hämoglobine) transportieren Sauerstoff zu den Muskelzellen und stellen die Energie in den (Muskel-)Zellen bereit. Frauen haben einen erhöhten Eisenbedarf – aufgrund der regelmäßigen Verluste über die Monatsblutung. Eisen kommt sowohl in pflanzlichen als auch in tierischen Lebensmitteln vor. In Fleisch und Fleischprodukten ist das Eisen an ein besonderes Eiweiß gebunden, das die Aufnahme in den Körper sehr erleichtert. Die Verfügbarkeit liegt bei 10 bis 25 Prozent. Anders pflanzliches Eisen, welches abhängig von verschiedenen Einflussfaktoren im Darm ist und nur zu etwa drei bis acht Prozent resorbiert werden kann. Die sicherste Methode zur Vermeidung von Mangelerscheinungen ist daher der regelmäßige Verzehr von Fleisch und Geflügel (durchschnittlich drei Portionen pro Woche). Vitamin C und Zitronensäure aus Früchten und Säften fördert die Aufnahme von Eisen[72] – ein wichtiger Tipp für Vegetarier!

Verminderte Zufuhr von Mikronährstoffen

Eine mögliche Ursache für eine Unterversorgung mit Mikronährstoffen besteht in einer verminderten Zufuhr dieser Nährstoffe mit der Nahrung. Mit einer ausgewogenen, vollwertigen Ernährung besteht diese Gefahr jedoch nicht. Bestimmte Personengruppen mit einem extremen Essverhalten können durchaus einen solchen Mangel entwickeln. In Sportlerkreisen ist zum Beispiel häufig eine vegetarische Ernährung anzutreffen. Der Verzicht auf Fleisch und Fisch schränkt zwar die Eiweißversorgung ein, diese kann aber über entsprechende pflanzliche Lieferanten, Milchprodukte sowie Eier komplikationslos kompensiert werden. Oft finden sich Mängel an Vitamin B_{12}, B_2, D, Selen und Jod. Doch auch die Bandbreite der Vitamine ist gut abdeckbar – wenn auch etwas schwieriger als bei Fleischessern. Als kritische Nährstoffe wären vor allem Eisen und Zink zu

» Nahrungsergänzungsmittel aus dem Supermarkt füllen die Geldbeutel der Industrie, nicht Ihre Speicher! «

nennen. Sie finden sich in besonders gut aufzunehmender Form in tierischem Muskelfleisch.

Defizitäre Zinkversorgungen und vor allem eine Blutarmut aufgrund von Eisenmangel sind bei Vegetariern häufiger zu beobachten. Potenziell erfahren Vegetarier auch im Hinblick auf die sehr wichtigen langkettigen Omega-3-Fettsäuren eine mangelhafte Zufuhr.[73,74,75,75] Angereicherte Eier sind eine gute Kompensationsmöglichkeit!

Veganer

Veganer essen weder Tiere noch deren Produkte, neben dem Verzicht auf Fleisch und Fisch werden also auch Milchprodukte, Eier, Honig und andere tierische Produkte verschmäht – meist aus durchaus berechtigten Tierschutzgründen. Potenzielle Risiken dieser Ernährungsphilosophie sind im Bereich der Eiweißversorgung noch relativ leicht zu kontrollieren, bezüglich der Versorgung mit bestimmten Mikronährstoffen wird dies hingegen ausgesprochen schwierig bis auf Dauer unmöglich. Besonders die Versorgung mit lebenswichtigem Vitamin B12 ist so auf Dauer kaum möglich. Ein Mangel an Vitamin B_{12} zeigt sich aufgrund der großen Speicherkapazität erst nach vielen Jahren in Form von Blutarmut und Erkrankungen des Nervensystems.

Vielen Veganern bleibt dieses Schicksal erspart, weil sie entweder in einem Zeitfenster von weniger als zehn Jahren zu einer konventionellen Ernährung zurückkehren oder weil sie Vitamin B_{12} in Form von Tabletten oder angereichert in Multivitaminsäften zu sich nehmen – wohlgemerkt: angereichert, keineswegs von Natur aus vorhanden. Ohne künstliche Zufuhr würde die vegane Ernährung über kurz oder lang scheitern und wäre für Sportler keineswegs ratsam.

Verminderte Resorption

Bei einigen Krankheitsbildern kommt eine verminderte Aufnahme von Nährstoffen vor. Sie kann zu Mangelerscheinungen führen. Die sogenannte Sprue ist hierzu in die Diskussion geraten – die krankhafte Reaktion der Darmschleimhaut auf ein »Klebereiweiß« aus Getreide, besonders aus Weizen. Die Darmschleimhaut wird geschädigt und ist nicht mehr in der Lage, verschiedene Mikronährstoffe in ausreichender Menge aufzunehmen. Außerdem kommt es zu Durchfällen, Blähungen und

Mein Tipp

So erhalten Sie den Vitamingehalt

Entfernen Sie keinesfalls die vitaminhaltigen Teile von Obst und Gemüse – wie zum Beispiel die Schale. Vermeiden Sie außerdem Folgendes:

- → (zu langes) Kochen, Wegschütten des Kochwassers
- → zu hohe Kochtemperatur, ungeeignetes Kochgeschirr (Kochen ohne Deckel)
- → zu lange Lagerung und Transport
- → zu intensives Waschen und Wässern
- → langes Warmhalten und erneutes Aufwärmen von Speisen

Übelkeit. Während man das Vollbild der Erkrankung recht leicht erkennt, macht eine unterschwellig verlaufende Form unter Umständen keine Symptome – außer einer Mangelversorgung mit Mikronährstoffen. Wenn bei Ihnen also ein unerklärlicher Mangel an Spurenelementen vorliegt, gerade auch Eisenmangel, so lassen Sie eine latente Sprue (auch glutensensitive Enteropathie oder Glutenunverträglichkeit genannt) mit einer Blutuntersuchung (auf Transglutaminasen) abklären. Im Fall eines positiven Befunds müssen Sie sich streng glutenfrei ernähren. Dies beinhaltet den Verzicht auf Weizen und andere glutenhaltige Getreide oder deren Austausch durch glutenfreie Alternativen.

Ausgelaugte Böden – ein Grund für Mangelerscheinungen?

Viele Orthomolekularmediziner vertreten diese Hypothese: Die landwirtschaftlich intensiv genutzten Böden und das vermehrte Angebot an Treibhausgemüse bedingt, dass der Bedarf an Mikronährstoffen mit natürlichen Nahrungsmitteln nicht mehr gedeckt werden kann. Über solche Aussagen freuen sich vor allem die Nahrungsergänzungshersteller! Einige Unterschiede sind tatsächlich vorhanden; nicht erwähnt wird allerdings, dass aufgrund der in den vergangenen Jahren enorm verbesserten Analysemöglichkeiten heute eine Unterscheidung von Substanzen möglich ist, die früher als gleichartig angesehen wurden. Zum Beispiel existieren über 500 Carotinoide, die früher alle unter dem Oberbegriff Provitamin A (Betacarotin) zusammengefasst wurden. Inzwischen ist eine Unterscheidung der Einzelsubstanzen möglich; entsprechend sind die in aktuellen Lebensmitteltabellen zitierten Gehalte natürlich niedriger, da sie sich tatsächlich nur noch auf Provitamin A beziehen.

Insgesamt kann eine Nährstoffverarmung der Lebensmittel mit wissenschaftlichen Methoden derzeit nicht nachvollzogen werden. Im Gegenteil: Durch die heute übliche Düngung und verschiedene Anreicherungsmaßnahmen werden in tierischen wie pflanzlichen Lebensmitteln sogar tendenziell höhere Mikronährstoffgehalte gefunden als früher – das verheimlicht die Pharmaindustrie gründlich! Entsprechend müssen Sie keinerlei Befürchtung haben, bei Einhaltung der empfohlenen abwechslungsreichen Basiskost und einer bedarfsgerechten Energiezufuhr Mangelerscheinungen zu erleiden.[77,78]

Führen erhöhte Verluste beim Sportler zu Mangelerscheinungen?

Sportler schwitzen vermehrt, und Schweiß enthält Mikronährstoffe. So ist für die meisten Sportler nur logisch, dass bei großem Schweißverlust entsprechende Nahrungsergänzungen die Defizite beseitigen müssen. Dabei wurde die Rechnung aber ohne Ihre Schweißdrüsen gemacht! Die passen sich nämlich mit der Dauer der Belastung an die Bedingungen an und reduzieren kontinuierlich den Mineralstoffanteil im Schweiß. Hauptsächlich Natrium und Chlorid, aber auch Magnesium oder Eisen gehen schwitzend verloren. Es müssen allerdings schon klimatische Extrembedingungen auf den Körper einwirken, um eine dauerhafte Substitution notwendig zu machen. Um Missverständnissen vorzubeugen: Ein nordeuropäischer Sommer gehört in der Regel nicht zu klimatischen Extrembedingungen!

Zu nennen sind an dieser Stelle auch die bei Sportlern häufiger auftretenden Mikroblutungen im Magen-Darm-Trakt. Diese sind harmlos, bewirken allerdings vermehrte Verluste an Eisen, was sich in einer verringerten Leistungsfähigkeit niederschlagen kann.

Erhöhte Verluste erleidet der Körper nach sportlichem Training auch über den Urin. Viele Mikronährstoffe finden sich dort nach der Belastung in erhöhter Konzentration. Wissenschaftliche Untersuchungen konnten bisher jedoch nicht belegen, dass dies auch wirklich zu einer Mangelversorgung der Athleten führt. Der Körper antwortet auf erhöhte Verluste via feingeregelter molekularer Kopplungsmechanismen mit einer verstärkten Resorption im Darm und/oder einer mittelfristig verringerten Ausscheidung. Zu Versorgungsproblemen kommt es nur, wenn sich weitere Faktoren hinzugesellen.

Antioxidanzien

Antioxidanzien sind Verbindungen, die sogenannte freie Radikale neutralisieren können. Freie Radikale sind hochreaktive Verbindungen mit deutlichem Schädigungspotenzial. Sie fallen bei der Energiegewinnung oder Immunabwehr an und sind an der Entstehung zahlreicher Volkskrankheiten beteiligt. Gegen die freien Radikale existieren zwei wesentliche Schutzsysteme: ein körpereigenes System und die Vitamine A, C, E sowie Spurenelemente wie zum Beispiel Selen und Kupfer. Da Sportler wesentlich höhere Energiemengen umsetzen, fallen auch deutlich größere Mengen freier Radikale an. Dies wird von Herstellerseite gern zum Anlass genommen, um Sportlern ihre »gefährliche« Situation vor Augen zu führen und sie mit Antioxidanzien zu bewerben.

Verkannt wird, dass Ihr Körper sich durch Verstärkung seiner enzymatischen Abwehr sehr gut auf die vermehrte Belastung einstellen kann. Die Zufuhr hochdosierter Antioxidanzien kann sogar schädlich sein: Das antioxidative Gleichgewicht ist sehr fein geregelt, große Mengen Antioxidanzien können stark prooxidativ wirken – und Ihre Gewebe schädigen. Umfangreiche Studien bestätigen zum Beispiel, dass bei Rauchern nach Einnahme großer Mengen Betacarotin nach einigen Jahren mehr Todes- und Krebsfälle auftraten – obwohl das Rauchen an sich natürlich das größere Übel ist. Immer mehr große Untersuchungen weisen ähnliche Befunde auch für Nichtraucher nach.[79,80,81] Eine lebensverlängernde oder risikovermindernde Wirkung durch Antioxidanzien in Tablettenform konnte bei Personen ohne Mangelerscheinungen bisher keineswegs überzeugend nachgewiesen werden. Von der Einnahme hochdosierter Antioxidanzien-Supplemente wird sogar abgeraten und aufgrund der Datenlage stattdessen der Verzehr von Obst und Gemüse propagiert.[82]

Eine einseitige Ernährungsweise kann allerdings eine unzureichende Antioxidanzienzufuhr fördern. Gerade Wettkampfathleten im Ausdauerbereich zeigen eine teilweise ungenügende Zufuhr an Vitamin E.[83] Dies muss nicht mit Symptomen verbunden sein. Eine Supplementierung in niedrigen bis moderaten Dosen (weniger als 400 IE pro Tag) ist in diesem Falle vertretbar. Günstiger wäre allerdings ein vermehrter Verzehr von Nüssen und gesunden Ölen – die Natur lässt sich nicht toppen!

Fazit: Mangelerscheinungen sind in erster Linie für ernsthaft kranke Menschen eine Gefahr. Dieser Bereich ist für die Betreuung von gesunden Sportlern von geringer Bedeutung. Wer auf Dauer extreme Ernährungsweisen einhält, sollte seine Mikronährstoffversorgung jedoch im Auge behalten und gegebenenfalls von einem Experten (also einem Ernährungswissenschaftler oder spezialisierten Arzt) einschätzen lassen. Für alle anderen gilt: Essen Sie möglichst abwechslungsreich und halten Sie sich an die weiter vorn gegebenen Empfehlungen zur Lebensmittelauswahl im Alltag, dann ist die Gefahr Mangelerscheinungen zu erleiden minimal!

Pharmakologische Effekte im Reagenzglas

Bei diesem Thema ist es wenig sinnvoll, auf die Auswirkungen bestimmter Höchstdosen auf Zellkulturen in einer Petrischale zu verweisen. Effekte eines Mikronährstoffs müssen für den Menschen mit entsprechend aussagekräftigen Studien nachgewiesen und nicht aus theoretischen Überlegungen oder Beobachtungen an Zellkulturen geschlussfolgert werden.

In einigen wenigen Bereichen sind jedoch pharmakologische Effekte beschrieben, die für Sie relevant sind.

Zink und Vitamin C gegen die Erkältung

Aufwendige Untersuchungen sind auch für Zink und Vitamin C in der Abwehr von Erkältungskrankheiten gelaufen: Für die Einnahme von Zink (zum Beispiel bis zu 30 Milligramm pro Tag) sind die Ergebnisse unklar – trotz Zusammenschau aller verfügbarer Daten. Vereinzelte Studienergebnisse deuten allerdings darauf hin, dass Zink-Gluconat-Lutschtabletten die Dauer und Schwere von Erkältungssymptomen möglicherweise reduzieren könnten.

Voraussetzung: Es handelt sich um adäquate Dosen elementaren Zinks und die Einnahme beginnt direkt beziehungsweise innerhalb von 24 Stunden nach dem Eintreten der Symptome. Präparate mit Citrat oder Tartrat können ineffektiv sein: Sie verbinden das Zink chemisch (Chelatbildung) und die Wirkung geht verloren. Die Tabletten haben Sie umsonst geschluckt! Bedenklich ist hingegen die langfristige und hohe Zinkzufuhr: Sie kann Ihr Immunsystem schwächen. Auf der sicheren Seite bleiben Sie mit natürlichen Zinklieferanten: Die von der DGE empfohlene Zinkzufuhr von 7 Milligramm täglich für Frauen beziehungsweise 10 Milligramm für Männer ist mit einer abwechslungsreichen Mischkost kein Problem. Sie steckt beispielsweise in zwei Scheiben Vollkornbrot mit Käse und fünf Esslöffeln Haferflocken beziehungsweise in einer Portion (150 Gramm) Rindfleisch und einem Glas Milch.

Für das Vitamin C existieren etliche Publikationen zur Erkältungsprophylaxe – wieder ohne schlüssige Aussage. Die DGE empfiehlt Erwachsenen, 100 Milligramm Vitamin C über Lebensmittel aufzunehmen; Raucher sollten laut DGE 150 Milligramm aufnehmen. Bereits eine halbe rote Paprika, eine Kiwi und eine Tomate oder ein Glas Orangensaft und eine Portion gegarter Brokkoli liefern 150 Milligramm des Vitamins. Einige Wissenschaftler halten es darüber hinaus für gerechtfertigt, höhere Dosen Vitamin C in das therapeutische Repertoire einzubeziehen: Nehmen Sie ein halbes bis zwei Gramm Vitamin C für die Dauer der Erkrankung – oder für acht bis zehn Tage ab Erkältungsbeginn. Bei Athleten könnte die Einnahme von Vitamin C zu einer Linderung der Symptome und eventuell zu einer Verkürzung der Erkrankungsdauer führen. Die Datenlage ist aber auch hier wieder nicht eindeutig. Die hochdosierte Einnahme von Vitamin C kann bei anfälligen Personen die Bildung von Nierensteinen begünstigen oder zu Durchfällen führen. In den meisten Fällen gilt jedoch: Ein Versuch ist es wert! [84,85,86,87,88]

Keine Leistungssteigerung durch Pillen

Sportler hoffen naturgemäß auf die Effekte Verletzungsschutz, Leistungssteigerung, Infektprophylaxe und eine verkürzte Regenerationszeit. Die Zusammenfassung der bis hierher erhobenen Datenlage erlaubt eine klare Aussage: Es existiert kein Mikronährstoff, dessen Zufuhr in Höchstdosen die sportliche Leistungsfähigkeit unterstützt. Leistungssteigerungen durch Mikronährstoffe sind lediglich dann zu verzeichnen, wenn zuvor ein Mangel an diesen Stoffen geherrscht hat. Sollten Sie dies bei sich vermuten, lassen Sie Ihre Werte durch eine Blutanalyse testen – alles andere ist höchstwahrscheinlich hinausgeschmissenes Geld!

Fazit: psychologische Effekte oder das Geschäft mit der Angst

Eigentlich wissen Sie es: Mit einer verantwortungsbewussten Ernährung geben Sie Ihrem Körper, was er braucht. Trotzdem gehen jedes Jahr Nahrungsergänzungsmittel in mehrstelligen Millionenbeträgen über den Ladentisch. Geschickt lancierte Anzeigen und Pressemitteilungen steuern dabei das Geschäft mit der Angst und mit dem schlechten Gewissen. Wer tags zuvor bei McDonald's gegessen hat, der meint, seine Sünde mit einer Extraportion Gesundheit aus der Apotheke korrigieren zu können. Abgesehen davon, dass ein gelegentlicher Besuch eines Fast-Food-Restaurants und die eine oder andere Tafel Schokolade Sie keineswegs umbringen werden, liegt dieser Überlegung also primär eine gehörige Portion Psychologie zugrunde. Die stete Heraufbeschwörung des Mangelgespensts von vorzeitiger Alterung, Verletzungen und Leistungseinbußen bringt jeden Sportler in die Zwickmühle, ob nicht doch »etwas dran sein könnte« an den Warnungen. Ich rate Ihnen: Geben Sie Ihr Geld lieber für einen guten Fisch oder frisches Gemüse aus – davon haben Sie mehr!

Essen und Trinken im Sport

Trinken

Wasser ist Leben – Sie bestehen daraus! Zumindest zu ungefähr zwei Dritteln. Alles an Ihrem Körper braucht Wasser, um zu funktionieren, ein Wasserverlust kann sich schnell zu einer vitalen Bedrohung entwickeln – gerade im Ausdauersport, wo Flüssigkeitsverluste von bis zu zwei Litern pro Stunde keine Seltenheit sind.

Das Wasser erfüllt in Ihrem Körper vielfältige Aufgaben: Es löst und transportiert Nährstoffe, Elektrolyte, Blutzellen oder Hormone. Über die Nieren wird es zusammen mit einer Menge für den Körper nicht weiter verwertbarer Stoffe ausgeschieden. Abgegeben über die Haut reguliert es Ihre Körpertemperatur.

Wie viel muss ich trinken?

Die Basisempfehlung lautet: zwei bis drei Liter Flüssigkeit pro Tag plus Schweißverluste (im Mittel 1,5 Liter pro Stunde bei intensivem Training). Belastungen von 45 bis 60 Minuten Dauer erfordern normalerweise keinen Flüssigkeitsersatz während des Trainings – aber danach!

Um die persönlichen Schweißverluste besser abschätzen zu können, stellen Sie sich am besten vor und nach einem typischen Training auf die Waage und ermittelt die Differenz. Daraus kann man dann auch auf den Verlust pro Stunde schließen und dies als zukünftigen groben Orientierungswert nutzen.

»Wasser macht Ihren Kopf wach und Ihr Gewebe straff!«

Neben dem Schwitzen addieren sich noch Wasserverluste über die Urinausscheidung (circa 1,5 Liter pro Tag), über den Stuhl (circa 0,1 Liter pro Tag) und über die Atmungsorgane (in den Lungen wird die relativ trockene Einatemluft mit Wasserdampf gesättigt, circa 0,5 Liter gehen so pro Tag verloren).

Sie haben somit durchschnittlich einen Wasserverlust von rund 2,5 Litern – ohne Training! Das muss wieder rein – an erster Stelle über das Trinken. Aber auch über Ihre feste Nahrung nehmen Sie täglich bis zu einem Liter Flüssigkeit auf – wenn Sie beispielsweise viel Obst essen. So haben übrigens auch Ihre Vorfahren Ihren Durst gelöscht – die hingen nicht den ganzen Tag an der PET-Flasche.

Trinken Sie wenigstens zwei bis drei Liter am Tag – bei viel Sport und im Sommer entsprechend mehr. Und zwar regelmäßig: Warten Sie nicht erst auf das Durstgefühl!

Was soll ich trinken?

Das optimale Getränk: ein natürliches Mineralwasser. Wer pures Wasser nicht schätzt, der kann im Sinne von »Take five a day« gern auch auf eine Fruchtsaftschorle ausweichen. Diese sollte jedoch keinen zu großen Saftanteil haben, denn der Säureanteil der meisten Fruchtsäfte ist sehr hoch, was nicht jeder gut verträgt. Nicht unerheblich ist außerdem der Zuckeranteil von Saft: Mit einem Liter Apfelsaft nehmen Sie über 100 Gramm Zucker zu sich! Eine entsprechend verdünnte Saftschorle (Verhältnis 1:3 im Alltag und 1:1 nach dem Training) ist als Durstlöscher optimal. Eine Alternative sind ungesüßte Tees. Softdrinks, Energydrinks und Malzbier sind aufgrund ihrer »leeren« Kalorien nicht zu empfehlen.

Salz und Leistungsfähigkeit

Beim Trinken geht es um Wasser, um Zucker und um Elektrolyte. Die Zufuhr von Elektrolyten während lang andauernder Belastungen ist für Ihre Leistung zwingend erforderlich – insbesondere die von Natrium[89]. Ihr Körper versucht zwar, den Verlust über das Schwitzen zu minimieren, bei Hitze verlieren Sie pro Liter Schweiß etwa 4,5 Gramm Natriumchlorid

Kaffee als Durstlöscher?

Koffeinhaltige Getränke standen bisher unter Verdacht, die Flüssigkeitsausscheidung über die Nieren zu steigern. Noch vor kurzer Zeit wurde deshalb empfohlen, koffeinhaltige Getränke und besonders Kaffee in der Wasserbilanz nicht zu berücksichtigen. Wissenschaftler revidierten: Bei Berücksichtigung einer Koffeingewöhnungsphase verschlechterte sich die Wasserbilanz bei Durchschnittspersonen nicht.

Für Sportler ist dieser Punkt noch nicht restlos geklärt, nach Meinung bekannter Wissenschaftler kann sich Koffein bei ihnen negativ auf Wasserbilanz und Ausdauerleistung auswirken.[90,91]

Wer jedoch ausreichend mit Flüssigkeit versorgt ist, der kann vom Kaffee sogar profitieren! Nicht umsonst stand Koffein lange Zeit auf der Dopingliste. Nun gilt allerdings: Runter von der Dopingliste und rein ins Blut – Koffein ist (mittlerweile) legales Doping. Der von Ausdauersportlern so lang verpönte Kaffee macht Sie wach und konzentriert – Sie ermüden langsamer und halten Schmerzen besser aus. Außerdem steigert Koffein Ihre sportliche Leistung: Es fördert die Kalziumausschüttung, wodurch stärkere Muskelkontraktionen möglich sind. Bereits zwei Milligramm Koffein pro Kilogramm Körpergewicht wirken sich positiv auf Ihre spezifische Ausdauerleistung aus – Sie können länger laufen. Zur Info: 250 Milliliter Filterkaffe enthalten circa 150 Milligramm Koffein.

Die Liste lässt sich weiter fortsetzen: Neben der erhöhten Ausdauerleistung pushte das Koffein bei Studien die Höchstleistungen und die maximale Schnelligkeit von Läufern.

Nebenwirkungen wie Schwindel oder Zittern treten erst bei Überdosierungen auf – als Grenzwert gelten neun Milligramm Koffein pro Kilogramm Körpergewicht.[92,93,94]

(Kochsalz). Bei an Hitze angepassten Athleten sinkt dieser Wert auf 1,75 Gramm – eine Leistung der Schweißdrüsen.

Die Verluste von Natriumchlorid sind jedoch stets gegenwärtig und müssen dringend ergänzt werden – vor allem bei Hitze. Sportgetränke bieten eine bequeme Ausgleichsmöglichkeit. Oder Sie reichern Ihr Lieblingsgetränk pro Liter mit 400 Milligramm (also einer Messerspitze) Kochsalz an.

Trendwässer: Gefahr für Sportler

Modische Mineralwässer schmecken weich und lecker – weil nichts drin ist, keine Kohlensäure, keine Mineralstoffe, kein Natrium. Der Grund: Mineralwässer mit Kohlensäure und hohem Mineralstoffanteil schmecken sehr hart. Die weichen Wässer sind leider für den Sport nicht geeignet: Aufgrund der Mineralstoffarmut strömt dieses Wasser sehr leicht in Ihre Zellen. Trinken Sie bei Hitze große Mengen davon, kann es zu gefährlichen Wasser- und Elektrolytverschiebungen kommen. Meiden Sie diese Wässer während und nach der Belastung; das Gleiche gilt für Leitungswasser: Bei Marathonläufen kann das Trinken von Leitungswasser in Mengen von etwa drei Litern pro Stunde zu schweren Störungen des zentralen Nervensystems führen – epileptische Krampfanfälle und Todesfälle können die Folge sein.

Wasser- und Nährstoffzufuhr mit der Flüssigkeit

Bei hohem Lauftempo und bei großer Hitze ist unter Umständen die Zufuhr von Kohlenhydraten über Ihr Trinken angenehmer als über Riegel und Gels. Das ermöglichen mit Kohlenhydraten angereicherte Energiegetränke. Nehmen Sie ein Getränk zu sich, dann passiert dieses Ihren Magen wesentlich schneller als die festen Nahrungsbestandteile und gelangt prompt in den Dünndarm. In dessen Schleimhaut wird die Flüssigkeit ins Blut aufgenommen. Dabei kommt es auf die Konzentrationsunterschiede zwischen der Flüssigkeit im Darm und dem Blut an: Flüssigkeiten, die Stoffe in der gleichen Konzentration wie Ihr Blut enthalten, nennt man isoton. Höher konzentrierte Flüssigkeiten heißen hyperton und niedriger konzentrierte hypoton. Das Wasser hat das Bestreben, einen Konzentrationsausgleich zwischen den verschiedenen Medien herzustellen, also immer in Richtung der höheren Teilchenkonzentration zu strömen (Osmose). Wenn also die Flüssigkeit im Darm zu einem großen Teil aus Wasser besteht (geringe Konzentration gelöster Teilchen), also hypoton gegenüber dem Blut ist, dann kann das Wasser einfach und schnell die Darmwand durchwandern und in das Blut aufgenommen werden.

Bei hypertonen Flüssigkeiten kann sich dieser Mechanismus jedoch auch umkehren: Die hohe Konzentration gelöster Teilchen im Darminhalt entzieht der Darmwand und damit dem Körper zunächst Flüssigkeit! Daher sollte ein ideales Sportgetränk, das vorrangig dem Ausgleich des Flüssigkeitshaushalts dient, leicht hypoton sein. Wäre es zu hypoton (wie zum Beispiel Leitungswasser), drohten die oben beschriebenen bedrohlichen Konsequenzen.

Für die zusätzliche Nährstoffzufuhr müssen dem Getränk entsprechende Zuckerkombinationen zugesetzt werden. Unterschiedliche Zucker haben ein unterschiedliches Potenzial, Flüssigkeiten über die Osmose im Darm zu binden. Wählen Sie die falschen Zucker, so ziehen diese zu viel Wasser in den Darm und Sie leiden an Magen-Darm-Problemen – im schlimmsten Fall Durchfall. Da dies das Letzte ist, was Sie auf einem Lauf gebrauchen können, rate ich Ihnen, sich an handelsübliche, gut getestete Getränkekombinationen mit den richtigen Zuckern zu halten und diese auch im angegebenen Verhältnis anzumischen. Natürlich sollte das Getränk dann auch einen entsprechenden Natriumanteil aufweisen. Die Alternative sind allenfalls die genannten dünnen Saftschorlen, die aber auch nicht jeder Sportler unter voller Belastung gut verträgt!

Wasser	Natrium-Gehalt (mg/l)
Heppinger	856
Staatl. Fachingen	602
Apollinaris	410
Gerolsteiner	128
St. Pellegrino	41
Volvic	8
Evian	6
Vittel	3

Natriumgehalt verschiedener Wasser-Handelsmarken

Essen

Im Wettkampf sind Sie auf die kontinuierliche Gabe von Kohlenhydratmischungen angewiesen. Training dient vielen eher der Gewichtsreduktion und dem Ausgleich einer zu positiven Energiebilanz. Es ist also ausdrücklich nicht erforderlich, bei jedem Lauf auch noch Energieriegel und angereichertes Wasser mitzuführen. Nur bei höheren Trainingsumfängen von mehr als zwei Stunden ist eine Nährstoffzufuhr sinnvoll, sonst leidet Ihre Leistungsfähigkeit wirklich. Es müssen auch nicht immer Gels oder Riegel sein. Sicherlich sind diese am besten verträglich, aber wenn Ihnen danach ist, essen Sie gern Nüsse oder Käsebrote. Sie wundern sich? Bei alten Hasen im Ausdauersport ist dieses auf langen Rad- und Skitouren ein beliebter Proviant! Ein Kompromiss sind sicher auch die aus Früchten hergestellten Fruchtschnitten, die Sie in jedem Supermarkt bekommen. So haben Sie einen natürlichen Snack, der aber sporttauglich verpackt ist und sich leicht transportieren lässt.

Essen nach dem Training

Mit einer klugen Ernährung nach dem Training können Sie viel für Ihre Regeneration tun: Kohlenhydrate regen die Ausschüttung des Hormons Insulin an – schnelle stärker als langsame. Insulin speichert Kohlenhydrate unter anderem in der Muskulatur, optimiert die Proteinsynthese und leitet die Regeneration optimal ein, indem es andere Hormonsysteme beeinflusst. Daraus resultieren auch die erwähnten positiven Effek-

te auf das Immunsystem. Also: schnelle Kohlenhydrate direkt nach dem Training!

Wussten Sie auch, dass eine Kohlenhydrat-Eiweiß-Kombi Ihre Speicher noch effektiver auffüllt? Diese Kombination führt zu einem höheren Blutzuckerspiegel und einer höheren Insulinkonzentration[95,96] – dementsprechend werden für Sportler Präparate angeboten, in denen Kohlenhydrate und Eiweiße kombiniert sind. Mischen Sie selbst: Nudeln mit Fisch, Steak mit Reis.

Die Eiweißsynthese

Für die Eiweißsynthese sind Molkeproteinkonzentrate ideal – sie regen die Eiweißsynthese besonders in den ersten Stunden nach dem Verzehr stärker an als vergleichbare Proteinmischungen. Deswegen eignen sie sich besonders für die erste Regenerationsphase direkt nach dem Training. Da auch die Muskulatur des Ausdauerathleten zur Regeneration unter anderem auf die Proteinsynthese angewiesen ist, mag dies ein theoretischer Vorteil sein. Studien mit entsprechend aussagekräftigen Endpunkten existieren jedoch bisher nicht. Man könnte aber konstatieren: Wenn schon unbedingt Eiweißkonzentrate, dann sind »schnelle« (Molke-)Proteinkonzentrate zusammen mit »schnellen« Kohlenhydraten direkt nach dem Training am sinnvollsten.

Dabei sollte Folgendes bedacht werden: Die kombinierte Zufuhr von schnellen Kohlenhydraten plus Eiweiß zwischen zwei Trainingseinheiten am gleichen Tag kann die Leistungsfähigkeit bei der zweiten Einheit deutlich positiv beeinflussen, weil die Energiedepots besonders effektiv aufgetankt werden. Dies verträgt aber nicht jeder Sportler, also vorsichtig an höhere Mengen herantasten. Hier bietet die Kombination mit Proteinen aufgrund der schnelleren Resynthese einen Vorteil.[97,98,99]

Wie viel wovon?

Nehmen Sie direkt nach einer intensiven Ausdauerbelastung mindestens ein Gramm »schnelle« Kohlenhydrate pro Kilogramm Körpergewicht ein. Bei acht bis zehn Gramm Kohlenhydraten pro Kilogramm Körpergewicht ist die Wiederauffüllung des Muskelglykogens in 24 Stunden gesichert. Allerdings kommt man damit in den Bereich der sogenannten Kohlenhydratmast. Kombinieren Sie deshalb die Kohlenhydrate mit Proteinen beziehungsweise bestimmten Aminosäuren (zum Beispiel L-Glutamin). So ist keine so hohe »Kohlenhydratdosis« nötig, um Ihre Speicher zu füllen.

Praxistipp → So essen Sie richtig: Lebensmittel statt Nährwertangaben!

Die Kohlenhydratregeln

1. Obst, Gemüse und Hülsenfrüchte statt Getreidestärke!
2. Vollkornprodukte statt raffinierter Weißmehlware!
3. Niedriger statt hoher glykämischer Index!

Die Fettregeln

1. Viele einfach ungesättigte Fettsäuren (Raps- und Olivenöl)!
2. Omega-3 (Lein-, Hanf-, Raps-, Walnussöl und Kaltwasserfisch) statt Omega-6 (Mais-, Sonnenblumen-, Distelöl)!
3. Keine Frittierfette und keine gehärteten Fette!

Die Eiweißregeln

1. Eiweißreiche statt stärkereiche Mahlzeiten!
2. Direkt nach dem Training sollte bevorzugt auf Eiweißlieferanten mit hoher biologischer Wertigkeit zurückgegriffen werden!
3. Achtung: versteckte Kombinationen von guten Eiweißträgern mit unerwünschten Fetten! Suchen Sie fettarme Eiweißlieferanten: Muscheln, mageres Fleisch, Fisch, fettreduzierte Milchprodukte wie Magerquark!

» Meist wird der Kalorienverbrauch überschätzt: 20 Minuten Traben rechtfertigt keine Tüte Chips! «

Praxistipp

→ Sollten Sie substituieren?

Abgesehen von dem Fall einer ernsten Krankheit empfehle ich Ihnen nur zu substituieren, wenn eines oder mehrere der folgenden Merkmale auf Sie zutreffen:

- → bei einseitiger Ernährung mit erhöhtem Risiko für Nährstoffmängel (Veganismus, Low Carb, Vegetarier beziehungsweise bei ärztlich nachgewiesenem Mangel)
- → sehr einseitige Ernährung, verminderte Resorption
- → erhöhter Bedarf (Schwangere)
- → unkompensierbar hohe Verluste oder extreme Klimasituationen
- → anfällig sein für Erkältungskrankheiten
- → Sie brauchen das Gefühl, auf Nummer sicher gegangen zu sein und alle Register gezogen zu haben (geringe Dosierungen, Absprache mit dem Fachmann!)

So sollten Sie bei einer geplanten Substitution vorgehen:

- → Der Beginn einer Substitutionstherapie sollte von einem erfahrenen Arzt oder Ernährungswissenschaftler eingeleitet werden. Mithilfe entsprechender Untersuchungen, Blutanalysen und Befragungen wird er einen möglichen Mikronährstoffmangel bei Ihnen ausfindig machen und Sie über Chancen und Risiken einer Nahrungsergänzung aufklären können.
- → Substituieren Sie keine Megadosen. Die Überdosierung eines Wirkstoffs kann das fragile Gleichgewicht zahlreicher Abläufe mit zum Teil ernsten Folgen stören. Vermeiden Sie also, mit der Zufuhr eines Stoffs weitere Probleme zu erzeugen.
- → Wählen Sie ein hochwertiges Präparat. Gerade die Spuren- und Mengenelemente wie Zink und Eisen sind immer an einen anderen Stoff gebunden. Es gibt organische und anorganische Verbindungen, mit denen die Metalle in Verbindung stehen. Je nach Metall kann der Körper bestimmte Verbindungen gut aufnehmen, andere eher schlecht. Zink wird zum Beispiel besonders effektiv an Aminosäuren oder Peptide gekoppelt aufgenommen.
- → Halten Sie sich an gewisse Zeitfenster. Hochdosierte Gaben im Fall eines Mangels dürfen nicht dauerhaft genommen werden. Dies würde negative Effekte entfalten und kann sogar giftig sein.
- → Vergessen Sie nie, dass die Basis einer umfassenden Versorgung des Körpers mit Mikronährstoffen eine ausgewogene Ernährung nach den in diesem Kapitel genannten Kriterien ist. Keinesfalls sollten Sie sich auf Vitamintabletten ausruhen und damit ein schlechtes Gewissen beruhigen. Tabletten können immer nur eine temporäre Ergänzung einer möglichst optimalen Ernährung sein.

Kapitel 15

Verletzungs-management

Laufen – ein verletzungsanfälliger Sport

Kein moderner Laufschuh konnte daran etwas ändern: Jeder zweite bis dritte Läufer ist einmal pro Jahr verletzt.[1] Die Anzahl der Verletzungen in den vergangenen Jahren ist auf viel zu hohem Niveau stabil. Untersuchungen der letzten Jahre zeigen eine Veränderung des Beschwerdeprofils: Rücken- und Achillessehnenbeschwerden nehmen zu (siehe Tabelle unten). Kniebeschwerden sind dagegen rückläufig. Experten vermuten die Ursache in der neuen Gestaltung der Sportschuhe – scheinbar wurde der Teufel mit dem Beelzebub ausgetrieben.

Interessanterweise hängt die Verletzungshäufigkeit auch von Trainingsumfang und Leistungsstand ab: Einsteiger sind häufiger von Verletzungen betroffen als erfahrene Freizeitsportler und diese wiederum seltener als Leistungssportler.[2] Anfänger leiden besonders häufig unter dem vorderen Schienbeinkantensyndrom und dem vorderen Knieschmerz, während die »Profis« öfter Schmerzen an der Achillessehne beklagen.

Als ebenfalls lauftypische Verletzungen gelten die innere Schienbeinkantenentzündung, die Entzündung der Fußsohle (Plantarfasciitis, Fersensporn) und Ermüdungsbrüche an der unteren Extremität.

Verletzung: Belastung und Belastbarkeit

Patienten, Ärzte und Therapeuten müssen sich immer wieder vor Augen führen, dass eine Laufverletzung aus einem Missverhältnis von Belastung und Belastbarkeit entsteht. Missachten Sie diese Erkenntnis, geraten Sie in den Teufelskreis einer rein beschwerdeorientierten Therapie. Teufelskreis deshalb, weil dann nicht die Ursache für die Beschwerden beseitigt wird (die zu geringe Belastbarkeit für die zugefügte Laufbelastung). Korrigiert wird lediglich das Symptom – mit einer Belastungsreduktion

15

Änderung der Verletzungshäufigkeiten in den vergangenen 20 Jahren[3–15]

Studie	Knie	Achillessehne	Schienbein
1978 (Cavanagh/Clarke)	18 %	14 %	11 %
1978 (James et al.)	29 %	11 %	13 %
1979 (Krisoff/Ferris)	25 %	18 %	15 %
1980 (Cavanagh)	23 %	20 %	10 %
1980 (Gudas)	31 %	7 %	10 %
1981 (Clement et al.)	42 %	6 %	
1984 (Newell/Bramwell)	50 %		
1988 (Marti et al.)	20 %	12 %	
1996 (Fallon)	31 %	19 %	
1998 (Fischer)	30 %	40 %	
1999 (Mayer/Grau)	25 %	32 %	

» Eine Verletzung entsteht immer durch ein Missverhältnis von Belastung und Belastbarkeit. «

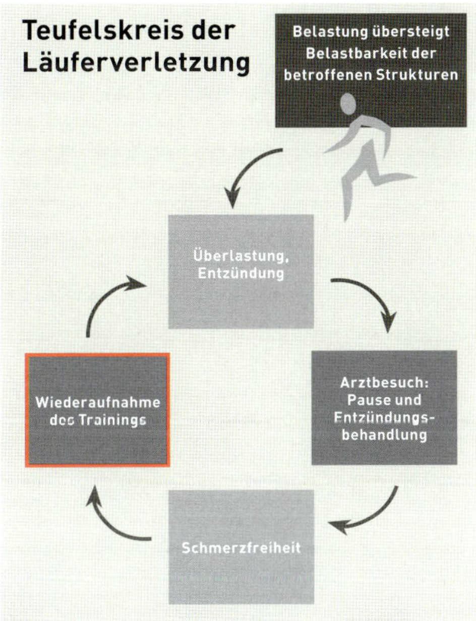

(Laufpause) sowie antientzündlichen und schmerzstillenden Maßnahmen. Sobald Sie Ihre Schuhe wieder schnüren, sobald Sie also die Belastung wieder erhöhen, werden sich Ihre Defizite wieder bemerkbar machen: Die fehlende Belastbarkeit führt zur nächsten Verletzung und zu den nächsten Schmerzen.

Der einzige Ausweg: Belastbarkeit und Belastung müssen in einem sinnvollen Verhältnis zueinander stehen. Vergessen Sie allgemeine statistische Aussagen wie »Junge Frauen haben häufiger Verletzungen als Männer« oder »Bei hohem Traininsumfang treten mehr Verletzungen auf als bei niedrigem«. Diese Pauschalaussagen helfen Ihnen nicht weiter! Kümmern Sie sich stattdessen lieber um das, was Sie tatsächlich verändern können: die Erhöhung der Belastbarkeit.

Fachgebiete im Schulterschluss

Idealerweise arbeiten bei der Optimierung Ihrer Belastbarkeit diverse Fachgebiete im Schulterschluss: Bewegungsanalysten suchen fehlerhafte Bewegungsabläufe und Fehlstellungen; Physiotherapeuten kümmern sich um muskuläre Dysbalancen und die Funktion des Skelettsystems. Aus dieser Arbeit ergeben sich Hinweise für die korrekte Schuhversorgung, die Aufgabe des Schuhfachverkäufers ist. Trainer werden den Trainingsaufbau so geschickt gestalten, dass Ihr Körper nicht überlastet wird, und Ernährungswissenschaftler und Masseure tragen ihr Übriges zur idealen Leistungsbereitstellung bei.

Vor der Therapie steht jedoch die Diagnose – und die liegt zum Großteil in ärztlicher Hand. Der Arzt untersucht den Patienten. Nur anhand eines exakten Untersuchungsbefunds können Sie später korrekt in die verschiedenen Disziplinen des Therapie-Netzwerks gewiesen werden.

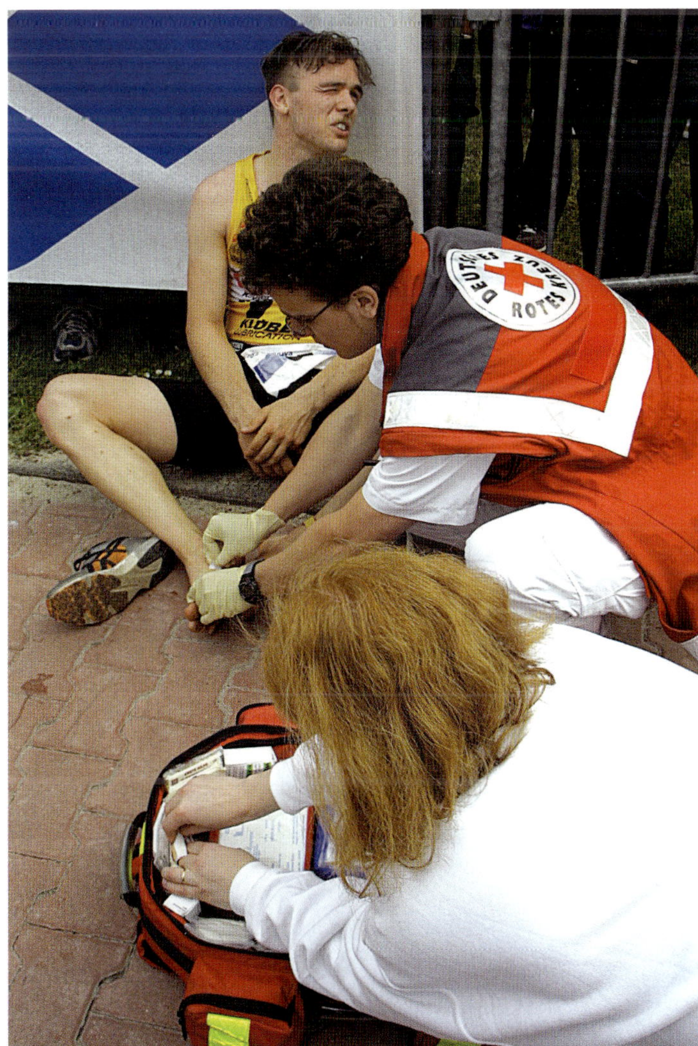

Diagnostik ist Handarbeit

Die Diagnose einer Sportverletzung ist auch im 21. Jahrhundert eine handwerkliche Tätigkeit. Die sogenannte klinische Untersuchung ist durch moderne Verfahren wie Ultraschall und die Kernspintomografie ergänzt worden – keinesfalls aber ersetzt.

Die Anamnese

Jede Untersuchung beginnt mit der ausführlichen Befragung des Patienten, der Anamnese. Den größten Teil der notwendigen Informationen erhält der Arzt im Gespräch mit Ihnen. Man geht davon aus, dass bis zu 80 Prozent der üblichen medizinischen Probleme durch eine sorgfältige und akkurate Anamnese erkannt werden können.

Der Arzt erkundigt sich danach, seit wann die Schmerzen bestehen, wo und wie es genau weh tut (dumpf, brennend, stechend), wann die Schmerzen auftreten (vor, während oder nach der Belastung) und wie schnell oder langsam sie wieder abklingen. Es ist außerdem sinnvoll zu erfragen, ob Sie bereits vorher an orthopädischen Verletzungen gelitten haben und ob eine eventuelle Therapie erfolgreich war.

Zudem sollte den Arzt auch die berufliche Tätigkeit und Belastung interessieren. Der Manager mit einer 80-Stunden-Woche braucht sicherlich ein anderes Therapiekonzept als ein Dachdeckermeister. Er ist körperlich ganz anders belastet. Nur wenn der Therapieplan in Ihren Lebens- und Zeitplan passt, kann dieser auch umgesetzt werden.

Besonders wichtig sind mir bei der Behandlung von Sportlern auch die Fragen zum Training. Ich will wissen, was Sie trainieren, wie viel und seit wann, ob es ein Ausgleichstraining gibt (Kraft, Stretching, Koordination), wie viel Regeneration Sie sich gönnen und wie schnell Sie Ihr Training gesteigert haben. Führen Sie ein Trainingstagebuch? Dann her damit! Nur durch das Trainingstagebuch wird Ihr Trainingsprozess deutlich – und der kann für die Ursachensuche der Beschwerden wichtig sein. Abgerundet wird die Anamnese durch Erkundigungen zum Material. Laufschuh und orthopädische Einlagen gehören auf den Tisch und sorgfältig inspiziert.

Eine tiefgehende Anamnese, die klären soll, wie Ihre Beschwerden entstanden sind, erfordert also viel Fachwissen in der jeweiligen Sportart. Darüber hinaus auch sehr viel Zeit; in einer üblichen kassenärztlichen Sprechstunde kann diese Zeit heute kaum mehr zur Verfügung gestellt werden.

Die anthropometrischen Daten

Je mehr Informationen, desto besser. Der Arzt sollte stets Körpergewicht und -größe ermitteln sowie den Körperfettanteil des Patienten, um seine körperliche Fitness noch besser einschätzen zu können. Im Rahmen der Untersuchung sollte außerdem eine Fußdruckmessung durchgeführt werden. Fußfehlstellungen können so auch im Hinblick auf die Druckverteilung unter der Fußsohle sicher eingeordnet werden.

Die Inspektion

Der Anamnese folgt die Inspektion, also das Betrachten des verletzten Läufers. Der Blick fällt zuallererst auf Ihre Haltung: Haben Sie einen Rundrücken, fallen Sie ins Hohlkreuz? Die Ansicht von hinten verrät, ob sich Ihre Wirbelsäule zur Seite ausbiegt.

Sehr wichtig ist auch die Beurteilung der Beckenstellung. Im Stand kann der Arzt erkennen, ob eine Beckenseite tiefer steht als die andere (Beckentiefstand) oder ob die Beckenschaufeln zueinander verwrungen stehen.

Anschließend fällt der Blick auf Ihre Beinachse. Um erkennen zu können, ob Sie ein X- oder O-Bein haben, stellen Sie Ihre Füße zusammen. Befindet sich ein Abstand zwischen den Kniegelenken (O-Bein) oder den Knöcheln (X-Bein)? Auch Rotationsfehlstellungen werden bei diesem Untersuchungsschritt sichtbar – zum Beispiel nach innen gerichtete Kniescheiben.

Die Palpation

Die Palpation, das Abtasten des Körpers, ist oft von entscheidender Bedeutung. Der Arzt sucht nach Verhärtungen, Verdickungen, Schwielen oder charakteristischen druckschmerzhaften Punkten. Denn auch die Fußdruckmessung allein reicht nicht aus, um Fußfehlstellungen sicher zu diagnostizieren. Inspektion sowie Abtasten der Füße sind ebenfalls erforderlich.

Die Gelenkfunktion

Alsdann überprüft der Arzt sämtliche Gelenkbeweglichkeiten der unteren Extremität: die Beweglichkeit Ihres Hüftgelenks, Ihres Kniegelenks sowie Ihrer Fußgelenke – gibt es muskulare Verkurzungen (Muskellängentests) oder -abschwächungen (Muskelfunktionstests)? Das sind häufig Ursache von Laufverletzungen. Diese Kenntnis ist daher Voraussetzung für die korrekte Interpretation der an dieser Stelle idealerweise folgenden Bewegungsanalyse. Sie wissen ja vielleicht bereits aus eigener Erfahrung, dass viele Sportler lediglich beim Lauftraining Beschwerden verspüren – nicht auf der Untersuchungsliege! Wichtig: Das Vorhandensein der Schmerzen ist für eine korrekte Diagnosestellung zwar hilfreich, aber keineswegs Voraussetzung. Den Sportler wieder nach Hause zu schicken, damit er sich nach einem längeren Lauf mit akuten Beschwerden wieder vorstellt, ist kein sinnvolles Vorgehen und sollte längst der Vergangenheit angehören.

Die Diagnose

In der Mehrzahl der Fälle lässt sich durch Anamnese, Untersuchung und Bewegungsanalyse schon eine eindeutige Diagnose stellen. Glücklicherweise gibt es aber weitere Verfahren, die in Zweifelsfällen wertvolle Beiträge leisten – sogenannte bildgebende Verfahren. Auch Blutuntersuchungen können die Diagnostik unterstützen. So finden sich im Blut typische Entzündungszeichen und Werte, die den Knochenstoffwechsel beschreiben.

Sinnige und unsinnige Untersuchungen

Ausbleibender Therapieerfolg treibt die Diagnostik oft auf die Spitze des technisch Machbaren. Dabei bringt eine teure Kernspinuntersuchung bei einer Achillessehnenentzündung, die nur mit Tabletten behandelt wurde und nie eine ursächliche Therapie erfahren hat, rein gar nichts. Auch sie kann nur das Ergebnis »Entzündung« liefern – und nicht etwa die Ursache. Mit Bildern das darzustellen, was man nach der klinischen Untersuchung schon weiß, macht Sie nicht gesund! Der Arzt muss entscheiden, wann bildgebende Verfahren für die sorgfältige Untersuchung und den Ausschluss von seltenen Erkrankungen notwendig sind.

15

Die bildgebenden Verfahren in der modernen Medizin

Röntgen

Mit Röntgenstrahlen wird ein Film belichtet, und die Strukturen im Körper, die besonders viel Strahlen absorbieren, ändern die Intensität der Röntgenstrahlen auf dem Filmmaterial. Die strahlenabsorbierenden Knochen zeichnen sich deutlich ab, so kann eine Veränderung der Knochen ideal dargestellt werden. Knochenbrüche sind direkt sichtbar, auf andere Erkrankungen kann indirekt geschlossen werden. Stehen beispielsweise zwei Gelenkflächen unmittelbar aufeinander, so ist dies ein Zeichen dafür, dass kein Knorpel mehr vorhanden ist und der Patient folglich unter fortgeschrittenem Knorpelverschleiß leidet.

Ultraschall

Die Ultraschalluntersuchung arbeitet mit Schallwellen eines bestimmten Frequenzspektrums, die von unterschiedlichen Geweben unterschiedlich reflektiert werden. Der Ultraschallkopf fängt diese reflektierten Wellen auf und erstellt daraus ein Bild. Ultraschalluntersuchungen eignen sich besonders gut zum Darstellen der Weichteile. Muskelverletzungen und Sehnenverletzungen sind mit dem Ultraschallgerät gut zu diagnostizieren.

Computertomografie (CT)

Ein Computertomogramm wird mit Röntgenstrahlen erstellt, die durch die Untersuchung in einer Röhre allerdings in besonderer Art und Weise eingesetzt werden und das Darstellen des Körpers in Schichten erlauben. Die Schnittbilder können knöcherne Veränderungen von Weichteilveränderungen trennen und lassen so Rückschlüsse auf Erkrankungen zu. So können beispielsweise Verschleißerscheinungen des Rückens, die unter Verdacht stehen, die Nerven zu bedrängen, genauer dargestellt werden.

Magnetresonanztomografie (MRT)

Die auch als Kernspintomografie bezeichnete Methode erstellt mit starken Magnetfeldern in einer Röhre Schichtbilder des Körpers – ohne Strahlenbelastung. Die Schichtbilder sind ideal geeignet, um Weichteile voneinander abzugrenzen. Eine fragliche Bandverletzung des Kniegelenks oder auch ein Bandscheibenvorfall sind Gründe für den Einsatz dieses immer noch sehr teuren Verfahrens.

Knochenszintigrafie

Die Szintigrafie bedient sich radioaktiv markierter Substanzen, die in den Stoffwechsel des Körpers eingeschleust werden. Die Substanzen lagern sich besonders dort ab, wo der Stoffwechsel aktiviert ist. Bei Ermüdungsbrüchen findet sich oft eine solche Stoffwechselaktivität, die mit einem Gerät, das die radioaktive Strahlung misst, in ein Bild umgewandelt wird. So kann man die aktiven Stellen sichtbar machen. Allerdings ist die Strahlenbelastung des Verfahrens sehr hoch.

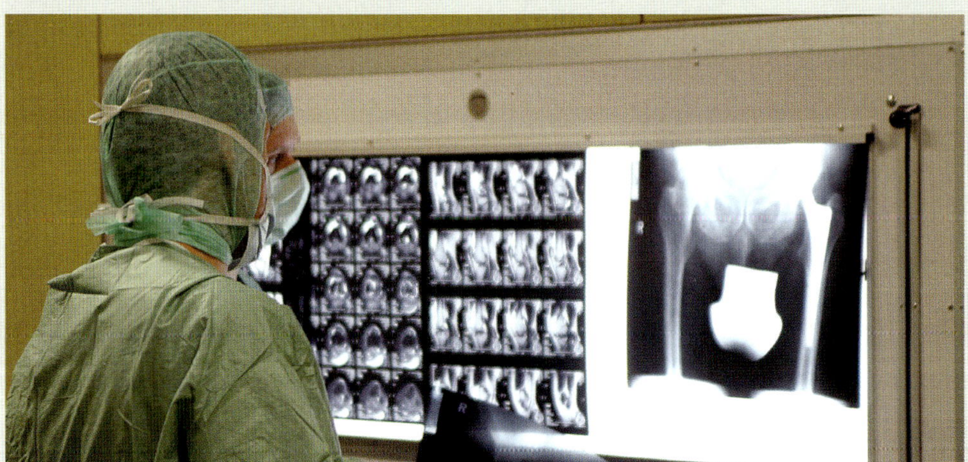

Die Behandlung von Laufverletzungen

Bei der Behandlung von Laufverletzungen ist es wichtig, zwischen symptomatischen und ursächlichen Therapien zu unterscheiden: Symptomatische Therapien (Symptome = Krankheitszeichen) sind wichtig, weil sie die Beschwerden eindämmen oder beseitigen – mithilfe der Schmerz- und Entzündungsbekämpfung. Diese Therapie verkürzt zwar die Krankheitsdauer, ändert jedoch nichts an den Ursachen der Beschwerden. Wer die Entzündung mit Medikamenten vertreibt, der hat die Ursache des Problems noch nicht behoben – Sie erinnern sich an den Teufelskreis. Im weiteren Verlauf dieses Kapitels unterscheide ich daher streng zwischen symptomatischer und ursächlicher Therapie.

Die symptomatische Therapie

1 Entlastung

Die Therapie einer Sportverletzung beginnt in der Regel mit einer Verringerung der Belastung. Während Sie pausieren, kann Ihr Körper die Überlastungsbeschwerden bekämpfen, ohne dass diese immer aufs Neue angeheizt werden. Unter Umständen ist eine Ruhigstellung mit Bandagen, Schienen und Gipsanlagen notwendig. Eventuell ist auch der vorübergehende Wechsel auf eine Alternativsportart sinnvoll. Bei länger andauernden Beschwerden gilt jedoch oft: Durchs Rumsitzen wird's nicht besser. Denn Schmerzen an der Achillessehne beim Laufen, deren Ursache nicht beseitigt wurde, werden auch nach monatelanger Pause nicht besser werden. Wichtig ist hier, mit einem sorgfältigen Trainingsplan den Wiedereinstieg vorzunehmen, auch wenn es anfangs noch ein wenig schmerzt.

2 Physikalische Therapie

Die physikalische Therapie ist ein weites Feld aus Anwendungen, die in Ihrem Körper den Heilungsprozess anregen sollen. Mit Wärmebehandlungen wie Mikrowellenbestrahlung, Fango- oder Heißluftanwendungen wird die Durchblutung im betroffenen Bezirk angekurbelt. Kälteanwendungen wie Eiswürfelmassagen und Kältepackungen sorgen zunächst für eine verminderte Durchblutung (abschwellend) und nach einer gewissen Verzögerungszeit für eine Mehrdurchblutung – sie hilft Ihrem Körper, sich selbst zu heilen. Im Blut sind nämlich all die Substanzen, die eine Entzündung stoppen können, enthalten. Ebenso unterstützend auf den Heilungsprozess wirken spezielle Massagetechniken zum Lockern verspannter Muskelgruppen oder reizende Friktionsmassagen.

3 Pharmakologische Therapie

Der Sportmedizin steht eine breite Palette an Arzneimitteln zur Verfügung, um Beschwerden am Bewegungsapparat positiv zu beeinflussen. Am weitesten im Einsatz verbreitet sind die nicht-steroidalen Antirheumatika (NSAR). Nicht-steroidal heißt: ohne kortisonartige Stoffe. Es gibt diese Medikamente mit dem Wirkstoff Diclofenac in Tablettenform (zum Beispiel »Voltaren«) und als Salbe zum Auftragen auf die Haut. In Spritzenform sind sie ohne weiteren Nutzen und werden wegen unangenehmer Nebenwirkungen selten angewendet.

Moderne Entzündungshemmer

Substanzen wie das Diclofenac gehören den sogenannten COX1-Hemmern an. Sie sind die ältesten Vertreter der NSAR. Neuere Medikamente hemmen mit COX2 ein spezifischeres Entzündungsenzym und führen zu weniger Nebenwirkungen im Magendarmtrakt als die COX1-Hemmer[16]. Sie sind allerdings wesentlich teurer und bieten dem Anwender ohne chronische Magenprobleme keinen weiteren Vorteil in der Behandlung.

15

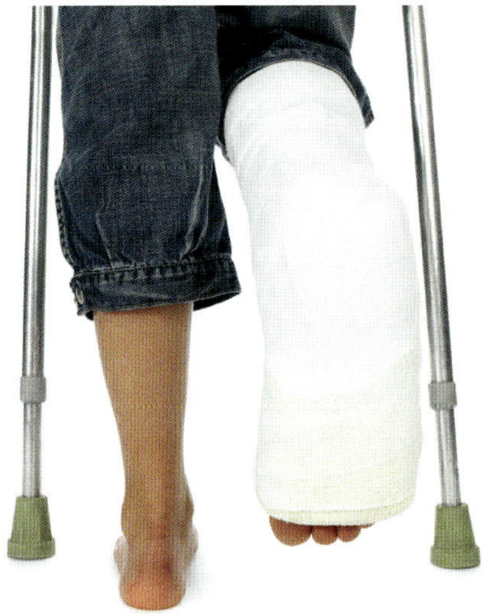

Der potenteste Vertreter der antientzündlichen Therapie ist und bleibt aber das Kortison. Als Tablette oder Injektionslösung kann man es für den ganzen Körper einsetzen – oder gezielt an den Ort der Verletzung spritzen. Unbedingt beachten muss der behandelnde Arzt, dass Kortison nicht nur den Entzündungsstoffwechsel bremst, sondern auch den Stoffwechsel der Sehnen. Bei unsachgemäßer Anwendung an der falschen Stelle können deshalb Sehnenrisse ausgelöst werden. Mit den bekannten Nebenwirkungen des Kortisons wie Stammfettsucht, Mondgesicht, Osteoporose oder Diabetes ist bei den in der Sportmedizin angewandten geringen Mengen nicht zu rechnen.

4 Phytotherapeutika

Eine interessante Alternative stellen die pflanzlichen Medikamente dar. Die sogenannten Phytopharmaka haben jedoch nicht zwangsläufig etwas mit Homöopathie und gänzlich alternativen Heilmethoden zu tun. Viele pflanzliche Stoffe bieten hochpotente Wirkmechanismen, die hinreichend aufgeklärt sind. So zum Beispiel die in der indianischen Volksmedizin zur Wundreinigung angewendeten Ananas und Papayas. Bei genauerer Analyse der Wirkstoffe stieß man auf Enzyme, die fibrinreiche Flüssigkeit im Gewebe abbauen – Bromalin und Papain. Die daraus entwickelten Enzympräparate haben eine abschwellende Wirkung und inaktivieren sogar spezielle Schmerzauslöser.

Bemerkenswert an diesem Alternativpräparat ist besonders das Nebenwirkungsprofil – es beschränkt sich auf geringe Störungen der Blutgerinnung oder leichte Störungen des Verdauungstrakts. Die Diclofenac-Therapie führt hingegen immer wieder zu schwerwiegenden Problemen wie Magengeschwüren oder Blutungen.

5 Homöopathische Behandlung

Die homöopathische Medikation unterscheidet sich von der pflanzlichen durch die Verdünnung der Wirkstoffe. Der Grundgedanke der Homöopathie ist es, dem Körper Stoffe zuzuführen, die eben jene Symptome hervorrufen, die aktuell die Hauptbeschwerden ausmachen. Bei Fieber gibt man beispielsweise Stoffe, die Fieber auslösen – allerdings in einer extremen Verdünnung. Teilweise werden die Wirkstofflösungen so weit verdünnt, dass nach objektiven Berechnungen gar keine Wirksubstanz mehr enthalten sein kann. So soll der Körper animiert werden, sich selbst zu helfen. Das grundsätzliche Verfahren ist umstritten – behauptet aber in der modernen Medizin seinen festen Platz. Ob als Globuli (Kügelchen), Tropfen, Salben oder als Injektionslösungen – die hoch verdünnten Pflanzenauszüge werden von zahlreichen Sportmedizinern eingesetzt.

Für welche Therapie auch immer Sie sich gemeinsam mit Ihrem Arzt entscheiden – es geht hier allein um eine zügige Linderung Ihrer Beschwerden. Die Natur hätte diese früher oder später fast immer auch allein geschafft; allerdings kann eine antientzündliche Therapie die Leiden und die Trainingsausfallzeiten verkürzen.

Die ursächliche Therapie

Die symptomatische Therapie ist wichtig in der Akutphase; die ursächliche (kausale) Therapie unumgänglich in der weiteren, langfristigen Behandlung. Die kausale Therapie ist ein Produkt der Ursachenforschung – ganz besonders der Funktionsanalyse des Bewegungsapparats aus Muskelfunktionstests und Bewegungsanalyse.

» Symptomatische und ursächliche Therapie sind gleich wichtig! «

Es geht darum, die optimalen Voraussetzungen für Ihre Leistungserbringung zu schaffen. Viele Fachrichtungen arbeiten dabei interdisziplinär. Auf diesem Aktionsfeld muss die volle Aufmerksamkeit von Therapeuten und Patienten liegen! Nur so lassen sich Laufverletzungen dauerhaft an ihrer Ursache bekämpfen.

1 **Der Arzt**
Der Arzt stellt nach der Anamnese und den verschiedenen Untersuchungsverfahren (körperliche Untersuchung mit Muskelfunktionstests, Blutanalyse und bildgebenden Verfahren) die Diagnose. Er koordiniert Ihre Therapie, behandelt die zugrunde liegenden Erkrankungen und operiert.

2 **Der Bewegungsanalytiker**
Er führt die Bewegungsanalyse durch und übermittelt die Ergebnisse je nach Bedarf an Ihren Arzt und die weiteren Beteiligten. Außerdem kann er von einem abweichenden Bewegungsmuster auf die Ursachen Ihrer Verletzung schließen.

3 **Der Orthopädiemechaniker**
Mit Fußdruckmessungen ergänzt der Orthopädiemechaniker die Diagnostik. Auf der Grundlage dieser Ergebnisse und des bewegungsanalytischen Befunds kann er individuelle Einlagen und Schuhzurichtungen anpassen.

4 **Der Physiotherapeut**
Der Krankengymnast führt eine Muskelfunktionsdiagnostik durch und erstellt Trainings- und Behandlungsprogramme zum Ausgleich muskulärer Dysbalancen oder zur Optimierung von Gelenkfunktionen (Mobilisation). Auch kann er helfen, die Koordination Ihrer Bewegungsabläufe zu verbessern.

5 **Der Trainer**
Der Trainer optimiert Ihre Lauftechnik, erstellt einen Trainingsplan (langsame Steigerung, Regenerationszeiten) und empfiehlt ein adäquates Ausgleichstraining (Kraft, Stretching, Koordination, Ausgleichssport).

6 **Der Schuhfachverkäufer**
Im Sportgeschäft wählt der gut ausgebildete Schuhfachverkäufer die passenden Schuhe für Sie aus. Er koordiniert dabei die Schuhversorgung mit der Einlagenversorgung.

7 **Der Ernährungswissenschaftler**
Durch einen speziellen Diätplan kann der Ernährungswissenschaftler den Entzündungsstoffwechsel bremsen, Ihre Makronährstoffversorgung einstellen und Ihre Mikronährstoffversorgung optimieren.

Typische Laufverletzungen

15

LWS-Syndrom

Die Lendenwirbelsäule (LWS) verbindet den Beckenring mit dem Oberkörper. Da die Rumpfmuskulatur von vielen Läufern zu wenig trainiert wird, ist die Lendenwirbelsäule meist anfällig für allerlei Beschwerden. Die gerade Rückenmuskulatur, die den Rumpf aufrichtet, sichert diesen Bereich genauso wie die gerade und schräge Bauchmuskulatur. Letztere kann insbesondere die Verdrehungsbewegungen minimieren.

Das LWS-Syndrom beschreibt eine diffuse Schmerzlokalisation im unteren Rücken. Ursächlich hierfür können muskuläre Probleme, Wirbelgelenkblockaden, Zwischenwirbelgelenkreizungen, Verschleißerscheinungen, Nervenreizungen und Bandscheibenschäden sein. Es ist wichtig, bei exakterer Diagnose nicht den Blick für die Ursachen zu verlieren – die liegen meist in unzureichend ausgebildeter Rumpfmuskulatur und einer dadurch beeinträchtigten Statik. Diese beiden Faktoren führen zu Fehlbelastungen mit den oben genannten Konsequenzen. Wichtig zu beachten sind funktionelle Zusammenhänge der Lendenwirbelsäule mit anderen Wirbelsäulenabschnitten. Bei Therapieresistenz müssen deshalb unbedingt andere Wirbelsäulenabschnitte mit behandelt werden.

Beschwerden

Schmerzen im unteren Rücken, teilweise ausstrahlend in Gesäß und Beine.

Diagnose

Klinisch: Inspektion der Wirbelsäule auf Fehlhaltungen. Untersuchung der Statik und der Auswirkungen der Laufbewegung auf die Wirbelsäule. Bewegungsschmerz, unter Umständen Schonhaltung. Druckschmerzhafte Areale im Bereich der Wirbelsäule und der Iliosakralgelenke.

Röntgen (im Stehen): Hinweise auf den statischen Befund der Wirbelsäule und den Zustand von Wirbelkörpern und Bandscheiben (Verschleißprozesse).

LWS-Syndrom

Ursache	Therapie
abgeschwächte Bauch- und Gesäßmuskulatur mit Hohlkreuzbildung und Beckenkippung	Kraft- und Koordinationstraining
Verkürzungen der Oberschenkelstrecker und Hüftlendenmuskulatur mit Hohlkreuzbildung und Beckenkippung	Stretching für den Hüftlendenmuskel und den Oberschenkelstrecker
abgeschwächte Rückenmuskulatur mit mangelhafter Aufrichtung und Rotationsstabilität	Kraft- und Koordinationstraining
abgeschwächte Abduktorenmuskulatur mit Beckeninstabilität	Kraft- und Koordinationstraining
fehlerhafte, passive Lauftechnik mit hoher Stoßbelastung in einer Rundrückenhaltung	Optimierung der Lauftechnik
Übergewicht	Gewichtsreduktion

Achtung: Am wichtigsten in der Behandlung von Rückenbeschwerden ist ein schlüssiges physiotherapeutisches Trainingskonzept zur Verbesserung der Wirbelsäulenstatik und -funktion. Eine Reduktion muskularer Dysbalancen wirkt den Beschwerden langfristig entgegen.

» Hüfte und unterer Rücken bilden beim Laufen das Zentrum Ihrer Kraftübertragung. «

CT und MRT: Diese Verfahren sind zum Ausschluss von Nervenbeteiligungen und Bandscheibenvorfällen wichtig (Hinweise zu Weichteilveränderungen).

Differentialdiagnosen

Blockierungen der Wirbelkörper, ISG-Syndrom, degenerative Wirbelsäulenveränderungen, Bandscheibenvorfälle.

Sofortmaßnahmen

→ Wärmeanwendungen, Bestrahlungen
→ Massagen der umgebenden Muskulatur
→ chiropraktische Mobilisation und evtl. Manipulationen der blockierten Wirbelgelenke
→ stützende, elastische Bandagen
→ antientzündliche Medikamente (»Ibuprofen«, »Voltaren«, »Celebrex«)
→ Injektionen: Lokalanästhetika und Kortison
→ muskelentspannende Medikamente (»Musaril«)

Übung

Dehnung der Rückenmuskulatur

Sie stehen. Beugen Sie sich nach vorne unten, bis Sie mit dem Kopf ungefähr auf Kniehöhe sind. Ihre Arme legen Sie von hinten um Ihre Knie. Ihr Rücken ist rund, Ihre Knie sind leicht gebeugt. Dehnungsdauer: 30 Sekunden.

Dehnung der Rückenmuskulatur

15

Fallbeispiel Mario

Mario, 28 Jahre, Triathlet. Fortgeschrittene Trainingsumfänge: Bis zu 30 Stunden pro Woche, darin enthalten waren 50 bis 120 Kilometer Laufen. Verschiedene typische Läuferverletzungen hatten ihn dazu gebracht, seine Lauftechnik zu optimieren. Alles lief bestens, er war für den Ironman auf Hawaii nominiert. In der Vorbereitung begannen dann plötzlich die Rückenschmerzen, die auch in die Beine ausstrahlten. Nachdem er die Beschwerden zunächst ignoriert hatte, kam dann im letzten Testwettkampf das Aus: Die Schmerzen waren so schlimm, dass nicht einmal ein Schwimmtraining möglich war. Die Röntgenuntersuchung der Wirbelsäule erbrachte keinen wesentlichen Befund, ein Bandscheibenvorfall konnte ausgeschlossen werden. So entschieden Trainer, Physiotherapeuten und Ärzte gemeinsam, mit einer Trainingspause den entzündlichen Reizzustand abzuwarten. Unterstützend bekam Mario antientzündliche Medikamente, die seine Schmerzen linderten. Die ersten Trainingsversuche nach zwei Wochen Pause verliefen erfolglos, nach weiteren zwei Wochen wurde eine Kernspintomografie durchgeführt. Das Ergebnis: eine Vorwölbung einer Bandscheibe, die auf einen Nerv drückte. Ein Neuroradiologe spritzte antientzündliche Medikamente – ohne Erfolg. Während die behandelnden Ärzte bereits über eine Operation nachdachten, deren Erfolg keinesfalls garantiert war, wurde Mario von seinen Physiotherapeuten und Osteopathen zunehmend deutlich auf seine desolate Rumpfstabilität hingewiesen. Hier lag die Ursache seiner Beschwerden: Die Bandscheibenvorwölbung würde sich nur dann zurückentwickeln können, wenn er die Rumpfmuskulatur aufarbeiten und sein Training anschließend wieder langsam steigern würde. Es folgte eine mehrwöchige Pause und ein tägliches Rumpfstabilisationstraining, das später zunächst durch Schwimmen und dann durch kurze Laufeinheiten ergänzt wurde. Marios Ironman-Start platzte – er hatte sein Rumpftraining zu sehr vernachlässigt. Belohnt wurde er dennoch: Sein stabil trainierter Rumpf verbesserte seine Laufleistung. So wurde das Rumpftraining in Marios Profilaufbahn doppelt wichtig: für seine Gesundheit und für seine Leistung!

Mobilisation des Iliosakralgelenks

Dehnung des birnenförmigen Muskels: Piriformis 1

Dehnung des birnenförmigen Muskels: Piriformis 2

15

ISG-Syndrom

Das Kreuzdarmbeingelenk (Iliosakralgelenk, kurz: ISG) stellt eine sehr straffe, jedoch minimal bewegliche Verbindung zwischen dem Kreuzbein und dem übrigen Beckenring her. Der birnenförmige Muskel (M. piriformis) überspannt das Gelenk von der Innenseite des Kreuzbeins aus. Er verläuft nahe zum Ischiasnerv – Reizungen und Schmerzen des Ischiasnervs sind somit oft mit einem ISG-Syndrom verbunden. Die Rede ist dann oft vom »Piriformis-Syndrom«.

Beschwerden

Schmerzen im unteren Rücken, die in das Gesäß der einen Körperseite ausstrahlen. Unter Umständen strahlen die Schmerzen auch ohne eine Kompression der Nervenwurzel in das Bein aus. Dieser sogenannte pseudoradikuläre Schmerz wird oft durch hartnäckige Verspannungen des M. piriformis ausgelöst.

Diagnose

Die Diagnose wird rein klinisch durch eine ausführliche orthopädische Untersuchung gestellt. Hierbei untersucht der Arzt, ob sich das Kreuzbein beim Vorneigen frei zwischen den Darmbeinschaufeln bewegt oder auf einer Seite blockiert ist. Außerdem wird nach Irritationen und Verhärtungen des birnenförmigen Muskels gesucht, die Teil des Syndroms sein können.

Differentialdiagnosen

Bandscheibenvorfall, Schmerzen der Lendenwirbelsäule, Hüftgelenkarthrose.

Auf Federn laufen Sie den Rückenschmerzen nicht davon!

Entgegen der weit verbreiteten Meinung lösen weich gedämpfte Schuhe das Problem der Rückenschmerzen nicht! Im Gegenteil: Sie sorgen durch den hohen Absatz unter der Ferse für eine weitere Beckenkippung und Hohlkreuzbildung, was die Beschwerden oft verstärkt.

ISG-Syndrom	
Ursache	**Therapie**
Hypomobilität	regelmäßiges Stretching
Hypermobilität	regelmäßiges Stabilisierungstraining
muskulärer Hypertonus des M. piriformis	Dehnung des M. piriformis
Beckentiefstand	Beinlängendifferenzausgleich für die Statik
Beckenverwringung	sensomotorische Einlagenversorgung

Sofortmaßnahmen

- → Wärmeanwendungen
- → Manipulation (»Einrenken«) durch den Manualtherapeuten
- → sanfte Bewegung
- → Dehnung des M. piriformis

Übungen

Mobilisation des Iliosakralgelenks

Sie liegen auf dem Bauch. Ihren Kopf drehen Sie zur rechten Seite. Ihre Arme spreizen Sie zu den Seiten aus. Heben Sie nun Ihr rechtes Bein über das linke und ziehen Sie den rechten Fuß zum linken Ellenbogen.
Wiederholungszahl: 3 x nach links ziehen und 3 x nach rechts.

Dehnung des birnenförmigen Muskels: Piriformis 1

Sie knien in einem weiten Ausfallschritt auf dem Boden. Ihr linkes Bein ist im Knie rechtwinklig gebeugt, Ihr rechtes Knie und Ihr rechter Unterschenkel sind auf dem Boden. Mit Ihren Händen stützen Sie sich schulterbreit vor Ihrem linken Fuß ab. Lassen Sie nun Ihr linkes Bein nach außen kippen, sodass Ihr Fuß nur noch auf der Außenkante steht. Drücken Sie Ihr Becken bis zur Dehnung nach vorne unten.
Dehnungsdauer: 30 Sekunden, dann Seitenwechsel.

Dehnung des birnenförmigen Muskels: Piriformis 2

Sie knien mit dem linken Knie auf dem Boden und strecken Ihr rechtes Bein gerade nach hinten aus. Mit dem linken Bein bilden Sie ein umgedrehtes V unter Ihrem Rumpf. Beugen Sie sich mit Ihrem Oberkörper flach nach vorn, legen Sie Ihre Unterarme auf dem Boden ab und drücken Sie Ihr Gesäß nach hinten unten.
Dehnungsdauer: 30 Sekunden, dann Seitenwechsel.

Hüftgelenkarthrose

Das Hüftgelenk verbindet den Oberschenkel mit dem Becken. Die Kraftübertragung erfolgt durch den Hüftgelenkkopf, der recht genau in der Gelenkpfanne des Beckens eingepasst ist. Unterschiedliche Einflussfaktoren führen zu einem vorzeitigen Verschleiß des Hüftgelenkknorpels. So zum Beispiel Gelenkfehlstellungen wie die Hüftgelenkdysplasie, wohl aber auch eine multifaktorielle genetische Veranlagung – sie scheint die Knorpelqualität maßgeblich zu bestimmen. Der irreversible Verschleiß des Gelenkknorpels geschieht in mehreren Stadien. Nach einer Erweichung des Knorpels zeigen sich erste Risse und Aufrauungen. Später verliert die Oberfläche ihre Kon-

Knorpelgewebe regeneriert sich nicht

Ein Verschleiß des Gelenkknorpels kann auch mit der modernen Medizin bisher nicht zufriedenstellend therapiert werden. Der Knorpel regeneriert sich nicht! In schweren Fällen bleibt nur der Ersatz der zerstörten Gelenkfläche durch ein künstliches Gelenk. Anfangsstadien des Knorpelverschleißes sollten daher im Trainingsprozess unbedingt berücksichtigt werden. Die beste Medizin für Ihr Gelenk: eine starke, ausbalancierte Muskulatur und Bewegung ohne Überlastung.

15

Die Hüftgelenkarthrose ist eine für Sportler sehr folgenschwere Erkrankung, da der Knorpel nicht regenerieren kann

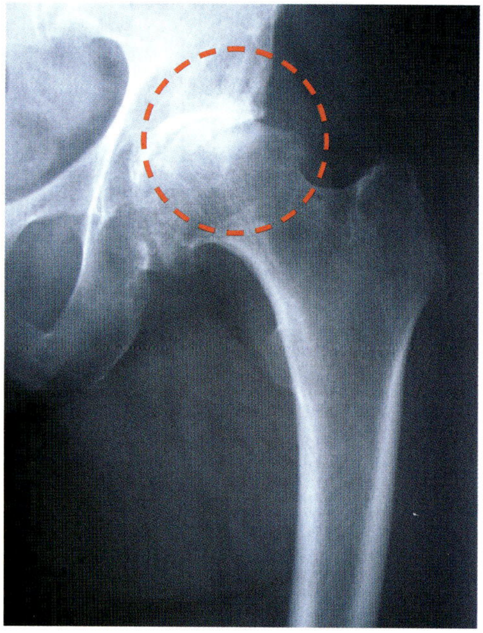

tinuität und fasert auf, bis im Endstadium ein Knorpelverlust zu beklagen ist – Knochen reibt auf Knochen.

Beschwerden

Schmerzen in der Leiste und im Gesäßbereich. Anlaufschmerz nach Ruhephasen und/oder belastungsabhängige Beschwerden. Die Schmerzen können bis ins Knie ausstrahlen.

Diagnose

Klinisch: Leistendruckschmerz, Klopfschmerz am großen Rollhügel. Schmerzhaft eingeschränkte Beweglichkeit: Zuerst ist die Innenrotation schmerzhaft eingeschränkt, später auch die Streckung und weitere Bewegungen.

Röntgen: Gelenkspaltverschmälerung (als Zeichen des Knorpelabriebs) und weitere Arthrosezeichen.

Hüftgelenkarthrose

Ursache	Therapie
Verschleiß des Gelenkknorpels durch exzessive Überlastung	vorsichtige Umfangsteigerungen, Regenerationszeiten einhalten
muskuläre Dysbalance mit schlechter Gelenksicherung und dadurch erfolgtem Knorpelschaden	Ausgleich von muskulären Dysbalancen der Hüfte durch Krafttraining, Stretching und Balancetraining
erhöhte Stoßbelastung in der Laufbewegung durch schlechtes Schuhwerk (als Ursache umstritten)	weicher gedämpfte Schuhe
erhöhte Stoßbelastung in der Laufbewegung durch schlechte Lauftechnik (als Ursache umstritten)	Optimierung der Lauftechnik zu einer aktiven Bewegung
Hüftgelenkdysplasie mit unzureichender Ausbildung der Hüftgelenkpfanne (führt zu vorzeitigem Verschleiß)	Rechtzeitige Erkennung bei Neugeborenen ermöglicht Therapie und später verbesserte Belastbarkeit. Im Erwachsenenalter unter Umständen Umstellungsoperation der Gelenkpfannenfehlbildung.
Stattgehabter M. Perthes (Entwicklungsstörung des Hüftgelenkkopfs in der Kindheit, die mit einer verminderten Gelenkbelastbarkeit im Erwachsenenalter einhergehen kann)	Verlagerung des Trainings auf Alternativsportarten
Übergewicht	Gewichtsreduktion

Ob eine weitere Durchführung des Laufsports sinnvoll und zu befürworten ist, hängt vom Stadium der Erkrankung und den weiteren Begleitumständen ab. Ein Gespräch mit einem erfahrenen Sportmediziner ist deshalb dringend anzuraten.

Adduktorenschmerz/Leistenschmerz	
Ursache	**Therapie**
Überlastung	sorgfältige Umfangsteigerung und Beachtung der Regenerationszeiten
Fehlbelastung durch Beinachsenfehlstellungen	Korrektur über Schuhwerk und Einlagen
Adduktorenverkürzung und Abduktorenabschwächung	Abduktorentraining und Adduktorendehnung
Fehlstatik des Beckens und der LWS aufgrund muskulärer Dysbalancen	siehe LWS-Syndrom
Überlastung von noch kalter Muskulatur bei intensivem Training	Aufwärmen von mindestens 15 Minuten

Differentialdiagnosen
Hüftgelenkentzündung, Unfall mit Fraktur, ISG-Syndrom, pseudoradikuläre Symptomatik von der Wirbelsäule, Gelenkblockaden der Wirbelsäule, Reizzustände der Gesäßmuskulatur.

Sofortmaßnahmen
- → Kälteanwendungen (später Wärme)
- → Entlastung, Sportpause
- → manuelle Therapie
- → antientzündliche Medikamente (»Ibprofen«, »Voltaren«, »Celebrex«)
- → Laser-Biostimulation

Adduktorenschmerz/ Leistenschmerz
Die Adduktoren ziehen Ihren Oberschenkel an den Rumpf. In der Laufbewegung stabilisieren sie Beinachse und Becken und führen Ihr Kniegelenk. Die Adduktoren entspringen in der Schambeinregion. Dort können sich die sehnigen Ursprünge unangenehm entzünden.

Beschwerden
Schmerzen im Leistenbereich, besonders an den Ansätzen der Muskulatur bei Belastung.

Diagnose
Klinisch: Es finden sich druckschmerzhafte Areale in der Leistenregion (Muskelursprungsbereich). Die Beine gegen einen Widerstand zusammenzudrücken schmerzt.

Röntgen: Kalzifikationen (Verkalkungen) am Sehnenansatz, Ausschluss von Stressfrakturen.

Ultraschalluntersuchung und MRT: krankhafte Veränderungen der Muskel-Sehnen-Übergänge und des Ansatzbereichs.

Differentialdiagnosen
Hernie (Leistenbruch), unterschiedliche Hüftgelenkerkrankungen, Ansatzreizung des Hüftlendenmuskels (M. iliopsoas), Stressfrakturen, Entzündungen der Prostata oder Harnwege, Tumoren, Blockaden der LWS-Gelenke, Irritationen des birnenförmigen Muskels (M. piriformis), arterielle Durchblutungsstörung der Beckenschlagader, ISG-Störungen.

Sofortmaßnahmen
- → Sportpause von einer bis zwei Wochen
- → sanfte Zugbehandlung (axiale Traktion)
- → manuelle Therapie des Beins im Hüftgelenk
- → Bestrahlungen
- → Wärmebandage
- → Friktionsmassagen der Muskelansätze
- → antientzündliche Medikamente: (»Ibprofen«, »Voltaren«, »Celebrex«)
- → Injektionsbehandlungen: Lokalanästhetika, evtl. mit Kortison

Übung
Dehnung der Adduktoren
Sie stehen im Grätschstand. Ihr linkes Knie strecken Sie durch und verlagern dabei Ihr Gewicht auf Ihr rechtes Bein, das rechte Knie ist gebeugt.

Dehnung der Adduktoren

Sie spüren eine Dehnung an der Oberschenkelinnenseite des linken Beins. Achtung: Schieben Sie Ihr rechtes Knie nicht über den rechten Fuß! Das würde Ihr Knie zu stark belasten. Dehnungsdauer: 30 Sekunden, dann Seitenwechsel.

Chondropathisches Reizknie (Chondropathia patellae)

Das Kniegelenk ist das größte Gelenk Ihres Körpers und aufgrund seiner komplizierten Konstruktion auch das anfälligste. Das Kniegelenk stellt die Verbindung von Unter- und Oberschenkel her. Die Gelenkflächen dieser beiden Knochenenden passen jedoch nicht ideal aufeinander: Zwei halbmondförmige Knor-

Chondropathisches Reizknie

Ursache	Therapie
Verkürzung des Oberschenkelstreckers mit erhöhtem Druck im Kniescheibenknorpelgleitlager	Dehnung der Oberschenkelstrecker (M. quadriceps femoris)
Abschwächung der hinteren Oberschenkelmuskulatur (Mm. ischiocrurales)	Kräftigung der abgeschwächten Muskelanteile
Abschwächung des medialen (inneren) Anteils des vierköpfigen Oberschenkelstreckers mit Ausweichen der Kniescheibe nach lateral (außen) in der Bewegung	Kräftigungstraining für den inneren Anteil (M. vastus med.)
Abweichen der Kniescheibe nach außen trotz Kräftigung	operatives Durchtrennen der äußeren Haltebänder, um die Führung der Kniescheibe zu optimieren (laterales Release)
Überpronation in der Laufbewegung mit Innenrotation des Schienbeins und Scherkräften an den Ansätzen der Kniescheibenbänder	→ Optimierung der Lauftechnik mit Kompensation der Überpronation durch einen aktiven, flachen Fußaufsatz → Schuhwerk mit Pronationsstützen → Einlagenversorgung mit Unterstützung des Längsgewölbes
schlechte Statik der Beinachse mit X-Fehlstellung (Valgusfehlstellung)	Training der hüftstabilisierenden Muskulatur (Mm. gluteus med. et min., M. piriformis)
Koordinationsdefizite mit Instabilität der Beinachse	Koordinationstraining auf Therapiekreisel, Kippelbrettern und Barfußübungen zur Optimierung der Koordination
schlechte Hüftstreckung mit erhöhter Kniegelenkbeugung und Druckbelastung der Kniescheibenrückfläche	→ Training der hüftstreckenden Muskulatur (M. gluteus max., Mm. ischiocrurales) → Dehnung der hüftbeugenden Muskulatur (M. iliopsoas) → Optimierung der Lauftechnik
bereits eingetretene Knorpelerweichung	»Dona 200S« zur Unterstützung der Knorpelregeneration (umstritten)

15

» Im Kniegelenk findet ein Großteil der Kraftübertragung statt – daher ist es auch besonders verletzungsanfällig. «

Fallbeispiel Jonas

Jonas, 19 Jahre, Läufer. Als ehemaliger Schwimmer hatte er einen schwach ausgebildeten Bewegungsapparat, sein Körper kannte nur das Arbeiten in der Schwerelosigkeit des Wassers; die Widerstände beim Laufen waren ungewohnt. Jonas bekam Knieschmerzen.

Bei der ersten Untersuchung zeigte er alle typischen auslösenden Faktoren für die Beschwerden hinter der Kniescheibe. Ein X-Bein mit einem deutlichen Knickfuß, das sich in der Laufbewegung noch verschlimmerte, sorgte für eine Rotation des Schienbeins und eine unphysiologische Führung der Kniescheibe. Bereits angefertigte Standardeinlagen änderten daran nichts, denn die Instabilität seiner Füße und seines Beckens war einfach zu groß. Außerdem lief Jonas ohne jegliche Rumpfspannung und ohne jegliche Kraft in der kniestabilisierenden Muskulatur, er war ein »Sitzer«. Die gehockte Haltung sorgte für große Anpressdrücke hinter der Kniescheibe. Es gab gleich mehrere Erklärungen für die hartnäckigen Beschwerden – die übrigens typisch für sehr viele Läufer sind.

Die Therapie von Jonas' Beschwerden bestand aus einer Kühlung des Kniegelenks und antientzündlichen Medikamenten, die den Reizzustand zurückdrängten. Um seine Belastungsverträglichkeit zu steigern, musste zunächst der Rumpf stabilisiert werden – regelmäßige Übungen auch für den inneren Oberschenkelstrecker brachten bald den gewünschten Erfolg: Die Kniestabilisierung wurde besser. Jonas wurde im täglichen Leben wieder schmerzfrei. Diese Kniestabilisierung musste nun auch für die Laufbewegung erreicht werden. Ein Kraft- und Koordinationstraining für die Waden und eine optimierte Lauftechnik mit einem flachen Fußaufsatz ermöglichten ihm bald die aktive Kontrolle seiner Fußbewegungen – die Überpronation und der Knickfuß machten keine Probleme mehr. Ein sorgfältiges Training der Hüftstreckung durch Gesäßtraining, Strecksprünge, die Parkbankübung und andere kraft- und lauftechnische Interventionen brachten Jonas binnen weniger Wochen in eine ideal aufgerichtete Laufposition; der Anpressdruck seiner Kniescheibe sank. Eine Reduktion dieser Kräfte sowie eine Stabilisierung der Beinachse von unten (Fußkontrolle durch Muskeltraining und flachen Fußaufsatz) und von oben (Rumpf- und Hüftmuskulatur) machten Jonas dauerhaft beschwerdefrei.

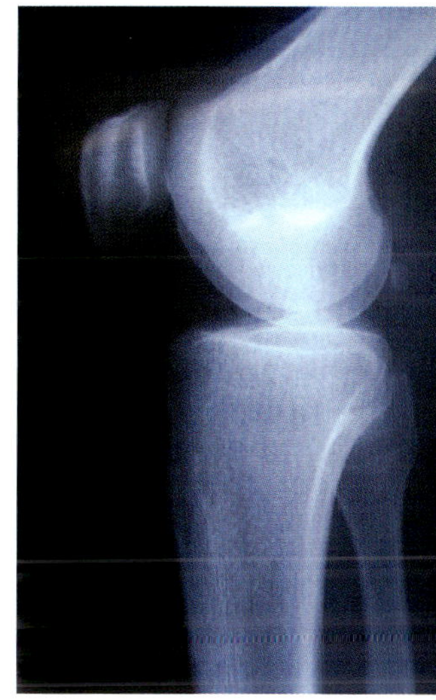

Dem chondropathischen Reizknie lässt sich durch eine Optimierung der Lauftechnik ideal vorbeugen

pelscheiben verbessern diese Passung und sorgen außerdem für eine gute Stoßdämpfung. Das chondropathische Reizknie beschreibt einen Reizzustand des Kniescheibenknorpelgleitlagers. In diesem Fall ist der Knorpel anders als bei der Arthrose noch nicht schwer geschädigt und aufgerieben, sondern lediglich leicht beschädigt und akut überlastet. Es handelt sich meist um ein funktionelles Problem, das seine Ursachen in schlechter Technik und mangelhafter muskulärer Balance hat. Weil diese Verletzung oft bei Läufern auftritt, wird das chondropathische Reizknie ebenso wie das Tractus-iliotibialis-Syndrom oft als Läuferknie (engl. »runner's knee«) bezeichnet.

Beschwerden

Schmerzen, besonders bei stärkeren Druckbelastungen der Kniescheibe wie Treppensteigen oder Kniebeugen.

Diagnose

Klinisch: Bestimmte Untersuchungsmanöver, die die Kniescheibe verstärkt in das Gleitlager pressen, sind schmerzhaft. Ist der Knorpel bereits stärker aufgeraut, kann sich ein tastbares (unter Umständen auch hörbares) Reiben der Knorpelflächen einstellen. Druckschmerzhaft sind die entzündlich gereizten Ränder der Kniescheibe.

Röntgen: Dokumentation eines möglichen Gelenkverschleißes.

MRT: Direkte Darstellung des Gelenkknorpels und möglicher Schäden. Ausschluss von Meniskusschäden. Entzündliche Veränderungen der Sehnen und Ergussbildungen können ebenfalls dargestellt werden.

Patellaspitzensyndrom	
Ursache	**Therapie**
s. chondropathisches Reizknie	s. chondropathisches Reizknie

Differentialdiagnosen
Arthrose des Kniescheibenknorpelgleitlagers, Meniskusverletzungen, M. Osgood-Schlatter.

Sofortmaßnahmen
→ Eisanwendungen im akuten Stadium
→ stabilisierende Kniebandage
→ entzündungshemmende Salben (»Voltaren«, »Enelbin«)
→ entzündungshemmende Medikamente (»Voltaren«, »Celebrex«)
→ nicht indiziert: Injektionsbehandlungen mit Kortison!

Patellaspitzensyndrom (»jumper's knee«)
Das Patellaspitzensyndrom ist eine lokale Sehnenüberlastung der Patellasehne am unteren Pol der Kniescheibe.

Beschwerden
Belastungsschmerzen, besonders bei stärkeren Druckbelastungen der Kniescheibe wie Treppensteigen oder Kniebeugen. Typisch sind Beschwerden bei Sprungbelastungen mit kurzen, großen Kraftspitzen am Sehnenansatz.

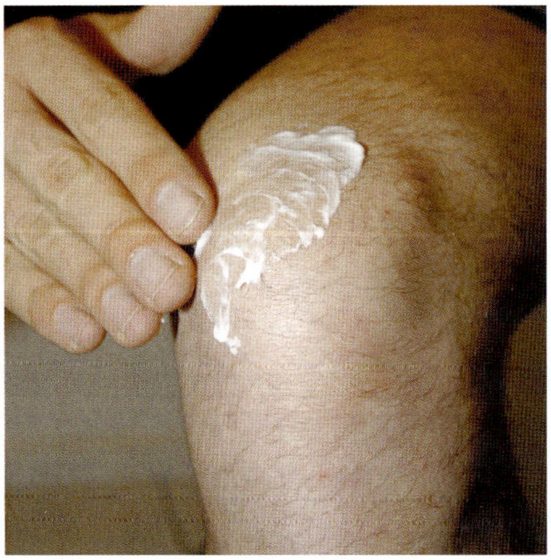

Diagnose
Klinisch: Druckschmerz am Ansatz der Patellasehne an der Patellaspitze.

Differentialdiagnosen
Chondropathisches Reizknie, Arthrose des Kniescheibenknorpelgleitlagers, Meniskusverletzungen, M. Osgood-Schlatter.

Sofortmaßnahmen
→ Eisanwendungen im akuten Stadium
→ Wärmeanwendungen bei länger andauernden Beschwerden
→ stabilisierende Kniebandage
→ entzündungshemmende Salben (»Voltaren«)
→ entzündungshemmende Medikamente (»Voltaren«, »Celebrex«)
→ nicht indiziert: Injektionsbehandlungen mit Kortison (Rissgefahr)!

Reizung der Schienbeinrauigkeit (Tuberositas tibiae)
Es handelt sich um eine Reizung des Sehnenansatzes der Patellasehne am Schienbeinknochen (dem Schienbeinhöcker). Oftmals wird sie durch eine übermäßige Zugbeanspruchung hervorgerufen.

Beschwerden
Schmerzen bei Belastung am unteren Ansatz des Kniescheibenbands, besonders bei Lauf- und Sprungbelastung. Generell bei allen Tätigkeiten, die mit einer verstärkten Spannung der Oberschenkelmuskulatur einhergehen.

Diagnose
Die Diagnose wird anhand des typischen druckschmerzhaften Punkts und der Begleitumstände gestellt. Entsprechende Muskelverkürzungen untermauern den Verdacht.

Differentialdiagnosen
M. Osgood-Schlatter, jumper's knee.

Reizung der Schienbeinrauigkeit	
Ursache	**Therapie**
s. chondropathisches Reizknie	s. chondropathisches Reizknie

Sofortmaßnahmen

- Eisanwendungen im akuten Stadium
- Krankengymnastik, isometrisches Dehnen (propriozeptive neuromuskuläre Fazilitation)
- stabilisierende Kniebandage
- Kasseler Kniebandage
- entzündungshemmende Salben (»Voltaren«)
- entzündungshemmende Medikamente (»Voltaren«, »Celebrex«)
- Injektionsbehandlungen mit Lokalanästhetika und Homöopathika (»Traumeel«)
- nicht indiziert: Injektionsbehandlungen mit Kortison (Rissgefahr der Sehne)!

Morbus Osgood-Schlatter

Der M. Osgood-Schlatter ist eine Entzündung des Knochengewebes im Ansatzbereich der Patellasehne (Tuberositas tibiae). Sie ist typisch für jugendliche Sportler bis zum 18. Lebensjahr. Jungen sind häufiger betroffen als Mädchen. Die eigentliche Ursache des entzündlichen Prozesses und des damit einhergehenden Knochenabbaus ist unklar.

Beschwerden

Schmerzen im Bereich des Patellasehnenansatzes bei Lauf- und Sprungbelastung.

Diagnose

Klinisch: Druckschmerz im Bereich des unteren Patellasehnenansatzes, Verdickung der Ansatzzone.

Röntgen: typische Veränderungen beim M. Osgood-Schlatter.

Differentialdiagnose

Reizung des Schienbeinhöckers (Tuberositas tibiae).

Sofortmaßnahmen

- Sportpause von zwei Wochen
- anschließend: schmerzadaptiertes Training
- bei starken Schmerzen: Entlastung (auch mit Unterarmgehstützen)

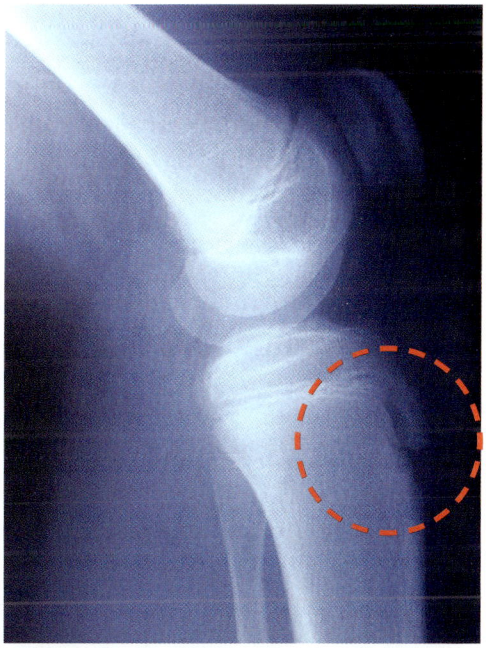

Auflockerung des Ansatzes der Patellasehne am Schienbein beim M. Osgood-Schlatter

M. Osgood-Schlatter	
Ursache	**Therapie**
Ursachen sind nicht bekannt, die Erkrankung heilt meist komplikationslos aus	→ Ruhigstellung → Knieentlastung mit elastischer Orthese → Kältebehandlung → Salbenanwendungen, z.B. mit »Enelbin« → sechs Wochen keine Lauf- und Sprungbelastungen → Einsatz einer Kasseler Kniebandage

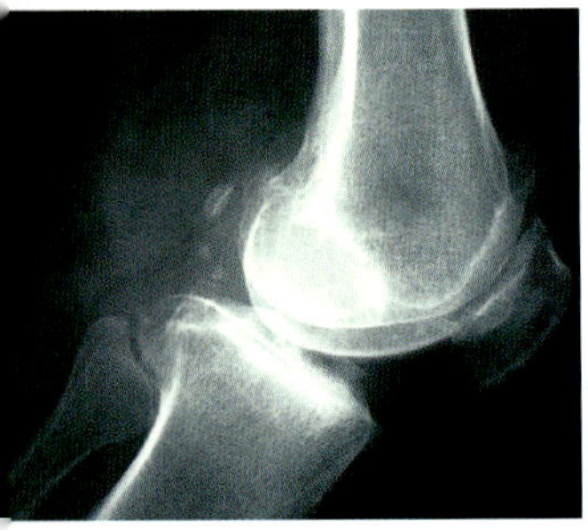

Bei der Kniegelenkarthrose zeigt sich im Röntgenbild die typische Gelenkspaltverschmälerung als Abnutzungserscheinung des Gelenkknorpels

Kniegelenkarthrose

Der irreversible Verschleiß des Gelenkknorpels geschieht in mehreren Stadien. Nach einer Erweichung des Knorpels zeigen sich erste Risse und Aufrauungen. Später verliert die Oberfläche ihre Kontinuität und fasert auf, bis im Endstadium ein Knorpelverlust zu beklagen ist, bei dem Knochen auf Knochen reibt. Die ursächlichen Einflussfaktoren für die Kniegelenkarthrose sind vielseitig. Sie alle werden überschattet durch die genetische Veranlagung eines Menschen, die die Knorpelqualität maßgeblich mitbestimmt. Ein Verschleiß des Gelenkknorpels kann auch mit der modernen Medizin bisher nicht zufriedenstellend therapiert werden. In schweren Fällen bleibt nur der Ersatz der zerstörten Gelenkfläche durch ein künstliches Gelenk.

Beschwerden

Schmerzen des Kniegelenks bei Belastung. Anlaufschmerz, der mit zunehmender Bewegung zunächst abnimmt. Später zunehmende Gelenkdeformierung und Zerstörung.

Diagnose

Klinisch: klassische Schmerzbeschreibung, zu der sich im akuten Stadium häufig auch eine Schwellung, Rötung und Überhitzung des Gelenks findet.

Röntgen: Verschmälerung des Gelenkspalts als Hinweis für einen Knorpelsubstanzverlust. Weitere röntgenologische Arthrosezeichen.

Differentialdiagnosen

Medialer Knieschmerz, Meniskusläsion, chondropathisches Reizknie.

Sofortmaßnahmen

→ Eisanwendungen im akuten Stadium
→ stabilisierende Kniebandage
→ Salbenverbände mit »Enelbin«
→ entzündungshemmende Salben (»Voltaren«)
→ entzündungshemmende Medikamente (»Voltaren«, »Celebrex«)
→ Injektionsbehandlungen mit Homöopathika (»Traumeel«) und Kortison

Tractus-iliotibialis-Syndrom

Ebenso wie das chondropathische Reizknie wird das Tractus-iliotibialis-Syndrom oft auch als Läuferknie beziehungsweise als runner's knee bezeichnet. Es handelt sich hierbei um einen Reizzustand der Sehnen-

Kniegelenkarthrose

Ursache	Therapie
O-Bein-Fehlstellungen führen zu verstärkter Belastung des innenseitigen Kniegelenkknorpels	Außenrandanhebungen des Schuhwerks
X-Bein-Fehlstellungen führen zu verstärkter Belastung des außenseitigen Kniegelenkknorpels	Innenrandanhebungen des Schuhwerks
Verschleiß des Gelenkknorpels durch exzessive Überlastung	vorsichtige Umfangsteigerungen, Regenerationszeiten einhalten
muskuläre Dysbalance mit schlechter Gelenksicherung und dadurch erfolgten Knorpelschaden	Ausgleich von muskulären Dysbalancen der Oberschenkelmuskulatur durch Krafttraining und Stretching, Physiotherapie
erhöhte Stoßbelastung in der Laufbewegung durch schlechte Lauftechnik (als Ursache umstritten)	Optimierung der Lauftechnik zu einer aktiven Bewegung
Übergewicht	Gewichtsreduktion
Kreuzband- und Seitenbandinsuffizienz	kniestabilisierendes Krafttraining

Ob eine weitere Durchführung des Laufsports sinnvoll und zu befürworten ist, hängt vom Stadium der Erkrankung und von den weiteren Begleitumständen ab. Ein Gespräch mit einem erfahrenen Sportmediziner ist deshalb dringend anzuraten.

Tractus-iliotibialis-Syndrom	
Ursache	**Therapie**
O-Bein, da der Sehnenstrang hier verstärkt über den Knochenvorsprung reibt	Schuhversorgung mit Außenrandunterstützung
Verkürzung des M. tensor fascia lata (dem Spanner des Tractus iliotibialis)	Aufdehnung des M. tensor fascia lata unter physiotherapeutischer Anleitung
Tonussteigerung des M. tensor fascia lata	Detonisierung mit der Blackroll (siehe Kapitel 8)
Überpronation	Optimierung von Lauftechnik und Schuhversorgung
Bei Therapieresistenz besteht in Ausnahmefällen die Möglichkeit einer operativen Therapie.	

platte (Tractus), die das Becken (Ileum) mit dem Schienbein (Tibia) auf der Außenseite des Oberschenkels verbindet. Die Sehnenplatte läuft straff über den äußeren Oberschenkelknorren des Kniegelenks. Hier kann ein Schleimbeutel unter bestimmten Bedingungen gereizt werden.

Beschwerden

Schmerzen bei Beugung des Kniegelenks an der Außenseite des Oberschenkels knapp oberhalb des Kniegelenks.

Diagnose

Klinisch: Die charakteristische druckschmerzhafte Stelle ist richtungsweisend für die Diagnose.

Röntgen und MRT: nicht erforderlich, allenfalls zum Ausschluss anderer Kniegelenkerkrankungen bei unklarer Diagnose.

Differentialdiagnosen

X-Bein-Kniegelenkarthrose, Außenmeniskusschaden.

Sofortmaßnahmen

- → Eisanwendungen im akuten Stadium (Eiswürfelmassage)
- → elektrophysikalische Therapie

15

Fallbeispiel Carsten

Carsten plante im Alter von 26 Jahren seinen ersten Marathon. Regelmäßig war er in der Vergangenheit im Wald gejoggt; als früherer Leichtathlet und Fußballer verfügte er über eine passable Lauftechnik und eine gute Grundathletik. Eine Steigerung der Umfänge auf das Marathonziel hin sollte kein Problem darstellen. Aber schon nach kurzer Zeit schmerzte seine Knieaußenseite heftig! Die Diagnose war schnell gestellt: eine Reizung des Tractus iliotibialis.

Um einen dauerhaften Erfolg bei der Marathonvorbereitung zu erzielen, musste Carsten nicht nur schmerzlindernde Maßnahmen ergreifen, sondern auch die Ursachen analysieren lassen: ein starkes O-Bein und eine Verkürzung der Muskulatur, die den Tractus spannt. Um das O-Bein sinnvoll zu versorgen, wurde der Laufschuh, der auf der Innenseite gestützt war, gegen eine neutrale Variante getauscht, in der eine Einlage mit einer leichten Außenranderhöhung angebracht wurde. Seine Muskelverkürzung wurde physiotherapeutisch behandelt, sodass bei guter Technik, guter Schuhversorgung und Aufarbeitung der muskulären Dysbalancen alle Voraussetzungen geschaffen waren, um schmerzfrei zu laufen. Dennoch war es aufgrund dieses Schwachpunkts notwendig, eine Trainingsplanung zu entwerfen, die Carstens Sehnen, Muskeln und Bändern ausreichend Möglichkeit zur Regeneration gab. Schließlich sollte es in der Marathonvorbereitung keine weiteren Trainingsausfälle geben!

Carsten beschloss, eine Trainingsplanung umzusetzen, die nur jeden zweiten Tag ein Lauftraining vorsah. Höhere Umfänge absolvierte er auf dem Fahrrad. Mit sachgerechter Therapie und geschickter Planung erreichte Carsten sein Ziel: Marathon in 3:52 Stunden!

→ Wärmeanwendungen bei länger andauernden Beschwerden
→ entzündungshemmende Salben (»Voltaren«)
→ entzündungshemmende Medikamente (»Voltaren«, »Celebrex«)
→ Injektionsbehandlungen mit Homöopathika (»Traumeel«) und Kortison

Übungen

Dehnung des Tractus iliotibialis

Sie stehen circa 30 Zentimeter von einer Wand entfernt, an der Sie sich mit dem Arm abstützen. Das Bein, das der Wand näher ist, stellen Sie nach hinten außen auf Ihre Fußaußenkante. Drücken Sie Ihr Becken leicht nach unten gen Wand, bis Sie eine Dehnung an der Außenseite des wandseitigen Oberschenkels spüren. Dehnungsdauer: 30 Sekunden, dann Seitenwechsel.

Dehnung des Tractus iliotibialis

Blackroll: Die Oberschenkelaußenseite

Blackroll: Die Oberschenkelaußenseite

Legen Sie sich auf die Seite und stützen Sie sich mit Ihrem unteren Arm ab. Das obere Bein stellen Sie vor Ihren Körper. Platzieren Sie die Blackroll unter Ihrer Oberschenkelaußenseite und verlagern Sie Ihr Gewicht darauf. Mit Arm und Bein halten Sie das Gleichgewicht. Rollen Sie nun langsam auf und ab – von der Hüfte bis zum Knie. Mit dieser Übung entspannen und lockern Sie Ihre Abduktoren!
Wiederholungszahl: 8–10 x vor- und zurückrollen.

Meniskusschaden

Die Menisken sind zwei c-förmige Knorpelscheiben, die die Passung von Unterschenkel- und Oberschenkelgelenkfläche im Kniegelenk verbessern. Sie haben außerdem eine Stoßdämpfungsfunktion. Durch Mikroverletzungen und Fehlbelastungen unterliegen sie einem natürlichen Verschleißprozess, können durch Unfälle (Verdrehtrauma beim Fußball, Skifahren) aber auch reißen und akut geschädigt werden.

Beschwerden

Schmerzen bei Belastung. Schmerzen bei Rotation und Überstreckung. Plötzliche Blockierung des Gelenks. Einschränkung der Beweglichkeit und Einklemmungsgefühl. Gefühl des »Giving-way« (ein kraftloses unkontrolliertes Durchsacken im Kniegelenk).

Diagnose

Klinisch: Zur Diagnose von Meniskusbeschwerden stehen dem Arzt eine Reihe von Tests zur Verfügung, bei denen der Unterschenkel rotiert wird und so geschädigte Menisken schmerzhaft gereizt werden. Es ist ferner eine Unterscheidung von Innen- und Außenmeniskusbeteiligung möglich.

Röntgen: Verschleißprozesse des Kniegelenkknorpels werden indirekt sichtbar, nicht aber die Menisken!

MRT: Methode der Wahl, um die Lokalisation und Art des Meniskusschadens darzustellen.

Arthroskopie: Neben der diagnostischen Sicherheit durch den Blick ins Gelenk mit dem Spiegelgerät sind in gleicher Sitzung auch therapeutische Eingriffe möglich.

Differentialdiagnosen

Medialer Knieschmerz, Kniegelenkarthrose

Sofortmaßnahmen

- → Eisanwendungen im akuten Stadium
- → stabilisierende Kniebandage
- → Salbenverbände mit »Enelbin«-Paste
- → entzündungshemmende Salben (»Voltaren«)
- → entzündungshemmende Medikamente (»Voltaren«, »Celebrex«)

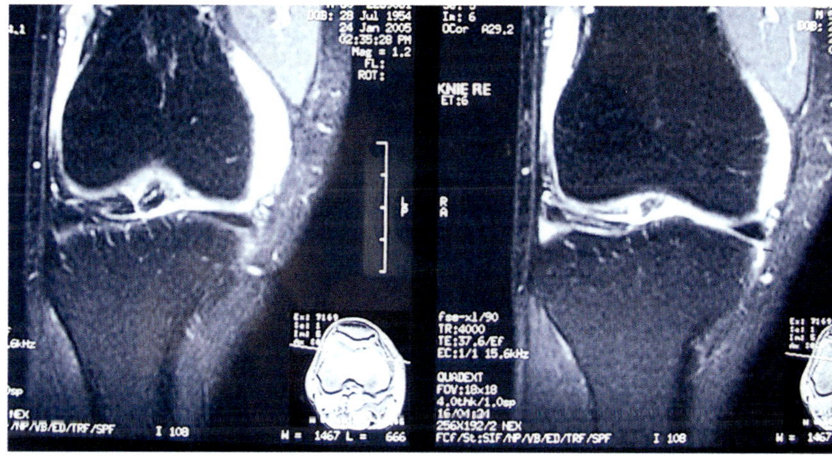

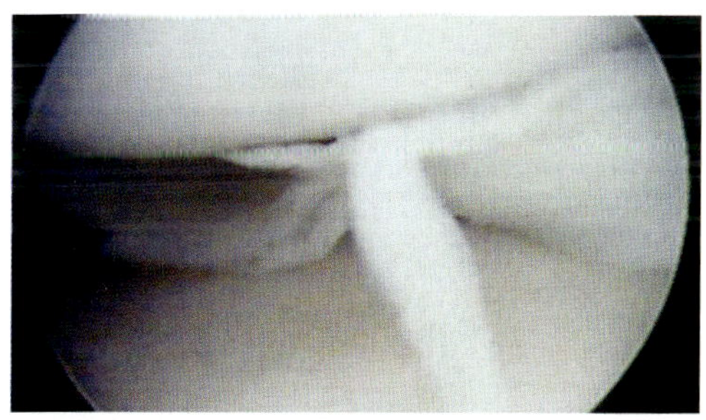

Meniskusrisse und Verschleißerscheinungen lassen sich am besten mit dem MRT erkennen

Meniskusschaden	
Ursache	**Therapie**
beginnende Degeneration bei Fehlstellungen	Einlagenversorgung und Ausgleich muskulärer Dysbalancen
fortgeschrittene Degeneration bei Fehlstellungen	operative Therapie
Unfallereignisse mit Meniskusschädigung	operative Therapie

Fallbeispiel Pius

Pius ist ein herausragender Altersklassensportler von 55 Jahren, der neben seiner Laufbegeisterung ein echter Allrounder ist: Skilanglauf, Abfahrt, Mountainbike, Rennrad, Bergwanderungen, Inlineskaten. Als Betreuer ist man zunächst beruhigt, weil die allgemeine Athletik meist zu einer guten Verletzungsresistenz führt.

Beim Laufen in einem Höhentrainingslager klagte er über Knieschmerzen. Diese hatten nichts mit Technikdefiziten und muskulären Dysbalancen zu tun: Pius war bei einer alpinen Wanderung in eine Gletscherspalte getreten und hatte sein Knie verdreht – die typische auslösende Bewegung für Meniskusschäden.

In Anbetracht von Pius' Alter und seines hohen Aktivitätsgrads waren auch Verschleißprozesse nicht auszuschließen – zügig erfolgte daher eine kernspintomografische Untersuchung. Hier fanden sich Hinweise auf Auffaserungen und einen Riss des Innenmeniskus. Eine anschließende Arthroskopie war erfolgreich. Nach der Operation baute Pius seine kniestabilisierende Muskulatur auf und steigerte seine Laufbelastung nur sehr vorsichtig. Das war dringend nötig, da Teile des Meniskus entfernt worden waren.

15

Vorderes Schienbeinkantensyndrom

Das vordere Schienbeinkantensyndrom beschreibt eine Knochenhautentzündung an der vorderen Kante des dreieckigen Schienbeinknochens. An der schmerzenden Stelle entspringen die Muskeln, die Fuß und Zehen nach oben ziehen. Sie strahlen in die Knochenhaut ein und sind aus verschiedenen Gründen überlastet.

Beschwerden

Schmerzen bei Belastung, die nach kurzer Zeit einsetzen, meist jedoch toleriert werden können und eventuell während der Laufbewegung besser werden. Schmerzen nach der Belastung.

Diagnose

Klinisch: typischer druckschmerzhafter Punkt an der vorderen Schienbeinkante.

Fallbeispiel Rosel

Rosel begann ihr Lauftraining erst mit 53 Jahren. Früher hatte sie nie Sport getrieben, daher bemühte sie sich, die Laufbelastung langsam zu steigern. Sie lief nach einiger Zeit dreimal 40 Minuten in der Woche und war mit diesem Sportpensum sehr zufrieden. Nach einigen Wochen schmerzte ihr Schienbein jedoch heftig; die Diagnose war klar: das vordere Schienbeinkantensyndrom. Rosels Senkfuß führte zu einer erhöhten Spannung auf dem vorderen Schienbeinmuskel, und die vordere Schienbeinmuskelgruppe wurde durch eine schlechte Lauftechnik zu sehr belastet – Rosel lief mit einem Fußaufsatz auf der Ferse. Eine Therapie folgte: Der Senkfuß wurde anfänglich mit einer leicht stützenden Einlage versorgt, um die vordere Schienbeinkante zu entlasten. Parallel dazu wurde die Schienbeinkante mit einem Eiswürfel massiert, um die Entzündung zurückzudrängen.

Nachdem Rosel wieder beschwerdefrei war, wurde die Lauftechnik auf ihr Problem hin optimiert: Eine Verbesserung von Armarbeit und Kniehub führten zu einem flacheren Fußaufsatz. Die Wadenmuskulatur wurde aktiviert und entlastete die vordere Schienbeinmuskulatur deutlich. Rosel kräftigte ihren Unterschenkel auf dem Therapiekreisel – nach einer Gewöhnungsphase konnte sie auf die Einlage im Schuh verzichten! Rosel läuft jetzt aktiv, gesund und schmerzfrei!

Vorderes Schienbeinkantensyndrom

Ursache	Therapie
stärkere Umfangsteigerungen (häufiges Anfängerproblem)	vorsichtige Umfangsteigerung
Senk-Spreizfuß (führt zur Überlastung des M. tibialis ant.)	Einlagenversorgung mit Längsgewölbestütze
starkes Anziehen der Zehenspitze im Moment des Fußaufsatzes (Überlastung des Muskels, der gegen seine Anspannung zunehmend gedehnt wird (Exzentrik))	Lauftechnikoptimierung mit flachem Fußaufsatz
hohe Absätze des Laufschuhs (größeren Kipphebel und weitere Schienbeinmuskelüberlastung)	flache Schuhe
muskuläres Ungleichgewicht der Unterschenkelmuskulatur	Kräftigungs- und Koordinationsübungen für den Unterschenkel (Therapiekreisel, Kippelbrett, barfuß laufen)

In chronischen Fällen und bei fortbestehenden leichten Beschwerden nach dem Wiedereinstieg ins Training können feuchte Hitzeanwendungen (heiße Wärmflasche in einem feuchten Handtuch) die Beschwerden sehr positiv beeinflussen. Diese Anwendungen sollten vor und nach dem Training erfolgen.

» Was bei vielen einfach ›Wade‹ heißt, ist eine anatomisch komplizierte Region. «

Röntgen/MRT: Ausschluss einer Stressfraktur.

Kernspintomografie: Ausschluss einer Stressfraktur.

Differentialdiagnosen

Kompartmentsyndrom, Stressfrakturen.

Sofortmaßnahmen

- → Laufpause von einer bis zwei Wochen im akuten Stadium
- → Eisanwendungen im akuten Stadium (Eiswürfelmassage)
- → elektrophysikalische Therapie
- → entzündungshemmende Salben (»Voltaren«)
- → entzündungshemmende Medikamente (»Voltaren«, »Celebrex«)

Mediales Schienbeinkantensyndrom

Wie das gesamte Schienbein ist die mediale (innere) Schienbeinkante mit einer sehr schmerzempfindlichen Knochenhaut überzogen. In ihr sind die langen Fußmuskeln verankert. Eine unphysiologische Beanspruchung und Überlastung der Muskulatur führt somit leicht zur Knochenhautentzündung (Periostitis). Anders als beim vorderen Schienbeinkantensyndrom sind in diesem Fall die tiefen Beugemuskeln betroffen. Sie liegen wie die langen Zehenbeuger an der Rückfläche von Schien- und Wadenbein. Es handelt sich um die wichtigsten Muskeln zur Stabilisierung der Fußgewölbe und des Sprunggelenks.

Beschwerden

Schmerzen bei Belastung, die nach kurzer Zeit einsetzen, meist jedoch toleriert werden können und eventuell während der Laufbewegung besser werden. Teilweise Schmerzen nach der Belastung.

Diagnose

Klinisch: typischer druckschmerzhafter Punkt an der Innenseite der Schienbeinkante.

15

Mediales Schienbeinkantensyndrom	
Ursache	**Therapie**
Knickfuß mit Überpronation im Rückfußbereich, der den hinteren Schienbeinmuskel (M. tibialis posterior) überlastet	→ Optimierung der Lauftechnik mit flacherem Fußaufsatz zur Pronationskontrolle → Schuhversorgung mit Pronationsschutz → Einlagenversorgung mit Längsgewölbestütze und Supinationskeil
Vorfußsupination mit Überlastung des langen Kleinzehenbeugers (M. flexor digitorum longus)	→ leicht außenrotiertes Aufsetzen des Fußes → Training der Wadenbeinmuskeln zur Supinationskontrolle → Schuhzurichtung für Supinierer → vordere Außenranderhöhung in der Schuheinlage von zwei Millimetern
Neueinstieg (Laufanfänger, die seit weniger als drei Jahren trainieren, leiden signifikant häufiger an dem Problem)	vorsichtige Umfangsteigerung
harte Böden (Hallentraining, Tartanbahn)	vorsichtige Steigerung des Trainings auf entsprechenden Belägen
ausgetretene, harte Laufschuhe	neue straff, aber ausreichend gedämpfte Schuhe
Einengung des Vorfußbereichs, Verhinderung der Greiffunktion der Zehen	Schuhe unbedingt breit und lang genug wählen
muskuläres Ungleichgewicht der Unterschenkelmuskulatur	→ Kräftigungs- und Koordinationsübungen für den Unterschenkel (Therapiekreisel, Kippelbrett, barfuß laufen) → Anwendung der Blackroll (siehe Kapitel 8)

Fallbeispiel Torsten

Torsten wollte zu schnell zu viel. Er war ein 37-jähriger Marathonläufer mit einer Bestzeit von 2:35 Stunden. Die erreichte er nicht durch eine gute Technik, sondern durch eiserne Disziplin und höchste Trainingsumfänge von regelmäßig 150 Wochenkilometern. Seine Leistung stagnierte trotzdem, und da er schneller werden wollte, setzte er sich mit der Optimierung seiner Lauftechnik auseinander. Er erlernte schnell eine bessere Technik, ignorierte aber das Kraft-, Stabilisations- und Koordinationstraining. Nach wenigen Wochen lief er mit der neuen Technik seine gewohnten 150 Kilometer pro Woche. Sie können sich sicherlich vorstellen, was folgte: Die viel zu kurze Anpassungszeit und die schlechte Technikvorbereitung mündeten in eine derart starke Reizung und Schwellung der medialen Schienbeinkante, dass er vor Schmerzen kaum gehen konnte. Die Ursache lag zusätzlich noch in seiner starken O-Bein-Stellung, die mit einer deutlichen Supinationstendenz des Fußes einherging. Der Einsatz des falschen Schuhwerks mit einer Stütze an der Innenseite machte das biomechanische Desaster komplett. Einer Laufpause und einer antientzündlichen Therapie musste die Bekämpfung der Ursachen folgen.

Der gestützte Laufschuh wurde gegen ein Modell mit neutralem Sohlenaufbau getauscht und zusätzlich mit einer Außenranderhöhung im Vorfußbereich versehen. Torsten verbesserte die Koordination seiner Unterschenkelmuskulatur durch Übungen auf dem Therapiekreisel und durch regelmäßiges Barfußlaufen. Nach mehrwöchiger Pause begann er einen vorsichtigen Neuaufbau: Eine sorgfältige Umfangsteigerung, ausreichende Regenerationsphasen und ein Schwerpunkt auf Kraft und Koordination zu Beginn des Trainings ließen ihn bald in das Marathontraining zurückkehren.

15

Röntgen: Ausschluss einer Stressfraktur.
MRT: Ausschluss einer Stressfraktur.

Differentialdiagnosen
Kompartmentsyndrom, Stressfrakturen.

Sofortmaßnahmen
- → Laufpause von einer bis zwei Wochen im akuten Stadium
- → Eisanwendungen im akuten Stadium (Eiswürfelmassage)
- → elektrophysikalische Therapie
- → entzündungshemmende Salben (»Voltaren«)
- → entzündungshemmende Medikamente(»Voltaren«, »Celebrex«)

Kompartmentsyndrom
Jeder Ihrer Muskeln ist von einer Hülle umschlossen, der Faszie. Diese besteht aus sehr festem Bindegewebe und lässt sich kaum dehnen. Vergrößert sich durch Training der Muskelquerschnitt zu sehr oder schwillt der Muskel bei Belastung an, so kann die Faszie die Durchblutung des Muskels abdrücken. Durch die folgende Sauerstoffunterversorgung entstehen Schmerzen. Die Unterversorgung führt ihrerseits zu einem weiteren Anschwellen des Muskels – ein Teufelskreis entsteht.

Beschwerden
Schmerzen bei Belastung, die nach wenigen Kilometern einsetzen und den Sportler zum Abbruch des Trainings zwingen. Nach einer Ruhepause ist der Schmerz verschwunden. Alle vier Logen (Kompartimente) des Unterschenkels) können betroffen sein. Am häufigsten ist beim Läufer das vordere Kompartmentsyndrom: Es zeigt sich in der Taubheit zwischen der ersten und zweiten Zehe des entsprechenden Fußes, da benachbarte Nerven in Mitleidenschaft gezogen werden.

Differentialdiagnosen bei Schmerzen am Schienbein			
Symptom	**Schienbein-kantensyndrom**	**Stressfraktur**	**Kompartment-syndrom**
Schmerzen beim Laufen	nach ca. 500 m	unmittelbar	nach ca. 3 km
Notwendigkeit aufzuhören	nein	ja	ja
Schmerz nach Aktivität	ja	nein	nein

Kompartmentsyndrom	
Ursache	**Therapie**
Überlastung des vorderen Schienbeinmuskels durch eine Lauftechnik, bei der die Zehen stark zur Nase gezogen werden	Optimierung der Lauftechnik zu einem aktiven, flachen Fußaufsatz
Die konservative Therapie des Kompartmentsyndroms ist schwierig – und selten von Erfolg gekrönt. Kälteanwendungen, physiotherapeutische Maßnahmen, myofasziale Techniken, manuelle Lymphdrainage sowie Dehnungsübungen sind denkbare Maßnahmen. Ein akuter Verlauf und anhaltende Beschwerden können zum Absterben des Muskelgewebes führen. Eine Operation, bei der die Faszie gespalten wird, um mehr Raum für den Muskel freizugeben, wird dann notwendig.	

Diagnose

Klinisch: typische Beschwerdeschilderung mit Schmerzen, die nach Unterbrechung der Belastung zügig verschwinden. Eine Druckmessung in dem Muskelkompartiment kann den Verdacht erhärten.

Differentialdiagnosen

Schienbeinkantensyndrome, Stressfrakturen.

Sofortmaßnahmen

→ Die Unterbrechung der Laufbewegung löst das Problem auf.

Achillessehnenentzündung

Die Achillessehne ist die am meisten belastete Sehne Ihres Körpers. Beim Gehen und Laufen nutzt sie den Fuß als Hebelarm für den Abdruck mithilfe der Wadenmuskulatur. Da der Fuß als langer Hebel wirkt, sind die Kräfte der Unterschenkelmuskulatur, die für den Abdruck auf den Rückfuß übertragen werden, immens. Wie alle Sehnen regeneriert sich die Achillessehne sehr langsam. Ein vollständiger Zellaustausch der Sehne ist erst nach etwa 500 Tagen zu erwarten. Fast immer sind daher im Falle von Achillessehnenschmerzen langfristige Therapiekonzepte notwendig.

Die Achillessehnenentzündung ist in den letzten Jahren zur häufigsten Laufverletzung überhaupt geworden. Sie ist eine Entzündung des Sehnengleitgewebes, das die Sehne umgibt, oder eine entzündliche Reizung des Sehnenansatzes am Fersenbein.

Beschwerden

Steifigkeit am Morgen. Schmerzen der Achillessehne bei Beanspruchung. Bei chronischen Beschwerden tritt unter Belastung eine Besse-

**Ein Teufelskreis:
So kommt es zum Kompartmentsyndrom**

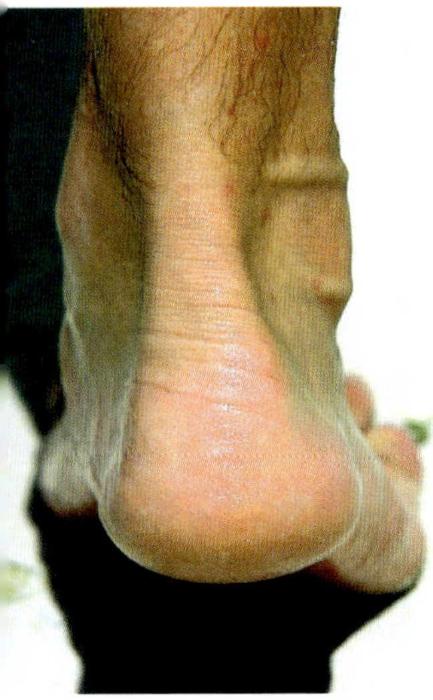

rung des Schmerzes auf und eine Rückkehr der Schmerzen nach Ende der Belastung.

Diagnose

Klinisch: Druckschmerz am Ansatz der Achillessehne. Verdickung, Rötung und Schwellung. Reiben der Sehne in der Sehnenscheide. In Extremfällen Knirschen der Sehne.

Ultraschalluntersuchung, MRT: zur Diagnose von Auffaserungen und Teilrissen der Sehne.

Differentialdiagnosen

Achillobursitis, dorsaler Fersensporn, Haglund-Ferse, Apophysitis calcanei, Erkrankungen des rheumatischen Formenkreises.

Sofortmaßnahmen

→ Eiswürfelmassage
→ führende Bandage
→ Im hochakuten Stadium kann die Sehne mit einem Keil unter der Ferse entlastet werden (für zwei Wochen – dauerhafte Fersenerhöhungen verschlimmern das Problem!).
→ Trainingspause von zwei Wochen
→ Ultraschall und Friktionsmassagen
→ antientzündliche Salben mit einer Zahnbürste einmassieren (Durchblutungsförderung der Sehne)
→ Die Kortisoninjektionsbehandlung wird von vielen Ärzten noch durchgeführt, ist jedoch sehr umstritten. Sie kann an dieser höchstbelasteten Stelle zum Riss der Sehne führen (auch noch Jahre nach der Injektion!).
→ antientzündliche Tabletten (»Voltaren«, »Ibuprofen«); bei chronischen Beschwerden sind die antientzündlichen Medikamente wenig wirksam.

Übungen

Exzentrisches Wadenkrafttraining

Exzentrisches Wadenkrafttraining ist eine ideale Therapie bei Achillessehnenreizungen oder -entzündungen. Ihre Wadenmuskulatur wird dabei unter Dehnung angespannt. Sie sollten die folgende Übung über einen Zeitraum von mindestens zwölf Wochen immer wieder durchführen – das erfordert zwar einige Disziplin, lohnt sich jedoch, da die Mehrdurchblutung im verdickten und entzündeten Bereich zurückgeht und die Entzündung damit nachlässt. Die Übung kann selbstverständlich auch präventiv eingesetzt werden.

Exzentrisches Wadenkrafttraining

» Die Achillessehne ist eigentlich die stärkste Sehne des Körpers – tatsächlich ist sie bei Läufern oft das schwächste Glied in der Kette. «

Achillessehnenentzündung	
Ursache	**Therapie**
verkürzte Wadenmuskulatur	Dehnung der Wadenmuskulatur
erhöhter Tonus der Wadenmuskulatur	Anwendung der Blackroll (siehe Kapitel 8)
abgeschwächte Schienbeinmuskulatur	Training des M. tibialis anterior
harte Böden (Halle, Tartan)	vorsichtige Steigerung des Trainings auf neuem Belag
zu weiche Böden (Sand)	vorsichtige Steigerung des Trainings auf neuem Belag, Training in tiefem Sand dosiert einsetzen, am Strand besser auf den festen Sand am Wasser ausweichen
unverhältnismäßige Belastungssteigerung	Dosierte Umfangsteigerung! Viele Achillessehnenentzündungen entstehen im Frühjahr bei großen Umfangsteigerungen.
Vorfußsupination	→ Training der Wadenbeinmuskeln → für Supinierer geeignetes Schuhwerk → vordere Außenranderhöhung in der Schuheinlage
Überpronation im Rückfußbereich	→ Optimierung der Lauftechnik mit flachem Fußaufsatz zur Korrektur der Überpronation → Schuhversorgung mit Pronationsschutz → Einlagenversorgung mit Längsgewölbestütze und Supinationskeil
Vorfußvarusstellung (Verwringung der Fußwurzel, die mit Vorfußsupination und/oder Rückfußpronation einhergeht)	→ Training der Wadenbeinmuskeln → viel Barfußtraining → Einlagenversorgung mit Pronationskontrollelementen im Rückfuß und Supinationskontrollelementen im Vorfuß
schwache Fußmuskulatur	→ Barfußtraining → Greifübungen → Therapiekreisel und Kippelbretter
schlechte Lauftechnik, bei der das Fersenbein muskulär unzureichend gesichert ist und die Sehne großen Scherkräften ausgesetzt wird	Optimierung der Lauftechnik zu einem flachen Fußaufsatz mit guter Kontrolle des Fersenbeins
steifes Großzehengrundgelenk (Hallux rigidus) (Der Hebel, über den der Fuß abgewickelt wird, ist vergrößert. Die Achillessehne muss eine höhere Spannung aushalten und wird überlastet.)	krankengymnastische Mobilisierung (soweit möglich)
Bergaufläufe mit erhöhter Zugbeanspruchung der Sehne	vorsichtige Dosierung von Bergläufen
schwache Wadenmuskulatur (hält den Belastungen nicht stand und lässt bei vorzeitiger Ermüdung auch die Sehne suboptimal arbeiten)	Training der exzentrischen Wadenkraft
mangelhafte Koordination der Unterschenkelkraft und Fußbeweglichkeit	regelmäßiges Koordinationstraining
instabile Becken- und Beinachsenverhältnisse	Training der rumpfstabilisierenden Muskulatur, insbesondere der Abduktoren
steife Sohle im Vorfuß, die den effektiven Lastarm und somit den Krafteinsatz der Achillessehne beim Laufen vergrößert	Schuh mit tiefen Flexkerben
In chronischen Fällen ist ein operatives Vorgehen indiziert.	

Blackroll: Tiefe und oberflächliche Wadenmuskulatur

Sie stehen mit Ihrem rechten Vorfuß auf einer Treppenstufe, das linke Bein winkeln Sie hinter Ihrem Körper so an, dass es in der Luft hängt. Halten sich mit der Hand an einem Geländer fest. Stellen Sie sich jetzt mit Ihrem rechten Fuß auf die Zehenspitzen und halten Sie diese Position für zwei Sekunden. Senken Sie Ihren Fuß dann langsam unter die Horizontale ab. Die Wadenmuskulatur wird gedehnt und hält dabei Ihr Körpergewicht – dies ist der exzentrische Reiz. Halten Sie diese Position jetzt für zwei Sekunden und drücken Sie sich wieder hoch.[17, 18]

Wichtig: Zu Beginn reizt ein solches Training die Sehne unter Umständen zusätzlich. Es sollte dennoch fortgesetzt werden. Auch ein Muskelkater ist eine übliche Nebenwirkung. Sobald die Beschwerden gelindert wurden, sollten Sie bei der Übung einen Rucksack mit Gewichten tragen, um die Wirkung zu steigern. Ideal ist auch das einbeinige Training an der Wadenpresse mit Gewicht im Fitnessstudio. Wiederholungszahl: 6 x 15 Wiederholungen pro Seite für mindestens zwölf Wochen.

Blackroll: Tiefe und oberflächliche Wadenmuskulatur

Setzen Sie sich mit ausgestreckten Beinen auf den Boden und kreuzen Sie ein Bein über das andere. Platzieren Sie die Blackroll unter der Wade des unteren Beins. Stützen Sie sich mit Ihren Armen ab. Spannen Sie den Bauch an

Fallbeispiel Susi

Susi war eine talentierte Läuferin von 22 Jahren. Sie trainierte in einer Laufgruppe, in der sie keinerlei technische Ausbildung erfuhr. Stattdessen absolvierte sie bereits in ihrem ersten Trainingsjahr ein Laufpensum von über 90 Kilometern pro Woche. Durch unkoordinierte Dauerläufe von über 35 Kilometern Länge entzündete sich ihre Achillessehne: Massive Schwellung und Überwärmung machten das Laufen unmöglich. Die Analyse zeigte, dass Susi jede Zyklisierung fehlte – zu der unverhältnismäßig hohen Trainingsbelastung mit wesentlich zu kurzen Regenerationsphasen kamen starke Defizite in der Motorikausbildung und der Koordination hinzu. Susi lief mit einem Knickfuß und einem passiven Laufstil extreme Umfänge und setzte ihre Achillessehne damit großen Scherkräften aus.

Die Therapie bestand zunächst aus einer zweiwöchigen Laufpause, Eiswürfel- und Zahnbürstenmassage mit antientzündlichen Salben, um die Entzündung zurückzudrängen. Susi entschied sich dann, die Ursachen des Problems mit einem aktiven Training zu beheben: Sie trainierte Kraft und Koordination ihres Unterschenkels zur muskulären Führung des Knickfußes. Darüber hinaus stabilisierte sie ihren Rumpf mit zwei Rumpf-Trainingseinheiten pro Woche. Ihr Laufpensum beschränkte sie zunächst auf die Ausbildung ihrer Lauftechnik: Lauf-Abc und extensive Intervallläufe weitete sie zur Technikentwicklung kontinuierlich aus. Erst dann startete sie die ersten Dauerläufe von zunächst lediglich fünf Kilometern.

Neben der Schulung einer optimierten Lauftechnik erlernte Susi auch den sinnvollen Umgang mit Be- und Entlastungsphasen. Anstatt täglich lange Läufe mit niedrigem Tempo zu absolvieren, wurde ihr Trainingsplan mit einer abwechslungsreichen Struktur aus Intensität, Ausdauer und Erholung versehen. Das Motoriktraining, das ihr ein verletzungsfreies Laufen ermöglicht hatte, erlaubte ihr im weiteren Trainingsprozess ein effektiveres Laufen. Susi lief mit einem Wochenumfang von durchschnittlich 50 Kilometern in der Woche in ihrer zweiten Saison den Halbmarathon in 1:31 Stunden und den Marathon in 3:21 Stunden.

und heben Sie Ihr Gesäß. In dieser schwebenden Position rollen Sie nun Ihre Wade über die Blackroll – von der Kniekehle bis zur Achillessehne.
Wiederholungszahl: 5 x vor- und zurückrollen.

Achillobursitis

Die Achillobursitis ist eine entzündliche, sehr schmerzhafte Schwellung eines Schleimbeutels am Achillessehnenansatz.

Beschwerden

Schmerzen bei Belastung und bei Druck auf die Achillessehne (zum Beispiel durch Schuhe).

Diagnose

Klinisch: Oft ist ein prall elastischer, sehr druckschmerzhafter Schleimbeutel tastbar.

Ultraschall: Nachweis von Schwellung und Erguss des Schleimbeutels.

Differentialdiagnosen

Achillessehnenentzündung, dorsaler Fersensporn, Haglund-Ferse, Apophysitis calcanei, Erkrankungen des rheumatischen Formenkreises.

Sofortmaßnahmen

- → siehe Achillessehnenentzündung.
- → Bei sorgfältiger Injektionstechnik sind Kortisoninjektionen in den Schleimbeutel ohne Gefahr durchführbar und sehr effektiv.

Haglund-Ferse

Eine Verknöcherung des Achillessehnenansatzes, die sich bei chronischen Reizzuständen ausbilden kann. Die Verknöcherung wird auch »dorsaler Fersensporn« oder »Haglund-Exostose« genannt.

Beschwerden

Schmerzen im Bereich der Achillessehne bei Beanspruchung. Druckschmerz im Bereich des

Achilloburstitis

Ursache	Therapie
siehe Achillessehnenentzündung	siehe Achillessehnenentzündung
Druck auf den Sehnenbereich	Druckentlastung der Schmerzstelle durch Schuhzurichtungen, im akuten Stadium Tragen von Schuhen ohne Fersenkappe (Clogs)

15

Die Haglund-Ferse ist eine Verknöcherung des Sehnenansatzes der Achillessehne

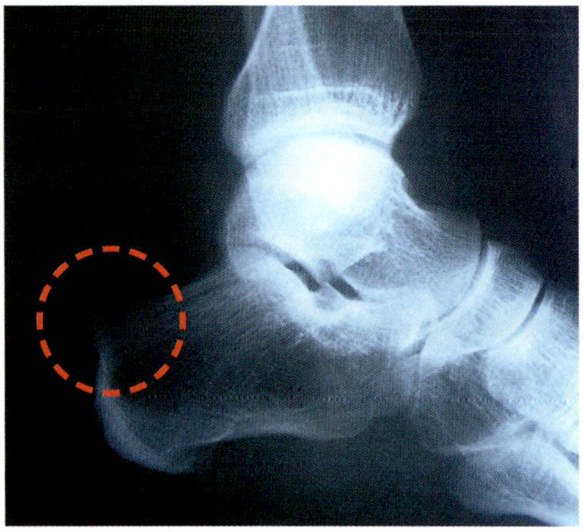

Achillessehnenansatzes. Hautschwielen und Blasenbildung bei Belastung.

Diagnose

Klinisch: Typische Verknöcherungszone ist leicht sichtbar. Druckschmerz am Ansatz der Achillessehne im gereizten Stadium. Unter Umständen Verdickung und Schwellung.
Röntgen: Positionierung und Formgebung der Verknöcherung ist im Röntgen sicher darzustellen.

Differentialdiagnosen

Achillessehnenentzündung, Achillobursitis.

Sofortmaßnahmen

→ so viel wie möglich barfuß laufen
→ Schuhe ohne Fersenkappe tragen (zum Beispiel »Nike Free«, »Clogs«)

15

Umknicken (Sprunggelenkdistorsion)

Das obere Sprunggelenk ist für die Beugung und Streckung des Fußes zuständig. Mit seiner Hilfe können Sie Ihre Zehenspitzen zur Nase ziehen oder nach unten drücken (»Gas geben«). Das obere Sprunggelenk ist knöchern straff geführt, hat jedoch einen Schwachpunkt: die notwendige Bandsicherung nach außen. Drei Außenbänder sichern Ihren Fuß gegen ein Umknicken zur Seite. Dabei werden sie von Ihren Wadenbeinmuskeln unterstützt. Sind die Wadenbeinmuskeln zu schwach oder geschieht die Außenkantenbelastung zu rasch und unkontrolliert, werden diese Bänder überdehnt. Auch das umgebende Bindegewebe und kleine Blutgefäße können geschädigt werden.

Beschwerden

Schwellung und unter Umständen Bluterguss unter dem Außenknöchel. Schmerzen im Sprunggelenk bei Bewegung.

Diagnose

Klinisch: Schwellung und Bluterguss besonders an der Außenseite des Knöchels. Typische druckschmerzhafte Punkte. Schmerzen bei passiver Supination des Fußes.

Röntgen: Ausschluss knöcherner Verletzungen, Ausschluss einer Bandruptur (durch eine gehaltene Röntgenaufnahme).

Differentialdiagnosen

Bandruptur, Syndesmosenverletzungen, Frakturen.

Haglund-Ferse

Ursache	Therapie
Fehlstellungen mit Scherbelastungen der Sehne	rechtzeitige Versorgung von Fehlstellungen, siehe Achillessehnenentzündung
Beschwerden bei erfolgter Verknöcherung, meist ausgelöst aufgrund von Druck durch das Schuhwerk	Schuhzurichtung mit Aussparung in der Fersenkappe
Der Sporn selbst ist meist nicht die Ursache der Beschwerden. Vielmehr ist es der Druck, der durch schlecht angepasstes Schuhwerk entsteht und der in ungünstigen Fällen eine Entzündung erzeugt. Die Haglund-Verknöcherung wird somit nur in Ausnahmefällen operiert. In der Regel wird versucht, die Entzündung über die auslösenden Faktoren wie Fehlstellungen und/oder Schuhwerk zu beseitigen.	

» Beim Bänderriss ist eine Trainingspause unumgänglich. «

Umknicken (Sprunggelenkdistorsion)	
Ursache	**Therapie**
muskuläre Dysbalance des Unterschenkels	Training der Wadenbeinmuskeln
schlechte koordinative Fähigkeiten und gestörte Propriozeption	Koordinationstraining (Kippelbrett, Therapiekreisel, barfuß laufen)
unzureichende Wahrnehmung des Untergrunds	flache und flexible Schuhe (Kontrolle des unwegsamen Gelände)
Bei einem Außenbandriss erfolgt in jedem Fall die Schienung des Sprunggelenks für sechs Wochen. Eine Wiederaufnahme der Sportausübung sollte erst bei Schmerzfreiheit erfolgen. Eine Kräftigung und Koordinationsschulung in Zusammenarbeit mit einem Physiotherapeuten ist anzuraten.	

Sofortmaßnahmen

→ PECH-Regel: Pause, Eis, Compression, hochlegen. Unterbrechen Sie die Sportausübung. Kühlen Sie Ihren Fuß, legen Sie einen Kompressionsverband gegen die Schwellung an und lagern Sie Ihren Fuß hoch.

Bänderriss (Supinationstrauma mit Bandruptur)

Bei einer plötzlichen Krafteinwirkung in Richtung der Fußaußenkante werden die drei Außenbänder des Knöchels derart überdehnt, dass sie reißen. Dabei müssen nicht alle Bänder auf einmal reißen, es können auch nur eins oder zwei Bänder geschädigt werden. Auch das umgebende Bindegewebe und kleine Blutgefäße werden überdehnt und geschädigt.

Beschwerden

Schwellung und unter Umständen Bluterguss unter dem Außenknöchel. Schmerzen im Sprunggelenk bei Bewegung.

Diagnose

Klinisch: Schwellung und Bluterguss besonders an der Außenseite des Knöchels. Typische

Fallbeispiel Julia

Julia war heftig umgeknickt und hatte sich damit bereits mit 16 Jahren die Bänder des Sprunggelenks überdehnt. Mit 26 Jahren passierte ihr das Malheur beim winterlichen Lauftraining erneut: Auf einer feuchten Wurzel im Wald rutschte der Fuß ab – ihre Muskeln waren bereits zu müde, um rechtzeitig zu reagieren. Sie knickte um und stürzte. Nach der Schrecksekunde setzte ein leichter Schmerz ein, Julia konnte jedoch mit geringen Beschwerden nach Hause laufen. Dort angekommen, schwoll der Fuß nach dem Ausziehen der Schuhe in kurzer Zeit stark an. Außerdem bildete sich ein Bluterguss unter dem Außenknöchel, und die Bewegung des Fußes schmerzte zunehmend.

In der später angefertigten Röntgenuntersuchung konnte man eine aufklappende Knöchelgabel erkennen. Gebrochen war glücklicherweise nichts – aber ihre Bänder waren diesmal nicht nur überdehnt, sondern gerissen. Sie bekam eine Gelenkschiene, die eine Bewegung des Knöchels so weit einschränkte, dass die Bänder verheilen konnten. Um kein drittes Mal umzuknicken, begann Julia nach sechswöchiger Ruhigstellung des Fußes mit Physiotherapie: Mit Kräftigungsübungen sollte ihr Unterschenkel stabilisiert werden. Genauso wichtig war die Koordination: Julias Körper musste lernen, auf unebenen Untergründen schnell und adäquat zu reagieren. Diese feinen Einstellbewegungen wurden mit Balanceübungen auf dem Therapiekreisel verbessert. Im Frühjahr, als das Laufen endlich wieder in den Vordergrund trat, lief Julia nach ihrem Training regelmäßig barfuß – und kombinierte damit Fußmuskelkräftigung und Koordinationstraining. Sie trägt mittlerweile flachere und flexiblere Schuhe – so kann ihr Körper zeitnah auf den Untergrund reagieren.

druckschmerzhafte Punkte. Schmerzen bei passiver Supination des Fußes.

Röntgen: Ausschluss knöcherner Verletzungen, Sicherung einer Bandruptur (durch eine gehaltene Röntgenaufnahme, in der sich die aufklappende Knöchelgabel zeigt).

Differentialdiagnosen

Bänderdehnung, Syndesmosenverletzungen, Frakturen.

Sofortmaßnahmen

→ PECH-Regel: Pause, Eis, Compression, hochlegen. Unterbrechen Sie die Sportausübung. Kühlen Sie Ihren Fuß, legen Sie einen Kompressionsverband gegen die Schwellung an und lagern Sie Ihren Fuß hoch.

Spreizfuß

Ihr Fuß verbindet Ihren Körper sehr aktiv mit dem Untergrund. Mit seinen zwei Fußgewölben, dem Quer- und dem Längsgewölbe, fängt er Stoßkräfte ab. Unter Belastung flacht er im Quergewölbes ab, Ihr Vorfuß spreizt auseinander und vergrößert die Kontaktfläche zum Untergrund. Bei einem Spreizfuß verliert das Quergewölbe seine dynamische Funktion und bricht ein. Die Mittelfußköpfchen II und III tragen eine übermäßige Last und reagieren mit einer schmerzhaften Entzündung.

Beschwerden

Schmerzen im Bereich des Fußballens, besonders bei Belastung. Taubheitsgefühle im Vorfußbereich (Ballen und Zehen).

Diagnose

Klinisch: Das klassische Beschwerdebild und die typischen druckschmerzhaften Stellen füh-

Spreizfuß

Ursache	Therapie
geschädigtes erschlafftes Gewölbe	→ Einlage mit Pelotte (passive Aufrichtung des Gewölbes) → flache Schuhe oder Schuhe mit negativem Absatz (zum Beispiel MBT-Schuh); Vermeidung hochhackiger Schuhe, die mehr Gewicht auf den Vorfuß verteilen → rechtzeitiger Austausch ausgetretener, schlecht konstruierter Vorfußdämpfungssysteme. Nutzen Sie straffe, flächige Dämpfungssysteme, die den Vorfuß nicht punktuell weichbetten. → Trainieren Sie Ihre Fußmuskeln! Fußmuskeln sorgen für eine Verspannung des Quergewölbes (M. flexor hallucis brevis, pars transversa) und konnen so die ursprüngliche Situation wieder herstellen. Barfuß gehen und barfuß laufen in kurzen Etappen ist mindestens so wichtig wie der Einsatz von Therapiekreisel und Greifübungen.

Fallbeispiel Jan

Jan war ein wissbegieriger Freizeitsportler, der mit Mitte 30 zum Laufsport gekommen war und sich von Anfang an um das sorgfältige Erlernen einer sauberen Technik bemühte. Er lief mit einem sehr aktiven Laufstil. Als ehemaliger Tennisspieler verfügte er über eine gute Wadenkraft und erstaunlich kurze Bodenkontaktzeiten. Jan klagte allerdings über brennende Schmerzen unter dem Fußballen und taube Zehen, sobald er länger als fünf Kilometer lief. Die Untersuchung des Fußes gab keinen wegweisenden Hinweis, aber die Fußdruckmessung: Sie zeigte eine deutliche Drucksteigerung unter dem dritten Mittelfußköpfchen. Sein Laufschuh war bereits entsprechend unter dem Vorfuß verformt. Der Vorfußbereich stellte sich wie eine Hängematte dar.

Da kein akuter Reizzustand bestand und die Beschwerden nur beim Laufen auftraten, erfolgte keine antientzündliche Therapie. Der Schuh wurde gegen ein Modell mit einem straffen, flächigen Dämpfungssystem ausgetauscht, das noch keine Verformung erlitten hatte. Um die Mittelfußköpfchen von dem übermäßigen Druck zu befreien, wurde in den Laufschuh eine Pelotte eingearbeitet, die sich hinter den Mittelfußköpfchen befand und das erschlaffte Quergewölbe wieder aufrichtete. Diese Maßnahmen reichten aus, um Jan wieder ein beschwerdefreies Laufen zu ermöglichen!

Für die Zukunft hatte er allerdings einen Marathonlauf geplant; seine Fußgewölbe mussten also auch auf wesentlich längeren Strecken funktionieren. Das erreichte er mit einer Aktivierung seiner Fußmuskulatur: Durch das Training auf einem Kippelbrett und durch ganz vorsichtig gesteigerte Barfußläufe auf weichem Rasen verbesserte er seine gewölbeverspannende Unterschenkelmuskulatur enorm – so war nach einigen Monaten Fußmuskeltraining auch der Marathonlauf kein Problem mehr.

15

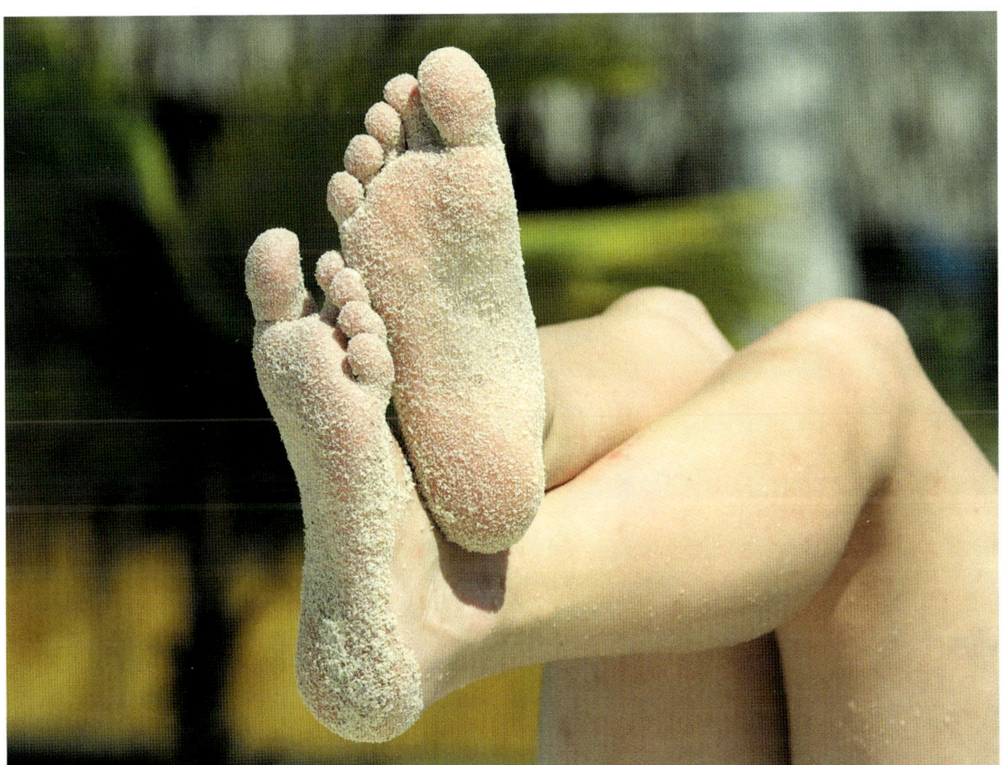

Der Fuß ist ein sehr komplexes Gebilde, das durch die Zivilisation oft einen Teil seiner Funktionen eingebüßt hat

» Ein kräftiger Fuß sichert Ihre gesamte Beinachse! «

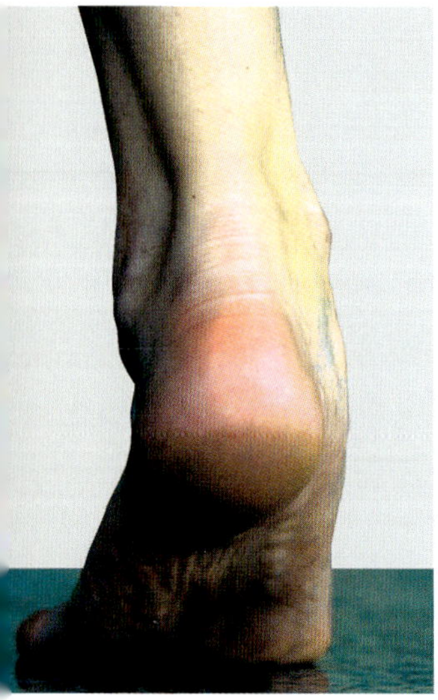

Ein Spreizfuß ist das Zeichen eines erschlafften Quergewölbes. Um es wieder aufzurichten, ist viel Arbeit nötig!

ren zu einer schnellen Diagnose. Häufig findet sich eine Schwiele unter den durchgetretenen Mittelfußköpfchen.

Fußdruckmessung: Darstellung der durchgetretenen Mittelfußköpfchen mit deutlicher punktueller Druckerhöhung.

Röntgen: Ausschluss einer Stressfraktur.

Differentialdiagnosen
Stressfraktur der Mittelfußknochen (Marschfraktur). Mortonsche Neuralgie.

Sofortmaßnahmen
→ Eisanwendungen im akuten Stadium (Eiswürfelmassage)
→ Fußrollenmassage
→ entzündungshemmende Medikamente (»Voltaren«, »Celebrex«)

Mortonsche Neuralgie
Funktioniert das Quergewölbe nur unzureichend, kann es passieren, dass die Mittelfußknochen die Nerven quetschen, die die Zehen versorgen. Entzündung und Verdickung des Nervens sind die Folge: Es bildet sich eine Nervengeschwulst aus – das Mortonsche Neurom.

Beschwerden
Schmerzen im Bereich des Fußballens, Taubheitsgefühl der Zehen (besonders oft zwischen dritter und vierter Zehe).

Diagnose
Klinisch: Taubheit der Zehen bei Belastung. Belastungsschmerz. Eventuell Schmerz durch eine seitliche Kompression des Vorfußes durch den Handgriff des Untersuchers.

Differentialdiagnose
Einfache Spreizfußbeschwerden.

Mortonsche Neuralgie	
Ursache	**Therapie**
abgeflachtes Quergewölbe	siehe Spreizfuß
Neurom	→ Kortisoninjektion zur Beruhigung des gereizten Nervs → Operation zur Entfernung des Nervengeschwulst (Neuroms)

Sofortmaßnahmen

→ Eisanwendungen
→ orthopädische Einlage
→ antientzündliche Medikamente (»Voltaren«, »Celebrex«)

Stressfraktur des Mittelfußknochens (Marschfraktur)

Eine Überlastung führt zum Bruch eines Mittelfußknochens (häufig des zweiten). Meist bricht er direkt hinter dem Köpfchen, da sich dort die dünnste Stelle des Knochens findet.

Beschwerden

Langsam zunehmende Schmerzen im Bereich des Vorfußes, die Spreizfußbeschwerden sehr ähnlich sein können.

Diagnose

Klinisch: Angabe von Schmerzen im Bereich des Vorfußes. Druckschmerz im Bereich der Mittelfußköpfchen.

Röntgen: Umbaureaktionen, die nach einer bis zwei Wochen (teilweise erst nach bis zu acht

15

Fallbeispiel Marius

Marius war ein ambitionierter Triathlet der Juniorenklasse. Mit 19 Jahren lief er die fünf Kilometer in 16 Minuten und wollte seine Laufleistung weiter verbessern. Bei der Vorbereitung für die nächste Saison kam es im Wintertraining zu ersten Schmerzen im Vorfuß. Da sie auf den Ballenbereich beschränkt waren und hauptsächlich bei Belastung auftraten, wurden sie zunächst als Spreizfußbeschwerden gedeutet. Eine Einlagenversorgung mit entsprechenden Pelotten zur Unterstützung der Quergewölbefunktion blieb erfolglos.

Die Trainingsausfälle häuften sich, und die Saisonvorbereitung geriet in Gefahr. Es musste präziser nach den Ursachen gesucht werden, weshalb eine Röntgenaufnahme angefertigt wurde. Die zeigte: Marius hatte eine Stressfraktur des zweiten Mittelfußköpfchens. Da die Schmerzen schon seit einigen Wochen bestanden, war eine deutliche Verdickung des Knochens (Kallusbildung) hinter dem zweiten Mittelfußköpfchen zu sehen. Die Konsequenz war zunächst eine sechswöchige Trainingspause, damit der Knochenbruch gut verheilen konnte. Das Einhalten dieser Pause war schwierig, aber notwendig, da Stressfrakturen leicht wiederkehren. Das Training wurde im Wasser fortgesetzt. Aquajogging war eine sehr gute Möglichkeit, neben dem Herz-Kreislauf-System auch die Laufbewegung weiter zu schulen. Leichtes Radfahren und reguläres Schwimmtraining waren weiterhin möglich.

Die Ursachenanalyse ergab eine geschwächte Fußmuskulatur und einen verschlissenen »Lieblingslaufschuh«, der in jedem Training getragen wurde. Die Kräftigung der Fußmuskulatur zusammen mit einer leicht stützenden Einlagenversorgung verbesserte Marius' Belastbarkeit, der alte Laufschuh wurde gegen zwei neue Modelle unterschiedlicher Hersteller getauscht, die künftig im Wechsel getragen wurden. So war zunächst eine adäquate Dämpfung wieder hergestellt, und die Gesamtbelastung der Laufbewegung verteilte sich durch die unterschiedlichen Schuhe besser auf den Bewegungsapparat.

> Ihr Fuß ist eine komplexe Konstruktion aus 28 Knochen, 31 Gelenken und 23 Muskeln.

Stressfraktur des Mittelfußknochens	
Ursache	**Therapie**
Fehlstatik von Fuß und Beinachse	→ Training der beinachsenstabilisierenden Muskulatur → orthopädische Einlage → Anpassung des Schuhwerks
exzessive Umfangsteigerung (häufigste Ursache der Beschwerden)	sinnvolle Belastungssteigerung und Einhaltung der Regenerationszeiten
Wechsel auf Tartan- und Hallenboden, Wechsel von Asphalt auf Waldboden	vorsichtige Steigerung des Umfangs auf neuem Belag
verschlissene Laufschuhe	Umfangreiche Untersuchungen konnten belegen, dass Stressfrakturen durch eine gute (nicht übermäßige) Dämpfung verhindert werden können.
hormonelle Regulationsstörungen bei Untergewicht (Stressfrakturen treten bei Essstörungen und krankhaftem Untergewicht gehäuft auf)	Therapie des Untergewichts: Der Körperfettanteil sollte bei Männern über fünf und bei Frauen über acht Prozent liegen.

Wochen) einsetzen, werden sichtbar. Jedoch sind diese nicht immer nachweisbar.

15

Das Szintigramm (unten links) zeigt eine höhere Stoffwechselaktivität im Bereich der Fraktur.
Im Röntgenbild (rechts, anderer Patient) erkennt man eine Stressfraktur am zweiten Mittelfußknochen

Kernspintomografie: Ermöglicht neben einer frühzeitigen Diagnose auch eine Einteilung der Ermüdungsfraktur in Stadien. Asymptomatische oder nur leicht symptomatische Stadien der Stressfraktur, die im Röntgenbild nicht dargestellt werden, können erkannt werden.

Knochenszintigrafie: Ein radioaktiv markiertes Mittel wird verabreicht und konzentriert sich an den stoffwechselaktiven Regionen des vermeintlich gebrochenen Knochens. Die diagnostische Sicherheit dieses Verfahrens ist hoch, ist jedoch mit einer erheblichen Strahlenbelastung verbunden.

Differentialdiagnosen

Spreizfußbeschwerden, Mortonsche Neuralgie.

Sofortmaßnahmen

→ Entlastung durch Sportpause für mindestens sechs Wochen
→ vorsichtiger Neuaufbau des Trainings nach der Sportpause. Gegebenenfalls zuvor Röntgenkontrolle. Erneute Stressfrakturen sind keine Seltenheit (behutsame Trainingssteigerung ist daher wichtig!)

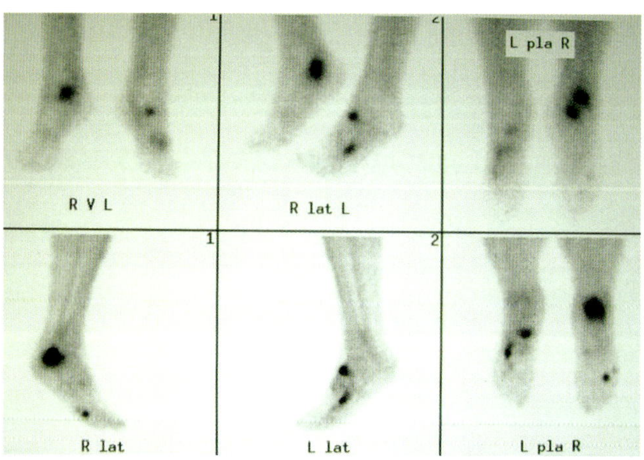

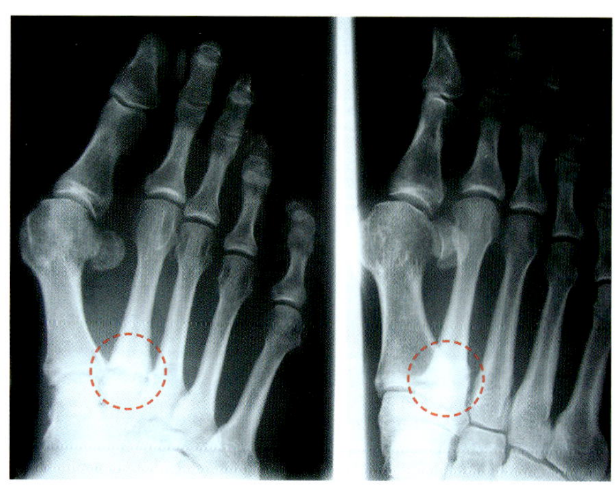

Fersensporn (Plantarfasciitis)

Das Längsgewölbe des Fußes ist durch Muskeln und durch kräftige Bandzüge gesichert. Werden diese Strukturen an ihrem Ansatz im Gewölbebogen (am Fersenbein) überlastet, resultiert dort eine Entzündung. Bei dauerhafter Überbeanspruchung kann der Ansatzbereich verknöchern. Es bildet sich dann ein (plantarer) Fersensporn aus.

Beschwerden

Schmerzen der Fußsohle beim Gehen und Laufen. Schmerzhafter Zehenstand. Morgendlicher Anlaufschmerz.

Diagnose

Klinisch: Druckschmerz am Ansatz der Plantarfaszie am Fersenbeinknochen.

Fallbeispiel Horst

Horst (36) war lange Jahre Radsportler gewesen. Sein Körper und sein Herz-Kreislauf-System waren erstklassig trainiert. Nach dem Wechsel auf die Langdistanz im Triathlon konnte er den Marathon bereits in seiner ersten Saison ohne großen Lauftrainingsumfang in 4:00 Stunden absolvieren – nach 3,8 Kilometern Schwimmen und 180 Kilometern Radfahren! Was die Fortbewegungsmuskulatur zu leisten imstande war, konnte der übrige Bewegungsapparat allerdings nicht tolerieren. Nach wenigen Monaten schmerzte die Fußsohle an typischer Stelle. Die Röntgenaufnahme zeigte einen kleinen Fersensporn unter der Fußsohle, genau dort, wo auch der Schmerz beim Laufen auftrat.

Die Ursachen lagen nach einer ersten Untersuchung auf der Hand: Die tiefe Stabilisationsmuskulatur seiner Füße und seines Beckens war durch das Radfahren nie trainiert worden und deswegen auf die umfangreiche Laufbelastung nicht vorbereitet. Rumpfinstabilität und eine Gewölbeschwäche beider Füße verhinderten ein strukturiertes Lauftraining.

Horsts Therapie verlief zweigleisig: Mit Eiswürfelabreibungen an der Schmerzstelle, einer Stoßwellentherapie und Injektionen wurde der entzündliche Reiz zurückgeführt. Die Ursachen der Beschwerden lagen aber in der Biomechanik: Die Streckschlinge aus Waden- und Fußmuskulatur musste aufgedehnt werden. Die Antagonisten, also die Schienbeinmuskulatur, wurden mit dem Therapieband gekräftigt – das detonisierte die Streckschlinge weiter. Auf einem Therapiekreisel und mit Barfußläufen wurden die Fußgewölbe trainiert – eine Maßnahme, die zu Beginn mit dem Einsatz einer orthopädischen Einlage unterstützt wurde. Die hatte an der Schmerzstelle eine weich gepolsterte Aussparung, womit Horst schneller wieder belastbar wurde. Als er frei von Beschwerden war, massierte er seine Fußsohle lange Zeit täglich mit einem Igelball, um die Durchblutung zu verbessern. Durch regelmäßiges Barfußlaufen hielt er seine Füße im weiteren Trainingsprozess kräftig und beweglich und beugte so neuen Schmerzen wirksam vor.

Fersensporn	
Ursache	**Therapie**
abgesenktes Quergewölbe mit erhöhter Zugbeanspruchung auf den Bändern des Längsgewölbes	→ orthopädische Einlagen mit Längsgewölbestütze → Training der Fußmuskulatur
Verkürzung der Streckmuskulatur (Wadenmuskulatur, tiefe Wadenmuskulatur, Zehenbeuger)	→ Dehnung von Plantarfaszie und Wadenmuskulatur → barfuß laufen → Kräftigung der Gegenspieler (Schienbeinmuskulatur mit dem Therapieband aufbauen) → Anwendung der Blackroll (siehe Kapitel 8)
schlechte Durchblutung des Schmerzgebiets	Massage mit dem Igelball
unzureichende Flexibilität der Plantarfaszie	Barfußtraining, Dehnung der Zehenbeuger
Die Erkrankung ist oft selbstlimitierend. In 80 Prozent der Fälle verschwinden die Symptome innerhalb eines Jahres mit oder ohne Therapie.	

Röntgen: Nachweis eines Fersensporns, Ausschluss von Stressfrakturen der Fußwurzel.

Differentialdiagnosen

Schmerzsyndrom des Fersenfettpolsters, Pfannenbandzerrung, verschiedene Stressfrakturen.

15

Sofortmaßnahmen

- → entzündungshemmende Medikamente (»Voltaren«, »Celebrex«)
- → orthopädische Einlagen mit Hohlbettung des druckschmerzhaften Bezirks
- → Kälteanwendungen im akuten Stadium
- → Ultraschall
- → Kortisoninjektionen
- → Stoßwellentherapie
- → Nachtschiene
- → »Enelbin«-Paste

Übungen

Dehnung der Fußsohle

Sie knien auf dem Boden, Ihr Rumpf ist aufrecht. Ihre Füße stellen Sie auf, sodass nur noch die Zehenspitzen den Boden berühren. Ihre Ze-

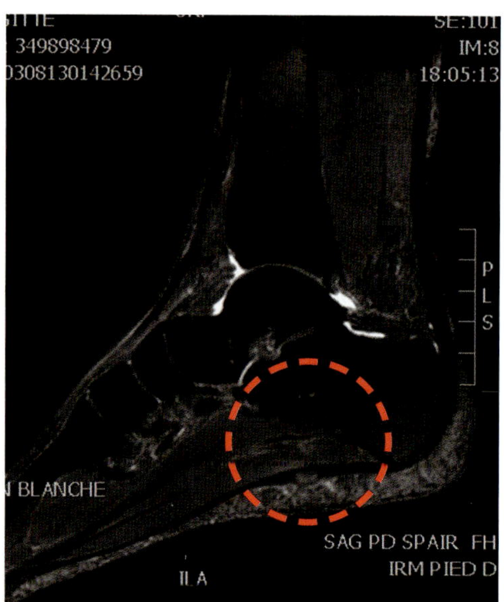

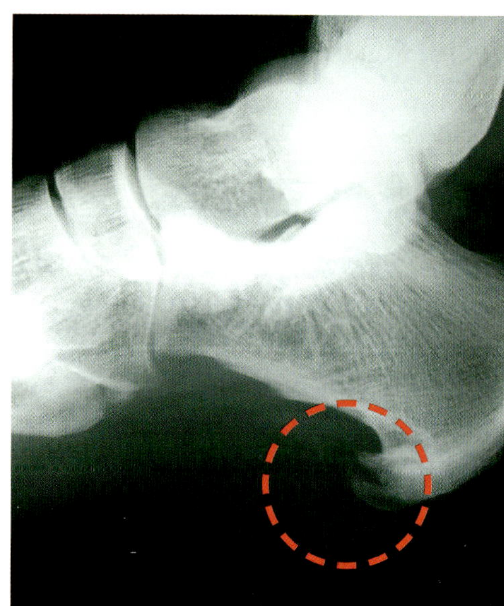

Links: Partielle Ruptur der Plantaraponeurose mit begleitender Plantarfasciitis

Rechts: Durch eine Überlastung von Knochenansätzen können sich diese entzünden. Besteht die Überbeanspruchung länger, kann das Gewebe verknöchern

hen sind maximal gestreckt. So dehnen Sie Ihre Fußsohle optimal und erleichtern die Beschwerden einer entzündeten Fußsohlen-Sehnenplatte (Plantarfasciitis).
Dehnungsdauer: 30 Sekunden.

Dehnung der Fußsohle

Blackroll: Tiefe und oberflächliche Wadenmuskulatur
Setzen Sie sich mit ausgestreckten Beinen auf den Boden und kreuzen Sie ein Bein über das andere. Platzieren Sie die Blackroll unter der Wade des unteren Beins. Stützen Sie sich mit Ihren Armen ab. Spannen Sie den Bauch an und heben Sie Ihr Gesäß. In dieser schwebenden Position rollen Sie nun Ihre Wade über die Blackroll – von der Kniekehle bis zur Achillessehne und wieder zurück.
Wiederholungszahl: 8–10 x vor- und zurückrollen.

Blackroll: Tiefe und oberflächliche Wadenmuskulatur

15

Arthrose des Großzehengrundgelenks (Hallux rigidus)

Eine Schädigung des Gelenkknorpels des Großzehengrundgelenks geht in den Anfangsstadien mit einer eingeschränkten Beweglichkeit einher. Knöcherne Zacken am Rande des Gelenks schränken die Beweglichkeit ein.

Beschwerden

Schmerzen im Bereich des Großzehengrundgelenks. Eingeschränkte Beweglichkeit.

Arthrose des Großzehengrundgelenks

Ursache	Therapie
genetische Veranlagung, vor allem bei Männern	
Verkürzung der Großzehenbeugesehne mit Kapselschrumpfung	im Anfangsstadium: Aufdehnung der Kapsel und Versuch der Mobilisierung des Gelenks
Schiefzehe (Hallux valgus) mit Fehlbelastung des Gelenks	orthopädische Einlage mit Pelotte zur Abstützung des Quergewölbes
permanente Mikrotraumatisierungen (Feldsport, Langstreckenlauf)	→ ausreichend große Schuhe → Vermeiden von exzessiven Umfangbelastungen ohne ausreichende Regenerationszeiten

Die operative Entfernung knöcherner Zacken, die die Beweglichkeit einschränken, kann im Anfangsstadium helfen. Der künstliche Gelenkersatz ist zurzeit noch unbefriedigend und die operative Einsteifung des Gelenks führt zwar zur Beschwerdefreiheit, ist für den Läufer aber funktionell unbefriedigend.

Fallbeispiel Sven

Sven lief seit seinem 20. Lebensjahr lange Dauerläufe im Training. Mit 41 Jahren stellten sich Schmerzen an der Schienbeinkante ein. Die Schmerzen waren bereits als mediales Schienbeinkantensyndrom erkannt worden – die Therapie verlief jedoch nur mit mäßigem Erfolg. In der jetzigen Situation kam eine deutliche Überwärmung und Schwellung des Großzehengrundgelenks hinzu. Die Beweglichkeit des Gelenks war hochgradig eingeschränkt und sehr schmerzhaft.

Eine sofort angefertigte Röntgenaufnahme zeigte deutliche Zeichen einer Großzehengrundgelenksarthrose – den Hallux rigidus. Der Knorpel war aufgerieben, und es bildeten sich Knochenzacken, die die Gelenkbeweglichkeit einschränkten. Zunächst wurde die Entzündung mit antientzündlichen Medikamenten behandelt. Das Kühlen des Gelenks brachte ebenso eine Linderung. Nachdem Sven die Beschwerden unter Kontrolle hatte, ließ er eine Bewegungsanalyse durchführen. Es zeigte sich eine Belastungsverlagerung auf die kleinen Zehen in der Abdruckbewegung – eine Ausweichbewegung aufgrund der schmerzhaft eingeschränkten Großzehenbeweglichkeit. Hiermit war die Ursache für die therapieresistenten Schienbeinkantenprobleme gefunden.

Die Lösung des Problems war nicht einfach, da eine Arthrose unheilbar ist. Um das Gelenk weiter gut zu ernähren und schlimmere Folgen einzudämmen, sollte die übrige Funktion des Gelenks ohne weitere Belastung genutzt werden. Ergo bekam Sven eine entsprechende Schuhzurichtung, die ihm das weitere Laufen ermöglichte. Im Schuh wurde eine sogenannte Rigidusfeder zur Einschränkung der Beweglichkeit eingearbeitet. Die Schuheinlage wurde unter der Großzehe ausgespart, um die Bewegung des Fußes wenigstens tendenziell wieder über den ersten Zeh führen zu können – und die Kleinzehen zu entlasten. Durch diese Versorgung konnte der Hallux rigidus in einen schmerzfreien Zustand zurückgeführt werden. Auch die seit Jahren bestehenden Schienbeinkantenbeschwerden wurden endlich aufgelöst.

Diagnose

Klinisch: schmerzhaft eingeschränkte Streckung des Großzehengrundgelenks. Kapselschwellung. Druckschmerz über dem Gelenk. Verdickung. Teilsteife des Großzehengrundgelenks. Bildung von knöchernen Anbauten in Gelenknähe (Exostosen).

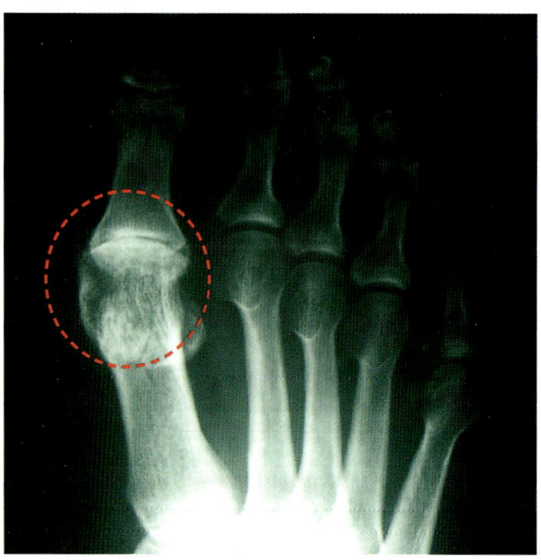

Verschmälerung des Gelenkspalts des Großzehengrundgelenks bei einem Hallux rigidus. Die Gelenkbeweglichkeit wird oft durch knöcherne Randzacken eingeschränkt

Röntgen: Die Röntgenaufnahme zeigt einen verschmälerten Gelenkspalt und knöcherne Anbauten am Gelenk.

Differentialdiagnosen

Chronische Gicht (Podagra), Verkürzung der Großzehenbeugesehne mit Kapselschrumpfung.

Sofortmaßnahmen

- → Hohllegung der Großzehenbeere durch Aussparung in einer Einlage
- → Einsatz antientzündlicher Medikamente (»Voltaren«, »Celebrex«)
- → »Enelbin«-Paste
- → physikalische Therapie (Wärme, Kälte, Ultraschallanwendung)
- → Einsteifung der Schuhinnenseite in therapieresistenten Fällen. Der Einsatz solcher Abrollhilfen ist im Langstreckenlauf funktionell nicht ideal, bleibt aber manchmal die einzige Möglichkeit.

Schiefzehe (Hallux valgus)

Eine schiefe Großzehe, die mehr als zehn Grad von der Mittellinie Richtung Fußaußenrand abweicht. Der Spreizfuß ist eine häufig zugrunde liegende Fehlstellung, außerdem findet sich oft ein Knochenanbau am Großzehengrundgelenk. Schleimbeutel im Bereich der Sehne können sich durch Druck (schlecht sitzendes Schuhwerk) entzünden und sehr druckschmerzhaft sein.

Beschwerden

Schmerzen bei Bewegung, Schmerzen an den entzündeten Druckstellen im Schuh, kosmetische Beeinträchtigung.

Diagnose

Klinisch: klassisches Erscheinungsbild: Abweichung der Großzehe nach außen um mehr als zehn Grad. Hornhautschwiele unter dem zweiten Mittelfußköpfchen. Probleme beim Tragen von Schuhen. Rötung und Druckempfindlichkeit über der Innenseite des Großzehengrundgelenks.

Röntgen: klassisches Erscheinungsbild mit Valgusstellung der Großzehe.

Differentialdiagnose

Keine.

Sofortmaßnahmen

→ Schaumstoffpolster zwischen erster und zweiter Zehe
→ Abpolsterung der Knochenvorsprünge und entzündlicher Schleimbeutel an den prominenten Stellen
→ entzündungshemmende Medikamente (»Voltaren«, »Celebrex«)

Schiefzehe

Ursache	Therapie
Ungleichgewicht der Großzehenmuskulatur	→ Physiotherapie → Einsatz einer Nachtschiene
schlecht sitzendes Schuhwerk mit spitzem Vorfuß	gut sitzende Schuhe, die lang und breit genug sind und nicht spitz zulaufen

Es gibt zahlreiche operative Verfahren zur Korrektur der sehr häufigen Hallux-valgus-Fehlstellung. Operateure erreichen neben guten kosmetischen Resultaten auch funktionell sehr befriedigende Ergebnisse.

15

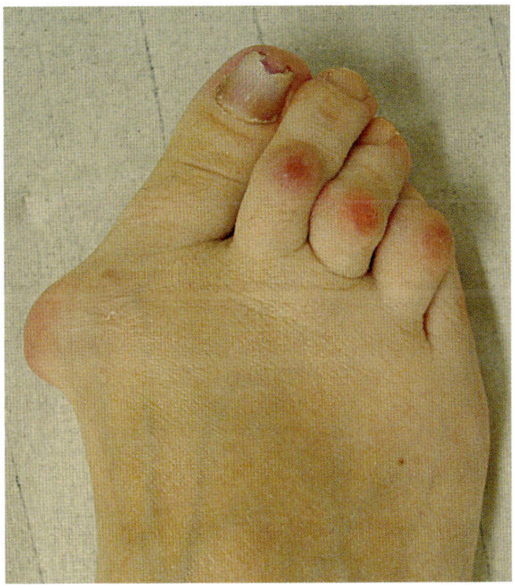

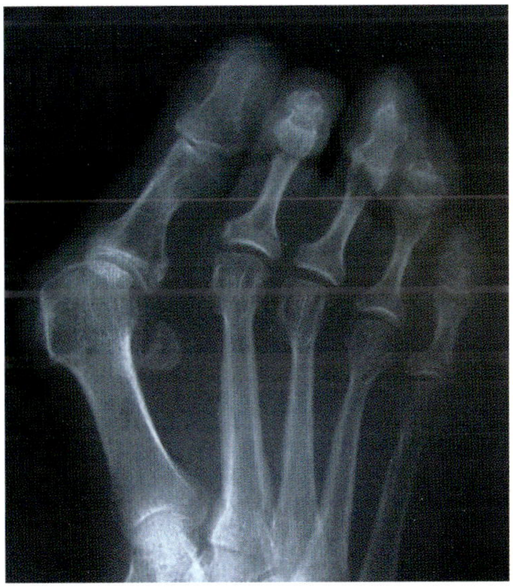

Beim Hallux valgus zeigt sich im Röntgenbild eine Schädigung des Gelenks durch das Abweichen der Großzehe

Blaue Zehennägel

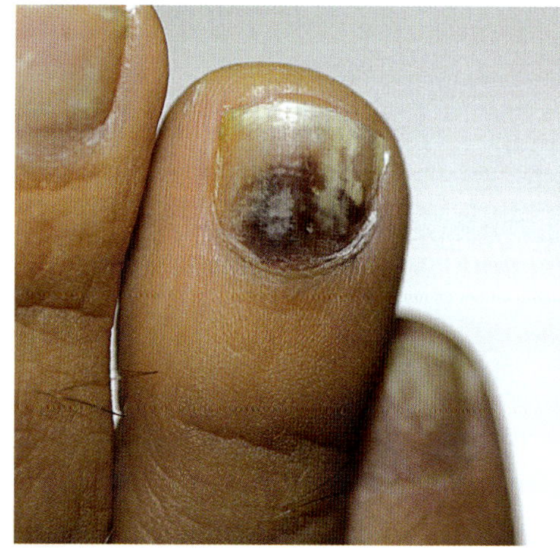

Hohe Druckbelastung führt zu einem Bluterguss unter dem Nagel, der sich blau verfärbt und sich später ablösen kann.

Beschwerden

Schmerzhafter Bluterguss unter den Zehennägeln.

Diagnose

Blickdiagnose.

Differentialdiagnose

Tumoren.

Fallbeispiel Matthias

Matthias war 38, ambitioniert und wagte sich an seine ersten Marathondistanzen. Nach einem wichtigen Rennen mit zahlreichen Bergabpassagen konnte er bereits im Zielkanal kaum mehr schmerzfrei auftreten. Seine Zehen schmerzten wahnsinnig, besonders beim Abrollen. Er inspizierte seine Füße, unter vier Nägeln war ein deutlicher Bluterguss.

Matthias handelte entschlossen: Mit einer Nadel, die er in seinen Wettkampfutensilien dabei hatte, einem Feuerzeug zum Erhitzen des Utensils und etwas Desinfektionslösung machte er sich an die Arbeit, den Druck unter den Nägeln zu entlasten. Etwas mulmig war ihm schon dabei, mit einer glühenden Nadel durch seinen Nagel zu bohren. Aber er wusste: Bekommt der Erguss eine Verbindung nach außen, kann er abfließen. Bevor die Nadel ihn hätte verletzten können, floss ihm die Flüssigkeit schon entgegen. Erleichtert bohrte er noch zwei weitere Löcher in jeden Nagel. Das verursachte keine Schmerzen, da im Horn des Nagels keine Nerven liegen.

Die Zehen taten nicht länger weh. Um eine Infektion zu vermeiden, desinfizierte er die aufgebohrten Nägel sorgfältig und deckte sie mit einem sterilen Pflaster ab. So konnte er schmerzfrei auftreten und bereits nach wenigen Tagen wieder normal laufen. Die Ursache des Problems waren zu enge Wettkampfschuhe. Um viel Halt zu haben, hatte Matthias sie absichtlich eine Nummer kleiner gewählt. Er ließ sich ausführlich beraten, um einen stramm sitzenden, schmalen Wettkampfschuh zu finden, der dennoch lang genug war. Dies verhindert das Rutschen im Schuh – auch beim Bergablaufen. Dank der Weitensysteme einiger Hersteller fand er einen optimalen Schuh – so blieben seine Nägel in den nächsten Rennen von einer derartigen Druckbelastung verschont.

Blaue Zehennägel

Ursache	Therapie
schlecht sitzendes Schuhwerk, zu kurze Schuhe	Auswahl eines gut sitzenden Schuhs (Weitensystem) in korrekter Länge
Bergablaufen	Schuhe fest schnüren, um Vorschub zu vermeiden
Spreizfuß mit Hochbiegen der Zehen bei eingebrochenem Gewölbe	siehe Spreizfuß

15

Sofortmaßnahmen

Ist der Bluterguss da, muss er am besten sofort wieder weg – nur so kann Ihr Nagel erhalten bleiben! Dafür glühen Sie eine Nadel mithilfe eines Feuerzeuges durch. Mit der noch heißen und damit sterilen Nadel bohren Sie mit schnellen Drillbewegungen und leichtem Druck ein Loch in den Nagel. Noch besser: Sie haben eine sterile Kanüle aus der Apotheke zur Hand.

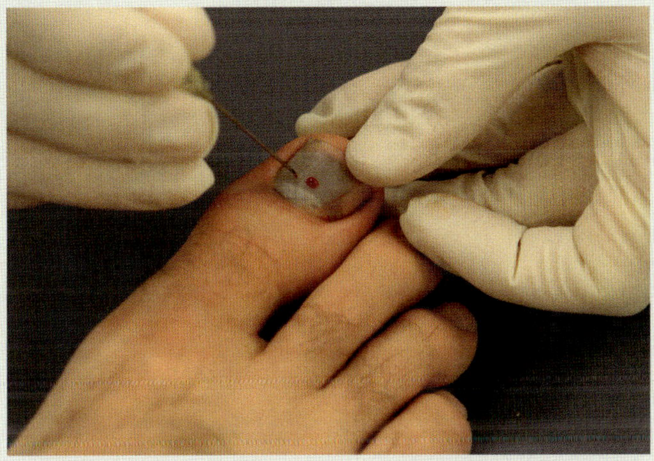

Sobald Sie eine Verbindung zur Flüssigkeit hergestellt haben, läuft der Bluterguss ab. Diese Entlastung ist ebenso wie das Bohren schmerzfrei. Trauen Sie sich diese kleine Behandlung ruhig zu – andernfalls löste sich Ihr Nagel nach zwei bis drei Wochen ab, weil die Ernährung gestört würde.

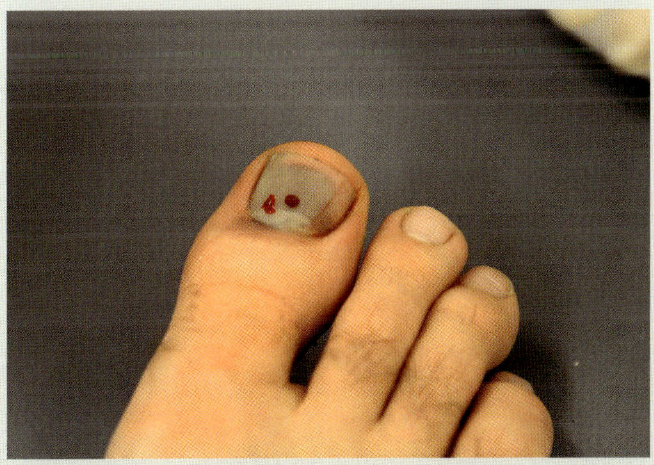

Nach der Behandlung sollten Sie den Nagel desinfizieren und steril mit einem Pflaster abdecken. Solange Schmerzen bestehen, sollten Sie das Abrollen vermeiden und auf Sportarten wie Schwimmen oder Radfahren ausweichen.

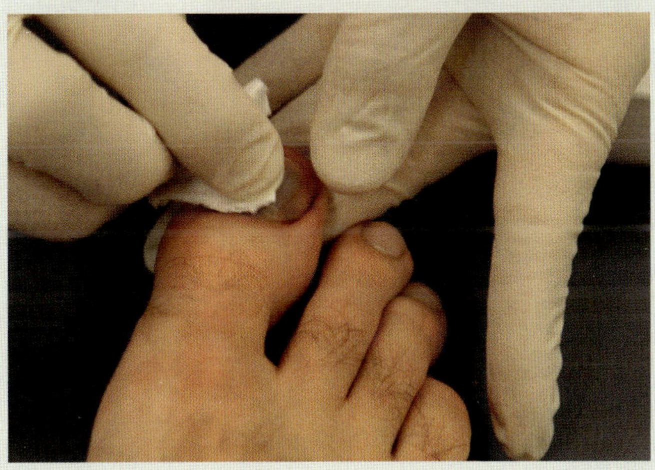

» Regelmäßiges Barfußlaufen macht Ihre Haut strapazierfähig. «

Rhagaden

Rhagaden sind Risse in der Hornschicht der Oberhaut der Füße. Sie setzen sich bis in die tiefsten Hautschichten fort und heilen schlecht, weil die Oberhaut der Füße oft von Hornhaut überschlossen ist. Hornhaut ist ein totes Gewebe, das nicht wieder zusammenheilt. Der Riss heilt in der Tiefe. Die Haut wird aber durch die gerissene Hornhaut, die sich oberflächlich nicht anpasst, immer wieder verletzt.

Beschwerden

Starke Schmerzen bei Belastung der betroffenen Hautpartie.

Diagnose

Typischer Hautbefund mit schmerzhaften Rissen. Starke Hornhautbildung und trockene Haut.

Differentialdiagnose

Hautkrankheiten.

Sofortmaßnahmen

- → Entfernen überschüssiger Hornhaut in der Umgebung der Rhagade
- → Pflege der Haut mit Salbe
- → Entlastung bis zur Abheilung

Blasen

Durch mechanische Reibung zwischen den Hautschichten entsteht ein entzündlicher Reiz. Die Haut reagiert darauf mit einer Flüssigkeitseinschwemmung in einen sich bildenden Hohlraum – eine Blase. Sie führt zu einer Spannung im betroffenen Gebiet. Spannung und Reizung des Gewebes führen zu Schmerzen.

Rhagaden

Ursache	Therapie
mangelnde Resistenz und Gewöhnung der Haut	regelmäßiges Barfußlaufen
trockene Haut mit übermäßiger Hornhautbildung	→ Hautpflege → Hornhautentfernung

Blasen	
Ursache	**Therapie**
mangelnde Resistenz und Gewöhnung der Haut	regelmäßiges Barfußlaufen
zu große mechanische Reibung	→ optimal passende Schuhe → zweckmäßige Socken (atmungsaktiv und dünn) → dünnes Auftragen von Vaseline auf Hautstellen mit erhöhter Reibung
übermäßige Hornhautbildung	→ regelmäßiges Barfußlaufen → fußpflegerische Entfernung der überschüssigen Hornhaut
trockene Haut	regelmäßige Anwendung pflegender Hautsalben

Beschwerden

Schmerzen bei Druck auf der betroffenen Hautpartie.

Diagnose

Typischer Hautbefund mit schmerzhaften Blasen, ungewohnte Belastungen in der Vorgeschichte.

Differentialdiagnose

Allergische Hautkrankheiten.

Sofortmaßnahmen

→ Stechen Sie die Blase mit einer sterilen Nadel auf und lassen Sie die Flüssigkeit ablaufen.

→ Decken Sie die Haut steril mit einem Pflaster ab, entfernen Sie aber nicht die Haut über der Blase – die Haut muss sich im geschädigten Bereich erst neu bilden! Außerdem bestünde so eine erhöhte Gefahr für Infektionen und Entzündungen.

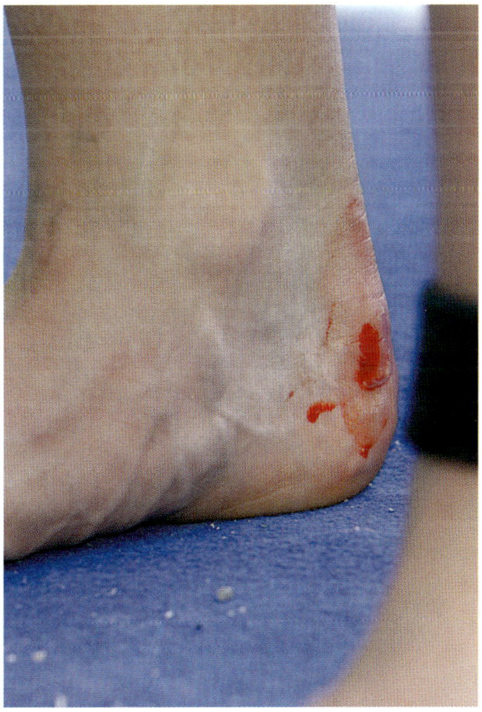

Die individuelle Neigung, Blasen zu entwickeln, ist typabhängig. Es gibt aber einige Möglichkeiten, diesem bekannten Läuferphänomen vorzubeugen

15

15

Praxistipp → Test: Wie hoch ist Ihr individuelles Verletzungsrisiko?

Laufverletzungen sind ärgerlich – und vermeidbar! Wenn Sie beschwerdefrei trainieren möchten oder gar einen Wettkampf als Ziel vor den Augen haben, dann prüfen Sie jetzt Ihr Verletzungsrisiko!

1. Wie viele unterschiedliche Laufschuhe benutzen Sie?

a. Ein Paar **(0)**
b. Zwei Paar **(1)**
c. Mehr als zwei Paar **(2)**

2. Wie viele Kilometer laufen Sie pro Woche?

a. Unter 10 Kilometer **(4)**
b. 10 bis 30 Kilometer **(3)**
c. 30 bis 50 Kilometer **(2)**
c. Über 50 Kilometer **(1)**

3. Laufen Sie regelmäßig kurze Strecken barfuß?

a. Ja **(3)**
b. Nein **(0)**

4. **Machen Sie eine einbeinige Kniebeuge vor dem Spiegel und beobachten Sie dabei Ihr Bein. Haben Sie dabei ...**
   a. ... ein X-Bein (Knie kippt deutlich nach innen)? **(0)**
   b. ... ein gerades Bein? **(4)**
   c. ... ein O-Bein (Knie kippt deutlich nach außen)? **(0)**

5. **Wie oft trainieren Sie Ihre Rumpfmuskulatur pro Woche?**
   a. Überhaupt nicht **(0)**
   b. 20 Minuten **(1)**
   c. 40 Minuten **(2)**
   d. Eine Stunde **(3)**
   e. Mehr als eine Stunde **(4)**

6. **Wie oft machen Sie Übungen für die Lauftechnik?**
   a. Nie **(0)**
   b. Einmal im Monat **(1)**
   c. Einmal pro Woche **(2)**

7. **Seit wie vielen Jahren laufen Sie?**
   a. Seit weniger als drei Jahren **(0)**
   b. Seit mehr als drei Jahren **(2)**

8. **Steigern Sie für Teilnahmen an Wettkämpfen kurzfristig Ihre Trainingsumfänge um mehr als 50 Prozent?**
   a. Ja **(0)**
   b. Nein **(3)**

9. **Machen Sie beim Laufen eher kleine oder große Schritte?**
   a. Kleine Schritte, mein Knie ist beim Aufsetzen gebeugt. **(3)**
   b. Große Schritte, mein Knie ist beim Aufsetzen fast durchgestreckt. **(0)**

10. **Haben Sie schon einmal eine professionelle Laufanalyse in einem Institut für Bewegungsanalyse machen lassen?**
   a. Ja **(2)**
   b. Nein **(0)**

11. **Haben Sie einen Laufkurs oder ein Laufseminar mit Technikschulung besucht?**
   a. Ja **(4)**
   b. Nein **(0)**

Auswertung

Weniger als 12 Punkte

Sie machen Ihren Orthopäden reich. Wenn Sie so weiter machen, sind Laufverletzungen nur eine Frage der Zeit. Sie sollten dringend Ihre Lauftechnik verbessern. Die richtigen Schuhe und regelmäßiges Barfußlaufen unterstützen Sie dabei. Einen langen Wettkampf sollten Sie so auf gar keinen Fall laufen.

12 bis 22

Sie sind auf dem richtigen Weg. Von Verletzungen sollten Sie weitestgehend verschont bleiben. Um ganz sicher zu gehen, sollten Sie verstärkt an der muskulären Stabilität arbeiten – bei Rumpf und Füßen. In einem Laufkurs könnten Sie zum perfekten Läufer werden. Erst dann sollten Sie lange Strecken laufen.

Über 23

Wow, Glückwunsch! Oder haben Sie geschummelt? Wenn Sie so professionell trainieren, dann kann ich Sie nur ermuntern, weiterhin zu laufen – und auf Ihre Technik zu achten. Trainieren Sie wie bisher regelmäßig Ihre Kraft und Koordination. Einem langen Wettkampf steht nichts mehr im Wege!

Anhang

Trainingsplan von 0 auf 5 km

GA1: 65–80 % der HFmax GA2: 85–95 % der HFmax WSA: > 95 % der HFmax Dauer: 12 Wochen

Woche 1

Montag	Dienstag	Mittwoch	Donnerstag	Freitag	Samstag	Sonntag
Tempowechsel 20 min Gehen (1 min) und langsames Laufen GA1 (1 min) im Wechsel Trainingsschuh	**Rumpfstabi** Einsteiger 15 min **Koordination** Einsteiger 15 min **Stretching** 15 min		**Tempowechsel** 20 min Gehen (1 min) und langsames Laufen GA1 (1 min) im Wechsel Trainingsschuh		**Koordination** Einsteiger 15 min **Stretching** 15 min	**Tempowechsel** 20 min Gehen (1 min) und langsames Laufen GA1 (1 min) im Wechsel **Rumpfstabi** Einsteiger 15 min

Sie haben diese Woche 2:30 Stunden trainiert. Noch 77 Tage bis zum Rennen!

Woche 2

Montag	Dienstag	Mittwoch	Donnerstag	Freitag	Samstag	Sonntag
Koordination Einsteiger 15 min **Tempowechsel** 20 min Gehen (1 min) und langsames Laufen GA1 (1:30 min) im Wechsel Trainingsschuh **Stretching** 15 min		**Rumpfstabi** Einsteiger 15 min **Tempowechsel** 20 min Gehen (1 min) und langsames Laufen GA1 (1:30 min) im Wechsel Trainingsschuh			**Koordination** Einsteiger 15 min **Rumpfstabi** Einsteiger 15 min **Ausgleichstraining** Radfahren oder Schwimmen GA1 45 min	**Tempowechsel** 20 min Gehen (1 min) und langsames Laufen GA1 (2 min) im Wechsel Trainingsschuh **Stretching** 15 min

Sie haben diese Woche 3:00 Stunden trainiert. Noch 70 Tage bis zum Rennen!

Woche 3

Montag	Dienstag	Mittwoch	Donnerstag	Freitag	Samstag	Sonntag
Denken Sie an eine Bewegungsanalyse in einem von Dr. Marquardt ausgebildeten Institut.	**Koordination** Einsteiger 15 min **Tempowechsel** 20 min Gehen (1 min) und langsames Laufen GA1 (2 min) im Wechsel Trainingsschuh **Stretching** 15 min		**Rumpfstabi** Einsteiger 15 min **Tempowechsel** 20 min Gehen (1 min) und langsames Laufen GA1 (2 min) im Wechsel Trainingsschuh		**Koordination** Einsteiger 15 min **Rumpfstabi** Einsteiger 15 min **Ausgleichstraining** Radfahren oder Schwimmen GA1 45 min	**Tempowechsel** 30 min Gehen (1 min) und langsames Laufen GA1 (2 min) im Wechsel Trainingsschuh **Stretching** 15 min

Sie haben diese Woche 3:10 Stunden trainiert. Noch 63 Tage bis zum Rennen!

Woche 4

Montag	Dienstag	Mittwoch	Donnerstag	Freitag	Samstag	Sonntag
	Koordination Einsteiger 15 min **Tempowechsel** 20 min Gehen (1 min) und langsames Laufen GA1 (2 min) im Wechsel Trainingsschuh **Stretching** 15 min		**Koordination** Einsteiger 15 min **Rumpfstabi** Einsteiger 15 min			**Tempowechsel** 30 min Gehen (1 min) und langsames Laufen GA1 (2 min) im Wechsel Trainingsschuh **Stretching** 15 min

Sie haben diese Woche 2:05 Stunden trainiert. Noch 56 Tage bis zum Rennen!

Die Erklärung zu diesen Trainingsplänen finden Sie auf Seite 175

Woche 5

Montag	Dienstag	Mittwoch	Donnerstag	Freitag	Samstag	Sonntag
	Koordination Einsteiger 15 min **Tempowechsel** 30 min Gehen (1 min) und langsames Laufen GA1 (2:30 min) im Wechsel Trainingsschuh **Stretching** 15 min		**Rumpfstabi** Einsteiger 15 min **Tempowechsel** 30 min Gehen (1 min) und langsames Laufen GA1 (2:30 min) im Wechsel Trainingsschuh		**Laufkraft** Einsteiger 15 min **Rumpfstabi** Einsteiger 15 min **Ausgleichstraining** Radfahren oder Schwimmen GA1 45 min	**Tempowechsel** 20 min Gehen (1 min) und langsames Laufen GA1 (3 min) im Wechsel Trainingsschuh **Stretching** 15 min

Sie haben diese Woche 3:35 Stunden trainiert. Noch 49 Tage bis zum Rennen!

Woche 6

Montag	Dienstag	Mittwoch	Donnerstag	Freitag	Samstag	Sonntag
	Koordination Einsteiger 15 min **Tempowechsel** 30 min Gehen (1 min) und langsames Laufen GA1 (2:30 min) im Wechsel Trainingsschuh **Stretching** 15 min		**Rumpfstabi** Einsteiger 15 min **Tempowechsel** 20 min Gehen (1 min) und langsames Laufen GA1 (3 min) im Wechsel Trainingsschuh		**Laufkraft** Einsteiger 15 min **Rumpfstabi** Einsteiger 15 min **Ausgleichstraining** Radfahren oder Schwimmen GA1 45 min	**Tempowechsel** 30 min Gehen (1 min) und langsames Laufen GA1 (3 min) im Wechsel Trainingsschuh **Stretching** 15 min

Sie haben diese Woche 3:35 Stunden trainiert. Noch 42 Tage bis zum Rennen!

Woche 7

Montag	Dienstag	Mittwoch	Donnerstag	Freitag	Samstag	Sonntag
Idealer Zeitpunkt für ein Laufseminar zum Erlernen der richtigen Lauf-technik.	**Koordination** Einsteiger 15 min **Tempowechsel** 30 min Gehen (1 min) und langsames Laufen GA1 (3 min) im Wechsel Trainingsschuh		**Rumpfstabi** Einsteiger 15 min **Tempowechsel** 40 min Gehen (1 min) und langsames Laufen GA1 (2:30 min) im Wechsel Trainingsschuh		**Laufkraft** Einsteiger 15 min **Rumpfstabi** Einsteiger 15 min **Ausgleichstraining** Radfahren oder Schwimmen GA1 45 min	**Tempowechsel** 30 min Gehen (1 min) und langsames Laufen GA1 (3 min) im Wechsel Trainingsschuh **Stretching** 15 min

Sie haben diese Woche 3:40 Stunden trainiert. Noch 35 Tage bis zum Rennen!

Woche 8

Montag	Dienstag	Mittwoch	Donnerstag	Freitag	Samstag	Sonntag
	Koordination Einsteiger 15 min **Tempowechsel** 30 min Gehen (1 min) und langsames Laufen GA1 (3 min) im Wechsel Trainingsschuh **Stretching** 15 min		**Lauf-Abc** Einsteiger 15 min Fußtrainer **Rumpfstabi** Einsteiger 15 min		**Laufkraft** Einsteiger 15 min **Stretching** 15 min	**Tempowechsel** 30 min Gehen (1 min) und langsames Laufen GA1 (3 min) im Wechsel Trainingsschuh

Sie haben diese Woche 2:30 Stunden trainiert. Noch 28 Tage bis zum Rennen!

Woche 9

Montag	Dienstag	Mittwoch	Donnerstag	Freitag	Samstag	Sonntag
	Koordination Einsteiger 15 min **Tempowechsel** 30 min Gehen (1 min) und langsames Laufen GA1 (4 min) im Wechsel Trainingsschuh **Stretching** 15 min		**Rumpfstabi** Einsteiger 15 min **Dauerlauf** 15 min GA1 75–80 % HFmax Trainingsschuh		**Lauf-Abc** Einsteiger 15 min Fußtrainer **Rumpfstabi** Einsteiger 15 min **Stretching** 15 min	**Laufkraft** Einsteiger 15 min **Tempowechsel** 40 min Gehen (1 min) und langsames Laufen GA1 (4 min) im Wechsel Trainingsschuh

Sie haben diese Woche 3:10 Stunden trainiert. Noch 21 Tage bis zum Rennen!

Woche 10

Montag	Dienstag	Mittwoch	Donnerstag	Freitag	Samstag	Sonntag
	Koordination Einsteiger 15 min **Tempowechsel** 30 min Gehen (1 min) und langsames Laufen GA1 (5 min) im Wechsel Trainingsschuh **Stretching** 15 min		**Rumpfstabi** Einsteiger 15 min **Dauerlauf** 20 min GA1 75–80 % HFmax Trainingsschuh		**Lauf-Abc** Einsteiger 15 min Fußtrainer **Laufkraft** Einsteiger 15 min **Rumpfstabi** Einsteiger 15 min **Stretching** 15 min	**Tempowechsel** 40 min Gehen (1 min) und langsames Laufen GA1 (5 min) im Wechsel Trainingsschuh **Ausgleichstraining** Schwimmen oder Radfahren GA1 30 min

Sie haben diese Woche 3:45 Stunden trainiert. Noch 14 Tage bis zum Rennen!

Woche 11

Montag	Dienstag	Mittwoch	Donnerstag	Freitag	Samstag	Sonntag
	Koordination Einsteiger 15 min **Dauerlauf** 20 min GA1 75–80 % HFmax Trainingsschuh **Stretching** 15 min		**Rumpfstabi** Einsteiger 15 min **Dauerlauf** 30 min GA1 75–80 % HFmax Trainingsschuh		**Lauf-Abc** Einsteiger 15 min Fußtrainer **Laufkraft** Einsteiger 15 min **Rumpfstabi** Einsteiger 15 min **Stretching** 15 min	**Dauerlauf** 20 min GA1 75–80 % HFmax Trainingsschuh **Ausgleichstraining** Schwimmen oder Radfahren GA1 30 min

Sie haben diese Woche 3:25 Stunden trainiert. Noch 7 Tage bis zum Rennen!

Woche 12

Montag	Dienstag	Mittwoch	Donnerstag	Freitag	Samstag	Sonntag
	Rumpfstabi Einsteiger 15 min **Dauerlauf** 20 min GA1 75–80 % HFmax Trainingsschuh **Stretching** 15 min		**Dauerlauf** 20 min GA1 75–80 % HFmax Trainingsschuh **Stretching** 15 min			**Wettkampf: 5 km**

Viel Erfolg bei Ihrem Wettkampf!

Trainingsplan von 5 auf 10 km

GA1: 65–80 % der HFmax GA2: 85–95 % der HFmax WSA: > 95 % der HFmax Dauer: 12 Wochen

Woche 1

Montag	Dienstag	Mittwoch	Donnerstag	Freitag	Samstag	Sonntag
	Koordination Einsteiger 15 min **Dauerlauf** 30 min GA1 65–75 % HFmax Trainingsschuh **Stretching** 15 min		**Rumpfstabi** Einsteiger 15 min **Dauerlauf** 20 min GA1 70–80 % HFmax Trainingsschuh		**Lauf-Abc** Einsteiger 15 min Fußtrainer **Laufkraft** Einsteiger 15 min **Rumpfstabi** Einsteiger 15 min **Stretching** 15 min	**Dauerlauf** 30 min GA1 65–75 % HFmax Trainingsschuh **Ausgleichstraining** Schwimmen oder Radfahren GA1 30 min

Sie haben diese Woche 3:35 Stunden trainiert. Noch 77 Tage bis zum Rennen!

Woche 2

Montag	Dienstag	Mittwoch	Donnerstag	Freitag	Samstag	Sonntag
	Koordination Einsteiger 15 min **Dauerlauf** 40 min GA1 65–75 % HFmax Trainingsschuh **Stretching** 15 min		**Rumpfstabi** Einsteiger 15 min **Dauerlauf** 30 min GA1 65–75 % HFmax Trainingsschuh		**Lauf-Abc** Einsteiger 15 min Fußtrainer **Laufkraft** Einsteiger 15 min **Rumpfstabi** Einsteiger 15 min	**Tempowechsel** 50 min Gehen (1 min) und langsames Laufen GA1 (4 min) im Wechsel Trainingsschuh **Stretching** 15 min

Sie haben diese Woche 3:45 Stunden trainiert. Noch 70 Tage bis zum Rennen!

Woche 3

Montag	Dienstag	Mittwoch	Donnerstag	Freitag	Samstag	Sonntag
	Koordination Einsteiger 15 min **Dauerlauf** 40 min GA1 65–75 % HFmax Trainingsschuh **Stretching** 15 min		**Rumpfstabi** Einsteiger 15 min **Dauerlauf** 30 min GA1 65–75 % HFmax Trainingsschuh		**Lauf-Abc** Einsteiger 15 min Fußtrainer **Laufkraft** Einsteiger 15 min **Rumpfstabi** Einsteiger 15 min	**Dauerlauf** 50 min GA1 65–75 % HFmax Trainingsschuh **Stretching** 15 min

Sie haben diese Woche 3:45 Stunden trainiert. Noch 63 Tage bis zum Rennen!

Woche 4

Montag	Dienstag	Mittwoch	Donnerstag	Freitag	Samstag	Sonntag
	Koordination Einsteiger 15 min **Dauerlauf** 20 min GA1 65–75 % HFmax Trainingsschuh **Stretching** 15 min		**Laufkraft** Einsteiger 15 min **Rumpfstabi** Einsteiger 15 min		**Lauf-Abc** Einsteiger 30 min Fußtrainer **Stretching** 15 min	**Dauerlauf** 20 min GA1 65–75 % HFmax Trainingsschuh **Ausgleichstraining** Schwimmen oder Radfahren GA1 45 min

Sie haben diese Woche 3:10 Stunden trainiert. Noch 56 Tage bis zum Rennen!

Woche 5

Montag	Dienstag	Mittwoch	Donnerstag	Freitag	Samstag	Sonntag
	Koordination Einsteiger 15 min **Tempowechsel** 60 min Gehen (1 min) und langsames Laufen GA1 (5 min) im Wechsel Trainingsschuh **Stretching** 15 min		**Rumpfstabi** Einsteiger 15 min **Dauerlauf** 30 min GA1 65–75 % HFmax Trainingsschuh		**Lauf-Abc** Einsteiger 15 min Fußtrainer **Laufkraft** Einsteiger 15 min **Rumpfstabi** Einsteiger 15 min	**Dauerlauf** 45 min GA1 60–75 % HFmax Trainingsschuh **Stretching** 15 min

Sie haben diese Woche 4:00 Stunden trainiert. Noch 49 Tage bis zum Rennen!

Woche 6

Montag	Dienstag	Mittwoch	Donnerstag	Freitag	Samstag	Sonntag
	Koordination Einsteiger 15 min **Tempowechsel** 60 min Gehen (1 min) und langsames Laufen GA1 (5 min) im Wechsel Trainingsschuh **Stretching** 15 min		**Rumpfstabi** Einsteiger 15 min **Dauerlauf** 40 min GA1 65–75 % HFmax Trainingsschuh		**Lauf-Abc** Einsteiger 15 min Fußtrainer **Laufkraft** Einsteiger 15 min **Rumpfstabi** Einsteiger 15 min	**Dauerlauf** 60 min GA1 65–75 % HFmax Trainingsschuh **Stretching** 15 min

Sie haben diese Woche 4:25 Stunden trainiert. Noch 42 Tage bis zum Rennen!

Woche 7

Montag	Dienstag	Mittwoch	Donnerstag	Freitag	Samstag	Sonntag
	Koordination Einsteiger 15 min **Dauerlauf** 30 min GA1 65–75 % HFmax Trainingsschuh **Stretching** 15 min		**Rumpfstabi** Einsteiger 15 min **Dauerlauf** 40 min GA1 65–75 % HFmax Trainingsschuh		**Lauf-Abc** Einsteiger 15 min Fußtrainer **Laufkraft** Einsteiger 15 min **Rumpfstabi** Einsteiger 15 min **Stretching** 15 min	**Dauerlauf** 50 min GA1 65–75 % HFmax Trainingsschuh **Ausgleichstraining** Schwimmen oder Radfahren GA1 45 min

Sie haben diese Woche 4:30 Stunden trainiert. Noch 35 Tage bis zum Rennen!

Woche 8

Montag	Dienstag	Mittwoch	Donnerstag	Freitag	Samstag	Sonntag
	Koordination Einsteiger 15 min **Dauerlauf** 30 min GA1 65–75 % HFmax Trainingsschuh **Stretching** 15 min		**Lauf-Abc** Einsteiger 15 min Fußtrainer **Rumpfstabi** Einsteiger 15 min		**Laufkraft** Einsteiger 15 min **Stretching** 15 min	**Dauerlauf** 40 min GA1 65–75 % HFmax Trainingsschuh **Ausgleichstraining** Schwimmen oder Radfahren GA1 45 min

Sie haben diese Woche 3:25 Stunden trainiert. Noch 28 Tage bis zum Rennen!

Die Erklärung zu diesen Trainingsplänen finden Sie auf Seite 175

Woche 9

Montag	Dienstag	Mittwoch	Donnerstag	Freitag	Samstag	Sonntag
	Koordination Einsteiger 15 min **Dauerlauf** 40 min GA1 65–75 % HFmax Trainingsschuh **Stretching** 15 min		**Rumpfstabi** Einsteiger 15 min **Dauerlauf** 50 min GA1 65–75 % HFmax Trainingsschuh		**Lauf-Abc** Einsteiger 15 min Fußtrainer **Laufkraft** Einsteiger 15 min **Rumpfstabi** Einsteiger 15 min	**Dauerlauf** 60 min GA1 65–75 % HFmax Trainingsschuh **Stretching** 15 min

Sie haben diese Woche 4:15 Stunden trainiert. Noch 21 Tage bis zum Rennen!

Woche 10

Montag	Dienstag	Mittwoch	Donnerstag	Freitag	Samstag	Sonntag
	Koordination Einsteiger 15 min **Dauerlauf** 45 min GA1 65–75 % HFmax Trainingsschuh **Stretching** 15 min		**Rumpfstabi** Einsteiger 15 min **Dauerlauf** 50 min GA1 65–75 % HFmax Trainingsschuh		**Lauf-Abc** Einsteiger 15 min Fußtrainer **Laufkraft** Einsteiger 15 min **Rumpfstabi** Einsteiger 15 min	**Dauerlauf** 70 min GA1 65–75 % HFmax Trainingsschuh **Stretching** 15 min

Sie haben diese Woche 4:30 Stunden trainiert. Noch 14 Tage bis zum Rennen!

Woche 11

Montag	Dienstag	Mittwoch	Donnerstag	Freitag	Samstag	Sonntag
	Koordination Einsteiger 15 min **Dauerlauf** 50 min GA1 65–75 % HFmax Trainingsschuh **Stretching** 15 min		**Rumpfstabi** Einsteiger 15 min **Dauerlauf** 40 min GA1/2 80–85 % HFmax Trainingsschuh		**Lauf-Abc** Einsteiger 15 min Fußtrainer **Laufkraft** Einsteiger 15 min **Rumpfstabi** Einsteiger 15 min	**Dauerlauf** 70 min GA1 65–75 % HFmax Trainingsschuh **Stretching** 15 min

Sie haben diese Woche 4:25 Stunden trainiert. Noch 7 Tage bis zum Rennen!

Woche 12

Montag	Dienstag	Mittwoch	Donnerstag	Freitag	Samstag	Sonntag
	Koordination Einsteiger 15 min **Dauerlauf** 20 min GA1 65–75 % HFmax Trainingsschuh **Stretching** 15 min		**Rumpfstabi** Einsteiger 15 min **Stretching** 15 min	**Dauerlauf** 20 min GA1 65–75 % HFmax Trainingsschuh		**Wettkampf: 10 km**

Viel Erfolg bei Ihrem Wettkampf!

Trainingsplan von 10 auf 21,1 km

GA1: 65–80 % der HFmax GA2: 85–95 % der HFmax WSA: > 95 % der HFmax Dauer: 12 Wochen

Woche 1

Montag	Dienstag	Mittwoch	Donnerstag	Freitag	Samstag	Sonntag
	Koordination Einsteiger 15 min Dauerlauf 45 min GA1 65–75 % HFmax Trainingsschuh Stretching 15 min		Rumpfstabi Einsteiger 15 min Dauerlauf 50 min GA1 65–75 % HFmax Trainingsschuh		Lauf-Abc Einsteiger 15 min Fußtrainer Laufkraft Einsteiger 15 min Rumpfstabi Einsteiger 15 min	Dauerlauf 70 min GA1 65–75 % HFmax Trainingsschuh Stretching 15 min

Sie haben diese Woche 4:30 Stunden trainiert. Noch 77 Tage bis zum Rennen!

Woche 2

Montag	Dienstag	Mittwoch	Donnerstag	Freitag	Samstag	Sonntag
	Koordination Einsteiger 15 min Dauerlauf 30 min GA1/2 80–85 % HFmax Trainingsschuh Stretching 15 min		Rumpfstabi Einsteiger 15 min Dauerlauf 50 min GA1 65–75 % HFmax Trainingsschuh		Lauf-Abc Einsteiger 15 min Fußtrainer Laufkraft Einsteiger 15 min Rumpfstabi Einsteiger 15 min	Dauerlauf 70 min GA1 65–75 % HFmax Trainingsschuh Stretching 15 min

Sie haben diese Woche 4:15 Stunden trainiert. Noch 70 Tage bis zum Rennen!

Woche 3

Montag	Dienstag	Mittwoch	Donnerstag	Freitag	Samstag	Sonntag
	Koordination Einsteiger 15 min Dauerlauf 30 min GA1/2 80–85 % HFmax Trainingsschuh Stretching 15 min		Rumpfstabi Einsteiger 15 min Dauerlauf 60 min GA1 65–75 % HFmax Trainingsschuh		Lauf-Abc Einsteiger 15 min Fußtrainer Laufkraft Einsteiger 15 min Rumpfstabi Einsteiger 15 min	Dauerlauf 80 min GA1 65–75 % HFmax Trainingsschuh Stretching 15 min

Sie haben diese Woche 4:35 Stunden trainiert. Noch 63 Tage bis zum Rennen!

Woche 4

Montag	Dienstag	Mittwoch	Donnerstag	Freitag	Samstag	Sonntag
	Koordination Einsteiger 15 min Dauerlauf 30 min GA1 65–75 % HFmax Trainingsschuh Stretching 15 min		Rumpfstabi Einsteiger 15 min Dauerlauf 40 min GA1 65–75 % HFmax Trainingsschuh		Lauf-Abc Einsteiger 15 min Fußtrainer Laufkraft Einsteiger 15 min Stretching 15 min	Dauerlauf 30 min GA1 65–75 % HFmax Trainingsschuh Ausgleichstraining Schwimmen oder Radfahren GA1 45 min

Sie haben diese Woche 3:55 Stunden trainiert. Noch 56 Tage bis zum Rennen!

Die Erklärung zu diesen Trainingsplänen finden Sie auf Seite 175

Woche 5

Montag	Dienstag	Mittwoch	Donnerstag	Freitag	Samstag	Sonntag
	Bahntraining 8 x 400 m GA2 85–90 % HFmax 2 min Trab- und Gehpause (70 min inkl. Ein-/Auslaufen) Trainingsschuh **Stretching** 15 min		**Koordination** Einsteiger 15 min **Dauerlauf** 60 min GA1 65–75 % HFmax Trainingsschuh		**Lauf-Abc** Einsteiger 15 min Fußtrainer **Laufkraft** Einsteiger 15 min **Rumpfstabi** Einsteiger 15 min	**Dauerlauf** 90 min GA1 65–75 % HFmax Trainingsschuh **Stretching** 15 min

Sie haben diese Woche 5:10 Stunden trainiert. Noch 49 Tage bis zum Rennen!

Woche 6

Montag	Dienstag	Mittwoch	Donnerstag	Freitag	Samstag	Sonntag
	Bahntraining 10 x 400 m 85–90 % HFmax 2 min Trab- und Gehpause (70 min inkl. Ein-/Auslaufen) Wettkampfschuh oder Trainingsschuh **Stretching** 15 min		**Koordination** Einsteiger 15 min **Dauerlauf** 70 min GA1 65–75 % HFmax Trainingsschuh		**Lauf-Abc** Einsteiger 15 min Fußtrainer **Laufkraft** Einsteiger 15 min **Rumpfstabi** Einsteiger 15 min	**Dauerlauf** 90 min GA1 65–75 % HFmax Trainingsschuh **Stretching** 15 min

Sie haben diese Woche 5:20 Stunden trainiert. Noch 42 Tage bis zum Rennen!

Woche 7

Montag	Dienstag	Mittwoch	Donnerstag	Freitag	Samstag	Sonntag
	Bahntraining 12 x 400 m 85–90 % HFmax 2 min Trab- und Gehpause (70 min inkl. Ein-/Auslaufen) Wettkampfschuh oder Trainingsschuh **Stretching** 15 min		**Koordination** Einsteiger 15 min **Dauerlauf** 70 min GA1 65–75 % HFmax Trainingsschuh		**Lauf-Abc** Einsteiger 15 min Fußtrainer **Laufkraft** Einsteiger 15 min **Rumpfstabi** Einsteiger 15 min	**Dauerlauf** 100 min GA1 65–75 % HFmax Trainingsschuh **Stretching** 15 min

Sie haben diese Woche 5:30 Stunden trainiert. Noch 35 Tage bis zum Rennen!

Woche 8

Montag	Dienstag	Mittwoch	Donnerstag	Freitag	Samstag	Sonntag
	Koordination Einsteiger 15 min **Dauerlauf** 40 min GA1 65–75 % HFmax Trainingsschuh **Stretching** 15 min		**Lauf-Abc** Einsteiger 15 min Fußtrainer **Rumpfstabi** Einsteiger 15 min		**Laufkraft** Einsteiger 15 min **Dauerlauf** 30 min GA1 65–75 % HFmax Trainingsschuh	**Laufkraft** Einsteiger 15 min **Ausgleichstraining** Schwimmen oder Radfahren GA1 45 min

Sie haben diese Woche 3:25 Stunden trainiert. Noch 28 Tage bis zum Rennen!

Woche 9

Montag	Dienstag	Mittwoch	Donnerstag	Freitag	Samstag	Sonntag
	Koordination Einsteiger 15 min Dauerlauf 40 min GA1/2 80–85 % HFmax Trainingsschuh Stretching 15 min		Rumpfstabi Einsteiger 15 min Dauerlauf 70 min GA1 65–75 % HFmax Trainingsschuh		Lauf-Abc Einsteiger 15 min Fußtrainer Laufkraft Einsteiger 15 min Rumpfstabi Einsteiger 15 min	Dauerlauf 110 min GA1 65–75 % HFmax Trainingsschuh Stretching 15 min

Sie haben diese Woche 5:25 Stunden trainiert. Noch 21 Tage bis zum Rennen!

Woche 10

Montag	Dienstag	Mittwoch	Donnerstag	Freitag	Samstag	Sonntag
	Koordination Einsteiger 15 min Dauerlauf 50 min GA1/2 80–85 % HFmax Trainingsschuh Stretching 15 min		Rumpfstabi Einsteiger 15 min Dauerlauf 70 min GA1 65–75 % HFmax Trainingsschuh		Lauf-Abc Einsteiger 15 min Fußtrainer Laufkraft Einsteiger 15 min Rumpfstabi Einsteiger 15 min	Dauerlauf 120 min GA1 65–75 % HFmax Trainingsschuh Stretching 15 min

Sie haben diese Woche 5:45 Stunden trainiert. Noch 14 Tage bis zum Rennen!

Woche 11

Montag	Dienstag	Mittwoch	Donnerstag	Freitag	Samstag	Sonntag
	Koordination Einsteiger 15 min Dauerlauf 60 min GA1/2 80–85 % HFmax Trainingsschuh Stretching 15 min		Dauerlauf 90 min GA1 65–75 % HFmax Trainingsschuh		Rumpfstabi Einsteiger 15 min Laufkraft Einsteiger 15 min Stretching 15 min	Lauf-Abc Einsteiger 15 min Fußtrainer Dauerlauf 30 min GA1/2 80–85 % HFmax Trainingsschuh

Sie haben diese Woche 4:30 Stunden trainiert. Noch 7 Tage bis zum Rennen!

Woche 12

Montag	Dienstag	Mittwoch	Donnerstag	Freitag	Samstag	Sonntag
	Koordination Einsteiger 15 min Rumpfstabi Einsteiger 15 min Dauerlauf 40 min GA1 65–75 % HFmax Trainingsschuh		Dauerlauf 30 min GA1 65–75 % HFmax Trainingsschuh Stretching 15 min		Dauerlauf 25 min GA1 65–75 % HFmax Trainingsschuh	Halbmarathon

Viel Erfolg bei Ihrem Wettkampf!

Trainingsplan von 21,1 auf 42,2 km

GA1: 65–80 % der HFmax GA2: 85–95 % der HFmax WSA: > 95 % der HFmax Dauer: 12 Wochen

Woche 1

Montag	Dienstag	Mittwoch	Donnerstag	Freitag	Samstag	Sonntag
	Koordination Einsteiger 15 min **Dauerlauf** 50 min GA1 65–75 % HFmax Trainingsschuh **Stretching** 15 min		**Rumpfstabi** Einsteiger 15 min **Dauerlauf** 70 min GA1 65–75 % HFmax Trainingsschuh		**Lauf-Abc** Einsteiger 15 min Fußtrainer **Laufkraft** Einsteiger 15 min **Rumpfstabi** Einsteiger 15 min	**Dauerlauf** 80 min GA1 65–75 % HFmax Trainingsschuh **Stretching** 15 min

Sie haben diese Woche 5:05 Stunden trainiert. Noch 77 Tage bis zum Rennen!

Woche 2

Montag	Dienstag	Mittwoch	Donnerstag	Freitag	Samstag	Sonntag
	Koordination Einsteiger 15 min **Dauerlauf** 50 min GA1 70–80 % HFmax Trainingsschuh **Stretching** 15 min		**Rumpfstabi** Einsteiger 15 min **Dauerlauf** 70 min GA1 65–75 % HFmax Trainingsschuh		**Lauf-Abc** Einsteiger 15 min Fußtrainer **Laufkraft** Einsteiger 15 min **Rumpfstabi** Einsteiger 15 min	**Dauerlauf** 90 min GA1 65–75 % HFmax Trainingsschuh **Stretching** 15 min

Sie haben diese Woche 5:15 Stunden trainiert. Noch 70 Tage bis zum Rennen!

Woche 3

Montag	Dienstag	Mittwoch	Donnerstag	Freitag	Samstag	Sonntag
	Koordination Einsteiger 15 min **Dauerlauf** 60 min GA1 70–80 % HFmax Trainingsschuh **Stretching** 15 min		**Rumpfstabi** Einsteiger 15 min **Dauerlauf** 70 min GA1 65–75 % HFmax Trainingsschuh		**Lauf-Abc** Einsteiger 15 min Fußtrainer **Laufkraft** Einsteiger 15 min **Rumpfstabi** Einsteiger 15 min	**Dauerlauf** 100 min GA1 65–75 % HFmax Trainingsschuh **Stretching** 15 min

Sie haben diese Woche 5:35 Stunden trainiert. Noch 63 Tage bis zum Rennen!

Woche 4

Montag	Dienstag	Mittwoch	Donnerstag	Freitag	Samstag	Sonntag
	Rumpfstabi Einsteiger 15 min **Dauerlauf** 40 min GA1 65–75 % HFmax Trainingsschuh **Stretching** 15 min		**Lauf-Abc** Einsteiger 15 min Fußtrainer **Dauerlauf** 50 min GA1 65–75 % HFmax Trainingsschuh		**Koordination** Einsteiger 15 min **Laufkraft** Einsteiger 15 min **Rumpfstabi** Einsteiger 15 min	**Dauerlauf** 60 min GA1 65–75 % HFmax Trainingsschuh **Stretching** 15 min

Sie haben diese Woche 4:15 Stunden trainiert. Noch 56 Tage bis zum Rennen!

Woche 5

Montag	Dienstag	Mittwoch	Donnerstag	Freitag	Samstag	Sonntag
	Bahntraining 10 x 500 m GA2 85–90 % HFmax 2 min Geh- und Trabpause (80 min inkl. Ein-/Auslaufen) Wettkampfschuh oder Trainingsschuh **Stretching** 15 min		**Rumpfstabi** Einsteiger 15 min **Dauerlauf** 70 min GA1 65–75 % HFmax Trainingsschuh		**Lauf-Abc** Einsteiger 15 min Fußtrainer **Koordination** Einsteiger 15 min **Laufkraft** Einsteiger 15 min **Rumpfstabi** Einsteiger 15 min	**Dauerlauf** 110 min GA1 65–75 % HFmax Trainingsschuh **Stretching** 15 min

Sie haben diese Woche 6:05 Stunden trainiert. Noch 49 Tage bis zum Rennen!

Woche 6

Montag	Dienstag	Mittwoch	Donnerstag	Freitag	Samstag	Sonntag
	Bahntraining 12 x 500 m GA2 85–90 % HFmax 2 min Geh- und Trabpause (90 min inkl. Ein-/Auslaufen) Wettkampfschuh oder Trainingsschuh **Stretching** 15 min		**Koordination** Einsteiger 15 min **Rumpfstabi** Einsteiger 15 min **Dauerlauf** 50 min GA1 65–75 % HFmax Trainingsschuh		**Laufkraft** Einsteiger 15 min **Dauerlauf** 50 min GA1 75–80 % HFmax Trainingsschuh	**Dauerlauf** 120 min GA1 65–75 % HFmax Trainingsschuh **Stretching** 15 min

Sie haben diese Woche 6:25 Stunden trainiert. Noch 42 Tage bis zum Rennen!

Woche 7

Montag	Dienstag	Mittwoch	Donnerstag	Freitag	Samstag	Sonntag
	Bahntraining 14 x 500 m GA2 85–90 % HFmax 2 min Geh- und Trabpause (90 min inkl. Ein-/Auslaufen) Wettkampfschuh oder Trainingsschuh **Stretching** 15 min		**Koordination** Einsteiger 15 min **Rumpfstabi** Einsteiger 15 min **Dauerlauf** 50 min GA1 65–75 % HFmax Trainingsschuh		**Laufkraft** Einsteiger 15 min **Dauerlauf** 50 min GA1 75–80 % HFmax Lighttrainer	**Kombi-Einheit** Dauerlauf 100 min GA1 65–75 % HFmax Trainingsschuh + Rad GA1 60 min **Stretching** 15 min

Sie haben diese Woche 7:05 Stunden trainiert. Noch 35 Tage bis zum Rennen!

Woche 8

Montag	Dienstag	Mittwoch	Donnerstag	Freitag	Samstag	Sonntag
	Rumpfstabi Einsteiger 15 min **Dauerlauf** 40 min GA1 65–75 % HFmax Trainingsschuh **Stretching** 15 min		**Lauf-Abc** Einsteiger 15 min Fußtrainer **Dauerlauf** 50 min GA1 65–75 % HFmax Trainingsschuh		**Koordination** Einsteiger 15 min **Laufkraft** Einsteiger 15 min **Rumpfstabi** Einsteiger 15 min	**Dauerlauf** 70 min GA1 65–75 % HFmax Trainingsschuh **Stretching** 15 min

Sie haben diese Woche 4:25 Stunden trainiert. Noch 28 Tage bis zum Rennen!

Die Erklärung zu diesen Trainingsplänen finden Sie auf Seite 175

Woche 9

Montag	Dienstag	Mittwoch	Donnerstag	Freitag	Samstag	Sonntag
	Koordination Einsteiger 15 min **Dauerlauf** 60 min GA1/2 80–85 % HFmax Trainingsschuh **Stretching** 15 min		**Rumpfstabi** Einsteiger 15 min **Dauerlauf** 70 min GA1 65–75 % HFmax Trainingsschuh		**Lauf-Abc** Einsteiger 15 min Fußtrainer **Laufkraft** Einsteiger 15 min **Rumpfstabi** Einsteiger 15 min	**Kombi-Einheit** Dauerlauf 120 min GA1 65–75 % HFmax Trainingsschuh + Rad 45 min GA1 **Stretching** 15 min

Sie haben diese Woche 6:40 Stunden trainiert. Noch 21 Tage bis zum Rennen!

Woche 10

Montag	Dienstag	Mittwoch	Donnerstag	Freitag	Samstag	Sonntag
	Koordination Einsteiger 15 min **Dauerlauf** 60 min GA1/2 80–85 % HFmax Trainingsschuh **Stretching** 15 min		**Lauf-Abc** Einsteiger 15 min Fußtrainer **Dauerlauf** 70 min GA1 65–75 % HFmax Trainingsschuh	**Laufkraft** Einsteiger 15 min **Rumpfstabi** Einsteiger 15 min	**Dauerlauf** 60 min GA1 70–80 % HFmax Trainingsschuh	**Dauerlauf** 140–150 min GA1 65–75 % HFmax Trainingsschuh **Stretching** 15 min

Sie haben diese Woche 7:10 Stunden trainiert. Noch 14 Tage bis zum Rennen!

Woche 11

Montag	Dienstag	Mittwoch	Donnerstag	Freitag	Samstag	Sonntag
	Koordination Einsteiger 15 min **Dauerlauf** 45 min GA2 85–95 % HFmax Trainingsschuh **Stretching** 15 min		**Laufkraft** Einsteiger 15 min **Dauerlauf** 60 min GA1 65–75 % HFmax Trainingsschuh	**Rumpfstabi** Einsteiger 15 min	**Bahntraining** 3.000 m 80–85 % HFmax 3 min Geh- und Trabpause 2.000 m 85–90 % HFmax 3 min Geh- und Trabpause 1.000 m 90–95 % HFmax (80 min) Wettkampfschuh	**Dauerlauf** 80 min GA1 65–75 % HFmax Trainingsschuh **Stretching** 15 min

Sie haben diese Woche 5:40 Stunden trainiert. Noch 7 Tage bis zum Rennen!

Woche 12

Montag	Dienstag	Mittwoch	Donnerstag	Freitag	Samstag	Sonntag
	Rumpfstabi Einsteiger 15 min **Dauerlauf** 30 min GA1 65–75 % HFmax Trainingsschuh	**Bahntraining** 4 x 1.000 m GA1/2 80–85 % HFmax 3 min Geh- und Trabpause (60 min inkl. Ein-/Auslaufen) Wettkampfschuh oder Trainingsschuh **Stretching** 15 min		**Ausgleichstraining** Schwimmen REKOM 30 min	**Dauerlauf** 20 min GA1 65–75 % HFmax Trainingsschuh	**Marathon**

Viel Erfolg bei Ihrem Wettkampf!

Trainingsplan 5 km in 25:00 min

GA1: 65–80 % der HFmax GA2: 85–95 % der HFmax WSA: > 95 % der HFmax Dauer: 16 Wochen

Woche 1

Montag	Dienstag	Mittwoch	Donnerstag	Freitag	Samstag	Sonntag
	Lauf-Abc Einsteiger 15 min Fußtrainer **Dauerlauf** 35 min GA1 5 km 7:00 min/km Cushionschuh/ Stabilschuh **Stretching** 15 min		**Rumpfstabi** Einsteiger 15 min **Stretching** 15 min		**Koordination** Einsteiger 15 min **Tempodauerlauf** 2 x 2 km GA2 (= 2 x 12 min) 6:00 min/km 2 min Trabpause Lighttrainer **Stretching** 15 min	**Laufkraft** Einsteiger 15 min **Dauerlauf** 56 min GA1 8 km 7:00 min/km Cushionschuh/ Stabilschuh

Sie sind diese Woche 17 Kilometer gelaufen und haben 3:45 Stunden trainiert. Noch 105 Tage bis zum Rennen.

Woche 2

Montag	Dienstag	Mittwoch	Donnerstag	Freitag	Samstag	Sonntag
	Lauf-Abc Einsteiger 15 min Fußtrainer **Dauerlauf** 31 min GA1 5 km 6:15 min/km Cushionschuh/ Stabilschuh		**Rumpfstabi** Einsteiger + Fortgeschrittene 30 min **Stretching** 15 min		**Koordination** Einsteiger 15 min **Tempodauerlauf** 2 x 3 km GA2 (= 2 x 18 min) 6:00 min/km 2 min Trabpause Lighttrainer **Stretching** 15 min	**Dauerlauf** 70 min GA1 10 km 7:00 min/km Cushionschuh/ Stabilschuh

Sie sind diese Woche 21 Kilometer gelaufen und haben 3:50 Stunden trainiert. Noch 98 Tage bis zum Rennen.

Woche 3

Montag	Dienstag	Mittwoch	Donnerstag	Freitag	Samstag	Sonntag
	Dauerlauf 56 min GA1 8 km 7:00 min/km Cushionschuh/ Stabilschuh **Rumpfstabi** Einsteiger 15 min		**Laufkraft** Einsteiger 15 min **Dauerlauf** 39 min GA1 6 km 6:30 min/km Cushionschuh/ Stabilschuh **Stretching** 15 min		**Lauf-Abc** Einsteiger 15 min Fußtrainer **Tempodauerlauf** 2 x 3 km GA2 (= 2 x 17 min) 5:45 min/km 2 min Trabpause Lighttrainer **Stretching** 15 min	**Dauerlauf** 70 min GA1 10 km 7:00 min/km Cushionschuh/ Stabilschuh **Rumpfstabi** Fortgeschrittene 15 min

Sie sind diese Woche 30 Kilometer gelaufen und haben 4:50 Stunden trainiert. Noch 91 Tage bis zum Rennen.

Woche 4

Montag	Dienstag	Mittwoch	Donnerstag	Freitag	Samstag	Sonntag
	Lauf-Abc Einsteiger 15 min Fußtrainer **Laufkraft** Einsteiger 15 min **Ausgleichstraining** Schwimmen oder Radfahren GA1 30 min		**Rumpfstabi** Einsteiger 15 min **Dauerlauf** 39 min GA1 6 km 6:30 min/km Cushionschuh/ Stabilschuh **Stretching** 15 min		**Koordination** Fortgeschrittene 15 min **Tempodauerlauf** 2 x 1,5 km GA2 (= 2 x 8:40 min) 5:45 min/km 1 min Trabpause Lighttrainer **Stretching** 15 min	**Ausgleichstraining** Schwimmen oder Radfahren GA1 30 min **Rumpfstabi** Fortgeschrittene 15 min

Sie sind diese Woche 9 Kilometer gelaufen und haben 3:45 Stunden trainiert. Noch 84 Tage bis zum Rennen.

Die Erklärung zu diesen Trainingsplänen finden Sie auf Seite 175

Woche 5

Montag	Dienstag	Mittwoch	Donnerstag	Freitag	Samstag	Sonntag
	Dauerlauf 54 min GA1 8 km 6:45 min/km Cushionschuh/ Stabilschuh **Rumpfstabi** Fortgeschrittene 15 min		**Laufkraft** Einsteiger + Fortgeschrittene 30 min Fußtrainer **Stretching** 15 min		**Lauf-Abc** Fortgeschrittene 15 min Fußtrainer **Tempodauerlauf** 4 x 1.500 m GA2 (= 4 x 8 min) 5:30 min/km 1 min Trabpause Lighttrainer **Stretching** 15 min	**Dauerlauf** 67 min GA1 10 km 6:40 min/km Cushionschuh/ Stabilschuh **Rumpfstabi** Einsteiger 15 min

Sie sind diese Woche 25 Kilometer gelaufen und haben 4:25 Stunden trainiert. Noch 77 Tage bis zum Rennen.

Woche 6

Montag	Dienstag	Mittwoch	Donnerstag	Freitag	Samstag	Sonntag
	Lauf-Abc Einsteiger 15 min Fußtrainer **Dauerlauf** 54 min GA1 8 km 6:45 min/km Cushionschuh/ Stabilschuh		**Rumpfstabi** Einsteiger 15 min **Dauerlauf** 37 min GA1 6 km 6:15 min/km Lighttrainer **Stretching** 15 min		**Koordination** Einsteiger 15 min **Tempodauerlauf** 3 x 2.00 m GA2 (= 3 x 11 min) 5:30 min/km 2 min Trabpause Lighttrainer **Stretching** 15 min	**Dauerlauf** 81 min GA1 12 km 6:45 min/km Cushionschuh/ Stabilschuh **Laufkraft** Einsteiger 15 min

Sie sind diese Woche 32 Kilometer gelaufen und haben 5:00 Stunden trainiert. Noch 70 Tage bis zum Rennen.

Woche 7

Montag	Dienstag	Mittwoch	Donnerstag	Freitag	Samstag	Sonntag
	Dauerlauf 54 min GA1 8 km 6:45 min/km Cushionschuh/ Stabilschuh **Rumpfstabi** Einsteiger 15 min		**Laufkraft** Einsteiger 15 min **Dauerlauf** 37 min GA1 6 km 6:15 min/km Cushionschuh/ Stabilschuh **Stretching** 15 min		**Lauf-Abc** Fortgeschrittene 15 min Fußtrainer **Tempodauerlauf** 4 x 2.000 m GA2 (= 4 x 11 min) 5:45 min/km 2 min Trabpause Lighttrainer **Stretching** 15 min	**Dauerlauf** 81 min GA1 12 km 6:45 min/km Cushionschuh/ Stabilschuh **Rumpfstabi** Fortgeschrittene 15 min

Sie sind diese Woche 35 Kilometer gelaufen und haben 5:15 Stunden trainiert. Noch 63 Tage bis zum Rennen.

Woche 8

Montag	Dienstag	Mittwoch	Donnerstag	Freitag	Samstag	Sonntag
	Lauf-Abc Einsteiger 15 min Fußtrainer **Laufkraft** Fortgeschrittene 15 min **Ausgleichstraining** Schwimmen oder Radfahren GA1 30 min		**Rumpfstabi** Einsteiger 15 min **Dauerlauf** 39 min GA1 6 km 6:30 min/km Cushionschuh/ Stabilschuh **Stretching** 15 min		**Koordination** Fortgeschrittene 15 min **Tempodauerlauf** 2 x 2 km GA2 (= 2 x 12 min) 6 min/km 2 min Trabpause Lighttrainer **Stretching** 15 min	**Ausgleichstraining** Schwimmen oder Radfahren GA1 30 min **Rumpfstabi** Fortgeschrittene 15 min

Sie sind diese Woche 10 Kilometer gelaufen und haben 3:50 Stunden trainiert. Noch 56 Tage bis zum Rennen.

Woche 9

Montag	Dienstag	Mittwoch	Donnerstag	Freitag	Samstag	Sonntag
	Dauerlauf 54 min GA1 8 km 6:45 min/km Cushionschuh/ Stabilschuh **Rumpfstabi** Fortgeschrittene 15 min		**Laufkraft** Einsteiger + Fortgeschrittene 30 min **Stretching** 15 min		**Lauf-Abc** Fortgeschrittene 15 min Fußtrainer **Tempodauerlauf** 4 x 2 km GA2 (= 4 x 11 min) 5:30 min/km 2 min Trabpause Lighttrainer **Stretching** 15 min	**Dauerlauf** 78 min GA1 12 km 6:30 min/km Cushionschuh/ Stabilschuh **Rumpfstabi** Einsteiger 15 min

Sie sind diese Woche 29 Kilometer gelaufen und haben 4:50 Stunden trainiert. Noch 49 Tage bis zum Rennen.

Woche 10

Montag	Dienstag	Mittwoch	Donnerstag	Freitag	Samstag	Sonntag
	Lauf-Abc Einsteiger 15 min Fußtrainer **Dauerlauf** 67 min GA1 10 km 6:45 min/km Cushionschuh/ Stabilschuh		**Rumpfstabi** Einsteiger 15 min **Dauerlauf** 37 min GA1 6 km 6:15 min/km Cushionschuh/ Stabilschuh **Stretching** 15 min		**Koordination** Fortgeschrittene 15 min **Tempodauerlauf** 3 x 3 km GA2 (= 3 x 16 min) 5:30 min/km 2 min Trabpause Lighttrainer **Stretching** 15 min	**Dauerlauf** 78 min GA1 12 km 6:30 min/km Cushionschuh/ Stabilschuh **Laufkraft** Fortgeschrittene 15 min

Sie sind diese Woche 37 Kilometer gelaufen und haben 5:30 Stunden trainiert. Noch 42 Tage bis zum Rennen.

Woche 11

Montag	Dienstag	Mittwoch	Donnerstag	Freitag	Samstag	Sonntag
	Dauerlauf 67 min GA1 10 km 6:45 min/km Cushionschuh/ Stabilschuh **Rumpfstabi** Fortgeschrittene 15 min		**Laufkraft** Einsteiger 15 min **Dauerlauf** 50 min GA1 8 km 6:15 min/km Cushionschuh/ Stabilschuh **Stretching** 15 min		**Lauf-Abc** Fortgeschrittene 15 min Fußtrainer **Tempodauerlauf** 2 x 4 km GA2 (= 2 x 22 min) 5:30 min/km 2 min Trabpause Lighttrainer **Stretching** 15 min	**Dauerlauf** 91 min GA1 14 km 6:30 min/km Cushionschuh/ Stabilschuh **Rumpfstabi** Fortgeschrittene 15 min

Sie sind diese Woche 40 Kilometer gelaufen und haben 5:45 Stunden trainiert. Noch 35 Tage bis zum Rennen.

Woche 12

Montag	Dienstag	Mittwoch	Donnerstag	Freitag	Samstag	Sonntag
	Lauf-Abc Einsteiger + Fortgeschrittene 30 min Fußtrainer **Dauerlauf** 65 min GA1 10 km 6:30 min/km Cushionschuh/ Stabilschuh		**Rumpfstabi** Einsteiger + Fortgeschrittene 30 min **Ausgleichstraining** Schwimmen oder Radfahren GA1 30 min **Stretching** 15 min		**Koordination** Fortgeschrittene 15 min **Tempodauerlauf** 33 min GA2 6 km 5:30 min/km Lighttrainer **Stretching** 15 min	**Ausgleichstraining** Schwimmen oder Radfahren GA1 30 min **Laufkraft** Fortgeschrittene 15 min

Sie sind diese Woche 16 Kilometer gelaufen und haben 4:40 Stunden trainiert. Noch 28 Tage bis zum Rennen.

Woche 13

Montag	Dienstag	Mittwoch	Donnerstag	Freitag	Samstag	Sonntag
	Dauerlauf 50 min GA1 8 km 6:15 min/km Cushionschuh/ Stabilschuh **Rumpfstabi** Einsteiger 15 min		**Laufkraft** Einsteiger 15 min **Dauerlauf** 36 min GA1 6 km 6:00 min/km Cushionschuh/ Stabilschuh **Stretching** 15 min		**Lauf-Abc** Einsteiger 15 min Fußtrainer **Bahntraining** 8 x 600 m GA2 (≈ 8 x 3:09 min) mit 2 min Trabpause Lighttrainer/ Wettkampfschuh **Stretching** 15 min	**Dauerlauf** 75 min GA1 12 km 6:15 min/km Cushionschuh/ Stabilschuh **Rumpfstabi** Fortgeschrittene 15 min

Sie sind diese Woche 31 Kilometer gelaufen und haben 5:50 Stunden trainiert. Noch 21 Tage bis zum Rennen.

Woche 14

Montag	Dienstag	Mittwoch	Donnerstag	Freitag	Samstag	Sonntag
	Lauf-Abc Fortgeschrittene 15 min Fußtrainer **Dauerlauf** 62 min GA1 10 km 6:15 min/km Lighttrainer		**Rumpfstabi** Fortgeschrittene 15 min **Dauerlauf** 48 min GA1 8 km 6:00 min/km Cushionschuh/ Stabilschuh **Stretching** 15 min		**Koordination** Einsteiger 15 min **Bahntraining** 6 x 800 m GA2 (≈ 6 x 4:12 min) 2 min Trabpause Lighttrainer/ Wettkampfschuh **Stretching** 15 min	**Dauerlauf** 75 min GA1 12 km 6:15 min/km Cushionschuh/ Stabilschuh **Laufkraft** Fortgeschrittene 15 min

Sie sind diese Woche 35 Kilometer gelaufen und haben 5:15 Stunden trainiert. Noch 14 Tage bis zum Rennen.

Woche 15

Montag	Dienstag	Mittwoch	Donnerstag	Freitag	Samstag	Sonntag
	Dauerlauf 62 min GA1 10 km 6:15 min/km Cushionschuh/ Stabilschuh **Rumpfstabi** Fortgeschrittene 15 min		**Koordination** Fortgeschrittene 15 min **Dauerlauf** 39 min GA1 6 km 6:30 min/km Trainingsschuh		**Lauf-Abc** Einsteiger 15 min Fußtrainer **Bahntraining** 5 x 1.000 m GA2 (≈ 5 x 5:15 min) 2 min Trabpause Lighttrainer/ Wettkampfschuh **Stretching** 15 min	**Dauerlauf** 65 min GA1 10 km 6:30 min/km Cushionschuh/ Stabilschuh **Rumpfstabi** Fortgeschrittene 15 min

Sie sind diese Woche 31 Kilometer gelaufen und haben 4:35 Stunden trainiert. Noch 7 Tage bis zum Rennen.

Woche 16

Montag	Dienstag	Mittwoch	Donnerstag	Freitag	Samstag	Sonntag
Koordination Einsteiger + Fortgeschrittene 30 min **Dauerlauf** 38 min GA1 6 km 6:15 min/km Cushionschuh/ Stabilschuh **Stretching** 15 min		**Lauf-Abc** Einsteiger + Fortgeschrittene 30 min Fußtrainer **Bahntraining** 3 x 1.000 m WSA (= 3 x 5:00 min) 1:30 min Trabpause Wettkampfschuh **Stretching** 15 min	**Rumpfkraft** Fortgeschrittene 15 min **Dauerlauf** 42 min GA1 6 km 7:00 min/km Cushionschuh/ Stabilschuh		**Dauerlauf** 40 min GA1 6 km 6:15–7:00 min/km Lighttrainer **Stretching** 15 min	**5-km-Wettkampf**

Sie sind diese Woche 21 Kilometer gelaufen und haben zusätzlich einen 5-Kilometer-Lauf in 25:00 Minuten absolviert. Herzlichen Glückwunsch!

Trainingsplan 10 km in 50:00 min

GA1: 65–80 % der HFmax GA2: 85–95 % der HFmax WSA: > 95 % der HFmax Dauer: 16 Wochen

Woche 1

Montag	Dienstag	Mittwoch	Donnerstag	Freitag	Samstag	Sonntag
	Lauf-Abc Einsteiger 15 min Fußtrainer Dauerlauf 42 min GA1 6 km 7:00 min/km Cushionschuh/ Stabilschuh Stretching 15 min		Rumpfstabi Einsteiger 15 min Tempowechsel 10 min GA1 (7:15 min/km) 10 min GA2 (6:00 min/km) 5 min GA1 (7:15 min/km) 10 min GA2 (6:00 min/km) 10 min GA1 (7:15 min/km) Lighttrainer		Koordination Einsteiger 15 min Rumpfstabi Einsteiger 15 min Stretching 15 min	Dauerlauf 56 min GA1 8 km 7:00 min/km Cushionschuh/ Stabilschuh Laufkraft Einsteiger 15 min

Sie sind diese Woche 21 Kilometer gelaufen und haben 3:00 Stunden trainiert. Noch 105 Tage bis zum Rennen.

Woche 2

Montag	Dienstag	Mittwoch	Donnerstag	Freitag	Samstag	Sonntag
	Lauf-Abc Einsteiger 15 min Fußtrainer Dauerlauf 56 min GA1 8 km 7:00 min/km Cushionschuh/ Stabilschuh Stretching 15 min		Rumpfstabi Fortgeschrittene 15 min Tempodauerlauf 2 x 3 km GA2 (= 2 x 18 min) 6:00 min/km 2 min Trabpause Lighttrainer		Koordination Einsteiger 15 min Rumpfstabi Einsteiger 15 min Stretching 15 min	Dauerlauf 70 min GA1 10 km 7:00 min/km Cushionschuh/ Stabilschuh

Sie sind diese Woche 24 Kilometer gelaufen und haben 4:15 Stunden trainiert. Noch 98 Tage bis zum Rennen.

Woche 3

Montag	Dienstag	Mittwoch	Donnerstag	Freitag	Samstag	Sonntag
	Dauerlauf 70 min GA1 10 km 7:00 min/km Cushionschuh/ Stabilschuh Rumpfstabi Einsteiger 15 min		Laufkraft Einsteiger 15 min Dauerlauf 39 min GA1 6 km 6:30 min/km Cushionschuh/ Stabilschuh Stretching 15 min		Lauf-Abc Einsteiger 15 min Fußtrainer Tempodauerlauf 3 x 3 km GA2 (= 3 x 17 min) 5:45 min/km 2 min Trabpause Lighttrainer Stretching 15 min	Dauerlauf 84 min GA1 12 km 7:00 min/km Cushionschuh/ Stabilschuh Rumpfstabi Fortgeschrittene 15 min

Sie sind diese Woche 37 Kilometer gelaufen und haben 5:20 Stunden trainiert. Noch 91 Tage bis zum Rennen.

Woche 4

Montag	Dienstag	Mittwoch	Donnerstag	Freitag	Samstag	Sonntag
	Lauf-Abc Einsteiger 15 min Fußtrainer Laufkraft Einsteiger 15 min Dauerlauf 39 min GA1 6 km 6:30 min/km Cushionschuh/ Stabilschuh		Rumpfstabi Einsteiger 15 min Fahrtspiel 4 x 10 min GA2 5:45 min/km 2 min Trabpause Lighttrainer Stretching 15 min		Koordination Fortgeschrittene 15 min Dauerlauf 56 min GA1 8 km 7:00 min/km Cushionschuh/ Stabilschuh Stretching 15 min	Ausgleichstraining Schwimmen oder Radfahren GA1 60 min Rumpfstabi Fortgeschrittene 15 min

Sie sind diese Woche 21 Kilometer gelaufen und haben 5:00 Stunden trainiert. Noch 84 Tage bis zum Rennen.

Die Erklärung zu diesen Trainingsplänen finden Sie auf Seite 175

Woche 5

Montag	Dienstag	Mittwoch	Donnerstag	Freitag	Samstag	Sonntag
	Dauerlauf 54 min GA1 8 km 6:45 min/km Cushionschuh/ Stabilschuh **Rumpfstabi** Fortgeschrittene 15 min		**Laufkraft** Fortgeschrittene 15 min Fußtrainer **Dauerlauf** 37 min GA1 6 km 6:15 min/km Lighttrainer **Stretching** 15 min		**Lauf-Abc** Fortgeschrittene 15 min Fußtrainer **Fahrtspiel** 8 x 5 min GA2 5:30 min/km 1:30 min Trabpause Lighttrainer **Stretching** 15 min	**Dauerlauf** 84 min GA1 12 km 7:00 min/km Cushionschuh/ Stabilschuh **Rumpfstabi** Einsteiger 15 min

Sie sind diese Woche 35 Kilometer gelaufen und haben 5:20 Stunden trainiert. Noch 77 Tage bis zum Rennen.

Woche 6

Montag	Dienstag	Mittwoch	Donnerstag	Freitag	Samstag	Sonntag
	Lauf-Abc Einsteiger 15 min Fußtrainer **Dauerlauf** 67 min GA1 10 km 6:45 min/km Cushionschuh/ Stabilschuh		**Rumpfstabi** Einsteiger 15 min **Dauerlauf** 37 min GA1 6 km 6:15 min/km Lighttrainer **Stretching** 15 min		**Koordination** Einsteiger 15 min **Fahrtspiel** 7 x 6 min GA2 5:30 min/km 1:30 min Trabpause Lighttrainer **Stretching** 15 min	**Dauerlauf** 81 min GA1 12 km 6:45 min/km Cushionschuh/ Stabilschuh **Laufkraft** Einsteiger 15 min

Sie sind diese Woche 36 Kilometer gelaufen und haben 5:30 Stunden trainiert. Noch 70 Tage bis zum Rennen.

Woche 7

Montag	Dienstag	Mittwoch	Donnerstag	Freitag	Samstag	Sonntag
	Dauerlauf 67 min GA1 10 km 6:45 min/km Cushionschuh/ Stabilschuh **Rumpfstabi** Einsteiger 15 min		**Laufkraft** Einsteiger 15 min **Dauerlauf** 50 min GA1 8 km 6:15 min/km Lighttrainer **Stretching** 15 min		**Lauf-Abc** Fortgeschrittene 15 min Fußtrainer **Fahrtspiel** 5 x 8 min GA2 5:30 min/km 1:30 min Trabpause Lighttrainer **Stretching** 15 min	**Dauerlauf** 81 min GA1 12 km 6:45 min/km Cushionschuh/ Stabilschuh **Rumpfstabi** Fortgeschrittene 15 min

Sie sind diese Woche 38 Kilometer gelaufen und haben 5:40 Stunden trainiert. Noch 63 Tage bis zum Rennen.

Woche 8

Montag	Dienstag	Mittwoch	Donnerstag	Freitag	Samstag	Sonntag
	Lauf-Abc Einsteiger 15 min Fußtrainer **Laufkraft** Fortgeschrittene 15 min **Dauerlauf** 50 min GA1 8 km 6:15 min/km Cushionschuh/ Stabilschuh		**Rumpfstabi** Einsteiger 15 min **Dauerlauf** 65 min GA1 10 km 6:30 min/km Cushionschuh/ Stabilschuh **Stretching** 15 min		**Koordination** Fortgeschrittene 15 min **Fahrtspiel** 3 x 12 min GA2 5:30 min/km 2 min Trabpause Lighttrainer **Stretching** 15 min	**Ausgleichstraining** Schwimmen oder Radfahren GA1 60 min **Rumpfstabi** Fortgeschrittene 15 min

Sie sind diese Woche 25 Kilometer gelaufen und haben 5:30 Stunden trainiert. Noch 56 Tage bis zum Rennen.

Woche 9

Montag	Dienstag	Mittwoch	Donnerstag	Freitag	Samstag	Sonntag
	Dauerlauf 65 min GA1 10 km 6:30 min/km Cushionschuh/ Stabilschuh **Rumpfstabi** Fortgeschrittene 15 min		**Laufkraft** Einsteiger 15 min **Dauerlauf** 50 min GA1 8 km 6:15 min/km Lighttrainer **Stretching** 15 min		**Lauf-Abc** Fortgeschrittene 15 min Fußtrainer **Tempodauerlauf** 5 x 2 km GA2 (= 5 x 10:40 min) 5:20 min/km 1:30 min Trabpause Lighttrainer **Stretching** 15 min	**Dauerlauf** 97 min GA1 15 km 6:30 min/km Cushionschuh/ Stabilschuh **Rumpfstabi** Einsteiger 15 min

Sie sind diese Woche 43 Kilometer gelaufen und haben 6:10 Stunden trainiert. Noch 49 Tage bis zum Rennen.

Woche 10

Montag	Dienstag	Mittwoch	Donnerstag	Freitag	Samstag	Sonntag
	Lauf-Abc Einsteiger 15 min Fußtrainer **Dauerlauf** 67 min GA1 10 km 6:45 min/km Cushionschuh/ Stabilschuh		**Rumpfstabi** Einsteiger 15 min **Dauerlauf** 50 min GA1 8 km 6:15 min/km Cushionschuh/ Stabilschuh **Stretching** 15 min		**Koordination** Fortgeschrittene 15 min **Tempodauerlauf** 3 x 3 km GA2 (= 3 x 16 min) 5:20 min/km 1:30 min Trabpause Lighttrainer **Stretching** 15 min	**Dauerlauf** 97 min GA1 15 km 6:30 min/km Cushionschuh/ Stabilschuh **Laufkraft** Fortgeschrittene 15 min

Sie sind diese Woche 42 Kilometer gelaufen und haben 6:00 Stunden trainiert. Noch 42 Tage bis zum Rennen.

Woche 11

Montag	Dienstag	Mittwoch	Donnerstag	Freitag	Samstag	Sonntag
	Dauerlauf 75 min GA1 12 km 6:15 min/km Cushionschuh/ Stabilschuh **Rumpfstabi** Fortgeschrittene 15 min		**Laufkraft** Einsteiger 15 min **Dauerlauf** 50 min GA1 8 km 6:15 min/km Cushionschuh/ Stabilschuh **Stretching** 15 min		**Lauf-Abc** Fortgeschrittene 15 min Fußtrainer **Tempodauerlauf** 2 x 4 km GA2 (= 2 x 21 min) 5:20 min/km 1:30 min Trabpause Lighttrainer **Stretching** 15 min	**Dauerlauf** 97 min GA1 15 km 6:30 min/km Cushionschuh/ Stabilschuh **Rumpfstabi** Einsteiger 15 min

Sie sind diese Woche 43 Kilometer gelaufen und haben 6:00 Stunden trainiert. Noch 35 Tage bis zum Rennen.

Woche 12

Montag	Dienstag	Mittwoch	Donnerstag	Freitag	Samstag	Sonntag
	Lauf-Abc Fortgeschrittene 15 min Fußtrainer **Dauerlauf** 62 min GA1 10 km 6:15 min/km Cushionschuh/ Stabilschuh		**Rumpfstabi** Fortgeschrittene 15 min **Tempodauerlauf** 8 x 1 km GA2 (= 8 x 5:15 min) 5:15 min/km 1:30 min Trabpause Lighttrainer **Stretching** 15 min		**Koordination** Fortgeschrittene 15 min **Dauerlauf** 75 min GA1 12 km 6:15 min/km Cushionschuh/ Stabilschuh **Stretching** 15 min	**Ausgleichstraining** Schwimmen oder Radfahren GA1 60 min **Laufkraft** Fortgeschrittene 15 min

Sie sind diese Woche 30 Kilometer gelaufen und haben 5:40 Stunden trainiert. Noch 28 Tage bis zum Rennen.

Woche 13

Montag	Dienstag	Mittwoch	Donnerstag	Freitag	Samstag	Sonntag
	Dauerlauf 62 min GA1 10 km 6:15 min/km Cushionschuh/ Stabilschuh **Rumpfstabi** Einsteiger 15 min		**Laufkraft** Einsteiger 15 min **Dauerlauf** 48 min GA1 8 km 6:00 min/km Lighttrainer **Stretching** 15 min		**Lauf-Abc** Einsteiger 15 min Fußtrainer **Fahrtspiel** 12 x 4 min GA2 5:15 min/km 2 min Trabpause Lighttrainer **Stretching** 15 min	**Dauerlauf** 104 min GA1 16 km 6:30 min/km Cushionschuh/ Stabilschuh **Rumpfstabi** Fortgeschrittene 15 min

Sie sind diese Woche 43 Kilometer gelaufen und haben 6:15 Stunden trainiert. Noch 21 Tage bis zum Rennen.

Woche 14

Montag	Dienstag	Mittwoch	Donnerstag	Freitag	Samstag	Sonntag
	Lauf-Abc Fortgeschrittene 15 min Fußtrainer **Dauerlauf** 75 min GA1 12 km 6:15 min/km Cushionschuh/ Stabilschuh		**Rumpfstabi** Fortgeschrittene 15 min **Dauerlauf** 48 min GA1 8 km 6:00 min/km Cushionschuh/ Stabilschuh **Stretching** 15 min		**Koordination** Einsteiger 15 min **Fahrtspiel** 10 x 5 min GA2 5:15 min/km 2 min Trabpause Lighttrainer **Stretching** 15 min	**Dauerlauf** 100 min GA1 16 km 6:15 min/km Cushionschuh/ Stabilschuh **Laufkraft** Fortgeschrittene 15 min

Sie sind diese Woche 46 Kilometer gelaufen und haben 6:20 Stunden trainiert. Noch 14 Tage bis zum Rennen.

Woche 15

Montag	Dienstag	Mittwoch	Donnerstag	Freitag	Samstag	Sonntag
	Dauerlauf 62 min GA1 10 km 6:15 min/km Cushionschuh/ Stabilschuh **Rumpfstabi** Fortgeschrittene 15 min		**Koordination** Fortgeschrittene 15 min **Dauerlauf** 39 min GA1 6 km 6:30 min/km Cushionschuh/ Stabilschuh		**Lauf-Abc** Einsteiger 15 min Fußtrainer **Fahrtspiel** 8 x 6 min GA2 5:15 min/km 2 min Trabpause Lighttrainer **Stretching** 15 min	**Dauerlauf** 78 min GA1 12 km 6:30 min/km Cushionschuh/ Stabilschuh **Rumpfstabi** Einsteiger 15 min

Sie sind diese Woche 37 Kilometer gelaufen und haben 5:20 Stunden trainiert. Noch 7 Tage bis zum Rennen.

Woche 16

Montag	Dienstag	Mittwoch	Donnerstag	Freitag	Samstag	Sonntag
Koordination Fortgeschrittene 15 min **Dauerlauf** 38 min GA1 6 km 6:15 min/km Cushionschuh/ Stabilschuh **Stretching** 15 min		**Lauf-Abc** Fortgeschrittene 15 min Fußtrainer **Fahrtspiel** 3 x 5 min WSA 5:00 min/km 1:30 min Trabpause Wettkampfschuh **Stretching** 15 min	**Rumpfstabi** Fortgeschrittene 15 min **Dauerlauf** 42 min GA1 6 km 7:00 min/km Cushionschuh/ Stabilschuh		**Dauerlauf** 40 min GA1 6 km 6:45 min/km Lighttrainer **Stretching** 15 min	**10-km-Wettkampf**

Sie sind diese Woche 31 Kilometer gelaufen und haben einen 10-Kilometer-Lauf in 50:00 Minuten absolviert. Herzlichen Glückwunsch!

Trainingsplan Halbmarathon in 2:00 h

GA1: 65–80 % der HFmax GA2: 85–95 % der HFmax WSA: > 95 % der HFmax
Wettkampftempo: 5:41 min/km Dauer: 16 Wochen

Woche 1

Montag	Dienstag	Mittwoch	Donnerstag	Freitag	Samstag	Sonntag
	Lauf-Abc Einsteiger 15 min Fußtrainer **Dauerlauf** 42 min GA1 6 km 7:00 min/km Lighttrainer		**Koordination** Einsteiger 15 min **Rumpfstabi** Einsteiger 15 min **Stretching** 15 min		**Laufkraft** Einsteiger 15 min **Ausgleichstraining** Schwimmen oder Radfahren GA1 45 min	**Dauerlauf** 60 min GA1 8 km 7:30 min/km Cushionschuh/ Stabilschuh **Stretching** 15 min

Sie sind diese Woche 14 Kilometer gelaufen und haben 3:57 Stunden trainiert. Noch 105 Tage bis zum Rennen!

Woche 2

Montag	Dienstag	Mittwoch	Donnerstag	Freitag	Samstag	Sonntag
	Lauf-Abc Einsteiger 15 min Fußtrainer **Dauerlauf** 49 min GA1 7 km 7:00 min/km Lighttrainer		**Koordination** Einsteiger 15 min **Rumpfstabi** Einsteiger 15 min **Stretching** 15 min		**Laufkraft** Einsteiger 15 min **Ausgleichstraining** Schwimmen oder Radfahren GA1 45 min	**Dauerlauf** 67 min GA1 9 km 7:30 min/km Cushionschuh/ Stabilschuh **Stretching** 15 min

Sie sind diese Woche 16 Kilometer gelaufen und haben 4:11 Stunden trainiert. Noch 98 Tage bis zum Rennen!

Woche 3

Montag	Dienstag	Mittwoch	Donnerstag	Freitag	Samstag	Sonntag
	Lauf-Abc Einsteiger 15 min Fußtrainer **Dauerlauf** 58 min GA1 8 km 7:20 min/km Lighttrainer		**Laufkraft** Einsteiger 15 min **Tempodauerlauf** 36 min GA2 6 km 6:00 min/km Lighttrainer **Stretching** 15 min		**Koordination** Einsteiger 15 min **Rumpfstabi** Einsteiger 15 min **Ausgleichstraining** Schwimmen oder Radfahren GA1 45 min	**Dauerlauf** 45 min GA1 6 km 7:30 min/km Lighttrainer **Stretching** 15 min

Sie sind diese Woche 20 Kilometer gelaufen und haben 4:35 Stunden trainiert. Noch 91 Tage bis zum Rennen!

Woche 4

Montag	Dienstag	Mittwoch	Donnerstag	Freitag	Samstag	Sonntag
	Lauf-Abc Einsteiger 15 min Fußtrainer **Tempodauerlauf** 36 min GA2 6 km 6:00 min/km Lighttrainer		**Koordination** Einsteiger 15 min **Rumpfstabi** Einsteiger 15 min **Stretching** 15 min		**Dauerlauf** 63 min GA1 9 km 7:00 min/km Cushionschuh/ Stabilschuh	**Laufkraft** Einsteiger 15 min **Ausgleichstraining** Schwimmen oder Radfahren GA1 45 min

Sie sind diese Woche 15 Kilometer gelaufen und haben 3:40 Stunden trainiert. Noch 84 Tage bis zum Rennen!

Die Erklärung zu diesen Trainingsplänen finden Sie auf Seite 175

Woche 5

Montag	Dienstag	Mittwoch	Donnerstag	Freitag	Samstag	Sonntag
	Bahntraining 10x400 m GA2 5:30 min/km (= 132 s auf 400 m) 2 min Trabpause (80 min inkl. Ein-/Auslaufen) Wettkampfschuh **Stretching** 15 min		**Rumpfstabi** Einsteiger + Fortgeschrittene 30 min **Dauerlauf** 72 min GA1 10 km 7:15 min/km Cushionschuh/Stabilschuh		**Laufkraft** Einsteiger + Fortgeschrittene 30 min **Ausgleichstraining** Schwimmen oder Radfahren GA1 45 min	**Koordination** Einsteiger 15 min **Dauerlauf** 54 min GA1 8 km 6:45 min/km Lighttrainer **Stretching** 15 min

Sie sind diese Woche 22 Kilometer gelaufen und haben 6:00 Stunden trainiert. Noch 77 Tage bis zum Rennen!

Woche 6

Montag	Dienstag	Mittwoch	Donnerstag	Freitag	Samstag	Sonntag
	Bahntraining 10x500 m GA2 5:30 min/km (= 165 s auf 500 m) 2 min Trabpause (80 min inkl. Ein-/Auslaufen) Wettkampfschuh **Stretching** 15 min		**Rumpfstabi** Einsteiger + Fortgeschrittene 30 min **Dauerlauf** 80 min GA1 11 km 7:15 min/km Cushionschuh/Stabilschuh		**Laufkraft** Einsteiger + Fortgeschrittene 30 min **Ausgleichstraining** Schwimmen oder Radfahren GA1 45 min	**Koordination** Einsteiger 15 min **Dauerlauf** 61 min GA1 9 km 6:45 min/km Lighttrainer **Stretching** 15 min

Sie sind diese Woche 25 Kilometer gelaufen und haben 6:15 Stunden trainiert. Noch 70 Tage bis zum Rennen!

Woche 7

Montag	Dienstag	Mittwoch	Donnerstag	Freitag	Samstag	Sonntag
	Bahntraining 10x400 m GA2 5:15 min/km (= 126 s auf 400 m) 2 min Trabpause (80 min inkl. Ein-/Auslaufen) Wettkampfschuh **Stretching** 15 min		**Rumpfstabi** Einsteiger + Fortgeschrittene 30 min **Dauerlauf** 87 min GA1 12 km 7:15 min/km Cushionschuh/Stabilschuh		**Laufkraft** Einsteiger + Fortgeschrittene 30 min **Tempodauerlauf** 30 min GA2 5 km 6:00 min/km Lighttrainer	**Koordination** Einsteiger 15 min **Dauerlauf** 61 min GA1 9 km 6:45 min/km Lighttrainer **Stretching** 15 min

Sie sind diese Woche 30 Kilometer gelaufen und haben 6:05 Stunden trainiert. Noch 63 Tage bis zum Rennen!

Woche 8

Montag	Dienstag	Mittwoch	Donnerstag	Freitag	Samstag	Sonntag
	Lauf-Abc Einsteiger 15 min Fußtrainer **Dauerlauf** 61 min GA1 9 km 6:45 min/km Cushionschuh/Stabilschuh		**Koordination** Einsteiger 15 min **Rumpfstabi** Einsteiger 15 min **Stretching** 15 min		**Tempodauerlauf** 42 min GA2 7 km 6:00 min/km Lighttrainer	**Laufkraft** Einsteiger 15 min **Ausgleichstraining** Schwimmen oder Radfahren GA1 60 min

Sie sind diese Woche 16 Kilometer gelaufen und haben 4:00 Stunden trainiert. Noch 56 Tage bis zum Rennen!

Woche 9

Montag	Dienstag	Mittwoch	Donnerstag	Freitag	Samstag	Sonntag
	Tempodauerlauf 48 min GA2 8 km 6:00 min/km Lighttrainer **Stretching** 15 min		**Lauf-Abc** Einsteiger + Fortgeschrittene 30 min Fußtrainer **Dauerlauf** 56 min GA1 8 km 7:00 min/km Cushionschuh/ Stabilschuh		**Laufkraft** Einsteiger + Fortgeschrittene 30 min **Tempodauerlauf** 40 min GA2 7 km 5:45 min/km Lighttrainer	**Koordination** Einsteiger 15 min **Rumpfstabi** Einsteiger 15 min **Dauerlauf** 81 min GA1 12 km 6:45 min/km Lighttrainer **Stretching** 15 min

Sie sind diese Woche 35 Kilometer gelaufen und haben 5:45 Stunden trainiert. Noch 49 Tage bis zum Rennen!

Woche 10

Montag	Dienstag	Mittwoch	Donnerstag	Freitag	Samstag	Sonntag
	Tempodauerlauf 60 min GA2 10 km 6:00 min/km Lighttrainer **Stretching** 15 min		**Lauf-Abc** Einsteiger + Fortgeschrittene 30 min Fußtrainer **Dauerlauf** 84 min GA1 12 km 7:00 min/km Cushionschuh/ Stabilschuh		**Koordination** Einsteiger 15 min **Rumpfstabi** Einsteiger + Fortgeschrittene 30 min **Stretching** 15 min	**Laufkraft** Einsteiger + Fortgeschrittene 30 min **Dauerlauf** 95 min GA1 14 km 6:45 min/km Lighttrainer

Sie sind diese Woche 36 Kilometer gelaufen und haben 6:15 Stunden trainiert. Noch 42 Tage bis zum Rennen!

Woche 11

Montag	Dienstag	Mittwoch	Donnerstag	Freitag	Samstag	Sonntag
	Tempodauerlauf 60 min GA2 10 km 6:00 min/km Lighttrainer **Stretching** 15 min		**Lauf-Abc** Einsteiger + Fortgeschrittene 30 min Fußtrainer **Dauerlauf** 84 min GA1 12 km 7:00 min/km Cushionschuh/ Stabilschuh		**Koordination** Einsteiger 15 min **Rumpfstabi** Einsteiger + Fortgeschrittene 30 min **Tempodauerlauf** 34 min GA2 6 km 5:45 min/km Cushionschuh/ Stabilschuh	**Laufkraft** Einsteiger + Fortgeschrittene 30 min **Dauerlauf** 101 min GA1 15 km 6:45 min/km Trainingsschuh **Stretching** 15 min

Sie sind diese Woche 43 Kilometer gelaufen und haben 7:00 Stunden trainiert. Noch 35 Tage bis zum Rennen!

Woche 12

Montag	Dienstag	Mittwoch	Donnerstag	Freitag	Samstag	Sonntag
	Lauf-Abc Einsteiger 15 min Fußtrainer **Dauerlauf** 54 min GA1 8 km 6:45 min/km Lighttrainer **Stretching** 15 min		**Laufkraft** Einsteiger 15 min **Tempodauerlauf** 33 min GA2 6 km 5:30 min/km Lighttrainer		**Koordination** Einsteiger 15 min **Rumpfstabi** Einsteiger 15 min **Stretching** 15 min	**Dauerlauf** 52 min GA1 8 km 6:30 min/km Cushionschuh/ Stabilschuh **Ausgleichstraining** Schwimmen REKOM 30 min

Sie sind diese Woche 22 Kilometer gelaufen und haben 4:20 Stunden trainiert. Noch 28 Tage bis zum Rennen!

Woche 13

Montag	Dienstag	Mittwoch	Donnerstag	Freitag	Samstag	Sonntag
	Tempodauerlauf 72 min GA2 12 km 6:00 min/km Lighttrainer **Stretching** 15 min		**Laufkraft** Einsteiger + Fortgeschrittene 30 min **Dauerlauf** 42 min GA1 6 km 7:00 min/km Cushionschuh/ Stabilschuh		**Lauf-Abc** Einsteiger + Fortgeschrittene 30 min Fußtrainer **Tempodauerlauf** 34 min GA2 6 km 5:45 min/km Lighttrainer	**Koordination** Einsteiger 15 min **Rumpfstabi** Einsteiger + Fortgeschrittene 30 min **Dauerlauf** 108 min GA1 16 km 6:45 min/km Cushionschuh/ Stabilschuh **Stretching** 15 min

Sie sind diese Woche 40 Kilometer gelaufen und haben 6:30 Stunden trainiert. Noch 21 Tage bis zum Rennen!

Woche 14

Montag	Dienstag	Mittwoch	Donnerstag	Freitag	Samstag	Sonntag
	Tempodauerlauf 72 min GA2 12 km 6:00 min/km Lighttrainer **Stretching** 15 min		**Laufkraft** Einsteiger 15 min **Dauerlauf** 70 min GA1 10 km 7:00 min/km Cushionschuh/ Stabilschuh		**Koordination** Einsteiger 15 min **Rumpfstabi** Einsteiger + Fortgeschrittene 30 min **Tempodauerlauf** 27 min GA2 5 km 5:30 min/km Lighttrainer	**Lauf-Abc** Einsteiger + Fortgeschrittene 30 min Fußtrainer **Dauerlauf** 121 min GA1 18 km 6:45 min/km Cushionschuh/ Stabilschuh **Stretching** 15 min

Sie sind diese Woche 45 Kilometer gelaufen und haben 6:50 Stunden trainiert. Noch 14 Tage bis zum Rennen!

Woche 15

Montag	Dienstag	Mittwoch	Donnerstag	Freitag	Samstag	Sonntag
	Tempodauerlauf 44 min GA2 8 km 5:30 min/km Lighttrainer **Stretching** 15 min		**Koordination** Einsteiger 15 min **Rumpfstabi** Einsteiger + Fortgeschrittene 30 min **Dauerlauf** 77 min GA1 11 km 7:00 min/km Cushionschuh/ Stabilschuh		**Bahntraining** 8x400 m GA2 4:50 min/km (=116 s auf 400 m) 2 min Trabpause (80 min inkl. Ein-/ Auslaufen) Wettkampfschuh **Stretching** 15 min	**Lauf-Abc** Einsteiger + Fortgeschrittene 30 min **Dauerlauf** 58 min GA1 9 km 6:30 min/km Lighttrainer

Sie sind diese Woche 32 Kilometer gelaufen und haben 6:05 Stunden trainiert. Noch 7 Tage bis zum Rennen!

Woche 16

Montag	Dienstag	Mittwoch	Donnerstag	Freitag	Samstag	Sonntag
	Rumpfstabi Einsteiger 15 min **Ausgleichstraining** Schwimmen REKOM 30 min	**Progressiver Dauerlauf** 52 min GA1/2 9 km 6:30–5:45 min/km Lighttrainer **Stretching** 15 min			**Dauerlauf** 26 min GA1 4 km 6:30 min/km Lighttrainer	**Halbmarathon**

Sie sind diese Woche 34 Kilometer gelaufen und haben einen Halbmarathon absolviert. Herzlichen Glückwunsch!

Trainingsplan Marathon in 4:00 h

GA1: 65–80 % der HFmax GA2: 85–95 % der HFmax WSA: > 95 % der HFmax
Wettkampftempo: 5:41 min/km

Dauer: 16 Wochen

Woche 1

Montag	Dienstag	Mittwoch	Donnerstag	Freitag	Samstag	Sonntag
	Lauf-Abc Einsteiger 15 min Fußtrainer **Dauerlauf** 33 min GA1 5 km 6:40 min/km Lighttrainer	**Koordination** Einsteiger 15 min **Rumpfstabi** Einsteiger 15 min **Stretching** 15 min	**Laufkraft** Einsteiger 15 min **Tempodauerlauf** 46 min GA2 8 km 5:45 min/km Lighttrainer		**Rumpfstabi** Einsteiger 15 min **Ausgleichstraining** Schwimmen oder Radfahren GA1 45 min	**Dauerlauf** 84 min GA1 12 km 7:00 min/km Trainingsschuh **Stretching** 15 min

Sie sind diese Woche 25 Kilometer gelaufen und haben 5:15 Stunden trainiert. Noch 105 Tage bis zum Rennen!

Woche 2

Montag	Dienstag	Mittwoch	Donnerstag	Freitag	Samstag	Sonntag
	Lauf-Abc Einsteiger 15 min Fußtrainer **Dauerlauf** 53 min GA1 8 km 6:40 min/km Lighttrainer	**Koordination** Einsteiger 15 min **Rumpfstabi** Einsteiger 15 min **Stretching** 15 min	**Laufkraft** Einsteiger 15 min **Tempodauerlauf** 74 min GA2 13 km 5:45 min/km Lighttrainer		**Rumpfstabi** Einsteiger 15 min **Ausgleichstraining** Schwimmen oder Radfahren GA1 45 min	**Dauerlauf** 98 min GA1 14 km 7:00 min/km Trainingsschuh **Stretching** 15 min

Sie sind diese Woche 35 Kilometer gelaufen und haben 6:15 Stunden trainiert. Noch 98 Tage bis zum Rennen!

Woche 3

Montag	Dienstag	Mittwoch	Donnerstag	Freitag	Samstag	Sonntag
	Lauf-Abc Einsteiger 15 min Fußtrainer **Dauerlauf** 53 min GA1 8 km 6:40 min/km Lighttrainer	**Koordination** Einsteiger 15 min **Rumpfstabi** Einsteiger 15 min **Stretching** 15 min	**Laufkraft** Einsteiger 15 min **Tempodauerlauf** 69 min GA2 12 km 5:45 min/km Lighttrainer		**Rumpfstabi** Einsteiger 15 min **Ausgleichstraining** Schwimmen oder Radfahren GA1 45 min	**Dauerlauf** 105 min GA1 15 km 7:00 min/km Trainingsschuh **Stretching** 15 min

Sie sind diese Woche 35 Kilometer gelaufen und haben 6:17 Stunden trainiert. Noch 91 Tage bis zum Rennen!

Woche 4

Montag	Dienstag	Mittwoch	Donnerstag	Freitag	Samstag	Sonntag
	Lauf-Abc Einsteiger 15 min Fußtrainer **Dauerlauf** 65 min GA1 10 km 6:30 min/km Lighttrainer		**Koordination** Einsteiger 15 min **Rumpfstabi** Einsteiger 15 min **Stretching** 15 min		**Dauerlauf** 102 min GA1 15 km 6:50 min/km Trainingsschuh	**Laufkraft** Einsteiger 15 min **Ausgleichstraining** Schwimmen oder Radfahren GA1 40 min

Sie sind diese Woche 25 Kilometer gelaufen und haben 4:40 Stunden trainiert. Noch 84 Tage bis zum Rennen!

Die Erklärung zu diesen Trainingsplänen finden Sie auf Seite 175

Woche 5

Montag	Dienstag	Mittwoch	Donnerstag	Freitag	Samstag	Sonntag
	Bahntraining 12x400 m GA2 5:10 min/km (=124 s auf 400 m) 2 min Trabpause (80 min inkl. Ein-/Auslaufen) Wettkampfschuh **Stretching** 15 min	**Koordination** Einsteiger 15 min **Rumpfstabi** Einsteiger+ Fortgeschrittene 30 min	**Laufkraft** Einsteiger 15 min **Dauerlauf** 65 min GA1 10 km 6:30 min/km Lighttrainer		**Rumpfstabi** Einsteiger 15 min **Ausgleichstraining** Schwimmen oder Radfahren GA1 45 min	**Dauerlauf** 102 min GA1 15 km 6:50 min/km Trainingsschuh **Stretching** 15 min

Sie sind diese Woche 30 Kilometer gelaufen und haben 6:40 Stunden trainiert. Noch 77 Tage bis zum Rennen!

Woche 6

Montag	Dienstag	Mittwoch	Donnerstag	Freitag	Samstag	Sonntag
	Bahntraining 12x500 m GA2 5:10 min/km (=155 s auf 500 m) 2 min Trabpause (80 min inkl. Ein-/Auslaufen) Wettkampfschuh **Stretching** 15 min	**Koordination** Einsteiger 15 min **Rumpfstabi** Einsteiger + Fortgeschrittene 30 min	**Laufkraft** Einsteiger 15 min **Dauerlauf** 84 min GA1 13 km 6:30 min/km Lighttrainer		**Rumpfstabi** Einsteiger 15 min **Ausgleichstraining** Schwimmen oder Radfahren GA1 45 min	**Dauerlauf** 116 min GA1 17 km 6:50 min/km Trainingsschuh **Stretching** 15 min

Sie sind diese Woche 38 Kilometer gelaufen und haben 7:10 Stunden trainiert. Noch 70 Tage bis zum Rennen!

Woche 7

Montag	Dienstag	Mittwoch	Donnerstag	Freitag	Samstag	Sonntag
	Bahntraining 12x400 m GA2 5:00 min/km (=120 s auf 400 m) 2 min Trabpause (80 min inkl. Ein-/Auslaufen) Wettkampfschuh **Stretching** 15 min	**Koordination** Einsteiger 15 min **Rumpfstabi** Einsteiger + Fortgeschrittene 30 min	**Dauerlauf** 97 min GA1 15 km 6:30 min/km Lighttrainer		**Laufkraft** Einsteiger 15 min **Rumpfstabi** Einsteiger + Fortgeschrittene 30 min	**Dauerlauf** 136 min GA1 20 km 6:50 min/km Trainingsschuh **Stretching** 15 min

Sie sind diese Woche 40 Kilometer gelaufen und haben 7:10 Stunden trainiert. Noch 63 Tage bis zum Rennen!

Woche 8

Montag	Dienstag	Mittwoch	Donnerstag	Freitag	Samstag	Sonntag
	Lauf-Abc Einsteiger 15 min Fußtrainer **Dauerlauf** 63 min GA1 10 km 6:20 min/km Lighttrainer		**Koordination** Einsteiger 15 min **Rumpfstabi** Einsteiger 15 min **Stretching** 15 min		**Dauerlauf** 100 min GA1 15 km 6:40 min/km Trainingsschuh	**Laufkraft** Einsteiger 15 min **Ausgleichstraining** Schwimmen oder Radfahren GA1 45 min

Sie sind diese Woche 25 Kilometer gelaufen und haben 4:45 Stunden trainiert. Noch 56 Tage bis zum Rennen!

Woche 9

Montag	Dienstag	Mittwoch	Donnerstag	Freitag	Samstag	Sonntag
	Tempodauerlauf 57 min GA2 10 km 5:40 min/km Lighttrainer **Stretching** 15 min	**Laufkraft** Einsteiger + Fortgeschrittene 30 min **Rumpfstabi** Einsteiger + Fortgeschrittene 30 min	**Dauerlauf** 78 min GA1 12 km 6:30 min/km Lighttrainer		**Lauf-Abc** Einsteiger + Fortgeschrittene 30 min Fußtrainer **Koordination** Einsteiger 15 min **Rumpfstabi** Einsteiger 15 min	**Dauerlauf** 147 min GA1 22 km 6:40 min/km Trainingsschuh **Stretching** 15 min

Sie sind diese Woche 44 Kilometer gelaufen und haben 7:10 Stunden trainiert. Noch 49 Tage bis zum Rennen!

Woche 10

Montag	Dienstag	Mittwoch	Donnerstag	Freitag	Samstag	Sonntag
	Tempodauerlauf 57 min GA2 10 km 5:40 min/km Lighttrainer **Stretching** 15 min	**Dauerlauf** 78 min GA1 12 km 6:30 min/km Trainingsschuh		**Lauf-Abc** Einsteiger + Fortgeschrittene 30 min Fußtrainer **Dauerlauf** 62 min GA1 10 km 6:15 min/km Trainingsschuh	**Koordination** Einsteiger 15 min **Laufkraft** Einsteiger + Fortgeschrittene 30 min **Rumpfstabi** Einsteiger + Fortgeschrittene 30 min	**Dauerlauf** 160 min GA1 24 km 6:40 min/km Trainingsschuh **Stretching** 15 min

Sie sind diese Woche 56 Kilometer gelaufen und haben 8:15 Stunden trainiert. Noch 42 Tage bis zum Rennen!

Woche 11

Montag	Dienstag	Mittwoch	Donnerstag	Freitag	Samstag	Sonntag
	Tempodauerlauf 68 min GA2 12 km 5:40 min/km Lighttrainer **Stretching** 15 min	**Dauerlauf** 84 min GA1 13 km 6:30 min/km Trainingsschuh		**Koordination** Einsteiger 15 min **Dauerlauf** 93 min GA1 15 km 6:15 min/km Trainingsschuh	**Lauf-Abc** Einsteiger + Fortgeschrittene 30 min Fußtrainer **Laufkraft** Einsteiger + Fortgeschrittene 30 min **Rumpfstabi** Einsteiger + Fortgeschrittene 30 min	**Dauerlauf** 173 min GA1 26 km 6:40 min/km Trainingsschuh **Stretching** 15 min

Sie sind diese Woche 66 Kilometer gelaufen und haben 9:15 Stunden trainiert. Noch 35 Tage bis zum Rennen!

Woche 12

Montag	Dienstag	Mittwoch	Donnerstag	Freitag	Samstag	Sonntag
	Lauf-Abc Einsteiger + Fortgeschrittene 30 min Fußtrainer **Dauerlauf** 51 min GA1 8 km 6:20 min/km Trainingsschuh **Stretching** 15 min		**Koordination** Einsteiger 15 min **Tempodauerlauf** 66 min GA2 12 km 5:30 min/km Lighttrainer		**Laufkraft** Einsteiger + Fortgeschrittene 30 min **Rumpfstabi** Einsteiger + Fortgeschrittene 30 min **Stretching** 15 min	**Dauerlauf** 97 min GA1 15 km 6:30 min/km Trainingsschuh

Sie sind diese Woche 35 Kilometer gelaufen und haben 5:50 Stunden trainiert. Noch 28 Tage bis zum Rennen!

Woche 13

Montag	Dienstag	Mittwoch	Donnerstag	Freitag	Samstag	Sonntag
	Tempodauerlauf 77 min GA2 14 km 5:30 min/km Lighttrainer **Stretching** 15 min	**Dauerlauf** 78 min GA1 12 km 6:30 min/km Trainingsschuh		**Koordination** Einsteiger 15 min **Dauerlauf** 84 min GA1 14 km 6:00 min/km Trainingsschuh	**Lauf-Abc** Einsteiger + Fortgeschrittene 30 min Fußtrainer **Laufkraft** Einsteiger 15 min **Stretching** 15 min	**Dauerlauf** 195 min GA1 30 km 6:30 min/km Trainingsschuh **Stretching** 15 min

Sie sind diese Woche 70 Kilometer gelaufen und haben 9:00 Stunden trainiert. Noch 21 Tage bis zum Rennen!

Woche 14

Montag	Dienstag	Mittwoch	Donnerstag	Freitag	Samstag	Sonntag
	Tempodauerlauf 82 min GA2 15 km 5:30 min/km Lighttrainer **Stretching** 15 min	**Laufkraft** Einsteiger + Fortgeschrittene 30 min **Dauerlauf** 65 min GA1 10 km 6:30 min/km Trainingsschuh		**Koordination** Einsteiger 15 min **Dauerlauf** 108 min GA1 16 km 6:45 min/km Trainingsschuh	**Lauf-Abc** Einsteiger + Fortgeschrittene 30 min Fußtrainer	**Dauerlauf** 156 min GA1 24 km 6:30 min/km Trainingsschuh **Stretching** 15 min

Sie sind diese Woche 65 Kilometer gelaufen und haben 8:35 Stunden trainiert. Noch 14 Tage bis zum Rennen!

Woche 15

Montag	Dienstag	Mittwoch	Donnerstag	Freitag	Samstag	Sonntag
	Tempodauerlauf 66 min GA2 12 km 5:30 min/km Lighttrainer **Stretching** 15 min	**Koordination** Einsteiger 15 min **Dauerlauf** 84 min GA1 13 km 6:30 min/km Lighttrainer		**Bahntraining** 10 x 500 m GA2 5:10 min/km (= 155 s auf 500 m) 2 min Trabpause (80 min inkl. Ein-/Auslaufen) Wettkampfschuh	**Lauf-Abc** Einsteiger 15 min Fußtrainer **Laufkraft** Einsteiger 15 min **Rumpfstabi** Einsteiger 15 min	**Dauerlauf** 104 min GA1 16 km 6:30 min/km Trainingsschuh **Stretching** 15 min

Sie sind diese Woche 46 Kilometer gelaufen und haben 7:05 Stunden trainiert. Noch 7 Tage bis zum Rennen!

Woche 16

Montag	Dienstag	Mittwoch	Donnerstag	Freitag	Samstag	Sonntag
	Rumpfstabi Einsteiger 15 min **Ausgleichstraining** Schwimmen REKOM 30 min	**Progressiver Dauerlauf** 46 min GA1/2 8 km 6:10–5:30 min/km Lighttrainer **Stretching** 15 min		**Dauerlauf** 34 min GA1 5 km 6:45 min/km Lighttrainer **Stretching** 15 min	**Dauerlauf** 26 min GA1 4 km 6:30 min/km Lighttrainer	**Marathon**

Sie sind diese Woche 59 Kilometer gelaufen und haben einen Marathon absolviert. Herzlichen Glückwunsch!

Literaturverzeichnis

Kapitel 1: Einführung

1 Grundy SM et al. Implications of Recent Clinical Trials for the National Cholesterol Education Program Adult Treatment Panel III Guidelines. Circulation. 2004; 110:227–239.

2 Leyk D, Rüther T, Wunderlich M, Sievert A, Erley O, Löllgen H. Inanspruchnahme und Durchführung von sportärztlichen Vorsorgeuntersuchungen: Befragungen von mehr als 10 000 Langstreckenläufern. Dtsch Arztebl. 2008; 105(36):609–14

3 Canadian Society for Exercise Physiology. PAR-Q, Physical Activity Readiness Questionnaire der Canadian Society for Exercise Physiology. 2002. (Empfohlen von der American Heart Association und American College of Sports Medicine)

Kapitel 2: Lauftechnik

1 Bauersfeld K-H, Schröter G. Grundlagen der Leichtathletik: das Standardwerk für Ausbildung und Praxis. 5., überarbeitete Auflage. Berlin: Sportverlag; 1998

2 Mann RA, Morgan GT, Dougherty SE. Comparative EMG of the Lower Extremity in Jogging, Running and Sprinting. Amer. J. Sports Medicine. 1986; 14:501–510

3 Cavanagh P. Biomechanics of Distance Running. Champaign, Il: Human Kinetics Books; 1990

4 Pohl MB, Buckley JG. Changes in Foot and Shank Soupling Due to Alterations in Foot Strike Pattern During Running. Clinical Biomechanics. 2008; 23:334–341

5 Jungers WL. Barefoot Running Strikes Back. Nature. 2010; 463:433–434

6 Segesser B, Nigg B.M. Orthopädische und Biomechanische Konzepte im Sportschuhbau. Sportverl Sportschad. 1993; 7:150–162

7 Klein-Vogelbach S, Egli RS, Hamilton C, Spirgi-Gantert I. Funktionelle Bewegungslehre. Bewegung lehren und lernen (Rehabilitation und Prävention). Berlin: Springer-Verlag; 2001

8 Neumann G, Hottenrott K. Das große Buch vom Laufen. 2., überarbeitet Auflage. Aachen: Meyer und Meyer; 2005

Kapitel 3: Trainingssteuerung

1 Neumann G, Hottenrott K. Das große Buch vom Laufen. 2., überarbeitet Auflage, Aachen: Meyer und Meyer; 2005

2 Völker, K. Probleme der Belastungsintensität beim Freizeitsport. Sport & Gesundheit 1 1984; 1:5–7.

3 Wen DY. Risk Factors for Overuse Injuries in Runners. Curr Sports Med Rep. 2007; Oct 6(5):307–13. Review. PubMed PMID: 17883966

Kapitel 4: Trainingsplanung

1, 3 Geiger, L. Überlastungsschäden im Sport. BLV Buchverlag; 1997

2, 4 Israel S. Zur Problematik des Übertrainings aus internistischer und leistungsphysiologischer Sicht. Med u. Sport 1976

5 Pickenhain L, Neumann G, Scharschmidt F. Sportmedizin: Grundfragen, Methoden, Ziele. Verlag Hans Huber, Bern; 1993

Kapitel 5: Grundlagen des Athletiktrainings

1 Hinzmann Jörn L. Untersuchung der Beweglichkeit an jungen Erwachsenen im Alter von 18 bis unter 23 Jahren – Messungen von Gelenk- und Wirbelsäulenbewegungen mit Lot- bzw. Kompaßwinkelmesser. Dissertation. Berliner Universitätsbibliothek; 1989.

2, 9 Wydra G. Stretching – ein Überblick über den aktuellen Stand der Forschung. Sportwissenschaft. 1997; 27:409–427

3 Buroker K, Schwane J. Does Postexercise static Stretching Alleviate Delayed Muscle Soreness? Physician and Sports Medicine. 1989; 17(6):65–83.

4 High D et al. The Effects of Static Stretching and Warm-Up on Prevention of Delayed Onset Muscle Soreness. Res. Quart. for Exercise and Sport. 1989; 60:357–361

5 Wiemann K, Kamphöfner M. Verhindert statisches Dehnen das Auftreten von Muskelkater nach exzentrischem Training? Deutsche Zeitschrift für Sportmedizin. 1995; 46:411–421

6 Dadebo B, White J, George KP. A Survey of Flexibility Training Protocols and Hamstring Strains in Professional Football Clubs in England. British Journal of Medicine. 2004; 38:388–394

7 Pope RP, Herbert RD, Kirwan JD. Effects of Ankle Dorsiflektion Range and pre-Exercise Calf Muscle Stretching on in Jury Risk in Army Recruits. Australian Journal of Physiotherapy. 1998; 44:165–177

8 Pope RP, Herbert RD, Kirwan JD und Graham BJ. A Randomized Trial of pre-Exercise Stretching for Prevention of Lower Limb Injury. Medicine and Science in Sports and Exercise. 2000; 32:271–277

Kapitel 7: Wettkampf

1 Bergström J, Hermansen L, Hultman E, Saltin B. Diet,Muscle Glycogen and Physical Performance. Acta Physiol Scand. 1967; 71:140–150

Kapitel 10: Laufschuh

1 Marti B, Vader JP, Minder CE, Abelin T. On the Epidemiology of Running Injuries. The 1984 Bern Grand-Prix study. Am J Sports Med. 1988; May-Jun 16(3):285–94.

2 Nigg BM, Morlock M. The Influence of Lateral Heel Flare of Running Shoes on Pronation and Impact Forces. Med Sci Sports Exerc. 1987; 19(3):294–302

3, 6 Robbins SE, Hanna AM. Running-related Injury Prevention through Barefoot Adaptations. Med Sci Sports Exerc. 1987; 19:148–156

4 Kerrigan DC, Todd MK, Riley PO. Knee Osteoarthritis and Highheeled Shoes. Lancet. 1998; 351: 1399–401.

5 Kerrigan DC, Johansson JL, Bryant MG, Boxer JA, Croce UD, Riley PO. Moderate-Heeled Shoes and Knee Joint Torques Relevant to the Development and Progression of Knee Osteoarthritis. Archives of Physical Medicine and Rehabilitation. 2005; 86(5):871–875

7, 9 Kerrigan DC, Franz JR, Keenan GS, Dicharry J, Croce UD, Wilder RP. The Effect of Running Shoes on Lower Extremity Joint Torques. Amercian Academy of Physical Medicine and Rehabilitation. 2009; 1:1058–1063

8 Segesser B, Nigg BM. Orthopädische und biomechanische Konzepte im Sportschuhbau. Sportverl Sportschad. 1993; 7:150–162

10 Konradsen L, Hansen EM, Søndergaard L. Long distance running and osteoarthrosis. Am J Sports Med. 1990; Jul-Aug 18(4):379–81

Kapitel 11: Bewegungsanalyse

1 Milgrom C, Finestone A, Segev S, Olin C, Arndt T, Ekemann I. Are Overground or Treadmill Runners More Likely to Sustain Tibial stress Fracture? Br J Sports Med. 2003; 37:160–163

Kapitel 12: Einlagenversorgung

1 Mündermann A, Nigg BM, Stefanyshyn DJ, Humble RN Development of a Reliable Method to Assess Footwear Comfort during Running. Gait and Posture. 2002, 16:38–45

2 Mündermann A, Nigg BM, Humble RN, Stefanyshyn DJ. Foot Orthotics Affect Lower Extremity Kinematics and Kinetics during Running. Clinical Biomechanics. 2003; 18:254–262

3 Mills K, Blanch P, Andrew R, Chapman T, McPoil G, Vicenzino B. Foot Orthoses and Gait: A Systematic Review and Meta-Analysis of Literature Pertaining to Potential Mechanisms. Br J Sports Med. 2010; 44:1035–1046

4 D'hondt NE, Aufdemkampe G, Kerkhoffs GM, Struijs PA, Verheul C, van Dijk CN. Orthotic Devices for Treating Patellofemoral Pain Syndrome. Review. Cochrane. Database Syst Rev 2009; 21(1):CD002267

5 Hilfsmittelverzeichnis der gesetzlichen Krankenversicherung. Stand: Bundesanzeiger Nr. 2 vom 05.01.2011 lt. Sozialgesetzbuch (SGB) Fünftes Buch (V) – Gesetzliche Krankenversicherung (Artikel 1 des Gesetzes v. 20. Dezember 1988, BGBl. I S. 2477)

6 Kannus VP. Evaluation of Abnormal Biomechanics of the Foot and Ankle in Athletes. Review. Br J Sports Med. 1992; Jun 26(2):83–9. PubMed PMID: 1352474

Kapitel 14: Ernährung

1 Williams MH. Dietary Supplements and Sports Performance: Introduction and Vitamins. J Int Soc Sports Nutr. 2004; 1:1–6

2 Williams MH. Dietary Supplements and Sports Performance: Minerals. J Int Soc Sports Nutr. 2005; 2:43–49

3, 5 Jahreis G. Milch und Milchprodukte: Knochenschutz und mehr. Phoenix. 2004; 18–24

4 Anonym. Lactosefreie Ernährung. DGE info. 2004; 152

6 Horton TJ, Drougas H, Brachey A, Reed GW, Peters JC, Hill JO. Fat and Carbohydrate Overfeeding in Humans: Different Effects on Energy Storage. Am J Clin Nutr. 1995; 62:19–29

7, 75, 97 Williams MH. Ernährung, Fitness und Sport. Ullstein-Mosby; 1997

8, 89 Schek A. Top-Leistung im Sport durch bedürfnisgerechte Ernährung. Philippka Sportverlag; 2005

9 Jeukendrup AE, Jentjens RL, Moseley L. Nutritional Considerations in Triathlon. Sports Med. 2005; 35:163–181

10 Lammert O, Grunnet N, Faber P, Bjornsbo KS, Diehl J, Larsen LO, Neese RA, Hellerstein MK, Quistorff B. Effects of Isoenergetic Overfeeding of Either Carbohydrate or Fat in Young Men. Br J Nutr. 2000; 84:233–245

11 von Loeffelholz C. Leistungsernährung für Kraftsportler. Novagenics-Verlag; 2002

12, 91 Jenkins Dr. DJ et al. Glycemic Index of Foods: A Physiological Basis for Carbohydrate Exchange. Am J Clin Nutr. 1981; 34:362–366

13 Chandalia M, Garg A, Lutjohann D, von Bergmann K, Grundy SM, Brinkley LJ. Beneficial Effects of High Dietary Fiber Intake in Patients with Type 2 Diabetes Mellitus. N Engl J Med. 2000; 342:1392–1398

14, 17, 33, 55, 61, 67, 73 Anonym. D–A–CH (Hrsg.). Referenzwerte für die Nährstoffzufuhr. Umschau-/Braus-Verlag; 2000

15 Weickert MO, Pfeiffer, AFH. Ballaststoffe und Prävention des Typ-2-Diabetes. Ernährung & Medizin. 2005; 185–189

16 Bingham S. The Fibre-Folate Debate in Colo-Rectal Cancer. Proc Nutr Soc. 2006; 65:19–23

18, 37, 54, 62, 71, 74 Anonym. DGE e.V. (Hrsg.). Ernährungsbericht 2004. DGE 2004.

19 Foster-Powell K, Holt SH, Brand-Miller JC. International Table of Glycemic Index and Glycemic Load Values 2002. Am J Clin Nutr. 2002; 76:5–56

20 Anonym. Glykämischer Index und glykämische Last – ein für die Ernährungspraxis des Gesunden relevantes Konzept? Ernährungsumschau. 2004; 51:128–130

21, 24 American Diabetes Association. Diagnosis and Classification of Diabetes Mellitus. Diabetes Care. 2005; 28:37–42

22 Bratusch-Marrain PR. Die euglykämische Insulin- und hyperglykämische Clamptechnik. Infusionstherapie und klinische Ernährung. 1984; 11:4–10

23 Schek A. Ernährungslehre kompakt. 1. Aufl. Umschau Zeitschriftenverlag; 1998

25 Halton TL, Hu FB. The Effects of High Protein Diets on Thermogenesis, Satiety and Weight Loss: A Critical Review. J Am Coll Nutr. 2004; 23:373–385

26 Oesser S, Adam M, Babel W, Seifert J. Oral Administration of (14)C Labeled Gelatin Hydrolysate Leads to an Accumulation of Radioactivity in Cartilage of Mice (C57/BL). J Nutr. 1999; 129:1891–1895

27 Oesser S, Seifert J. Stimulation of Type II Collagen Biosynthesis and Secretion in Bovine Chondrocytes Cultured with Degraded Collagen. Cell Tissue Res. 2003; 11:393–399

28 Moskowitz RW. Role of Collagen Hydrolysate in Bone and Joint Disease. Semin Arthritis Rheum. 2000; 30:87–99

29 Kaspar H. Volkskrankheit Arthrose. Ernährungs-Umschau. 2003; 50:278–279

30 Fernstrom JD: Branched-Chain Amino Acids and Brain Function. J Nutr. 2005; 135:1539S–1546S

31 Gleeson M. Interrelationship between Physical Activity and Branched-Chain Amino Acids. J Nutr. 2005; 135:1591S–1595S

32 Williams MH. Ernährung, Fitness und Sport. Ullstein-Mosby; 1997

34, 36 Gaßmann B. Dietary Reference Intakes (DRI), Report 6. Ernährungs-Umschau. 2003; 50:128–133

35 Lemon PW, Tarnopolsky MA, MacDougall JD, Atkinson SA. Protein Requirements and Muscle Mass/Strength Changes during Intensive Training in Novice Bodybuilders. J Appl Physiol. 1992; 73:767–775

36 Hoffman JR, Ratamess NA, Kang J, Falvo MJ, Faigenbaum AD. Effect of Protein Intake on Strength, Body Composition and Endocrine Changes in Strength/Power Athletes. J Int Soc Sports. 2006; Nutr 3:12–18

38 Tarnopolsky M: Protein Requirements for Endurance Athletes. Nutrition. 2004; 20:662–668

39 Poortmans JR, Dellalieux O. Do Regular High Protein Diets Have Potential Health Risks on Kidney Function in Athletes? Int J Sport Nutr Exerc Metab. 2000; 10:28–38

40, 41, 48, 53, 63 Anonym. Evidenzbasierte Leitlinie: Fettkonsum und Prävention ausgewählter ernährungsmitbedingter Krankheiten. DGE; 2006

42 Massaro M, Carluccio MA, De Caterina R. Direct Vascular Antiatherogenic Effects of Oleic Acid: A Clue to the Cardioprotective Effects of the Mediterranean diet. Cardiologia. 1999; 44:507–513

43 Brehme U. Stellenwert von Nüssen in der Ernährung für die Prävention von Herz-Kreislauf-Erkrankungen. Ernährungs-Umschau. 2002; 49:44–48

44 Wahrburg U. Nüsse und Fettsäurensupplemente. DGE info. 2006; 53:166

46 Dietary Supplementation with n-3 Polyunsaturated Fatty Acids and Vitamin E after Myocardial Infarction: Results of the GISSI-Prevenzione trial. Gruppo Italiano per lo Studio della Sopravvivenza nell'Infarto miocardico. Lancet. 1999; 354:447–455

47 Marchioli R, Barzi F, Bomba E, Chieffo C, Di Gregorio D, Di Mascio R, Franzosi MG, Geraci E, Levantesi G, Maggioni AP, Mantini L, Marfisi RM, Mastrogiuseppe G, Mininni N, Nicolosi GL, Santini M, Schweiger C, Tavazzi L, Tognoni G, Tucci C, Valagussa F. Early Protection Against Sudden Death by n-3 Polyunsaturated Fatty Acids after Myocardial Infarction: Time-Course Analysis of the Results of the Gruppo Italiano per lo Studio della Sopravvivenza nell'Infarto Miocardico (GISSI)-Prevenzione. Circulation. 2002; 105:1897–1903

49, 64, 76 Singer P. Pressemitteilung – Häufig gestellte Fragen zu Omega-3-Fettsäuren. Arbeitskreis Omega 3 e.V. 2008; http://www.ak-omega-3.de/presse/publmedien/meldung_60/

50, 51 Singer P. Was sind, wie wirken Omega-3-Fettsäuren? Umschau-Zeitschriftenverlag; 1999

52 von Loeffelholz, C. Ernährungsstrategien in Kraftsport & Bodybuilding. 1. Auflage. Novagenics-Verlag; 2009

57 Schek A. L-Carnitin: Sinn und Unsinn der Substitution einer körpereigenen Substanz. Ernährungs-Umschau. 1994; 41:9–15

58 Heinonen OJ. Carnitine and Physical Exercise. Sports Med. 1996; 22:109–132

59 Schek A. L-Carnitin: Sinn und Unsinn der Substitution einer körpereigenen Substanz - Teil 2. Ernährungs-Umschau. 1994; 41:60–67

60 Brass EP: Carnitine and Sports Medicine: Use or Abuse? Ann N Y Acad Sci. 2004; 1033:67–78

65 von Loeffelholz C. Wechselwirkungen zwischen körperlicher Aktivität, Ernährung und Adipositas. Kongressband zur 12. Ernährungsfachtagung am 26. Oktober 2004 in Jena: 10–21

66 Jahreis G. 12. Ernährungsfachtagung der DGE in Jena. Prävention durch Ernährung und körperliche Aktivität; 2004

68 Anonym. Zusammenfassung: Ernährung, körperliche Aktivität und Krebsprävention: Eine globale Perspektive. World Cancer Research Fund & American Institute for Cancer Research; 2007

69 Anonym. DGE e.V. (Hrsg.). Ernährungsbericht 2004. DGE; 2004

70 Anonym. D-A-CH (Hrsg.): Referenzwerte für die Nährstoffzufuhr. Umschau-/Braus-Verlag; 2000

72 Zittlau Dr. J, Kriegisch Dr. N. Praxisbuch der gesunden Ernährung. München: Südwest Verlag; 2000:51

77 Anonym. Stellungnahme der DGE: Einfluß der Intensivnutzung von Böden auf den Nährstoffgehalt von Lebensmitteln. DGE info. 1999; 39:165–166

78 Anonym. Stellungnahme der DGE: Vitaminversorgung in Deutschland. DGE info. 2003; 51:68–72

79 Miller ER, 3rd, Pastor-Barriuso R, Dalal D, Riemersma RA, Appel LJ, Guallar E. Meta-analysis: High-Dosage Vitamin E Supplementation May Increase All-Cause Mortality. Ann Intern Med. 2005; 142:37–46

80 Omenn GS, Goodman GE, Thornquist MD, Balmes J, Cullen MR, Glass A, Keogh JP, Meyskens FL, Valanis B, Williams JH, Barnhart S, Hammar S. Effects of a Combination

of Beta Carotene and Vitamin A on Lung Cancer and Cardiovascular Disease. N Engl J Med. 1996; 334:1150–1155

81 Bowen DJ, Thornquist M, Anderson K, Barnett M, Powell C, Goodman G, Omenn G. Stopping the Active Intervention: CARET. Control Clin Trials. 2003; 24:39–50

82, 87 Niess A, Striegel H, Hipp A, Hansel J, Simon P. Zusätzliche Antioxidanziengabe im Sport – sinnvoll oder unsinnig? Deutsche Zeitschrift für Sportmedizin. 2008; 53:55–61

83 Rousseau AS, Hininger I, Palazzetti S, Faure H, Roussel AM, Margaritis I. Antioxidant Vitamin Status in High Exposure to Oxidative Stress in Competitive Athletes. Br J Nutr. 2004; 92:461–468

84 Douglas RM, Hemila H, Chalker E, Treacy B. Vitamin C for Preventing and Treating the Common Cold. Cochrane Database Syst Rev. 2007; CD000980

85 Stephen AI, Avenell A. A Systematic Review of Multivitamin and Multimineral Supplementation for Infection. J Hum Nutr Diet. 2006; 19:179–190

86 Fischer B, Lorenz J. Atemwegserkrankungen. In: Biesalski HK, Schreznmeir J, Weber P, Weiß H. Vitamine. Georg Thieme Verlag; 1997

88 Anonym. Vitamin C- und Zinktabletten verhindern oder heilen Erkältung nicht. Presseinformation der Deutschen Gesellschaft für Ernährung vom 22.01.2008; http://www.dge.de/pdf/presse/2008/adw/DGE-Pressemeldung-AdW-01-2008_VitC_Zn.pdf

90 Grandjean AC, Reimers KJ, Bannick KE, Haven MC. The Effect of Caffeinated, Non-Caffeinated, Caloric and Non-Caloric Beverages on Hydration. J Am Coll Nutr. 2000; 19:591–600

92 Jensen, C. Wie man mit Koffein die sportliche Leistungsfähigkeit steigern kann. O.J. http://www.powerbar.de/articles/67/wie-man-mit-koffein-die-sportliche-leistungsf%C3%A4higkeit-steigern-kann.aspx (Zugriff am 20.8.2010)

93 Heuck, I. Leicht und schnell durch Koffein. Der natürliche Leistungskick aus der Bohne. O.J. http://www.runnersportal.de/we-live-running/guidebook/index.html (Zugriff am 20.08.2010)

94 Grosshauer, Dr. M. Koffein-Kick? triathlon training. 2010; (3)22:52–53

95, 98 Zawadzki KM, Yaspelkis BB, 3rd, Ivy JL. Carbohydrate-Protein Complex Increases the Rate of Muscle Glycogen Storage after Exercise. J Appl Physiol. 1992; 72:1854–1859

96, 99 Tarnopolsky MA, Bosman M, Macdonald JR, Vandeputte D, Martin J, Roy BD. Postexercise Protein-Carbohydrate and Carbohydrate Supplements Increase Muscle Glycogen in Men and Women. J Appl Physiol. 1997; 83:1877–1883

Kapitel 15: Verletzungsmanagement

1 Fredericson M. Common Injuries in Runners. Diagnosis, Rehabilitation and Prevention. Sports Med. 1996; 21:49–72

2 Shaw T, Howat P, Trainor M, Maycock B. Training Patterns and Sports Injuries in Triathletes. J Sci Med Sport. 2004 Dec; 7(4):446–50

3 Cavanagh PR, Clarke TE. An Evaluation of the Effect of Orthotics on Pressure Distribution and Rearfoot Movement in Running. Paper presented in Lake Placid 1978

4 James SL, Bates BT, Osternig LR. Injuries to Runners. The American Journal of Sports Medicine. 1978; 6(2):40–49

5 Krissoff WB, Ferris WD. Runner's Injuries. Physician and Sports Medicine. 1979; 7:11–20

6 Cavanagh PR. The Running Shoe Book. Mountain View; 1980

7 Cavanagh PR, Hinrichs RN, Williams, KR. Testing Procedure for the 1981 Runner's World Shoe Survey. Runner's World 1980; 10;38–48

8 Gudas, CJ. Patterns of Lower Extremity Injury in 224 Runners. Comprehensive Therapy 1980; 6:50–59

9 Clement DB, Taunton JE, Smart GE, McNicol KL. A Survey of Overuse Running Injuries. Physician and Sports Medicine 1981; 9:47–58

10 Newell SG, Bramwell ST. Overuse Injuries to the Knee in Runners. Physician and Sportsmedicine 1984; 12(3):80–92

11 Marti B, Vader JP, Minder CE, Abelin T. On the Epidemiology of Running Injuries. The 1984 Bern Grand-Prix study. American Journal of Sports Medicine. 1988; 16(3):285–293

12 Fallon KE. Musculoskeletal Injuries in the Ultramarathon. The 1990 Westfield Sydney to Melbourne run. British Journal of Sports Medicine 1996; 30:319–323

13 Fischer W. Häufigkeitsverteilung der Beschwerden im Laufsport. Orthopädieschuhtechnik. 1998; 9

14 Mayer F, Grau S, Maiwald C, Ploog N, Bäurle W, Beck M, Baur H, Müller O. Current Changes in Running Injuries. International Journal of Sports Medicine. 1999; 20 Supplement:103

15 Mayer F, Grau S. Laufverletzungen in Deutschland. Interner Forschungsbericht. Tübingen 1999.

16 Chan FK, Lanas A, Scheiman J, Berger MF, Nguyen H, Goldstein JL. Celecoxib versus Omeprazole and Diclofenac in Patients with Osteoarthritis and Rheumatoid Arthritis (CONDOR): A randomised trial. Lancet. 2010; 376(9736):173–9

17 Knobloch K, Kraemer R, Jagodzinski M, Zeichen J, Meller R, Vogt PM. Eccentric Training Decreases Paratendon Capillary Blood Flow and Preserves Paratendon Oxygen Saturation in Chronic Achilles Tendinopathy. J Orthop Sports Phys Ther. 2007; 37(5):269–76. Impact factor 2007: 1.481

18 Knobloch K. The Mechanism for Efficacy of Eccentric Loading in Achilles Tendon Injury: an in Vivo Study in Humans.

Index und Glossar

E

F

G

H

I

J

K

L

M

T

U

V

Bildnachweis

Soweit nicht anders angegeben: Michael Rauschendorfer

Frank Wechsel und Silke Insel: 28, 41, 43, 55, 60–63, 65, 68, 79, 97, 85, 105 (2), 160–161, 162–163, 240, 246–247, 248, 267–268, 271, 277 (rechte Spalte), 278, 283, 286, 288, 292–293, 295, 297 (unten), 302–303, 307–308, 311, 313, 316, 319, 324, 335, 338 (oben), 351–354, 360–361, 372, 376, 382, 384–385, 388–389, 392–396, 398, 400–401, 403–404, 411, 414, 419, 420, 425, 427–428, 431, 440, 450 (oben), 453, 456–458, 466–470, 478, 494;

Matthias Marquardt: 38–39, 50, 167, 330–331, 332 (oben), 333–334, 337, 338 (unten), 339, 340 (unten), 341–342, 343 (unten), 348 (oben), 462 (links); Ulrike Wilms: 40, 238, 245; Adidas: 43; currex GmbH: 64, 320, 322, 340 (oben), 348, 349; hansgrohe: 270; pressedienst-fahrrad: 280; Waterfly: 287; Birke Ulrich/ alakarte.de: 289; asics: 294; Claudia Bruns: 299–301; Vibram: 305, 308; MBT: 309; h/p/cosmos sports & medical gmbh: 329, 332 (unten), 336, 343 (oben), 344, 345;

Conform'able: 355; foot power: 358; Odlo: 368–369, 371; X-Socks: 313 (oben); Uvex: 375; Sonja Schleutker-Franke: 380; www.ernaehrungsmed.de: 383; privat: 234, 237

Städtische Klinik Bielefeld Mitte: 436, 439, 441, 442, 445, 454, 460, 464, 465, 462 (rechts);

Dreamstime.com: 134, 350, 394, 397, 410, 417, 430; © Mark Lorch | Dreamstime.com: 15 (unten); © Mario Curcio | Dreamstime.com: 16; © Pamela Tekiel | Dreamstime.com: 22; © 7xpert | Dreamstime.com: 24; © Marko Rupena | Dreamstime.com: 37; © Delphine Mayeur | Dreamstime.com: 125; © Micha Rosenwirth | Dreamstime.com: 132; © Natallia Khlapushyna | Dreamstime.com: 135; © Romantiche | Dreamstime.com: 136; © Mike_kiev | Dreamstime.com: 149; © Raja Rc | Dreamstime.com: 150; © Fibobjects | Dreamstime.com: 236; © Alexshevchenko | Dreamstime.com: 241; © Viktorfischer | Dreamstime.com: 250; © AGfoto | Dreamstime.com: 253; © Martin Green | Dreamstime.com: 261; © Karol Czerwiński | Dreamstime.com: 266; © Daniele Longhi | Dreamstime.com: 269; © Bobby Flowers | Dreamstime.com: 270; © Martin-mark | Dreamstime.com: 277 (linke Spalte oben); © Nicholas Rjabow | Dreamstime.com: 277 (linke Spalte unten); © Brandedhorse | Dreamstime.com: 281; © Alban Egger | Dreamstime.com: 284; © Andres Rodriguez | Dreamstime.com: 285; © Imagery Majestic | Dreamstime.com: 298; © Lblanck | Dreamstime.com: 314; © Julián Rovagnati | Dreamstime.com: 317; © Beata Becla | Dreamstime.com: 381; © Adam Ziaja | Dreamstime.com: 409; © Björn Höglund | Dreamstime.com: 459;

Grafiken
Melanie Trommer: 308
Christian Lampe: 151, 365

Übungsverzeichnis

Die Grundübungen

Laufkraft

Koordination

Rumpfstabilisation

Lauf-Abc

Stretching

Die Zusatzübungen

Medizinball

Gymstick

Thera-Band

Bioswing

Gymnastikball

Stretching

Danksagung

Ein großer Dank gilt unseren Models Julia Weniger, Michael Wilms und Matthias Lumpp für ihr großes Engagement und ihre Geduld bei den Aufnahmen für dieses Buch.

Bei der Gemeinde von Antigua, Fuerteventura, bedanken wir uns herzlich für die Nutzung des Sportplatzes.

Wir danken Andreas Kraus aus Ulm für die Fertigung der in diesem Buch abgebildeten Einlagen.

Haftungsausschluss

Die Trainingshinweise, medizinischen Informationen und sonstigen Empfehlungen stellen die Meinungen und Erfahrungen des Autors dar. Er hat diese nach bestem Wissen und Gewissen überprüft. Die Anleitungen können jedoch eine Trainingsbetreuung und/oder eine individuelle medizinische Beratung nicht ersetzen. Weder der Autor noch der Verlag oder sonstige beteiligte Firmen, Personen oder Institutionen können deshalb für eventuelle Schäden, die aus den im Buch gegebenen Hinweisen hervorgehen könnten, eine Haftung übernehmen.

Die spomedis-Philosophie

Richtig betriebener Ausdauersport ist gesund. Diese Tatsache hat nicht nur Bedeutung für den einzelnen Athleten, sondern auch für unsere gesamte Bevölkerung: Auf der einen Seite werden die Menschen immer älter, auf der anderen die Mittel für ihre Gesunderhaltung immer knapper. Wussten Sie, dass jeder Deutsche statistisch gesehen fast 20 Arzneimittelpackungen pro Jahr aufbraucht?

Nur eine wesentlich stärkere Betonung des Präventionsgedankens kann hier langfristig und nahezu kostenneutral Abhilfe schaffen. Das Team des spomedis-Verlags möchte seinen eigenen kleinen Beitrag zum Ausweg aus diesem Dilemma leisten: Die Menschen zum Sport motivieren und Ihnen Tipps für das gesunde Sporttreiben mit auf den Weg geben – das ist unsere Auffassung einer modernen, aber anderen Medizin. Diesen Gedanken, der gleichermaßen im Gesundheits-, Breiten-, Leistungs- und Spitzensport gilt, verfolgen wir in unseren zahlreichen Buch- und Zeitschriftenprojekten.

Unser Motto lautet

Laufe nie in den Fußstapfen eines anderen! Wenn du immer nur die ausgetretenen Pfade anderer benutzt, dann lässt du erstens keine eigenen Spuren zurück. Zweitens wirst du deinen Vorgänger nie überholen. Und drittens kommst du immer nur dort an, wo andere längst waren.